칭의와 정의

기독연구원 느헤미야 학술 총서 1

오직 믿음으로만?

칭의와 정의

김동춘 책임 편집

새물결플러스

발간사

신학은 진공 속에서 이루어지지 않는다. 성경이 역사 속에 실존했던 다양한 시대의 사람들과 문화와의 교감 가운데 형성된, 하나님의 계시의 산물인 것처럼 신학 역시 시대적 상황 속에서 불거진 교회의 질문에 응답하고 대응하면서 이루어져왔다. 이는 모든 신학이 처한 그 시대적 삶의 자리에 따라 관심을 두고 다루는 신학적 주제가 달라진다는 의미인 동시에 같은 주제를 다루어도 상황에 따라 강조점이 달라질 수 있다는 의미이기도 하다. 이런 모습은 신약성경 자체에서도 이미 드러난다. 서신서들이 다루는 이슈들이 교회의 사정에 따라 다양하게 나타난다거나, 구원론에 관한 바울과 야고보의 강조점이 다르다는 것이 그 예다.

종교개혁 500주년을 맞이하면서 우리는 지금부터 500년 전 개혁의 기치가 높이 걸렸을 때 대두했던 신학적 이슈들을 다시 돌아보게 된다. 하지만 우리의 돌아봄은 단지 지나간 역사적 사실을 복기하거나 그것을 원형 그대로 가져오는 것에서 그치면 안 된다. 신학이 시대 상황의 결과물이라는 점을 이해한다면 종교개혁자들이 다룬 칭의론을 비롯한 다양한 주제들도 당대의 고민과 상호작용 속에서 형성된 결과물이라는 사실을 받아들이기가 어렵지 않다. 종교개혁자들은 천상으로 끌어 올리어진 채로 칭의에 관한 신학적 주제를 하나님의 계시인 양 받은 것이 아니다. 그들은 당시의 로마 가톨릭과 논쟁하며 그것을 논박하고 교정해가면서 칭의론을 발전시켰을 뿐이다.

하지만 아쉽게도 한국교회 일각에서는 종교개혁자들이 부르짖었던 칭의론이 마치 모든 시대를 초월하는 절대적인 것인 양 이야기하며, 성경 속에 담긴 하나님의 뜻을 치열하게 탐구하지 않은 채 오직 법정적 의로움만을 강조하고 있다. 그 결과 2,000년 기독교 신학의 역사와 전통에서 중요한 자리를 차지하고 있는 칭의 교리가, 오늘날 한국교회에서는 "행위 없는 구원"이나 "값싼 은혜의 구원"으로 연결되면서 왜곡된 신앙을 정당화해주는 빌미로 전락해버렸다.

종교개혁 500주년을 맞이하는 이 시점에서 당시 개혁가들이 성경적 가르침을 왜곡한 것에 맞서 싸웠던 전통을 돌아보면서, 그들이 전해준 귀한 유산을 계승하되 우리 시대의 질문에 응답하는 태도로 그것을 교정하고 창조적으로 재구성하는 것이 우리의 의무가 아닐까? 이를 위해 우리 시대의 화두이면서 중요한 신학 주제인 "정의"를 칭의론과 연결하여 발전적으로 해석하고자 하는 작업을 시도하게 되었다. 이는 한국교회 칭의론의 흐트러진 균형을 바로잡으려는 매우 정당한 시도이면서 우리 시대의 고민에 동참하기 위한 소중한 노력이 아닐 수 없다.

이 책은 칭의가 의롭게 된 신자의 삶에서 "행위"와 분리될 수 없으며, 정의로운 삶의 실천과 무관한 것이 아니라 오히려 밀접하게 연결되어 있다는 것을 보여준다. 이는 교회의 역사 속에서 망각되어왔던 신학적 주제를 새롭게 되살리면서 우리 시대의 신학적 고민을 붙들고 치열하게 해답을 모색하고자 한 학문적 성과라 할 수 있다. 나아가 이 책은 종교개혁 500주년을 기념하는 시점에 그간 교회와 사회의 변화를 모색해왔던 "기독연구원 느헤미야"가 한국교회와 신학계에 내놓는 첫 번째 학술서이기도 하다.

한국교회는 종교개혁 500주년을 맞이했지만 교회의 도덕적 타락과 부패로 인해 급속하게 쇠락의 길로 내달리고 있는 우울한 상황이다. 부끄러운 한국교회가 과연 종교개혁의 찬란한 유산을 어떻게 축하할 수 있을지 생각할수록 씁쓸하기만 하다. 그렇지만 온 교회의 주인 되시는 예수 그리스도의 은혜로 한국교회가 "믿음이 그의 행함과 함께 일하고 행함으로 믿음이 온전하게"(약 2:22) 되는 복음의 정신으로 다시 무장하게 될 날을 기대하면서, 이 논총이 우리에게 맡겨진 시대적 사명을 일깨우는 귀한 도구가 되기를 바란다.

이 책의 발간을 위해 국내외 많은 학자분이 동참해주셨다. 교파와 전공, 신학적 견해에 차이가 있음에도 불구하고 "칭의와 정의"라는 주제에 맞춰 펜을 들고 까다로운 교정 과정에까지 기꺼이 함께해주신 기고자 여러분께 진심으로 감사드린다. 특별히 책임 편집자로 수고하신 기독연구원 느헤미야의 학술부원장 김동춘 교수님과, 교정 작업에 힘을 보태주었던 느헤미야 연구원생 장혜영, 이상원 학우에게 심심한 감사를 표한다. 마지막으로 어려운 상황에서도 학술서 발간을 선뜻 허락해주신 김요한 대표님과 수고해주신 새물결플러스 직원 여러분께 깊은 감사의 인사를 전한다.

기독연구원 느헤미야 원장

김형원

차 례

여는 글

칭의론, 무엇이 문제인가?

"오직 믿음"에서 "행함이 있는 믿음"으로

김동춘

기독연구원 느헤미야, 조직신학

김동춘은 총신대학교 신학과와 신학대학원을 졸업하였고, 독일 하이델베르크 대학교 디아코니아학 연구소에서 수학하였으며, 하이델베르크 대학교 신학부에서 조직신학으로 박사학위(Dr. theol.)를 취득했다. 백석대학교와 국제신학대학원대학교에서 가르쳤으며, 현재는 기독연구원 느헤미야 전임연구원으로 재직하고 있다. 사회의 총체적 현실을 반영하는 사회적 신학을 구성하는 데 관심을 둔 그는, 한국복음주의윤리학회 회장으로 활동하고 있으며(2016-2018), 현대기독교아카데미를 설립하여(2004) 여러 신학 강좌와 포럼을 마련하고, 사회적 그리스도인 양성을 위한 "사회적 제자도 학교"를 운영해왔다. 저서로는 『전환기의 한국교회』(대장간, 2012), 『사회적 책임의 신학』(뉴미션21, 2009)이 있고, 공저로 『기독교와 환경』(SFC, 2003), 『세월호와 역사의 고통에 신학이 답하다』(대장간, 2014), 『안식일이냐, 주일이냐?』(대장간, 2015), 『성전과 예배당』(대장간, 2016) 등이 있으며, 논문으로는 "사회적 칼빈주의와 한국교회의 사회적 공공성"(「기독교사회윤리」 32호, 2015), "한국개신교와 공공성: 왜 한국교회는 공공의 적이 되었는가?"(「건지인문학」 10권, 2013) 등 여러 편이 있다. 이 책의 책임 편집을 맡았다.

기독교 신앙은 "하나님이 인간을 향해 베푸신 은혜로운 구원"에 집중한다. 그래서 우리는 "예수 그리스도 안에 나타난 하나님이 은혜의 사역 안에서 인간을 향해, 인간을 위해 무슨 일을 행하셨는가"를 묻는다. 그런 맥락에서 종교개혁자들의 질문은 "내가 어떻게 도덕적으로 선한 행위를 할 수 있는가?", 혹은 "내가 어떻게 그리스도인다운 삶을 살 수 있을 것인가?"가 아니었다. 그들이 천착한 질문은 "내가 어떻게 구원받을 수 있을까?"였다.[1]

그러나 도덕적 부패와 윤리적 타락, 신앙과 삶(행위)의 심각한 이원화가 문제시되는 오늘의 한국교회에서 종교개혁의 의미는 "나는 구원받았는가?" 혹은 "나는 죽어서 천국 갈 수 있는가?" 하는 질문에 머물면 안 된다. 종교개혁의 후예로서 우리의 관심은 "구원받은 신자로서 나는 어떻게 살아야 하는가?", 그리고 "나의 믿음은 세상 속에서 이웃을 향해 어떤 선한 행위를 보여줄 수 있는가?", 나아가 "하나님 앞에서 의롭게 된 신자는 사회 속에서 정의로운 사람으로 살아갈 수 있는가?"라는 질문에 쏠리지 않을 수 없게 되었다.[2]

종교개혁 500주년을 맞이하여 "칭의와 정의"를 다루고자 하는 이유는, "오직 믿음으로만"의 구원 교리로 알려진 칭의론을 "믿음만이 아닌 행함"의 관점, "구원과 더불어 그리스도인의 삶"의 관점에서 살펴보면서 "칭의론의 윤리적 차원"을 정립하는 데 있다. 종교개혁 500주년을 맞이한 우리의 고민은 루터(Martin Luther)의 칭의론을 또다시 반복·재현하는

---

1 James M. Gustafson, *Christ and the Moral Life*, 김철영 옮김, 『그리스도와 도덕적 삶』(한국장로교출판사, 2008), 160, 168.

2 오늘의 패러다임은 구원에 관한 질문에서 윤리적 질문으로 이동한다. "'어디서 나는 자비로우신 하나님을 발견할 수 있을까?'라는 루터의 절규는 '어떻게 우리는 서로에게 자비로운 이웃이 될 수 있는가?'로 바뀌었다"(David J. Bosch, *Transforming Mission: Paradigm Shifts in Theology of Mission*[Maryknoll, New York: Orbis Books, 2014], 405).

데 있지 않고, "그 칭의 교리가 왜 신자들의 삶과 행위에 긍정적인 영향을 주지 못하는가?"에 있다. 그런 점에서 우리의 질문은 "칭의론 자체"가 아니라 "칭의 교리의 윤리적 차원" 혹은 "윤리적 측면에서 칭의 교리"를 성찰하려는 것이다. 그뿐 아니라 "칭의와 정의"라는 주제어는 "칭의론의 사회정의 차원", 다시 말해 "정의의 관점에서 칭의론"을 살펴봄으로써 종교개혁이 말하는 칭의론의 사회적 차원을 재구성하여 기독교 칭의론의 사회적 실천을 모색하려는 목적을 가진다.

1. 칭의란 무엇인가?

기독교 신앙은 예수 그리스도 안에서 일어난 하나님의 구원에 관한 신앙이다. 그리스도 안에서 일어난 구원 사건은 하나님의 구원 계획 가운데 우리에게 선사된 은총의 사건이요, 믿음을 통해 의롭다 함을 얻게 된다는 점에서 이신칭의(以信稱義, Justification by Faith)는 기독교 구원론에 있어 가장 핵심적인 개념이다. 칭의란 의롭지 못한 죄인이 하나님의 은총으로 말미암아 믿음을 통해 하나님 앞에서 의롭다 함을 인정받는 것을 말한다. 달리 말해, 칭의란 "하나님 앞에 설 수 없는 불의한 죄인이 그리스도의 의를 자기의 의로 인정받고 하나님 앞에 설 수 있는 의로운 사람으로 판단받는 것"을 말한다. 아우크스부르크 신앙고백(Augsburg Confession)은 칭의에 관해 "인간은 자신의 힘이나 공로나 업적을 통해 의롭게 될 수 없으며, 그리스도로 인하여 믿음을 통하여 하나님 앞에서 의로워진다"[3]라고 진술한다. 그와 함께 종교개혁의 칭의론을 살펴보면

---

3 *Die Bekenntnisschriften der evangelisch-lutherischen Kirche*(4 Aufl.; Gütersloh: Gü-

다음 세 가지 원리가 두드러진다는 사실을 알 수 있다.

① **오직 은혜로만**(*sola gratia*): 의롭게 됨은 인간의 의가 아니라 죄인에 대한 하나님의 은혜로 말미암는다. 의롭게 됨에서 하나님의 은혜 외에는 다른 근거나 조건이 있을 수 없다.

② **오직 그리스도 때문에**(*solo Christo*): 의롭게 됨은 인간의 의가 아니라 그리스도의 의로 말미암는다. 그리스도가 우리의 죄를 짊어지고 죄인으로 심판을 당하심으로써 죄인인 우리는 그의 의를 얻어 의로운 자로 인정된다.

③ **오직 믿음을 통하여**(*sola fide*): 의롭게 됨은 인간의 선한 행위나 공로가 아니라 그리스도에 대한 믿음으로 현실화된다.

그리하여 칭의의 원리를 종합한다면 첫째, 칭의의 유일한 근거는 하나님의 은혜이며, 둘째, 칭의의 유일한 주제는 예수 그리스도이고, 셋째, 칭의의 통로는 믿음이라고 할 수 있다. 그리고 여기에 덧붙여 칭의의 규범 원리는 성경이라고 추가할 수 있다. 결론적으로 종교개혁의 칭의론은 "오직 믿음으로만 의롭게 됨"을 말한다. 좀 더 정확히 말한다면, "믿음을 통한 은총에 의한 의롭게 됨"(Justification by grace through faith)으로 요약할 수 있다.

---

tersloh Verlag, 2000), 62-63.

2. 칭의론, 무엇이 문제인가?: 칭의와 행위, 믿음과 행위

오늘날 칭의론에 얽힌 문제를 타개하기 위해서는 우선 칭의와 행위, 믿음과 행위의 문제부터 살펴보아야 한다.

"오직 믿음으로만"이라는 개신교의 칭의론을 향해 줄곧 가해졌던 비판은 이 교리가 신자의 구원에서 선한 행위를 배제하여 값싼 은혜를 초래한다는 것이었다. "믿음으로 의롭다 함"이라는 종교개혁의 칭의론이 오늘날 결과적으로 "행위 없는 구원", "값싼 은혜의 구원", 신자의 삶에 "실질적인 의로움의 변화"를 가져오지 못하고 형식적·선언적 의로움에서 멈추는 기형적 구원 교리로 전락했음을 부인하기는 어렵다. 우리는 하나님의 은혜 및 복음의 총체인 칭의론이 "행위 없는 구원", "윤리 부재의 구원 교리"로 전락했다는 사실에 대해 고민하지 않을 수 없다.

물론 "선행이 동반되지 않는 칭의론" 혹은 "삶의 실질적인 변화가 없는 칭의론"을 극복하려다가 "믿음으로 의롭다 함"의 칭의론을 "행위로 의롭다 함"의 칭의론으로, 그리하여 "은혜의 복음"을 "행위 종교"로 뒤바꾸어버릴 수 있는 위험이 있다. 하지만 지금 한국교회는 역설적으로 "행함으로 얻는 구원"까지 감히 강조해야 할 만큼 위급한 시점에 도달했다. 이는 더 정확히 말해 "행함이 있는 믿음으로의 구원"[4]을 강조해야 한다는 것이다. 한국교회는 칼뱅이 언급한, "우리는 행위로 의롭게 되는 것은 아니지만, 또한 행위 없이 의롭게 되는 것도 아니다"[5]라는 일갈을 깊이

---

4 이 주제에 대해서는 제2종교개혁연구소 엮음, 『제2종교개혁이 필요한 한국교회』(기독교문사, 2015), 225-325를 보라.

5 Jean Calvin, *Institutio Christianae Religionis*, III, xvi, 1, 1, Herman Bavinck, *Reformed Dogmatics, Vol. 4: Holy Spirit, Church, and New Creation*, 박태현 옮김, 『개혁교의학(4권)』(부흥과개혁사, 2011), 232에서 재인용.

성찰해야 할 때가 되었다.

"오직 믿음으로만"의 칭의 교리가 초래한 기형적 부작용을 극복하기 위해서는 칭의와 행위의 관계를 재정립해야 한다.

오직 믿음으로만(*sola fide*)이라는 구호는 오늘의 한국교회의 상황에서 진부한 교리가 되고 말았다. 왜냐하면, 종교개혁자들이 주창한 칭의의 개념, 즉 인간의 행위, 공로, 업적을 배제하고 오직 은총, 오직 믿음, 오직 그리스도로만 의롭게 된다는 모토가 등장한 배경에는 당시 로마 가톨릭 교회가 "은혜의 복음"이 아닌 "공로를 통한 구원"을 말하고, "믿음을 통한 구원"이 아닌 "인간의 행위와 업적을 통한 구원"을 강조하는 상황이 있었기 때문이다. 그러나 지금은 오히려 "믿음으로 의롭다 함"의 칭의 교리가 값싼 은총을 말하는 괴변으로 변질해버렸으며 결국 행위 없는 구원으로 귀결되고 말았다. 그러므로 오늘날 개신교 신앙의 왜곡과 결핍을 극복하기 위해서는 종교개혁이 말하는 칭의와 행위의 관계를 다시 고찰해야 한다. 500년 전의, 믿음으로 의롭다 함을 얻는다는 이신칭의 교리는 윤리 빈곤을 초래한 오늘의 한국교회 상황에서 근원적인 통찰과 재해석을 통해 새롭게 정립되어야 한다.

3. 칭의와 행위, 믿음과 행위의 관계를 설명하는 유형

(1) 행위 적대적 칭의론: 행위는 칭의에 해로울 뿐이다

"선행은 구원에 해롭기까지 하다"는 주장이 있다(예를 들어 Nikolas von Amsdorf). 대표적으로 극단적 루터교 신학자들은 선행과 행위에 관한 관심이 가톨릭적인 공로 구원 사상으로 이어질 것에 대한 우려로 이런 반응까지 보인 바 있다. 이 입장은 칭의와 행위, 믿음과 행위의 관계를 설명하는 최악의 기형적 논리다. 종교개혁에서 출발한 극단적 칭의론은 "오직 믿음으로만"을 지나치게 강조한 나머지 행위를 극단적으로 축소해버렸다. 사실 "오직 믿음"(*sola fide*)이란 표어는 루터가 로마서 3:28을 번역하면서 그리스어 원문에는 없는 "오직"(allein)이란 단어를 덧붙여 "사람이 의롭다 하심을 얻는 것은 율법의 행위에 있지 않고 **오직 믿음으로만**(allein durch den Glauben) 된다"고 한 데서 유래한다. 이는 의롭게 됨은 행위가 아니라 믿음으로 된다는 사실을 강조하려는 의도가 반영된 결과였다. 행위 적대적 칭의론은 믿음과 행위는 어떤 경우라도 양립할 수 없다는 점을 분명하게 강조한다. 그리하여 구원과 행위, 믿음과 행위는 서로 배타적인 것으로 이해된다.

물론 이 입장도 선불리 "칭의의 열매로서 선행과 행위"를 배격하지는 않는다. 오히려 "칭의의 근거나 원인으로서 행위"를 배격한다고 보는 것이 정확한 설명일 것이다. 그럼에도 이 입장은 구원에 있어서 인간의 행위나 공로, 선행을 전적으로 거부하기 때문에 결과적으로 행위 적대적 사고로 귀결될 수밖에 없다. 종교개혁의 칭의 교리를 통념적으로 이해하는 사고 속에서 아주 빈번하게 하나님의 의는 최고조로 극대화되는 반면, 인간의 의, 즉 인간의 선행과 행위는 은혜의 복음에 반대된다는 이유로 거기에 어떤 가치나 의미를 두는 해석은 마치 구원에 해악인 것처럼 여겨진다.

그러나 선행이 구원에 무가치할 뿐 아니라 도리어 해로운 결과를 가져온다고 말하는 이런 견해는 극단의 이신칭의 교리가 가져온 "기괴한" 구원 교리다. 이 관점은 행위 구원론, 공적(功績) 구원론에 대항하기 위해 형성된 "반윤리적 구원론"이다. 이 입장은 공로 구원, 선행 구원, 행위 구원에 대한 경계심 때문에 구원받은 신자의 삶에 선행이 끼어들 가능성을 아예 차단했으며, 도덕적 삶과 윤리적 행위를 폐기하는 결과까지 가져왔다. 물론 구원에 있어서 인간의 행위나 공로를 배제하는 이 사고는, 구원은 하나님의 은총 때문이지 행위에 의한 것이 아니라는 전제에 기인한다. 그러나 이런 논리는 목욕물을 버리려다가 아이까지 버리는 꼴이 될 수 있다. 다시 말하자면 행위 구원이나 공로 구원이라는 목욕물을 버리려다 신자의 삶에서 버려서는 안 될 선행까지 내팽개쳐버리는 결과를 가져온다는 것이다.

복음성가 중에 "맘 착해도 못 가요, 하나님 나라"라고 불리는 노래의 가사는 그리스도인들이 은연중에 "착한 행실"을 배척하게 한다. 종종 설교자들은 아무리 선행을 쌓더라도 하나님 앞에서는 아무 의미가 없다고 통박한다.[6] 소위 정통주의 보수신학은 인간의 전적 타락과 무능력 교리를 강조하면서 인간이 도덕적으로 어떠한 선행을 실행할 가능성도 없다고 말하거나, 인간 본성이 죄인으로 규정된 이상 세상을 개선하거나 유익을 끼칠 만한 아무런 가치도 없다고 말함으로써 기독교인들에게 "선행 혐오적 구원관"을 심어주는 데 한몫해왔다.

이런 극단적인 "선행·행위 혐오적 칭의론"을 주장하는 자들은 구원에 있어서 선행의 필요성과 책임을 강조하는 어떤 시도조차 펠라기우스 주의, 반(半)펠라기우스 주의, 아르미니우스 주의나 가톨릭 구원관으로 매도하기 일쑤이며 심지어 이단으로 규정하는 경우도 빈번하다.

그러나 이에 대한 반론은 다음과 같다. "구원은 하나님의 은총에 의해서이지 인간의 행위에 의한 것이 아니다"라는 점은 타당하다. 그러나 구원은 삶과 전혀 무관한 것이 아니다. 행위나 선행은 그것이 구원의 원

---

6 선행이 구원의 공로나 근거로서 의미가 없다는 것이지 성경이 선행의 일반은총적 의미조차 거부하는 것은 아니다.

인이나 근거가 된다는 점이 부정되어야지, 구원받은 신자의 삶과 전혀 무관하다고 말해져서는 안 된다. 행위 없는 믿음은 죽은 믿음이다. 구원받는 믿음은 행위를 동반한다. 행위가 믿음과 대립하는 것도 배타적인 것은 아니다. 성경은 우리의 구원이 행위에 의한 것이 아니라 믿음으로 주어진 하나님의 선물이지만, 반대로 우리가 선한 일을 위하여 지으심을 받은 자라고 분명히 말한다(엡 2:10). 성경은 어디에서도 믿음과 행함이 그리스도인의 구원 안에서 대립하거나 충돌한다고 말하지 않는다.

(2) 행위 필연적 칭의론: 칭의는 행위를 산출하기 마련이다

"선행은 칭의의 열매다, 칭의된 자는 선한 행위를 가져오게 된다"는 주장이 있다. 이는 칭의와 행위의 관계를 설명할 때 동원되는 가장 익숙한 논법 중 하나다. 이 논리에 따르면 믿음으로 의롭게 된 신자는 선한 행위를 필연적으로 산출한다. 믿음은 결국 행위로 나아가기 마련이라는 것이다. "칭의는 행위를 가져온다"는 이 논리는 "행위 결과론"처럼 보이지만, 사실은 "행위 필연론"에 더 가깝다. 선한 행위를 산출할 만한 아무런 의지적 노력 없이도 그런 결과가 자동으로 나타나게 된다는 이 논리는 "기계적 필연론"에 가깝다.

이 논리에 의하면 신자의 믿음은 능동적으로 행위를 자극하며 부족한 행위를 탄식하고 애통하면서 자극하고 도전을 주어 행위를 유발한다. 이런 관점은 믿음만 있으면 행위도, 선행도 저절로 뒤따라오게 된다는 "믿음 과잉주의" 혹은 "믿음 만능주의" 사고다. "믿음은 사랑을 잉태한다"는 결과론이나 필연론은 다양한 방식으로 사용된다. "하나님 사랑은 결국 이웃 사랑을 가져오게 된다"거나 "예배는 자비를", "복음 전도는 사회 정의를" 필연적으로 가져온다는 편리한 사고도 여기에 기인한다. 그러나 복음 전도와 사회적 행동을 깊이 고민했던 로널드 사이더(Ronald J. Sider)

에 따르면 복음 전도와 사회정의, 하나님 사랑과 이웃 사랑, 믿음과 사랑은 서로 분리될 수 없지만 각각 별개로 실천되어야 할 것들이다.[7]

만일 행위 필연적 칭의론의 논리 그대로라면 바울 서신 곳곳에 등장하는, 구원받은 신자들에게 거룩한 생활을 게을리하지 말고 부도덕한 상태에 빠지지 말 것을 끊임없이 경계하는 바울의 권면을 설명할 길이 없다. 행위 필연론은 구원의 진행 과정에서 하나님의 주권을 일방적으로 강조하고 인간의 의지적 책임과 응답의 측면을 간과한 결과다. 좋은 믿음은 좋은 행위로 드러나야 하는데 좋은 행위가 산출되도록 "필연적으로" 혹은 "기계적으로" 예정된 것은 아니다. 믿음은 행위라는 열매를 신자의 삶에서 맺도록 노력하고 힘써야 할 "당위의 문제"이지 자동으로 선행의 열매를 맺게 되어 있는 "필연성의 문제"가 아니다. 칭의와 성화의 관계 역시 "칭의는 성화를 가져온다"는 필연론으로 간단히 처리해서는 안 된다. 성화는 일차적으로 성령의 주도적인 역사로 진행되지만, 동시에 인간의 능동적인 참여를 포함한다.[8]

(3) 행위 동반적 칭의론: 믿음은 행위를 동반한다

믿음은 행위를 동반한다는 논리는 "행위 필연론" 혹은 "행위 결과론"과 뚜렷이 구분하기 어렵다. 그러나 엄밀하게 두 입장의 차이를 다음과 같이 구분할 수 있다. 행위 필연론이나 행위 결과론은 믿음이 먼저이고 행위는 후차적이다. 칭의가 먼저 시작되고 나서 성화가 뒤따라 온다. 즉 믿

---

7 Ronald J. Sider, *Good News and Good Works: A Theology for the Whole Gospel*, 이상원, 박현국 옮김, 『복음 전도와 사회운동』(CLC, 2013), 251-66.

8 성화를 성령의 주도적인 역사와 더불어 인간의 능동적 참여로 설명하는 다음 자료를 참고하라. Anthony A. Hoekema, *Created in God's Image*, 류호준 옮김, 『인간론』(CLC, 1990), 19-20, 54-56.

음과 행위, 칭의와 행위가 원인과 결과의 관계로 설명되는 것이다. 이는 인과론적인 설명으로서 믿음이 행위의 원인이라면 행위는 믿음의 결과다. 따라서 칭의는 성화의 원인이며, 성화는 칭의의 열매이자 칭의의 결과다. 이것이 행위 필연론 혹은 행위 결과론이다. 이 입장은 칭의와 행위, 믿음과 행위 관계를 설명하는 가장 보편적인 설명이다. 이 입장에 따르면 "행위는 칭의의 근거나 원인일 수 없지만, 믿음의 열매이며 결과다."[9] 또한 "행위로 의롭다 함을 얻는 것이 아니라 믿음으로 의롭다 함을 받지만, 의롭게 된 자에게 선행과 행위는 반드시 동반되어야 한다."[10] 이런 미묘한 설명으로 인해 믿음과 행위, 칭의와 성화의 관계를 설명할 때, 행위 필연론(행위 결과론)과 행위 동반론은 거의 구분 없이 사용되고 있다.

하지만 행위 동반적 칭의론을 좀 더 엄밀하게 정의한다면, 믿음은 행위를 필연적으로 그리고 자동으로 동반하는 것이 아니라, 이 둘이 신자의 삶에서 동시에 드러나야 한다는 것이다. 여기서 믿음은 행위로 나아가게 되어 있는 것이 아니다. 믿음과 행위는 서로 영향을 주고받는다. 믿음과 행위는 각각 구별되지만 서로 상관적이다. 따라서 "행함이 없는 신앙"은 믿음의 정당성을 증명하지 못하며, "신앙 없는 행함"은 믿음의 정체성과 근거가 흔들릴 위험에 빠진다. 믿음과 행위가 동반한다는 관점에서 행위는 결코 믿음에 적대적이거나 위험한 요소가 아니다. 그리스도인의 선한 행위는 믿음의 신실성을 보여주는 요인이다. 반대로 구원받은

---

9 Luther는 "사랑, 즉 행위는 칭의의 근거는 아니다. 그러나 믿음은 사랑을 통해서 표현되고 활동한다"고 말한다(Thomas Schreiner, 『오직 믿음: 칭의의 교리』[박문재 옮김, 부흥과개혁사, 2017], 80, 105).

10 Schreiner, 『오직 믿음』, 78-80, 104-5. "칭의는 오직 믿음으로 말미암지만, 단지 믿음만으로 의롭다 함을 얻는 것은 아니다. 왜냐하면 참된 믿음은 선행을 낳기 때문이다. 하지만 선행은 구원의 근거나 원인이 아니라 믿음의 열매다"(Schreiner, 『오직 믿음』, 133).

신자에게 선한 행위를 강조하는 신학적 설명을 죄다 공로 구원론이나 선행 구원론으로 몰아붙이는 태도는 궁극적으로 "행위 폐기론"이나 "행위 무용론"으로 귀착되는 반윤리적 구원론과 다를 바 없다. 믿음과 행함의 관계는 신성과 인성으로 계시된 예수 그리스도, 하나님 사랑과 이웃 사랑, 하나님께 대한 예배와 이웃 사이에서의 정의, 복음 전도와 사회 행동의 관계처럼 동전의 양면 마냥 하나의 존재 안에 서로 다른 측면이 공존하듯 서로 구별되지만 혼합되거나 분리되지 않으면서 공존한다. 이는 구원받은 신자의 삶에서 동시에 구비되어야 할 필수적인 두 가지 신앙 요소다.

이런 동반론은 일종의 "균형주의 관점"이다. 그런데 균형론은 이론적 균형론에 그치기 쉽다는 점에 주의해야 한다. 믿음과 행위, 칭의와 행위의 실제 관계는 상당히 역동적인 성격을 띤다. 칭의와 행위, 믿음과 행위의 관계에서 보통은 칭의가 행위에, 믿음이 행위에 작용한다고 생각하기 쉽지만 반대로 행위가 믿음에 영향을 주기도 한다. 칭의된 신앙인 안에서 믿음은 행위를 유발하도록 동기를 부여하는가 하면, 역으로 행위가 신자의 믿음을 자극하기도 한다. 이런 실제적인 현상을 염두에 두면 믿음과 행위의 동반론은 논리상 그럴듯한 균형론으로 비친다는 사실을 알 수 있다.

(4) 행위 구원론적 칭의론: 행위가 구원을 결정한다

믿음과 행위의 관계에서 믿음이 행함보다 먼저라는 "믿음 우선주의" 입장이 모든 문제를 해결해주는 것은 아니다. 또한 "믿음과 행함은 동반한다"는 균형론으로 다 해결되는 것도 아니다. 성경의 구원 사상은 우리의 구원 사고의 안전판을 매우 위태롭게 두들기며 우리의 잠든 감각을 흔들어 깨운다. 복음서와 서신서에는 믿음만 있으면 구원이 보장된다는 안전한 구원 논리를 위협하는 행위 구원론적 본문들이 상당히 많다. 그런 말씀들에 따르면 구원은 행위와 직결되어 있으며 행위가 구원을 증명하고 결정한다고 말할 수도 있다.

산상수훈에서 예수는 "나더러 주여, 주여 하는 자마다 다 천국에 들어갈 것이 아니요, 다만 하늘에 계신 아버지의 뜻대로 행하는 자라야 들어가리라"(마 7:21)라고 하심으로써 행함이 있는 믿음이 있어야 구원을 얻는다고 하셨다. 마태복음 25장은 종말에 일어날 구원이 믿음의 여부가 아니라 이웃에 대한 자비의 행위에 따라 결정될 것이라고 말한다(마 25:31-46). 누가복음에서 "내가 무엇을 하여야 영생을 얻으리이까?"라는 질문에 예수는 사마리아인처럼 종교적 지위에 상관없이 이웃에게 자비를 베푼 자라고 답하신다(눅 10:25-37). 부자 청년에게 예수는 "네 소유를 팔아 가난한 자들에게 기부하라"고 명하신다(마 19:20-24). 이어서 예수가 부자는 천국에 들어가기가 어렵다고 말씀하시자 제자들은 "그러면 누가 구원을 얻을 수 있는가?"하고 물으며 놀란다. 이는 이 문제가 윤리적 행위에 관한 문제만이 아니라 구원과 직결된다는 사실을 암시한다.[11]

선행과 구원

여기서 "선행이 구원을 결정한다"는 것에 대한 논란거리가 되는 마태복음 25:31-46이 정말 선행에 근거한 최후 심판을 말하는지 살펴보자. 양과 염소를 구분하듯 벌어지는 최종 심판에 대해 말하는 이 본문은 신자

---

11 이에 대한 Lloyd-Jones의 해석에 의하면 이 본문은 오히려 선행이 구원의 근거가 될 수 없음을 역설적으로 보여준다. 예수가 부자 청년에게 요구한 것은 자신의 부를 가난한 자들에게 나눠주는 도덕적 행위, 곧 선행이 아니라 예수께 모든 것을 맡기는 "믿음"이었기 때문이다(D. M. Lloyd-Jones, 『하나님 나라』[전의우 옮김, 복있는사람, 2008], 49-277).

의 선행과 최종적인 구원을 소재로 전개된다. 박윤선은 이 본문에서 오른편에 있는 자들이 행한 선행보다 "창세로부터 너희를 위하여 예비된 나라"에 주목하면서, "이 (행위를 근거로 하는) 심판이 믿음으로 구원받는 도리를 위반하지 않는다"고 지적한다. 즉 그들의 선행은 "복 받을 자, 곧 하나님의 사랑을 힘입은 자이므로 그렇게 된 것"이라고 해석함으로써 선행은 구원받은 자들에게 필연적으로 동반된다는 논리로 처리한다.[12] 칼뱅은 여기서 말하는 선한 행실이 "행위에 의한 공로"나 "행위로 말미암은 의"로서 구원의 근거가 되거나 선행으로 공로를 쌓아 영생을 얻고 천국을 상속받는다는 의미가 아니라, "자기 백성들에게 거룩하고 의로운 삶을 살라"는 권면이라고 주석한다. 그는 또한 주님의 저주("저주받은 자들아, 나를 떠나라")는 "세상의 덧없는 부귀영화에 빠져서" 살아가는 자들에게 사치와 향락을 잊게 만들어줄 것이라고 해석한다. 이로써 그는 이 본문은 선행을 문제 삼는 것이 아니라 성도의 거룩한 생활(성화)에 대한 경고로 보아야 한다면서 선행의 구원론적 의미를 희석한다.[13] 그와 더불어 많은 학자가 이 본문을 해석하면서 가난한 자들이나 도움이 필요한 자들을 돕는 행위는 필요하지만, 그 선한 행실이 구원의 근거가 되는 것은 아니라고 주장한다. 이 본문은 결코 "행위를 통한 구원"을 말하고 있지 않다. 오히려 "선행은 구원을 낳지 않으며 구원받았다는 증거다. 진정한 구원이 있는 곳에 자비의 행위가 있다"[14]라고 해석함으로써 행위 필연론이나 행위 동반론 입장에서 설명하는 학자가 대다수다.

그런데 헤르만 리델보스(Herman Ridderbos)는 이 본문을 두고 "의롭

---

12 박윤선, 『공관복음주석(하)』(영음사, 1985), 740.

13 Jean Calvin, 『칼빈 주석: 공관복음』(박문재 옮김, 크리스천다이제스트, 2011), 1079-81.

14 Grant R. Osborne, *Exegetical Commentary on the New Testament: Matthew*(Zondervan: Nashiville, 2010), 김석근 옮김, 『강해로 푸는 마태복음』(디모데, 2015), 1037.

게 행하고, 하나님의 계명을 순종하는 것이 천국에 들어가는 조건임을 여기서 예수는 다시 한번 분명히 밝히신다"고 말한다. 그는 선행으로 구원받는다는 랍비의 구원론이 있으며, 그런 맥락에서 비록 가장 심층적인 구원의 근거는 하나님의 자유롭고 선하시고 기쁘신 뜻에 달려 있지만, 택함 받는 성도는 그리스도가 말씀하신 선행을 나타내야 하며, "그런 선행을 나타내 보이지 않는다면, 아무도 하나님 나라의 상속자라고 부르지 않을 것이다"라고 말한다. 리델보스는 "선행으로 천국에 들어가는 권리를 사지 못하지만, 또한 선행은 천국에 들어가는 한 조건이 된다"고 결론 내리기도 한다.[15]

야고보서는 "행함이 없는 믿음은 그 자체가 죽은 믿음"이라고 말한다(약 2:17). 야고보는 분명히 믿음이 아니라 행함으로 의롭게 됨을 말함으로써 바울의 "믿음에 의한 칭의론"과 정면으로 반대되는 "행함에 의한 칭의"를 강조한다. 알고 보면 초기 기독교에는 바울의 칭의론만 존재한 것이 아니라 야고보의 행위 우선의 칭의론도 있었다. 나아가 히브리서는 은혜를 맛본 경험이 있다 하더라도 구원에서 탈락할 수 있다는 것을 심각하게 경고한다(히 6:4-6). 사실 바울 서신도 우리가 거룩함에 이르지 못하면 하나님을 볼 수 없다고 말한다.

개신교 신앙은 오랫동안 내려왔던 수덕적(修德的) 영성, 즉 자비의 실천을 통한 신자의 덕행을 존중하는 전통을 밀쳐 냈다. 이로써 구원의 기준을 교리에 대한 인지 행위, 그리고 지적 동의와 입술의 고백에 두게 되었고 앞서 다루었던 성경 본문들에 행위 구원론이란 혐의를 뒤집어씌워 죄다 폐기 처분해버렸다. 물론 믿음이 구원을 결정한다. 그러나 성경은 그 반대도 말한다. 행위가 구원을 결정한다! 구원이 행위와 직결되어 있

---

15 Herman Ridderbos, 『마태복음(하)』(오광만 옮김, 여수룬, 1990), 725-26.

음을 암시하는 본문들은 성경 곳곳에 널려 있다. 성경 도처에 자리한 구원의 행위론 관련 본문들을 "행위 구원"이라는 핑계로 무시하라고 밀어붙일 일이 아니다.

3. 칭의와 행위, 믿음과 행위에 대한 신학적 설명

(1) 루터의 칭의론에서 믿음과 행위

1) 행위 대적론

루터는 "오직 믿음으로" 의롭다 함을 내세웠으며, 로마 가톨릭의 공로 사상을 배격하였기에 행함보다 믿음을 분명하게 강조했다. 구원은 행함으로가 아니라 믿음에 의한 것임을 강조했던 루터에게 "행위 배격"과 "행위 배척의 칭의론"이 엿보인다. 그래서 그는 "**믿음 밖에서 행해진 행위는 그것이 외적으로 아무리 거룩히 나타나도 죄 되며 저주 아래 있다**"라고 말한다. 그러나 행위를 적대시하는 것만이 루터의 입장 전부라고 말할 수 없다. 왜냐하면 그는 이렇게도 말했기 때문이다. "믿음을 잃어버리고 마치 행위로 칭의를 얻는 것처럼, 행위에 대해 잘못 생각하여 더러움에 빠지게 되는 일이 없어야 한다."[16]

2) 행위 필연론/행위 결과론

믿음과 행위에 관한 루터의 가장 일반적인 입장은 믿음이 행위보다 앞선다는 것이다.

---

16 Martin Luther, 『크리스챤의 자유』(라틴어/한글 대역; 김광채 옮김, 좋은땅, 2015), 187.

> 선행이 선한 사람을 만드는 것이 아니라, 도리어 선한 사람이 선을 행하는 것이다. 다시 말해 선한 행실이 선한 인간을 만드는 것이 아니라 선한 인격이 선한 행실을 산출한다. 악행이 악한 사람을 만드는 것이 아니라, 악한 사람이 악을 행하는 것이다. 그러므로 언제나 어떤 선한 행위 이전에 선한 존재 내지 (선한) 인격이 존재해야 하며, 선한 행위는 필연적으로 선한 인격에서 따라오는 것이며, 선한 인격에서 비롯되는 것이다.[17]

루터는 존재가 행위를 산출하며, 사람의 내면의 인격이 외적 행동을 결과한다고 보았다. 그러므로 믿음이 행위를 산출한다. 그에 따르면 "믿음이 있는 사람은 선한 행위를 하고, 믿음이 없는 사람은 악한 행위를 한다. 그러나 이와 반대의 경우는 없다. 곧 행위가 어떠한가에 따라, 믿음 있는 사람인가, 믿음 없는 사람인가가 결정되지 않는다. 왜냐하면 행위가 사람을 신자로 만들거나, 의인으로 만들지 않기 때문이다."[18] "그러나 믿음이 사람을 신자로, 의인으로 만드는 것처럼, 믿음이 행위를 선하게 만들기도 한다. 그러므로 행위는 아무도 의롭게 만들지 않고, 사람은 선을 행하기 전에 먼저 의로워야 한다."[19] 이로 볼 때 결론적으로 루터는 믿음이 필연적으로 행위를 가져온다는 행위 필연론 혹은 행위 결과론의 입장에 있음을 알 수 있다.

3) 행위 동반론

루터의 칭의론은 믿음으로만 의롭다 함을 받으며, 믿음으로만 구원을 받는다는 기본 전제에서 출발한다. 그러나 그 믿음은 항상 행함을 동반

---

17 Luther, 『크리스챤의 자유』, 103.
18 Luther, 『크리스챤의 자유』, 107.
19 Luther, 『크리스챤의 자유』, 109.

한다는 점을 강조한다. 참된 믿음은 참된 행함을 열매로 보여준다. 따라서 루터는 신앙으로만 의롭다 함을 받는 것이지, 행함과 더불어 신앙으로 의롭다 함을 받는 것이 아님을 강조했다. 하지만 그렇다고 하여 그리스도인의 삶에서 행함이 불필요하다고 주장하지는 않았다.[20] 루터는 행함이 동반되지 않은 신앙은 살아 있는 신앙이 아니라고 보았다.

4) 사랑으로써 역사하는 믿음

루터는 "사랑이 없는 신앙은 참된 신앙이 아니다"라고 말한다. 갈라디아서 5:6의 "**사랑으로써 역사하는 믿음**"(*fides quae per caritatem operatur*)은 루터 신앙론의 핵심이다. 루터는 중세 신학이 "**사랑에 의해 형성되는 믿음**"(*fides cartate formata*)이라고 말함으로써 사랑에 의해 믿음이 형성된다고 한 것을 배경으로 하면서 사랑은 믿음의 결과로 형성된다고 이해했다. 그런 점에서 루터는 "오직 믿음만"이 아니라 "행위가 작동하는 믿음"을 강조한 것이 분명하다.

5) 칭의의 구분

루터 신학은 "**신앙에 의한 칭의**"와 "**행위에 의한 칭의**"를 구분한다. 그들은 전자가 죄인으로 하여금 구원을 얻게 하는 것이라면, 후자는 구원받은 신앙을 증명하는 것이라고 말한다. 전자는 "**하나님 앞에서의 의**"라면, 후자는 "**인간 앞에서의 의**"라고 할 수 있다.[21]

결론적으로 루터 신학에서는 "오직 믿음"만 강조되는 것이 아니다. 칭의된 신앙은 곧바로 이웃 사랑으로 연결되어야 한다. 그런데 루터에게

---

20 이양호, 『루터의 생애와 사상』(대한기독교서회, 2002), 101, 특히 5-8.

21 John Theodore Mueller, *Christian Dogmatics*, 김선회 옮김, 『기독교 교의학』(컨콜디아사, 2012), 557.

믿음과 (이웃)사랑은 긴밀하게 결합해 있다. 이는 곧 칭의와 행위가 분리되지 않고 결속되어 있음을 의미한다. 믿음과 사랑의 분리될 수 없는 관계를 다음의 유명한 루터의 문장이 잘 보여준다.

> 그리스도인은 자신 안에서 사는 것이 아니라, 그리스도 안에서, 그리고 이웃 안에서 산다. 그렇지 않다면 우리는 그리스도인이 아니다. 그리스도 안에서 사는 것은 믿음으로 사는 것이며, 이웃 안에서 사는 것은 사랑으로 사는 것이다. 그리스도인은 믿음을 통하여 위를 향하여, 곧 자기 위로, 곧 자기 위에 계신 하나님께로 끌어올려지고, 사랑으로 말미암아 자기 아래로, 이웃에게로 내려간다.[22]

(2) 칼뱅과 개혁주의 신학 전통의 칭의론에서 믿음과 행위

1) 믿음에 대한 개혁주의 신학의 관점

칼뱅 전통의 개혁주의 신학에서 믿음이란 "하나님을 아는 확실한 지식"을 의미한다. 또한 믿음은 "구원에 이르는 확실한 지식"이다. 그러므로 믿음은 행위와 연관된 것이 아니며, "믿음의 윤리적 성격"은 그들의 최우선 관심 사항이 아니다. 특히 정통주의 개혁교회 진영에서 믿음이란 교회가 믿고 가르치는 신앙고백과 교리(*dogma*)에 대한 "지식", "앎", 그리고 "인식"(*notitia, cognitio*)의 문제다. 그러니까 믿음이란 믿음의 대상(하나님, 예수 그리스도, 성령)과 믿음의 내용(속죄, 죄 용서, 영생 등)에 대한 "인지적 행위"이거나 "지적 동의"에 관한 것이지, 신자의 윤리적 삶이나 사회 속에서의 실천 행위와는 분리되어 있다. 따라서 고전적인 칼뱅류의 개혁주의 신학에서 그 논의가 성화론과 연관되지 않는 한 "믿음의 윤리적 차원"을

---

22 Luther, 『크리스찬의 자유』, 165. 번역 수정.

발견할 가능성은 매우 희박하다.

정통주의 개혁교회 신학자 헤르만 바빙크(Herman Bavinck)에 따르면, "믿는다는 것은…'지성의 행위'로서 '동의'를 수반"한다.[23] 그래서 "믿음이란 우리로 하여금 믿도록 제시한 모든 것에 대한 확고하고 확실한 동의"[24]를 의미한다. 그렇다면 믿음이란 일종의 (성경과 교리적 지식에 대한) "지적 동의"가 된다. 그런데 믿음이 "교리에 대한 동의"라고 규정하면 이는 믿음을 하나님과의 인격적인 관계보다는 "하나님이 계시하신 것을 교회가 믿는 모든 진리에 동의하는 것"[25]이라고 말하는 가톨릭교회의 입장과 대동소이한 설명이 된다. 그런 점에서 칼뱅은 믿음을 인격적 신뢰(*fiducia*)가 아니라 지식(*cognitio*, 앎)으로 정의하며, 믿음의 대상과 교리적 사실에 대한 "이해"(*apprehensio*)라기보다 그것들에 대한 "확고하고, 확실한 지식"이라고 말한다.[26] 칼뱅에게 구원하는 믿음은 "지식 없는 믿음"과 분리하여 생각할 수 없다.[27] "구원하는 믿음"은 곧 지식/앎(*cognitio*)이다. 믿음이란 "확고하고 확실한 지식"이라는 칼뱅의 정의(definition)는 매우 분명한 강조점이다.[28] 그래서 바빙크는 "사실상 믿음에 대하여, 하나님이 그리스도 안에서 우리에게 보인 자비에 대한 확고하고 확실한 지식

---

23 Bavinck, 『개혁교의학(4권)』, 119.

24 Bavinck, 『개혁교의학(4권)』, 119.

25 Bavinck, 『개혁교의학(4권)』, 122.

26 Calvin, *Inst.*, III, ii, 7, 14, Bavinck, 『개혁교의학(4권)』, 122에서 재인용. 믿음은 "확고하고 확실한 동의"(Bavinck, 『개혁교의학(4권)』, 119), "확고하고 확실한 지식"(Bavinck, 『개혁교의학(4권)』, 122), "확고하고 유효한 신뢰"(Bavinck, 『개혁교의학(4권)』, 122), "확실한 지식, 확고한 신뢰"(Bavinck, 『개혁교의학(4권)』, 123)다.

27 Calvin, *Inst.*, III, ii, 2-5.

28 그런데 Calvin에게 "지식으로서 믿음"은 반드시 믿음의 항목에 대한 객관적 지식을 의미하는 것이 아니라 주관적 행위도 포함하며, 또한 믿음의 요소는 지성과 감정, 의지를 포함한다. Calvin은 믿음이 "이해"(*apprehensio*)에 있다기보다 "확신"(*persuasio*)에 있다고 말한다. 그런데 Calvin이 믿음을 "확고하고 확실한 지식"이라고 설명할 때, 그것이 의미하는 바는 "하나님의 인자하심에 대한 굳건한 신념 또는 확신 속에 있고, 이 신념 또는 확신은 그리스

이라는 정의보다 더 멋진 정의를 생각할 수 없다"고 말한다. 이들에 따르면 믿음은 하나님의 자비와 "하나님의 은혜에 대한 확실하고 확고한 지식"[29]이다.

믿음을 지식이라고 간주하는 관점은 개혁주의 신학 전통의 신앙고백에도 그대로 반영되었다. 하이델베르크 교리문답은 "참된 믿음이란 무엇입니까?"라는 질문에 대해 "참된 믿음이란 하나님께서 그의 말씀 속에서 우리에게 계시하신 모든 것을 진리로 여기는 **확실한 지식**인 동시에 하나님께서…죄 용서와 영원한 의와 구원을…베풀어주셨다는 견고한 신뢰"[30]라고 대답한다. 이 교리문답을 해설한 우르시누스(Zacharias Ursinus) 역시 믿음은 "**지적인 동의**"이며, 특히 교회에 전달된 공인된 교리에 대한 **동의**라고 정의한다.[31] 스프로울(R. C. Sproul)도 웨스트민스터 신앙고백을 해설하면서, 구원하는 믿음에 구비되어야 할 세 가지 요소로 **지식**(*notitia*), **동의**(*assensus*), **신뢰**(*fiducia*)라고 정리한다.[32]

확실히 칼뱅과 개혁주의 신학 전통에서 믿음은 "교리를 수용하는 행위"이며, "교리에 대한 지적 동의"가 된다. 그러므로 개혁주의 신학

도 안에 있는 확실한 약속을 통해 보증"되기 때문이므로, 믿음은 "신자 개인의 확신의 능력과는 관련이 없다"고 말함으로써 여전히 "신앙 객관주의"를 강조하는 특징을 띤다(Barbara Pitkin, "믿음과 칭의", Herman J. Selderhuis ed., 『칼빈 핸드북』(김귀탁 옮김, 부흥과개혁사, 2013), 571, 576-577.

29 Zanchius, *Omnivm popervm theologicorvm*(Genevae: 1619), VIII, 712ff, Bavinck, 『개혁교의학(4권)』, 124에서 재인용. Bavinck에 따르면 기독교 신앙의 본질은 "교리에 대한 확신"을 의미한다. 그 교리란 하나님의 창조와 그의 전능과 편재, 창조 세계의 보존과 통치, 그리스도를 통한 하나님의 아버지되심에 관한 것을 의미한다(Bavinck, 『개혁교의학[4권]』, 144).

30 Zacharias Ursinus, 『하이델베르크 요리문답 해설』(원광연 옮김, 크리스천다이제스트, 2006), 201.

31 "성경에서 언급하는 믿음은 일반적으로 하나님과 그의 뜻과 역사의 은혜에 관하여 계시되는 내용에 대한 **동의** 혹은 특정한 **지식**이며, 우리는 믿음으로 신적인 증언에 대해 신뢰하는 것이다. 믿음은 율법과 복음 안에서 교회에 전해지는 하나님의 말씀을 하나님 자신의 선언으로 간주하여 그 하나하나에 동의하는 것이다"(Ursinus, 『하이델베르크 요리문답 해설』, 202).

32 R. C. Sproul, 『웨스트민스터 신앙고백해설』(부흥과개혁사, 2011), 178-180.

이 "교리에 대한 명시적 믿음"을 중시하고, "어머니 교회가 믿는 모든 것을 기꺼이 받아들이는 것"을 믿음이라고 말한다면, 그것은 어떤 의미에서 하나님에 대한 인격적 관계를 경시하며 "믿음의 종교적 성격"을 중시하지 않는 로마 가톨릭의 "신앙 객관주의"에 가깝다고 할 수 있다. 이런 특징들은 믿음에 관한 개혁주의 신학의 특징이 매우 "주지주의(intellectualism) 성향"이라는 것을 암시해준다.[33] 이 성향은 믿음을 하나님에 대한 신자의 "신뢰"라고 보면서[34] "신앙 주관주의"의 특징을 띠는 루터적 특징[35]과도 거리가 멀 뿐 아니라 특히 "믿음의 윤리적 차원"과의 연관성을 찾기란 매우 힘들다고 할 수 있다. 개혁주의 신학에서 믿음의 윤리적 차원은 칭의가 아닌 성화의 영역으로 한정된다.

2) 칼뱅과 개혁주의 신학에서 칭의와 성화: 구원과 윤리

칼뱅 전통의 개혁주의 신학에서 "믿음과 행위" 또는 "구원과 윤리"에 관한 신학적 성찰은 "믿음"에 관한 교리적 접근만으로 만족스러운 해답을 찾기 힘들다. 그래서 개혁주의 신학 전통에서 이 주제는 주로 "칭의와 성화"의 영역에서 다루어지기 때문이다. 칭의와 성화는 "의롭게

---

33 Calvin은 『기독교 강요』 제1권 1장을 "하나님을 아는 지식"과 "우리를 아는 지식"에 관한 설명으로 시작하면서 하나님에 대한 신뢰와 경외란 곧 "하나님을 아는 것", 즉 "하나님에 관한 지식"이라고 말한다(Johannes Calvin, *Unterricht in den christlichen Relion Institutio Christianae Religionis*[Übersetzt von Otto Weber, Neukirchen-Vluyn: Neukirchener, 2009], 23-26).

34 개혁주의는 신뢰를 믿음 자체가 아니라 믿음의 결과이며 열매로 본다. 믿음이 먼저이고 "믿음이 신뢰를 낳는다"고 말한다(Bavinck, 『개혁교의학[4권]』, 120-21). "칼뱅은 여전히 믿음의 신뢰의 요소를 인정하지만, 믿음의 성격을 가장 잘 표상하는 것은 신뢰가 아니라 오히려 지식이라고 본다"(Barbara Pitkin, "믿음과 칭의", 571).

35 Luther에게 믿음이란 "그리스도가 **나의** 주님이자 **나의** 구원자이며, 인격적으로 **나의** 죄가 용서받았다"는 신뢰를 말한다(Bavinck, 『개혁교의학[4권]』, 120. 굵은 글씨는 Bavinck의 강조다).

됨"(justification)과 "거룩하게 됨"(sanctification)의 문제다. 칭의는 그리스도의 의의 전가로 인해 죄 용서의 선포가 선언된 법정적 칭의요, 의롭다고 여겨지는 사건이다. 반면 성화는 성령의 역사로 말미암아 신자가 실제로 의로워지는 과정이다. 칼뱅은 칭의와 성화를 구분하지만 한순간도 분리하지 않는다. 칭의는 우리 밖에서 이루어지는 수동적·선언적·법정적 의와 연관된다면, 성화는 우리 안에서 이루어지는 실질적이며 효과적인 의로움의 과정이다. 여기서 칭의와 성화는 구분된다. 하지만 이 둘은 그리스도 안에서 지속적으로 진행되는 하나의 구원 과정이다.

칼뱅주의 신학자 바빙크는 칭의와 성화는 "전가된 의"와 "주입된 의"로 분리되거나, "법정적 칭의"와 "윤리적 칭의"로 분리되지 않는다고 말한다. 칭의에 의한 의는 법정적 의미에서 우리에게 주어지고, 성화에 의한 의는 윤리적 의미에서 우리에게 주어진다.[36] 그러므로 이 둘은 그리스도 안에서 일어나는 **이중 은혜**다. 그리스도의 구원 사역은 우리에게 죄 용서를 선언한 후에 우리가 완전하고 거룩한 소유가 되기까지 쉬지 않는다.[37] 칭의 안에서 하나님에 대한 우리의 종교적 관계가 회복되었다면, 성화 안에서 우리의 본성이 갱신되어 죄의 더러움에서 해방됨으로써 윤리적 상태가 변화된다.[38] 결국 "칭의는 하나의 법적 행위로 단 한 순간에 성취되었으나, 성화는 윤리적 행위로 삶 전체를 통해 진행되고, 성령의 새롭게 하는 사역을 통해 점차로 그리스도의 의를 우리의 개인적·윤리적 소유로 삼게 한다."[39]

그런데 칭의와 성화는 하나님의 활동에 의해 진행되므로 우리 편

---

36 Bavinck, 『개혁교의학(4권)』, 249.
37 Bavinck, 『개혁교의학(4권)』, 290.
38 Bavinck, 『개혁교의학(4권)』, 291.
39 Bavinck, 『개혁교의학(4권)』, 292.

에서 볼 때, 수동적 측면이 분명하다. 하지만 성화에는 능동적 측면이 있다. 성화는 하나님의 활동이면서 동시에 우리의 책임 있는 참여를 요구한다.[40] 성화의 과정은 하나님의 주도적인 활동이지만, 그렇다고 거룩을 향한 신자의 능동적 참여가 포기되는 것은 아니다.[41] 성화는 칭의와 마찬가지로 하나님의 선물이지만 사람이 노력하여 찾고 획득해야 할 것이다.[42] 그러므로 칭의된 신자는 그리스도 안에서 이미 거룩하게 되었으면서도 모든 행실에서 거룩함을 이루도록 성화를 추구하며 그것을 온전히 이루어가야 한다.[43]

그러나 결론적으로 평가할 때, 고전적인 개혁주의 신학 전통에서 칭의와 성화는 여전히 구별됨으로써 "의롭게 여겨지는" 칭의와 "의롭게 만드는" 성화 사이의 간격은 분명히 드러난다. 여전히 칭의는 전가 교리에 기초한 법정적·선언적·형식적 의로움에서 그친다. 개혁주의 신학 전통에서 행위, 윤리, 선행은 칭의의 결과이자 칭의의 열매로 설명됨으로써 "행위 결과론"이나 "행위 동반론"의 차원에 머물 뿐, 의롭게 함을 받는다는 의미의 칭의에 신자의 행위와 삶의 문제까지 포함하는 "윤리적 칭의론"과는 거리가 멀다고 평가해야 한다.

---

40 Bavinck, 『개혁교의학(4권)』, 297.

41 Hoekema는 성화는 성령의 사역이면서 신자의 책임 있는 참여를 포함한다고 여러 번 강조한다(Hoekema, 『인간론』, 19-20, 54-56, 157). 참조. Anthony A. Hoekema, *Saved by Grace*(Grand Rapids: Eerdmans, 1994), 199-202. "성화란 신자가 활동하는 가운데 이루어지는 하나님의 초자연적인 사역이라고 말할 수 있다"(Hoekema, *Saved by Grace*, 202). Murray는 결정적 성화론을 주장하지만 이렇게 말한다. "우리 안에서 행하시는 하나님은 우리가 일하기 때문에 중단하지 않으시며, 또한 하나님이 행하시기 때문에, 우리의 활동이 중단되는 것은 아니다"(John Murray, *Redemption: Accomplished and Applied*[Grand Rapids: Eerdmans, 1955], 184-85).

42 Bavinck, 『개혁교의학(4권)』, 297.

43 Bavinck, 『개혁교의학(4권)』, 298.

(3) 재세례파: 참된 믿음은 변화된 삶과 행위가 보여지는 것이다

주류 기독교 신앙 일반에서 믿음과 행위는 서로 배타적이거나 분리되어 있다. 기독교의 구원이나 믿음은 신자의 행위와 직접적인 연관성을 갖지 않는다. 그들은 예수 그리스도가 십자가에 못 박혀 죽으심으로 죄가 용서받았다는 사실을 "믿으면" 구원받을 것이라고 말한다. 믿는다는 것은 공교회가 믿는 신앙 내용, 즉 교리에 대한 지적인 동의를 의미할 뿐, 구원받은 신자의 행위나 실천과는 전적으로 분리되어 있다.

그러나 "철저한 제자도"(radical discipleship)를 표방하는 재세례파에게 믿음이란 교회가 내세운 공식적인 교리에 대한 입술의 고백이나 동의가 아니다.[44] 물론 그들은 역사적 기독교가 고백하는 핵심적인 신조, 즉 예수 그리스도를 통한 속죄와 그로 인한 죄 용서, 의롭게 됨의 교리에 전적으로 동의한다. 그러나 예수를 구주로 받아들이는 것은 단지 믿음의 시작일 뿐이다.[45] 그들에게 믿음은 정통 기독교 진영에서 생각하듯 교리의 고백이나 교리에 대한 지식과 같은 앎의 문제가 아니다. 오히려 "믿는다는 것은…행위의 문제다. 믿는다는 것은 예수의 삶의 방식이 바로 옳은 길이라고 신뢰하는 것이며…그 도를 따라 기꺼이 살고 죽는 것"을 말한다.[46] 그러므로 믿음이란 어떤 교리나 신조에 대한 지적인 확신을 말하는 것이 아니라 "신자들과 교회의 삶 속에서 실제로 살아낸 것"[47]이라야 한다. 그러므로 재세례파에서 신앙(믿음)은 제자도의 실천적 삶과 직결

---

44 John D. Roth, *Beliefs: Mennonite Faith and Practice*, 김복기 옮김, 『믿음: 메노나이트의 신앙과 실천』(대장간, 2016), 40-41,

45 Walter Klaassen, *Anabaptism: Neither Catholic nor Protestant*, 김복기 옮김, 『아나뱁티즘: 가톨릭도 프로테스탄트도 아닌』(대장간, 2017), 64.

46 Darrell L. Guder ed., *Missional Church*, 정승현 옮김, 『선교적 교회』(주안대학원대학교출판부, 2013), 198.

47 Roth, 『믿음』, 42.

된다. 따라서 재세례파에게 "믿는다는 것은 그리스도를 따르는 것"이다. 16세기 재세례파 지도자였던 한스 뎅크(Hans Denck)는 다음과 같이 말한다.

> 삶 속에서 예수를 따르지 않으면서 그리스도를 진정으로 알 수 있는 사람은 없다.[48]

그러므로 예수는 믿음의 대상만이 아니라 삶 속에서 본받아야 할 삶의 모델이요, 모범이다. 그리스도를 믿는다는 것은 그리스도의 모범을 구체적으로 따른다는 것을 말한다. 믿음은 참된 실천과 참된 행위를 삶 속에서 보여줄 때, 그것이 진정한 믿음이라는 것을 증명한다.[49]

그렇기에 재세례파는 "법정적 칭의"를 거부한다. 법정적 칭의는 믿음으로 의롭게 됨을 논할 때 그것이 그리스도인의 삶이 실제로 변화되는 것이 아니라 그리스도의 의의 전가로 인해 형식적이며 선언적인 차원에서 의롭게 된다고 보기 때문이다. 그러므로 재세례파에게 칭의란 성화를 의미한다. 그들은 성화를 "새롭게 태어남, 즉 삶의 새로운 변화"라고 표현하기를 더 선호한다. 그만큼 재세례파 신앙은 믿음의 변화를 중시한다. 그들은 "오직 믿음으로 구원을 얻는다는 것은 구원의 한쪽 측면이고, 믿음은 행동으로 표현될 때만 볼 수 있고 참되다"라고 말한다.[50] 그런

---

48 Roth, 『믿음』, 39; Palmer Becker, *What is an Anabaptist Christian?*, 김복기, 김경중 옮김, 『아나뱁티스트 크리스천』(KAP, 2015), 27.

49 "만약 당신의 믿음이 당신이 말하는 대로라면, 왜 예수께서 그의 말씀 안에서 당신 안에서 명령하신 대로 행하지 않는가? 당신이 예수가 바라고 명령하신 대로 살지 않기 때문에, 당신이 예수 그리스도가 하나님의 아들이라고 말한다 할지라도, 당신은 결국 그를 믿지 않는다는 사실만을 드러내는 셈이다"(Menno Simons, *The New Birth*, 96, Klaassen, 『아나뱁티즘』, 65에서 재인용).

50 Klaassen, 『아나뱁티즘』, 82.

점에서 재세례파에게 칭의란 "삶이 실제로 거룩하게 되는 변화"로 이해된다. 그들이 볼 때 구원이란 한 사람의 도덕과 사회, 그리고 경제적 삶에 분명한 변화를 가져와야 한다.[51] 재세례파에게 그리스도인이 된다는 것은 예수를 믿는 것(believing)과 교회에 속하는 것(belonging)과 새로운 방식으로 행동하는 것(behaving)이 통합되어 있다.[52] 예수를 받아들이는 것, 즉 믿는다는 것은 변화된 삶을 사는 것을 말한다.[53] 예수를 믿음으로 오는 회심은 개인적인 죄 용서만이 아니라 신자의 삶과 행동의 변화를 가져오는 것이다. 전통적 기독교에서 구원은 개인의 구원과 영혼이 천국에 가는 것을 의미하지만, 재세례파에서 구원은 개인적 차원의 죄 용서와 화해를 넘어 사회 속의 화해, 평화, 사회정의를 위한 실천으로 나아간다. 결론적으로 재세례파 신앙에서 칭의와 윤리, 믿음과 행함은 아주 긴밀하게 결합해 있다고 할 수 있다.

(4) 본회퍼: 오직 믿는 자만이 순종하고, 순종하는 자만이 믿는다

본회퍼(Dietrich Bonhoeffer)는 회개가 없는데도 죄 용서를 선포해주고, 고난 속에서 그리스도를 뒤따름이 없는데도 믿음을 자랑하는 독일 루터교를 "값싼 은혜", "뒤따름 없는 은혜"의 종교라고 비판했다. 그는 "우리가 까마귀처럼 값싼 은혜의 시체에 몰려들어 거기서 독을 얻어먹고 나자 예수를 따르는 일이 우리 가운데서 죽어버렸다"[54]라고 한탄했다. 본회퍼가 값싼 은총을 주목하여 비판한 것은 행함은 뒤따르지 않는 채 믿음으로

---

51 Becker, 『아나뱁티스트 크리스천』, 26.

52 Becker, 『아나뱁티스트 크리스천』, 50.

53 Becker, 『아나뱁티스트 크리스천』, 56.

54 Dietrich. Bonhoeffer, *Nachfolge*, Martin Kuske, Illse Tödt ed., *Dietrich Bonhoeffer Werke*, Bd. 4[=*DBW 4*](München: Chr. Kaiser, 1989), 손규태, 이신건 옮김, 『나를 따르라』(대한기독교서회, 2010), 40.

만 의롭다 함을 받는다고 고집하던 독일 루터교의 칭의론 때문이었다.

"참된 그리스도인이 된다는 것"이 무엇인지 고민했던 본회퍼는 값싼 칭의 신앙에 빠진 기독교에 대한 해답을 성화론에서 찾고자 했다. 그래서 그는 칭의와 성화의 문제를 믿음과 순종의 관계로 풀어보고자 하였고,[55] 그것은 "오직 믿는 자만이 순종하고, 순종하는 자만이 믿는다"라는 파격적인 문장으로 정리되었다.[56] 그는 먼저 믿음이 있고, 그다음에 순종이 뒤따라 오는 것이 아니라, 오히려 순종이 있는 거기에 믿음이 있다고 보았다. 본회퍼는 믿음과 행위를 행위 필연론이나 행위 결과론으로 사고하는 것을 비판하였다. 우리는 좋은 나무가 좋은 열매를 맺듯이, 순종은 믿음에서 나온다고 생각한다. 믿음이 먼저 오고, 순종은 그다음이라는 것이다.[57]

본회퍼에 따르면 "먼저 믿어야만 그다음에 순종이 따라온다"는 방식의 시간적인 설명 때문에 결국 "믿음과 순종은 서로 분리되고 만다."[58] 그러므로 본회퍼는 다음과 같이 믿음보다 순종, 즉 행위를 강조한다.

> 믿음은 오직 순종 속에서만 존재한다. 그래서 믿음은 결코 순종 없이 존재하지 않는다. 믿음은 오직 순종의 행위 속에서만 믿음이다.[59]

> 믿음이 경건한 자기기만, 즉 값싼 은혜가 되지 않도록 하려면 순종의 첫걸음을 내디뎌야 한다.[60]

---

55 Bonhoeffer, 『나를 따르라』, 373-74.
56 Bonhoeffer, 『나를 따르라』, 61.
57 Bonhoeffer, 『나를 따르라』, 61-62.
58 Bonhoeffer, 『나를 따르라』, 62.
59 Bonhoeffer, 『나를 따르라』, 62.
60 Bonhoeffer, 『나를 따르라』, 62.

칭의론이 유난히 강조되었던 독일 루터교회가 행위 없는 신앙인을 양산하고 있는 상황에서, 본회퍼는 이처럼 "순종하지 않는 자는 믿을 수 없다. 오직 순종하는 자만이 믿는다"[61]라고 단호하게 말함으로써 신앙(믿음)보다 행위(순종)를 앞세우고자 했다. 행위로 보여주는 믿음만이 참된 믿음일 수 있다는 본회퍼의 해석은 자칫 행위 구원론이라는 위험과 비난에 직면할 수도 있었다. 그러나 본회퍼는 믿음(신앙)과 행위(순종)를 분리하려 한 것이 아니었다. 단지 내적인 믿음이 외적인 행위로 나타나야 한다는 단순한 진리를 강조한 것이었다. "순종의 첫걸음 안에 이미 그리스도의 말씀에 대한 믿음의 행위가 들어 있다"[62]고 말한 본회퍼의 사고에는 칭의된 신자 안에서 믿음과 순종은 하나이며, 믿음과 행위는 분리될 수 없다는 사실이 분명히 자리하고 있다. 그의 지적처럼 믿음이란 삶과 유리된 일부의 종교적인 행위가 아니라 총체적인 차원의 삶의 행위다.

4. 칭의 교리, 어떻게 설명되어야 하는가?

(1) 구원과 행위, 믿음과 행위의 통합적인 시각

믿음으로 의롭다 함을 얻은 그리스도인에게는 행위의 중요성이 강조되어야 한다. 우리의 구속은 "이미" 확정된 표지 가운데만 있는 것이 아니라(완료된 구속), "여전히" 진행 중에 있으며(과정 중의 구속), "미래"의 완성된 구속(최종적 구속)을 향해 나아가는 "도상 위에 있는 구속"이다. 우리

---

61 Bonhoeffer, 『나를 따르라』, 66.
62 Bonhoeffer, 『나를 따르라』, 65.

는 마치 우리의 구속이 이미 성취된 것처럼 승리의 나팔을 불고 미래의 구속을 낙관하며 완성된 구속의 선취(先取) 안에서 살아갈 것이 아니라, 믿음의 싸움터에서 구속의 완성을 향한 치열한 싸움을 싸워야 할 만큼 아직 유보된 구속을 쟁취하기 위해 다투는 경기장에 있음을 기억해야 한다. 그리스도의 십자가를 통해 일어난 구속은 "선취된 구속"일뿐 아니라, "유보된 구속"이기도 하다. 그리스도 안에서 단번에 이루어진 은혜로운 구원은 "이미"(already) 종료된 것으로서 "과거적 구원"이지만 동시에 "아직 안"(not yet) 끝난 "현재적이며 미래적 구원"이기도 하다. 우리 안에 시작된 구속은 그것의 종국적인 완성을 향해 나아가고 있으며, 그 과정에서 우리의 책임 있는 행위를 요구한다. 선물(Gabe)로 주어진 칭의는 성화를 이루어가야 하는 과제(Aufgabe)도 던져준다.

그러므로 그리스도인은 행위를 통해 구원을 획득할 수 없지만 행위를 통해 구원을 보유하고 지키도록 부름을 받았다는 사실을 기억해야 한다. 행위는 구원의 기초나 근거가 아니지만 우리의 구원 과정을 구성하는 핵심 요소다. 우리는 행위로 구원받는 것은 아니지만 행위 없이 구원받는 것도 아니다. 구원 과정에서 신자의 신분에 합당한 행위는 반드시 포함되어야 할 필수적인 요소다. 행위는 "구원 그 이후"에 추가되는 부차적인 것이 아니다. 신자의 행위는 믿음 다음에 부수적으로 따라오는 첨가물 정도가 아니라 구원을 위해 반드시 있어야만 하는 알맹이다. 그런 의미에서 행위는 칭의의 열매이자 표식이면서 동시에 최종적인 구원에 이르기 위한 수단이라고 할 수 있다.

이제 칭의와 행위에 대해 정리해보자. 우리는 "오직 은혜로" 구원을 받았지만 지속적인 성화의 삶을 살아야 한다는 점에서 행위를 위해 구원을 받은 것이기도 하다(엡 2:8-10). 선행은 은총을 증가시키는 원인—가톨릭교회의 입장이다—도 아니지만, 그렇다고 은총의 부산물—

개신교 일반의 입장이다—에 불과한 것도 아니다. 선행은 구원의 첨가물이 아니라 구원의 꽃이요, 열매다.[63]

믿음의 기초가 하나님의 칭의라면 믿음의 목적은 인간의 성화다. 그리스도인의 선한 행위는 믿음으로 시작하여 믿음의 완성인 거룩한 삶에 도달하는 활동이다. 하나님이 그리스도 안에서 우리를 위해 행하신 구원과, 우리가 그리스도 안에서 그리스도와 함께해야 하는 것(삶, 윤리) 사이의 일치성을 확보해야 한다. 믿음은 하나님의 선물인 은혜에 대한 수동적인 수납뿐 아니라 우리의 능동적 참여를 통해 완성된다. 참된 신앙은 말의 증거뿐 아니라 행위의 증거를 보여주어야 한다.[64]

다시 말해, 믿음을 경유하는 구원의 길은 오직 예수 그리스도의 은총으로 말미암는다. 그러나 구원의 과정은 믿음만이 아니라 신실한 행위도 반드시 포함되어야 한다. 행위는 구원의 수단은 아니지만 구원의 표지 또는 증거다. 정통주의 개신교는 "오직 믿음을" 붙잡아야 한다고 말하면서, 거룩함과 의로움의 삶을 가톨릭의 유산으로 여겨 배격해서는 안 된다. 오히려 잃어버렸던 소중한 유산으로 생각해 소중하게 간직해야 한다. 완덕과 거룩을 향한 열망은 구원에 해로운 요소가 아니라 구원의 완성을 위해 필수적인 요소들이다. 선한 행실과 도덕적 덕목은 우리의 구원 과정에서 필수적으로 동반되어야 한다.

(2) 법정적 칭의론을 넘어 윤리적 칭의론으로

오늘의 한국교회에서 구원과 윤리, 믿음과 행위의 분열 현상을 치유하기 위해서는 종교개혁의 칭의론을 변경 불가, 접촉 불가의 유물처럼 취급

---

63 Donald G. Bloesch, 『그리스도인의 삶과 구원』(유태주, 정원범 옮김, 한국장로교출판사, 1995), 15.

64 Bloesch, 『그리스도인의 삶과 구원』, 16.

하면서 이를 문자적으로 대해서는 안 될 것이다. 오히려 칭의에 대한 전통적인 개신교의 이해가 값없이 베푸시는 죄 용서 및 구속의 은혜만 강조하면서 신앙인의 윤리적 책임을 각성시키지 못했던 점을 통렬하게 반성해야 한다. 종교개혁의 칭의론은 두 가지 걸림돌에 막혀 있다. 첫째 걸림돌은 어떤 경우라도 행위보다 믿음이 먼저라는 "믿음 우선적 칭의론"이다. 둘째 걸림돌은 행위를 강조하면 공로 구원과 행위 구원에 빠질 것이라는 경계심 때문에 행위를 적대시하는 "행위 배격의 칭의론"이다. 이런 상황에서 종교개혁의 칭의론이 갖는 역기능적 한계를 극복하고 새로운 칭의론을 정립하기 위해 어떤 신학적 대안이 필요할까? 한마디로 말해 전통적인 칭의론의 기본 전제인 "법정적 칭의론"을 "윤리적 칭의론"으로 보완하는 작업이 필요하다.

법정적 칭의론은 루터나 칼뱅 같은 종교개혁자들로부터 시작되어 정통주의 개신교 진영에서 강력한 지지를 받아왔다. 법정적 칭의론은 루터교 정통주의만이 아니라 하이델베르크 교리문답, 웨스트민스터 신앙고백, 벨기에 신앙고백, 도르트 신조, 투레티누스(Franciscus Turretinus), 존 오웬(John Owen) 등의 개혁파 정통주의에서 매우 선명하게 강조된다.

법정적 칭의(forensic justification)란 "법정에서 재판관이 죄인을 향해 무죄를 선언하는 것처럼" 죄인인 인간에게 그리스도의 의가 전가됨으로 더 이상 죄인이 아님을 선언한다는 의미다. 그러나 이 관점은 칭의란 실질적으로 의롭게 됨이 아니라 형식적인 칭의임을 뜻한다. 법정적 칭의론에 의하면 신자의 의롭게 됨은 그리스도의 의가 주입(infusion)되는 것이 아니라, 전가된 의(imputed righteousness)를 근거로 한다. 그리고 여기서 수동적 의와 능동적 의를 구분해야 할 필요가 생긴다. 그러나 의롭게 됨이란 "법정적 의"만이 아니라 "실질적 의"를 포함한다(Käsemann, Kertelege). 칭의 사건은 그리스도의 의가 우리에게 전가됨으로써 우리를 의롭다고 선언하고 인정하는 것만 말하는 것이 아니다. 그리고 그것은 "우리 밖에서"(*extra nos*) 이루어지는 수동적 의에 그치지 않고 우리 안에 생성되어 우리를 실제로 의롭게 하는 능동적 의에까지 나아간다.

이처럼 죄인인 사람에게 죄 없다 선고하는 법정적 칭의는 그리스도의 의가 우리 삶 속에 생성되지 않은 채 전가된 의로 말미암아 우리 안에서가 아닌 밖에서 이루어지는 수동적인 의의 개념으로 이해되었다. 그 결과 법정적 칭의론은 칭의된 신자의 삶 안에서 어떤 도덕적이며 실질적인 변화를 가져오지 못한다는 형식주의 논리와 의로워지는 사건이 신자 외부에서 수동적으로만 이루어진다는 외재주의 논리로 가득 차게 되었다. 결국 칭의 사건은 신자의 삶에 어떤 실제적 효과를 가져오는 영향을 끼치지 못한다는 논리적 얼개까지 생겨났다.

그러나 칭의는 법정적 의(forensic righteousness)만이 아니라 효과적인 의(effective righteousness)를 창출한다. 루터의 칭의론 역시 법정적으로 의롭게 되는 것만이 아니라 효과적으로 의롭게 된다는 개념을 포함한다. 하나님은 죄인을 의롭다고 선언하실 뿐 아니라, 죄인을 실제로 의롭게 만드신다.[65] 의는 전가된 것(imputed)일 뿐 아니라 분여된(imparted) 것이기도 하다. "의롭게 여기는"(Gerechtsprechung) 칭의와 "의롭게 만드는"(Gerechtmachung) 의화는 결합해야 하고, 결합할 수 있다. 그러므로 법정적 칭의와 효과적 칭의는 결합해야 한다.

칼뱅은 신자의 거룩한 삶을 강조하며 성화를 더욱 강조했지만, 칭의와 성화를 분명히 구분했다. 애석하게도 그런 구분은 칭의와 윤리의 분리를 가져왔다. 칼뱅의 뒤를 따르는 개신교회는 대체로 "신분의 변화인 칭의"와 "도덕적 상태의 변화인 성화"를 구분한다. 그러나 칭의와 성화는

---

65 Bloesch, 『그리스도인의 삶과 구원』, 38.

하나님의 구속 행위의 두 측면이다. 칭의와 성화는 모두 구원 과정에서 일어나는 두 단계 과정이다. 물론 논리적으로 칭의는 성화에 선행한다. 그러나 성경의 설명에 의하면 칭의와 성화는 선후(先後) 관계라든가 원인과 결과의 관계로 설명하지 않는다. 의롭다고 선언하는 그 자리에서(칭의가 일어나는 순간), 즉시 의롭게 살아야 한다고(성화의 삶을) 요청한다.

칭의와 성화는 어디까지나 논리적인 구분이자 논리적인 선후 관계일 뿐, 의롭다고 인정받는 의의 선언(칭의)과 실제로 의로움이 일어나는 의의 분여(성화)는 동시에 일어난다. 교리를 설명하는 도식에서는 "사건으로서 칭의"와 "과정으로서 성화"를 구분하여 말하지만, 성경의 가르침에 의하면 신자들은 "구원받고 있는 자들"이고, 그들의 구원은 "변화되는 과정"이다.[66] 믿음으로 의롭게 된 칭의된 신자는 행함을 추구하며 살라는 것은 성경의 일관된 가르침임을 기억해야 한다.

---

66 James D. G. Dunn, 『바울신학』(박문재 옮김, 크리스천다이제스트, 2003), 448.

제 1 부

성경에서 칭의와 정의

01

칭의론과 정의

김창락

한신대학교 명예교수, 신약학

김창락은 한신대학교의 명예교수다. 독일 마인츠 대학교에서 신약학으로 박사학위(Dr. theol.)를 취득했다. 저서로는 『귀로 보는 비유의 세계』(한국신학연구소, 2000), 『새로운 성서해석: 무엇이 새로운가?』(한국신학연구소, 1997), 『성서주석: 갈라디아서』(대한기독교서회, 1999), 『새로운 성서해석과 해방의 실천』(한국신학연구소, 1990) 등이 있다. 민중신학적 성경 해석 및 칭의론과 정의에 관한 글을 쓰며 연구하고 있다.

들어가는 말

바울의 칭의론은 원래 조용한 골방에 틀어박혀서 사색을 통해 복음의 의미에 대한 신학적 이론을 정교하게 전개한 가르침이 아니다. 오히려 억압, 폭력, 착취, 차별, 굶주림, 헐벗음 등의 갖가지 정치적·사회적 악이 소용돌이치는 역사 현장의 한복판에서 억울한 자들의 편을 들어서 "하나님이 제시하신 구원의 길은 이것이다" 하고 외치는 항변이요, 절규였다. 그러므로 우리는 바울의 칭의론에서 기독교인의 교양과 인격 수양을 위한 교훈을 찾으려 할 것이 아니라, 진리와 거짓, 정의와 불의, 평화와 분쟁, 생명과 죽임의 양대 세력이 맞서 싸우는 역사 현장의 결투장에서 어느 편에 서는 것이 하나님이 제시하신 구원의 길에 부합하는지를 교시(敎示)하는 투쟁 전략의 구체적 지침을 찾아내야 할 것이다.

1. 칭의론, 왜 문제인가?

우선 바울의 이 이론에 "칭의론"(稱義論)이라는 명칭을 붙이는 것이 옳으냐, 옳지 않으냐는 논란부터 살펴보아야 한다. 어떤 사람이 하나님 앞에서 의롭다는 판정을 받았다고 할 때 그것이 그 사람이 죄인이지만 하나님이 의롭다고 선고/인정해주셨다는 사실을 뜻한다면 "칭의론"(稱義論) 또는 "의인론"(義認論)이라고 일컫는 게 옳을 것이다. 이와 달리 하나님이 그 사람을 단지 의롭다고 선고/인정해주시는 것으로 그치지 않고 그 사람 자신을 의로운 존재로 변화시켜주시는 일이 일어난다고 이해하는 입장에서는 "성의론"(成義論) 또는 "의화론"(義化論)이라고 일컫는 게 옳다.

다행인지 불행인지 모르겠지만 영어나 독일어 같은 서구 언어에서는 우리말에서처럼 칭의/의인 대 성의/의화처럼 의미를 나누어 표현하는 용어가 없기에 양쪽을 다 같이 "the doctrine of justification"이나 "die Rechtfertigungslehre" 등의 용어로 묶는 것으로 만족할 수밖에 없다. 그렇지만 그들에게도 "justify" 또는 "rechtfertigen"이라는 동사가 ① "consider/declare righteous"를 뜻하느냐, ② "make/transform righteous"를 뜻하느냐를 놓고 논란이 벌어질 수밖에 없다.

일반적으로 종교개혁의 전통에 서 있는 교회들은 칭의론이 이른바 "교회의 존망이 달려 있는 신앙 조항"(*articulus stantis et cadentis ecclesiae*)이며 복음의 정수(精髓)라고 여긴다. 과연 그렇다면 칭의론은 그릇된 사이비 교회를 쓰러뜨리고 참된 교회를 튼튼히 일으켜 세우는 순기능을 발휘했을 것이다. 그런데 실제 교회의 역사를 되돌아보면 중세 시대나 종교개혁 시대, 또는 그 이후 시대를 막론하고 칭의론에 대한 다양한 이해가 각축한 결과, 그것은 교회를 하나의 올바른 복음의 토대 위에 든든이 세우는 기능을 했다기보다는 오히려 교회를 분열시키고 복음을 왜곡시키는 데 한몫했다는 사실을 외면하기 어려울 것이다.

이런 문제에 직면하여 신학자들은 다음과 같은 여러 가지 해결책을 제시한다. 첫째, 바울 자신의 본래적 칭의론과 후대의 신학자들에 의해 해석된 칭의론을 구별해야 한다는 관점이다.[1] 둘째, 바울의 칭의론이 복

---

1 대표적으로 Krister Stendahl, *Paul among Jews and Gentiles*(Philadelphia: Fortress Press, 1976). Stendahl은 이 책에 게재한 "The Apostle Paul and the introspective Conscience of the West"라는 논문에서 Augustinus를 위시한 중세 신학자들, 종교개혁 시대의 신학자들은 물론 그 이후의 신학자들, 특히 오늘날의 실존주의 신학자들에게 이르기까지 서구의 모든 신학자는 내성적 양심에 번민해야 하는 그들의 특수한 문화적 전통에 얽매여 바울의 칭의론을 죄 문제로 고통을 당하는 그들의 내성적 양심을 달래주는 죄 용서의 즉효약으로 그릇되게 해석해서 이용했다고 주장한다.

음의 정수를 진술한 것이 아니라 원시 교회의 특수한 선교 상황에서 생긴 "투쟁교설"(Kampfeslehre)에 불과하다고 보는 관점이다.[2] 셋째, 바울의 칭의론은 바울의 기독교적 구원에 대한 사상을 완벽하게 제시한 것이 아니라 단편적이며 부분적인 것에 불과하다는 관점이다.[3] 넷째, 바울의 칭의론은 그 당시 유대교의 율법관과 구원관을 곡해한 데 바탕을 두기 때문에 오류가 있다는 관점이다.[4]

그러므로 우리가 바울의 칭의론에 대한 올바른 이해에 도달하기 위해서는 두 가지 과정을 거쳐야 한다.

① 후대의 신학자들에 의해 바울의 칭의론에 잘못 덧씌워진 덧칠을 제거하는 작업.

② 바울이 무슨 이유로 칭의론이라는 이론적 무기를 휘두르면서 그

---

2 W. Wrede, *Paulus*(Halle, 1904), 72; Stendahl, *Paul among Jews and Gentiles*, 27. "바울의 칭의론은 바울이 하나님 나라 안에서 이방인들이 차지할 자리를 어떻게 수호하느냐 하는 문제를 신학적 사고로 씨름하는 데서 생겨났다."

3 A. Schweitzer, *Die Mystik des Apostel Paulus*(Tübingen, 1930), 214-22. Schweitzer는 바울의 칭의론은 독립된 사상도, 완벽한 사상도 아니라고 한다. 그것은 구원론의 한 파편에 불과한 것으로서 바울에게는 "그리스도 안에서의 삶"이라는 신비적 구원론이 신학 체계에서 주분화구(主噴火口)를 이루고 있으며 칭의론은 부분화구(副噴火口)에 해당한다는 것이다; Hans Joachim Schoeps, *Paulus*(Tübingen, 1959), 206, 210. Schoeps는 바울의 칭의론이 다음 두 가지 이유로 이론상으로 불완전하다고 평가한다. 첫째, 그것은 율법을 곡해한 데 근거하고 있기 때문이다. 둘째, 그것은 윤리 문제와 관련되지 않기 때문이다.

4 E. P. Sanders, *Paul and Palestinian Judaism: A Comparison of Patterns of Religion*(London: SCM Press, 1977). Sanders는 바울이 유대교의 율법관, 구원관을 율법주의, 공로주의로 곡해했다고 본다. 그는 기원전 2세기에서 기원후 1세기에 걸친 당대의 모든 유대교 문헌을 직접 샅샅이 검토하여 당시 유대교의 율법관 및 구원관을 "계약적 율법관"(covenantal nomism)이라 규정했다. 이것은 율법을 지키는 공적에 따라 구원을 받는다는 소위 율법주의(legalism), 공로주의와 달리, 구원은 하나님이 은혜로 주시는 선물이며, 율법을 지킨다는 것은 하나님이 주신 구원 안에 머물러 있는 수단이지 하나님의 구원을 얻기 위해서 선행(先行)해서 성취해야 할 공적과는 거리가 멀다는 것이다. 이 관점에 따르면 바울의 유대교 비판은 완전히 과녁을 빗나갔다.

런 공격을 감행했는지를 밝히는 작업.

이를 위해 우리는 산 넘고 물 건너 2,000년이라는 기나긴 역사의 터널을 거슬러 올라가 바울이 직접 칭의론을 진술했던 그 역사의 현장에 도달해야 한다.

그렇다면 타임머신 같은 기구가 있어서 그 현장에 도달한다면 바울의 진의(眞意)를 정확하게 파악할 수 있을까? 물론 현장에서 바울의 육성(肉聲)을 듣는 것이 그가 남긴 글을 읽는 것보다는 더 생동감 있는 의미를 전달해주겠지만 그것으로 문제가 다 해결되지는 않는다. 왜냐하면 바울과 우리 사이에는 여전히 "언어"라는 마(魔)의 장벽이 가로놓여 있고 우리는 그 장벽을 통과하는 과정을 통해 마침내 "의미"라는 알맹이를 낚아 올려야 하기 때문이다.

2. 구약에서의 구원: 구원은 정의다

우리말에서는 물에 빠진 사람을 건지는 것을 "구출(救出)한다" 또는 "구조(救助)한다"라고 하지 "구원(救援)한다"라고 하지 않는다. 한편 어떤 사람이 죄악에서 벗어나서 새사람으로 바른 삶을 살아가고 있으면 우리는 "그 사람은 구원받았다" 또는 "그 사람은 구원받은 새로운 삶을 살아가고 있다"고 말하지, "그 사람은 구출/구조받았다"고 하지는 않는다. 또한 어떤 사람이 그가 저지른 죄를 용서받고 올바른 삶을 살고 있으면 "그 사람은 구속(救贖)받았다"고 한다.

여기서 구속(救贖)은 그 사람이 죗값을 치러야 할 채무에서 면제받고 정상적인 삶을 살게 되었다는 뜻을 내포하며, 구원은 단지 소극적으로 죄악이나 위험 따위에서 벗어나게 하는 것만 아니라 한 걸음 더 나아가서 올바른 삶의 상태로 인도한다는 적극적인 뜻까지 내포한다. 이렇게 하여 원래 한 계통의 낱말이던 것이 어느 한쪽에 별도의 내포가 덧붙여 사용됨으로써, 결국엔 내포가 덧붙은 낱말이 원래 지칭하던 대상과 다른 별종의 대상을 지칭하는 낱말로 사용되게 되었다. 즉 "구원받다"와 "구속받다"는 영혼, 종교적 실존 또는 도덕적·윤리적 죄과(罪過)로 인해 번민하는 개개인에게 부여되는 구제(救濟)의 도움을 가리키는 반면, "구출하다"와 "구조하다"는 인간의 세속사 속에서 일어나는 물리적이며 감각적인 위험이나 악에서 사람의 육신을 건져냄을 뜻하는 것으로 의미가 나뉜 것이다.

성경이 구원사를 진술하는 데 사용하는 용어들은 주로 "구원하다"(ישע[야샤]), "심판하다"(שפט[샤파트]), "의롭다/의롭게 하다"(הצדיק[히츠디크])라는 동사들과 여기서 나온 명사들로 구성된다. 그런데 이 낱말들은 우리말에서처럼 의미가 분화되지 않고 한 가지 구원 사건을 지칭한다.

먼저 "구원하다"(ישע)라는 동사의 대표적 용례는 하나님이 이스라엘 백성을 **구해주셨다**는 것이다.[5] 이때 누구로부터, 또는 무엇으로부터 구원

---

5 구원의 대상은 가장 대표적으로 "이스라엘 백성"(삿 3:31, 37; 6:15, 36; 삼상 14:23, 39; 삼하 3:18; 대하 20:9; 느 9:27; 시 28:9; 사 43:3; 63:9; 렘 14:8; 30:10; 46:27; 겔 36:29; 37:23; 슥 8:7)이라고 지칭되었으며, 때로 이 이스라엘 백성은 "이스라엘 자손"(렘 30:10; 46:27), "이스라엘의 남은 자"(렘 31:7), "시온" 또는 "예루살렘"(슥 9:9; 습 3:17), "예루살렘 주민"(대하 32:22), "유다"(렘 33:16), "유다 장막"(슥 12:9), "시온과 유다 성읍들"(시 69:35), "내 양떼"(겔 34:22), "이 성(城)"(왕하 19:34), "이스라엘 가문"(시 98:1-3), "내 백성"(슥 8:7, 13), "요셉 족속"(슥 10:6), "곤고한 백성"(시 18:27), "우리 조상들"(시 10:8, 10)로 지칭되었다. 또 탄원, 질책, 신앙고백을 표현한 글에서는 "나"(삿 12:2; 삼하 22:3, 4; 왕하 6:26; 16:7; 시 6:4; 7:1; 18:3, 43; 22:21; 31:16; 34:6; 54:1; 86:16; 109:26; 118:25; 119:94, 146; 사 38:20; 렘 17:14; 합 1:2), "우리"(수 22:22; 삿 10:15; 삼상 4:3; 7:8; 10:27; 왕하 19:19; 대상 16:35; 시 20:9; 44:7; 60:5; 80:3; 106:47; 108:6; 사 25:9; 33:22; 37:20; 렘 2:27), "너"(신 33:29; 대상 19:12; 렘 4:14; 15:20; 30:11), "너희"(신 20:4; 삿 7:7; 10:12, 13, 14; 사 35:4; 43:12) 같은 인칭대명사로 지칭되기도 했다. 나아가 이들의 종교적 성향

해주셨는지가 명시된다.[6] 즉 구원의 대상은 대표적으로 이스라엘 백성이고 그들은 억압, 압박, 착취, 재난, 재앙, 고통 따위의 정치적·사회적 관계에서 인간들이 유발하는 악행의 결과들로부터 구원받는다. 이런 악들은 모두 세속 세계에서 일어나는 일들이었다. 사실 성경이 증언하는 이스라엘 백성의 구원이란 이 세상사와 상관없는, 전혀 다른 차원에 속하는 현상을 말하는 것이 아니었다. 성경은 이 두 가지 다른 차원의 구원을 구별하지 않을뿐더러 아예 이를 구별하는 용어 자체도 사용하지 않는다.

다만 제사장 가문 출신의 예언자였던 에스겔은 이스라엘이 민족의 멸망이라는 절체절명의 위기에서 살아남는 길이 종교적 범죄에서 떠나 성전 중심의 참되고 순수한 종교적 제의로 돌아오는 것이라고 믿었기에,

---

을 표시할 때는 "주를 의지하는 종"(시 86:2), "기름 부음 받은 자"(시 20:6,), "겸손한 자"(욥 22:29), "온유한 자"(시 76:9), "중심에 통회하는 자"(시 34:18), "하나님을 경외하는 사람들"(시 145:19), "마음이 정직한 자"(시 7:10), "경건한 자와 충실한 자"(시 12:1), "의인들"(시 37:40)이라고 지칭되었다. 그들의 사회적 성분을 규정하기 위해서는 "궁핍한 자의 자손"(시 72:4), "궁핍한 자의 생명"(시 72:13), "순박하고 비천한 사람들"(시 116:6), "연약한 백성"(시 18:27), "가련한 사람 가난한 사람"(시 12:5), "저는 사람"(습 3:19)이라는 표현이 사용되었다. 구원의 대상은 특정한 부류의 사람들에게 국한되지 않고 "땅 끝에 있는 모든 사람"(시 98:3), "그일라 거민"(삼상 23:5), "사람과 짐승"(시 36:6), "하나님의 뜻을 거역하는 사람들이지만 하나님께 부르짖는 사람들"(시 107:13, 19), "미래에 이집트 땅에 살 사람들"(사 19:20)도 포함된다.

6 때로는 일반화해서 "내 원수들에게서"(삼하 22:4; 시 18:4), "우리 원수들의 손에서"(삼상 4:3), "우리 대적에게서"(시 4:7), "나를 고발하는 자들에게서"(시 109:31), "나를 쫓는 모든 자에게서"(시 7:1), "피 흘리기를 즐기는 자에게서"(시 59:2), "모든 적국의 손에서"(대하 32:22), "대적의 손에서"(느 9:27), "악인에게서"(시 37:40), "그 미워하는 자의 손에서"(시 10:10), "우리 원수들의 손에서"(삼상 4:3), "교활한 자들의 칼날 같은 입과 억센 손아귀로부터"(욥 5:15)라고 했으며, 때로는 역사적 상황을 지목해서 "이집트 사람의 손에서"(출 14:30; 삼상 7:8), "블레셋 사람의 손에서"(삼상 7:8; 9:16; 13:5), "미디안의 손에서"(삿 6:14), "시리아 왕과 이스라엘 왕의 손에서"(왕하 16:7), "산헤립의 손에서"(왕하 19:19; 사 37:20), "산헤립의 손과 적국의 손에서"(대하 32:22) 구원하심을 말했다. 한편 그들이 빠져 있는 곤경은 "환난"(렘 30:7; 시 34:6), "부르짖는 처지"(대하 20:9), "사자의 입에서"(시 22:21), "비방에서"(시 57:3), "고난 가운데"(시 107:130), "곤경에서"(시 107:19), "울부짖을 때"(시 145:19), "고난에서"(사 46:7), "환난을 당할 때"(렘 2:28), "재앙의 날에"(렘 11:12), "재난과 고통에서"(삼상 10:10, 19) 등으로 적시되었다.

그들이 빠져 있는 죄악의 상태에서 벗어나는 것을 구원의 사건으로 내세웠다. "그들이 다시는 그 우상들과 가증한 짓들과 온갖 범죄로 자기들을 더럽히지 않을 것이다. 그들이 범죄한 그 모든 데에서 내가 그들을 구원해내어 깨끗하게 해주면, 그들은 내 백성이 되고 나는 그들의 하나님이 될 것이다"(겔 37:23)라는 말씀은 이스라엘 민족에게 구원이란 그들이 범한 종교적 죄에서 돌이켜 용서함을 받아 하나님과의 올바른 관계 속으로 들어가는 상태를 뜻하는 것처럼 보인다.

에스겔 36:29-31도 이스라엘이 범한 온갖 종교적 죄악으로부터 돌아서서 구원을 받아야 한다는 사실을 지적한다. 그런데 이 말씀은 그들이 누릴 구원의 내용이 순수한 종교적 차원의 어떤 측면이 아니라 순전히 이 세상 안에서 영위되는 구체적 살림살이와 관련된다는 사실을 보여준다.

> 29내가 너희를 온갖 더러움에서 구원해내고서는 곡식의 소출을 풍성하게 하여 다시는 너희에게 흉년이 들지 않게 하며, 30나무에 과일이 많이 맺히고 밭에서 소출이 많이 나게 하여, 너희가 다시는 굶주림 때문에 다른 나라의 조롱을 받지 않게 하겠다. 31그때에 너희가 너희의 악한 생활과 좋지 못한 행실들을 기억하고, 너희의 온갖 악과 역겨운 일들 때문에 스스로를 미워하게 될 것이다(겔 36:29-31).

이로써 우리는 에스겔도 일방적으로 종교적 죄악으로부터 구원받는 것만을 구원으로 국한하여 제시하지 않는다는 사실을 확인할 수 있다.

사사기에서도 마찬가지다. 사사기는 이스라엘 민족이 어떻게 위기에 빠지게 되었으며 그때마다 어떻게 구원을 받게 되었는지를 도식적으로 반복되는 여러 가지 사례들을 통하여 보여준다. 일상적 언어에서 "심판하다" 또는 "재판하다"라는 용어가 사용되는 자리는, 피도 눈물도 없는 냉혹함이 감돌고 서슬이 퍼런 칼날에 피가 뚝뚝 떨어지는 살벌한 광경이 펼쳐지리라 연상된다. 그렇지만 사사기는 심판과 구원이 별개가 아니라 하나의 사건임을 단적으로 보여준다.

사사기는 이스라엘 민족이 가나안 땅을 점령한 후부터 왕국을 건설하기 전까지 일어난 역사를 다룬다. 이스라엘 백성은 가나안 원주민의 종교에 물들어 우상숭배의 죄악에 빠진다. 하나님은 그에 대한 벌로 주변 민족에 의한 압제를 허락하신다. 이스라엘 백성은 원수들의 압제에 참다못해 부르짖는다. 하나님은 그들의 부르짖음을 들으시고 "사사"라고 일컬어진 군사적 영웅을 보내시어 그들을 구원해주신다. 이스라엘 백성은 한동안 평안히 살다가 또다시 죄악에 빠진다. 그러면 그들은 또다시 원수들의 손에 넘겨진다. 이스라엘 백성은 다시 원수들의 압제를 견디다 못해 부르짖는다. 하나님은 또 사사를 보내시어 그들을 구원해주신다. 사사기에는 이와 같은 유형의 역사가 계속해서 되풀이된다.

"사사"는 "심판하다/재판하다"라는 동사의 분사형으로 만들어진 명사로서 문자 그대로는 "심판관/재판관"을 뜻한다. 그렇지만 사사기에 나타나는 대표적 사사들의 업적은 재판이라는 사법적 직무를 잘 수행했다는 데 있지 않다. 오히려 그들의 업적은 하나님의 도우심을 힘입어 이스라엘 민족의 원수들을 물리쳐서 그 압제에서 자기 민족을 기적적으로 구원해냈다는 데 있었다. 사사의 사명이 무엇보다도 구원 업무와 직결된다는 사실은 다음 구절에서 명백히 드러난다.

> 16그 뒤에 야웨께서는 사사들을 일으키셔서 그들을 약탈자의 손에서 구원해 주셨다.…18그러나 야웨께서는 그들을 돌보시려고 사사를 세우실 때마다 그 사사와 함께 계셔서 그 사사가 살아 있는 동안에는 그들을 원수들의 손에서

구원해주셨다. 야웨께서, 원수들에게 억눌려 괴로움을 당하는 그들의 신음을 들으시고, 그들을 불쌍히 여기셨기 때문이다(삿 2:16-18).

그런데 놀라운 것은 사사기에서 "심판하다"라는 동사가 "구원하다"라는 뜻으로 사용된 경우는 단 한 번도 없고 "심판하다/재판하다"라는 뜻으로 사용된 경우도 단 한 번뿐이라는 사실이다.[7] 그리고 나머지 아홉 번은 넓은 의미로 다스리는 직무를 수행했다는 뜻으로 사용된다.[8]

"재판"은 사람과 사람 사이에서 일어나는 불의나 갈등을 해결하기 위한 법적 장치다. 사회적 동물인 사람은 고립된 채 살아가는 것이 아니라 개인과 개인 관계, 또는 어떤 집단에 소속된 존재로서 집단과 집단 사이의 관계 속에서 살아간다. 이 관계가 호혜적이며 평등하다면 사람들 사이에 원한이나 분쟁이 발생할 여지가 없을 것이다. 그렇지만 현실의 인간관계는 강자와 약자, 유능자와 무능자, 잘난 사람과 못난 사람 등의 갖가지 불평등 관계로 얽혀 있다.

요즘엔 이런 불평등 관계를 "갑-을 관계"라 하여 갑은 강자로서 가해자에 해당하고 을은 약자로서 피해자에 해당하는 것으로 여겨진다. 재판은 이런 문제를 제3자가 개입하여 해결하도록 마련해놓은 사법적 제도다. 즉 공정한 재판이란 사회 전체의 관점에서 볼 때 사회의 병폐를 제거해서 온전하게 회복시키는 사회적 구원이며, 특히 피해자인 약자들에게는 자기네들을 그 억울함과 곤경에서 벗어나게 해주는 해방과 구원의 사건이 된다.

그런데 성경의 구원사에서 "심판하다/재판하다"라는 용어가 하나님

---

7 "나는 당신에게 잘못한 것이 전혀 없는데도 당신이 나를 해치려고 쳐들어왔으니, 심판자이신 야웨께서 오늘 이스라엘 자손과 암몬 자손 사이를 판결해주시기를 바라노라"(삿 11:27).

8 삿 12:7, 8, 9, 11(2번), 13, 14; 15:20; 16:31.

의 구원 활동을 진술하는 데 더러 사용되었더라도 다른 용어, 예를 들어 "구원하다"나 "의롭다 하다"에 비해 그 빈도가 현저하게 낮다. 왜 그럴까? 재판은 소송 당사자들 사이에서 일어난 문제에 대하여 시비를 가리는 것으로서 범법자에게 마땅한 처벌을 내리는 것이 그 주요 기능이기 때문이다. 그 결과 일반적으로 재판은 범법자에게 처벌을 내리는 무시무시한 일로 받아들여지기에 성경에서는 "심판하다"라는 용어가 구원 사건을 기술하는 용어로 사용되는 경우가 많지 않은 것이다. 나아가 구원 사건을 진술할 때도 그것이 구원 사건으로서 일어나는 일임을 표시하는 표현들이 덧붙게 된다. 예를 들면 "공의로 가난한 자를 심판하며"(사 11:4), "빈민의 재판을 공정하게 판결하지 아니하니"(렘 5:28), "고아와 압제당하는 자를 위하여 심판하사"(시 10:18)에서 밑줄 그은 부분 같은 것들이다.[9] 통계적으로 성경에서 "심판하다"가 피해자들에게 구원을 가져다주는 행위를 서술하는 데 사용된 경우는 불과 9회 정도인데 반해 가해자 또는 악행자에게 징벌을 내리는 행위를 서술하는 경우는 무려 36회 정도나 된다.[10] 또한 하나님이 누구나 가리지 않고 세상을 공평무사하게 심판하신다거나 그렇게 하라고 명하시는 분이심을 진술하는 데는 무

---

9 예를 더 들면, "나는 완전하게 살았으며 흔들림 없이 야웨를 의지하였사오니 야웨여, 나를 판단하소서/심판하소서"(시 26:1), "야웨, 나의 하나님이여! 주의 공의대로 나를 판단하사 그들이 나로 말미암아 기뻐하지 못하게 하소서"(시 35:24), "나의 하나님, 나의 주여! 떨치고 깨셔서 나를 공판하시며"(시 35:23), "가난한 자와 고아를 위하여 심판하며 곤란한 자와 빈궁한 자에게 공의를 베풀어라"(시 82:3), "공의를 구하며 학대받는 자를 도와주며 고아를 심판하며(고아를 위하여 신원해주며/고아의 송사를 변호해주며)"(사 1:17), "저가 백성의 가난한 자를 신원하며(심판하며) 억압하는 자를 꺾으리로다"(시 72:4), "왕이 가난한 사람을 정직하게 재판하면, 그 왕위는 길이길이 견고할 것이다"(잠 29:14),

10 왕상 8:32; 대하 6:23; 20:12; 22:8; 미 4:3; 욜 3:2, 12; 옵 1:21; 시 7:8; 9:19; 94:2; 109:7; 욥 21:22; 사 51:5; 66:16; 렘 2:35; 25:31; 겔 7:3, 8, 27; 11:10, 11; 17:20; 18:30; 20:4, 36; 21:30; 22:2; 23:36, 45; 33:20; 35:11; 36:19; 38:22.

려 47회나 사용되었다.[11]

이런 용어 사용을 바탕으로 성경의 구원사 기술(記述)에서 구원 사건에 새로운 이름을 붙임으로써 구원의 내용을 명확하게 조명해준 용어가 등장했다. 그것은 다름 아니라 "의롭게 하다"라는 동사 및 그 어원과 관련된 명사다. 이 용어가 야구의 대타처럼 "구원하다"나 "심판하다"가 담당하지 못하던 부분을 대신 수행하도록 후대에 새로이 기용된 것인지는 확인하기 어렵다. 그렇지만 "드보라의 승전가"와 같은 노랫말에 "체다카"(צדקה)라는 명사가 사용된 것을 볼 때 우리는 이 용어가 이스라엘 민족 역사의 아주 초기부터 사용되었다고 추정할 수 있다.

그런데 여기서 우리의 관심사는 이 용어의 발생 시기를 확정하는 것이 아니라 이 용어의 의미 내용을 파악하는 것이다. 이는 우리의 연구 주제인 바울의 칭의론이 갖는 본래적 의미와 "정의"라는 용어의 개념을 규명하는 것과 직결된다. 바울의 칭의론에 대한 상반된 모든 신학적 논의는 "의롭다 하다"와 "의"라는 두 용어의 의미를 어떻게 해석하느냐 하는 차이에서 생겨났다. 이런 복잡한 신학적 논의에 직접 뛰어들어 허우적거리지 않기 위해서 누구나 따라야 할 길잡이 역할을 해주는 두 가지 원칙을 먼저 살펴보자. 학자 대다수가 이 두 원칙에 동의한다고 표명하면서도 이 원칙이 지시하는 원리에 철저히 충실하지 못하기 때문에 방향 감각을 잃고 곁길로 헤맨다.

① "의롭게 하다"라는 동사는 히브리어에만 있는 특수한 용어다. 그

---

11 창 16:5; 18:25; 31:53; 출 18:13, 16, 22, 26; 레 19:15; 민 35:24; 신 1:16; 16:18; 17:9; 25:1; 삿 11:27; 삼상 12:7; 24:12, 15; 왕상 3:9, 28; 대상 16:33; 대하 1:10, 11; 대하 19:6; 욥 2:13; 시 7:8; 9:4, 8, 16; 37:33; 50:6; 67:4; 75:2; 82:2; 96:13; 98:9; 사 2:4; 5:3; 16:5; 33:22; 59:4; 렘 11:20; 겔 34:17, 20, 22; 44:24; 미 4:3; 슥 7:9; 8:16.

리스어나 라틴어를 비롯한 그 밖의 어떤 언어에도 이 용어에 정확히 상응하는 낱말이 없다.

② "의롭다 하다"라는 동사는 "법정적 용어"(forensic term)로 사용되었다. 법정적 용법과 윤리적 용법은 엄격히 구별해야 한다.

앞서도 밝혔지만 재판은 소송 사건의 두 당사자 사이에 발생한 문제를 제3자인 재판장이 개입하여 해결하는 방법이다. 여기서 문제가 발생했다는 것은 양쪽 사이의 관계가 평등하거나 정당하지 않은 상태에서 어느 한쪽이 가해자로서 부당하게 이득을 챙기거나 다른 한쪽이 희생자로서 억울하게 고통을 당하는 관계가 성립되어 있다는 뜻이다. 이 관계가 부당한 것이 확인되면 재판장은 가해자 측을 유죄로, 피해자 쪽을 무죄로 판정한다. 그런데 성경에서는 이 경우에 억울한 희생자 측을 단순히 무죄자라 칭하는 것이 아니라 "의인"이라 칭하고, 가해자 측을 "악인"이라 칭한다.

여기서 "의인"이라는 칭호는 갑-을 관계에서 부당하게 희생당하는 측에 속하기 때문에 그의 희생된 본연의 권리가 회복되어야 할 사람임을 말하는 것이지, 그의 존재가 윤리적인 모든 기준에 비추어서 의롭다는 것을 뜻하지는 않는다.

> 사람과 사람 사이에 시비가 생겨서 재판을 청하거든 재판장은 그들을 재판하여 의인은 의롭다 하고 악인은 악하다고 해야 한다(신 25:1).

여기서 "의롭다 하다"(הצדיק, δικαιουν [디카이운, LXX])는 그에게 처벌을 명하는 유죄 선고가 아닌, 무죄 선고를 내리는 것만이 아니라 재판장이 그 사람의 손을 들어주면서 그의 유린당한 권리를 회복시켜주는 것까지 포함한다.

> 나를 이 나라의 재판장으로 세워주면 누구든지 송사가 있을 때 나를 찾아와서 판결을 받을 수 있을 것이오. 나는 <u>그에게 공정한 판결을 내려줄 것이오</u>(삼하 15:4).

이 말은 다윗의 아들 중 하나였던 압살롬이 반정을 일으키면서 백성의 환심을 사기 위해서 한 것이다. 70인역에서 밑줄 친 부분은 "내가 그를 의롭다 할 것이오"(δικαιωσω αυτον[디카이오소 아우톤])라고 번역되었다. 여기서도 이 말은 억울하게 희생당하는 약자의 하소연을 들어주고 그의 권리를 회복시켜주겠다는 의미다.

이처럼 재판이라는 형식을 통하여 이러이러한 사람을 의롭다 하겠다거나 의롭다 해야 한다는 것은, 국가가 보건 기관을 통하여 국민 전체를 무차별적으로 검진하여 어떤 바이러스를 보유했는지 혹은 건강한지를 판별하는 것과 같은 일이 절대 아니다. 다시 강조하지만 이것은 법정적 용어로서 인간 사회의 갑-을 사이의 불평등 관계에서 억울하게 희생당하는 약자의 편을 들어서 유린당한 그들의 고유 권리를 회복시켜준다는 의미다.

하나님은 공정한 재판을 하라고 명하신다. 공정한 재판이란 리트머스 시험지 같은 것을 각 사람의 양심에 갖다 대어 그 사람의 도덕적·윤리적 무결함의 정도를 수치로 측정하여 객관적으로 가려내는 것을 뜻하지 않는다. 오히려 그것은 갑-을 사이의 불의한 관계가 지배하는 현실 속에서 "갑질"을 당하는 억울한 약자의 편을 드는 것을 뜻한다.

> 6너는 재판에서 가난한 판결을 왜곡하지 말며 7거짓 일을 멀리하며 무죄한

자와 의로운 자를 죽이지 말라. 뇌물로 말미암아 악인을 의롭다 하지 말라(출 23:6-7).

악인을 의롭다 하며 의인을 악하다 하는 이 두 가지 사람은 야웨께서 미워하시느니라(잠 17:15).

2언제까지 너희는 공정하지 않은 재판을 되풀이하려느냐?
언제까지 너희는 악인의 편을 들려느냐?
3가난한 사람과 고아를 변호해주고,
가련한 사람과 궁핍한 사람에게 공의를 베풀어라.
4가난한 사람과 빈궁한 사람을 구해주어라.
그들을 악인의 손에서 구해주어라(시 82:2-4).

이 예문들에서 밑줄 친 부분은 히브리어 "히츠디크"의 번역으로, 70인역에서는 "디카이운"이라는 용어로 표현되었다. 어떻게 보면 성경에는 재판의 방향과 귀착점이 미리 정해져 있는 셈이다. 즉 재판을 통해 사회를 병들게 한 일체의 불의한 불평등 관계를 철폐하여 과부, 고아, 가난한 사람의 편에 서서 그들의 유린당한 권리를 되찾아주어야 한다는 것이다.

이스라엘 백성은 하나님이 직접 역사의 현장에 개입하셔서 그런 재판을 수행해주시기를 바라는 탄원을 올리기도 한다.[12]

1야웨여, 나와 다투는 자와 다투시고 나와 싸우는 자와 싸우소서.
…9내 영혼이 야웨를 즐거워함이여, 그 구원을 기뻐하리로다.

---

12 시 69-71편도 35편과 동일한 범주의 내용으로 볼 수 있다.

10내 모든 뼈가 이르기를 "야웨와 같은 이가 누구냐?
그는 가난한 자를 그보다 강한 자에게서 건지시고
가난하고 궁핍한 자를 노략하는 자에게서 건지시는 이라" 하리로다.
…23나의 하나님, 나의 주여!
떨치고 깨셔서 나를 공판하시며
나의 송사를 다스리소서.
24야웨 나의 하나님이여,
주의 공의대로 나를 판단하사
그들이 나로 말미암아 기뻐하지 못하게 하소서(시 35편).

하나님은 재판을 통하여 가난한 자를 그보다 강한 자에게서 건지시는 분, 가난하고 궁핍한 자를 노략하는 자에게서 건지는 분이시다. 그러므로 이런 약자들에게 하나님이 행하시는 재판이란 그들을 살려주는 구원의 사건이 된다. 하나님은 이 두 집단 사이에 생긴 불의한 관계에 개입하셔서 정의로운 판결을 내리심으로써 약자를 구원하신다. 그 결과 "나를 의롭다 하셔서(히츠디크)"라고 표현하는 대신 시편 35:24에서처럼 "나를 재판하셔서(샤파트)"라고 표현하더라도 구원의 사건을 뜻하게 된다. 시편 35:23의 "나를 공판하시며" 역시 원문을 직역하면 "나의 재판(משפט [미쉬파트])에 나서시며"라는 의미다. 이 경우에도 "재판"은 처벌과 구원이라는 두 가지 가능성을 다 내포한 중립적인 법적 장치가 아니라 탄원하는 약자를 편들어주는 구원의 사건을 뜻한다.

시편 35편은 "야웨여, 나와 다투는 자와 다투시고"로 시작한다. 여기서 "나와 다투는 자"는 원래 "나를 부당하게 대하는 자", "나에게 불의를 행하는 자"를 의미한다. 또한 "다투다"는 "싸우다/대결하다"를 뜻한다. 이런 전제 속에서 70인역은 이 낱말을 "디카이운"으로 번역했다. 왜냐하면 그리스어 "디카이운"에는 ① "의롭다 하다"라는 뜻뿐만 아니라 ② "범인을 처벌하다", "범죄자에게 벌을 내리다"라는 뜻도 포함되어 있기 때문이다. 하지만 두 번째 뜻은 사실 히브리어 "히츠디크"와 상관이 없다. 즉 히브리어 "히츠디크"의 번역어로 사용되는 그리스어 "디카이운"은 히브리어 "히츠디크" 속에 전혀 내포되지 않은 생뚱한 의미를 포함하는 실례다. 라틴어로 쓰인 불가타 성서도 이것을 "유스티피카레"(*iustificare*)로 번역했는데 이 경우에도 "디카이운"이 나타내는 것과 꼭 같은 의미의 격차를 드러낸다.

시편 82편은 하나님이 저 멀리 초월적인 곳에서 한가로이 앉아계시는 분이 아니라 손수 재판정에 나오셔서 세상사에 관여한다고 여기는 신들 가운데 입장하셔서 우주적인 재판을 벌이신다는 사실을 증언한다. 그리고 동시에 사람들 사이에서 어떠한 재판을 하는 것이 마땅한지를 역설한다.

> 1하나님이 재판정에 나오셔서,
> 신들 가운데서 재판을 하신다.
> 2"언제까지 너희는 공정하지 않은 재판을 되풀이하려느냐?
> 언제까지 너희는 악인의 편을 들려느냐?
> 3미약한 사람과 고아를 위하여 재판하며
> 가난한 사람과 억압받는 사람에게 공의를 베풀어라.[13]
> 4미약한 사람과 궁핍한 사람을 구해주어라.
> 그들을 악인의 손에서 건져주어라."
> …8하나님, 일어나셔서,

---

13 밑줄 친 부분은 히브리어로 הצדיק로, LXX에서는 δικαιουν으로 표현된다.

이 세상을 재판하여주십시오.

온 나라가 하나님의 것입니다(시 82편).

이스라엘 민족이 왕정을 수립하여 대외적으로 자주적인 국가를 수립한 역사적 단계에 이르렀을 즈음에 어느 시인은,[14] 그들이 누리는 구원받은 백성의 삶의 실질적 내용이 이제는 사회 내에서 억압, 착취, 차별 따위의 온갖 사회적 불의를 철폐하는 데서 성취되는 것이므로, 이상적인 통치자는 대외적으로 국가의 주권을 유지하는 것보다 오히려 대내적으로 사회적 불의를 철폐하고 사회정의를 실현하여 참된 평화를 이룩하는 자임을 역설한다.

1"하나님, 왕에게 주님의 판단력을 주시고

왕의 아들에게 주님의 의를 내려주셔서

2왕이 주님의 백성을 정의로 판결할 수 있게 하시고

주님의 불쌍한 백성을 공의로 판결할 수 있게 해주십시오.[15]

3왕이 의를 이루면 산들이 백성에게 평화를 안겨주며

언덕들이 백성에게 정의를 가져다줄 것입니다.

4왕이 가난한 사람들에게 공정한 판결을 내리게 해주시며

가련한 사람들을 구하게 해주시며 억압하는 자들을 꺾게 해주십시오."

---

14 전통적으로 이 시는 솔로몬을 위한 다윗의 탄원시라고도 하고 솔로몬이 즉위할 때에 하나님께 간구한 기도문이라고도 하지만, 어느 무명의 시인이 이상적 사회를 건설하기 위해서 왕이 어떤 역할을 해야 하는지를 천명한 것이라고 볼 수 있다.

15 여기서 밑줄 친 "판단력"과 "공의"라는 용어 둘 다 "미쉬파트"(판결)의 번역어인데 하나님이 내리시는 "공정한 판결"을 뜻한다. "의"와 "정의"라는 용어도 둘 다 "체데크"의 번역어인데 여기서는 "정의로운 판결"을 뜻한다. 여기서 "미쉬파트"와 "체데크"는 동의어로서 병행대구에 번갈아 사용되었다.

…12진실로 그는, 가난한 백성이 도와달라고 부르짖을 때 건져주며,
도울 사람 없는 불쌍한 백성을 건져준다.
13그는 힘없는 사람과 가난한 사람을 불쌍히 여기며
가난한 사람의 목숨을 건져준다.
14가난한 사람을 억압과 폭력에서 건져,
그 목숨을 살려주며, 그들의 피를 귀중하게 여긴다(시 72편).

이런 시편들에서는 과부와 고아, 가난한 사람, 미약한 사람 등과 같은 사회적 약자들에게 평등한 삶의 권리를 보호해주는 것을 재판의 이상(理想)으로 삼는 사상이 특히 왕조 시대의 백성들 가운데 편만했다는 사실이 잘 나타난다. 왕조 시대에 이르러서 왕권이 비대해지고 부유한 특권층이 형성되면서 이스라엘 사회 내에 빈부 격차가 심화하는 불평등이 극을 향해 치닫는 불행한 현상이 시편에 반영된 것이다.

우리는 지금까지 구원사 서술에 사용된 중요한 동사 세 개의 용례를 살펴보았다. "야샤"라는 동사는 하나님이 이스라엘 민족을 세상의 강대한 민족들로부터 구원해내셨다거나 "사사들/재판관들"이라 불리는 영웅들을 통하여 압제당하는 이스라엘 백성을 그들의 원수들의 탄압에서 구원해주셨다는 것을 기술하는 데 주로 사용되었다. "샤파트"라는 동사에는 처음부터 "구원하다"라는 의미가 포함되어 있지는 않았지만 거기서 파생한 명사인 "사사(士師)/재판관"으로 불리는 인물들이 수행한 일이 압제당하는 이스라엘 백성을 원수들의 손에서 구원해내었다는 역사적 사실과, 구원사 서술의 대타자인 "히츠디크"(의롭다 하다)가 법정적 용어로서 "재판하다"라는 뜻과 더불어 "구원하다"라는 뜻으로 사용된 것에 영향을 받아서 "샤파트" 및 그 관련 용어들도 구원사를 기술하는 전문 용어들의 대열에 합류하게 되었다.

3. 구약에서의 구원과 의

이제는 동사들과 함께 구원사 서술에서 많이 사용되는 세 가지 명사 가운데서 가장 이해하기 쉬운 "구원"이라는 명사를 살펴보자. "구원"으로 번역되는 히브리어는 "예슈아"(ישועה)인데 이는 "구원하다"를 뜻하는 "야샤"(ישע)의 명사형(名詞形)이다. 성경에서 "구원"은 거의 모든 경우에 구원 사건 또는 구원된 상태를 뜻하며 오직 한두 경우에만 구원하는 행위로 이해하는 편이 좋을 듯하다.[16]

"구원"이라는 낱말은 주로 "나의", "너의", "우리의", "그의", "그들의" 따위의 소유격 대명사 또는 "하나님의", "주님의", "이스라엘의" 따위의 소유격과 함께 사용된다. "구원"과 같은 어떤 사건 또는 그런 사건의 실질 내용을 뜻하는 명사가 소유격 낱말과 결합하는 경우에는 소유격의 대명사나 명사가 ① 그 사건을 일으킨 주체/주어를 뜻하기도 하고, ② 그 사건의 행위가 미친 객체/목적어를 뜻하기도 한다. ①의 경우를 문법적 용어로 주어적 속격(genitive subjective)이라 하고, ②의 경우를 목적어적 속격(genitive objective)이라 한다. 어느 쪽 표현법으로 사용되었든지 간에 "구원"의 의미 내용은 동일하고 다만 그 구원을 누가 일으킨 것이냐, 누구에게 일어난 것이냐는 관점에서만 차이가 있을 뿐이다. 소유격과 결합하지 않고 사용된 경우에도 문맥으로 보아서 그것이 어느 쪽의 의미로 사용되었는지 또는 양쪽 의미를 다 담아서 사용되었는지를 쉽게 판가름

---

16 이 두 경우는 삼하 10:11과 시 42:5이다. 만일 시리아 군대가 나보다 더 강하면 너는 나를 구원하러(또는, "나를 위하여 구원을 행하러") 와야 하고, 암몬 군대가 너보다 더 강하면, 내가 너를 구원하러(또는, "너를 위하여 구원을 행하러") 가겠다(삼하 10:11); 내 영혼아, 네가 어찌하여 그렇게 낙담하느냐?…나는 그 얼굴에 나타난 구원하심 때문에 하나님을 찬양하련다(시 42:5).

할 수 있다.

"의"(義)라는 낱말의 용법은 "구원"의 경우보다 훨씬 더 복잡하고 어렵다. 히브리어에서 "의"와 관련된 낱말은 "의로운/올바른"(차디크[צדיק]) 이라는 형용사와 "의롭다 하다"(히츠디크)라는 동사, 그리고 이들과 같은 어근에서 생성된 "체데크"(צדק)와 "체다카"(צדקה)가 있다. "체데크"와 "체다카"는 남성명사와 여성명사라는 차이가 있을 뿐, 의미상의 차이는 전혀 없다. 우리는 앞서 이미 "의롭다 하다"라는 동사가 법정적 의미로 사용되면서 구원사를 서술하는 데 널리 이용되었다는 사실을 밝혔다. 그리고 이제는 그 명사형이 구원사 서술에서 어떤 의미로 사용되었는지를 규명하려는 과제 앞에 있다. 그런데 우리의 탐구를 방해하는 한 가지 결정적 요소는 히브리어로 "의롭다 하다"라는 동사 자체에서 직접 생성된 명사가 없다는 사실이다.

사사기 5:11은 이스라엘의 사사 드보라가 막강한 시스라의 침략군을 하나님의 도우심을 힘입어 쳐부순 후 하나님께 감사를 드리기 위해 지어 부른 노랫말의 한 구절이다.

> 활 쏘는 자의 지껄임에서, 멀리 떨어진 물 긷는 곳에서도,
> 여호와의 의로우신 일을 칭술하라(『개역개정판 성경』).
>
> 물 긷는 이들 사이에서 드리는 소리,
> 활 쏘는 사람들의 요란한 저 소리,
> 거기서도 주님의 의로운 업적을 들어 말하라(『새번역 성경』).
>
> 우물가에 모여 기뻐하는 사람들아,
> 야훼의 승리를 노래하여라(『공동번역개정판 성경』).

물 구유 사이에 서 있는 양치기들의 목소리에 따라
거기에서 그들은 주님의 의로운 업적을 노래하네(『가톨릭 성경』).

여기서 밑줄 친 부분을 히브리어 표현대로 하면 "야웨의 체다카들"이다. "야웨의 체다카들"이란 무엇을 뜻하는가? 만일 "체다카"라는 낱말이 "의"(義)라든가 "의로움"을 의미하는 추상명사였다면 복수형으로 사용하지 않았을 것이다. 그러므로 여기에 사용된 체다카는 하나님이 일으키신 사건, 또는 사건의 구체적 내용을 가리키는 것임이 틀림없다. 물론 이스라엘 여인들이 물을 길으러 우물가에 모였을 때 찬양해야 할 "야웨의 체다카들"이라는 것은 당연히 하나님이 드보라와 바락을 도우셔서 침략군을 무찌르고 승리를 거두게 해주신 일들, 이스라엘을 적군의 침략에서 구원해주신 그 놀라운 일들을 가리킨다.

동사의 의미 그대로가 명사화한 것을 문법에서는 "행위명사"(*nomen actionis*)라고 한다. 우리말 번역 성경 다섯 종류 모두가 단 하나의 예외도 없이 이 어구를 행위명사 또는 행위의 결과를 나타내는 용어로 번역했다는 것은 다행한 일이다. 현대의 대다수 성경 번역본들이 이를 행위명사로 번역한다는 사실은 칭찬받을 만하다.[17] 그렇지만 유감스럽게도 고대의 주요한 번역 성경인 70인역과 불가타 성서는 행위명사로서의 의미를 살리지 못하고 히브리어의 표현 양식을 그대로 따라서 추상명사의 복수형인 "디카이오쉬나스"(δικαιοσυνας)와 "유스티티아이"(*justitiae*)로 번

---

17 AV: There they shall recount the righteous acts of the Lord; RSV: there they repeat the triumphs of the Lord; NAB: There they shall recount the just deeds of the Lord; NEB: It is the victories of he Lord that hey commemorate there; JBE: There they extoll Yahweh's blessings his saving acts for his villagers in Israel!; NIV: they recite the righteous acts of the Lord; ZB: dort besingen sie die Heilstaten des HERRN; EIN: die rettende Taten des Herrn; 현대어 번역본 가운데서 오직 Luther의 독일어 번역본만은 추상명사를 사용하

역했다.

이와 관련해 사무엘상 12:7을 살펴보자. 이는 사무엘이 죽기 전에 이스라엘 백성에게 행한 고별사 중 한 구절이다.

> 여호와께서 너희와 너희 열조에게 행하신 모든 의로운 일에 대하여 내가 여호와 앞에서 너희와 담론하리라(삼상 12:7, 『개역한글 성경』).

밑줄 그은 부분 역시 "야웨의 모든 체다카들"이다. 이를 번역할 때 『공동번역 성경』은 "야훼께서 너희와 너희 조상들에게 해주신 고마운 일을 낱낱이"로, 『새번역 성경』은 주님께서 당신들과 당신들의 조상을 구원하려고 하신 그 의로운 일"로, 『가톨릭 성경』은 주님께서 여러분과 여러분의 조상들에게 베푸신 의로운 업적을 모두"라고 했다.[18]

"야샤"라는 동사가 일찍부터 하나님의 구원하시는 활동을 기술하는 데 사용되었고 그것에서 생긴 "예슈아"라는 명사가 하나님의 구원 사건, 하나님이 주신 구원의 내용을 지시하는 용어로 사용된 것이 당연했듯이, "히츠디크"도 명사형으로 모습을 바꾸어 하나님의 구원을 나타내는 용어로 사용되었다는 것은 너무나 당연하다. 다만 아쉬운 점은 앞서 밝혔듯이 "히츠디크"라는 동사 형태에서 직접 주조된 명사가 아니라 이미 존재하는 "체데크"와 "체다카"라는 두 개의 명사가 이용되었다는 점이다. 하지만 그렇게 표현되었다 하더라도 그것이 하나님의 속성(屬性)을 표현

여 die Gerechtigkeit des Herrn으로 번역했다(ZB는 Zürich 성경을, JBE는 영역판 예루살렘 성경을, EIN은 독일어 공동번역 성경을 가리킴).

18 RSV는 all the saving deeds of the Lord로, KJV는 all the righteous acts of the Lord로, NIV는 all the righteous acts performed by the Lord로, JBE는 all the saving acts which he has done or you로, ZB는 allen Heilstaten des HERRN으로 번역했다.

하는 것이 아니라 하나님이 행하신 구원 사건을 지칭한다는 사실은, 사사기 5:11과 사무엘상 12:7의 두 용례에서만 드러나는 것이 아니다. 시편의 수많은 구절에서도 "의로움"이라는 추상명사가 아니라 행위명사의 의미로 사용되는 사례를 찾아볼 수 있다.

예를 들어 시편 11:7에서 어느 시인은 "야웨는 의로우사 의로운 일을 좋아하시나니 정직한 자는 그 얼굴을 뵈오리로다"라고 고백한다. 그는 악인과 폭력배가 마구 설쳐대는 현실을 개탄한 다음에 하나님이 결국에는 그런 현실을 바로잡아주실 것이라는 믿음을 결론으로 제시한 것이다. 여기서도 밑줄 친 부분은 히브리어로 "체다카들"이다.[19] 또한 시편 35편은 가난한 자를 그보다 강한 자에게서 건지시고 가난하고 궁핍한 자를 노략하는 자에게서 건지시는 하나님의 구원을 간구하며 찬양하는 시가(詩歌)인데, 끝 절에 이르러서 "나의 혀가 주님의 의를 말하며 종일토록 주를 찬송하리이다"(시 35:36)라고 고백한다. 이때 "주의 의"는 다름 아니라 하나님이 사회의 약자에게 베푸신 바로 그 구원이다. 시편 71편도 약자의 간구로 시작해서 15절에 이르러서 "주님의 의를 내 입으로 전하렵니다. 주님의 구원을 종일 알리렵니다"라고 찬양하는데, 주님의 의와 주님의 구원이 병행대구 속에 나란히 사용되는 것만 보더라도 "주님의 의"가 하나님의 구원을 뜻한다는 사실이 확인된다. 19절에서 "주님께서 위대한 일을 하셨으니, 어느 누구를 견주어보겠습니까?"라는 물음을 던진 뒤에 24절에서 "내 혀도 온종일 주님의 의를 말할 것입니다"라고 응답했을 때의 "주님의 의"는 주님이 행하신 위대한 일 곧 하나님의 구

---

19 우리말 성경들도 모두 행위명사로 번역했다. "의로운 일"(『개역개정판 성경』), "정의로운 일"(『새번역 성경』), "옳은 일"(『공동번역개정판 성경』), "의로운 일들"(『가톨릭 성경』). 영어 성경 가운데는 NRSV(righteous deeds), GNB(good deeds), NEB(just dealing), 독일어 성경 가운데는 EIN만이 "gerechtige Taten"으로 번역했다.

원을 뜻하지 않을 수 없다.

이처럼 구약성경은 하나님이 이스라엘 민족에게 베푸신 구원을 한편으로는 "하나님의 구원"으로, 다른 한편으로는 "하나님의 의"라는 어구로 표현한다. "하나님의 구원"과 "하나님의 의"는 이스라엘 민족의 구원사라는 수레를 굴러가게 하는 양쪽 바퀴였다. "야샤"(=구원하다)라는 동사의 용례로 판단할 때 하나님의 구원 사건은 외부의 적대자들로부터 구출해 내는 일이다. 이와 달리 "히츠디크"(=의롭다 하다)로 묘사되는 "하나님의 의"는 대내적으로 이스라엘 사회 안에서 불의한 강자들의 횡포에서 억울한 약자들을 구출해내는 구원이었다. 수레가 한쪽의 바퀴만으로는 굴러갈 수 없듯이 대외적 관계라는 측면의 구원과 대내의 사회적 관계라는 측면의 구원 중에서 어느 한쪽이라도 온전하지 못하면 그 수레는 굴러가지 못한다. 대외적으로 자주와 독립을 유지한다 하더라도 대내적으로 불의와 불평등이 사회에 팽배해 있다면 그 나라는 구원에서 멀리 떨어진 나라다. 또 아무리 대내적으로 정의롭고 평화로운 사회가 실현되어 있다 하더라도 불의한 외세에 지배를 당한다면 그 대내적인 평화는 상실되지 않을 수 없다.

우리는 제2이사야가 하나님의 구원 소식을 전할 때 "하나님의 의"와 "하나님의 구원"이라는 두 어구를 병행대구로 사용했다는 사실에 주목할 필요가 있다.

> 내가 나의 의를 가깝게 할 것인즉 상거가 멀지 아니하니
> 나의 구원이 지체치 아니하리라(사 46:12-13).

> 내 의가 가깝고 내 구원이 나갔은즉…
> 나의 구원은 영원히 있고 나의 의는 폐하여지지 아니하리라(사 51:5-6).

나의 구원이 가까이 있고

나의 의가 쉬 나타날 것임이라(사 56:1).

이런 구절들은 하나님이 직접 말씀하신 내용을 전달하는 것이므로 "나의 의", "나의 구원"이라는 표현 속의 "나"는 하나님을 가리킨다. 그러므로 직접화법을 간접화법으로 바꾸어 표현하면 "나의 의"는 "하나님의 의"이고 "나의 구원"은 "하나님의 구원"이다. 제2이사야는 바벨론에 끌려가 포로 생활을 하던 이스라엘 백성에게 그들이 해방되어 고향으로 귀환하는 구원이 곧 일어날 것이라는 메시지를 "하나님의 구원이 곧 나타날 것이다"라는 말로 표현했다. 이는 이스라엘 백성에게 아주 친숙하게 이해되는 말이었을 것이다.

그런데 제2이사야가 "하나님의 구원이 가까이 이르렀고 하나님의 의가 쉬 나타날 것이다"라고 말한 것은 두 가지 다른 내용의 구원 사건이 잇달아 일어난다는 것을 말한 것인지, 아니면 하나님의 구원이 쉬 나타날 것이라는 사실을 강조하기 위해서 하나님의 구원이라는 어구를 반복하여 사용하지 아니하고 유사한 의미를 지닌 다른 어구로 바꾸어서 병행대구로 표현한 것인지 규명해야 한다. 그런데 우리는 이사야 46:12-13과 56:1에 "나의 구원"과 "나의 의"가 일어나는 순서가 바뀐 것을 통해 이 둘은 두 가지 다른 내용의 구원 사건이 어떤 순차로 발생할 것인지를 말하는 것이 아니라는 사실을 확인할 수 있다.

구약성경에서 예언자들이 전한 메시지의 기조(基調)는 왕조 시대와 포로기 시대 사이에서 확연히 구별된다. 왕조 시대에 활동한 예언자들은 동시대 사람들의 종교적 타락과 사회적 불의의 죄악을 통렬히 비판했다. 그와 달리 포로기의 예언자들에게는 비평할 대상이 없었다. 나라를 잃어버리는 바람에 비평해야 할 정치 지도자나 종교 지도자, 심지어 자기들의 사회 자체도 사라져버린 것이다. 그들에게는 오히려 위로하고 격려해 주어야 할, 타국에서 포로 생활로 신음하는 가련한 이스라엘 백성들이 있을 뿐이었다. 그래서 그들의 메시지는 위로와 희망의 소리가 주조(主調)를 이루었다. 결국 제2이사야가 그들에게 하나님의 구원 사건이 일어날 때가 임박했다는 소식을 전할 때 병행대구로 표현한 것은, 구원 사건이 반드시 일어난다는 사실을 강조하는 효과뿐만 아니라 그들에게 바야흐로 일어날 하나님의 구원 사건이 외국의 원수들로부터의 구출과 더불어 대내적으로 하나님의 의가 확립될 것을 보여주는 효과까지 불러일으키는 것이었다. 그런데 우리의 논의에서 명심해야 할 것은 사도 바울이 복음과 하나님의 구원이 무엇인지를 논증할 때 바로 이 제2이사야가 사용한 "하나님의 의"라는 어구에 의지했다는 사실이다.

바벨론에 사로잡혔던 유대 백성은 바벨론 제국을 멸망시킨 페르시아 제국의 고레스 왕이 내린 칙령에 따라 기원전 538년에 포로 상태에서 해방되었다. 그들은 본국으로 귀환했으나 자주 국가를 재건할 권한은 얻지 못했으며 정치적으로는 여전히 외세의 지배 아래 놓여 있었다. 그래서 그들은 겨우 성전을 재건하고 제사장을 중심으로 하는 유대교라는 하나의 특수한 종교 공동체를 결성하는 데 그쳤을 뿐이다. 사실 그들에게는 나라를 재건한다거나 정의롭고 평화로운 사회를 건설하겠다는 열망이나 능력이 없었다. 기껏해야 각자가 경건한 삶을 통해 구원을 얻겠다는 개인 윤리에 몰두하는 신앙을 넘어서지 못했던 것이다.

귀환 이후 시대에는 종말론적 구원을 예언한 예언자들이 등장했다. 이사야 56-66장, 스가랴 9-14장은 역사의 종말에 이르러 하나님이 역사를 온전히 새롭게 하는 구원 사건을 일으키실 것이라고 이야기했다. 원시 기독교의 신도들이란 바로 이 종말론적 구원에 대한 예언이 예수 그리스도의 십자가 죽음과 부활 사건 속에서 성취되었다고 믿는 사람들이었다.

4. 신약에서의 바울의 칭의론

갈라디아서 2:15-21은 바울이 유대주의자들의 주장을 꺾기 위하여 펼친 논증으로서 이른바 바울의 칭의론을 담고 있다. 유대주의자들은 "율법"이라는 무소불위(無所不爲)의 위력을 떨치는 무기를 휘두르며 공격과 방어를 병행한다. 율법은 그들에게 무적의 공격 무기인 동시에 무적의 보호구가 된다. 바울로서는 이 율법을 정면으로 공격하여 깨부수기도, 그 공격을 맞받아쳐 넘기기도 어려운 형편이다.[20] 그렇다고 해서 적대자의 공격을 무시하고 지낼 수는 없었다. 바울은 갈라디아서 2:15-21의 칭의론에서 적대자의 주장을 "율법을 행하는 행위로"(갈 2:16)[21]라는 어구로 요약하여 제시하고 이에 대립하는 자신의 주장을 "예수 그리스도를 믿는 믿음으로"(갈 2:10)[22]라고 요약함으로써 그 둘을 서로 대비하고 논증을 시작한다. 바울이 논쟁에서 승리하느냐 못하느냐의 문제에서 관건은

---

20 1세기 유대인들에게 있어서 율법은 마치 기독교인들에게 그리스도가 그런 것과 같은 관계에 놓여 있었다. ① 그리스도 선재설처럼 유대인들은 율법의 선재설을 믿었다. ② 기독교인들에게 그리스도의 창조동참설이 있듯이 유대인들은 율법이 창조의 도구 또는 창조의 우두머리 장인(匠人)이었다고 믿었다. ③ 유대인들에게 율법은 하나님의 뜻의 궁극적 표현이자 계시다. ④ 유대인들에게 율법은 하나님과 인간 사이를 매개하는 유일한 가교다. ⑤ 유대인들에게 율법은 무시간적 신적 지혜 혹은 우주 법칙이다("그리스도는 우리의 평화, 의, 지혜, 구원, 거룩함, 모든 것의 모든 것이 되신다"는 고백과 상응). 물론 이 경우의 "율법"은 법조문만을 가리키지 않고 하나님의 가르침 전체 또는 모세 오경을 지칭한다.

21 ϵξ ϵργων νομου라는 어구가 유대주의자들이 율법에 근거하여 이방계 기독교인들에게 할례를 요구하는 입장을 일반화해서 표현한 것인지 율법을 행하는 공적에 따라서 구원을 받는다는 유대주의자들의 공로주의적 율법관 자체를 지칭한 것인지에 대해서는 상반된 해석이 가능하다. 여하튼 바울은 적대자의 주장이 율법에 근거하고 있다는 사실을 이렇게 요약하여 받아놓고서 자기의 논증을 전개한다.

22 δια πιστεως Ιησου Χριστου라는 어구를 "예수 그리스도의 믿음으로" 즉 "예수 그리스도가 가지셨던 신실성으로"라고 이해해야 한다는 주장이 있지만 신약성경의 복음 선포 전체에서 예수 그리스도가 기독교 신앙의 대상으로 제시된다는 사실을 염두에 둔다면 여기서도 "예수 그리스도를 믿는 믿음으로" 또는 "예수 그리스도에 대한 믿음으로"라고 이해하는 편이 더 나을 것이다.

유대교라는 난공불락의 요새에서 율법이라는 무적의 무기를 휘두르면서 공격해 오는 적대자들을 어떻게 무장해제시킬 수 있느냐 하는 것이었다.

그렇지만 바울은 돈키호테가 풍차를 향해 저돌적으로 돌진하듯이 율법을 정면 공격의 목표물로 삼지 않는다. 그 대신 현명하게도 그는 율법에 대비될 만한 어떤 개념을 성경으로부터 찾아내어 그것을 이용하여 율법이 가진 무소불위의 위력을 괄호 속에 묶는 간접적인 공격 방법을 취했다. 바울이 성경에서 찾아낸 그 개념이란 바로 "의"와 "믿음"이라는 두 용어였다. "의"와 "믿음"은 바울의 칭의론이라는 건물을 세우는 두 개의 기둥과 같은 역할을 하는 것이었다. 이런 공략 전술은 100% 지당한 것이었다. 그렇지만 바울이 "의"라는 용어를 그것이 본래 사용된 맥락에서 떼어내어 율법의 역능(力能)을 비판하는 맥락에다 옮겨놓다 보니 원래 행위명사로 사용되었던 "의"가 윤리적 속성을 뜻하는 추상명사로 곡해되는 혼란이 생겨나고 말았다. 그 결과 이 "의"와 직접 연관된 "의롭다 하다"라는 동사도 원래는 법정적 용어였던 것이 새로운 문맥 속에서 인간의 어떤 윤리적 측면을 다루는 용어로 탈바꿈하는 그릇된 방향으로 빠져들게 되었다.

여기서 "의롭다 하다"라는 동사가 갈라디아서에서 수동태 구문으로만 사용되었다는 사실이 앞서 지적한 그런 곡해를 일으키는 데 한몫을 했다는 것을 언급하지 않을 수 없다. 능동태 문장으로 표현하는 경우에는 목적어를 통해 어느 쪽에 속한 사람이 무슨 곤경으로부터 어떠한 도움을 받는지 명확히 알 수 있다. 하지만 수동태 문장에서는 원래의 목적어가 사라져버리고 그 대신에 일반 사람(a man)이 주어로 자리한다. 그 때문에 억울한 피해자의 권리를 회복시켜준다는 법정적 의미는 사라지고 보편적 인간의 윤리적 측면에 어떠한 치유의 수술(手術)이 가해지는가 하는 논의가 발생하게 된 것이다.

그렇지만 다행스럽게도 갈라디아서 본문에는 그 주제가 일반적으로 죄인이 어떻게 그 죄를 용서받아서 윤리적으로 의롭다는 인정을 받게 되느냐 혹은 의롭게 되느냐는 것에 대한 가르침으로 곡해되는 것을 방지하는 적절한 장치가 마련되어 있다. "우리는 본디 유대 사람이요, 이방인 출신의 죄인이 아닙니다"(갈 2:15)라는 말은 칭의론으로 안내하는 길잡이 서언에 해당한다. 여기서 "우리"는 바울이 자신을 포함하여 전체 유대계 기독교인들을 지칭하는 대명사다. "본디 유대 사람"은 유대인의 혈통을 받아서 태어난 유대인을 일컫는다. 유대인들은 전체 인간을 유대인과 비유대인으로 분류했다. 따라서 이방인은 모든 비유대인을 통칭하는 명칭이다. 이방인은 죄인인데 그 이유는 그들이 하나님의 율법을 가지지 못했기 때문이다. 반대로 하나님의 선민인 유대인은 죄인이 아니다. 그것은 그들이 윤리적으로 결함이 없다는 뜻이 아니라 그들이 비록 죄를 범하더라도 그 죄를 용서받는 장치가 율법 속에 마련되어 있기 때문이다. 그러므로 유대인들은 굳이 죄 용서를 받아서 윤리적 측면에서 의롭다는 자격증을 새로이 발급받아야 할 필요성이 없다. 갈라디아서 2:15의 "우리"는 칭의론이 진술된 16절의 주어로 이어서 등장한다는 사실이 이를 확인시켜준다.

따라서 "예수 그리스도를 믿는 믿음으로 의롭다 하심을 받기 위하여 우리도 그리스도 예수를 믿은 것입니다"(갈 2:16b)라는 구절에서 "의롭다 하심을 받기 위하여"라는 말은 "죄 사함을 받기 위하여"를 뜻하지 않는다. 16절에는 의롭게 된다, 의롭다 하심을 받는다는 수동태 문장이 세 번이나 반복해서 등장하는데 이 진술은 기독교인 일반의 신앙고백으로서는 흠잡을 데 없다. 하지만 이 진술은 베드로처럼 일시적인 실수로 유대주의자의 입장에 동조한 사람을 설득할 수 있을지는 몰라도 할례를 받지 않은 이방계 기독교인들이 율법의 규정에 따라 할례를 받아야만 하나님의 백성으로서의 완전한 자격을 구비할 수 있다고 주장하는 유대주의자들을 설복시킬 수는 없었을 것이다. 왜냐하면 사람이 어떻게 율법을 행하는 행위로가 아니라, 예수 그리스도를 믿는 믿음으로 의롭게 되는지에 대하여 제시된 논리적 근거가 동어반복(同語反覆)에 해당하기 때문이다. 예를 들면 "사람이 자력으로 부자가 되는 것이 아니라 유력자를 의지함으로써 부자가 된다는 것을 알고 우리도 유력자를 의지했다"라고 진술한 후에 "왜 유력자를 의지했는가?"라는 물음의 답변으로 ① "자력으로는 부자가 될 수 없기에", ② "유력자를 의지하여 부자가 되려고"라는 두 가지 이유를 댄다면 설득력이 떨어지는 것과 마찬가지다.

그런데 사실 "율법을 행하는 행위로는 아무도 의롭게 될 수 없기 때문입니다"라는 구절은 바울이 시편 143:2b의 말씀을 약간 변형하여 인용한 것이다. 원래 시편 본문은 "살아 있는 사람은 아무도 당신 앞에서 의롭다는 판정을 받지 못할 것이기 때문입니다"라고 말하는데, 이는 하나님께 호소하는 어느 시인의 간구이므로 "당신 앞에서"는 "하나님 앞에서" 또는 "하나님이 보시기에"라는 의미다. 바울은 이 어구를 "율법을 행하는 행위로"로 바꾸어 인용함으로써 유대주의자들이 내건 기치에 직격탄을 날렸다. 하지만 이런 공격에 설복하여 백기를 들고 투항한 사람이 유대주의자들 가운데는 단 한 사람도 없었을 것이다. 이 시편 말씀은 사람이 율법을 행함으로써는 의롭다는 판정을 받지 못할 것이라는 사실을 주장하는 맥락에서 나온 것이 아니라, 원수들의 핍박으로 곤경에 빠져 허우적거리는 사람이 하나님의 도우심을 간구하면서 "내가 하나님 보시기에 윤리적으로 흠 잡힐 것이 없어서 이런 간구를 올리는 것이 아닙니다"라는 겸허한 고백을 덧붙이는 맥락에서 나온 것이기 때문이다.

예수 그리스도에 대한 "믿음"이라는 것은 바울에게 인간의 내부에서 생성되는 어떤 사유 작용의 조성물도 아니요, 예수 그리스도에 대한 기독론적인 명제에 대한 지성적 시인을 뜻하는 것도 아니었다. "우리가 그리스도 안에서 의롭다고 하심을 받으려고 하다가"(갈 2:17)라는 표현이 보여주듯이 "그리스도에 대한 믿음으로"와 "그리스도 안에서"는 별개의 뜻을 나타내는 표현이 아니라 동일한 의미의 어구다. 그리스도 안에서 일어난 구원 사건이 선행하고 믿음은 이것의 반영물이기 때문에 그것을 담아서 반영하는 인간 쪽의 기능은 텅 빈 그릇과 같다면 그 내용물은 외부로부터 주어진 선물인 셈이다. 그래서 바울에게서 "예수 그리스도에 대한 믿음으로"와 "하나님의 은혜로"는 맞바꾸어 쓸 수 있을 정도로 동일한 의미를 나타내는 것이다.

바울은 갈라디아서 2:21에서 그의 칭의론 논증의 결론을 맺는다.

> 나는 하나님의 은혜를 헛되이 하지 않습니다. 의가 율법으로 되는 것이라면 그리스도께서는 헛되이 죽으신 것입니다(갈 2:21).

"의가 율법으로 되는 것이라면"이라는 표현은 앞서 갈라디아서 2:16에서 다룬 "사람은 율법의 행위로 의롭게 된다"라는 유대주의자들의 주장을 가리키는 것이다. 여기서 "의"는 "의로움"이라는 어떤 추상적 가치를 뜻하는 것이 아니고 16절에 표현된 의미대로 정확하게 표현하자면 "사람이 의롭게 되는 일/것"으로 재현되었어야 한다. 바울은 예수 그리스도의 십자가 사건 속에서 이런 일이 이미 일어났다는 것을 선포하는 사도로 부르심을 받았다. 그래서 바울은 사람이 의롭게 되는 구원 사건이 율법으로 된다고 주장하는 일은 곧 그리스도의 죽으심을 헛되이 하는 것이므로 기필코 척결하겠다는 단호한 결의를 선언한 것이다.

이처럼 바울의 칭의론의 본래적 의미를 찾아내는 일은 쉽지 않지만,

방향 감각을 잃지 않기 위해 반드시 따라야 하는 두 가지 지침이 있다. 첫째, 칭의론 진술에 사용된 동사는 성경에서 원래 윤리적 의미로 사용된 것이 아니라 법정적 용어(forensic term)로 사용되었다는 사실을 절대로 놓치지 말아야 한다. 둘째, 칭의론 진술에 사용된 "의"라는 명사는 추상명사가 아니라 행위명사(*nomen actionis*)로 사용되었다는 사실을 철저히 인식해야 한다.

문서상으로 판단할 때 바울은 그의 칭의론을 갈라디아서에서 최초로 개진했고 로마서에서 마무리 지었다. 로마서에는 갈라디아서와는 달리 칭의론에 사용된 두 핵심 용어인 "의롭다 하다"라는 동사와 "의"라는 명사가 본래 어떤 맥락에서 어떤 의미로 사용되었는지를 보여주는 용례들이 등장한다. 칭의론 연구의 두 가지 핵심 지침은 이 두 가지 용례에 비추어서 도출된 것이다.

우선 로마서 8:31-35을 살펴보자. 여기서 바울은 그리스도 예수 안에서 일어난 하나님의 종말론적 구원을 진술하는 맥락 속에 구약성경의 용례를 그대로 인용함으로써 "의롭다 하다"라는 동사가 법정에서 재판관이 수행하는 행위를 기술하는 용어임을 명백히 보여준다.

> 31그렇다면 이런 일을 두고 우리가 무엇을 말할 수 있겠습니까? 하나님이
> 우리 편이시면 누가 우리를 대적하겠습니까? 32자기 아들을 아끼지 않으시
> 고 우리 모두를 위하여 내주신 분이 어찌 그 아들과 함께 모든 것을 우리에
> 게 선물로 거저 주지 않으시겠습니까? 33하나님께서 택하신 사람들을 누가
> 감히 고발하겠습니까? 의롭다 하시는 분이 하나님이신데, 34누가 감히 그
> 들을 정죄하겠습니까? 그리스도 예수는 죽으셨지만 오히려 살아나셔서 하
> 나님의 오른쪽에 계시며, 우리를 위하여 대신 간구하여주십니다. 35누가 우
> 리를 그리스도의 사랑에서 끊을 수 있겠습니까? 환난입니까, 곤고입니까,

박해입니까, 굶주림입니까, 헐벗음입니까, 위협입니까, 또는 칼입니까?(롬
8:31-35, 『새번역 성경』)

여기서 밑줄 그은 부분은 이사야 50:8의 내용을 요약해서 인용한 것이다. 이는 마치 약자 쪽이 강자 쪽의 고발에 휘몰리고 있는 듯한 형국을 묘사한다. 이사야 50장은 이런 사정을 더욱 생생하게 보여준다.

7주 하나님께서 나를 도우시니,
그들이 나를 모욕하여도
마음 상하지 않았고…
모든 어려움을 견디어냈다.
내가 부끄러움을 당하지 않겠다는 것을
내가 아는 까닭은,
8나를 의롭다 하시는 분이[23]
가까이 계시기 때문이다.
누가 감히 나와 다투겠는가!
함께 법정에 나서보자.
나를 고소할 자가 누구냐?
나를 고발할 자가 있으면
고발하여라.
9주 하나님께서 나를 도와주실 것이니,
그 누가 나에게
죄가 있다고 하겠느냐?(사 50:7-9)

---

23 밑줄 그은 부분에 해당하는 히브리어는 הצדיק이고 70인역은 δικαιουν으로 번역했다.

이사야에서 이 "나"라는 사람은 현실 속에서 강자에게 모욕을 받으며 어려움을 겪고 있는 처지다. 실제로 그가 어떤 송사에 말려들어 있는 것은 아니다. 단지 자신의 상황이 송사 사건으로 하나님의 재판정에 넘겨진다면, 하나님은 공정하신 재판관으로서 "나"를 옳다고 하시면서 나의 편을 들어주시리라는 확신과 희망을 고백하는 것이다.

로마서 8장에서 무방비로 몰리고 있는 측으로 기술된 "우리"가 사회적 관계에서 어떤 부류에 속하는 집단인지 명백하게 언급되지는 않았다. 그렇지만 36절에 비추어서 판단하면, 이들은 삶 속에서 끊임없이 환난, 곤고, 박해, 굶주림, 헐벗음, 위협, 칼 등으로 표출되는 악의 세력 아래서 고통을 겪고 있는 사회적 약자들임을 알 수 있다. 이들의 적대자들은 단지 이방계 기독교인에게 할례를 강요하는 수구적 유대주의자들이 아니라 현실에서 법과 질서의 이름으로 부당하게 특권을 누리는 지배층에 속하는 모든 사람일 것이다. 따라서 이들에게 피해를 보는 약자들의 편을 들어준다는 것은 그들이 처해 있는 불의한 사회적 관계를 척결하여 유린당하는 인간 본연의 권리를 회복시켜준다는 것을 뜻한다. 이처럼 칭의 사건이 능동태 문장으로 표현되는 경우에는 그 문장의 주어가 하나님이시고, 목적어는 사회적 약자에 속하는 사람임이 확인된다.

다음 용례를 살펴보자. 바울은 로마서 1:15에서 "그러므로 나의 간절한 소원은 로마에 있는 여러분에게도 복음을 전하는 것입니다"라고 본론으로 들어가는 말문을 튼다. 그리고 그 후에 곧바로 이어서 "나는 복음을 부끄러워하지 않습니다. 이 복음은 유대 사람을 비롯하여 그리스 사람에 이르기까지 모든 믿는 사람을 구원하는 하나님의 능력입니다. 하나님의 의가 복음 속에 나타납니다"(롬 1:16-17)라고 말하며 복음이 무엇인지를 분명히 천명한다. 복음은 사상도 아니고 교훈도 아니며 고상한 덕목도 아니다. 그것은 구원하는 능력이다. 누구를 구원하는 능력인가?

모든 믿는 사람을 구원하는 능력이다. 누구의 능력인가? 하나님의 능력이다. 능력은 능력의 소유자가 그것을 행사할 때에 발휘된다. 능력이 행사되는 곳에는 능력 있는 사건이 발생한다.

그러므로 복음이 무엇인지를 안다는 것은 하나님의 능력이 어디에 어떻게 행사되는지를 아는 것이다. 하나님의 능력은 모든 믿는 사람을 구원하는 능력이다. 따라서 하나님이 베푸시는 구원의 능력이 행사되는 곳에는 구원 사건이 발생한다. 여기서 바울은 하나님이 일으키시는 이 구원 사건을 "하나님의 의"(δικαιοσυνη θεου[디카이오쉬네 테우])라는 어구로 지칭했다. 이 어구는 바울이 고안해낸 것이 아니라 구약성경, 특히 제2 이사야의 어법에서 그대로 빌려온 것이다(특히 사 46:12-13; 51:5-6; 56:1에는 "하나님의 의"라는 어구와 "하나님의 구원"이라는 어구가 병행대구 속에 거의 동의어로 사용된다).

바울은 로마서 3:21-30에서도 하나님의 구원 사건을 "하나님의 의"라는 어구를 사용하여 진술한다.

> 21그러나 이제는 율법과는 상관없이 하나님의 의가 나타났습니다. 그것은
> 율법과 예언자들이 증언한 것입니다. 22그런데 하나님의 의는 예수 그리스
> 도를 믿는 믿음을 통하여 오는 것인데, 모든 믿는 사람에게 미칩니다. 거기
> 에는 아무 차별이 없습니다.
>
> 23모든 사람이 죄를 범하였습니다. 그래서 사람은 하나님의 영광에 못
> 미치는 처지에 놓였습니다. 24그러나 사람은, 그리스도 예수 안에서 얻는 구
> 원으로 말미암아, 하나님의 은혜로 값없이 의롭다는 선고를 받습니다. 25하
> 나님께서는 이 예수를 속죄 제물로 내주셨습니다. 그것은 그의 피를 믿을 때
> 에 유효합니다. 하나님께서 이렇게 하신 것은, 사람들이 이제까지 지은 죄
> 를 너그럽게 보아주심으로써 자기의 의를 나타내시려는 것이었습니다. 26하

나님께서 오래 참으시다가 지금 이때에 자기의 의로우심을 나타내신 것은, 하나님은 의로우신 분이라는 것과 예수를 믿는 사람은 누구나 의롭다고 하신다는 것을 보여주시려는 것입니다(롬 3:21-26, 『새번역 성경』).

복음 안에 나타난 하나님의 구원 사건이 "율법과는 상관없이" 나타났다는 것은 율법의 행위로 구원을 받아야 한다고 주장하는 유대주의자들의 입을 막는 자물쇠다. 또한 복음에 나타난 이 "하나님의 의"가 "율법과 예언자들이" 증언한 것이라 함은 그 내용이 구약의 율법서라는 모세오경과 예언서들에 이미 비추어졌다는 의미다. 이처럼 바울은 하나님의 구원과 하나님의 의를 구약성경의 용례에 따라 짝지음으로써 "의"라는 명사가 추상명사로서 당사자의 윤리적 속성을 뜻하는 것이 아니라 행위명사로서 구원을 일으키는 행위 또는 그 행위의 결과로 일어난 구원 사건을 뜻한다는 사실을 투시할 수 있도록 길을 연 중대한 공적을 이루었다. 하지만 다른 한편으로 그는 이 문단의 칭의론 진술에 속죄론의 교리를 끼워 넣음으로써(롬 3:25-26), 후세 사람들이 그의 칭의론을 오해하여 순전히 윤리적 측면에서 판명되는 개인의 죄가 어떻게 처리되느냐 하는 문제 일변도로 그릇되게 논쟁하는 궤도에 진입하게 한 빌미를 제공하기도 했다.

이런 오도(誤導)에서 바울의 칭의론을 구출하기 위해 어떤 주석가들은 로마서 3:25-26이 바울의 친필에서 나온 것이 아니라 후대 사람에 의해 첨가된 것이라고 주장하기도 하지만 설득력이 없다. 바울은 자기도 전해 받은 그대로 전해주었다고 증언한(고전 15:1-5) 바로 그 복음의 내용을 이 자리(롬 3:25-26)에 삽입했을 것이다. 바울은 로마서 1장에서는 이방인 일반의 죄를 고발하고 2장에서는 유대인 일반의 죄를 고발한 다음에 3장에 이르러서 모든 사람이 단 한 사람의 예외도 없이 다 죄인이라는 판정을 내린다. 이는 모든 사람이 죄의 구렁에 빠져 있는 처지이기 때문에 죄라는 악의 세력으로부터 해방되기 위해서는 하나님이 내미시는 구원의 손길을 잡지 않으면 안 된다는 사실을 증언하기 위해서였다. 여기서 악의 세력은 사탄과 같은 신화적·우주적 세력으로만 이해할 것이 아니라 현 세계에서 사람을 지배하는 모든 세력으로 이해해도 좋다.

다음으로는 바울이 인용한 하박국서의 말씀을 살펴보자. 바울은 로마서 1:16-17에서 하나님의 구원의 능력이 나타나는 모습이 곧 하나님의 의라는 사실을 예증하기 위하여 하박국 2:4b의 말씀을 약간 손질하여 인용한다. 바울은 하나님 앞에서 율법으로는 아무도 의롭게 되지 못한다는 사실을 입증하기 위해 일찍이 이 말씀을 갈라디아서 3:16에서 사용했다. 로마서에서 하나님의 의를 증언하는 자리에 하박국이 하나님께 받아 적었다는 이 말씀을 바울이 어떤 목적으로 인용했는지를 확인하기는 어렵지만, 후대에 칭의론을 개인의 윤리성 평가의 문제로 해석하는 사람들에게 "증빙 본문"(proof-text)으로 널리 오용되고 있다는 사실만은 분명하다.

하지만 하박국이 하나님의 이 계시의 말씀을 받아 기록한 그때 처해 있던 역사적 정황에 비추어 보면, "의인은 믿음으로 살 것이다"라는 하나님의 말씀이 뜻하는 구원과 "하나님의 의"라고 지칭된 하나님의 구원 사건이 뜻하는 구원이 동일하다는 사실을 알 수 있다. 그것은 극한의 위기 상황에서 목숨을 구출 받아 살아남는다는 것 이외의 다른 어떤 의미도 아니다. 하박국서의 배경 시기는 기원전 605년에서 597년 사이로 볼 수 있다. 당시 어느 시점에 예루살렘은 적군에 완전히 포위되었고, 거주민들은 살아남을 것에 대한 희망의 싹이라고는 털끝만큼도 찾아볼 수 없이 캄캄절벽 같은 절망의 늪에서 기진맥진한 채 허우적대고 있는 형편이었다. 하박국은 이런 절박한 사정을 하나님께 다음과 같이 아뢰면서 왜 살려주지 않으시냐고 항변한다.

> 2살려달라고 부르짖어도 듣지 않으시고
> "폭력이다!" 하고 외쳐도 구해주지 않으시니
> 주님, 언제까지 그러시려는 것입니까?
> 3어찌하여 나로 불의를 보게 하십니까?
> 어찌하여 악을 그대로 보기만 하십니까?
> 약탈과 폭력이 제 앞에서 벌어지고,
> 다툼과 시비가 그칠 사이가 없습니다.
> 4율법이 해이하고, 공의가 아주 시행되지 못합니다.
> 악인이 의인을 협박하니, 공의가 왜곡되고 말았습니다(합 1:2-4).

하박국 2:4은 하박국의 이런 호소에 대한 답변으로 하나님이 주신 말씀이다. 여기서 악인은 폭력과 약탈 등의 불의를 행하는 자들을 총칭하는 명칭이고, 의인은 이런 악행에 희생을 당하는 억울한 약자들을 총칭하는 명칭일 뿐이다. 즉 여기서 "의인"은 윤리적 척도에 비추어서 의롭다는 합격 판정을 받을 자격을 갖춘 사람을 가리키는 것이 아니다. 하박국은 이런 상황에서 모든 사람을 무차별적으로 묶어서 "죄인들"이라는 용어로 하나의 카테고리 속에 넣어 함께 취급하지 않는다. 대신 그는 불의와 악을 행하는 측과 그 불의로 인해 피해를 보는 측을 양분하여 전자를 악인, 후자를 의인이라 지칭했다. 다시 한번 강조하지만, 하박국이 "의인"이라 지칭한 것은 윤리적으로 옳은 사람이거나 종교적으로 죄 용서를 받아 의롭게 된 사람이 아니었다. "의인"은 "악인"이라고 지칭된 부류의 사람들의 반대쪽에서 그들에게 부당하게 억압, 약탈, 죽임을 당하는 사회적 약자를 지칭하는 명칭으로 사용되고 있다.

그런데 하박국 2:4의 내용은 히브리어 성경과 70인역과 바울의 인용문에서 조금씩 다르게 진술되었다. 그 차이는 다음과 같다.

- 히브리어 성경: "의인은 그의 '에무나'로(באמונתו) 살 것이다."
- 70인역: "의인은 나의 피스티스로(εκ πιστεως μου) 살 것이다."
- 바울의 인용: "의인은 믿음으로(εκ πιστεως) 살 것이다."

밑줄 그은 어휘들이 세 본문 사이에서 차이가 나는 부분이다. 히브리어 성경과 70인역은 각각 "나의"(my)와 "그의"(his)라는 별개의 소유격 대명사를 사용한다. 반면 바울은 이 소유격 대명사를 생략해버리고 70인역에 등장하는 "믿음으로"라는 문구만 따왔다. 원래 하박국 2:4은 하나님의 직접화법으로 표현된 말씀을 그대로 받아 적은 형태이므로 히브리어 성경에서 "그"는 그 문장의 주어인 "의인"을 가리키고, 70인역의 "나"는 하나님 자신을 가리킨다. 여기서 바울은 의미상으로 어느 쪽을 택할 것인지 고민할 필요가 전혀 없었다. 바울이 필요로 하는 것은 오로지 "믿음"이라는 바로 그 낱말이었기 때문이다.

바울은 일찍이 갈라디아서의 칭의론에서 "율법의 행위로"와 "예수 그리스도를 믿는 믿음으로"라는 대립 어구 속에 율법의 기능을 견제하는 개념으로 "믿음"이라는 용어를 사용했다. 구약성경에서 "믿음"이라는 용어가 사용된 곳을 찾아내는 것만이 바울의 목표였다. 그는 70인역의 하박국 2:4에서 그것을 발견했다. 그렇지만 70인역에 표현된 그대로 "나의 믿음으로"로 인용하면 그것은 "하나님의 믿음으로"를 뜻하니까 바울이 의도하는 용도에 부합하지 않는다. 그렇다고 해서 "나의"를 "그의"로 바꿀 수도 없다. 왜냐하면 "그의"를 사용하면서 히브리어 성경의 "에무나"(אמונה)라는 낱말을 송두리째 외면해버릴 수는 없기 때문이다. 이 경우 히브리어 "에무나"에는 "진실" 또는 "신실함"이라는 의미가 있지만 "믿음"이라는 의미가 전혀 없는 것이 문제다.

여기서 히브리어 성경과 70인역은 서로 다른 낱말을 사용했지만 그 의미는 일치한다는 사실이 중요하다. 하나님과 이스라엘 백성 사이에는 계약이 체결되어 있다. 하나님은 이스라엘 백성의 아버지로서 그들을 보호해주고 이스라엘 백성은 하나님을 아버지로 섬겨야 한다. 계약은 양쪽이 함께 그 의무 규정에 성실해야 효력이 발생한다. 히브리어 성경이 뜻하는 바는 "의인은 하나님과 맺은 계약에 대한 신실성/성실함으로 살 것"[24]이라는 것이다. 70인역이 의미하는 바는 "의인은 나의 신뢰성(trustworthiness, reliability)으로/나의 믿음직스러움(faithfulness)으로 살 것"이라는 것이다.[25] 그러므로 동일한 내용을 히브리어 성경은 의인 쪽의 각도에서, 70인역은 하나님 쪽의 각도에서 말하고 있음을 알 수 있다. 이 두 가지 부사구를 일단 괄호 속에 묶어놓고 해석하면, 두 문장은 똑같이 "의인은 살아남는다"라는 구원 메시지의 선언이다. 하박국 전체를 샅샅이 뒤져도 죄인이 먼저 자기의 죄를 용서받아 의롭다는 판정을 받는 과정을 거치고 나서 살게 될 것이라는 사상은 털끝만 한 암시조차 찾아볼 수 없다.

그런데 하박국 2:4의 말씀이 모든 인간의 죄와 죄의 용서라는 주제를 다루는 로마서 1:18-7:25의 대단원의 앞에 놓임으로 말미암아 이 말

---

24 『개역한글 성경』에는 구약성경 전체에서 "믿음"이라는 명사가 합 2:4에서만 단 한 번 사용되었다. 이것은 신약성경에 인용된 번역을 구약에 투영함으로써 생긴 오역이다. 다행히 『공동번역 성경』은 "그의 신실함으로써"로, 『가톨릭 성경』은 "그의"를 생략하고 "성실함으로"로 번역했다.

25 신약성경에 πιστεως μου라는 어구가 70인역이 의미하는 그대로 "하나님의 미쁘심/신실하심"이라는 뜻으로 사용된 용례가 롬 3:3에 있다. 이를 『공동번역 성경』은 "하나님의 신의"로, 『가톨릭 성경』은 "하나님의 성실하심"으로 번역했다.

씀은 사람이 믿음으로 죄 용서를 받아 의롭다는 인정을 받는다는, 이른바 윤리적 의미로 해석하는 빗나간 칭의론이 마치 구약성경의 구절로써 증명되는 듯한 오해를 불러일으켰다. 신중하지 못한 이런 이해에 부합하도록 대다수 번역본 성경과 주석가들은 원래 부사구로 사용된 "믿음으로"라는 어구를 "의인"을 수식하는 형용사구로 바꾸어 번역하는 과오도 버젓이 범했다.[26]

한편 바울은 하나님이 아브라함에게 그의 자손을 하늘의 별처럼 많아지게 하겠다고 말씀하셨을 때 "아브람은 하나님을 믿었다. 그래서 하나님은 그 믿음을 의로 여기셨다"(창 15:6)라는 말씀을 여러 번 인용했다. 하지만 이 문제는 법정적 의미로서의 칭의론의 본래적 의미를 구명(究明)하려는 이 글의 목표와 연관성이 미약하므로 여기서는 다루지 않는다.

5. 칭의론, 무엇이 잘못되었는가?

바울의 칭의론은 중세와 종교개혁 시대는 물론이고 현재에도 곡해와 오용에 휘말려 있다. 그 원인은 다음과 같다.

첫째, 칭의론에 사용된 용어는 구약성경에서 원래 법정적 의미로 사용된 것인데 윤리적 뜻을 나타내는 것으로 바꾸어서 해석했기 때문이다.

---

26 NAB: "The one who is righteous by faith will live; NEB: "he shall gain life who is justified through faith"; RSV: "He who through faith is righteous shall live"; NRSV는 난외에: "Th one who is righteous through faith will live"; GNB: "The person who is put right with God through faith shall live"; CEV: "The people God accepts because of their faith will live"; NET: "The righteous by faith shall live"; 200: "신앙으로 말미암은 의인은 살 것이다"; 『공동번역개정판 성경』: "믿음을 통해서 하느님과 올바른 관계를 가지게 된 사람은 살 것이다." 이런 번역들은 이 말씀이 사람이 의인이 되거나 의인으로 인정받는 방법/절차를 말하는 것이라고 오해한 데서 생겨났다. 주석가들의 번역 사례는 지면 사정상 생략한다.

법정적 사안을 처리한다는 것은 어떤 사람과 사람 사이의 사회적 관계에서 발생한 일을 재판관이 개입하여 불의한 관계를 바로잡고 억울하게 피해를 보는 쪽의 본래적 권리를 회복시켜준다는 의미다. 이렇게 법정적 용어를 사용해 하나님을 공정한 재판관으로 서술하는 것은 하나님이 특별히 과부, 고아, 가난한 사람 등의 사회적 약자 편을 들어서 그들의 잃어버린 권리를 회복시켜주시는 분임을 말해준다. 그런데 여기서 하나님을 윤리적인 척도를 들이대 인간의 마음속 깊숙이 숨겨진 무의식 속의 죄까지 들추어내 처벌하거나 용서해주는 분으로 상정하면, 그 하나님은 사람들 사이의 사회적 관계에서 생긴 불의를 척결하는 분이 아니라 하나님 자신과 인간 개인 사이의 수직적 관계에 개재한 문제를 처리하는 분으로 뒤바뀌는 셈이다. 이는 수평적인 사안을 수직적 사안으로 전도시키는 심각한 오류다.

둘째, 칭의론을 윤리적 용어로 이해하는 경우에는 "하나님의 의"라는 어구의 "의"(δικαιοσυνη)를 "의로움"(righteousness)이라는 윤리적 성질을 뜻하는 추상명사로 이해할 수밖에 없다. 이런 배경에서 이 "의로움"이라는 성분이 죄인인 인간에게 어떤 경로(經路), 또는 방식으로 작용하여 그를 의로운 사람으로 인정을 받게 해주느냐는 문제를 놓고 루터 측과 가톨릭교회 측이 전가설(轉嫁說)과 주입설(注入說)이라는 상반된 답변을 제시한다. 이에 맞추어서 이른바 칭의론에 명실상부(名實相符)한 용어들이 붙게 되었고 우리말에서는 전자를 의인론(義認論), 후자를 의화론(義化論)이라 하거나 전자를 칭의론(稱義論), 후자를 성의론(成義論)이라고 한다.[27]

하지만 "하나님의 의"라는 어구에서 "의"는 추상명사가 아니라 "의

---

27 영어와 독일어에는 이 두 가지 이론에 입각한 명칭을 별도로 제작해 사용하지 않고 그냥 the doctrine of justification, die Rechtfertigungslehre라 한다.

롭다 하다/의롭게 하다"라는 동사에서 생긴 행위명사(*nomen actionis*)다. 자동사의 행위명사는 단순히 주어의 동작이나 행위만을 가리키지만 타동사의 행위명사는 단지 주어가 연출하는 행동보다도 그 행동이 목적어에 영향을 미친 결과물로 생긴 사건을 지칭하는 경우가 더 많다. 창(槍) 구멍은 창질하는 사람의 행위의 결과물을 뜻하는 행위명사인 것과 똑같은 이치다. 그래서 요즈음에 신약성경의 "하나님의 의"라는 어구를 라틴어로 "유스티티아 데이"(*justitia dei* = the justice of God)라고 번역하는 대신에 "유스티피카티오 데이"(*justificatio dei* = the justification of God)라고 번역함으로써 행위명사로서의 성격을 드러내려고 노력하는 현상은 반가운 일이다. 또 그것이 목적어에 미쳐 일어나는 사건이면 "유스티피카티오 페카토리스"(*justificatio peccatoris* = the justification of the sinner)가 된다. "유스티피카티오 데이"와 "유스티피카티오 페카토리스"는 같은 구원 사건을 두고 전자는 그 사건의 수행자가 누구냐 하는 관점에서, 후자는 그 사건의 수령자가 누구냐 하는 관점에서 말한 것이다. 물론 수행자와 수령자를 동시에 표시하는 방법도 있다.

> 하나님께서는 죄를 모르시는 분에게 우리 대신으로 죄를 씌우셨습니다. 그것은 우리가 그리스도 안에서 하나님의 의가 되게 하시려는 것입니다(고후 5:21, 『새번역 성경』).

하나님의 의는 하나님이 일으키신 구원인 동시에 우리가 하나님의 의가 되니까, 그것은 우리를 구원한 구원 또는 우리가 누리는 그 구원의 현실을 뜻하기도 한다.

한편 행위명사의 대상자를 여격(與格)으로 나타낼 수도 있다.

그는 우리에게 하나님으로부터 오는 지혜가 되시며, 의와 거룩함과 구속함이 되셨습니다(고전 1:30).

그가 "**우리에게**…의와 거룩함과 구속함이 되셨다"는 것은 "**우리의** 의와 거룩함과 구속함이 되셨다"는 말이다. 이를 원어로 살펴보면 "구속함"(απολυτρωσις[아폴뤼트로시스])이라는 낱말은 형태상으로 행위명사다. "의"와 "거룩함"은 행위명사의 형태는 아니지만 의미상으로는 행위명사로 사용되었다. 『공동번역개정판 성경』은 "하나님의 의"에 대해 "하느님께서 인간을 당신과 올바른 관계를 놓아주시는 길"이라고 번역했다(롬 1:17; 3:21). 이것은 "의"를 행위명사로 이해했다는 좋은 본보기다. 하지만 하나님이 바로잡으시는 올바른 관계가 인간과 인간 사이의 관계가 아니라 하나님과 인간 사이의 관계로 본 것은 수평적·사회적 관계에 관련된 사안을 수직적·종교적 문제로 역전시킨 오점이 있다. 영어판 JB가 "하나님의 의"를 단순히 "God's Justice"라고 번역하지 않고 "God's saving justice"라고 번역한 것도 "의"가 행위명사라는 사실을 드러내려는 노력의 일환이다.

지금까지 칭의론은 교회에서 크게 오용되어왔다. 칭의론은 기독교의 구원론에서 핵심을 차지하는 가르침으로서 죄인인 인간이 하나님 앞에서 어떻게 죄 사함을 받아 구원을 얻느냐의 문제를 다룬다. 여기서 죄는 근원적으로 하나님과 인간 사이의 수직적 관계에서 발생하는 종교적 실존의 문제까지 포함하는 무엇일 것이다. 그러나 우리가 죄 문제를 사회적 차원에 국한해 말한다면 죄는 인간과 인간 사이에서 벌어지는 일이다. 범행이 있는 자리에는 범행자가 있고 그 범행의 희생자인 피해자가 있기 마련이다. 그런데 교회는 죄인에게 구원을 선사한다는 명분으로 칭의론을 동원해 싸구려 구원론을 만들어 할인 품목으로 내다 팔았다. 이 할인 상품의 주객은 이른바 죄인들이었다. 그리고 이 판매장에는 범죄의 희생자인 피해자들이 발을 들여놓을 만한 어떤 틈도 마련되지 않았었다. 죄인의 구원 문제에만 몰두한 나머지 죄의 희생자나 피해자가 그의 사회적 삶 속에서 어떻게 구원을 받아야 하는가의 문제는 관심 영역 밖에 방치한 것이다.[28]

최근 우리나라에서는 기독교의 칭의론이 오용되는 실태를 날카롭게 비판하는 일이 교회 밖에서부터 일어났다. 대표적으로 이창동 감독이 제작한 영화 "밀양"이 있다. 이 영화는 이청준 씨의 중편 소설 『벌레 이야기』를 각색하여 제작한 것으로서 오용되는 기독교의 칭의 교리가 현실에서 어떤 문제를 일으킬 수 있는지를 적나라하게 고발했다. 기독교가 칭의론을 죄의 용서 또는 처벌을 다루는 죄론 일변도로 이용함으로써 범죄 행위를 한 가해자의 구원 문제에만 관심을 집중하고, 범죄 행위의 희생자인 피해자가 어떻게 구원, 즉 권리 회복을 받을 것인가 하는 문제는 무관심의 심연 속에 방기(放棄)해버린 것은 분명한 과오다. 그런 점에서 앤드류 성 박(Andrew Sung Park) 교수의 비평은 지당하다. 그렇지만 그의 비평은 대다수 교회와 신학자들이 잘못 해석한 칭의론에 적용되는 것이지, 성경이 증언하는 바울의 본래적 칭의론 자체에 해당하지 않는다는 사실에 주의를 기울여야 한다.

---

28 Andrew Sung Park, *The Wounded Heart of God: The Asian Concept of Han and Christian Doctrine of Sin*(Nashville: Abingdon Press, 1993). "간단히 말하자면, 전통적인 죄론(罪論)은 일방적이었다. 그것은 세상을 오로지 죄인의 견지(見地)에서 보았을 뿐이며, 죄와 부정(不正)의 희생자들을 고려하지 못했다"(10쪽); "그 역사를 통하여 교회는 인간의 죄에 관심을 두어왔다. 그러나 교회는 대체로 인간의 악에 포함되어 있는 중요한 한 가지 요소를 간과해왔다. 즉 그것은 죄의 **희생자들**이 당하는 고통이다"(10쪽); "교회는 죄론을 개발하고 죄인과 관련된 신학적 사상들을 발전시켰으나 죄의 희생자를 염두에 두지 않았다. 내가 생각하기에 이것은 비기독교적이다. 가난한 사람들과 짓밟힌 사람들에게 기쁜 소식을 가져다주기 위해서 죄인과 희생자 둘 다의 시각(視角)에서 세상의 문제들을 바라보고 적절하게 분석하는 방법을 개발할 필요가 있다"(13쪽).

결론: "체아카"가 있는 곳에는 "체다카"가 없다

우리는 "칭의와 정의"라는 거창한 제목을 내걸고서 바울이 칭의론에서 다루는 것이 혹시나 정의 문제와 무슨 관련이 있는지에 대한 탐구의 길에 나섰다. 목적지는 아직 멀리 남아 있지만 해가 이미 서산에 넘어간 지 오래이므로 여기서 일단 걸음을 멈출 수밖에 없다.

칭의와 정의의 관계를 말하기 위해서는 도대체 정의(正義)가 무엇인지 그 정체를 밝히지 않으면 안 된다. 그렇지만 이 일은 누구도 해낼 수 없다. 왜냐하면 정의(正義)라는 것은 정의(定義)라는 개념의 틀로 찍어낼 수도 없을 뿐만 아니라 비록 그렇게 하는 데 성공한다 하더라도 그 정의를 현실에서 실현하는 과정에는 부득이 그 정의의 원칙에 어긋나는 어떤 조처가 취해져야 하는 상황에 직면하기 때문이다. 정의 문제는 정의에 대한 개념 정의(定義)에서 출발해서 종합적이며 총체적인 최종적 정의(定義)를 내리는 것으로 해결되는 것이 아니다. 원래 정의(正意)라는 것은 얽히고설킨 현실의 삶 속에서 더 나은 삶을 위하여 서로 부닥쳐서 논쟁과 투쟁을 벌이는 가운데 서서히 그 모습을 슬쩍슬쩍 드러낼 뿐이기 때문이다.

히브리어 성경은 동음이의어를 활용해 그 뜻을 강조하는 기법을 사용하고는 한다. 그런 말놀이를 통해 정의가 무엇인지를 밝힌 이사야는, 하나님과 이스라엘 백성의 관계를 포도원 주인과 포도원에 비유했다.

그는[하나님은] 공의(משפט [미쉬파트])를 바라셨는데,
보라! 피 흘림(משפח [미스파흐])이요,
정의(צדקה [체다카])를 바라셨는데,

보라! 울부짖음(צעקה[체아카])이었다(사 5:7).

히브리어의 말놀이는 "정의(체다카)=울부짖음(체아카)"에서만이 아니고 "공의(미쉬파트)=피 흘림(미스파흐)"에서도 나타난다. 히브리어에서 체다카(정의, 의)와 미쉬파트(공의, 공정, 공평)는 동의어로 사용된다. 피 흘림은 유혈 참극이요, 울부짖음은 "으악"하는 비명이다. 여기서 우리는 정의(正義)가 무엇인지를 부정적(否定的) 방법으로 손쉽게 정의(定義)할 수 있다. "울부짖음이 있는 곳과 피 흘림이 있는 곳에는 정의(正義)가 없다." 물과 불이 한 그릇에 담길 수 없듯이 정의와 울부짖음은 절대로 한자리에 같이할 수 없다. 정의와 피 흘림도 마찬가지다.

02

구원과 정의, 그리고 의롭게 됨의 길

에스겔 33:10-20을 중심으로

김근주

기독연구원 느헤미야, 구약학

김근주는 영국 옥스퍼드 대학교에서 이사야서 연구로 박사학위(Ph. D.)를 취득했다. 현재 기독연구원 느헤미야 전임연구원으로 있으며 일산은혜교회에서 협동 목사로 사역하고 있다. 저서로는 『나를 넘어서는 성경 읽기』(성서유니온선교회, 2017), 『복음의 공공성』(비아토르, 2017), 『소예언서 어떻게 읽을 것인가 (1), (2)』(성서유니온선교회, 2015, 2016), 『특강 예레미야』(IVP, 2013) 등이 있다. 구약성경에 기초해서 오늘의 현실을 이해하는 데 관심이 있다.

들어가는 말

"원천으로"(*ad fontes*)라는 모토는 종교개혁이 기초로 하는 출발점의 하나다. 기독교에서 "원천"은 당연히 성경이니, "원천으로"는 "성경으로"(*ad biblia*)일 수밖에 없다. 그리고 복음서 저자들과 바울에게 유일한 "성경"이 우리가 "구약성경"이라고 부르는 책밖에는 없다는 점에서, 바울의 "원천"은 구약이라고 할 수 있다. 우리가 종교개혁 500주년을 맞이하면서 다시 "원천"으로 돌아가고자 할 때 마땅히 고려해야 할 것은 바울의 사상 이전에 그 기초가 된 성경, 즉 구약이다.

에스겔 33:10-20은 허물과 죄, 공의, 구원, 회개(돌이킴), 살리라, 죽으리라, 심판과 같은 표현들을 사용하여 에스겔이 촉구하고 외치는 내용을 명확히 보여준다. 그런데 이런 용어들은 예수 그리스도를 믿는 믿음에 기반을 둔 오늘날의 그리스도인들에게 특별히 친숙하고 익숙한 단어들이라는 점에서 주목할 만하다. 예수 그리스도와 바울의 시대에 유일한 성경이 구약임을 기억한다면, "회개하고 예수를 믿고 믿음으로 의롭게 되어 살게 된다"는 신약 교회의 선포를 이해하는 가장 근본적인 본문의 하나로 이 에스겔서 본문을 생각해볼 수 있다.

여기서 바울의 "이신칭의" 선포를 기반으로 에스겔서 본문을 이해하기보다는, 바울에게 유일한 성경이었을, 에스겔을 비롯한 구약의 선포를 기반으로 바울이 외친 "이신칭의"를 이해하는 것이 성경 자체가 우리에게 알려주는 마땅한 경로일 것이다. 이 글은 에스겔 본문을 기반으로 죄, 의로움, 회개, 구원의 의미와 관계를 살펴보고자 한다. 에스겔은 구원의 도리를 어떻게 선포하는가?

1. 본문의 맥락

에스겔 33:1-9은 에스겔에게 부여된 파수꾼의 사명을 설명한다. 파수꾼의 사명은 다가올 재앙에 대해 미리 경고하는 것이다(겔 33:1-6). 에스겔은 파수꾼으로 임명되었으며 "하나님을 대신하여 경고"해야 한다(겔 33:7). 하나님이 악인을 향해 "너는 반드시 죽으리라"(겔 33:8)고 선언하신 다음부터가 파수꾼의 사명이 시작되는 시점이다. 이 선포에 이어 파수꾼은 악인을 찾아가 그의 길에서 떠나라고 말로 경고해야 한다(겔 33:8-9).

하나님이 죽는다고 선포하셨다고 하여 악인의 운명이 확정되지는 않는다. 다만 이제까지의 길로 걸어가면 반드시 죽을 것이기에, 파수꾼의 말을 듣고 돌이키면 살게 되고 그 길을 지속하면 죽게 된다. 파수꾼은 악인이 걸어가는 길이 죽음에 이르는 길임을 드러내고 그 길에서 돌이킬 것을 촉구하는 일을 맡았고, 악인이 죽고 사는 것은 파수꾼의 말에 그가 어떻게 대응하는가에 달렸다. 요나의 촉구를 듣고 돌이킨 니느웨는 살았고, 예언자들의 촉구를 듣고도 돌이키지 않은 이스라엘은 망했다. 살고 죽는 문제에서 이방이냐 이스라엘이냐는 별다른 기준이 되지 않는다.

이어지는 에스겔 33:10-20은 파수꾼을 통해 하나님의 경고를 들은 이들이 어떻게 반응해야 하는지를 다룬다. 어떻게 하면 살고 어떻게 하면 죽게 되는지를 다루는 것이다. 그다음 에스겔 33:21-22에는 에스겔이 포로로 끌려간 지 12년째 되던 해, 즉 기원전 585년에 예루살렘에서 도망쳐 온 사람이 예루살렘의 함락 소식을 에스겔에게 알린 사건이 기록되어 있다. 이런 배열은 예루살렘이 하나님의 경고에 합당하게 응답하지 않았음을 명확히 보여준다. 그래서 에스겔 33:23-33은 이스라엘이 그렇게 하나님을 거역한 것을 고발하며 그들에게 임한 심판이 타당함을 이야기한다. 이스라엘 백성은 예언자가 선포하는 말을 들으러 나아왔지만 "입으로는 사랑을 나타내어도 마음으로는 이익을" 따를 뿐이었다(겔 33:31). 결국 에스겔 33:10-20을 사이에 두고 먼저는 이방이 하나님의 심판으로 스올에 내려갔으며(겔 32장), 그 뒤에는 이스라엘 역시 심판을 당했음이 밝혀진다(겔 33:21-33). 이스라엘이건 이방이건 돌이키지 않는 이들을 기다리는 것은 심판이다. 살고 죽는 것은 파수꾼의 촉구에 대한 응답 여부에 달렸다.

에스겔 33:1-9에 있는 파수꾼의 사명은 이미 3:16-21에서 제시되었다. 거기서 이어지는 에스겔 3:22-27은 패역한 족속으로 인해 예언자가 말을 못 하게 되었다가 그 후에 하나님이 입을 여셔서 전하게 하실 것이라 예고한다. 이와 관련한 또 다른 예고가 에스겔 24:25-27에 등장한다. 즉 하나님은 예루살렘에서 도피한 자가 에스겔에게 이르러 그 멸망의 소식을 전하는 날 에스겔의 입이 열릴 것이라고 말씀하신다. 그리고 이는 에스겔 33:22에서 성취된다. 아울러 의인과 악인의 살고 죽음을 다룬 에스겔 33:10-20은 18장에 좀 더 길고 상세하게 확장되어 있기도 하다. 이를 생각하면 에스겔 33:1-22의 내용은 다음과 같이 에스겔 1-24장에 대응한다고 말할 수 있다.

- 파수꾼의 사명 (겔 33:1-9) — 의인과 악인 (겔 33:10-20) — 입이 열림 (겔 33:21-22)
- 파수꾼의 사명 (겔 3:16-21) — 의인과 악인 (겔 18장) — 입이 열릴 것의 예고 (겔 24:25-27)

이런 주제의 반복은 각 부분이 서로 긴밀히 연결되고 묶여 있는 에스겔서의 중요한 특징이기도 하다.[1] 에스겔서가 25-32장의 열방 말씀을 중심으로 1-24, 25-32, 33-48장의 삼중 구조를 지닌다고 볼 때,[2] 33장은 1-24장에 있던 논의를 종합하고 압축하며 이를 기반으로 다가올 미래에 대한 예언 말씀으로 이어지게 하는 연결 고리 혹은 "전환점"(turning point)[3] 역할을 한다고 볼 수 있다. 따라서 에스겔 33장에 대한 논의는 에스겔서의 구원 논의에서 매우 중요한 자리를 차지한다고 할 만하다. 아울러 에스겔 33장은 18장과 대응된다는 점도 유의할 필요가 있다.

2. 본문의 짜임새: 에스겔 33장과 18장

에스겔 33:10-20은 이스라엘의 문제 제기와 그에 대한 하나님의 반박을 중심으로 다음과 같은 짜임새를 보여준다.

A 이스라엘 족속의 문제 제기: 이미 우리가 죄지었으니 어찌 우리가 살 수 있을까?(10)
B 하나님의 반박: 돌아오라(11-16)
　　구원과 멸망의 원칙: 돌아오라(11-12)
　　　　구원이 약속된 의인이 범죄한 경우(13)
　　　　심판이 예고된 악인이 돌이킨 경우(14-16)
A′ 이스라엘 족속의 문제 제기: 하나님의 길이 바르지 않다(17a)
B′ 하나님의 반박: 너희의 길이 바르지 않다(17b-19)
　　너희의 길이 바르지 않다(17b)
　　　　의인의 돌이킴(18)
　　　　악인의 돌이킴(19)
A″ 이스라엘 족속의 문제 제기: 하나님의 길이 바르지 않다(20a)
B″ 하나님의 반박: 행한 대로 심판하리라(20b)

에스겔 33:10-20의 구조

---

1 Preston Sprinkle, "Law and Life: Leviticus 18.5 in the Literary Framework of Ezekiel," *JSOT* 31(2007), 277-78.

2 Jurrien Mol, *Collective and Individual Responsibility: A Description of Corporate Personality in Ezekiel 18 and 20*(Studia Semitica Neerlandica 53; Brill, 2009), 70.

3 Paul Joyce, *Ezekiel. A Commentary*(LHBOTS 482; T & T Clark, 2007), 42.

이 표에서 볼 수 있듯이 이스라엘 족속은 하나님의 반박에 반응하기는커녕 계속해서 자기 생각만을 고집한다. 그들에 대한 하나님의 대답은 점점 짧아지고 마침내는 간결한 심판 선포로 끝맺어진다. 앞서 언급했지만 이어지는 에스겔 33:21-22은 예루살렘의 멸망 소식을 전하면서 20절에 나타난 하나님의 심판 선포와 연결된다.

그런데 이 단락의 내용은 에스겔 18장에서 훨씬 상세하게 다루어진다. 에스겔 18장 역시 백성들의 문제 제기와 그에 대한 하나님의 반박으로 이루어지는데, 33장과 놀라울 정도로 흡사한 짜임새로 전개된다. 에스겔 18장의 구조를 다음과 같이 정리할 수 있다.

A 이스라엘 족속의 문제 제기: 아버지가 신 포도를 먹어 아들의 이가 시다(2)
B 하나님의 반박: 범죄하는 그 영혼은 죽으리라(3-18)
    모든 영혼이 하나님께 속하였으니 범죄하는 영혼은 죽으리라(3-4)
        의로워서 정의와 공의를 행하면 살리라(5-9)
        그 아들이 악을 행하면 죽으리라(10-13)
        그 아들의 아들이 정의와 공의를 행하면 살리라(14-18)
A′ 이스라엘 족속의 문제 제기: 아들이 아버지의 죄를 담당한다(19a)
B′ 하나님의 반박: 아들은 아버지의 죄악을 담당하지 않는다(19b-24)
    범죄하는 영혼은 죽을지라(19b-20)
        악인의 돌이킴(21-23)
        의인의 돌이킴(24)
A″ 이스라엘 족속의 문제 제기: 하나님의 길이 바르지 않다(25a)[4]
B″ 하나님의 반박: 너희의 길이 바르지 않다(25b-28)
    너희의 길이 바르지 않다(25b)
        의인이 공의를 떠나면(26)
        악인이 그 악을 떠나면(27-28)
A‴ 이스라엘 족속의 문제 제기: 하나님의 길이 바르지 않다(29a)
B‴ 하나님의 반박: 내가 심판하리라(29b-30a)
C 하나님의 촉구: 돌이켜 회개하고 살라(30b-32)

에스겔 18장의 구조

에스겔 18장의 짜임새는 기본적으로 33장과 같다. 백성들은 하나님의 설득에도 불구하고 자신들의 생각을 조금도 바꾸지 않는다. 이에 하나님의 반박과 대답은 갈수록 짧아지며 심판 선포로 이어진다. 두 본문의 결정적 차이 한 가지는 에스겔 18장의 마지막 말이 심판 선포가 아니라 "돌이켜 회개하고 살라"는 촉구라는 점인데, 에스겔 18장의 시점은 아직 살길이 열려 있던 시기였기 때문이라고 생각할 수 있다. 18장에서 내려진 "돌이켜 회개하라"는 결론은 33장 본문의 첫머리로 등장하고 그에 대한 백성들의 거부는 심판과 멸망으로 이어진다고 볼 수 있다.

(1) "살리라"

에스겔 18장과 33장에서 공통적으로 발견되는 중요한 요소는 "하나님의 율례를 지켜 행하면 산다"는 선언이다. 이와 관련해 구약이 "행위구원론"을 말한다는 근거로 종종 오용되는 레위기의 가장 대표적인 구절 하나를 살펴보자.[5]

> 너희는 내 규례와 법도를 지키라. 사람이 이를 행하면 그로 말미암아 살리라. 나는 여호와이니라(레 18:5).

레위기 18장은 "성결 법전"(Holiness Code, 레 17-26장)의 한 부분이다.

---

4 『개역개정판 성경』은 겔 33:17, 20에서 "바르다"로 옮긴 표현을 겔 18:25, 29에서는 "공평하다"로 다르게 옮겼다.

5 신명기에도 이와 비슷한 내용이 있지만(신 4:1; 30:16), 신명기 특유의 어휘들로 가득 차 있으며 땅 정착과 번성 주제와 닿아 있어서 레위기 구절과는 차이가 있다. 성경에서 같은 내용의 나머지 대부분은 에스겔서에서 볼 수 있다(느 9:29; 겔 18:9, 17, 19, 21; 20:11, 13, 21, 25; 33:15). 에스겔 20장의 용례들은 "그로 말미암아"에 해당하는 부분까지 갖추고 있어서 레위기 본문과 좀 더 밀접하게 연결되지만, 현재 우리가 다루는 18장과 33장 역시 레위기 구절과 근본적으로 같은 것을 말한다고 볼 수 있다.

레위기 18:5에 이어지는 내용은 금지된 성관계를 다루며, 19장은 일상의 다양한 국면에서의 거룩을 다룬다. 성결 법전은 레위기 23장의 절기 규정을 거쳐 25장에서 안식년과 희년 규례로 이어지고 26장의 축복과 저주로 마무리된다. 그런데 앞으로 자세히 살펴보겠지만, 에스겔 33장의 확장판인 에스겔 18장은 금지된 성관계를 비롯한 제의적 규정과 사회 윤리적 규정을 모두 다루고 있다. 즉 레위기의 성결 법전과 에스겔 18장은 공통의 시각과 관점을 지닌다고 볼 수 있다. 레위기에서 "정의와 공의"를 의미하는 "미쉬파트"와 "체다카"가 함께 쓰인 경우는 전혀 찾아볼 수 없지만, 에스겔 18장과 33장에서는 빈번히 쓰인다. 이는 에스겔서가 레위기에 있는 "하나님의 율례"를 "정의와 공의"로 구체화한다는 사실을 알려준다. 에스겔서는 성결 법전과 공통된 시각에 기반을 두고 나름의 변형된 적용을 보여준다고 하겠다.[6]

레위기와 에스겔서에서는 빈번하게, 그리고 다른 구약 본문들에서도 종종 하나님의 규례를 지키는 것과 "살리라"는 연결된다. "산다"를 의미하는 히브리어 "하야"는 말 그대로 죽지 않고 육체적 생명을 이어간다는 가장 기본적 의미에서부터(예. 창 12:13; 31:32; 출 33:20; 왕하 14:17), 하나님 앞에서 육체로 사는 동안 온전하고 풍성한 삶을 사는 것까지를 의미하기도 한다. 후자의 경우는 대개 하나님의 언약 및 은혜와 연관되어 나타난다. 이스라엘은 떡으로 사는 것이 아니라 하나님의 입으로 나오는

---

6 에스겔과 "제사장 자료"(P), "성결 법전"(H)의 연대 문제는 언제나 논란거리다. Julius Wellhausen을 비롯한 초기 비평학자들은 에스겔이 P보다 먼저 이루어졌다고 확신했지만 최근의 학자들은 순서를 뒤집는다. 이에 대한 정리로 Risa Levitt Kohn, *A New Heart and a New Soul: Ezekiel, the Exile and the Torah*(JSOTSS 358; Sheffield Academic Press, 2002)를 참고하라. 이 책에서 Kohn은 에스겔과 P에 공통된 용어들을 상세히 열거하며 분석한다(30-85). 성결 법전과 에스겔이 상호 영향을 주었다는 Joyce의 진술은 현재 확실하게 말할 수 있는 최대치일 것이다(Joyce, *Ezekiel*, 35-36).

모든 말씀으로 살며(신 8:3), 하나님의 규례를 지키면 그로 말미암아 살 것이고(레 18:5; 느 9:29; 겔 20:11, 13, 21, 25), 무엇보다도 의인은 그 신실함으로 말미암아 살 것이다(합 2:4). 현재 다루는 에스겔 33장에서의 "살다" 역시 이와 연관되며, 18장에서도 이와 같은 용법의 "살다"가 여러 번 쓰인다(겔 18:9, 13, 17, 19, 21, 24, 28, 32). 이사야는 귀를 기울여 하나님께 나아와 들을 때 "살게 된다"면서 값없이 주시는 은혜로 목마른 자들을 초대한다(사 55:3). 그러므로 여기서 "살리라"는 "구원받으리라"는 의미라고 볼 수 있다(시 33:19; 138:7; 겔 3:21). 에스겔 33:12에서도 동사 "구원하다"(히브리어 "나찰"의 히필형)가 "살다"와 대응하는 말로 쓰였다.

이상에서 본 것처럼 구약의 여러 용례를 고려할 때 에스겔 33장에서 "살리라"는 영원토록 죽지 않는 삶이나 내세의 삶과 연관된 것이 아님을 명확히 알 수 있다. 하나님의 규례를 지킬 때 참으로 살 수 있다. 그것이 진정한 삶이다. 그러므로 "구원"에 대한 약속 혹은 "살리라"라는 약속은 그저 오래도록 살거나 영원토록 죽지 않고 살 것에 대한 약속이 아니라, 하나님의 은혜로 그 말씀에 귀 기울이며 그 규례를 따라 누리게 될 참된 삶에 대한 약속이다(레 26:13). 나아가 구원은 규례를 지킨 자에게 훗날 주어지는 어떤 상 같은 것이 아니라, 규례를 지키며 살아가는 삶 자체라고 말할 수 있다. 달리 표현하면 힘들고 어렵지만 참고 율법을 지키면 나중에 상을 받는 것이 아니라 그렇게 율법을 지키며 살아가는 삶 자체가 상이라는 것이다. 그러므로 하나님의 규례를 어기면 훗날 죽게 된다기보다 규례를 어긴 삶 자체가 죽음이다. 이런 관점에서 보면 "선악을 알게 하는 나무의 열매는 먹지 말라. 네가 먹는 날에는 반드시 죽으리라"(창 2:17)라는 하나님의 최초 명령을 어렵지 않게 이해할 수 있다. 그러므로 **"하나님의 규례를 지키며 사는 것"이 "구원받은 삶"의 알맹이요 본질이다.**

에스겔 18장과 33장에서 보듯 같은 짜임새와 주장으로 채워진 두 본문이 존재한다는 사실은, 이 본문이 말하고자 하는 바가 에스겔서로 대표되는 포로기 이후 유대 공동체의 신학적 고민을 반영하고 있음을 보여준다.[7] 이 본문들은 이스라엘이 왜 망할 수밖에 없었는지를 명확하게 풀이하며, 새로운 날들이 어떻게 가능하며, 어떻게 그 날을 얻을 수 있는지를 역설적으로 주장한다. 이제 우리가 볼 것은 에스겔이 과연 "행위구원" 사상을 지녔는가다.

3. 허물과 죄로 죽는 이가 어찌 살 수 있을까?(겔 33:10)

"허물과 죄"는 사람이 저지른 죄악을 포괄적으로 가리키는 표현이다.[8] 허물과 죄는 사람이 겪는 참상의 원인이다. 예언자들은 이스라엘의 허물과 죄를 고발하며 하나님의 임박한 심판을 경고한다. 에스겔 33:10에 있는 백성들의 말은 예언자들의 선포에 대한 반응일 것이다. 쇠잔 혹은 쇠퇴는 사람들이 저지른 죄악의 결과다(레 26:39; 겔 4:17; 24:23). 에스겔 18장에서 백성들은 자신들의 참상을 두고 조상들의 죄악 때문이라 여기는 반면(겔 18:2, 19), 33장 본문에서는 자신들의 허물과 죄로 인한 것임을 인정한다. 에스겔 18:17, 20에서 연이어 하나님의 길에 항의하는 백성들의 모습을 볼 때 10절을 자신들의 죄와 책임을 인정하지 않으려는 태도의 반영으로 볼 수도 있지만,[9] 10절에 이어지는 11절 이하 하나님의

---

7 기원전 5세기 중반을 배경으로 한 느 9:29에서 볼 수 있는 "사람이 준행하면 그 가운데에서 삶을 얻는 주의 계명"과 같은 표현은 명백히 레위기와 에스겔을 잇고 있다고 할 수 있다.

8 창 31:36; 50:17; 욥 13:23; 34:37; 시 25:7; 51:3; 59:3; 사 58:1; 59:12; 미 1:5; 3:8; 6:7; 암 5:12.

9 가령 Joyce, *Ezekiel*, 191.

말씀은 10절의 탄식의 본심이 무엇인가와 상관없이 어떻게 구원받을 수 있는지를 다룬다.[10] 백성들은 부적절하게 대응하지만 본문은 이를 통해 구원의 길을 다루는 것이다.

그들은 허물과 죄가 그들 위에 있고, 허물과 죄로 인해 쇠퇴해간다고 말한다. 이스라엘 백성의 이와 같은 부르짖음 혹은 탄식은 자신들의 죄악을 발견하고 직면한 모든 인류의 공통된 탄식이기도 하다. 특히 구약 예언자들은 하나님의 말씀에 근거하여 이스라엘의 죄악을 더욱 적나라하고 명료하게 드러내니, 그들의 활동과 선포가 강렬할수록 백성들은 자신들의 죄악 앞에 절망할 수밖에 없을 것이다.

우리는 사람 속에 있는, 그리고 사람이 저지르는 죄악에 대한 가장 극적이고 본질적인 고발을 로마서에서 볼 수 있는데, 여기서 바울은 주로 시편(14:1-3; 5:9; 140:3; 10:7; 36:1)과 이사야서(59:7-8) 본문을 자유롭게 배열하고 섞어서 인용한다.

> 10기록된바 "의인은 없나니 하나도 없으며 11깨닫는 자도 없고 하나님을 찾는 자도 없고 12다 치우쳐 함께 무익하게 되고 선을 행하는 자는 없나니 하나도 없도다. 13그들의 목구멍은 열린 무덤이요, 그 혀로는 속임을 일삼으며 그 입술에는 독사의 독이 있고 14그 입에는 저주와 악독이 가득하고 15그 발은 피 흘리는 데 빠른지라. 16파멸과 고생이 그 길에 있어 17평강의 길을 알지 못하였고 18그들의 눈앞에 하나님을 두려워함이 없느니라" 함과 같으니라(롬 3:10-18).

---

10 C. Wright는 백성들이 "우리 조상의" 허물과 죄가 아니라 "우리의" 허물과 죄라고 표현한다는 점에서 "아버지가 신 포도를 먹어 아들의 이가 시다"는 백성들의 불평에 대한 에스겔의 논증이 받아들여졌으며 이는 백성들이 자신들의 책임을 인정한 첫걸음이라고 본다. Christopher J. H. Wright, *The Message of Ezekiel: A New Heart and a New Spirit*(The Bible Speaks Today; Inter-Varsity Press, 2001), 195.

흔히 이 구절은 기독교 신학에서 "인간의 전적 부패"와 "원죄" 교리를 입증하는 근거로 사용되곤 하지만, 이 구절들의 출처인 구약 본문들에서 죄인들은 하나님의 백성을 대적하는 악인과 어리석은 자를 가리킨다. 이를 인간의 보편적이고 본질적인 악으로 이해하여 교리를 형성하는 것은 일견 타당한 점도 있지만, 구체적인 악을 그저 인간이라면 누구나 지닌 악으로 일반화시켜서 실제로는 저질러진 악을 상대화시키고 간과하게 하기 쉽다. 아울러 이런 인식은 "죄"를 인간의 본성이나 내면과 연관지어 설명한다는 점에서 죄에 대한 인식을 개인적 차원으로 국한하기 쉽다.[11] 인간의 전적 타락을 강조하는 신학적 사고를 지닌 교단이나 교회일수록 대체로 독재자나 부당한 정치 경제 권력에 의해 자행되는 악에 저항하지 않는 것은 그런 견해의 논리적인 귀결일 수 있다. 바울이 인용한 구약 본문들은 모두 실제적이고 현실적으로 저질러진 악에 대한 직면의 결과다. 그런데 바울은 이방인 혹은 악인을 향한 규정을 하나님의 백성인 유대인에게도 적용한다는 점에서 급진적이며 철저하다. 할례를

---

11 가령 Bavinck의 교의학에서 볼 수 있듯이(Herman Bavinck, 『개혁파 교의학: 단권축약본』 [존 볼트 엮음, 김찬영, 장호준 옮김, 새물결플러스, 2015], 615-18), 아담의 타락 이래 인간의 보편적인 죄악 됨을 설명하기 위해 갓난아기의 울음으로 상징되는 인류의 비참함을 강조하는 것이나 어린아이의 마음에 얼마나 추악한 것이 들어 있는지를 상세히 다루려는 경향은 실제로 저질러진 악을 상대화시키고 모든 사람을 그저 죄인이라는 테두리로 묶는 데 기여할 수밖에 없다. 어린아이 속에서까지 죄악을 찾고 하나님의 구원을 추구하는 이런 신학은 본질적으로 매우 피학적이다. 이런 체계에서 죄는 철저하게 개인적이다(Bavinck, 『개혁파 교의학』, 645-57). 아울러 원죄와 전적 부패에 대한 강조가 오직 그리스도를 통한 구속에 대한 강조로 이어지는 것도 필연적이다. Bavinck의 교의학에서도 인간의 죄에 대한 통찰은 "구속자 그리스도"에 대한 논의로 이어진다. 그러나 이런 이해는 필수적으로 그리스도 이전의 시간을 모호하고 암울하며 탄식하는 시간으로 둘 수밖에 없으며 구약의 길고 긴 역사를 전혀 정당하게 취급할 수 없다는 점에서 신구약 성경 전체에 입각한 신학이라고 하기는 어렵다고 여겨진다. 그에 비해 Migliore 같은 학자는 이런 문제를 "공적 신학"을 중심으로 적극적으로 극복해내고 있다고 볼 수 있다(Daniel L. Migliore, 『기독교 조직신학 개론: 이해를 추구하는 신앙』[전면개정판; 신옥수, 백충현 옮김, 새물결플러스, 2012). 그는 "원죄"를 죄의 기원이 아니라 인간성의 상태를 알려주는 개념으로 보며, 죄는 보편적 상황이되 스스로 선

기반으로 스스로를 하나님 백성이라 고백하고 확신한 유대인들의 실상 역시 이방인과 조금도 다르지 않게 죄악으로 가득하다는 사실을 폭로하기 위해, 바울은 구약 진술의 액면과 문맥에 머물지 않고 본질적 의미를 끝까지 확장한다고 볼 수 있다.

이런 경향은 복음서의 구약 사용에서도 볼 수 있다. 예수를 주라고 부르며 주의 이름으로 선지자 노릇하고 귀신을 쫓아내며 많은 권능을 행한 이들을 향해 예수는 "불법을 행하는 자들아, 내게서 떠나가라"라고 선언하신다(마 7:22-23). 이는 원래 시편에서 시편 저자와 하나님을 대적하는 악인을 향한 선포로 사용된 표현이다(시 6:9). 경건한 신앙인을 대적하는 이들을 향한 시편의 구절을, 그 고백과 행실에서 하나님을 따르는 이들로 여겨지는 이들을 향해 적용했다는 점에서 이 인용은 충격적이다. 나아가 마태복음에서 예수 앞에 나아온 이들이 예수를 대적하거나 조롱하지 않았다는 점에서도 그들을 향한 예수의 선포는 시편의 내용을 이해하고 있었을 당대의 청중들에게 상당한 충격을 주었을 것이다. 예수의 이런 해석은 구약이 말하는 바에 대한 가장 본질적인 의미를 추구한 해석이라 할 수 있으며, 앞서 살펴본 바울의 구약 사용과도 통한다고 할 수 있다.

그렇다면 바울의 진술은 오늘날로 따지자면 예수 그리스도를 믿고 세례를 받았다는 사실에 근거해 자신을 하나님 백성이라 확신하는 신앙인들에게 적용되어야 할 것이다. 원래 악인을 향한 말씀을 바울은 하나

택한 행동이며 악한 행동뿐 아니라 선이라 칭송되는 행동에서도 볼 수 있고 개인의 타락이면서 공적이고 집단적 삶의 구조 안에서도 죄가 활동한다고 지적한다(Migliore, 『기독교 조직신학 개론』, 267-68). 김균진은 원죄를 죄의 비밀성, 초월적 세력으로서의 죄악, 죄의 비극적 보편성과 불가피성, 모든 인간의 죄의 결속성, 구원이 오직 초월적 존재로부터 가능함을 보여줌 등을 의미하는 것으로 풀이하기도 한다(김균진, 『기독교 신학 2』[새물결플러스, 2014], 408-12).

님을 믿노라 하는 유대인을 향한 말씀으로 확장했다면, 오늘 우리는 당연히 그 말씀을 예수 믿지 않는 사람들이 아니라 예수를 믿노라 하는 신앙인들을 향한 말씀으로 확장하는 것이 타당하다. 바울과 복음서는 인간의 보편적 죄의 본성을 고발하는 것이 아니라, 이미 하나님을 믿는다 하고 자신이 하나님 백성이라 여기며 확신하는 이들의 본질을 폭로하고 고발한다.

이와 관련하여 한 가지 더 주목할 것은, 에스겔서와 "개인주의"가 생각보다 그리 연관되지 않는다는 점이다. 흔히 에스겔 33장은 18장과 더불어 의를 행하는 개인과 악을 행하는 개인 각각에 초점을 둔 것이라 여겨진다. 이를 일종의 "집단적 인격"(corporate personality)에 집중하던 이제까지의 구약 신앙과는 달리 "개인주의"(individualism)로의 길을 연 것으로 이해하는 경우도 있다.[12] 하지만 에스겔은 "이스라엘 족속의 파수꾼"으로 임명을 받았으며(겔 33:7), "이스라엘 족속"(겔 33:10, 11, 20), "네 민족"(겔 33:12, 17)과 같은 말들을 반복해서 사용한다는 점에서 "개인주의"는 에스겔서를 묘사하는 적절한 표현이라 하기 어렵다.[13]

에스겔 18장은 좀 더 개인적이라 여겨질 수 있지만, 회개한 개인과 끝까지 불순종한 또 다른 개인에 관한 내용이 그 이상 아무것도 제시되어 있지 않다는 점에서 "하나님 앞에 있는 개인이라는 상황에 관한 새로운 진술이 아니라 이미 제사장의 토라에서 볼 수 있는 개인의 책임이라

---

12 Margaret S. Odell, *Ezekiel*(Smyth & Helwys Bible Commentary; 2005), 218. "개인주의"를 강조한 견해의 대표적인 예는 W. Eichrodt, *Ezekiel*(OTL; Westminster Press, 1970), 231-49; Gerhard von Rad, 『예언자들의 메시지』(김광남 옮김, 비전북, 2011), 342-43; Benjamin Uffenheimer, "Theodicy and Ethics in the Prophecy of Ezekiel," H. G. Reventlow ed., *Justice and Righteousness: Biblical Themes and their Influence*(JSOTSS 137; Sheffield Academic Press, 1992), 202, 219-24.

13 또한 Sprinkle, "Law and Life," 282.

는 생각을 새롭게 적용한 것"이라고 보아야 한다는 주장도 있다.[14] 엄밀히 말해, 에스겔 18장에서 에스겔은 아버지 세대와 아들 세대를 다루면서 여전히 그 "세대"의 책임을 묻고 있으며,[15] 18장과 비슷한 20장은 18장보다 좀 더 집단적 양상을 다루고 있다. 에스겔 18장 역시 "이스라엘 족속"을 향한 촉구로 끝난다(겔 18:25, 29, 30, 31). 사실 "전체와 분리된 개인"이라는 사고 자체가 구약 및 신약에서는 낯설다. "집단"과 "개인"은 어느 하나가 먼저 발전하고 다음에 다른 하나가 뒤잇는 것이 아니라 처음부터 나란히 함께 존재하며 서로를 구체화한다고 볼 수 있다.[16] 그러므로 우리는 에스겔이 "개인 구원"을 유달리 부각했다고 말할 수 없다. 우리는 언제든지 에스겔서에서 공동체적 차원의 변화에 대한 추구를 확인할 수 있다.

에스겔 33:10-20은 이스라엘의 범죄라는 맥락 아래 놓여 있다. 이스라엘은 자신을 하나님의 백성이라 여겼는데 에스겔을 포함한 예언자들은 그들의 허물과 죄를 낱낱이 드러내고 폭로한다. 에스겔 33:10에 있는 백성들의 말은 죄악 앞에 선 이들의 절망적인 탄식의 단적인 예라 할 수 있다. 『개역개정판 성경』이 "쇠퇴하다"로 옮긴 히브리어 "마카크"는 "썩다, 부패하다, 쇠하다"를 의미하지만 본문에서 "살다"와 대칭되어 있다는 점에서 결국 "죽음"을 상징한다고 볼 수 있다. 에스겔 33:11에서도 백성들의 상태는 "죽다"라는 말로 표현된다. 이를 생각하면 백성들의 탄식은 한마디로 "허물과 죄로 죽은 우리"(참고. 엡 2:1)라고 표현할 수

---

14 Barnabas Lindars: Andrew Mein, *Ezekiel and the Ethics of Exile*(Oxford Theological Monographs; Oxford University Press, 2001), 185에서 인용.

15 Joyce, *Ezekiel*, 23-26, 139; Odell, *Ezekiel*, 218.

16 Mol, *Collective and Individual Responsibility*, 260-61. Mol은 에스겔서 이해를 위한 "집단적 인격" 개념의 타당성을 새롭게 주장한다.

있다. 당연히 이에 수반하는 부르짖음은 "그러면 우리가 어떻게 살 수 있을까?"일 것이다.

결국 백성들의 탄식은 "허물과 죄로 죽은 우리가 어찌 살 수 있을까?"를 의미하며, 앞서 본 대로 이는 "이토록 죄인인 우리가 어떻게 구원받을 수 있는가?"와 같은 의미라고 할 수 있다. 로마서는 구약에 기반을 두고 이 질문을 찬찬히 다루어간다. 아울러 이 질문은 자신들이야말로 예수를 죽인 이들임을 깨달은 자들이 베드로와 사도들에게 묻는 말이었고("형제들아, 우리가 어찌할꼬?"[행 2:37]), 자신의 생계가 걸린 감옥의 붕괴에 직면한 간수가 바울 앞에 엎드려 물은 내용("선생들이여, 내가 어떻게 하여야 구원을 받으리이까?"[행 16:30])이기도 하다.

4. 돌이켜 죄에서 떠나라(겔 33:11-16)

하나님의 대답은 명료하다. 그는 악인의 죽음을 기뻐하지 않으시고 악인이 그의 길에서 돌이켜 떠나 사는 것을 기뻐하신다(겔 33:11). 여기서 "악인"은 바로 이스라엘 족속이다. 그래서 에스겔을 통해 하나님은 "이스라엘 족속아, 돌이키고 돌이키라"라고 촉구하신다. 앞서 간단히 언급했지만 여기서 "살다"와 "죽다"가 강렬하게 대조된다. 돌이키라는 하나님의 촉구는 "나의 삶을 두고 맹세하노니"라는 "신적 맹세"(divine oath) 양식으로 시작한다.[17] 이런 양식의 사용은 이어서 주어지는 내용이 확실하며, 일시적이거나 임시변통의 가르침이 아니라 명료하고도 결정적 가르침임을 강조한다. 이를 통해 백성들은 선포되는 내용을 믿고 신뢰할 수 있

---

17 Joyce, *Ezekiel*, 191; Odell, *Ezekiel*, 415.

게 된다. "하나님의 살아 계심"이 삶과 죽음 사이에 놓인 백성들을 향한 촉구의 기반이다. 하나님은 살아 계셔서 그 백성들이 하나님을 신뢰하여 죽음이 아니라 삶을 선택할 것을 촉구하신다. 그 믿음이 백성들을 악에서 떠나게 한다.

삶과 죽음의 근거가 될 수 없는 것은 그들의 공의와 악이다(겔 33:12). 이 내용을 명료하게 하면서 "의인의 공의"와 "악인의 악행"이 강렬하게 대조된다. "의인의 공의"는 그 의인이 죄를 범한 날에 그를 구원할 수 없다. 반대로 "악인의 악행"은 그 악인이 악에서 돌이킨 날에 그를 엎드러지게 하지 못한다. 에스겔 33:12 마지막에서는 의인에 대해 한 번 더 말한다. 의인은 그가 범죄하는 날에 결코 그의 의로 살 수 없다. 이제까지 의를 행했다 하더라도 지금 악을 행한다면 그는 살 수 없다. 반대로 이제까지 악을 행했더라도 지금 의를 행한다면 그는 살 수 있다. 이것을 두고 우리는 "행위에 기반을 둔 구원"이라 말할 수 있을까? **"행위 구원"의 본질은 결국 사람이 행한 악과 선의 대차대조표를 따져서 그중 더 많이 남은 것에 따라 판결하는 것이다.** "행위 구원"이라면 그의 이제까지의 의로운 행실이 반드시 제 역할을 하고 어떤 식으로든 보상을 가져와야 하겠지만, 에스겔서 본문은 그런 과거의 의가 현재의 악인을 결코 건질 수 없음을 분명히 한다.

악을 행해온 악인이라 할지라도 그 행하던 악한 길에서 돌이킨다면, 하나님은 그를 살리시고 살게 하신다. 아합의 회개(왕상 21:27-29)와 므낫세의 회개(대하 33:12-13), 니느웨의 회개(욘 3:5-10)는 이를 단적으로 보여준다. 그래서 하나님은 악을 거듭하는 이스라엘을 향해 언제든 돌이키라고 반복하여 간절히 촉구하며 찾으신다(예. 사 1:16-17; 렘 3:12, 22; 31:21; 슥 1:3-4). 악에서 돌이킨 이를 그때까지의 악에도 불구하고 구원하여 살게 하신다는 점에서 악에서 돌이킨 백성, 아합과 므낫세, 니느웨를 향한 하나님의 구원을 표현할 가장 적절한 말은, 단연코 "은혜"라고 해야 할 것이다. 저지른 악과 행한 선의 분량이 결코 비교가 안 될 것인데도, 하나님은 이제 하나님께로 돌이킨 패역한 백성을 향해 구원을 약속하고 베푸신다. 그러므로 에스겔서 본문은 행위를 강조하되 실제로는 은혜를 이야기한다고 보아야 한다.

나아가 하나님이 반드시 건지실 것을 믿고 신뢰할 때 이제까지의 악에도 불구하고 돌이켜 공의를 행하는 삶으로 나아갈 수 있다는 점에서, 이 본문은 하나님의 약속과 하나님에 대한 견고한 신뢰를 전제한다. 이스라엘을 향한 하나님의 부르심은 대개 "돌아오라"로 대표된다("돌아오다"를 의미하는 히브리어 동사 "슈브"는 에스겔 33:10-20에서 여덟 번이나 쓰였고 18:21-32에서도 여섯 번 쓰였다). 지금까지의 내용을 고려할 때 에스겔서 본문은 공의를 강조하지만, 그것은 "도덕적 완전"(moral perfection)이 아니라 "도덕적 헌신"(moral commitment)에 대한 것이며, "성취"(achievement)가 아니라 "충성과 의무"(allegiance and obligation)에 대한 것이라 볼 수 있다.[18] 그리고 그 기반에는 이제까지의 악에도 불구하고 반드시 살게 하실 하나님에 대한 신뢰가 있다. 이를 위해 하나님은 "자신의 삶을 두고 맹세"하신다(겔 33:11).

이제껏 의를 행한 백성이라 하더라도 지금 악을 행한다면 그들을 기다리는 것은 하나님의 심판이다. 사람의 어떤 의로운 행실이 그를 건지거나 구원하지 못한다. 이제까지의 의로운 행실이 그를 건지지 못할진대 그들이 지난날 드렸던 예배나 찬양, 고백이 그들을 건지지 못한다는 것은 더더욱 당연하다. 이스라엘은 과거에 이루어진 고백과 찬양에 기반을 두어 현재의 구원을 경험하는 이들이 아니다. 그렇기에 하나님의 구

---

18 Wright, *The Message of Ezekiel*, 192-93.

원은 의인과 악인 모두에게 고르고 평등하다. 부자와 가난한 자에게도 평등하며 누구에게라도 그러하다. 이방인이라도 하나님의 구원을 경험할 수 있고 유대인이라도 하나님의 구원을 자연히 보장받을 수 없다. 누구라도 지금 행하는 악에서 돌이키면 살게 될 것이다. 그러므로 에스겔 33:12은 행위 구원에 대한 명확하고도 강력한 반대 선언이며 오직 하나님의 은혜가 의인과 악인 모두에게 유일한 구원의 원천임을 천명하는 진술이다. 의인의 의와 악인의 악을 다룬 후에 의인의 경우를 한 번 더 최종적으로 다루었다는 점에서, 에스겔서 본문은 자신의 의인 됨이 결코 의지하거나 신뢰할 만한 그 어떤 것이 아님을 분명히 한다고 볼 수 있다.

에스겔 33:13-16은 12절의 내용을 구체적으로 부연한다. 의인의 경우를 먼저 다루고 악인의 경우를 나중에 다루되, 악인의 돌이킴에 대해 더 많은 분량을 할애하여 상세히 설명한다. 앞의 12절에서 의인의 악을 강조했다면, 13-16절은 악인의 돌이킴을 강조한다. 의인이라는 이들이 붙잡고 있는 의가 얼마나 허무하며, 악인의 돌이킨 삶이 얼마나 가치 있는지가 이런 대조를 통해 잘 드러난다. 의인의 착각은 깨어져야 하고 악인의 회복은 주목을 받아야 한다. 그 점에서 에스겔 본문은 되찾은 양 한 마리로 인해 기뻐하는 주인의 비유(눅 15:1-7)와 일맥상통한다.

에스겔 33:13에 나오는 "의인"은 명목상의 의인이 아니다. 그는 실제로 의로운 일을 행한 사람이며, 하나님은 이 사람에게 "너는 살리라" 하고 말씀하셨다. 우리말 성경은 인칭을 바꾸어 평이하게 옮겼지만, 부정사 절대형을 사용한 히브리어의 어감을 살리면 "그는 반드시 살 것이다"가 된다. 같은 동사의 부정사 절대형을 겹쳐 사용하는 표현 방식은 에스겔 33:13-16에 여러 번 의도적으로 사용되어 대조를 두드러지게 하며 본문의 의도를 강조한다. 이 의인은 하나님의 강력한 구원 선언을 받은 의인이다. 그럼에도 그가 자신의 의를 신뢰하고 악을 행한다면 그의 모든 의로운 행위는 기억되지 않은 채 그가 행한 악행으로 인해 죽고 만다. 하나님의 약속이 주어진 의인이기에 "반드시 살리라"로 13절이 시작하지만, 그 절의 마지막은 "그로 인하여 그가 죽으리라"는 것이다.

그러므로 사람의 의로운 행위는 결코 의지할 무언가가 아니다. 사람의 의로운 행적은 결코 신뢰할 것이 아니며 그를 건지지도 못한다. 나아가 하나님이 "반드시 살리라" 하였고, 이를 굳게 믿는다 할지라도 그는 살 수 없다. 하나님의 확실한 구원 선언도 그를 살리지 못하며, 하나님의 구원에 대한 강력한 확신이나 견고한 신뢰로도 구원을 누릴 수 없다. 이스라엘은 그들을 선택하신 하나님께 대한 견고한 확신이 있었으나(예. 렘 7:10; 암 9:10), "구원의 확신"이 그들을 살게 하지 못했다. 하나님의 강력한 구원 선포와 그에 대한 믿음이 그들을 살게 하지 못한다는 사실은 우리에게 중요한 관점을 제공한다. 어떻게 보면 "구원의 확신"을 붙잡는 것이야말로 "행위 구원"의 대표적인 모습이라 할 수 있기 때문이다. 확실한 구원 선포도, 자신의 의로운 행적도 그가 행한 악으로 말미암아 모두 잊히며 확실한 약속의 말씀을 받았던 의인도 악을 행함으로 인해 죽을 것이다.

이를 생각하면 앞서 언급했던, 주의 이름으로 선지자 노릇 하고 주의 이름으로 귀신을 쫓아낸 이들을 향해 "내가 너희를 모른다" 하시며 "불법을 행하는 자들"이라 규정하신 예수의 말씀(마 7:22-23)을 좀 더 깊이 이해할 수 있다. 선지자 노릇이 문제가 아니며 귀신을 쫓아낸 것도 문제가 아니다. 그 모든 올바른 행함에도 불구하고 그들이 이제 불법을 행한다면, 그들이 행한 의로운 일들은 전혀 기억되지 않을 것이다. 예수도 "모른다"고 말씀하실 수밖에 없다. 에스겔서나 마태복음은 지금 불법을 행한다면 강력한 신앙고백이나 확신도 그들을 건지지 못하고 과거에 행한 행위들도 그들을 지탱해주지 못한다는 점을 분명히 한다. 예수 그리스도와의 그 어떤 인연도, 과거와 현재의 어떤 영화도 지금 그들이 행하는 불법을 상쇄하지 못하는 것이다.

에스겔 33:14-16은 13절과 대조되게 악인의 돌이킴을 다룬다. 14-15절은 "악인이 반드시 죽으리라"로 시작해서 "반드시 살고, 죽지 않으리라"로 끝난다. 13절과는 정반대인 내용의 전개다. 16절은 이를 다시 한번 강조하면서 "모든 그의 죄"로 시작해서 "반드시 살리라"로 끝난다. 이 악인은 하나님으로부터 "너는 반드시 죽으리라"는 말씀을 들은 자다. 이 선고는 선악을 알게 하는 나무의 열매를 먹는 이에게 내려지는 선고다(창 2:17). 아담과 하와가 열매를 따 먹은 결과로 에덴에서 쫓겨났지만 그것으로 끝이 아니다. 가인도 범죄했지만 그것이 결코 끝이 아니었다. 그러므로 창조-타락-구속이라는 틀은 성경이 말하는 바를 거의 제대로 담아낼 수 없다. 왜냐하면 이런 틀에서 "구속"은 예수 그리스도로 말미암는 구속이되, 그런 구속은 신약성경이 형성되기 수 천 년 전인 최초의 범죄 사건 때부터 이미 발생했고 에스겔서를 비롯한 구약 곳곳에서 증언되기 때문이다.

그러나 우리의 전통적 신학의 틀은 "창조-타락-구속"에 매여서 그리스도 이전의 세계를 그저 "전적 부패"라는 말로 손쉽게 싸잡아 버린다. 구약의 길고 긴 세계를 "그리스도 없는 전적 타락의 시절"로 뭉뚱그리는 것이다. 그러나 성경은 그렇게 말하지 않는다. "반드시 죽으리라"는 최후의 선고를 들은 존재라 할지라도 그 죄에서 돌이키면 새로운 삶이 시작된다. 그런 새로운 삶을 에스겔 33:14은 "정의와 공의를 행하는 삶"이라고 요약한다. 자신에게 내려진 사망 선고에 머물러 있지 말고, 최후의 선고를 들은 뒤에라도 정의와 공의를 행하는 삶으로 한 걸음 나아갈 때, 그 수많은 악에도 불구하고 그는 살게 될 것이다. 그것이 하나님이 범죄한

인간에게 주시는 은혜다.[19]

이처럼 구원을 위한 길이 에스겔 33:15-16에 제시되었다. 앞서 간략히 다루었지만 13-16절의 짜임새를 다음과 같이 명료하게 정리할 수 있다.

■ 의인의 경우(겔 33:13)
"반드시 살리라" — 그러나 죄악을 행하면 — 죽으리라
■ 악인의 경우(겔 33:14-16)
┌ "반드시 죽으리라" — 그러나 정의와 공의 — 반드시 살고, 죽지 않으리라(14-15)
└ 그의 모든 죄 — 그러나 정의와 공의 — 반드시 살리라(16)

에스겔 33:13-16의 구조

의인의 길과 악인의 길이 분리되어 다루어지지만, 의인의 경우를 다룬 에스겔 33:13의 마지막은 "죽으리라"로 끝나고 이는 14절에서 악인의 경우를 다루기 시작하는 부분과 동일하다고 할 수 있다. "죽으리라"는 판정을 받은 이라도 돌이키면 그는 "반드시 살고 죽지 않을 것이다." 그런 점에서 의인과 악인의 두 경우는 서로 분리되지 않는다. 죽음과 삶은 서로 분리되는 것이 아니라 위에서 보듯 함께 맞물려 돌아간다.

지금까지의 논의는 앞서 살펴본 "살리라"를 중심으로 이어져왔다. "살리라" 즉 "구원받으리라"라는 선언의 본질에는 "규례를 지키며 사는 삶"이 있다. 어제까지 의를 행했더라도 오늘 악을 행한다면 그는 살지 못

---

19 이를 고려할 때 사실상 성경은 유전적 의미의 원죄를 명확히 반대한다고 볼 수 있다(김균진, 『기독교 신학 2』, 405). 각 사람은 자신의 의로움으로 살고 자신의 죄악으로 죽는다. 이런 구약의 진술을 기반으로 바울의 아담-그리스도 대조를 파악하는 것이 올바른 방향일 것이다. 반대로 바울의 아담-그리스도 대조에 기초해서 구약에 기록된 아담의 죄악을 이해하는 것은 논리적으로 타당하지 않다.

한다. 악을 행하는 것 자체가 죽음이기 때문이다. 어제까지 악을 행했더라도 오늘 의를 행한다면 그는 살 것이다. 의를 행하는 것 자체가 삶이기 때문이다. 구원이 약속되었다가 사라졌다가 하는 것이 아니라, 의를 행하는가 그렇지 않은가에 따라 정말 제대로 사는 것인지 아니면 살아도 죽은 것과 마찬가지인지가 판가름난다.

에스겔 33:13-16의 짜임새는 살길, 곧 구원의 길이 무엇인지 명확하게 드러낸다. 그것은 "정의와 공의를 행하는 것"이다. 정의와 공의의 구체적 내용은 에스겔 33:15에서 다루어진다. 15절에 간결하게 열거된 "저당물을 돌려주는 것"(겔 18:7, 12, 16), "강탈하지 않는 것"(겔 18:7, 12, 16, 18), "율례를 행하는 것"(겔 18:9, 17), "죄악을 범하지 않는 것"(겔 18:8, 18, 26)은 모두 에스겔 18장에도 나타나는 것들이다. 즉 에스겔 33:15은 18장에 있는 내용을 전제하고 이를 압축하여 간결하게 표현한 것이라고 볼 수 있다. 그렇다면 우리는 정의와 공의의 구체적 내용을 알아보기 위해 에스겔 18장을 상세히 살펴볼 필요가 있다.

(1) 정의와 공의를 행하라(겔 18:5-9)

> 5사람이 만일 의로워서 정의와 공의를 따라 행하며 6산 위에서 제물을 먹지
> 아니하며 이스라엘 족속의 우상에게 눈을 들지 아니하며 이웃의 아내를 더럽
> 히지 아니하며 월경 중에 있는 여인을 가까이하지 아니하며 7사람을 학대하
> 지 아니하며 빚진 자의 저당물을 돌려주며 강탈하지 아니하며 주린 자에게
> 음식물을 주며 벗은 자에게 옷을 입히며 8변리를 위하여 꾸어 주지 아니하며
> 이자를 받지 아니하며 스스로 손을 금하여 죄를 짓지 아니하며 사람과 사람
> 사이에 진실하게 판단하며 9내 율례를 따르며 내 규례를 지켜 진실하게 행할
> 진대 그는 의인이니 반드시 살리라. 주 여호와의 말씀이니라(겔 18:5-9).

"산 위에서 제물을 먹지 말라"와 "이스라엘 족속의 우상에게 눈을 들지 말라"라는 문장은 서로 대칭으로 배열되어 있어 하나로 묶을 수 있다.[20] 그런데 이 경우 "산"과 "이스라엘 족속의 우상"은 서로 대응되어 동일한 의미 영역에 속하게 된다. 이스라엘은 소나 양 및 염소를 잡을 때 반드시 회막문에서, 즉 야웨 앞에서 잡고 야웨께 예물을 드려야 했다. 그렇다면 제물을 "산 위에서" 먹었다는 것은 레위기 17:1-7에서 보듯 우상 숭배를 가리키는 표현이다.

이웃의 아내를 더럽히는 것과 월경 중에 있는 여인을 가까이하는 것에 대한 언급은 레위기 18:19-20; 20:10, 18에 기반을 둔다.[21] 남성이 피해야 할 죄악 목록에 이웃의 아내나 월경 중 여인과 관련한 내용이 있다는 점을 통해 우리는 성경이 당시 더 우월한 지위에 있던 남성에 의해 여성에게 가해지는 범죄를 규탄한다는 것을 알게 된다. 이런 맥락은 가난한 사람에 대한 억압과 학대에 대한 말씀에서도 이어진다. 누군가에 대한 학대는 엄격히 금지된다. 이스라엘은 나그네를 학대하지 말아야 하고(출 22:21; 레 19:33; 신 23:16), 고아와 과부를 학대하지 말아야 하며(렘 22:3), 이웃을 학대하지 말아야 한다(레 25:14, 17; 이 두 구절에서 『개역개정판 성경』은 같은 동사를 "속이다"로 옮겼다). 그러나 에스겔은 이스라엘이 그렇게 가난한 자를 학대했다고 고발한다(겔 22:7, 29).

"빚진 자의 저당물 돌려주기"(신 24:10-13)와[22] "강탈하지 않기"는 단

---

20 우리말로는 모호하지만, 이 두 문장을 히브리어 본문대로 배열하면 "산으로"-"먹지 말라"-"너의 눈을 들지 말라"-"이스라엘 족속의 우상으로"가 되어 A-B-B-A의 구조를 가진다.

21 Kohn, *A New Heart and a New Soul*, 40.

22 "저당물을 돌려주는 것"에 "돌아오다"를 의미하는 히브리어 동사 "슈브"가 쓰였다. 하나님은 그 백성들에게 "돌아오라" 명하셨고, 하나님께 돌아간다는 것은 내게 빚진 자들로부터 받은 저당물을 "돌아가게" 하는 것이다. 신학적·신앙적 "돌이킴"은 이웃의 저당잡은 물건을 "돌려줌"으로써 구체화한다.

락 첫머리의 "학대하지 않기"와 더불어, 함께 살아가는 가난한 자들에 대한 올바른 관계를 규정한다. 이스라엘의 올바른 삶은 자기 자신만의 정결을 통해 입증되는 것이 아니라, 이처럼 함께 살아가는 가난한 이들에게 어떻게 행동하는가를 통해 확인된다. 아마도 이 구절이 말하는 학대와 저당물, 강탈은 모두 가난한 자의 빚과 연관된 상황에서 비롯되었을 것이다(겔 18:8도 마찬가지다).

가난한 이들의 곤궁함을 악용해서 그들을 부당하게 대우하지 말라는 것이 에스겔 18:7의 전반부가 말하는 내용이라면, 후반부와 이어지는 8절은 곤궁한 이웃을 위한 적극적인 행동을 촉구한다. 주린 자에게는 음식물을 주고 벗은 자에게는 옷을 입혀야 한다. 여기서 이웃의 특성은 구체적으로 묘사되지 않는다. 단지 그들을 설명하는 유일한 표현은 현재 그들이 굶주렸다는 것, 옷을 벗은 채 지내야 한다는 것뿐이다. 누군가에게 먹을 것을 주고 옷을 입혀야 하는 까닭은 그들이 누구이냐에 달린 것이 아니라 그들이 처한 곤궁한 상황에 달려 있다. 즉 이 본문은 상대방의 현재의 필요에 즉각적으로 응답하는 것과 의로운 삶, 곧 정의와 공의를 행하는 삶을 연결한다. 나아가 이사야서는 이렇게 상대의 필요를 채우는 것이야말로 하나님이 찾으시는 진정한 금식이라고 단언한다(사 58:6-7).

상대의 곤궁한 처지를 악용해 사익을 취하지 말라는 것이 변리와 이자를 위해 꾸어 주지 말라는 명령의 본질적 의미일 것이다(출 22:25; 레 25:35-37; 신 23:19-20). "스스로 손을 금하여 악을 행하지 말라"—직역하면 "악에서 너의 손을 거두어들이라"라는 말이다—는 명령에서 "손"과 "악"이 결합한 것은 가난한 이들에게 손을 내밀어 변리와 이자를 거두는 행동과 연관된다(겔 18:17; 22:12). 그렇게 이웃에게 악을 행하느라 손을 움직이면 가난한 자들의 피가 흐르게 되고 자연히 그 손에는 피가 가득해진다(사 1:15). 그러나 하나님은 가난한 형제를 향해 "마음을 완악하게 하지 말며 네 손을 움켜쥐지 말고 반드시 네 손을 그에게 펴서 그에게 필요한 대로 쓸 것을 넉넉히 꾸어 주라"고 명하신다(신 15:7-8).

사람과 사람 사이에는 "진실하게 판단"—직역하면 "진리의 재판"이다—하는 것이 필요하다. "진리의 재판"은 외모나 뇌물에 좌우되지 않고 오직 공의를 기준으로 내려진 판결을 가리킬 것이다(신 16:18-20). 포로기 이후를 배경으로 하는 스가랴서 역시 이스라엘이 멸망한 원인으로 "진리의 재판"을 들고 있으며(슥 7:8-14), 회복된 세상의 핵심 요소로 "진리와 평화의 재판"을 언급한다(슥 8:16-17).

"아버지는 자식의 죄로 인해 죽지 않고 자식은 그 아버지의 죄로 인해 죽지 않아야 하되, 각 사람은 자기 죄로 죽는다"라는 신명기의 진술(신 24:16)은 에스겔 18장의 진술과 같은 내용이라고 볼 수 있다.[23] 흥미롭게도 신명기 본문은 가난한 이웃에 대한 올바른 대우를 상세하게 규정하는 내용(신 24:5-15, 17-22)으로 둘러싸여 있다. 그 규정에 따르면 가난한 이웃을 위해 꾸어 줄 때 맷돌을 저당잡아서는 안 되고 옷을 저당잡았을 경우 저녁에는 돌려주어야 한다. 또한 과부의 옷은 저당잡아선 안 되고 추수 때에 남겨둘 것이 촉구된다. 이런 맥락 속에 아버지와 아들의 죄에 관한 구절이 놓였다는 점은 실제로 고대 이스라엘에서 아버지의 빚으로 인해 아들에게, 또는 아들의 빚에 대해 아버지에게 그 책임을 물었을 가능성을 생각하게 한다.[24] "연대 책임"이라는 미명하에 사람들은 아버지의 죄를 아들에게 물었겠지만, 신명기의 원래 맥락이 강조하는 가난한 이웃을 돌아보는 올바른 삶이야말로 이웃과의 진정한 "연대"다. 그리고 그것은 에스겔 18장과 33장이 강력히 촉구하는 바이기도 하다.

---

23 Uffenheimer, "Theodicy and Ethics in the Prophecy of Ezekiel," 220.

24 신 24:16에서 "죄"로 번역된 히브리말 "헤트"(חטא)는 "갚아야 할 것"으로 이해될 수 있는 용례들이 있다는 점에서(가령, 신 15:9; 23:22, 23; 24:15) "빚"으로 풀이할 수도 있다.

에스겔은 여호야긴과 더불어 포로로 끌려간 예언자였다. 따라서 바벨론에 잡혀 간 포로들 역시 본토에 남아 있는 유대인들과 더불어 에스겔 33장과 18장의 청중이었다고 볼 수 있다. 예루살렘의 멸망이 임박한 상황에서 그들은 아예 다른 나라에 포로로 끌려간 처지였지만 그들 앞에 놓인 살길과 죽을 길은 명료했다. 바벨론은 일시적으로 잠시 머물면서 돌아갈 날만 기다리는 공간이 아니라 이제라도 악에서 돌이켜 정의와 공의로 살아가야 하는 터전이다. 임박한 멸망의 때에 예루살렘 유대인들이 가야 할 길은 시대를 한탄하는 것이 아니라 행하던 악에서 돌이켜 정의와 공의의 삶을 살아가는 것이다. 가장 긴박한 시간, 가장 앞이 보이지 않는 시간 속에서 유일한 살길은 하나님의 말씀을 따라 정의와 공의를 행하는 것뿐이다. 그 고통의 시간에 정의를 행하는 까닭은 하나님만이 그들의 구원자이심을 신뢰하기 때문이다. 정의와 공의를 행하는 삶은 자신의 행위를 의지하는 것이 아니라 본질적으로 그들의 유일한 구원자이신 야웨 하나님을 굳게 믿고 붙잡는 삶이다.

아울러 에스겔에게 정의와 공의를 행하는 삶의 내용, 즉 그가 주목한 율례의 내용은 크게 종교적·성적·사회적 관계에 관한 것이었다.[25] 여기서 국가나 왕에 관한 내용은 나타나지 않는다. 죄와 덕목에 관한 목록을 살펴보면 예루살렘의 멸망을 초래한 좀 더 웅장하고 제도적이며 국가적인 문제에서 포로라는 좀 더 작고 제한된 도덕 세계로 초점이 이동한다는 사실을 볼 수 있다.[26] 이렇게 "윤리가 내부 문제로 국한되는 것"(the "domestication" of the ethics)은 "개인주의"가 진전된 결과가 아니라 개인과 가족이 삶의 기본 단위가 되어버린 포로기의 변화된 사회적 정황의

---

25 Mein, *Ezekiel and the Ethics of Exile*, 192.

26 Mein, *Ezekiel and the Ethics of Exile*, 198.

결과라는 주장도 의미 있다.[27] "윤리의 내부 문제화"는 포로 귀환 이후에도 여전히 국가 차원의 관계망이 회복되지 않는다는 점에서 지속되었으며, 같은 맥락에서 희년처럼 국가나 제도 차원에서 지켜져야 하는 규례는 "영성화"(spiritualization)되는 결과를 맞이했다고 볼 수 있다. 이런 "영성화"를 일방적으로 부정적으로 평가할 필요가 없는 이유는 이를 통해 제도가 의미하는 본질적 가치가 무엇인지가 명료해지기 때문이다. 물론 이런 규례들이 원래 국가적·제도적 맥락 속에서 만들어졌다는 사실을 간과하는 태도는 문제가 될 수 있다. 특별히 오늘날과 같이 국가가 존재하는 현실에서도 여전히 "영성화된 해석"(spiritualized interpretation)만을 고집하는 것은 온당치 못하다.

에스겔 18:5-9은 제의적 규정과 이웃과의 관계라는 윤리적·사회적 규정을 나란히 다룬다. 월경 중인 여성을 가까이하는 것은 제의적 규정과 윤리적 규정이 겹쳐지는 지점이며, 그로 인해 현재의 위치에 놓였을 것이다. 예루살렘에 임할 심판을 표현하는 에스겔 22장도 18장과 같은 논리를 전개한다. 이에 따르면 예루살렘은 한마디로 "피 흘린 성읍"인데 그 이유는 "모든 가증한 일" 때문이다(겔 22:2). "피 흘림"은 이웃에게 저질러진 폭력과 희생자의 아픔을 상징한다는 점에서 사회적 현실을 폭로한 표현이라면, "가증"은 현저하게 제의적 표현이라 할 수 있다. 즉 예루살렘의 제의적 부정과 가증은 그들이 저지른 사회적 폭력으로 구체화된다. 그들의 권력자들은 부당한 피를 흘리고 나그네와 고아와 과부를 해쳤으며, 하나님의 성물과 안식일을 더럽히고 산 위에서 제물을 먹으며 음행할 뿐 아니라 이익을 탐해 뇌물과 변리를 받았다(겔 22:6-12). 비슷한 목록이 에스겔 22:25-29에서도 확인되는데 이 모든 목록에서 제의

---

27 Mein, *Ezekiel and the Ethics of Exile*, 177-215.

적 규례와 윤리적 규례는 단단히 결합한다.

포로기 이전이건 포로기 이후이건 이스라엘의 신앙은 제의적 차원과 윤리적 차원 중 어느 하나도 배제하지 않는다.[28] 이를 분리하고 순서를 따지는 순간, 그런 행태 자체가 이미 이스라엘의 신앙과 거리가 멀어진다. 아울러 **우상숭배와 제의적 부정은 윤리적·사회적 불의와 불가분의 관계에 있다.** 우상을 숭배하는 세상은 필연적으로 가난한 이를 착취하고 짓밟는다. 왜냐하면 우상숭배의 본질은 탐욕과 "이익"(겔 22:12; 33:31; 골 3:5) 추구에 있기 때문이다. 결국 이 모든 것을 관통하는 것은 사사로운 욕망, 사사로운 탐욕이라 할 수 있다.

지금까지 살펴본 내용을 에스겔 18:9은 "하나님의 율례와 규례"라고 표현한다. 에스겔 18:5-9과 거의 같은 내용이 18:15-17에도 등장하고 좀 더 간결하게는 18:11-13에 기록되어 있다. 나아가 이 내용을 가장 간략히 표현하면 "내 모든 율례를 지켜 행하는 것"(겔 18:19, 21), "정의와 공의를 행하는 것"(18:27)이다. 에스겔 33장에 있는 "정의와 공의대로 행하는 것"(겔 33:16, 19) 역시 이 목록에 나온 내용을 한마디로 요약한 것이다.

그러므로 "하나님의 율례와 규례를 진실하게 행하는 삶"은 "정의와 공의를 행하는 삶"이며, 우상숭배하지 않고 여성을 욕심대로 취하지 않고 가난한 이웃의 처지를 이용하여 학대하지 않으며 도리어 그의 필요를 따라 먹거리와 옷을 나누는 삶, 그 누구라도 부당한 재판을 받지 않도록 오직 진리의 재판을 확립하는 삶이다. 여기에는 이웃에게 해를 끼치는 "무엇을 하지 않는 것"만이 아니라 "이웃을 위해 무엇을 하는 것"도 포함된다.[29] 이웃의

---

28 성전 입당 시에 부르는 노래로 알려진 시 15:1-5; 24:4에서도 이를 볼 수 있다(Joyce, *Ezekiel*, 140). 레위기 19장은 제의적 규례와 윤리적 규례를 "거룩"으로 통합한다.

29 Wright, *The Message of Ezekiel*, 194.

가난은 그 사람만의 책임이 아니라 우리 자신이 함께 져야 할 몫이라는 것이 이런 규례들에서 분명히 드러난다. 일례로 아모스가 북이스라엘에 멸망을 선고한 까닭은 그들이 "요셉의 환난"에 대해 아무것도 하지 않고 근심하지 않았기 때문이었다(암 6:1-7, 특히 6:6). 이웃에 대한 무관심은 심판의 중대한 원인이 된다. 그러므로 에스겔 18장은 개인적 특징을 지니지만, 근본적으로 공동체적이며 집단적이다.[30]

(2) **마음과 영을 새롭게 하라**(겔 18:31)

에스겔 18장 마지막 부분은 앞의 내용을 "돌이켜 회개하고 모든 죄에서 떠나라"(겔 18:30)는 명령으로 요약한다. 그런데 "스스로 돌이키고 살라"(겔 18:32)라고 더 간략히 요약되는 이 명령은 "모든 죄악을 버리고 마음과 영을 새롭게 하라"(겔 18:31)는 명령으로도 표현된다. 여기서 "돌이켜 회개하는 것", 구체적으로는 "정의와 공의를 행하는 것"은 "마음과 영을 새롭게 하는 것"과 동일시된다.

"마음과 영을 새롭게 하는 것"은 에스겔서에서 중요하게 언급되는 표현이다. 에스겔 18장에서는 "마음과 영을 새롭게 하라"가 "돌이켜 회개하라"와 같은 의미로 대응되어 이스라엘 백성에게 주어지지만, 다른 곳에서 이 표현은 하나님이 주도적으로 행하실 미래와 연관된다. 즉 흩어진 이스라엘을 하나님이 다시 모으실 때 그들에게 "한마음을 주고 그 속에 새 영을 주며 그 몸에서 돌 같은 마음을 제거하고 살처럼 부드러운

---

30 이를 생각하면 "성화"를 강조하면서도 그와 관련한 "정의와 공의"에 대해서는 전혀 언급하지 않는, 이른바 "개혁주의 조직신학" 체계는 지극히 유감스럽다. Bavinck의 경우에도 "성화"라는 단락에서 신앙인의 영광스러운 삶의 내용을 간략하게, 단편적으로 나열하여 언급하는 정도로 그친다(Bavinck, 『개혁파 교의학』, 963-67). 이런 조직신학 체계는 사람을 불러내어 초대하시는 하나님이 꿈꾸시는 영광스러운 삶의 내용을 제대로 다루지 못한다.

마음을 주어 내 율례를 따르며 내 규례를 지켜 행하게" 하실 것이다(겔 11:17-20; 36:24-28). 즉 에스겔서에서 "하나님이 새 영과 새 마음을 주실 것"이란 약속은, 현재 이스라엘은 스스로 아무것도 할 수 없고 오직 멸망을 향해 치달을 뿐이며 그들에게 임할 심판은 피할 길이 없다는 "역사적 비관주의"와 맞물려 있다고 볼 수 있다.[31] 이를 생각하면 "역사적 비관주의"와 "정의와 공의를 행하는 삶"으로의 강력한 초대 사이의 긴장을 조화시키려는 일체의 노력이 쓸모없다는 주장도 이해할 만하다.[32]

그러나 "궁극적 구원과 회복에 대한 이런 수동성"은 에스겔과 포로들이 처한 사회적 현실, 강대국의 포로로서 스스로 아무것도 바꾸거나 결정할 수 없는 현실을 반영한다고 볼 수 있다.[33] 즉 구원의 수동성은 국가와 사회 제도가 무너진 현실, 바벨론 포로로 대표되는 역사적 비극에서 비롯된다는 것이다. 여기서도 변화된 사회적 현실과 "영성화된 해석"이 결합하는 현상이 나타난다. 궁극적인 질서와 제도의 회복에 관해서 이스라엘은 철저히 무력하다. 하지만 에스겔서는 좀 더 제한된 차원에서라도 이스라엘이 살아내야 할 삶의 내용을 18장, 33장을 통해 강조한다. 이런 본문에서 보이는 이른바 "개인주의" 경향은 말 그대로의 개인주의가 아니라 포로 공동체라는 변화된 사회적 현실과 상응한다.

사실, "하나님이 주실 새로운 영과 마음"에 대한 언급이 하나님의 율례와 규례를 지켜 행하는 삶과 이어진다는 점(겔 11:17-20)은 "마음과 영의 새로움"을 율례 준수와 동의어로 다룬 에스겔 18장(과 33장)의 흐름과 일치한다. 새로운 영과 마음으로 율례와 규례를 지키는 삶이라는 표현은 이것만 따로 떼어서 생각하면 다소 막연하고 추상적이다. 그러나

---

31 Uffenheimer, "Theodicy and Ethics in the Prophecy of Ezekiel," 214-19.

32 Uffenheimer, "Theodicy and Ethics in the Prophecy of Ezekiel," 221.

33 Mein, *Ezekiel and the Ethics of Exile*, 255-56.

에스겔서의 문맥은 이런 삶을 "정의와 공의를 행하는 삶"으로 명확하게 규정한다. "새 영과 새 마음, 율례를 지키는 삶"을 다루는 에스겔 11장과 36장의 본문은 모두 "나는 너희 하나님이 되고 너희는 내 백성이 되리라"는 전통적인 "하나님 나라 언약 어구"로 끝난다(겔 11:20; 36:28). "정의와 공의"는 하나님이 세상을 다스리시는 보좌의 기초(시 97:1-2)임을 생각하면, 그 율례를 따라 사는 것으로서의 정의와 공의를 행하는 삶과 "새 영과 새 마음"이 연결되는 것은 필연적이라고 할 수 있다. 아울러 하나님이 이스라엘과 맺으실 "새 언약"의 내용으로 그들의 속과 마음에 둔 하나님의 법을 제시하는 예레미야서 본문이 "나는 그들의 하나님, 그들은 내 백성"으로 결론 맺어진다는 점도 에스겔서의 주장과 일맥상통한다(렘 31:31-33).

지금까지의 논의를 따르자면 "새 영", "새 마음", "새 언약"의 핵심은 하나님의 규례를 따라 살아가는 삶, 정의와 공의를 행하는 삶이다. 그렇다면 에스겔이 그리는 새롭고 궁극적인 미래의 구체적인 내용이 바로 정의와 공의를 행하는 삶이라고 할 수 있다. 이런 관점에서는 에스겔 40-48장에 제시된 장엄한 미래 가운데 정의와 공의의 통치(겔 45:9-10), 희년의 준수(겔 46:16-18)가 포함되는 것은 당연한 일이다. 장차 하나님이 새 영과 새 마음을 주셔서 하나님의 규례와 율례를 행하게 하실 것이며(겔 36:24-28), 마른 뼈와 같은 백성을 되살려서 하나님의 규례를 준수하고 율례를 지켜 행하게 하실 것이다(겔 37:1-28, 특히 37:24). 에스겔 40-48장은 그렇게 회복된 예루살렘의 모습을 세세하게 묘사한다. 앞서 언급한 예레미야 31:31-33 역시 하나님이 일방적으로 회복하실 영광의 미래를 다룬다는 점에서 에스겔서의 논리와 연결된다.[34]

---

34 또한 Von Rad, 『예언자들의 메시지』, 348-49.

“마음과 영을 새롭게 하는 것”이 이스라엘의 구원을 위한 필수적 요건이면서도 하나님이 장차 가져오실 영광스러운 미래에 하나님으로부터 주어지는 것이라는, 한편으로는 서로 모순되어 보이는 듯한 에스겔의 주장은 신약에서도 재확인된다. 복음서와 바울 서신은 예수 그리스도를 믿고 따르는 삶을 이야기하지만 그 온전하고도 완전한 회복의 미래는 예수 그리스도의 재림으로 대표되는 마지막 날에야 이루어진다. 요한계시록은 그날에 임할 새 예루살렘의 모습을 장엄하고 상세하게 묘사한다. 그러므로 구약과 신약의 큰 흐름은 모두 모순되어 보이는 두 주장 사이의 긴장이라는 점에서 근본적 공통점을 가진다. 흔히 구약은 약속이고 신약은 성취라지만, 에스겔 안에서도 약속과 성취가 있고 신약 안에서도 약속과 성취가 있다. 에스겔서와 신약성경 모두 하나님이 일방적으로 행하실 궁극적 회복을 바라보는 가운데 현재의 일상에서 악을 떠나 공의를 따라 살아가도록 촉구한다. 에스겔서와 신약성경 모두 장차 하나님이 영을 새롭게 하실 것에 관해 말하면서, 지금 영을 새롭게 하여 돌이키라고 촉구한다. **구약에서나 신약에서나 공히 사람은 구원을 위해 철저히 능동적으로 응답하고, 궁극적인 구원을 위해서는 철저히 수동적으로 기다리라고 요청받는다.**

5. 바른길과 하나님의 심판 선포(겔 33:17-20)

이스라엘 백성은 하나님의 길이 바르지 않다고 말한다. 이 표현은 에스겔 18장과 33장에서 여러 번 반복된다(겔 18:25, 29; 33:17, 20). 에스겔 18장에서 백성들이 이같이 말하는 까닭은 지금 자신들이 처한 고난이 자신들의 잘못이 아니라 조상들의 죄악 때문이라 주장하며(특히 겔 18:5) 자신들의 책임을 인정하지 않기 위해서일 수 있다.[35] 그러나 에스겔 33장은 18장을 요약하되 세대와 관련된 틀을 가져오지 않았다는 점에서 18장과 구별된다. 예루살렘의 멸망 소식이 들려온 이후에 주어진 에스겔 33:23-29에서도 이스라엘의 죄악은 우상숭배와 윤리적 불의라는 측면에서 언급될 뿐이다.

그런데 이와 관련해 이스라엘 백성이 "아브라함은 오직 한 사람이라도 이 땅을 기업으로 얻었나니 우리가 많은즉 더욱 이 땅을 우리에게 기업으로 주신 것이 되느니라"라고 말한다는 점이 문제시된다(겔 33:24). 이는 당시 이스라엘 백성이 자신들이 아브라함의 자손임을 내세우고 있었다는 사실을 보여준다.[36] 백성들이 "하나님의 길이 바르지 않다"라고 말하는 것에 대해 하나님은 "의인이 돌이켜 공의에서 떠나면 죽고 악인이 돌이켜 정의와 공의를 행하면 산다"는 원칙에 근거해 도리어 백성들의 길이 바르지 않다고 대답하신다. 이런 내용을 모두 고려하면 에스겔 33장에서 이스라엘 백성은 지금 그들이 어떻게 살아가는가로 죽고 사는지가 결정되는 것이 아니라, 그들이 누구인가에 따라 결정되어야 한다고 여겼을 것이라 추론할 수 있다.

그들은 자신들이 아브라함의 자손이며 수도 많으니 아브라함보다 더 많은 기업을 얻어야 한다고 주장했다. 오직 그들이 하나님의 선택을 받은 백성이라면 구원이 보장되어야 하고 그것이 구원의 "바른길"이라고 판단했다는 것이다. 『개역개정판 성경』이 "바르다"로 옮긴 이 동사의 의미에는 "측량"의 개념이 있으며(예. 삼상 2:3; 욥 28:25; 잠 24:12; 사 40:12), 이를 반영하여 본문에 쓰인 형태를 번역하면 "표준에 맞다, 정당하다, 공

---

35 Joyce, *Ezekiel*, 142.

36 겔 28:25과 37:25의 "야곱에게 준 땅"이란 표현도 에스겔 당시의 이스라엘이 의지했을 전통을 반영한다(Joyce, *Ezekiel*, 193).

평하다"(BDB)라고 할 수 있다. 결국 백성들은 지금까지 의인이었건 악인이었건 간에 현재 행하는 것에 따라 죽고 살고가 결정된다는 원칙이 "공평하지 않다, 표준에 맞지 않는다"고 여겼다는 이야기다. 당시 주변의 다른 종교들은 특정한 민족은 신의 가호를 입고, 특정한 신앙은 구원을 보장받는다는 표준에 부합했는데, 에스겔을 통해 선포된 야웨 신앙은 민족과 신앙이 그들의 구원을 조금도 보장하지 못하니 "표준에 맞지 않는다"고 단정해버리는 것이다. 그래서 본문의 "바르지 않다"는 하나님의 행하시는 방식이 "임의적"이라는 불만의 표현일 가능성 있다.[37]

하나님의 대답이 갖는 또 다른 의미는 일종의 "운명론"에 대한 단호한 반대라고도 할 수 있다.[38] 앞서도 보았지만 에스겔 33장과 18장에는 "반드시 죽으리라", "반드시 살리라"와 같은 강조된 선언이 여러 번 등장하는데 이런 선언의 주체는 전부 하나님이시다(겔 18:9, 13, 17, 19, 21, 28; 33:13, 14, 15, 16). 그러나 에스겔서 본문의 내용에 따르면 이런 하나님의 강력한 선포가 그 사람의 운명을 결정짓는 것이 아니다. 각 사람은 하나님이 확실하게 선언하신 운명이 아니라, 그 선언을 듣고 그에 어떻게 응답하는가에 따라 살고 죽는다. 이런 논조는 이스라엘 가운데 어떤 운명론 같은 것이 존재했다는 방증이며, 이스라엘 백성은 자신들의 정해진 운명에 대한 체념 내지는 확신에 크게 영향을 받았을 것이다. 자신들의 세대는 조상의 죄를 담당해야 하는 세대라는 식으로 여기거나 그와 반대로—에스겔 33:24이 말해주듯—이스라엘은 기업을 상속받도록 정해진, 예정된 세대라고 여겼을 수도 있다. 이런 생각은 오늘날 개신교 교회에 이른바 "예정론"의 왜곡된 모습으로 퍼져 있기도 하다. 에스겔 18장

---

37 Uffenheimer, "Theodicy and Ethics in the Prophecy of Ezekiel," 220, n. 1.

38 Wright, *The Message of Ezekiel*, 182-83.

과 33장은 이런 입장에 대해 단호하게 "아니다"라고 확언한다. 언제라도 돌이켜 정의와 공의를 행하는 자가 살 것이다. 아브라함의 자손임을 굳게 붙드는 것이 그들을 살게 하지 않고, 지난날의 죄악이 그들을 죽게 하지 않는다. 그 대신 언제라도 아브라함에게 명령된 "정의와 공의를 행하는 것"(창 18:19)이 그들을 살게 한다. 그런 삶이야말로 그들을 부르신 하나님을 신뢰하는 것이다. 그리고 이는 모세를 통해 명확히 선포된 다음과 같은 본문의 본뜻이기도 하다.[39]

> 15보라. 내가 오늘 생명과 복과 사망과 화를 네 앞에 두었나니 16곧 내가 오
> 늘 네게 명령하여 네 하나님 여호와를 사랑하고 그 모든 길로 행하며 그의
> 명령과 규례와 법도를 지키라 하는 것이라. 그리하면 네가 생존하며 번성
> 할 것이요, 또 네 하나님 여호와께서 네가 가서 차지할 땅에서 네게 복을 주
> 실 것임이니라. 17그러나 네가 만일 마음을 돌이켜 듣지 아니하고 유혹을 받
> 아 다른 신들에게 절하고 그를 섬기면 18내가 오늘 너희에게 선언하노니 너
> 희가 반드시 망할 것이라. 너희가 요단을 건너가서 차지할 땅에서 너희의 날
> 이 길지 못할 것이니라. 19내가 오늘 하늘과 땅을 불러 너희에게 증거를 삼
> 노라. 내가 생명과 사망과 복과 저주를 네 앞에 두었은즉 너와 네 자손이 살
> 기 위하여 생명을 택하고 20네 하나님 여호와를 사랑하고 그의 말씀을 청종
> 하며 또 그를 의지하라. 그는 네 생명이시요, 네 장수이시니 여호와께서 네
> 조상 아브라함과 이삭과 야곱에게 주리라고 맹세하신 땅에 네가 거주하리라
> (신 30:15-20).

---

39 에스겔서와 신명기의 어휘와 주제의 연관에 대해 Kohn, *A New Heart and a New Soul*, 86-95을 참고하라.

결론: 정의를 행하는 삶이 구원이다

에스겔서가 제시하는 구원의 길은 명확하다. 하나님께로 돌이킬 때 구원이 있다. 하나님께로 돌이키는 것을 에스겔서는 "마음과 영을 새롭게 함"으로 달리 표현하기도 한다. 그리고 "하나님께로 돌이킴", "마음과 영을 새롭게 함"은 에스겔서에서 "하나님의 율례와 규례를 행하는 것"이며, 이는 바로 "정의와 공의를 행하는 것"이다. 하나님의 율례를 지켜 정의를 행하는 자들은 살 것이다. "의인"도 공의에서 떠나면 죽을 것이며, "악인"도 그 악에서 떠나 정의와 공의를 행하면 살 것이다. 그 누구도 과거의 행위에 따라 그의 미래가 좌우되지 않는다. **언제라도 하나님의 부르심을 따라 정의와 공의를 행하는 삶으로 한 걸음 나아갈 때 그는 그 가운데서 살 것이다. 그러므로 정의와 공의를 행하며 살아가는 것이 곧 구원이다.** 여기에는 유대인과 이방인 사이에 아무런 차이나 차별도 없다. 자신과 민족의 과거가 아니라 현재 하나님 앞에서 행하는 정의만이 구원의 유일한 내용이다.

바울은 허물과 죄악으로 인해 죽었던 사람을 하나님이 살리셨다고 선언한다(엡 2:1). 바울은 이전에 죽음이 예정된 상태를 가리켜 "육체의 욕심을 따라 지내며 육체와 마음의 원하는 것을 하여 다른 이들과 같이 본질상 진노의 자녀"였다고 표현하는데(엡 2:3), "욕심"에 대한 이런 표현은 앞서 살펴본 에스겔의 사고와도 일치한다(겔 22:12; 33:31). 나아가 바울은 하나님의 백성을 두고 "그가 만드신 바"이며 "선한 일을 위하여 지으심을 받은 자니 하나님이 전에 예비하사 우리로 그 가운데서 행하게 하려 하심"이라고 서술한다(엡 2:10). 이 역시 하나님이 그의 백성을 하나님 앞에서 정의와 공의를 행하는 삶으로 부르신다는 에스겔서의 논의와 일치한다.

바울이 뿌리를 둔 맥락이 구약이라는 사실을 고려하지 않으면 여기서 말하는 "선한 일"은 막연하기 그지없고 해도 되고 안 해도 되는 내용으로 전락해버리기 쉽다. 하지만 에스겔서의 맥락을 고려하면 바울 역시 오직 정의로 드러나는 구원을 말하고 있음을 알 수 있다. 여기서도 기독교인과 이방인 사이에 아무런 차이나 차별이 없다. 구약이든 신약이든 사람은 현재의 악에서 돌이켜 정의를 행하며 살아가도록 부름 받는다. 하나님의 일방적인 궁극적 회복을 신뢰하며 정의를 행하는 일상을 살아가야 한다는 점에서 구약과 신약은 근본적으로 서로 구별되지 않는 것이다.

한 가지 더 주목해야 하는 것은 에스겔 33장이 18장 내용을 요약하는 방식이다. 앞서 보았듯이 에스겔 18장은 정의와 공의를 행하는 삶의 예로 우상숭배를 멀리하는 것부터 "진리의 재판"을 시행하는 것까지 두루 언급한다. 그런데 33장에서는 그 긴 목록 가운데서 "저당물을 도로 주며 강탈한 물건을 돌려보내는 것"만을 언급한다. 이 짧은 목록은 당연히 원래의 긴 목록을 전제하지만, 그 긴 목록을 대표하는 것이 저당물과 강탈한 것 돌려주기라는 점은 의미심장하다.

얼핏 생각하기에 우상숭배 금지야말로 제일 중요한 "회개"와 "믿음"의 상징일 듯하다. 하지만 에스겔서는 이웃과의 관계를 대표로 내세운다. 이는 율법의 가장 큰 계명을 하나님 사랑과 이웃 사랑으로 요약하되(마 22:34-40), "율법과 선지자" 즉 "구약"을 "무엇이든지 남에게 대접받고자 하는 대로 남을 대접하라"(마 7:12)는 사람과의 관계로 요약하신 예수 그리스도의 방식과 본질에서 같다. 그리고 온 율법 전체를 "네 이웃을 네 자신과 같이 사랑하라"(롬 13:8-9; 갈 5:14)라는 명령 한 가지로 요약한 바울의 방식이기도 하다. 이 점에서도 예수 그리스도와 바울의 이해는 에스겔서로 대표되는 구약의 이해와 정확히 맥을 같이한다. 그리고 이런 요약은 특정한 종교적 규례나 의식을 넘어서는 보편적 삶의 원칙이라는 점에서도 이제까지의 논의와 일맥상통한다.

결론적으로 "죄인을 향해 믿음으로 말미암아 의롭다고 여기다"와 같은 식의 칭의 이해는 에스겔서 본문에서 찾아볼 수 없다. 그 어떤 죄인이라도, 반대로 그 어떤 "의인"이라도 언제나 하나님은 정의를 행하는 삶으로 부르신다는 것이 에스겔을 통한 선포였다. 그렇게 정의를 행하는 사람은 의로우며 "살리라"는 선언에 적합하다. 그러나 이는 구원과 연관하여 "행위"나 "공로"가 필수적이라는 의미가 아니다. 왜냐하면 에스겔서는 이전의 의로움에 머물지 말고 하나님의 부르심을 따라 언제나 의로운 삶을 향해 나아갈 것을 촉구하기 때문이다. 그것이야말로 "의인"의 삶이며, 의인은 그로 말미암아 살 것이다. 그리고 그것이야말로 "사는 것", 생명을 얻는 것이며, "구원"이다.

그에 비해 "**의롭지 않은데 의롭다 여김을 받았다"는, 선언적이며 법정적인 칭의 주장은 끊임없는 자기 최면 안에 우리를 머물게 하며,[40] 이웃과 사회와 함께 맺어가는 정의와 공의의 삶이 설 자리를 원천적으로 차단해버린다. 우리는 죄인인데 믿음으로 말미암아 의롭다 여김 받는 삶이 아니라, 죄인인데 정의를 행하는 삶으로 부름 받았다. 그렇게 정의를 행할 때 우리는 살 것이다. 그러나 정의의 대가로 구원이 주어지는 것이 아니라, 정의를 행하는 것 자체가 삶이며 구원이다.** 이런 논의는 바울의 "칭의"를 어떤 교리나 신앙고백에 대한 믿음과 그로 말미암는 "의롭다 여김 받음"으로 보는 것이 부적절하다는 사실을 보여준다. **이제 구원의 도리로서 "칭의"의 실제 내용은 하나님의 규례를 따라 정의를 행하는 의로움으로 이해되어야**

---

40 단적으로 연인을 향해 "당신은 아름답지 않은데, 아름다운 것으로 여기겠다"라고 말한다면, 그것은 상대를 "살게 하는" 말이 아닐 것이다.

한다.

에스겔서와 같은 구약성경은 복음서와 바울을 이해할 수 있는 "원천"이라 할 만하다. 구약을 숙고하지 않고 신약에 머물 때, 기독교는 특정 교리와 가르침을 믿으면 구원받는다는 식의 "종교"가 되어버린다. 영생과 영벌에 대해 명확하게 다루는 마태복음 25:31-46은 주린 자에게 먹을 것을, 목마른 자에게 마실 것을 주고, 나그네를 영접하며 헐벗은 이에게 옷 입히고 병든 자를 돌보고 옥에 갇힌 자를 찾아간 이들이 "영생" 또는 "영원한 삶"에 들어가게 된다고 이야기한다. 이런 접근법은 앞서 살펴본 에스겔서의 "살리라" 개념과 근본적으로 같다. 아울러 누가복음 16:19-31에 있는 부자와 나사로 비유에서 부자가 음부에 간 유일한 까닭이 나사로에 대한 무관심이었다는 점 역시 에스겔서와 맥이 닿는다고 할 수 있다.

그러므로 문제는 신약이 아니라 오늘날 우리 교회다. 원천으로 돌아가지 않으면 구원의 도리가 특정한 종교적 교리에 대한 신앙고백으로 축소되어버린다. 그래서 무엇인가를 믿으면 구원받는다는 식의 가르침으로 혹세무민하는 종교인이 가득하게 된다. 바울에게는 너무나도 당연한 전제였을 구약이 배제될 때 바울의 가르침은 종교가 되어버린다. 신약은 구약에 단단히 뿌리박고 있다. "이신칭의"로 대표되는 개신교 교회의 가르침은 그 "원천"인 구약을 기반으로 이해되어야 한다. "원천으로" 돌아가자.

03

구원과 신자들의 행위

비울은 구원과 행위, 믿음과 행함을 어떻게 말하는가?

권연경

숭실대학교, 신약학

권연경은 영국 런던대학교 킹스칼리지에서 갈라디아서 연구로 박사학위(Ph. D.)를 받았다. 웨스트민스터신학대학원대학교와 안양대학교를 거쳐 현재는 숭실대학교 기독교학과 교수로 재직 중이다. 분당샘물교회 협동 목사로 섬기고 있으며, 기독연구원 느헤미야에서 연구위원으로 활동하고 있다. 저서로는 학위논문인 *Eschatology in Galatians: Rethinking Paul's Response to the Crisis in Galatia*(Mohr Siebeck, 2004)과 『로마서 산책』(복있는사람, 2010), 『행위 없는 구원?』(SFC, 2006), 『네가 읽는 것을 깨닫느뇨?』(SFC, 2008)가 있고, 『IVP 성경신학사전』(공역, IVP, 2011), 『예수의 정치학』(공역, IVP, 2007) 등의 책을 우리말로 옮겼다.

들어가는 말

"믿음으로 얻는 구원" 혹은 "하나님의 은혜로 주어지는 구원"을 선포하는 기독교 복음에서 신자들의 "행위"는 어떤 의미를 갖는 것일까? 엄밀히 말해 구원에 있어서 행위의 문제는 신학적 논쟁의 대상이라기보다는 다수 그리스도인이 가진 "대중적 신념"에서 생겨나는 문제다. 실제 신약학자들 사이에서는 최종적인 구원에 이르려면 순종이 필요하다는 사실에 대해 별다른 이견이 존재하지 않는다. 물론 구원의 방정식에서 이 "행위"에 구체적으로 어떤 역할을 부여하는지는 진영마다 차이가 있는 듯하다. 복음서의 어조를 그대로 반복하여 구원으로부터 탈락할 위험을 경고하며 행위를 구원의 "조건"처럼 가르칠 수도 있고(마 7:21-26; 약 2:14-26), 믿음과 은혜를 구원의 유일한 조건으로 삼고 신자의 행위를 믿음에서 생겨나는 "열매"로 간주하거나, 신자의 순종을 구원에 이르는 (필수적인) "과정"이라고 설명할 수도 있다. 하지만 어떤 설명을 택하든, 마지막 구원에 이르는 과정에 순종이 빠질 수 없다는 사실에는 모두가 동의한다. 행위에 어떤 이름표를 붙이든, "행위가 없이" 혹은 행위가 결여된 "믿음으로" 구원에 이를 방법은 존재하지 않는다는 것이다.[1]

그럼에도 수많은 신자가 "행위"의 구원론적 가치에 대해 선명한 결론을 내리지 못한다. "오직 믿음", "오직 은혜"의 구호가 언제나 "구원은 행위에 근거하지 않는다"라는 전제와 더불어 이해되기 때문이다. 구원에

---

1 Calvin의 영향이 크겠지만, 보수적 교단에 속한 신약학자들도 행위가 결여된 죽은 믿음으로는 구원에 이를 수 없다는 사실을 분명히 가르친다. 예를 들어 백석대학교의 최갑종 교수나, 고신대학교의 길성남 교수의 다음 자료를 확인하라. 최갑종, 『칭의란 무엇인가?』(새물결플러스, 2016); 길성남, "칼빈의 칭의론: 예수 그리스도의 보혈로 얻는 의롭다 하심", 「기독교보」(2009. 05. 29).

있어서 가장 결정적 사건인 칭의가 "행위 없이" 주어지는 것이라면 우리의 행위는 구원과 무관하다. 즉 중생 이후에 내가 어떤 삶을 살아가든지 그것은 이미 결정된 내 구원에 아무런 영향을 미치지 못한다. 신실하게 살면 좋겠지만, 설사 그렇지 못하더라도 나의 부족한 "행위" 때문에 구원이 취소되지는 않는다. 나의 칭의/구원 자체는 철저히 하나님의 은혜로, 나의 행위와 무관하게, 이를 받아들이는 나의 수동적 믿음으로 결정되기 때문이다.

나의 구원이 나의 행위에 달려 있지 않다는 생각은 우리를 자유롭게 한다. 적어도 논리적으로는 그렇다. 가장 큰 문젯거리인 나 자신의 (부족한) 행위가 구원의 방정식에서 제외되고, 구원의 유일한 근거로 십자가의 대속에 기초한 하나님의 은혜만이 남기 때문이다. 하지만 이런 신념을 가진 이들조차도 막상 자유를 구가하며 사는 사람은 많지 않다. 구원이 "오직 은혜"라 믿으면서도, 나의 부족한 삶은 여전히 나를 힘들게 한다. 더 나아가 나의 부족함은 종종 "구원받은 자"라는 나의 확신조차 흔들어놓는다. 자신의 부족함에 집착하는 것 자체를 믿음이 부족한 것으로 간주하고 하나님의 은혜를 신뢰하는 믿음을 가지라고 독려도 해보지만, 많은 경우 이런 전략은 순간의 힘겨움을 달래는 임시방편 이상의 의미를 갖지 못한다.

더군다나 많은 신자가 성경을 읽는다. 성경에는 믿음과 은혜의 언어로 가득한 바울의 편지들도 있지만, 하나님 나라의 이름으로 순종을 요구하며 불순종하는 이들에게 심판을 경고하는 말씀도 끊임없이 등장한다. 이런 말씀들 앞에 선 신자들은 불편하고 또 혼란스럽다. "오직 믿음"과 "오직 은혜"의 구호를 외치면서도, 손쉬운 해답이 정답이 아닐 수 있다는 불안을 떨칠 수 없다.

이런 상황을 타개하는 유일한 길은 믿음과 은혜의 복음과 신자의 행위가 서로 어떤 관계인지 정확하게 알아보는 것뿐이다. "행위가 아닌 은혜와 믿음"과 "행위가 없으면 죽은 믿음"은 논리적 모순을 일으킨다. 성경이 둘 다 가르치니 둘 다 받아들이자고, 그리고 그 둘 사이의 긴장을 유지하자고 말하는 것은 의도는 좋지만 불가능한 일이다. 서로 모순되는 두 주인을 섬길 수 없기 때문이다. 그래서 많은 신자가 불안해하며 둘 사이를 오간다. 또한 구원은 "오직 믿음으로" 주어지지만, 참된 믿음은 "반드시" 선행으로 이어진다는 인기 있는 설명 역시 대부분 신자의 현실과 괴리된 낙관론에 불과하다. 교리를 지키는 데는 유용한 논리겠지만, 많은 신자에겐 이 "반드시"가 오히려 섬뜩한 탈락의 선고로 들릴 것이다. 물론 신약성경에는 그런 식의 진술이 거의 등장하지 않는다. 신약의 문서들이 대부분 적대적 환경을 살아가는 신자들의 믿음을 일깨우고, 독려하고, 경고하기 위해 기록된 것이기 때문이다. 구원에 관한 우리의 사고는 신약성경의 바로 그 "현실적이고 목회적인" 논리에서 출발하는 것이 옳다. 그래서 우리는 다시 성경을 읽는다. 사실 해답은 그리 멀리 있지 않다. 이미 말한 것처럼, 애초부터 "행위 없는 구원"이란 비성경적 허구다. 그렇다면 우리의 숙제는 행위에 대한 신약성경의 요구가 바울이 강조한 은혜와 믿음의 논리와 **어떻게** 연결되는 것인지를 깨닫는 것이다. 바로 이것이 이 글의 주제다.

1. 신약성경이 말하는 구원과 신자의 행위

(1) 마태복음과 천국에 들어가는 의로움: 아버지의 뜻대로 실천하는 삶

마태복음에서 강조하는 제자도의 핵심은 말씀에 대한 실천이다. 그래서 제자를 만드는 핵심 절차에는 주님이 "명령하신 모든 것을 지켜야 한다는 사실을 가르치는"(teaching them to observe all that I have commanded, ESV) 과정이 포함된다(마 28:20).[2] 당연히 천국에 들어가는 조건은 언어적 고백이 아니라 말씀에 대한 "실천"이다(마 7:21). 아무리 훌륭한 신앙의 외양을 지니고 아무리 절실한 고백—"주여, 주여" 하는 자들이 여기에 해당한다—을 내어놓더라도, 그것이 "하늘에 계신 내 아버지의 뜻대로 행하는" 것이 아닐 때, 우리가 기대할 수 있는 유일한 운명은 심판이다. 심판의 홍수를 견디는 지혜로운 이와 그렇지 못한 어리석은 이의 차이는 신앙고백의 여부가 아니라 같은 말씀을 듣고 이를 실천하는지, 그렇지 않은지의 차이다(마 7:21-27). 따라서 하나님 나라와 영원한 형벌을 가르는 기준은 주님과의 관계에 대한 나 자신의 확신이 아니라 삶에서 실천했던 구체적 사랑의 행위들이다(마 25:31-46). 천국에 들어가기 위해 우리는 "서기관과 바리새인들의 의로움보다 더 큰" 의로움을 가져야 한다. 예수의 사역에서 "서기관과 바리새인들"은 행위구원론의 신봉자들이 아니라 "말만 하고 행함은 없는" 이들(마 23:3), 모든 행동을 "사람들에게 보여주기 위해"(마 23:5) 계산하는 "위선자들/연기자들"이다(마 23:13, 15, 23, 25, 27, 28, 29). 따라서 주님의 경고는 우리의 어쭙잖은 의로움 대신 주님의 완전한 의로움을 의지해야 한다는 말씀이 아니라, 그럴듯한 경건의 모양만 있고 능력은 없는 위선적 영성 대신 하나님이 인정하시는 진솔한 의로움을 가져야 한다는 권고다.

이를 분명히 하기 위해 마태복음의 예수는 행위보다 선행(先行)하는 은총(prevenient grace)이라는 논리조차 뒤집어버리신다. 하늘 아버지의 용서를 구하는 우리의 기도에는 놀랍게도 우리가 먼저 우리에게 잘못한

---

2 『개역개정판 성경』의 "가르쳐 지키게 하라"는 다소 아쉬운 번역이다. 원래의 요점은 "지켜야 한다는 사실을 분명히 가르치라"는 것으로서 실천의 중요성을 일깨우라는 말씀이다(마 7:21).

이들을 용서해야 한다는 선결 조건이 붙는다(마 6:12; 막 11:25). 만약 우리가 우리 이웃을 용서하면 하늘 아버지도 우리를 용서해주실 것이다. 그러나 만약 우리가 이웃을 용서하기를 거부한다면 하나님 역시 우리를 용서하지 않으실 것이다(마 6:14-15). 물론 하나님의 용서는 무조건적 은혜다. 갚을 수 없는 액수인 일만 달란트를 탕감하는 임금님의 용서에는 그분의 긍휼함 외에는 그 어떤 조건도 없다(마 18:27). 하지만 (우리의 행위보다 하나님의 은혜가 먼저 앞서가신다는) 이 선행적 은혜는 동시에 우리의 행동을 인도하는 새로운 통치 원리로 다가온다. 우리가 이 "은혜의 통치"에 복종하지 않을 경우 우리에게 주어진 그 은혜는 효력을 상실한다. 일백 데나리온 빚진 동료를 용서하지 않는 종은 거저 주어진 은총을 빼앗기고, 그 대신 돌이킬 수 없는 심판에 처한다(마 18:32-34). 우리가 진심으로 형제들을 용서하지 않으면, 우리 주님의 하늘 아버지께서도 우리에게 똑같이 하실 것이다(마 18:35). 우리는 아무런 조건 없이 천국 잔치에 초대받아 참여하지만(마 22:9-10), 그 초청에 걸맞은 삶의 예복을 입지 않은 자는 잔치에서 쫓겨나 심판과 저주의 고통에 직면할 뿐이다(마 22:11-14). 예수의 이런 경고 속에는 구원을 "믿음의 고백"과 연결하여 구원의 확실성을 보장하려는 움직임은 보이지 않는다. 오히려 "선행하는 은혜와 인간의 사후적 응답"이라는 "모범 답안"을 뒤집어 하나님이 인간의 행동에 따라 대응하신다. 여간 급진적인 발상이 아닐 수 없다.

(2) 요한복음: 서로 사랑하며 그리스도 사랑하기

심지어 믿는 자에게는 이미 영생이 주어졌다고 선언하는 요한복음에서도 이런 관점은 달라지지 않는다. 요한복음의 일관된 의도는 나사렛 예수가 "하나님의 아들 그리스도"요 "세상의 구주"라는 사실, 그래서 이 예수를 통해서만 구원과 영생을 얻는다는 사실을 밝히는 것이다(요 4:42;

20:31). 그에 따라 요한복음에는 이 기독론적 주제를 드러내는 이야기와 가르침이 주된 내용을 구성하고 있다. 요한복음에서 특징적으로 나타나는 "실현된 종말론"적 진술들 역시 구원에 관한 예수의 결정적 역할을 부각하기 위한 수사적 방식의 하나다. 아들을 믿지 않는 자들은 "이미 심판을 받았다." 왜냐하면 하나님의 독생자를 믿지 않았기 때문이다(요 3:18, 35-36). 이 아들의 말을 듣고 또 그를 보내신 자를 믿는 이들은 "영생을 얻었고 심판에 이르지 않는다. 왜냐하면 아들을 믿어 사망에서 생명으로 옮겨갔기 때문이다"(요 5:24).

하지만 이런 진술들은 미래에 일어날 심판과 영생이 정말 현재에 완결되었음을 강조하기 위한 것이 아니다. 요한복음에서 심판과 영생은 이미 주어진 것이면서 동시에 여전히 "미래적 사건"으로 남는다. 죽은 자들이 아들의 음성을 들을 때가 온다. 지금이 바로 그때다. 하지만 여기에는 바로 "듣는 자는 살아나리라" 하는 미래의 약속이 덧붙는다(요 5:25). 따라서 본문이 일관되게 강조하는 핵심 논지는 심판의 권세가 다름 아닌 "인자에게" 주어졌다는 사실이다(요 5:27). 여기서 예수의 음성을 듣고 부활하는 것, 곧 우리의 구원은 여전히 미래다. 곧 무덤에 있는 자들이 다 그의 음성을 듣고 살아날 때가 올 것이다. 그리고 이는 각자 행한 선악에 따라 생명의 부활과 심판의 부활로 나누어질 것이다(요 5:28-29; 12:48). 결국 요한복음의 "실현된 종말론"은 하나님의 아들 예수의 유일성을 강조하는 것이지, 예수에 대한 고백만으로, 곧 지속적인 행함이 없이도 구원에 이를 수 있다고 가르치는 것이 아니다.

요한복음의 핵심 주제는 기독론이다. 따라서 제자들, 즉 믿는 자들의 삶과 행위를 독려하는 가르침은 그리 많지 않다. 제자들에게 가장 중요한 실천은 바로 하나님의 아들이신 예수 그리스도를 믿는 것이다(요 6:29, 40). 하지만 그렇다고 순종의 필요성이 상대화되거나 순종의 의미가 퇴색하는 것은 아니다. 아무리 기독론이 핵심이라 해도, "선한 일을 행한 자는 생명의 부활로, 악한 일을 행한 자는 심판의 부활로 나올 것이다"라는 말씀 속의 "선행"이 예수에 대한 고백적 믿음으로 환원될 수는 없다(요 5:29). 사람들이 빛이신 예수께로 오지 않는 것은 그들이 "악을 행하는" 자들이어서 그 "행위가 드러날까" 무서워하기 때문이다. 반면 진리를 따르는 자들은 빛으로 나와 "그 행위가 하나님 앞에서 행한 것임을 드러내고자 한다"(요 3:20-21).

세상이 예수를 미워하는 것은 그가 "세상의 일들을 악하다고 증언하기 때문"이다(요 7:7). 곧 예수를 배척하는 불신앙의 배후에는 예수를 거부하게 하는 세상 자신의 "악함"이 존재한다. 이 악의 한 양상은 그들이 하나님의 영광 대신 그들 자신의 영광을 추구한다는 것이다(요 5:44; 7:18). 반대로 하나님의 뜻을 행하고자 하는 사람은 예수의 가르침이 바로 아버지의 뜻임을 깨닫고 그를 믿는다(요 7:17). 예수를 만나기 전부터 "유대인들"은 이미 그들의 "죄 가운데" 있다. 그들이 끝내 예수를 믿지 않으면 자신의 죄 가운에서 죽음을 맞을 뿐이다(요 8:24). 이들은 죄를 범하는 죄의 종들이며(요 7:34), 마귀의 자식들로서 마귀의 욕심을 따라 살아간다. 물론 마귀는 애초부터 "살인한 자"이며 진리를 팽개치고 "거짓을 말하는 자"다(요 7:44). 반면 예수의 치유를 경험한 시각장애인의 고백 속에서 하나님은 "죄인이 아니라 경건하여 그의 뜻대로 행하는 자들의 말은 들으시는" 분으로 그려진다(요 9:31).

이처럼 요한복음에서도 구원의 유일한 길이신 예수를 영접하는 믿음은 그의 가르침을 순종하는 실천적 삶과 분리되지 않는다. 즉 요한복음에서도 믿음은 순종과 함께 간다. 이 점이 가장 선명하게 드러나는 곳은 예수의 고별 강화다. 여기서 예수는 "형제 사랑"이라는 주제에 집중하면서, 제자들 간의 수평적 사랑을 그리스도를 향한 수직적 믿음과 결합한다. 제자도의 핵심은 형제 사랑이다(요 13:34-35). 예수는 "주님과 랍비"의 권위를 갖고 제자들의 발을 씻기심으로써, 제자들 간의 수평적 사랑과 섬김을 자신과의 수직적 관계 속으로 끌고 들어오신다. 이제 형제에 대한 사랑의 섬김을 거부하는 것은 그 섬김을 "제자도"의 본질로 삼으신 주님을 거부하는 것이 된다. 형제 사랑을 거부하면서 주의 제자가 되는 것은 불가능하다(요 13:12-17).

그런 점에서 요한복음 15장의 포도나무 비유는 의미심장하다. 놀랍게도 제자들의 삶 속에는 참 포도나무이신 주님 안에 있으면서도 열매를 맺지 못하는 모순적 상황이 존재한다. 농부이신 아버지는 그런 가지들을 제거하여 심판에 처하실 것이다(요 15:1-2). 반면 열매를 맺는 역동적 믿음의 관계는 우리가 주님 안에 살고, 주님이 우리 안에 사시는 상호내주 관계다. 잠시 후 이는 주님의 "말씀"이 우리 안에 거하고, 우리가 주님의 "사랑 안에" 머무는 것으로 설명된다(요 15:7, 9).

그런데 놀랍게도 우리가 예수의 사랑 안에 머무는 방법은 그의 계명을 지키는 것이다. 그의 계명에 순종하는 자라야 예수의 사랑 안에 머무는 자다. 예수가 아버지의 계명을 순종하여 그의 사랑 안에 머무신 것처럼, 제자들 또한 예수의 계명을 순종하여 그의 사랑 안에 머문다(요 15:10; 14:15, 23). 물론 그의 계명은 "나를 사랑하라"가 아니라 직접 본을 보이신 것처럼 "서로 사랑하라"는 것이다(요 15:12; 13:34). 이렇게 "서로" 사랑함으로써 우리는 주님을 사랑하며 그의 사랑 안에 머문다. 그 반대 역시 명확하다. 만일 우리가 서로를 사랑하지 않으면 이는 우리가 주님을 사랑하지 않는다는 뜻이다(요 14:23-24). 예수의 가르침은 매우 직설적이다. 곧 "나의 계명을 지키는 자라야 나를 사랑하는 자다"(요 14:21a). 이런 자들만이 하나님과 그리스도의 사랑을 경험할 것이다(요 14:21b).

한마디로 형제 사랑이라는 "순종의 행위"가 주님과 맺는 관계의 핵심에 자리한다. 공동체적 사랑이 없는 곳에는 주님과의 관계도 존재하지 않는다. 요한1서의 적나라한 진술처럼, "눈에 보이는 형제를 사랑하지 않는 사람이 눈에 보이지 않는 하나님을 사랑할 수는 없다"(요일 4:20). 우리는 하나님을 볼 수 없다. 하지만 서로 사랑하라는 계명을 실천할 때, 하나님이 우리 안에 거하시고 그의 사랑이 우리 안에 완전해진다(요일 4:12). 형제를 사랑하는 것이 주를 사랑하는 것이다. 이처럼 요한복음에서도 살아 있는 믿음은 순종 없이는 존재하지 않는다.

(3) 히브리서: 구원의 약속과 심판의 경고

히브리서의 핵심적 논증은 성전 제사를 중심으로 한 첫 언약과 예수 그리스도의 희생에 근거한 새 언약을 대조하면서 전개된다. 하나님의 아들 그리스도는 과거 계시의 중재자들인 예언자들보다, 율법을 전해준 천사들보다, 율법 언약의 중보자였던 모세보다 더 위대하시다(히 1-3장). 예수의 희생을 통해 성립된 새 언약은 과거 옛 언약의 한계를 극복하며, 예레미야가 꿈꾸었던 "새 언약"의 비전을 구현한다(히 7-10장).

새 언약의 차별성은 이전에는 없던 속죄 기능을 갖추었다는 것이 아니다. 성막 제사 역시 속죄의 수단이다. 하지만 이 제사는 반복이 필요하다. 죄로 더러워진 육체는 속하지만 죄의 원인, 곧 죄에 지배되는 우리의 양심 자체를 깨끗하게 할 수는 없기 때문이다(히 10:1-4). 예수가 이루신 새 언약은 바로 이 한계를 극복한다. 새 언약은 우리 양심을 죽은 행실들로부터 깨끗하게 하여 살아 계신 하나님께 순종하며 섬기게 한다(히 10:11-18). 이런 변화에도 그리스도의 대속적 희생은 전제되지만, 새 언약의 제사인 십자가는 결코 "대속적" 역할에만 머물지 않는다. 새 언약은 옛 언약의 죄를 해결하는 소극적 의미의 예배(섬김)를 넘어, 삶으로 하나님의 뜻을 실천하는 적극적 예배(섬김)를 가능하게 한다(히 9:13-14). 그래서 그는 우리가 밟아야 할 구원의 여정을 친히 개척하고 그 길을 먼저 달려가신 구원과 믿음의 "선구자"로 그려진다(히 2:10; 12:2).

히브리서가 기록된 이유 중 하나는 혹여 신자들이 구원을 향한 여정에서 떨어져 나갈지 모른다는 염려였다(히 2:1; 3:13-14; 4:1, 11). 그래서 저자는 그리스도를 통해 새롭게 약속된 "이같이 큰 구원"을 등한시하지 말라고 경고한다(히 2:2-3). 불순종으로 심판을 받았던 광야 이스라엘처럼 죄의 유혹으로 완고해지지 말고, 처음 믿을 때 확신했던 그 고백과 신실함을 끝까지 지켜야 한다(히 4:1-11). 이런 인내를 통해 그들은 "그리스도와 함께 참여한 자가 될 것이다"(히 3:13-14). "앞에 있는 소망"을 얻기 위해 이들에게 요구되는 것은 부지런함 및 포기하지 않는 "믿음과 오래 참음"이다(히 6:11-12, 18). 그래서 신자들은 그들을 악한 양심으로부터 건져주신 그리스도이시며 구원의 여정을 앞서가신 "선구자"인 예수의 뒤를 따라 "참 마음과 온전한 믿음으로" 하나님을 향한 구원의 길을 달려간다(히 2:10; 12:2; 10:22).

여기서 히브리서는 때론 극적인 언어로, 때론 직설적 표현으로 심판에 대한 경고를 극대화하며 신자들의 윤리적 책임을 강조한다. 공동체적 평화와 거룩함을 추구하는 삶이 없이는 그 누구도 주님을 보지 못할 것이다(히 12:14). 구원의 확신을 흡사 결정론적으로 설명하려는 구원 확정론자들의 오해와는 달리, 십자가에 기초한 새 언약은 결코 심판의 위험을 배제하지 않는다. 오히려 새 언약의 "더 큰 구원"은 불순종하는 자에게 더 큰 심판을 의미한다. 이 주제는 더없이 강력한 심판의 이미지들을 동원하며 거듭 반복된다. 예를 들어 히브리서는 모세 율법을 어긴 자들도 여지없이 심판을 받았는데, 우리가 이렇게 큰 구원을 소홀히 한다면 어떻게 하나님의 심판을 피할 수 있겠느냐고 묻는다(히 2:2-4; 10:28-31; 12:25). 한번 십자가의 은총을 누린 후 이를 저버린 사람에게는 "더 이상 속죄하는 제사가 남아 있지 않다"는 섬뜩한 경고도 나온다(히 6:4-8; 12:15-17). 주석적 재주넘기를 통해 "배교하는 이들은 애초에 참 신자가 아니었다"고 강변할 수도 있겠지만 그것은 히브리서 저자의 관점이 아니다. "타락"(falling away, apostasy)의 위험에 놓인 독자들은 십자가를 통해 속죄의 은총을 누린 사람들이다(히 6:4-5; 10:26, 32; 12:15-16, 25). 같은 편지의 독자 중에서 배교하는 자만 따로 구별하여 참믿음에서 배제하는 읽기는 미리 정해진 신학적 노선에 본문을 억지로 맞추는 견강부회다. 이런 식의 신학적 변증은 히브리서의 강력한 표현들 자체도, 그리고 이런 과격한 경고를 유발한 목회적 위기의 심각함도 설명하지 못한다.

(4) 야고보서: 행함으로 의롭게 되는 믿음

"행위로 의롭다 하심을 얻는다"는 야고보서의 선언은 잘 알려져 있다. "믿음만으로는 의롭다 하심을 얻을 수 없다"는 선언 역시 마찬가지다(약 2:24). 주님을 믿는다 말하면서도 부자와 가난한 자를 차별하는 신자들을 향해 야고보서는 "행위로 너의 믿음을 증명하라"고 요구한다(약 2:18). 야고보서에서 행위는 믿음에서 사후적으로 "산출되는" 것이 아니라, "(고백적) 믿음과 함께 일하고 그래서 믿음을 유효한 믿음으로 완성하는 것이다(약 2:22). 그래서 아브라함이 "믿음으로 의롭다 하심을 받았다"는 말은 실제로 그가 이삭을 바치는 순종의 행위를 통해 의롭다 하심을 받았다는 말과 같다(약 2:21-23).

야고보서는 종종 "진정한 믿음은 행위를 동반한다는 사실을 강조하는 것이지 우리가 오직 믿음으로 구원을 받는다는 진리를 부정하는 것이 아니라"는 식으로 풀이된다. 물론 "오직 믿음으로"가 어떻게 해명되느냐에 따라 이런 설명의 진위가 달라지겠지만, 야고보서가 행위의 필수불가결함을 강조한다는 사실 자체는 부정할 수 없다. 야고보는 거듭 "행위"의 구원론적 중요성을 강조한다(약 2:21, 25). 행위가 없는 상태로 구원에 이를 수는 없다(약 2:14, 26). 혹여 선을 넘을까 신중에 신중을 거듭하는 신학자들의 언어와는 달리, 야고보서의 말투는 투박하고 직설적이다. 우리는 "행위를 통해" 의롭다 하심을 얻는다. 칭의는 결코 "오직 믿음으로" 이루어지지 않는다(약 2:24). 이 진술을 달리 해석할 수 없었던 루터는 야고보서를 복음의 범주에서 제외해버렸다. 결국 우리의 질문은 이것이다. 야고보서의 가르침을 받아들일 것인가, 루터의 입장을 받아들일 것인가?

(5) 요한계시록

마지막으로 요한계시록을 간단히 살펴보자. 요한계시록은 크게 일곱 교회를 향한 주님의 말씀과 그 메시지를 뒷받침하는 긴 묵시적 환상으로 이루어진다(계 1:9-3:22; 4-21장). 일곱 교회를 칭찬하거나 꾸짖는 주님의 말씀은 행위심판의 원리를 선명하게 드러낸다. 에베소 교회의 올바른 "행위"와 "수고"와 "인내"는 칭찬의 대상이지만(계 2:2), 그들이 "처음 행위"를 버렸다는 사실은 꾸짖음의 대상이다. 그들이 회개하고 그 첫 행위를 회복하지 않으면 촛대를 잃는 심판에 직면할 것이다(계 2:4-5). 생명의 면류관, 곧 영생을 누릴 수 있는 사람은 박해를 두려워하지 않고 죽음에 이르도록 신실한 자들이다(계 2:10). 주님의 관심이 교회들의 신실한 행위에 놓인다는 사실은 분명하다. "내가 네 행위(『개역개정판 성경』은 "사업"이라 번역)와 사랑과 믿음과 섬김과 인내를 아노니, 네 나중 행위가 처음 것보다 많도다"(계 2:19). "만일 그들의 행위를 회개하지 않으면 큰 환난 가운데 던지고…"(계 2:22).

주님은 사람의 행동의 원천이 되는 마음과 뜻을 살피신다. 곧 그는 "각 사람의 행위대로 갚아주시는" 분이다(계 2:23). 사데 교회가 꾸지람을 든는 이유는 "내 하나님 앞에서 온전히 이루어진 너의 행위를 찾을 수 없었기" 때문이다(계 3:2). 주님의 칭찬은 "내가 네 행위를 아노니"라는 말로 시작하고(계 3:8), 그들이 주님의 "인내의 말씀을 지켰다"는 사실로 설명된다(계 3:10). 물론 "네 행위를 아노니…"라는 말씀은 따끔한 꾸지람으로 이어질 수도 있다(계 3:15).

이어지는 환상에서도 마찬가지다. 하나님은 순교한 영혼들에게 두루마기를 주신다(계 6:11). 큰 환난에서 나오는 자들은 어린 양의 피에 옷을 씻어 희게 한 사람들이다. 이들은 인내하는 자들, 곧 "하나님의 계명과 예수에 대한 믿음(신실함)을 지키는 자들"이다(계 7:14; 14:12). 또 "희고 깨끗한 세마포 옷을 입은" 군대도 등장한다(계 7:14; 19:14). 여기서 예수의 피로 마련된 옷, 곧 어린 양의 아내에게 주어지는 "빛나고 깨끗한 세마포"는 다름 아닌 "성도들의 올바른 행실"이다(계 19:8). 당연히 어린 양을 대적하는 이들의 심판 역시 그들의 행위대로 이루어진다(계 18:6; 20:12-13). 하나님은 각 사람에게 행한 대로 갚으시는 분이다(계 22:11-12). 여기서 "행함이 없는 구원"을 읽어내는 것은 불가능하다.

신약성경은 성도들에게 "인내"를 요구한다. 끝까지 견디는 자에게만 구원이 약속될 것이다. 물론 여기서 "견딤"과 "인내"란 부르심을 받은 자로서, 하나님 나라에 합당한 자로서 사는 삶을 지키는 것을 의미한다. 다른 말로 하면 순종하는 삶을 산다는 뜻이다. 성경은 믿음을 고백하는 모든 사람이 아니라, 현재를 신실하게 살며 그 어려움을 견딘 사람만이 하나님 나라에 들어갈 것이라고 선언한다. "믿음이 구원의 유일한 근거이므로, 우리의 행위와 삶은 어찌 되었든 간에 우리의 구원에 영향을 미치지 않는다"는 저급한 "구원파적" 발상은 신약성경의 가장 일관된 가르침을 부정하는 이단적 발상이다.

칼뱅의 미묘한 언어처럼, 우리의 순종이 구원의 "궁극적 원인"이 아니라는 말은 가능하겠지만, 그 구원의 "부차적 원인"에 해당하는 선행의 열매는 구원에 이르는 필수적 과정으로 존재한다.[3] 신약성경의 언어처럼 직설적으로 표현하자면, 순종이 없이는 하나님의 구원에 참여할 수 없다는 것이다. 우리는 다양한 이름으로 이 순종을 부를 수 있다. 그리고 이 행위를 믿음의 범주 속에 포함시킬 수도 있다. 하지만 어떻게 하든 달라지지 않는 것은 이 행위가 없이는 구원에 이를 수 없다는 것이다. 행위가 없는 불순종이 구원의 자격을 박탈하는 것이라 말할 수도 있고, 행위 없음이 믿음 자체의 부재를 드러내기 때문이라 설명할 수도 있지만 한 가지 사실은 달라지지 않는다. 즉 믿음 속에 편입되든 아니든, 순종이 없이는 구원에 이를 수 없다는 진실이다.

2. 바울의 복음과 신자의 순종

(1) 구원의 부르심에 합당한 삶: 거룩하고 흠이 없는 산 제물

이처럼 신약성경은 구원의 과정에서 신자의 순종이 꼭 필요하다고 가르친다. 그런데도 신자들이 혼란을 느끼는 이유는 다름 아닌 바울 서신 때문이다. 사도 바울은 "(율법의) 행위가 아니라 믿음으로", 그리고 오로지 "하나님의 은혜로" 구원을 얻는다고 가르친다. 하지만 바울이 선포하는 믿음과 은혜의 복음이 "행위"의 구원론적 중요성을 부정하거나 상대화한다는 생각은 심각한 오해다. 바울이 은혜와 믿음을 그토록 강조한 것은 행위가 구원에 필요 없다는 말을 하고 싶어서가 아니라, 인간을 구원

---

3 권연경, "칼빈의 칭의론과 '행위': 행위 관련 구절들에 대한 칼빈의 주석", 「신학지평」 22 (2009), 221-44.

하시는 하나님의 능력이 오로지 예수 그리스도를 통해, 그리고 그 어떤 인간적 조건과도 무관하게 나타난다는 사실을 역설하기 위해서다.

바울의 구원론에서도 행위는 중요하다. 바울은 누구 못지않게 행위 심판의 원칙을 강력하게 주장한다. 바울은 자신을 일종의 "제사장"이라 여겼다. 그의 과업은 그리스도의 날에 자신이 맡은 이방 신자들을 하나님이 받으실 만한 "거룩하고 흠이 없는 제물"로 바치는 것이었다(롬 15:16; 참고. 롬 12:1-2). 곧 하나님 나라에 합당한 자들, 즉 "거룩함에 흠이 없는" 자들을 준비하는 것이 그의 역할이었다(엡 4:1; 5:25-27; 빌 2:14-16; 살전 2:11-12; 3:13; 5:23-24; 살후 1:5). 그래서 그는 "행함이 없는 믿음"의 공동체가 아니라 "거룩한" 공동체, 곧 "믿음으로 순종하는" 이방인 공동체를 세우고자 노력했다(롬 15:18; 1:5; 16:26). 물론 여기에는 성령과 그리스도의 능력이 필요하다. 이는 곧 자신의 "말과 행위와 강력한 표적과 기적"으로 드러나는 "성령의 능력"이다(롬 15:18-19). 그는 이 성령의 역사가 자기 사도직의 가장 결정적인 증거라고 믿었다(롬 15:18; 고후 12:12).

따라서 바울이 역설하는 믿음 역시 순종과 행함으로, 혹은 사랑으로 구체화하는 역동적 믿음을 의미한다("믿음의 순종"[롬 1:5], "믿음의 행위"[살전 1:3; 살후 1:11], "사랑으로 효력을 발휘하는 믿음"[갈 5:6]). 그래서 놀랍게도 믿음 자체가 성령의 열매 중 하나로 간주되기도 한다(갈 5:22, 『개역개정판 성경』에는 "충성"으로 번역되었다). 이는 만약 바울이 "행함이 없는 믿음"을 강조하려 했다면 등장할 수 없는 "위험한" 표현들이다. 모두 행함의 중요성을 부각하는 표현들이기 때문이다. 바울이 말한 믿음은 결코 행함과 동떨어진 "수동적 믿음"이 아니다.

바울의 복음은 결코 행위/순종의 필요성을 상대화하지 않는다. 바울은 더없이 선명한 어조로 행위심판의 원칙을 강조하며 순종의 필요성을 역설한다. 로마서에서 바울은 칭의 논의를 시작하며 "하나님은 각 사람에게 행한 대로 갚으신다"는 오랜 고백을 재확인한다. 하나님은 순종하는 자에게는 영생으로, 불순종하는 자에게는 진노로 갚으신다(롬 2:6-11; 시 62:12; 잠 24:12; 마 16:27). 흥미롭게도 믿음과 은혜에 기초한 칭의 논의는 "하나님 앞에서는 율법을 듣는 자가 아니라 행하는 자가 의롭다 하심을 얻을 것"이라는 "야고보적"(?) 선언으로부터 출발한다(롬 2:13). 동일한 신념이 갈라디아서에서는 "심은 대로 거둔다"는 원리로 표현된다. "육체에" 씨를 뿌리는 자는 파멸을, "성령에" 씨를 뿌린 사람은 영생을 수확한다(갈 6:6-9). 이신칭의 교리가 등장하는 두 편지에 행위심판의 원리가 이토록 선명하게 나타난다는 사실은 의미심장하다. 믿음과 은혜를 축으로 하는 바울의 칭의론이 결코 신자의 "행함"을 구원의 방정식에서 제거하는 교리가 아니라는 뜻이다.

로마서 5-8장에서 바울은 "우리 주 예수 그리스도로 말미암아" 우리가 어떻게 미래의 구원에 이르게 되는지 설명한다. 현재 이루어진 칭의와 화해가 미래 구원의 확실한 근거다(롬 5:1-11). 물론 그 열쇠는 그리스도다. 또 하나의 "아담"(=사람)이신 그리스도는 첫 아담이 야기한 "죄와 죽음의 통치"를 "은혜의 통치"로 바꾸셨다(롬 5:12-21). 아담이 불순종으로 죄와 죽음의 통치를 가져왔던 것처럼, 그리스도는 자신의 순종을 통해 은혜가 통치하는 새로운 삶의 상황을 조성하셨다. 이 통치의 수단은 "의로움"이다. 우리는 의로움을 통해 은혜의 통치에 복종하면서 영생에 이르는 길을 걸어간다(롬 5:21). 로마서 6장은 영생에 이르게 하는 이 은혜의 통치를 좀 더 구체적으로 그려낸다. 죽고 부활하신 그리스도와의 연합은 죄가 통치하는 몸/육신의 죽음, 곧 죄의 통치가 맞는 종식을 의미한다. 우리는 죄의 통치에서 벗어나 은혜의 통치 아래서 새로운 존재로 살아간다(롬 6:14-15). 죄에 복종하면 죽음에 이른다는 진리는 변하지 않는다(롬 6:16, 21, 23). 하나님의 원칙이 아니라 우리의 실존이 달라진다. 우리는 그리스도와 하나가 되면서 "죄의 종"이라는 과거에서 벗어나 "의의 종" 혹은 "하나님의 종"으로 거듭났다. 우리는 이제 새로운 주인을 섬기면서 "부정과 불법"이라는 죄의 열매 대신 "거룩함"이라는 열매를 맺는다. 그래서 우리 삶의 "필연적 결과"(텔로스)는 더 이상 죽음이 아닌, "우리 주 예수 그리스도를 통해 주어지는 영생"이다(롬 6:19-23).

영생에 이르는 새로운 삶의 기초는 성령이다. 그래서 로마서 8장은 앞선 3-7장의 그리스도 이야기를 성령의 이야기로 다시 쓴다. "생명의 성령"의 지배가 "죄와 죽음"의 지배로부터 우리를 해방하셨다. 그러므로 우리는 더 이상 "육신을 따르지" 않고 "성령을 따라" 살면서 "율법의 규례들"("의로운 요구들")을 성취한다(롬 8:2-4).[4] 따라서 그런 우리에게는 "어떠한 정죄도 없다"(롬 8:1). 여기서도 "우리가 육신대로 살면 죽는다"는 진리는 변하지 않는다. "영으로 몸의 행실을 죽이는" 사람만이 생명에 이른다(롬 8:13). 성령은 우리가 하나님의 자녀임을 증언한다(롬 8:14-16). 자녀이기에 우리는 구원의 "상속자"가 된다. 하지만 상속자라는 신분에는 "우리가 그와 함께 고난을 **받는다면**"(If we suffer with him)이라는 분명한 조건이 붙는다(롬 8:17).[5] 우리에게 현재는 순종하며 인내하는 고난의 시기이며, 구원의 "영광"은 기다림의 대상이다. 물론 그 소망은 아무렇게나 오지 않는다. 오직 환난-인내-연단의 삶을 거치는 이들에게만 그 소망

---

4 그리스도가 성취하신 율법의 요구가 우리에게 적용된다고 보기도 하지만 이 역시 "육신을 따르지 않고 성령을 따라 행하는" 사람에게만 해당한다. 물론 가장 자연스러운 해석은 우리가 성령을 따라 살면서 율법의 거룩한 요구를 이룬다고 보는 것이다.

5 아쉽게도 『개역개정판 성경』은 이 조건문을 제대로 살려서 번역하지 못했다. "…그리스도와 함께한 상속자니 우리가 그와 함께 영광을 받기 위하여 고난도 함께 받아야 할 것이니라"(롬 8:17, 『개역개정판 성경』); 참조. "…우리가 그리스도와 함께 영광을 받으려고 그와 함께 고난을 받으면, 우리는 하나님이 정하신 상속자요, 그리스도와 더불어 공동 상속자입니다(롬 8:17, 『새번역 성경』).

이 현실로 구현될 것이다(롬 5:3-4; 8:18).

그래서 바울은 거듭 심판의 경고를 던진다. 이 경고의 대상은 회심하여 하나님을 섬기는 성도들이다. 성도들은 그들 속에 있는 나쁜 욕망을 죽이지 않으면 하나님의 진노에 직면할 수밖에 없다(골 3:5-6). 멸망과 죽음에 대한 거듭된 경고가 결코 "협박용"이 아니라는 것이다. 그 사람이 누구이든, 성령을 따라 현재를 사는 사람만 영생에 이르고 육신을 따라 사는 사람은 멸망에 이른다(갈 6:8; 롬 8:13). 하나님은 공평하시기에 불의를 행하는 자들에게는 불의의 보응이 주어진다(골 3:25). 바울도 하나님 나라를 언급하지만, 흥미롭게도 순종이 없이는 "하나님 나라를 상속하지 못할 것"이라는 바울 특유의 경고에 속한 것이 대부분이다(갈 5:21; 고전 4:19-20; 6:19-20; 엡 5:5). 하나님의 진노에 대한 언급은 종종 듣기 좋은 거짓말에 "속지 말라"는 경고를 동반한다(고전 6:9; 15:33; 갈 6:7; 엡 5:5-6). 행위대로 공정하게 심판하시는 하나님 앞에서(고후 5:10; 11:15) 성도들에게 필요한 것은 구원에 대한 성급한 자기 확신이 아니라, "두려움과 떨림"을 동반한 철저한 자기 점검이다(고후 13:5; 갈 6:3-5; 빌 2:12). 로마서 11장의 올리브나무 비유는 부르심을 받은 "원래 가지"도 순종하지 않을 때 심판의 가위로부터 자유롭지 않다는 사실을 분명히 보여준다. 실제로 하나님이 이스라엘의 다수를 버리신 역사적 현실이 당시 이방 신자들에 대한 경고의 근거가 되었다. 하나님이 원래 가지였던 이스라엘도 주저 없이 잘라버리셨다면, 뒤에 접붙임을 받은 가지인 이방 신자들은 얼마나 더 쉽게 자르시겠는가? 이방 성도들의 오만은 그만큼 더 위험하다. 하나님의 의도에 맞지 않을 경우, 하나님은 바로 그들을 잘라버리실 것이기 때문이다(롬 11:17-21).

(2) 바울의 칭의론과 "율법의 행위들"

앞서 지적한 것처럼 바울의 믿음 개념은 역동적이다. 바울은 순종 없이는 하나님 나라에 들어갈 수 없고, 성령에 복종하지 않으면 영생을 수확하지 못한다고 선언한다. 그런 바울이 "행위가 아니라 믿음으로"를 주창했다고 보기는 어렵다. 그렇게 되면 바울이 처음에는 "행위가 아닌 믿음으로 구원받는다"라고 역설하다가 결국엔 "구원에는 행위가 필요하다"라고 말을 바꾸는 꼴이 되기 때문이다. 물론 전통적 칭의론의 옹호자들은 우리의 행위를 칭의의 울타리 밖으로 빼낸다고 해서, 그것이 행위를 송두리째 팽개치는 것은 아니라고 말한다. 하지만 이런 변증적 진술에 내재된 논리적 모순 혹은 긴장은 어떻게 할 것인가? 아니면 바울은 "현재의 칭의는 행위가 배제된 믿음으로 이루어지지만, 마지막 구원에는 행위가 필요하다"고 가르치는가? 하지만 어차피 행위가 필요해진다면, 지금 당장은 필요 없다는 말이 무슨 의미가 있는가? 그렇다면 "율법의 행위들"에 대한 바울의 반대 논증은 과연 무엇을 겨냥한 것일까?

바울은 칭의와 관련해 믿음을 강조한다. 여기서 믿음은 "율법의 행위들"(갈 2:16; 3:2, 5; 롬 3:20, 28)과 맞서는 개념이다. "율법의 행위들"은 종종 그냥 "율법"(롬 3:21; 9:31; 갈 4:21; 5:4)으로 혹은 "행위들"(롬 3:27; 4:6; 9:32; 11:6)로 축약되기도 한다. 물론 "행위(들)"라는 표현은 바울이 도덕적 행위를 문제시한다는 인상을 준다. 다른 많은 곳에서 이 단어가 그런 의미로 사용되기 때문이다. 더욱이 하나님의 선택이나 부르심과 같은 근원적 행위는 도덕적 행위를 포함한 인간의 일체 조건과 무관하다는 진술들이 등장하기도 한다(롬 9:11-12).

그래서 전통적 칭의론 이해의 칼날은 인간의 도덕적 공로주의를 겨냥한다. "율법의 행위들" 곧 "율법을 행함"으로 의롭게 되려는 이들에게 칭의란 "도덕적 행위가 아니라 믿음으로" 주어진다고 반박하는 것이다.

하지만 이런 식의 칭의론 이해는 몇 가지 해결하기 어려운 문제에 봉착한다.

첫째, 믿음과 도덕적 행위를 상반되는 개념으로 설정하는 것은 애초부터 행위와 믿음을 하나로 결합하는 바울의 관점과 어긋난다. 이미 지적한 것처럼, 칭의론이 가장 날카롭게 주장된 갈라디아서에서조차 믿음은 "사랑을 통해 효력을 나타내는 믿음"으로 정의되고(갈 5:5), 우리가 순종하며 드러내야 할 성령의 열매 중 하나로 제시된다(갈 5:22, 충성=믿음). 칭의론의 교본 노릇을 하는 로마서에서도 바울은 복음 선포의 목표가 이방인 중에서 "믿음의 순종"을 이끌어내는 것이라고 천명한다(롬 1:5; 16:27). 오히려 율법 문제를 논쟁적으로 다루는 특정 문맥 밖에서 "행위 없는 믿음"은 헛된 믿음으로 간주된다(고전 4:19-20).

둘째, 바울의 칭의론은 그의 반대자들이 율법을 성실히 지키려 했던 상황이 아니라 율법을 지키지 않는 상황, 그러면서도 할례, 안식일 준수, 음식 규정 등과 같은 유대적 정체성의 표지들에만 집착하는 상황을 전제한다. 갈라디아서가 문제 삼는 선동자들은 "자기들은 율법을 지키지 않으면서" 갈라디아의 신자들에게 "할례를 강요했던" 부류들이었다(갈 6:12-13). "율법의 행위로" 의롭게 되려고 시도했던 갈라디아 교인들도 할례와 절기 준수에는 열심이었지만(갈 4:10; 5:2), "율법 전체를 지키는" 일에는 무관심했다(갈 5:3). 로마서에서도 칭의 논쟁의 상대자는 율법을 열심히 지켜 의롭게 되려 했던 "율법주의자들"이 아니라, 율법은 지키지 않으면서 할례받은 유대인이라는 외적 신분을 자랑했던 부류들이었다(롬 2:1-29, 특히 17절 이후). 이에 대한 바울의 답변은 "순종 아닌 믿음"이 아니라 "겉이 아니라 내실이 있는 유대인"이었다. 곧 순종 없이 육신의 할례만 자랑하는 자가 아니라 마음의 할례를 받아 하나님의 법에 순종하는 자들이 하나님께 받아들여진다는 것이다(2:25-29).

바울이 이런 정황 속에서 "율법의 행위들로는 의롭다 하심을 얻을 수 없다"고 말했다면, 이 말이 율법을 지킨다고 의롭게 되는 것이 아니라는 주장이 되기는 어렵다. 애초에 율법을 안 지켜 욕을 먹는 마당에 "지킨다고 되겠느냐?"고 문제시할 이유가 없기 때문이다. 오히려 바울이 잘못된 칭의의 근거로 비판했던 "율법의 행위들"은 도덕적 의미의 율법 준수가 아니라, 이방인들과의 사회적 차별성 유지에 필요한 "율법의 행위들"을 가리킨다. 곧 갈라디아서와 로마서에서 실제 문젯거리로 등장하는 할례, 절기(안식일) 준수 및 음식 규정들이 그것이다. 이는 당시 유대인 공동체에서 실질적으로 가장 중요한 정체성의 표지로 간주되었던 "행위들"이었다. 바울이 로마서 1-4장에서 전개하는 칭의론 논의에서 "모든 믿는 자"를 거듭 상기시키고, "차별 없음"을 반복해서 강조하는 이유가 바로 그것이다(롬 1:16, 29-30; 3:22; 4:9-16; 갈 3:25-19; 5:6; 6:15). 결과적으로 바울의 비판은 하나님이 순종하라고 주신 율법을 지킬 필요가 없다는 것이 아니다. "율법(의 행위들)"으로는 안 된다는 말은 할례나 절기 준수나 음식 규정과 같이 생명을 주지 못하는 "외면적" 정체성의 표지들로는 의에 이르지 못한다는 것이다. 오로지 십자가와 부활의 하나님을 향한 믿음만이, 그리고 그 믿음으로 우리에게 주어지는 성령의 역사만이 우리를 "의의 소망"으로 인도한다.

3. 바울이 선포한 믿음과 은혜의 복음

(1) 부활의 하나님을 바라보는 믿음

그렇다면 바울이 그토록 강조하는 믿음과 은혜는 무엇을 의미하는가? 이미 분명해진 것처럼 바울이 강조하는 믿음은 도덕적인 "행위와 별개로 존재하는" 믿음을 의미하지 않는다. 정작 바울이 믿음을 강조한 이유는 따로 있다. 갈라디아서에서 믿음은 생명을 줄 능력이 없는 "율법(의 행위들)"과는 달리(갈 3:21), 성령의 선물을 받을 수 있는 유일한 통로다(갈 3:2, 5). 심지어 율법의 저주에서 우리를 속량하는 십자가조차 "우리가 믿음을 통해 약속하신 성령을 받도록" 하시려는 사건으로 제시된다(갈 3:14). 그래서 하나님이 "그 아들을 보내신" 것은 "그 아들의 영을 보내신" 일과 나눌 수 없다(갈 4:4, 6). 다시 말해, 갈라디아서에서 믿음과 그 믿음의 대상인 그리스도의 십자가는 생명과 성령의 유일한 원천으로 나타난다. 바로 이것이 믿음과 율법 사이에 존재하는 결정적 차이다.

물론 이 성령만이 우리를 "의의 소망"으로 인도하는 하나님의 능력이다(갈 5:5). "육체의 행위들"을 버리고 성령의 열매를 맺는 이들이 하나님 나라를 상속할 것이다(갈 5:19-23). 우리는 육체에 씨를 뿌려 파멸하는 것이 아니라, 성령에 씨를 뿌려 영생에 이른다(갈 6:7-8). "약하고 빈약한"(갈 4:9) 율법 언약에 의존하는 자들, 곧 육체로 태어난 자식이 아니라 성령으로 태어난 이들이 바로 하나님의 약속에 참여할 "상속자들"인 것이다(갈 3:29; 4:7, 21-31). 이처럼 바울에게 있어 성령은 미래 구원의 근거요, 그 구원에 이르게 하는 능력이다. 이 성령은 "율법의 행위들"이 아니라 "믿음으로" 주어진다.

로마서에서 믿음은 "죽은 자를 살리시며, 없는 것을 있는 것으로 부르시는" 하나님을 향한 신뢰다. 곧 인간적으로는 불가능한 일을 약속하신 분의 창조적 능력을 인정하고 따르는 것이다(롬 4:17, 18-21; 참조. 히 11:11-12, 17-19). 하나님은 이런 아브라함의 믿음을 그에게 의로 여겨주셨다(롬 4:22). 물론 이는 우리에게도 마찬가지다. 우리는 다름 아닌 "예수 우리 주를 죽은 자 가운데서 살리신 분을 믿는" 자들이다(롬 4:24). 아브라함이 죽은 것 같은 자기 몸과 사라의 태를 살리실 하나님을 믿었던 것처럼, 우리는 하나님이 이미 예수를 죽은 자 가운데서 살리셨음을 믿는다. 하나님은 이 믿음을 우리의 의로 여겨주신다. 이처럼 우리를 의롭게 하는 믿음은 생명과 부활의 하나님을 믿는 신앙이다. 그런 점에서 칭의는 부활 없이는 설명할 수 없다.

> 예수는 우리가 범죄한 것 때문에 내어줌이 되고 또한 우리를 의롭다 하시기 위하여 살아나셨느니라(롬 4:25).

로마서 10장에서 천명하는 것처럼, 우리를 의롭게 하고 우리를 구원하는 믿음은 하나님이 예수를 죽은 자 가운데서 살리신 분임을 믿는 것, 그리하여 부활하신 예수가 온 세상을 통치하는 주가 되셨다는 사실을 받아들이는 믿음이다(롬 10:9-10). 칭의를 어떻게 정의하든, 부활이 없어도 말이 되는 칭의론은 바울이 선포한 복음은 아니다.

(2) 값없는 은혜는 값비싼 행위를 요청한다

바울이 선포한 은혜 역시 도덕적인 "행위가 없는" 은혜를 의미하지 않는다. 바울은 우리의 칭의와 구원이 하나님의 은혜임을 거듭 강조한다. 은혜란 아무런 대가가 없음을 전제한다. 쉬운 말로 "공짜"다. 그래서 은혜는 모든 인간적 자랑을 끝장낸다(롬 3:27; 고전 1:29; 엡 2:9). 하지만 은혜가 폐기하는 이 자랑은 순종하는 삶에 대한 자부심과는 완전히 다르다(고전 9:15; 고후 1:14; 갈 6:4; 빌 2:16). 오히려 은혜는, 사람들 사이에서는 중요하지만 우리를 살리지는 못하는 인간적 조건들에 대한 자랑, 그리고 이 자랑에 근거한 차별을 저격한다. 가령 로마서에서 칭의는 그리스도의 속량에 근거한 것으로서 "하나님의 은혜로 값없이" 주어진다(롬 3:24-25). 그래서 아무도 자랑할 수 없다(롬 3:27). 우리의 칭의는 "(율법의)

행위들"이 아니라 "믿음"의 법칙에 의한 것이다(롬 3:27-28). 하지만 이는 어디까지나 소위 "행위구원론적" 발상에 대한 비판이 아니라, 하나님을 유대인만의 하나님으로 제한하려는 차별적 태도에 대한 비판이다. "그게 아니라면, 하나님은 유대인만의 하나님이고, 이방인의 하나님은 아니라는 말인가? 그렇지 않다. 진정 하나님은 이방인의 하나님도 되는 분이시다"(롬 3:29).

마찬가지로 고린도전서에서 은혜는 고린도의 이방인 신자들 사이에서 문제가 되던 사회적 경쟁과 자랑을 저격한다. 당시 사회의 하층민들이 다수를 점했던 고린도 교회는 은혜에 기초한 선택, 곧 "조건 없는" 선택의 가장 극적인 실례였다. 하나님이 세상의 가치들을 무시하고 당시 사회의 하층민들을 선택하신 것은 세속적 지혜와 지식, 권력과 지배력, 영예롭고 영향력 있는 문벌 등의 "가치" 혹은 "조건"들의 무가치함을 폭로하기 위해서였다. 그런 것들은 남과 나를 구별해주기는 하지만 하나님 앞에서는 전혀 무의미하다. 우리에게 생명을 주거나 우리를 구원할 능력이 없기 때문이다.

반면 세상이 어리석다 간주하는 "십자가의 말씀"이 참 "하나님의 능력"으로 다가온다(고전 1:18, 24). 그래서 바울은 그 십자가의 복음을 선포했다. 세속적 가치로는 보잘것없었던 그의 선포에는 세상적 가치가 주지 못하는 성령의 능력이 있었다. 그로 말미암아 이방인들은 "사람의 지혜가 아니라 하나님의 능력"을 바라보게 된다. 곧 구원으로 인도하는 참 믿음을 우리 속에서 만들어내는 것이다(고전 2:1-5). 여기서 중요한 것은 멋진 말과 지혜라는 인간적 조건이 아니라 조건 없이 주어지는 하나님의 능력이다. 왜냐하면 하나님 나라는 말이 아니라 능력으로 상속하는 것이기 때문이다(고전 4:20).

이처럼 바울의 은혜론 역시 "행위구원론"이나 "공로주의"와 같은 염려와는 무관하다. 은혜는 하나님의 뜻과 법에 순종하려는 도덕적 열성이 아니라, 세상의 온갖 조건들에 대한 헛된 자랑을 문제시한다. 무익한 세속적 자랑을 포기하고, 오로지 우리를 살리고 구원할 능력을 소유하신 하나님을 바라보라는 것이다. 그래서 은혜는 종종 하나님의 능력과 비슷한 의미를 가진다. 예를 들어 바울이 이룩한 놀라운 섬김의 열매들은 바울 자신이 아니라 그와 함께하신 하나님의 은혜(능력)가 가져오는 결과다(고전 15:10). 예루살렘 사도들 역시 바울에게 역사하는 그 "은혜"(능력)를 보고서 그가 이방인의 사도임을 인정할 수 있었다(갈 2:7-9).

바울이 선포한 은혜는 우리를 "다스리는" 역동적 은혜다. 은혜는 새로운 삶을 여는 삶의 공간으로 묘사될 수도 있다("우리가 믿음으로 들어가서 있는 이 은혜"[롬 5:2]). 죄가 아담의 후예인 우리를 다스려 죽음으로 이끌었던 것처럼, 이제 은혜는 그리스도의 후예인 우리를 의를 통해 다스려 영생에 이르게 만든다(롬 5:21). 우리를 통치하는 은혜는 우리를 죄의 지배에서 벗어나게 해서 의의 지배 아래로 이끌며, 죄의 종이기를 멈추고 하나님의 종으로 살아가게 한다. 또한 은혜는 이런 변화된 삶을 통해 죽음 대신 영생을 선물로 받게 한다(롬 6장 전체). 그런 의미에서 우리는 "율법의 통치가 아니라 은혜의 통치 아래 살아간다"(롬 6:14, 15).

4. 바울의 칭의론과 관련된 몇 가지 고려 사항

(1) 칭의와 성화

바울의 칭의론에서 "행위"의 의미는 종교개혁 이후 로마 가톨릭과 개신교 사이에 놓인 가장 뜨거운 감자 중 하나였다. 루터와 칼뱅의 후예들은 "구원" 사건으로서의 칭의와 그 논리적 파생물로서의 "윤리적" 성화를 구분한다. 곧 칭의 자체에는 그 어떤 인간적 요인도 개입되지 않는다. 그래서 구원은 (인간의 행위가 아니라) "오직 은혜"다. 또한 믿음 역시 예수의 대속적 공로를 의지하고 받아들이는 수동적 태도로 규정된다. 성화 역시 은혜의 선물이며 성령의 작용임을 부인할 수는 없지만, 그들은 그 열매인 선행조차도 배제함으로써 순도 높은 은혜 교리를 지키려 한다. 반면, 가톨릭교회는 칭의와 성화의 날카로운 구분을 거부하고, 구원의 은혜가 칭의뿐 아니라 성화까지도 포괄하는 것으로 이해한다. 물론 그렇다고 해서 펠라기우스주의적 관점을 용인하는 것은 아니다. 오히려 신자의 성화란 하나님의 은혜가 작용한 결과요, 성령의 도우심으로 맺히는 열매임을 강조함으로써 은혜의 결정적 역할을 보존한다. 이런 의견 중에서 어떻게 말하는 것이 더 성경적일까?

바울 서신에서 칭의는 **죄 용서**의 선포와 상통한다(롬 4:6-8). "경건치 않은 자를 의롭다 여겨주시는" 하나님은 자신을 믿는 이들의 "믿음"을 그들의 **의로 간주**해주신다(롬 4:5). 물론 믿음은 그리스도 사건 아래에 있다. 우리는 "그리스도 예수께서 이루신 속량에 근거하여 하나님의 은혜로 값없이" 의롭다 여김을 받는다(롬 3:22, 24; 5:9-10; 엡 2:4-8). 하지만 이것이 전부가 아니다. 바울에게 있어 죄는 하나의 영적 세력이다. 우리는 죄를 지은 "죄책"뿐 아니라 죄의 "지배"라는 난관에 봉착해 있다(롬 7장). 그래서 죄 문제를 해결하는 예수의 십자가는 "전에 지은 죄"의 대속적 용서일 뿐 아니라(롬 3:25), 우리의 몸/실존을 점령한 죄의 지배로부터의 해방이기도 하다. 내가 예수의 원형적 죽음에 참여하면서 죄가 지배하는 나의 몸/육신은 죽는다. 따라서 나는 죄의 지배로부터 벗어난다(롬 6:6; 8:3). 그런 의미에서 우리는 "죄(의 지배)로부터 의로워진다"(justified from sin[롬 6:7]). 곧 믿음으로 의로워진 결과 죄로부터 해방되는 것이 아니라, 칭의 자체가 "죄의 통치로부터 벗어난다"는 의미다(롬 8:1-2). 앞서도 밝힌 것처럼, 이렇게 칭의는 십자가의 효과인 동시에 새 생명의 계기인 부활의 효과이기도 하다(롬 4:25; 6:4). 그래서 칭의와 성화가 나란히 등장한다. 그리스도는 우리의 "의로움과 거룩함"이 되셨다(고전 1:31). 또 우리는 그리스도의 이름과 하나님의 성령으로 "(씻음과) 거룩함과 의롭다 하심"을 받았다(고전 6:22). 순서를 쉽게 바꾸는 것을 보면 적어도 바울 자신은 "칭의"와 "성화"의 개념을 구별하는 데 별 관심이 없었던 것이 분명하다.

종교개혁자들이 칭의와 성화를 날카롭게 구분한 것은 "구원론적 개념으로서의 칭의"에서 일체의 인간적 요인을 제거하기 위해서였다. 그들은 은혜의 결과로 산출되는 선행(善行)조차 "인간적인" 것으로 간주했다. 하지만 바울의 관점은 다르다. 신자의 선행은 "성령의 열매"요(갈 5:23-24), "그리스도께서 역사하신" 결과다(롬 15:18-19). 바울은 자기 삶을 두고 아예 자기는 죽고 그리스도가 사시는 것이라 말하기도 한다(갈 2:20). 바울의 사도적 수고 역시 "나"의 공적이 아니라, "나와 함께하신 하나님의 은혜"다(고전 15:10). 이처럼 성화의 열매는 은혜의 경쟁 대상이 아니라 은혜의 구체적 확증이다. 행위 없이 구원에 이른다고 주장하지 않는다면, 굳이 칭의와 성화의 구별에 그토록 집착할 필요가 있을까? "오직 은혜"를 엄호하기 위해 "구원 행위로서의 칭의"와 "윤리적 변화로서의 성화"를 구분하지만, 이 둘의 "개념적 분리"가 실제 그리스도인의 삶에서 어떤 효과를 내는지 따져야 하지 않을까?[6] 아니면 한 호흡으로 말해야 할 칭의와 성화를 애써 구분하고, 후자를 구원의 범주에서 배제함으로써 소위 "값싼 구원"이라는 치명적인 결과를 초래한 것은 아닐까?

---

6 "개념적 분리"라는 표현은 "구별되지만 분리되지는 않는다"는 개혁주의적 설명이 추상적 개념의 언어 유희에 가깝다는 느낌을 반영한 것이다.

"분리가 아니라 구별"이라는 주장은 칭의 교리 자체는 변호할 수 있겠지만 그것이 실제 교인들의 삶에서 무슨 의미가 있을까?

(2) 칭의의 시제: 현재인가, 미래인가?

바울의 칭의론을 제대로 이해하려면 칭의의 시점에 관한 논의도 필요하다. 특히 최근 일각에서 유통되는 "유보적 칭의론"이라는 표현은 한쪽으로 치우친 교회의 신학적 경향을 여실히 드러낸다.[7] 칭의는 예수를 믿는 순간부터 이미 이루어진 현실이라는 통념과 달리 바울 서신에서 칭의의 시제 문제는 간단하게 설명하기 어렵다. 사실 성서학자의 관점에서는 "유보적 칭의론"이라는 표현이 비판 혹은 비난의 의도로 통용된다는 사실 자체가 당혹스럽다. 바울신학, 특히 그의 종말론의 가장 결정적 특징 중 하나가 바로 "종말론적 유보"(eschatological reservation)이기 때문이다. 물론 이 "유보적" 종말론에는 "칭의" 역시 예외가 아니다. 놀랍게도 칭의론이 처음으로, 그리고 가장 전투적으로 개진되는 갈라디아서에는 신자들이 "(이미) 의롭다 하심을 받았다"는 진술이 전혀 나오지 않는다(!).

---

7 "유보적 칭의론"은 최덕성을 비롯한 몇몇 신학자와 목회자들이 김세윤 교수의 칭의론을 비판하는 과정에서 자주 사용되어왔다. 김세윤 교수는 "한 번 구원은 영원한 구원"이라는 다수 그리스도인의 신념이 실상 행위와 구원을 완벽하게 단절하는 구원파적 구원관과 다르지 않다는 현실 비판에서 출발한다. 그는 칭의 개념을 성화까지 포괄하는 방향으로 확장하면서, 마지막 심판의 결정적 의미와 종말론적 구원에 이르기 위한 순종의 필요성을 매우 강조했다. 최덕성을 위시한 비판 그룹은 이것이 정통 개혁주의 칭의론을 벗어난 (반)펠라기우스주의적 시도라고 목소리를 높이지만, 상당수 논의는 성경의 다양하고 직설적인 진술들에 대한 주석적 토의라기보다는 그들이 생각하는 개혁주의적 "전통"에 대한 정서적 친밀감에 호소하는 것으로 보인다. 논의 수준은 천차만별이지만, 어떤 이들의 자료 속에는 구원파의 발상과 그리 멀지 않은 과격한 주장들이 상당수 자리를 잡고 있다. 최근 자료의 하나로는 고경태 외, 『현대 칭의론 논쟁: 김세윤의 유보적 칭의론 고찰』(CLC, 2017)이 있다. 이와 관련된 논의는 인터넷에서도 쉽게 검색된다.

유대교 전통에서도 칭의는 마지막 심판을 전제한 미래적 개념이다. 최후의 심판 때에 하나님은 자신에게 순종했던 사람들을 의로운 자들로 인정해주실 것이다. 이것이 본래적 의미의 칭의다. 이런 맥락에서 바울의 논의는 시종일관 칭의의 방식을 재정의하는 데 집중될 뿐("율법의 행위들이 아니라 믿음으로"), 칭의의 시제를 현재로 옮기려는 시도는 전혀 보이지 않는다. 바울은 "하나님 앞에서는 어느 누구도 율법의 행위들로는 의롭다 하심을 **얻지 못할** 것"이라는 성경을 인용하면서도 굳이 미래 동사를 수정할 필요를 느끼지 않는다(갈 2:16; 시 143:2). 오히려 칭의의 시점이 명시된 유일한 구절에서 칭의는 여전히 기다려야 할 소망의 대상이다.

> 우리는 믿음에서 나는 성령으로 의의 소망(hope of righteousness)을 간절히 기다립니다(갈 5:5).

당연히 바울 자신이나 베드로와 같은 신자들은 이미 의롭다 하심을 얻은 자들이 아니라 여전히 "그리스도 안에서 의롭게 되려고 애쓰는" 자들로 간주된다(갈 2:17). 만일 갈라디아의 신자들이 이미 의롭다 하심을 받았다면 "믿음으로 이미 의롭다 하심을 받았는데, 왜 다시 율법으로 의롭게 되려고 하느냐?" 하는 꾸지람이 나왔을 것이다. 하지만 바울은 그들의 "잘못된 방법"만을 꾸짖을 뿐, 그들이 "의롭다 하심을 받았다"는 사실에 대해서는 침묵한다. 적어도 명시적 진술만 놓고 본다면, 갈라디아서의 칭의는 현재가 아니라 미래다.

반면, 로마서에서는 칭의가 이미 이루어진 사실로 분명히 제시된다. "하나님의 의"가 "지금" 나타났고, 우리는 이미 믿음으로 의롭다 하심을 받았다(롬 3:21, 26; 5:1; 6:7). 미래 심판 때 이루어질 칭의 선포가 그리스도를 믿는 믿음을 통해 지금 이미 내려졌다는 것이다. 그래서 이 현재적 칭의는 미래의 구원을 가능하게 하는 가장 결정적인 근거가 된다(롬 4:13; 5:9-10). 또한 죄로부터의 해방을 동반하기에 칭의는 영생으로 이어지는 거룩한 삶의 근거이기도 하다(롬 6장). 칭의를 현재적 실재로 보는 조직신학적 칭의 교리는 바로 로마서의 이런 진술들에 근거한다.

하지만 로마서에서도 미래적 칭의는 유지된다. 자주 무시되지만, 로마서에도 미래적 칭의는 현재적 칭의만큼이나 빈번하게 등장한다. 사실 바울이 로마서에서 처음 언급하는 것은 미래의 칭의다.

> 하나님 앞에서는 율법을 듣는 자가 아니라 실천하는 자가 의롭다 하심을 얻을 것입니다(롬 2:13).

이는 야고보서의 주장과 같다(약 2:21, 24, 25). 간혹 이 구절을 두고 바울 자신의 복음적 신념이 아니라 논쟁을 위해 잠시 빌려온 유대적 개념이라는 주장이 제기되지만, 정작 바울 자신은 그것이 "내 복음"이라고 못을 박는다(롬 2:16). 유대인들을 향한 논증의 결론은 "율법의 행위들로는 하나님 앞에서 의롭다 하심을 **얻지 못할 것**"이라는 단언이다(롬 3:20; 갈 2:16). 이는 물론 (구약)성경에서 빌려온 구절이지만, 바울은 이를 마치 자신의 말처럼 제시한다.

하나님의 의도 마찬가지다. 바울은 분명 "지금" 하나님의 의가 "나타났다"고 선언한다(롬 3:26). 하지만 그렇다고 미래적 전망이 사라지는 것은 아니다. 할례자도, 무할례자도 "믿음으로 말미암아 **의롭다 하실** 하나님은 한 분"이시다(롬 3:30). 또한 로마서 4장에서 믿음으로 의롭다 하심을 얻은 아브라함의 이야기는 그 자신뿐 아니라 **의롭다 하심을 받을** 우리를 위해 기록된 것이기도 하다(롬 4:24).

한편 로마서에서 범죄는 십자가에, 칭의는 예수의 부활에 연결된다. 예수는 우리 범죄 때문에 내어줌이 되었고 우리의 칭의를 위해 살아나셨다(롬 4:25). 그런데 흥미롭게도 로마서 5장에서는 십자가에 연결된 것은 현재적 칭의이고 부활에 연결된 것은 미래의 구원이다(롬 5:9-10). 그렇다면 여기서 바울이 칭의를 부활과 연결했다는 것은 사실상 미래적 칭의를 말하는 것이라 할 수 있다. 아담과 그리스도를 대조하는 로마서 5:12-21에서도 칭의는 현재이면서도 미래다. 예수의 순종으로 많은 사람이 의인이 **될 것이다**(롬 5:19). 여기서 이미 발생한 사건이나 변화는 일관되게 과거형으로 표현한 것을 보면 미래형 동사의 사용은 다분히 의도적임을 알 수 있다.[8]

이처럼 바울은 미래적 칭의에 관해 여러 차례 언급한다. 로마서에서 칭의는 이미 이루어진 사실이기도 하다. 하지만 그렇다고 미래가 사라지는 것은 아니다. 결국 바울의 칭의론을 올바르게 이해하려면 미래적 은사로서의 "의의 소망"에 대한 진지한 숙고가 필요하다. 그런 점에서 "유보적 칭의론"이라는 구호 아래, 칭의의 미래적 차원을 부정하려는 시도는 바울 서신의 가르침 자체를 부정하는 이단적 발상이다. 오히려 현재적 칭의가 전부인 양 여겨지는 왜곡된 상황 속에서는 믿음과 성령의 인도 아래 "의의 소망을 간절히 기다린다"라고 말했던 바울의 호소에 귀를 기울이는 것이 더 올바르고 균형 잡힌 태도다.

---

8 마지막 심판이라는 문맥을 고려할 때, 롬 8:33-34의 "의롭다 하시는 이"라는 현재형 표현 역시 심판의 정황을 염두에 둔 것이라 할 수 있다. 빌립보서 3장의 "의" 역시 "그리스도 안에 있는 자로 인정되는" 것과 함께 미래의 개념으로 이해해야 한다. 실제 바울 서신의 주요 사본 중 하나인 "P^{46}"은 빌 3:12에 단어 하나를 추가하여 미래적 의미를 분명히 한다. "내가 이미 얻었거나 **이미 의롭게 되었거나** 이미 완전해진 것이 아닙니다"(빌 3:12). 칭의 개념이 미래적 기다림의 대상이 될 때, 이는 구원(롬 2:6-11; 5:9-10), 영생(갈 6:8; 롬 5:21; 6:19-23) 및 하나님 나라(갈 5:21; 고전 4:19-20; 6:9-10; 15:50; 롬 14:17) 등 좀 더 전통적인 구원론적 개념들과 공통분모를 갖게 된다(마 19:17[영생], 23-24[하나님 나라], 25[구원]).

(3) 구원의 확신

"유보적 칭의론"을 비판하는 또 하나의 이유는 소위 "구원의 확신"과 관련된다. 구원의 확정이 최후 심판 시점으로 유보되고, 순종의 열매가 최종적 판결의 조건이 되면 구원의 확신이 불가능해지고 결국 성도들이 불안에 떨게 된다는 것이다. 하지만 하나님이 선사하는 구원을 두고 불확실성이나 불안("두렵고 떨림")이 없어야 한다는 발상은 매우 자의적이다. 바울의 의식 속에도 겸허한 확신과 탈락의 두려움이 공존했다(고전 4:3-4; 9:27). 역설적이지만 자신의 구원을 확실하게 만들려는 지나친 집착은 구원의 주인이신 하나님에 대한 불신과 직결된다.

물론 성경도 확신에 관해 말한다. 하지만 성경에서 강조하는 확신이란 나 자신의 구원에 대한 확신이 아니라 복음의 약속에 대한 확신(고후 3:12), 그리고 하나님의 약속을 굳게 신뢰하고 그 신뢰를 바탕으로 살아가는 신실한 삶의 태도를 가리킨다. 히브리서의 말씀처럼 "처음에 확신했던 바를 끝까지 지키자"는 권고는 구원받았음을 절대 의심하지 말라는 것이 아니라, 처음 믿을 때 보여주었던 "확신에 찬 삶의 모습"을 회복하라는 권고다(히 3:6, 14).

또 구원이 확신의 대상이 될 때, 이는 대개 미래의 구원을 가리킨다(롬 5:9-10; 8:31-39). 이는 "몸의 부활"이나 "영생" 혹은 "의의 소망"처럼 다양하게 불릴 수도 있지만, 어쨌든 구원은 예수의 재림과 더불어 주어지는 미래의 선물이다. 우리는 이 미래를 확신한다. 그것은 예수의 십자가를 통해 하나님의 사랑이 어떤 것인지를 깨달았기 때문이다(롬 5:5-10). 그러니까 성경적 의미의 확신은 (현재적) 구원의 사실에 대한 교리적·심리적 확신이 아니라, 현실 속의 난관에도 불구하고 우리를 구원의 소망에 이르도록 인도하실 신실하신 하나님에 대한 인격적 신뢰다(롬 5:5-11; 8:31-39). 이는 미래를 확실한 자기 것으로 만들어 염려를 잠재우려는 시도와는 거리가 멀다. 구원의 확신은 오히려 어떤 상황 속에서도 하나님의 사랑을 신뢰하며 그가 약속하신 미래를 기대하는 것이다(살전 5:23-24).

나가는 말

신약성경의 다양한 문서들은 당면한 목회적 상황에 따라 서로 다른 측면을 강조하곤 한다. 하나님의 주권적 계획을 태초 이전에서부터 만물의 최종적 연합에 이르는 큰 흐름 속에서 조감도를 보여주듯 조망할 수도 있고, 반대로 우리의 구체적 일상 속에서 우리가 감당해야 할 책임을 시시콜콜 강조할 수도 있다. 로마서에서처럼 "복음이 모든 믿는 자를 구원에 이르게 하시는 하나님의 능력"이라는 주제를 강조할 때는 하나님이 예수를 통해 어떻게 믿는 자들을 그 구원의 때까지 인도하시는지를 상세히 설명하고, 이 구원의 여정을 이끌어가시는 하나님의 신실하심을 강조하게 된다. 여기서는 인간사의 어떤 경험도 끊을 수 없는 하나님의 신실하신 사랑이 칭송되기도 한다(롬 8:31-39). 성도들을 격려하는 문맥에서도 하나님의 신실하심은 자주 등장한다(살전 5:23-24). 신실하신 하나님을 신뢰하고 힘을 내자는 것이다. 또한 경우에 따라 선택하고 구원하시는 하나님의 신실하심 자체가 신학적 변증의 대상이 되기도 한다(롬 9-11장).

하지만 교회의 현실에서는 하나님의 신실하심에 대한 신학적 고민보다는 우리의 불신앙이나 나태함이 더 시급한 숙제다. 신약성경 중 상당수는 바로 이런 목회적 필요를 배경으로 한다. 순종의 힘겨움 혹은 불순종이라는 현실적 문제는 하나님의 신실함을 강조한다고 해결되는 것이 아니다. 구원의 확신을 아무리 강조해도 나태함과 위선과 배교의 위험은 사라지지 않는다. 배교는 회심만큼이나 부정할 수 없는 경험적 사실이었다. 그래서 엇나가는 성도들을 향한 따끔한 꾸지람이 필요하고, 바로 그런 문맥에서 "공평하신" 하나님과 그 하나님 앞에서 성도들이 져야 하는 도덕적 "책임"이 강조된다. 이 부분에서 신약성경은 매우 현실적이고 직설적이다. 그래서 이미 살핀 것처럼 성도들의 타락을 현실적으로 가능한 일로 상정하고 그 위험을 경고하는 본문이 등장한다. 물론 힘겨워하는 성도들을 한껏 격려하기도 한다. 성경 메시지의 이런 상황적 결을 주목하는 것은 올바른 성경 해석의 첫 단추다. 특히 칭의론처럼 고도로 "교리화"된 주제일수록 성경 본문의 목회적 상황과 의도에 대한 이해가 중요해진다.

신약성경의 현실주의와는 달리, 우리의 신학적 논의는 쉽게 현실을 외면한다. 여기저기서 자주 듣는 "진정한 믿음은 반드시 선한 행실로 나타난다"는 주장도 마찬가지다. 이런 낙관적 주장이 신자들의 삶에서 사실로 확인될지 의문이다. 또 타락했거나 아예 배교한 사람은 "처음부터 제대로 된 믿음을 갖지 않았다"는 설명도 위험하다. 이는 목회적으로 위험한 자충수로서, 칭송을 받을 만한 누군가의 현재 믿음도 그 사람의 타락 여부에 따라 나중에 "사실은 가짜"로 드러날 수 있기 때문이다. 물론 이는 성경이 신자의 불순종과 배교를 다루는 방식과 다르다. 성경의 움직임과 신학의 움직임 사이에서 나타나는 이런 괴리는 주로 특정 교리나 전통에 몰두하며 성경의 직설적 의미나 성도들의 절실한 현실을 소홀히 할 때 발생한다. 절대 양보할 수 없는 결론을 설정한 후, 모든 말씀과 삶의 현실을 거기에 짜 맞추면 문제가 될 수밖에 없다.

만일 그런 태도를 견지하는 것이 현명한 처사라면 종교개혁 자체가 아예 발생하기 어려웠을 것이다. 책임 있는 신학은 교회의 현실에 대한 뼈아픈 관찰과 반성에서 출발한다. 교회의 타락은 신학의 실패, 혹은 무의미함을 의미한다. 교회가 영적으로 죽어갈 때 우리의 과제는 자신이 견지한 신학적 처방의 올바름을 강변하는 아니라, 교회를 살릴 수 있는 길을 모색하는 것이다. 곧 우리의 삶을 변화시킬 복음의 능력을 재확인하고, 이를 선포할 적절한 방법을 찾아야 한다는 말이다. 루터나 칼뱅의 경우처럼, 이는 자신이 속한 전통에 대한 통렬한 반성을 포함한다. 이런 근본적인 "열림"이 진정한 대화와 회복의 열쇠다. 성경적 진리를 회복하고자 "반항"했던 "종교개혁"이 또 하나의 "느후스단"이 되지 않으려면 말이다.

04

칭의와 하나님의 신실하심

새 관점 학파의 논의를 중심으로

최흥식

서울성경신학대학원대학교, 신약학

최흥식은 영국 더럼 대학교에서 신약성서학 박사학위(Ph. D.)를 취득하고, 횃불트리니티신학대학원대학교에서 가르치다가 현재는 서울성경신학대학원대학교의 총장으로 있다. 논문으로는 "*PISTIS* in Gal 5:5-6: Neglected Evidence for the Faithfulness of Christ," *Journal of Biblical Literature* 124(2005), "바울서신에 나타난 ἔργα νόμου와 πίστις Χριστου: 반제에 대한 새 관점"(『신약논단』 제12권 제3-4호, 2005), "사도행전에 나타난 성령의 사회적 역할과 중요성에 관한 연구"(『성경과 신학』 제70권, 2014) 등이 있다.

1. 새 관점 학파의 주요 논점에 대한 개관

지난 반세기 동안 바울과 율법, 그리고 기원후 1세기 유대교 이해에 관한 많은 연구가 진행되었다. 그중 가장 중요한 분야는 바울의 율법관과 당대 유대교의 특징에 관한 연구다. 자신의 괴로운 양심과의 투쟁 및 16세기 로마 가톨릭교회의 공로주의 입장에 비추어서 1세기 유대주의를 율법주의(legalism)로 이해한 루터의 해석에 기초해 많은 학자(특히 R. Bultmann, E. Käsemann, H. Hübner 등 독일 학자들)가 1세기 유대교를 개인의 공로적 선행(meritorious good works)을 통해 구원을 받는다고 믿는 "율법주의적 유대교"(legalistic Judaism)로 생각했다. 그 결과 바울이 "율법의 행위들"(εργα νομου[에르가 노무])을 개인의 선행으로 하나님께 의롭다 칭함을 받기 위한 선한 공적들로 해석해, 자기 의의 행위들(즉 선한 행위들)을 통하여 의롭게 될 수 있다고 주장하는 공로주의적 유대교를 비판하고 있다는 주장이 널리 퍼졌다.

그러나 최근에 여러 학자(K. Stendahl, E. P. Sanders, J. D. G. Dunn, N. T. Wright, H. Räisänen, and F. Watson 등)가 그런 전통적 견해는 1세기 유대교와 바울의 율법관을 잘못 이해한 결과라고 보고 새로운 접근을 시도했다. 그들의 연구는 1세기 유대교 내의 율법과 율법의 성격에 관한 새 관점(new perspective)을 형성했다.[1] 그중 샌더스(E. P. Sanders)는 1세

---

1 J. D. G. Dunn, *Jesus, Paul and the Law*(Louisville: JKP, 1990), 183-214. 이 새 관점에 대한 비판적 평가는 A. A. Das, *Paul, the Law, and the Covenant*(Peabody: Hendrickson, 2001); D. A. Carson, *et al*. ed., *Justification and Varigated Nomism Vol. I: The Complexities of Second Temple Judaism*(WUNT 2/140; Tübingen: Mohr-Siebeck, 2001); S. J. Gathercole, *Where is Boasting?: Early Jewish Soteriology and Paul's Response in Romans 1-5*(Grand Rapids: Eerdmans, 2002); S. Kim, *Paul and the New Perspective: Second Thoughts on the Origin of Paul's Gospel*(Grand Rapids: Eerdmans, 2002); S. Westerholm, *Perspectives Old and New on Paul*(Grand Rapids: Eerdmans, 2003); F.

기 유대교에 대한 전통적 견해를 거부하고 새로운 해석을 정립했다. 그는 1세기 유대주의가 율법을 지킴으로 구원을 받는다고 여긴 공로주의적 유대교라는 전통적 견해를 거부하고 1세기 유대교를 언약적 율법주의(covenantal nomism)로 이해했다.[2] 즉 바울 당시의 유대인들이 율법 준수가 의(하나님과의 언약 관계)를 얻는 수단이 아니라 하나님과의 언약 관계를 유지하는 수단으로 여겼다는 것이다. 그에 따르면 1세기 유대인들은 언약 안으로 들어가기(to get in) 위함이 아니라 언약 안에 머물기(to stay in) 위해 율법을 준수했다. 그래서 그는 바울이 율법주의적 유대교를 비판한 것이 아니라 언약적 율법주의를 비판한다고 보았다.[3]

샌더스의 1세기 팔레스타인 유대교에 대한 연구는 제임스 던(J. D. G. Dunn)에 의해 수정되어 발전했다. 던은 1세기 유대교에 대한 샌더스의 해석을 근본적으로 수용한다. 하지만 그는 샌더스가 바울이 언약적 율법주의를 거부하는 이유에 관한 적절한 대답을 내놓지 못했다고 비판한다.[4] 던이 볼 때 샌더스는 율법의 행위(works of the law)가 가지고 있는 사회적 기능에 주목하지 못했다. 던은 "율법의 행위들"이 선행으로 구원을 얻어보려는 자기 의의 행위들이 아니라 이방인과 유대인을 구분 짓는 "신분 표지들"(identity markers)을 지칭하는 것이라고 보았다.[5] 즉 그는 "율법의 행위들"이 할례, 음식법, 절기법을 지칭하고 있다고 지적한 것

Watson, *Paul, Judaism, and the Gentiles: Beyond the New Perspective*(Grand Rapids: Eerdmans, 2007)를 참조하라.

2 E. P. Sanders는 언약적 율법주의를 다음과 같이 정의한다. "언약적 율법주의는 하나님의 계획 속에 있는 개인의 자리가 언약의 기반 위에 세워지며 그 언약은 범죄에 대한 속죄의 수단을 제공하면서도 언약의 계명들에 대한 순종을 합당한 반응으로 요구한다는 사상이다"(Sanders, *Paul and Palestinian Judaism,* 75).

3 E. P. Sanders, *Paul, the Law, and the Jewish People*(Philadelphia: Fortress, 1983), 47.

4 Dunn, *Jesus, Paul and the Law*, 187.

5 Dunn, *Jesus, Paul, and the Law*, 215-41; "Yet Once More The Works of the Law," *JSNT* 46(1992), 99-117.

이다. 그에 따르면 1세기 유대주의 안에서 할례, 음식법, 절기법은 유대인의 정체성을 표시하는 역할을 했으며 유대교로 개종하는 자들에게 유대인처럼 사는 행위들로 요구되었을 뿐 아니라, "율법의 행위들"은 하나님 백성의 공동체를 규정하고 이방인들과 유대인을 구분하는 기능을 수행했다. 나아가 던은 "율법의 행위들"이 이방인을 하나님 백성의 공동체로부터 소외시키고 유대인들을 이방인들로부터 보호하는 울타리로서 사회적 기능을 수행했다고 주장한다.[6] 그리고 율법의 이런 기능을 올바로 이해하지 못하면 바울의 율법관 및 바울이 1세기 유대교를 비판한 이유를 분명히 알 수 없다고 지적한다. 즉 바울의 율법 비판에 대해서, 바울이 유대인과 이방인을 구별하는 율법의 사회적 기능을 공격하고 있다고 확신한 것이다.

톰 라이트(N. T. Wright)는 바울 당시의 유대교가 루터와 그의 동료들이 이해했던 대로 "행위를 통해 의를 추구하는 종교"(religion of works-righteousness)가 아니라 "언약적 율법주의"(covenantal nomism)였다는 샌더스의 해석을 지지한다. 하지만 그는 바울과 유대교의 핵심 요소를 알아내기 위한 핵심 열쇠가 언약 안으로 "들어가기"(getting in)와 "머물기"(staying in)에 대한 내용이 아니라고 보았다. 그는 1세기 유대 문헌들을 연구한 후 그 문헌의 저자들이 이야기하는 내용은 다음과 같다고 정리했다.

> [문제는] 이스라엘의 하나님이 그가 약속하셨던 일들을 언제 그리고 어떻게 마침내 행하실 것인가였습니다. 말하자면 장기간 지속되는 "악한 현시대"의

---

6 율법이 유대 사회의 신분 표지이며 이방 사회와 구분하는 경계 표지라는 점은 Dunn에 의해 잘 지적되었다. Dunn, *Jesus, Paul and the Law*, 129-241를 보라.

곤경으로부터 하나님이 그들을 언제 그리고 어떻게 구출하시고, 그들이 기다리고 소망하고 기도해온 "올 시대"의 시작을 알리실 것인가, 그리고 그날이 동텄을 때 하나님의 참 백성은 누구일까에 대해서 이야기하였습니다(로마서 주석 한국어판 서문).

그리고 그는 "율법의 행위들"에 대한 던의 해석에 동의하면서 유대인이 율법의 행위들을 준수하는 것은 하나님의 언약 백성의 신분을 유지하며 "민족적 의"(national righteousness)를 얻기 위함이었다고 주장한다.

새 관점 학파는 1세기 유대교 해석에 있어 패러다임의 전환을 가져왔다. 바울의 율법관 및 유대교에 대한 태도를 새롭게 바라보는 길을 제시한 것이다. 그들에 따르면 1세기 유대교는 이스라엘을 언약 백성으로 삼으신 하나님의 선택(god's election)을 중심으로 했으며, 하나님의 백성됨의 근거는 율법에 규정된 행위들의 준수가 하니라 하나님의 선택의 은혜였다. 유대교는 율법을 준수하는 인간의 행위를 통해 쌓인 공로적 의(meritorious righteousness)를 힘입어 하나님의 백성이 될 수 있다는 신학을 가진 율법주의적 행위 구원 종교가 아니라, 하나님의 언약과 선택을 통해 하나님의 백성이 된다고 믿는 은혜의 종교였다는 것이다. 여기에 동의하는 학자들은 "율법의 행위들"을 통한 칭의가 율법주의적 또는 공로주의적 유대교의 중요한 구원론이었기 때문에 바울이 그것을 비판했다고 주장하지 않는다. 왜냐하면 "율법의 행위들"이 루터가 잘못 이해한, 율법 준수를 통한 구원을 위한 공로적 선행이 아니라고 생각하기 때문이다. 새 관점의 해석이 옳다면 루터의 유대교 이해와 바울이 율법과 유대교를 비판한 이유가 새로운 각도에서 조명되어야 마땅하다.

던에 의하면 새 관점 학파의 연구 결과로 유대교를 공로주의적 행위 구원 종교로(as a legalistic works righteousness religion) 이해하는 "옛 관점"(old perspective)은 설득력을 잃었다. 바울 당시의 유대교가 하나님이 의도하신 율법의 원래 기능을 변질시켜 율법 준수를 구원의 조건으로 믿었다고 주장하기는 어렵기 때문이다. 그런데 새 관점 학파는 민족적 선택과 언약 그리고 민족적 의를 지나치게 강조한 나머지 유대인 개개인의 구원, 특히 최종 구원에 대해서는 제대로 논의하지 못한 측면이 있다. 이에 대해 개더콜(S. Gathercole)과[7] 김경식은[8] 제2성전 시대의 유대인들이 최후 심판 때 자신들의 행위에 근거하여 최종 구원을 얻을 것이라고 믿었다고 주장한다. 만약 이 주장이 옳다면 바울 당시의 유대인들도 율법 준수를 다가올 세대에서의 구원을 얻는 조건으로 생각했다고 볼 수 있다.[9] 이 주장은 에녹1서와 에스라4서에 의해 뒷받침된다. 물론 샌더스도 이 문헌들을 다루었다. 그런데도 주류 팔레스타인 유대교는 행위 종교가 아니라 언약적 율법주의라고 결론 내린 것이었다. 전체적으로 볼 때 샌더스의 주장대로 하나님의 언약과 선택에 근거해 종말의 구원을 받을 것에 대한 신앙이 주류 팔레스타인 유대교의 구원론이라고 보는 것이 타당하다. 샌더스는 유대인 개개인의 구원 문제를 중요하게 취급하지 않은 잘못은 있지만, 1세기 유대교가 개인 구원보다는 하나님의 언약 백성 공동체의 구원을 더 강조했다는 지적은 옳다고 보아야 한다.

새 관점 학파는 바울이 "율법의 행위들"을 통한 칭의를 반대한 이유에 대해 전통적 견해와는 다른 주장을 내놓았다. 할례와 음식법과 같은 "율법의 행위들"의 준수가 하나님의 칭의를 얻기 위한 공로를 쌓는 율법준수(merit-amassing Torah observance)이기 때문에, 또는 이것들이 온전히 준수될 수 없기에 바울이 할례와 음식법 준수를 반대했다고 주장하

---

7 Gathercole, *Where is Boasting?*.

8 김경식, "최후 행위 심판 사상으로 본 바울신학의 새 관점", 「신약연구」 3(2010), 409-38.

9 이에 대해서는 최갑종 교수가 올바르게 지적했다.

는 것은 옳지 않다. 그 이유는 갈라디아서에서 바울이 이런 문제들을 교회 내의 긴급한 문제로 여겨 해결하려는 노력을 기울였다는 증거를 찾기 어렵기 때문이다. 새 관점 학파는 오히려 "율법의 행위들"에 대한 던의 주장대로 율법의 사회적 기능이 바울에게 중요한 이슈였다고 보아야 한다고 주장한다.

바울의 반대 이유를 확인하기 위해서는 "율법의 행위들"이 등장하는 갈라디아서의 수사적 상황을 자세히 살펴보아야 한다. 이를 위해 먼저 갈라디아서에 나오는 바울의 대적자들이 주장하는 "율법의 행위들"의 기능과 중요성을 파악해야 한다. 그들은 갈라디아 교인들에게 "율법이 규정한 행위들" 중 특별히 할례와(갈 5:2-3) 절기법(갈 4:10) 준수를 아브라함의 후손이 되는 조건으로 제시했다. 그들은 할례가 하나님의 백성의 정체성을 규정하는 언약의 증거라고 가르쳤다. 그들은 창세기 17:10-14에서 그 신학적 근거를 찾았을 것이다. 특별히 그들은 할례가 "언약의 표징"이라는 말씀에 근거해 하나님과 언약 관계를 맺는 이방인들이 언약의 표징인 할례를 받아야 한다고 주장했다. 그들에게 할례는 영원한 언약이며 할례를 받지 않는 자는 하나님의 백성이 될 수 없으므로 이방인 신자들도 할례를 받는 것이 당연했다. 나아가 할례는 하나님의 언약 백성임을 확인시켜주는 증표였다. "할례"는 유대인을, "무할례"(겔 28:10; 31:18; 32:24, 25, 26, 28, 29, 30, 32; 44:7, 9)는 이방인을 상징했다. 또한 할례는 언약 공동체의 일원으로 가입하는 조건이기 때문에 갈라디아 교회의 이방인 그리스도인들도 할례를 받는 것이 당연해 보였을 것이다. 선동자들이 할례를 요구한 신학적 근거는 구약성경(창 17:12-13; 34:14-24; 출 12:48; 에 8:17[LXX])과 유대 문헌(Jdt 14.10; *Ant*. 13.319; 13.257-258)에서 확인할 수 있다.

던의 주장대로 음식법, 절기법은 당시에 유대인의 정체성을 표시하는 역할을 했다. 또한 유대교로 개종하는 자들에게는 유대인처럼 사는 행위들이 요구되었다. "율법의 행위들"은 언약 백성의 공동체를 규정하고 이방인과 유대인을 구분하는 기능을 하였다. 여기서 이방인이 하나님의 백성이 되는 가입 조건으로 이런 행위들이 요구되었다는 사실은 매우 중요하다. 결국 "율법이 규정한 행위들"에 의해 의롭게 된다는 것은 언약의 증표이자 언약 백성의 표징이며 아브라함의 자손이 되는 수단인 율법의 행위들을 준수함으로써 하나님과 올바른 언약 관계를 맺고 유지하는 것을 의미했다.

앞선 논의를 종합할 때 결론적으로 바울이 "율법의 행위들"을 반대한 이유는 그것의 사회적 기능과 구원론적 기능 때문이다. 바울은 하나님과 의로운 관계를 맺는 것과 아브라함의 자손이 되는 특권은 "율법이 규정한 행위들"을 준행하는 유대인들과 유대교로 개종하는 자들에게만 주어진다고 주장하는 유대인의 자민족 중심적 언약주의(ethnocentric covenantalism)를 부정한다. 예수에 대한 믿음뿐만 아니라 "율법이 규정한 행위들"이 하나님의 언약 백성이 되는 데 필수적이라고 주장하는 선동자들의 유대적 기독교의 배타적 칭의론을 문제시한 것이다.

2. 칭의란 무엇인가?

로마 가톨릭 신학자들은 "칭의"(δικαιοω[디카이오오])를 윤리적(ethical) 차원으로 해석하여 "의롭게 만들다"(make righteous)라는 의미로 이해한다.[10] 개신교 학자 대다수는 법정적(forensic) 개념으로 보고 "의롭다고 선포

---

10 F. J. Matera, *Galatians*(Sacra Pagina 9; Collegeville, MN: Liturgical Press, 1992), 93.

하다"(declare as righteous)라는 의미라고 이해한다.[11] 이처럼 종교개혁 이후 칭의의 의미는 개인 구원이라는 수사적 상황(rhetorical context) 속에서 이해되어왔다. 하지만 스텐달(K. Stendahl)은 칭의를 개인 구원이 아니라 "이방인의 포함"(inclusion of Gentiles)이라는 맥락에서 바라본다.[12] 새 관점 학파는 스텐달의 의견에 기초하여 칭의를 해석한다. 예를 들어 던은 "칭의는, 최초의 인정이든, 하나님의 반복된 행위(하나님의 구원 역사들)이든, 하나님 백성에 대한 최종 무죄 선언이든 간에 사람이 언약 안에 있다는 하나님의 인정"이라고 설명한다.[13] 톰 라이트는 칭의의 배경은 법정이 아니라 유대인과 이방인의 "식탁 교제"라고 말하면서, 칭의란 신자가 즐기는 하나님과의 관계 회복이 아니라 하나님의 언약 백성의 일원이 된다는 하나님의 선언이라고 주장한다.[14] 여기서 던이나 톰 라이트가 이신칭의를 수평적 또는 사회적 관점을 중심으로 해석한 것은 칭의의 수직적 차원을 간과하게 된다는 약점이 있다. 최갑종 교수가 지적한 대로 이신칭의는 수직적인 차원과 수평적인 차원 양면을 모두 가지고 있으며 동시적이다.[15] 칭의는 하나님과의 올바른 관계가 회복되어 하

---

11 R. Y. K. Fung, *The Epistle to the Galatians*(Grand Rapids: Eerdmans, 1988), 125-26; "The Forensic Character of Justification," *Themolis* 3(1977-78), 16-21; H. Ridderbos, *The Epistle of Paul to the Churches of Galatia*(Grand Rapids: Eerdmans, 1953), 99.

12 K. Stendahl, "The Apostle Paul and the Introspective Conscience of the West," *HTR* 56(1963), 199-215.

13 J. D. G. Dunn, *The New Perspective on Paul*(Grand Rapids: Eerdmans, 2007), 97.

14 그는 다음과 같이 정의한다. "더 충분한 진술을 하자면 칭의란 부르심을 받아 믿는 자들이 사실 하나님의 백성, 즉 아브라함에게 약속된 한가족이며 새 언약의 백성으로서 그들의 죄가 용서되고 메시아와 함께 이미 죽고 일으킴을 받았으므로 마지막에 최종적인 육체적 부활을 확신하는 사실을 하나님이 인정하고 선언하시는 것이다"(N. T. Wright, "The Letter to the Galatians: Exegesis sand Theology," Joel B. Green, Max Turner ed., *Between Two Horizons: Spanning New Testament Studies and Systematic Theology*[Grand Rapids: Eerdmans, 2006], 235).

15 최갑종, "한국교회와 구원론: '새 관점'에 대한 복음주의의 대응--로마서와 갈라디아서에 나타난 바울의 '이신칭의'(the Justification by Faith) 교훈을 중심으로", 「성경과 신학」 55권

나님의 언약 백성으로 삼아주시는 것임과 동시에 최종 심판에서의 법정적 선언으로서 하나님이 의롭다고 인정해주시는 것이다.

칭의가 무엇을 의미하는지를 알기 위해서는 이 개념이 처음 등장하는 갈라디아서 2:16의 주변 문맥과 역사적 정황을 반드시 이해해야 한다. 칭의의 이슈가 등장하는 배경에는 소위 "안디옥 사건"이 자리하고 있다(갈 2:11-14). 이 사건은 어떻게 죄인이 하나님께 무죄 선언을 받아 구원을 얻을 것인가에 대한 문제가 직접 드러난 것이 아니라 "어떻게 이방인이 하나님의 언약 백성이 되는가"라는 쟁점이 불거진 것이었다.[16]

이처럼 바울이 칭의와 관련한 단어를 처음 사용한 역사적 배경을 놓고 보면 법정적(forensic) 개념보다는 사회적(social) 개념으로 이해하는 것이 더 옳아 보인다. 갈라디아서 2:1-14은 이방인이 하나님의 백성으로 가입하는 데 필요한 조건들(할례, 음식법, 식탁 교제)을 취급한다. 그중 갈라디아서 2:1-10은 할례 문제를 다룬다. 유대주의적 그리스도인들인 "거짓 형제들"이 디도에게 할례를 강요하는 것에 대해 바울은 강하게 반대했다. 그 뒤에 이어지는 안디옥 사건에서 바울은 이방인과 함께 먹다가 할례자들을 의식해 자리를 떠난 게바를 책망했다. 이는 분명히 이방인 그리스도인들을 어떻게 유대인 그리스도인들 교회 공동체에 포함시키며 그들과 어떤 사회적 관계를 맺을 것인가를 다룬 사건들이었다. 즉 갈라디아서의 흐름은 하나님의 언약 백성에 포함시키는 조건으로 음식법과 같은 "율법의 행위들"을 준수하라고 요구하는 것이 옳은가, 아니

(2010), 1-40.

16 Stendahl, *Paul among Jews and Gentiles*, 2; Dunn, *Jesus, Paul and the Law*, 202; "The Justice of God: A Renewed Perspective on Justification by Faith," *JTS* 43(1992), 1-22; G. Howard, *Paul: Crisis in Galatia*(SNTSMS 35; Cambridge: Cambridge University Press, 1979), 46; F. J. Matera, "Galatians in Perspective: Cutting a New Path through Old Territory," *Int* 54(2000), 231-45; Sanders, *Paul, the Law, and the Jewish People*, 18, 159.

면 그른가에 대한 논쟁을 중심으로 하고 있다.

그런데 갈라디아서 2:11-21의 수사적 상황은 개인 구원이 아니라 교회론적 이슈에 초점이 맞추어져 있다. 이 본문의 주요 이슈는 어떻게 사람이 하나님에 의해 무죄 선언을 받아 의롭게 될 수 있는가가 아니다. 오히려 어떻게 이방인이 하나님과 올바른 관계를 맺은 하나님의 언약 백성이 될 수 있는가가 직접적인 이슈다. 루터는 이 본문을 해석하면서 죄책감으로 인해 양심의 고통을 받고 있는 인간이 그리스도를 믿음으로 의롭다고 인정받아 죄 사함을 받는다고 주장했다. 그러나 이는 바울이 다룬 직접적인 이슈와 차이가 있었다. 우리는 칭의가 처음 나오는 역사적·수사적 배경에 기초하여 칭의를 개인 구원보다는 이방인의 포함 및 하나님의 언약 백성의 조건이라는 맥락에서 해석해야 한다.

칭의를 언급하는 또 다른 구절인 갈라디아서 3:6-29 역시 어떻게 이방인이 아브라함의 자손과 하나님의 백성이 될 수 있는가에 대한 것이다. 이런 수사적 상황 속에서 아브라함의 후손이 되는 것(갈 3:29), 하나님의 자녀가 되는 것(갈 3:26; 4:6), 유업을 이을 자가 되는 것(갈 3:29; 4:7)이 "의롭게 됨"의 유사 개념으로 사용된다고 볼 수 있다. 바울은 갈라디아서 3:6에서 창세기 15:6을 인용해 하나님의 약속(창 12:1-3; 15:2-5)에 대한 아브라함의 믿음이 "의"(δικαιοσυνη[디카이오쉬네])의 근거라고 말한다. 아브라함의 "의"는 하나님과의 언약 맺음을 통해 하나님과 올바른 관계를 형성한 것을 의미한다. 그러므로 "의롭게 됨"의 의미를 하나님과의 언약 관계 안에 있는 하나님의 백성으로서 하나님과 올바른 관계를 가지고 있음을 인정받는 것으로 해석할 수 있다.

3. 그리스도의 신실성을 통한 칭의

"이신칭의" 교리는 개신교 칭의론의 근간이다. 이 교리는 갈라디아서 2:16의 "디카이우스타이 에크 피스테오스 크리스투"(δικαιουσθαι εκ πιστεως Χριστου)에 기초한다. 이 어구의 의미와 중요성에 관해 많은 연구가 시행되고 있다.[17] 그 연구의 핵심 과제는 칭의 및 "피스티스 크리스투"(πιστις Χριστου)의 의미가 무엇인가다. 칭의의 의미에 대해서는 앞서 살펴보았으므로 여기서는 "피스티스 크리스투"의 의미에 관해 탐구해보자.

바울 신학자들은 "피스티스 크리스투"가 "그리스도를 향한 믿음"(the Christian's act of faith in Christ, 목적어적 소유격으로 해석)을 의미하느냐 아니면 "그리스도의 신실성"(the faithfulness of Christ, 주어적 소유격으로 해석)을 의미하느냐에 대해 논쟁을 벌인다. 그중 어떤 바울 연구가들은 "피스티스 크리스투"가 그리스도를 향한 신자의 믿음을 의미한다는 전통적 견해를 거부하고 "그리스도의 신실성"을 뜻한다고 주장한다.[18] 하지만 어떤 학자들은 "피스티스 크리스투"를 목적어적 소유격으로 해석하는 관점에 대한 비판에도 불구하고 전통적 견해를 지지한다.[19] 이 주제에 관한 학자들의 연구와 논쟁이 활발하게 진행되어왔지만 아직도 합의된 결론 없이 열띤 토론이 이어지고 있다.

전통적으로 "디카이우스타이 에크 피스테오스 크리스투"는 그리스도

---

17 최갑종, 『갈라디아서』(이레서원, 2016), 310, n. 149를 참조하라.

18 이 해석을 주장하는 학자들은 R. B. Hays, "ΠΙΣΤΙΣ and Pauline Christology: What is at Stake?," E. Elizabeth Johnson, David M. Hay ed., *Pauline Theology Vol. IV: Looking Back, Pressing On*(Atlanta: Scholars Press, 1997), 36, n. 3을 참조하라. 이 해석을 견지하는 한국 학자는 박익수, 서동수 등이 있다.

19 전통적 견해를 가진 학자들은 Hays, "ΠΙΣΤΙΣ and Pauline Christology," 36, n. 4를 참조하라. 이 해석을 견지하는 한국 학자는 최갑종, 정연락, 차정식, 권연경 등이 있다.

를 믿는 인간의 믿음의 행위를 통해 하나님께 의롭다고 인정받는 것을 의미한다고 해석되어왔다. 대다수 한국 신학계와 교회는 예수 그리스도를 믿는 믿음의 행위(Christian's act of belief in Jesus Christ)를 통해 하나님 앞에서 죄 없다고 선언 받는 법정적(forensic) 해석이 정설(定說)이라고 여기며 가르쳐왔다. 바울은 분명히 인간이 그리스도를 믿는 믿음을 통해 의롭게 된다는 이신칭의를 주장한다(갈 2:16; 롬 4).

그러나 "디카이우스타이 에크 피스테오스 크리스투"라는 전문적 어구는 그리스도의 신실성을 통해 하나님과 올바른 관계를 맺는 것으로 해석될 수 있고,[20] 그렇게 해석하는 것이 더 타당하다.[21] 사실 학자들은 "피스티스 크리스투"(πιστις Χριστου)의 의미에 대해 의견 일치를 보지 못하고 있다. 그러나 문법과 구문론이 아니라 관련 본문의 주석이 "피스티스 크리스투"의 의미를 파악하는 방법론적 열쇠라는 점에 대해서는 거의 모든 학자가 동의한다. 왜냐하면 "크리스투"의 소유격이 문법적으로 주어적 소유격 또는 목적어적 소유격으로 해석될 수 있다는 점에 대해 합의점을 가지고 있기 때문이다.[22] 따라서 여기서도 문법과 구문론에 관련된 여러 이슈를 다루기보다는,[23] 갈라디아서 2:16을 주석하여 "피스티

---

20 물론 이 해석은 새로운 것은 아니다. 특히 이 주장은 Campbell에 의해 효과적으로 개진되었다. D. A. Campbell, *The Deliverance of God*(Grand Rapids: Eerdmans, 2009)을 참조하라.

21 이 주장의 상세한 논증은 다음의 논문을 참조하라. Hung-Sik Choi. "ΠΙΣΤΙΣ in Gal 5:5-6: Neglected Evidence for the Faithfulness of Christ," *JBL* 124(2005), 467-90.

22 특히 Hays("ΠΙΣΤΙΣ and Pauline Christology," 39)와 Dunn("Once More, ΠΙΣΤΙΣ ΧΡΙΣΤΟΥ," Johnson, Hay ed., *Pauline Theology Vol. IV*, 67)은 소유격의 문제가 πίστις Χριστοῦ의 의미를 파악하는 데 결정적 요소가 아니라는 점에 의견을 같이했다.

23 이 논의에 대해서는 D. A. Campbell, *The Rhetoric of Righteousness in Romans 3:21-26*(JSNTSup 65; Sheffield: JSOT Press, 1992), 214-18; Dunn, "Once More, ΠΙΣΤΙΣ ΧΡΙΣΤΟΥ," 63-67; P. T. O'Brien, *Commentary on Philippians*(NIGTC; Grand Rapids: Eerdmans, 1991), 398-400; I. G. Wallis, *The Faith of Jesus Christ in Early Christian Traditions*(Cambridge: Cambridge University Press, 1995), 69-71을 참조하라.

스 크리스투"의 의미를 파악하고 의롭게 됨과의 상관관계를 알아보고자 한다.

많은 학자가 "피스티스 크리스투"의 의미를 개인 구원의 맥락에서 해석해왔다. 하지만 앞서 언급한 바와 같이 이 주제의 직접적인 수사적 상황은 개인 구원이 아니라 하나님의 언약 백성의 구성원이 되는 수단에 대한 것이었다. 바울은 "디카이우스타이 에크 피스테오스 크리스투"를 최초로 사용할 때 어떻게 하나님이 한 인간에 대해 무죄 선언을 하시는가의 문제를 직접 다룬 것이 아니라, 어떻게 하나님이 유대인과 이방인을 하나님과 올바른 관계를 맺는 하나님의 언약 백성으로 만드시는가의 이슈를 다루었을 뿐이다.

물론 그리스도를 믿는 인간의 믿음이 하나님이 그 사람을 의롭게 여기시는 실존적이고 인간론적인 근거가 되는 것은 확실하다. 이는 "예수 그리스도를 믿는 믿음으로 의롭게 되는 것임을 알고, 우리도 예수 그리스도를 믿었습니다"(갈 2:16a)라는 말씀과 아브라함의 믿음이 의의 근거가 되었다는 갈라디아서 3:6이 분명하게 뒷받침한다. 그러므로 전통적 이신칭의 교리는 바울의 가르침과 일치하며 성경적이다. 그런데 의롭게 됨의 수단으로 제시된 "피스티스 크리스투"(갈 2:16b)는 그리스도를 믿는 인간의 믿음의 행위가 아니라 그리스도의 신실성을 지칭하는 것으로 해석해야 한다. 하나님이 예수 그리스도의 신실성을 통해 신자와 의로운 관계를 맺으시기 때문에, 인간은 예수 그리스도를 믿음으로 의롭게 될 수 있는 것이다.

바울은 갈라디아서 3:23-25에서 그리스도의 "피스티스"를 통해 하나님이 신자를 의롭게 하신다고 주장한다. 바울 연구가들은 이 본문에서 "피스티스 이에수 크리스투"(πιστις Ιησου Χριστου)의 축약형으로[24] 등장하는 "피스티스"의 의미에 대해 다양한 견해를 피력했다.[25] 나도 한 논문에서 이 주제를 자세히 논하였는데[26] 여기서는 그 내용을 요약해서 제시하고자 한다.

주석가 대부분은 갈라디아서 3:23-25의 피스티스를 그리스도에 대한 그리스도인의 믿음으로 해석한다.[27] 하지만 어떤 학자들은 피스티스가 "그리스도의 신실성"을 지칭한다고 주장한다.[28] 나아가 피스티스를 신자의 믿음이나 그리스도의 신실성이 아니라 객관적인 종말론적 사건으로 해석하여 "그리스도 사건"(the Christ-event), 또는 "복음"으로 보는 소위 "제3의 견해"(third view)를 제안하는 학자들도 있다.[29]

이러 여러 의견 중 "피스티스"가 "그리스도의 신실성"을 지칭하는 것으로 보는 관점이 가장 타당해 보인다.[30] 해당 본문을 살펴보면 "피스티스"가 그리스도를 믿는 신자의 주관적인 신앙 행위로 묘사되지 않고 종말론적이고 계시적인 역사적 사건으로 묘사되고 있다는 점에 주목해야 한다.[31] 첫째, 갈라디아서 3:23, 25의 피스티스는 "강림"(ερχομαι [에르

---

24 구문론적으로 갈 3:23-25의 ἡ πίστις는 갈 3:22의 πίστις Ἰησοῦ Χριστοῦ를 지칭한다.

25 다양한 의견에 대해 다음 논문을 참조하라. Preston M. Sprinkle, "Πίστις Χριστοῦ as an Eschatological Event," Michael F. Bird, Preston M. Sprinkle ed., *The Faith of Jesus Christ: Exegetical, Biblical, and Theological Studies*(Peabody: Hendrickson, 2009), 165-84.

26 Choi, "ΠΙΣΤΙΣ in Gal 5:5-6," 472-79.

27 Ernest De Witt Burton, *A Critical and Exegetical Commentary on the Epistle to the Galatians*, 198; J. D. G. Dunn, *The Epistle to the Galatians*(BNTC; Peabody: Hendrickson, 1993), 197; F. Mußner, *Der Galaterbrief*(HTKNT 9; Freiburg: Herder, 1974), 254-56; Heinrich Schlier, *Der Brief an die Galater*, 166.

28 Campbell, *The Deliverance of God,* 867-82; B. W. Longenecker, *The Triumph of Abraham's God*(Edinburgh: T & T Clark, 1998), 103; Matera, *Galatians*, 136; Wallis, *The Faith of Jesus Christ in Early Christian Traditions*, 113. 이 견해를 지지하는 다른 학자들의 연구에 대해서는 Campbell, *The Deliverance of God*, 1158에 나와 있는 글들을 보라.

29 Sprinkle, "Πίστις Χριστοῦ as an Eschatological Event," 167-80.

30 상세한 논증은 Choi, "ΠΙΣΤΙΣ in Gal 5:5-6," 472-79을 참조하라.

31 H. D. Betz, *Galatians*(Minneapolis: Fortress, 1989), 176; Campbell, *The Deliverance of God,* 868-75; R. B. Hays, *The Faith of Jesus Christ: The Narrative Substructure of Galatians 3:1-4:11*(SBLDS 56; Chico, CA: Scholars Press, 1983), 200-3.

코마이]])의 주체다. 이것이 세상 속으로 들어와 역사적 전기를 이루었다는 점에 착안하면 여기서 피스티스가 "신자의 믿음"을 지칭한다고 볼 수는 없다. 오히려 그것을 하나님의 보내심을 받아(갈 4:4) 세상 속으로 들어오신 예수 그리스도의 강림과 관련시키면 기독론적인 어떤 요소(a Christological entity)로 보는 것이 가능하다. 둘째, 하나님이 피스티스를 계시하셨다는 점이 중요하다(εις την μελλουσαν πιστιν αποκαλυφθηναι [에이스 텐 멜루산 피스틴 아포칼뤼프테나이]). 하나님이 피스티스를 계시하셔서 율법의 속박 아래 있는 인간들을 해방하신다는 점을 고려하면 그것을 인간론적인 어떤 요소가 아니라 기독론적인 요소로 보는 것이 더 타당하다. 나아가 기독론적인 해석은 갈라디아서의 주요 주제인 그리스도를 통한 구출(갈 1:4) 및 자유(갈 5:1)와 일맥상통한다. 따라서 갈라디아서 3:23-25의 피스티스에 대한 인간론적인 이해(전통적 견해)는 역사의 전기를 이루고 종말론적인 의미를 갖는 피스티스의 특징을 제대로 간파하여 설명하지 못한다고 할 수 있다.

이처럼 갈라디아서 3:23-25에 나오는 "피스티스"가 "신자의 믿음"이 아니라 "그리스도의 신실성"을 의미한다면 3:24에 있는 "에크 피스테오스"(εκ πιστεως)도 "(그리스도의) 신실성을 통하여"라고 해석해야 한다. 그리고 이는 칭의의 수단을 다루는 어구인 "에크 피스테오스 크리스투"(εκ πιστεως Χριστου, 갈 2:16)의 축약형으로 볼 수 있다(갈 3:8; 5:5). 갈라디아서 3:23-25과 다른 본문들(갈 2:16; 3:8; 5:5)에서 똑같은 어휘뿐만 아니라 칭의 문제를 언급하는 수사적 상황이 같기에 이런 주장은 설득력을 얻는다.

"그리스도의 신실성을 통하여 의롭게 됨"을 주장하는 학자들은 십자가에서 나타난 그리스도의 신실성의 측면에서 "피스티스 크리스투"를 이해한다. 특히 헤이스는 피스티스 크리스투가 십자가에서 돌아가신 예수의 순종과 관련이 있다고 주장한다. 다른 말로 하면, 이 어구의 의미가 나사렛 예수의 전체적인 사역보다는 자신을 내어주신 죽음이라는 복음 이야기에 집중되어 있다는 것이다. 비록 바울이 그리스도의 신실하심이 무엇인지 상세하게 말하지는 않았지만 갈라디아서에서 그는 십자가에서 돌아가신 그리스도의 희생적 죽으심에 관련해 간접적으로 그리스도의 신실하심을 기술했다는 사실은 부인할 수 없다(갈 2:20; 비교. 롬 3:25).

그리스도의 신실성과 자신을 내어주신 죽으심과의 밀접한 관계는 갈라디아서 2:20에서 잘 드러난다. 바울은 하나님 아들의 신실하심이 그리스도의 특징이라고 이해한다.[32] 이는 그의 사랑과 자신을 내어주신 죽으심으로 명백히 나타난다(참조. 갈 1:4).[33] 또한 로마서 5장에서는 "그리스도의 신실성에 의한 의롭게 됨"과 "그리스도의 죽으심으로 인한 의롭게 됨" 사이의 평행을 볼 수 있다. "그리스도의 신실성에 의한 의롭게 됨"은 신자가 예수 그리스도의 피에 의해 의롭게 된다는(롬 5:9) 바울의 기독론적 칭의론과 맥락을 같이한다. 나아가 "그리스도의 신실성에 의해 의롭게 됨"은 예수 그리스도의 의로운 행위, 즉 십자가 위에서 죽으시는 행동을 통하여 많은 사람에게 "생명의 의"가 주어진다는(롬 5:18b) 바울의 사상과 유사하다. 더욱이 "그리스도의 신실성에 의한 의롭게 됨"은 많은 자가 예수 그리스도의 순종하심으로 의롭다 여김을 받게 될 것이라는(롬 5:19) 바울의 진술과 유사하다. 그러므로 바울은 그리스도의 신실성을 그리스도의 죽으심의 각도에서 이해하고 있는 것이 분명하다. 십자가 위에서 돌아가신 그리스도의 희생적 죽으심을 통한 의롭게 됨과 "그리스도의 신실성에 의한 의롭게 됨"은 동일하다고 볼 수 있다.

---

32 갈 2:20의 πίστις τοῦ υἱοῦ τοῦ θεοῦ는 "하나님의 아들의 신실성"을 의미한다.

33 Hays는 "예수께서 자신을 죽으심으로 내어주신 행동은 엄밀하게 말하자면 바울이 그가 나를 사랑하사 나를 위해 자신을 내어주신 하나님 아들의 πίστις에 대해 말할 때(갈 2:20) 언급했던 무거운 짐을 진 행동이었다"고 올바르게 지적했다("ΠΙΣΤΙΣ and Pauline Christology," 55).

바울이 그리스도의 신실성에 대해 말할 때 그가 그리스도의 희생적 죽으심을 염두에 두었다는 사실을 입증하는 또 다른 본문은 갈라디아서 5:6이다. "피스티스 크리스투"를 연구하는 학자들은 갈라디아서 5:6에 나타난 "피스티스"의 의미와 그 중요성에 주목하지 못했다. 그 결과 갈라디아서 5:6의 "피스티스"에 대한 학자들의 일치된 견해(*opinio communis*)는 그것이 그리스도인의 신앙 행위를 지칭한다는 것이었다. 학자들은 예외 없이 그 "피스티스"를 그리스도인에게 해당하는 윤리적 원리로 이해하여 "피스티스 디 아가페스 에네르구메네"(πιστις δι αγαπης ενεργουμενη)를 이웃을 향한 사랑으로 드러나는 그리스도인의 믿음이라고 해석한다. 이에 대해 나는 이 어구가 자기희생적 사랑을 통하여 강력하게 역사하는 그리스도의 신실성을 말하고 있다는 새로운 의견을 제시했다.[34] 앞선 논의의 연장선에서 이 어구를 십자가에서 자신을 내어주신 그리스도의 살신성인의 사랑을 요약한 표현으로 본 결과였다.

비슷한 사례가 로마서 3:25에 나타난다. 거기서 바울은 피스티스를 그리스도의 보혈과 연결 짓는다. 만일 "피스티스"가 그리스도의 신실성에 관련된 것이라면,[35] 바울은 그리스도의 신실성이 그의 보혈, 다시 말해 십자가에서 죽으심으로 나타났다고 말하는 것이다. 다른 말로 하자면 십자가에서 돌아가신 그리스도의 죽으심은 그의 신실하심을 나타낸다. 이런 해석은 하나님께 향한 그리스도의 신실하심이 죽음에까지 이른 그

---

34 최근에 Campbell과 De Boer가 나의 해석에 동의한다는 의견을 밝혔다(Campbell, *The Deliverance of God*, 890-91; M. de Boer, *Galatians*[Louiville: John Knox Press, 2011], 317). 그러나 학자 대다수는 전통적 견해를 견지한다.

35 Campbell과 Longenecker는 롬 3:25에 나오는 πίστις가 그리스도의 신실하심과 관련이 있다고 주장한다(Campbell, *The Rhetoric of Righteousness*, 65, 117; B. W. Longenecker, "πιστις in Rom 3:25: Neglected Evidence for the Faithfulness of Christ," *NTS* 39[1993], 479-80).

의 순종에 의해 나타났다는 사도 바울의 생각과도 조화를 이룬다(참조. 빌 2:5-11).

"그리스도의 신실성을 통하여 의롭게 됨"은 바울이 전파한 복음의 핵심적 내용 중 하나다. 그는 안디옥 교회에 있었던 모든 사람 앞에서 유대인이나 이방인이나 상관없이, 예수 그리스도를 믿는 사람들은 예수 그리스도의 죽음을 통해 나타난 그분의 신실성에 의해 하나님과 올바른 관계를 가지게 된다는 "복음의 진리"(갈 2:14)를 선포했다. 모든 사람은 "율법이 요구하는 행위들"(예. 할례, 음식법, 절기법)이 아니라 "그리스도의 신실성"에 의해 하나님의 언약 백성이 될 수 있다고 선언한 것이다. 그리스도의 죽음을 통한 하나님의 구원이야말로 바울이 고린도전서에서 말하는 십자가의 복음이며(고전 1:17-18), 로마서에서 말하는 그리스도를 통한 하나님의 구원 역사에 관한 복음이다(롬 3:21-26).

바울은 예수 그리스도를 믿는 인간의 믿음 행위를 통해 의롭게 되는 것만 아니라 그리스도의 신실성을 통한 칭의도 강조한다. 의롭게 됨의 객관적이고 종말론적인 근거는 예수 그리스도의 신실성이며 실존적 수단은 인간의 믿음의 행위다. 다른 말로 표현하면 신자는 예수 그리스도의 신실성을 통해 주어진 의의 선물을 받기 위하여 실존적으로 예수 그리스도를 믿는 것이다. 기독론적 칭의론은 인간론적 칭의론이 강조된 개신교의 칭의론을 보완하여 좀 더 균형 잡힌 칭의론을 만들고 있다.

4. 의롭게 됨과 신자의 신실성

전통적으로 이신칭의는 예수 그리스도를 믿는 신자의 믿음을 통해 하나님께 의롭다는 선언을 받는다는 교리로 이해되어왔다. 믿음으로 의롭게 된다는 것은 개신교의 정통적 칭의론이다. 그러면 의롭게 됨의 인간론적이고 실존적인 수단인 신자의 믿음은 무엇을 의미하는가?

바울은 믿음의 본으로 아브라함을 제시한다. 바울은 갈라디아서 3:6에서 창세기 15:6의 70인역 본문에 기초하여 하나님의 약속(창 12:1-3; 15:2-5)에 대한 아브라함의 믿음이 하나님에 의해 "의"로 간주되는 근거라고 말한다. 할례나 율법 준수가 아니라 하나님을 향한 믿음이 의롭게 되는 올바른 기초라는 것이다. 문법적으로 "아브라함의 믿음"은 하나님에 대한 신뢰와 신실함을 다 포함한다. 그런데 "아브라함의 믿음(πιστις Αβρααμ[피스티스 아브라암], 롬 4:16; 참조. 롬 4:5, 12)은 하나님의 약속을 믿는 아브라함의 믿음 행위보다는 하나님에 대한 아브라함의 신실성을 중심으로 이해해야 한다. 그 이유는 바울이 아브라함을 "신실한"(πιστος[피스토스])[36] 자로(갈 3:9), 그리고 그가 하나님을 믿은 점을 아브라함의 "신실성"으로 표현하기 때문이다(롬 4:12). 아마도 바울은 창세기 22장에서 아브라함이 이삭을 하나님께 제물로 드리는 그의 순종을 믿음의 표현으로 생각하였을 것이다. "아브라함의 믿음"을 "아브라함의 신실성"으로 해석하면 믿음의 윤리적 의미를 좀 더 효과적으로 이해할 수 있다. 믿음은 하나님을 믿는 신앙 행위뿐만 아니라 하나님께 순종함으로써 하나님과 올바르고 신실한 관계를 맺는 것을 의미한다. 여기서 우리는 하나님이 흔들리지 않는 믿음과 순종으로 표현된 신자의 신실함을 의의 근거로 여기신다는 사실을 알 수 있다.

갈라디아서 3:7에서 바울은 "믿음으로 말미암은 자들"(οι εκ πιστεως

---

36 πίστος의 의미는 "믿는"(believing)이라고 주장하는 학자들은 다음과 같다. F. F. Bruce, *Commentary on Galatians*(Grand Rapids: Eerdmans, 1982), 157; R. N. Longenecker, *Galatians*(Dallas: Word, 1990), 116; D. Moo, *Galatians*(BECNT; Grand Rapids: Baker, 2013), 200.

[호이 에크 피스테오스])이 아브라함의 아들이 될 수 있다고 말한다. 당시 갈라디아 교회에 들어온 선동자들은 갈라디아 교회 신자들에게 할례와 율법 준수를 통해야만 하나님의 언약 백성인 아브라함의 자손 공동체의 일원이 될 수 있다고 가르쳤을 것이다. 그러나 바울은 "믿음으로 말미암은 자들이 아브라함의 아들이라는 것"(갈 3:7)을 알라고 그들에게 권고한다. "믿음으로 말미암은 자들"은 믿음을 자신의 정체성과 삶의 근거로 삼는 자들이다.[37] 이 믿음은 하나님에 대한 지식과 신뢰, 그리고 신실함을 포함한다. 이 믿음이 누구의 믿음인지 분명히 제시되지 않았는데 전통적으로는 신자의 믿음으로 해석되었다. 그런데 문맥상 이것은 아브라함의 신실성(갈 3:9; 롬 4:12), 또는 그리스도의 신실성(갈 2:16, 20)을 의미할 수 있다. 만약 전자가 옳다면 "믿음으로 말미암은 자들"은 아브라함의 신실성을 따라 살아가는 자들을 의미한다(참조. 롬 4:12). 만약 후자가 맞는다면[38] "믿음으로 말미암은 자들"은 그리스도의 신실성에 근거하여 살아가는 사람들이다. 여기서 "에크 피스테오스"(εκ πιστεως)가 "에크 피스테오스 크리스투"(εκ πιστεως Χριστου)의 준말이라면 후자가 더 타당한 이해라고 할 수 있다. 바울은 그리스도의 신실성에 근거하여 살아가는 자들이 아브라함의 자손이 되는 복을 가질 수 있다고 강조한 것이다. 할례가 아니라 그리스도의 신실성이 아브라함의 자손 됨(의롭게 됨)의 합법적인 근거다(롬 4:10-12). 그리스도의 신실성을 자신의 정체성과 삶의 근

---

37 J. L. Martyn, *Galatians*(New York: Doubleday, 1997), 299. 갈 3:10에 나오는 "율법의 행위들로 말미암은 자들"(ὅσοι ἐξ ἔργων νόμου)은 할례, 음식법, 정결법, 절기법과 같은 율법이 규정한 행위들에 근거하여 살아가는 사람들이다. 자신들의 정체성을 율법 준수에 두며 이것을 삶의 방식으로 삼는 사람들이다(De Boer, *Galatians*, 198). 행 11:2과 갈 2:12에 나오는 οἱ ἐκ περιτομῆς는 할례를 그들의 정체성과 삶을 규정하는 준거로 삶는 유대인(그리스도인)들을 지칭한다.

38 De Boer, *Galatians*, 192-93.

거로 살아가는 자들이 아브라함의 자손이 되고 하나님의 언약 백성이 될 수 있다.

또한 갈라디아서 3:11에서 바울은 율법이 규정한 행위들에 근거하여 살아가는 사람들은 저주 아래 있고 율법 안에서 의롭게 되지 못하지만 "의로운 자는 믿음으로 살 것이 분명하다"[39]고 말한다. 바울은 하박국 2:4을 인용하여 "믿음"(πιστις)이 삶의 근거라고 주장한다. 그런데 이 인용문은 히브리어 본문(Masoretic Text)[40]과 다르며 70인역 본문[41]과도 다르다. 여기서 바울은 인칭대명사 "그의" 또는 "나의"를 생략하고 "의인은 믿음으로 살 것이다"(ο δικαιος εκ πιστεως ζησεται[호 디카이오스 에크 피스테오스 제세타이])라고 기록했다. 이 본문을 제대로 해석하려면 여러 난제를 다루어야 한다. 첫째, "호 디카이오스"(ο δικαιος)는 누구를 가리킬까? 어떤 학자들은 이 의로운 사람이 그리스도라고 주장하지만[42] 하박국 2:4을 메시아에 대한 예언으로 보기는 어렵다. 오히려 의롭게 된 사람을 지칭하는 것으로 보는 것이 더 타당하다.[43] 둘째, 전치사구 "에크 피스테오스"(εκ πιστεως)는 무엇을 수식하는가? 이 어구는 주어 "호 디카이오스"(ο δικαιος)를 수식하여 믿음으로 의롭게 된 신자를 의미하거나 동사 "제세타이"(ζησεται)를 수식하여 의인의 삶의 근거로서의 믿음을 의미할 수 있다. 만약 "제세타이"가 구원론적인(soteriological) 영생이 아니라 윤리적인(ethical) 삶을 의미한다면[44] 후자의 해석이 더 옳아 보인다. 셋째, 피스티스의 의미는 무엇인가? 전통적 해석은 이 피스티스를 예수 그리

---

39 δῆλον을 11절 후반부의 ὅτι와 연결한 번역이다.

40 "의인은 그의 믿음으로 살 것이다."

41 "의인은 나의 신실함으로 살 것이다."

42 Hays, *The Faith of Jesus Christ*, 134-138.

43 De Boer, *Galatians*, 205.

44 De Boer, *Galatians*, 205.

스도를 믿는 신자의 믿음으로 본다. 그런데 어떤 학자들은 "피스티스"가 "그리스도의 신실성"을 의미한다고 주장한다(Hays, Campbell, de Boer). 앞서 살펴본 바와 같이 만약 "에크 피스테오스"(εκ πιστεως)가 "에크 피스테오스 크리스투"(εκ πιστεως Χριστου)의 준말이며, 아래서 다룰 갈라디아서 2:20의 해석이 옳다면 후자가 좀 더 옳은 해석으로 보인다. 그리스도의 신실성이 바울에게 삶의 준거인 것처럼 예수 그리스도의 신실성에 의해 의롭게 된 신자는 그리스도의 신실성을 삶의 근거로 삼아 살아가는 것이다.

바울은 갈라디아서 2:20에서 그리스도가 자신의 삶을 주관하실 때 자신의 가치관과 삶의 준거가 완전히 달라진다고 말한다. 바울은 자신이 육체 가운데 사는 현재의 삶은 자신을 사랑하사 자신을 위하여 자기 몸을 버리신 하나님의 아들의 신실성 안에서(εν[엔])[45] 사는 것이라고 고백한다. 유대교와 율법을 중심으로 살았던 과거의 자신과 그리스도 중심의 현재의 자신이 명백히 대조된다. 바울은 현재 "육체"(σαρξ[사르크스])[46] 안에서 살아가면서 새로운 삶의 근거와 목표를 발견한다. 그것은 바로 "자신을 사랑하사 자신을 위하여 자기 몸을 버리신 하나님의 아들의 신실성"이다.

물론 "피스티스 투 휘우 투 테우"(πιστις του υιου του θεου)의 의미에 관해서 크게 두 가지 해석이 있다. 전통적 해석은 "투 휘우 투 테우"의 속격을 목적어적 속격으로 취하여 "하나님의 아들을 믿는 믿음"으로 이해한다(Burton, Betz, Bruce, Dunn, Moo). 또 다른 해석은 이 속격을 주어적 속격으로 취하여 "하나님의 아들의 믿음 또는 신실성"을 의미한다고 보는

---

45 전치사 ἐν을 도구적이 아니라 장소적으로 보는 것이 더 옳아 보인다.

46 σάρξ는 연약한 인간의 육신적 몸을 의미한다(고후 4:11).

것이다(Matera, Martyn, De Boer). 여기서도 앞선 논의에 따라 주어적 속격으로 보는 해석이 더 타당해 보인다. 바울에게는 하나님의 아들인 예수 그리스도가 하나님 아버지가 아들을 세상에 보내신 뜻에 죽기까지 순종하심으로써 보여주신 신실성(faithfulness or fidelity)이 새로운 삶의 영역이었다.[47] 바울은 자신을 위한 그리스도의 희생적 사랑을 실감했다. 아마도 그는 다메섹으로 가는 길에서 예수 그리스도를 만난 사건을 통하여 그것을 체험하였을 것이다. 그리스도의 희생적 사랑을 통해 표현된 그리스도의 신실성이 의롭게 됨의 근거일 뿐만 아니라 존재 영역까지 된 것이다. 이처럼 그리스도의 신실성은 신자에게 삶의 윤리적 준거가 된다.

나아가 바울은 로마서 3:26에서 하나님이 예수의 신실성을 자신의 정체성과 삶의 근거로 삼는 자들을 의롭다고 인정하신다고 말한다. 전통적으로는 로마서 3:26의 "디카이운타 톤 에크 피스테오스 이에수"(δικαιουντα τον εκ πιστεως Ιησου)가 "예수 믿는 자를 의롭다 하려"(『개역개정판 성경』)라는 의미로 해석되어왔다. "피스테오스 이에수"의 속격 "이에수"를 목적어적 속격으로 보고 예수가 신자의 믿음의 대상이라고 이해한 것이다. 하지만 이 속격을 주어적 속격으로 보면 예수의 신실성을 가리키는 것으로 해석할 수 있다.[48] 게다가 로마서 3:22의 "피스티스 이에수 크리스투"를 그리스도의 신실성으로 해석하고,[49] 이어서 3:26의 "피스테오스 이에수"도 예수의 신실성으로 해석한다면 "디카이운타 톤 에크 피스테오스 이에수"를 예수의 신실성에 의해 규정되고 그 신실성을

---

47 전치사 ἐν을 도구적(instrumental)으로 해석하기보다는 장소적(locative)으로 해석하여 그리스도의 신실성이 바울의 새로운 삶의 영역이 되었다고 이해할 수 있다.

48 L. E. Keck, "'Jesus' in Romans," *JBL* 108(1989), 443-60.

49 D. A. Campbell, "The Faithfulness of Jesus Christ in Romans 3:22," Michael F. Bird, Preston M. Sprinkle ed., *The Faith of Jesus Christ,* 57-71. 박익수, 이한수, 홍인규 교수도 이 견해에 동의한다. 그러나 최갑종, 차정식 교수는 전통적 입장을 취한다.

삶의 근거로 살아가는 자들이 하나님의 의롭다 하심을 받는다고 해석할 수 있다. 이 해석이 옳다면 예수가 하나님께 순종을 통해 신실함을 보여드린 것처럼, 신자는 하나님께 순종하여 신실함을 보여드릴 때 하나님으로부터 의롭다는 인정을 받을 수 있는 것이다.

5. 믿음과 함께 행위를 동반하는 칭의

지금까지 살펴본 바와 같이 하나님은 예수 그리스도의 신실성을 통하여 예수 그리스도를 믿는 자와 올바른 관계를 맺으시고 의롭다고 인정해주신다. 하나님을 믿는 것은 단순히 하나님과 그분의 말씀에 대한 지적인 동의를 의미하지 않는다. 하나님을 향한 감정적 신뢰와 의지가 믿음의 전부가 아니다. 믿음은 하나님에 대한 의지적 순종과 신실함을 포함한다. 앞서 살펴본 대로 이삭을 하나님께 제물로 드리기까지 순종한 아브라함의 믿음이 참믿음이다. 하나님은 이 믿음을 의의 근거로 삼으신다. 또한 하나님께 죽기까지 순종하신 예수 그리스도의 신실성이 진정한 믿음이다. 예수 그리스도의 신실성이 신자로서의 삶의 준거가 된다.[50] 하나님은 아브라함과 예수 그리스도의 신실성을 본받아 살아가는 신자를 참 신자로 인정하시고 의롭게 여기신다. 신자는 하나님께 순종함으로써 참된 믿음을 보여줄 수 있다.

이신칭의 교리에 대한 개신교의 전통적 가르침은 인간의 행위들이 하나님께 의롭다 인정을 받는 데 합법적 근거가 되지 못하고 오직 믿음

---

50 Hays는 그리스도의 신실성을 신약성경 윤리의 중요한 이론적 기초가 된다고 주장한다(R. B. Hays, *The Moral Vision of the New Testament*[San Francisco: Harper, 1996]).

을 통해 의롭다고 인정을 받을 수 있다는 것에 집중되었다. 물론 인간의 도덕적 선행이 구원과 최종적 칭의의 수단이 될 수 없다. 기독교는 은혜의 종교이지 행위 구원 종교가 아니다. 구원을 받는 데 있어 인간의 노력이 우선적이라고 주장하는 펠라기우스주의는 정통 기독교의 구원론과 거리가 멀다. 또한 처음 그리스도를 믿는 믿음을 통해 하나님과 의로운 관계를 맺은 후 선한 행위를 통해 최종적 칭의를 받을 수 있다고 주장하는 것은 반펠라기우스주의(Semi-Pelagianism)와 유사하다.

하지만 이신칭의 교리를 오용해 믿음으로 의롭게 되었으니 하나님의 말씀에 순종하는 것을 등한시해도 된다고 보는 관점은 바울의 칭의론을 오해한 결과다. 지금까지 살펴본 대로 하나님을 믿는다는 것은 하나님께 순종함으로써 하나님과 신실한 관계를 맺는 것을 의미한다. 믿음은 순종이 수반되며 하나님의 말씀을 준행함으로써 증명된다. 야고보서에 나오는 행함으로 의롭게 된다는 말은(약 2:21-24) 순종이 수반된 믿음을 통해 의롭게 된다는 바울의 주장과 다르지 않다.[51] 행함이 동반된 믿음이 참믿음이며 행함이 없는 믿음은 죽은 믿음이라고 볼 수 있다(참조. 약 2:17, 26).

믿음과 행함은 불가분의 관계다. 머리와 입술로만 하나님을 믿는다 하면서 가슴과 발로 하나님의 말씀을 순종하지 않는 신자는 참된 신앙생활을 하는 것이 아니다.[52] 의롭게 됨과 성화는 동전의 양면과 같다.[53] 거룩하신 하나님과 의로운 관계를 맺고 살아가는 삶이 성화다. 순종과 신실함을 통해 하나님과 올바른 관계를 유지하는 생활이 성화의 삶이다.

---

51 만약 그렇다면 야고보의 칭의론과 바울의 칭의론은 Luther가 생각한 만큼 조화롭지 않은 것은 아니다.

52 “나더러 주여, 주여 하는 자마다 다 천국에 들어갈 것이 아니요, 다만 하늘에 계신 내 아버지의 뜻대로 행하는 자라야 들어가리라”(마 7:21)는 예수의 말씀을 참조하라.

53 김세윤 교수는 “칭의 안에 이미 성화가, 성화 안에 이미 칭의가 전제되어 있는 것”이라고 주장한다(김세윤, 『칭의와 성화』[두란노, 2013], 78).

이런 성화의 삶의 마지막은 최종적인 칭의의 선언이다. 신자는 예수 그리스도를 믿음으로 하나님과 의로운 관계를 맺으며 성화의 삶으로 신실하고 올바른 관계를 지키다가 최종적으로 소망한 의(갈 5:5)를 얻는다.

제 2 부

교리사와 조직신학에서 칭의와 정의

05

가톨릭 칭의론

칭의인가, 의화인가?

김동춘

기독연구원 느헤미야, 조직신학

들어가는 말

널리 유포되어 있으면서 특정 부류의 신학적 신념 안에 견고하게 확립된 "구원 관념"들이 있다. 로마 가톨릭교회는 인간의 선행을 통해 구원을 받는다는 행위 구원론을, 개신교는 인간의 공로에 근거하지 않고 값없이 주어지는 "은혜의 구원" 곧 "오직 믿음으로만"의 구원론을 붙든다는 것이다. 또한 개혁주의를 표방하는 개신교도 중에는 하나님의 은총 외에 인간의 협력이 필요하다고 말하는 "신인협력설"(synergism)은 가톨릭적 구원 교리이며, "하나님 홀로"의 은총을 강조하는 "신단독설"(monergism)이야말로 정통 기독교의 구원 교리라고 강력하게 주장하는 사람들이 있다.

종교개혁의 칭의론을 치우침 없이 공정하게 다루되, 신학적 논쟁의 태도가 아니라 포용적 대화와 경청의 자세로 접근할 때가 되었다. 이를 위해 이제는 우리만의 칭의론을 무한 반복 재생할 것이 아니라, 상대방의 신학 전통과 교리에 대해 폭넓은 이해를 가지고 다가서는 모습이 요청된다. 그러기 위해서 우리는 먼저 로마 가톨릭교회와 루터교회의 칭의론을 살펴보아야 한다. 가톨릭교회의 칭의 교리를 살펴보기 위해 아우구스티누스와 아퀴나스, 그리고 트리엔트 공의회를 다룰 것이고, 개신교의 칭의론을 살펴보기 위해 루터와 루터교회의 칭의론을 다룰 것이다. 가톨릭교회의 의화론과 개신교의 칭의론을 식별하려면 아우구스티누스와 펠라기우스로 거슬러 올라가야 한다. 특히 인간론—자유의지가 핵심 주제다—과 은총론에 관해 이 두 사람이 보여주는 태도를 세심하게 관찰할 필요가 있다.

1. 아우구스티누스의 의화론

(1) 아우구스티누스의 구원론은 펠라기우스의 은총론 및 인간론과의 현격한 차이에서 시작한다

아우구스티누스에 따르면 인간 본성은 원죄[1]로 인해 타락했으며, 그 타락한 인간 본성, 즉 "상처받은 인간 본성"이 치유되기 위해서 은총은 필수적이다. 따라서 인간은 은총의 도움 없이는 구원받을 수 없다. 요약하자면 ① 아우구스티누스는 원죄로 인해 **타락한 인간 상황에 대해 은총의 필요성을 강조**한다. 그는 은총이 없이는 인간 조건의 개선은 불가능하므로 하나님의 은총은 필수적이라고 말한다. ② 그는 인간 본성이 타락으로 인해 상처받았으므로 **은총의 도움**으로 치유되어야 한다고 말한다. 그래서 **은총은 도움**(*auxilium*)으로 표현된다. ③ 은총은 타락한 인간 본성(혹은 인간 조건)을 **치유하는 차원**을 가지고 있다.

펠라기우스는 아우구스티누스와 달리 원죄를 부정한다. 인간이 죄를 짓는 것은 원죄로 인한 타락의 결과가 아니라 선을 행할 수 있는 자유의지를 잘못 사용하여 **악한 "습성"을 모방하기 때문이다.**[2] 그에게 죄는 **악한 습성에서 비롯된다.**[3] 인간은 **"죄를 짓지 않을 수 없는"** 존재가 아니라 **"죄를**

---

1 원죄는 아담의 죄가 유전됨으로 인류에게 넘어온 것으로 죄의 본질은 *concupiscentia*(욕정, 탐욕)다.

2 Pelagius는 아담이 자유의지로 하나님을 거역한 행위가 아담의 후세대에 그들이 의지적 결정을 하는 데 모범(*exemplum/forma*)을 제공했다고 본다. 아담의 후세대들은 아담의 행동을 모방(닮아감)함으로써 점점 죄악된 생각에 사로잡히게 되고, 이 죄악된 생각은 악한 습성이 개개 인간 안에 뿌리내리게 한다는 것이다. "성장하는 인간은 자신의 주변에 있는 악한 모범에 의해 교육받으면서 악한 습관을 형성한다. 결국 그가 악한 습성을 획득하게 되면 그 스스로가 그의 후손들에게 악한 모범이 된다"(권진호, 『성 어거스틴의 은총론 연구』[CLC, 2011], 213).

3 "우리가 선을 행하기 어려운 것은 다름이 아니라 악을 행하는 오랜 습관 때문이다. 이 오랜 습관이 어릴 때부터 우리를 감염시켜 여러 해 동안 점차로 우리를 부패시키고, 후에 우리를

짓지 않을 수 있으며"(*posse non peccare*)[4] 죄를 짓지 않아야 할 책임이 있다. 결국 **펠라기우스는 은총의 도움 없이도 인간 본성의 개선이 가능하다고 말한다.** 다시 말해 인간은 은총 없이도 선을 행할 수 있다. **왜냐하면 이미 인간의 본성 안에 자유의지를 사용하여 선을 행할 수 있는 은총이 주어져 있기 때문이다. 따라서 창조된 인간 본성 그 자체가 은총이 된다.**

(2) 아우구스티누스와 펠라기우스의 인간 이해: 인간의 본성에 대해

1) 펠라기우스

펠라기우스에 따르면 인간은 선한 본성으로 창조되었으며, 그 창조된 본성은 죄로 인한 타락에도 변함이 없다. 따라서 죄는 원죄로 인해 짓는 것이 아니라 단지 악한 습성에 의한 결과일 뿐이다. 나아가 펠라기우스는 인간 본성의 가능성에 초점을 둔다. 창조된 인간 본성에는 선함의 능력이 있으며, 따라서 선을 향해 자유의지를 사용할 수 있다. 그러므로 **인간의 본성 자체가 은총이다. 본성 자체가 "죄스러운 상태"**(罪性)**가 아니므로 은총이 필수적으로 요청되는 것이 아니다.** 인간은 충분히 도덕적인 능력을 유지하며 살 수 있고, 죄를 짓지 않을 수 있으며, 선을 행할 수 있을 뿐 아니라 완전한 삶도 가능하다. 여기서 은총은 도움을 주지만, 구원을 얻는 데 은총이 필수적인 것은 아니다. 은총은 단지 이것을 수월하게 해줄 뿐이다.

속박하고 노예가 되게 한다. 그래서 마치 [죄 지을 수밖에 없는] 본성의 힘을 획득한 것처럼 보이는 것이다. 우리가 오랜 기간 부주의하게 교육받은 모든 것, 즉 악을 행하도록 교육받고 심지어 악을 추구하고, (죄를 짓지 않는 것 자체를 어리석은 것으로 여겼기에) 악을 더하도록 자극받아온 것으로 말미암아, 지금 우리는 방해와 저항을 받고 있음을 발견한다. 옛 습관이 지금 새롭게 된 우리 의지의 자유를 공격한다"(Pelagius).

4 "죄 짓는 오랜 습관으로 선한 본성을 묻어버린 자들조차도 회개를 통해 회복될 수 있으며, 그들이 택한 삶의 방법을 바꿈으로써 다른 습관으로 바꿀 수 있고, 죄악에 속한 부류의 사람을 최상에 속한 부류의 사람으로 바꿀 수 있다"(Pelagius).

2) 아우구스티누스와 펠라기우스의 차이

아우구스티누스와 펠라기우스는 "본성-은총"(*natura-gratia*)의 관계에 있어서 대조적인 관점을 보인다. 펠라기우스가 인간 본성이 선하며 결함이 없다고 옹호함으로써 은총의 필요성을 부인한다면, 아우구스티누스는 인간의 상태가 **"타락한 본성"**을 가지고 있으므로 은총은 본성에 초자연적으로 첨가되는 것(펠라기우스처럼)이 아니라, 결함 있는 본성이 치유됨으로써 복구되어야 한다고 본다.[5]

아우구스티누스에 따르면, 인간 본성은 죄로 타락하고 완전히 부패하였으므로 하나님의 은총이 절대적으로 필요하다. 아우구스티누스에게 인간은 본성적인 죄인이며 죄 지을 수밖에 없는 존재라면, 펠라기우스에게는 본성적인 죄란 존재하지 않으며, 단지 악한 습성으로 죄를 지을 뿐이다. 따라서 인간 본성은 그 자체로 창조 은총이며, 인간은 양심, 율법, 자유의지를 통해 선을 행할 수 있다.

(3) 아우구스티누스와 펠라기우스의 은총론과 구원

펠라기우스가 원죄를 부인하고 인간 본성의 선함을 긍정한다고 해서 그가 구원의 필요성을 부정하는 것은 아니다. 그는 하나님의 구원의 길을 시내산에서 계시된 율법 및 그리스도의 삶과 죽음에서 찾는다. 본래 율법은 인간 본성에 주어진 것이었으나 죄로 인한 타락으로 말미암아 왜곡된 하나님의 형상으로 변모했다. 따라서 율법은 타락한 본성에 대한 "교정"으로, 그리고 안내하는 본보기로 주어졌다. 율법이 인간에게 들어올 때, 하나님의 가르침과 인간의 본성 사이에 공명(共鳴)이 일어나면서, 본성이 견책을 통해 정화되어 원래의 광채를 회복하게 한다는 것이다.

---

5 권진호, 『성 어거스틴의 은총론 연구』, 173.

그런데 펠라기우스는 율법의 명령보다 그리스도의 모범이 더욱더 큰 변화를 이끌어낸다고 말한다. 그리스도는 "인간을 위한 교사"이며, 그분의 가르침과 모범이 구원에 효력을 갖는다. "그리스도의 가르침으로 말미암아 하나님의 뜻에 대한 신앙적 동의에 도달한 사람에게, 세례를 통하여 죄를 사하는 그리스도의 죽음의 능력이 더해지면, 회심 때까지 행해진 모든 죄의 잘못이 용서될 뿐만 아니라 죄악된 습성도 무력화된다"(펠라기우스). 그리스도의 가르침은 인간으로 하여금 죄악된 태도를 버리고 의로운 삶으로 나아가도록 변화시켜준다.

아우구스티누스는 인간이 율법이나 그리스도의 모범을 통해 구원받을 수 없다고 말한다. 의로운 행위는 자유의지로부터 나오는 것이지만, 하나님이 내리시는 은총의 도움 없이 인간의 자유의지만으로는 불가능하다고 말한다. 즉 성령을 통해 인간의 내면에 은총이 작용해야만 율법과 그리스도의 계명이 요구하는 바에 도달할 수 있다. 아우구스티누스에게 은총이란 본질적으로 내면적인 것이다. 그것은 하나님의 사랑이고 성령의 사역이며, 하나님께서 직접 주시는 선물이다. 또한 펠라기우스는 모범을 통해 구원이 가능하다고 주장하지만, 아우구스티누스는 구원에 있어서 하나님의 도우심이 절대적이며, 모범과 성례(*exemplum et sacramentum*)를 통해 그것이 가능해진다고 말한다.

(4) 은총과 자유의지

아우구스티누스에 따르면, 죄로 오염된 인간 본성은 선을 행하도록 작용하지 못하며, 도리어 죄의 성향 앞에서 인간의 "자유"는 무기력한 존재다.[6] 그러므로 먼저 은총의 작용이 선사되어야 한다. 아우구스티누스

---

6 이 부분에서 타락한 인간은 정확히 말해 "자유의지"를 발휘하는 것이 아니라 "자유"가 무기

는 **하나님의 은총과 인간의 자유** 중에 인간 편에서의 자유보다 하나님 편에서의 주도권이 우선적이라고 가르친다(은총의 우위성). 그리하여 하나님의 은총은 인간의 협력 없이도 인간 안에서 작용할 수 있다. 따라서 하나님의 은총에 직면하여 인간은 은총을 거절하거나 선택할 자유가 없다.[7] 은총의 작용 역사에서 인간은 은총에 **의존적이며, 수용적**이다. "은총은 인간이 의존해야 하며, 기다려야 하는 것으로서, 먼저 하나님께서 그의 자유로 선사해야만 하는 특별한 힘이며 선물이다. 그것은 인간이 이미, 그리고 항상 보유하고 있는 소유물인 양 [인간으로부터] 출발점을 갖는 그런 것이 아니다."[8]

아우구스티누스 신학에서 자유의지론은 정확한 분석이 어려운 주제다.[9] 자유의지(*liberum arbitrium*)란 선을 선택하고 완수할 수 있는 능력을 말한다. 아우구스티누스는 타락 전 아담은 자유의지를 소유했지만, 타락한 인간은 죄에 대해 무능력하게 됨으로써 "노예가 된 자유의지"(*liberum arbitrium captivatum*)를 지니게 되었다고 말한다. **그러나 그것은 "자유의 상실"이지, "자유의지의 상실"을 의미하지는 않는다.** 그러므로 원죄 이후에도 자유의지는 상실되거나 소멸된 것이 아니다. 다만 자유의지는 선을 행하는 데 있어 부적당하게 되었으며, 은총에 의해 치유되어야

력해진 상태라고 지적하는 점을 유의해야 한다. 그러나 분명한 것은 타락한 인간의 의지가 "노예적 자유의지"라고 말하는 부분도 있다는 사실이다.

7 M. Flick과 Z. Alszeghy는 다음과 같이 말한다. "원죄가 존재한다는 것, 죄를 짓지 않기 위해서는 은총이 필요하다는 것, 그리고 구원 질서에서 은총 없이는 단 한 발자국도 나아갈 수 없다는 것 등이 아우구스티노의 가르침에서 드러나는 근본적인 요소들이다"(Jose Antonio Sayes, 『은총론』[윤주현 옮김, 수원가톨릭대학교출판부, 2011], 138에서 재인용).

8 Gisbert Greshake, 『은총: 선사된 자유』(심상태 옮김, 성바오로출판사, 1997), 62.

9 Alister. E. McGrath, 『하나님의 칭의론: 기독교 교리 칭의론의 역사』(한성진 옮김, CLC, 2008), 67. "사실 자유의지에 대한 그의 표현들을 올바로 찾아서 문맥에 맞도록 적절하게 해석한다는 것은 쉬운 일이 아니다"(Sayes, 『은총론』, 139).

할 가능태다.[10] 왜냐하면 인간은 죄로 인해 심각하게 타락하였고 부패하였으나 그럼에도 여전히 하나님 형상으로 존재하기 때문이다.

아우구스티누스가 말하는 타락한 인간의 자유의지는 루터의 노예의지(*servum arbitrium*)와 내용적인 면에서 차이점이 있다. 루터는 타락 이후 인간의 의지도 타락하여 자유의지는 명목상으로만 존재할 뿐이며, 인간은 필연적으로 죄를 짓는 경향성만을 가진다고 본다. 결국 타락한 인간의 의지는 스스로 결정하고 실행할 능력을 지니지 못하고, 하나님이든 마귀든 초자연적 힘에 대항할 능력이 없으며, 의지는 죄의 연약한 도구에 불과한 것이라고 말한다. 루터는 "의롭게 되지 못한 죄인은 오직 악을 의지하고 행할 뿐"이므로 타락한 자유의지는 선을 행하는 데 무기력하여 구원을 얻는 데 아무런 능력이 없음을 강조하고 있다.

자유의지와 관련하여 루터와 아우구스티누스가 보여주는 차이점은, 루터가 인간의 죄악된 행위를 숙명론적으로 바라보고 모든 일을 필연성에 의해 발생하는 것으로 간주하면서 모든 악한 행위의 저자(著者)가 하나님이라고 단정한 반면, 아우구스티누스는 죄의 원인(책임)이 하나님이 아니라 인간의 자유의지에 있다고 말한다는 점이다.[11] 아우구스티누스의 자유의지론은 인간이 필연적으로 죄를 저지를 수밖에 없는 것으로 보는 운명주의나 결정론적 사고에 연루된 마니교적 가르침에 대항하기 위한 것이다.

아우구스티누스에게 "은총과 자유의지"에 관한 주제는 자유의지를 부정하고 운명론과 결정론에 치우친 마니교와 칭의에서 자유의지의 역할을 과장하는 펠라기우스의 입장을 대적하기 위한 것이다. 아우구스티누

---

10 인간은 죄로 인해 심각하게 타락하였으며, 부패하였으나 그럼에도 여전히 하나님 형상으로 존재한다.

11 McGrath, 『하나님의 칭의론』, 309-10.

스는 인간의 자유의지를 너무 강조하는 펠라기우스의 입장을 반박하기 위해 자유의지 자체를 부정하지는 않았다. 그는 자유의지와 은총의 필요성을 동시에 인정하고자 했다. 은총으로 인해 자유의지가 폐기되는 것이 아니라 오히려 자유의지가 은총을 완성시킨다는 것이다.[12]

아우구스티누스는 은총에 대한 자유의지의 협력을 옹호한다. 아우구스티누스는 인간이 은총에 의존적이고 수용적이라고 주장하지만, 은총의 작용 과정에서 결코 자유의지와의 협력을 배제하지 않는다. 인간에게 은총은 절대적이지만, 은총이 인간의 의지를 붕괴시키거나, 강제로 덮치거나 혹은 인간의 의지와 대립하여 작용하는 것은 아니다. 은총은 의지를 거슬러서가 아니라 의지와 "함께" 의지에 "입각하여" 움직인다.[13] 하나님은 인간 안에서 은총을 통해 작용하시지만, 언제나 자유의지를 존중하신다.[14]

(5) 칭의론: 의롭다 여겨지는 칭의가 아니라 의롭게 만드는 의화

아우구스티누스의 의화론을 다루기 전에 먼저 아우구스티누스의 은총론을 좀 더 각론적으로 정리할 필요가 있다. 그의 은총론은 선행은총, 작용 은총, 협력 은총으로 구분하여 설명할 수 있다.

1) 선행은총(*gratia praeveniens*)

인간은 타락으로 인해 악의 포로 상태에 놓여 있으며, 노예가 된 인간의

---

12 McGrath, 『하나님의 칭의론』, 67-68.

13 Greshake, 『은총』, 64.

14 Sayes, 『은총론』, 140. "하느님은 은총을 베푸는 작용 속에서 사랑을 인간의 마음 깊숙이 부어 넣어, 그때까지 죄악적이었던 의지가 선에서 기쁨을 찾고, 자신의 자애심으로부터 돌아설 수 있게 될 뿐 아니라, 선에서 틀림 없이 호감과 흥미를 발견하고, 성령이 자신을 인도케 하여, 거절할 수 없이 하느님께 회개하게 된다. 아우구스띠노는 "인간이 원하지 않으면, 하느님이 헛되이 자비를 베푸는 것이 될 만큼…하느님 자비의 작용이 놓여 있을 수 없다"(Greshake, 『은총』, 64).

자유의지는 악에 치우쳐 무능한 상태에 빠져버렸기 때문에, 인간 편에서 하나님께 도움을 요청함으로 하나님께 나아갈 수 있는 길은 없다. 하나님의 은총은 도움을 요청하는 인간보다 앞서가신다. 이것이 선행하는 은총이다. 그러므로 인간 편에서 은총이 시작되는 것이 아니라, 하나님 편에서의 자비로운 행위가 먼저 작용해야 한다(작용 은총). 은총은 인간의 반응 이전에, 인간의 의지 밖에서 결정되어 있다.

2) 작용 은총(*gratia operans*)과 협력 은총(*gratia cooperans*)

아우구스티누스는 하나님 편에서 주도적으로 주어지는 **작용 은총**과 함께 인간 편의 협력이 동반하는 **협력 은총**을 말한다. 하나님의 구원 과정에는 인간의 협력에 의존하지 않는 선행은총으로서의 "작용 은총"과, 회심 이후 인간의 의지 안에서 스스로 결심하고 실행하도록 하는 "협력 은총"이 공존한다. 이 두 가지 은총을 통해 인간은 의화에 도달한다. "하나님이 인간의 의화가 시작되도록 먼저 작용하심으로써 인간 안에서 선을 추구할 수 있는 의지가 주어진다. 곧이어 선한 의지가 함께 작용함으로써 인간은 선한 행동을 실행하게 되고, 결과적으로 의화가 완성된다. 하나님은 노예가 된 자유의지와 악한 욕구에 작용하셔서 선을 바라게 하시며, 곧이어 선한 행동 안에서 선한 의지가 현실화되도록 해방된 자유의지와 협력하신다."[15] 맥그라스는 이 점에 대해, "하나님은 칭의 행위를 통해서는 인간에게 (주도적으로) 작용하시며(작용 은총), 칭의 과정에서는 인간과 협력하신다(협력 은총)"라고 말한다.[16]

---

15 McGrath, 『하나님의 칭의론』, 70.
16 McGrath, 『하나님의 칭의론』, 71.

3) 아우구스티누스의 칭의론

① **칭의가 아닌 의화**: 아우구스티누스에게 칭의는 "하나님이 죄인 된 인간에게 의를 부여"하는 것을 의미하는 것이 아니라 "인간 자체를 의롭게 만드는 것"을 의미한다. 그에게 칭의는 사람을 "의롭다고 여긴다"는 의미에서의 칭의(稱義) 개념이 아니라 사람을 "의롭게 만든다"는 의미에서의 의화(義化) 개념이다. "의롭다 함"은 "**죄인이 의롭게 만들어지는 과정**"이며, "**죄인이 의인이 되는 변화**"에 관한 것이다. 다시 말해 칭의는 신분 상태의 변화만이 아니라 도덕적 변화를 가져오는 것이다. 이 점은 칭의가 도덕적 상태의 변화가 아니라 신분의 변화라고 가르치는 루터의 칭의론에 대한 통상적인 이해와 정면으로 배치된다.

> "그는 불의한 자를 의롭다 하시며"라는 말이 "그는 불의한 자를 의로운 사람이 되도록 만들었다"라는 것을 의미한다고 할 때, "의로워지다"(justified)라는 말은 "의롭게 만들어지다"(made righteous)라는 의미 외에 무슨 다른 뜻을 가질 수 있을 것인가?(아우구스티누스)

② 아우구스티누스의 칭의에는 "**칭의의 사건**"(작용으로 일어나는)과 "**의화의 과정**"(협력 은총으로 일어나는) **모두가 포함된다**. 칭의는 하나님의 의가 그저 형식적으로 혹은 인간 외부에서 외면적으로 "전가된"(imputed) 것이라기보다는 우리 안에 "내재하는"(inherent) 것으로 이해된다. 칭의는 하나님 앞에서 인간의 **의로움이 시작되는 사건**이면서, 동시에 **완전한 의로움으로 나아가는 과정**이다.

"칭의는 한 사람의 존재에 진정한 변화를 수반하는데, 그의 상태만이 아니라 그의 존재 자체에 진정한 변화를 수반하며, 따라서 그 사람은 단지 의롭게 된 것 같을 뿐이거나 하나님의 자녀가 된 것처럼 대우받는 것이 아니라 참으로 의롭게 되어 하나님의 자녀가 된 것이다."

그리하여 아우구스티누스는 칭의를 죄 용서의 사건으로, 즉 죄인에 대한 무죄판결이라는 루터적 이해를 넘어서서 윤리적인 재생과 영적 재생 모두가 죄인에게 일어나는 것으로 보았다.

③ 그러므로 아우구스티누스의 칭의론은 단순히 "오직 믿음으로 의롭게 됨"이라는 문구로 요약될 수 없으며, 오히려 믿음과 함께 "사랑으로 의롭게 됨"라는 문구로 요약될 수 있다. 아우구스티누스에게 칭의란 단지 "믿음에 의한 칭의"가 아니다. 의롭게 됨은 "사랑에 의해 작동되는 믿음"(*fides quae per dilectionem operatur*)에 의해 이루어진다.

④ 아우구스티누스의 칭의론은 인간의 협력과 참여를 강조함으로써 인간 편의 공로를 배제하지 않는다. 이처럼 아우구스티누스는 칭의 이전의 공로는 분명히 부인하지만, 칭의 이후 인간 편에서의 공로의 필요성은 강력하게 인정하고 있다. 그러나 그는 인간의 선한 공로도 하나님의 선물임을 역설한다.

⑤ 아우구스티누스의 칭의론은 하나님의 은총과 인간의 참여를 동시에 강조하는 특징을 지닌다. 이것은 칭의 사건에서 하나님이 역사하시는 작용 은총과 칭의 과정에서의 인간의 협력을 동시에 설명하고 하나님의 은총과 인간의 의지(역할)를 동시에 강조함으로써, 한편으로는 은총 교리를 강력하게 옹호하면서 다른 한편으로는 자유의지를 무효화하지 않는, 그야말로 **"아우구스티누스적 종합"**(H. Küng)을 보여주는데, 이러한 종합주의적 특징은 중세 가톨릭 신학 전체에 그대로 계승되는 측면이라 할 수 있다. 아우구스티누스는 한편으로는 엄격한 은총의 신학자이지만, 다른 한편으로는 자유의지의 옹호자라 할 수 있다. 칭의 사건과 칭의 과정에서 하나님과 인간의 협력을 강조하는 아우구스티누스의 관점을 "반펠라기우스주의"(semi-pelagianism)라고 예단해서는 안 된다. 왜냐

하면 아우구스티누스가 인간의 협력을 말하고 있기는 하지만, 그는 하나님의 은총이 인간의 요청보다 선행해야 한다고 강조한다는 점에서 반펠라기우스주의와 다른 입장에 서 있기 때문이다. 반펠라기우스주의자들은 인간 편에서 먼저 치료의 도움을 요청하고 하나님이 그에 응답함으로써 구원이 이루어진다고 가르친다.

⑥ 아우구스티누스의 칭의론은 성화와 칭의를 분명하게 분리하는 루터의 입장과 구분되며, 칭의와 성화를 논리적으로는 구분하면서도 이 두 가지가 신자에게 주어지고 신자 안에서 성취되어야 할 "이중 은혜"라고 주장하는 칼뱅의 칭의론보다는 분명히 의화론 쪽으로 기울어져 있다.

그러므로 아우구스티누스의 칭의론은 개신교적 칭의론과 가톨릭적 의화론을 모두 포괄하고 있다. 그런데 그의 신학에 대한 해석의 어려움으로 인해 기이한 현상이 나타난다. 종교개혁 전통에서는 그가 인간의 어떤 공로에도 근거하지 않고 "오직 은혜로만"과 "오직 믿음으로만"을 강조하는 것으로 이해함으로써 아우구스티누스를 루터의 칭의론이나 개혁주의 칭의론의 원류로 간주하고 있는 것이다. 그러나 실상은 개신교적 아우구스티누스와 가톨릭적 아우구스티누스의 얼굴이 중첩되어 기독교 신학의 양대 산맥의 뿌리로 서 있는 것이다. 인간의 전적 타락과 은총의 절대성을 옹호하는 아우구스티누스는 개신교, 특히 루터와 개혁파의 기원으로 설명되는가 하면, 은총과 자유의지를 종합하는 아우구스티누스는 가톨릭적 의화론의 근원지로 설명되는 것이다.

(6) 절충적 펠라기우스주의의 은총론과 구원

반펠라기우스주의는 5세기경에 일어난 아우구스티누스주의에 대한 반발로서, **절충적 펠라기우스주의**로 부르기도 한다. 이들은 아우구스티누스의 **예정론과 은총 결정론**(구원은 하나님의 예정에 의한 선택과 하나님의 선사된 은총에 의해 결정된다)을 거부하고, 예정과 은총에 있어서 인간 편에서의 적극적인 협력을 강조하고자 했다. 그리하여 하나님이 선택과 유기를 미리 결정하셨다는 예정론에 입각한 구원관을 배격했다. 하나님의 결정은 인간의 행동을 미리 내다보시고 정해진 것이다. 하나님의 은혜를 받아들일 것을 미리 아신 자들은 구원으로, 그렇지 않은 자들은 저주로 정하셨다는 것이다. 결국 예정(豫定)은 예지(豫智)로 축소되고 말았다. 다시 말해, 하나님은 영원 전부터 이미 각각의 인간이 은총에 어떻게 응답하게 될지를 알고 계시며, 이 은총을 받아들이는 이들은 구원을 받고 이와 반대로 은총을 거부하는 이들은 저주받는다는 것이다. 그뿐 아니라 하나님의 보편적 구원 의지에 근거하여 그리스도는 단지 선택된 자들을 위해서만이 아니라 모든 사람을 위해 죽으셨다고 말한다.

인간의 자유의지는 마치 병에 걸린 것처럼 약해져버렸기 때문에 선을 행하고 **구원을 받기 위해서는 하나님의 은총의 도움이 필요하다. 그러나 구원을 향한 첫걸음은 인간 편에서 시작된다. 비록 인간은 병든 환자이지만, 병을 치료하기 위해서는 환자가 먼저 주도권을 가지고 의사를 부르며 의사로부터 치료의 약을 받아야 한다.** 인간은 하나님의 은혜를 필요로 할 정도로 병들었지만, 인간이 먼저 구원을 향해 하나님께 도움을 요청해야 하며, 여기서 "신앙의 시작"(*initium fidei*)이 이루어진다.[17]

절충적 펠라기우스주의는 구원업적에서 인간의 주도권과 책임을 강화하려는 의도에서 시작되었다. 그들의 가르침은 제2차 오랑주 공의회(529년)에서 이단적 교리로 단죄되었는데, 이것은 펠라기우스주의에 대한 아우구스티누스주의의 승리를 의미하는 것이다. 결과적으로 가톨릭 교회의 공식적 입장은 아우구스티누스주의의 전통에 서게 되었다.

---

17 Sayes, 『은총론』, 205; 권진호, 『성 어거스틴의 은총론 연구』, 267-68.

2. 토마스 아퀴나스의 의화론

중세 신학의 칭의론의 특징은 칭의가 그리스도인의 삶의 시작을 의미할 뿐 아니라 그 삶의 계속과 궁극적인 완성을 가리킨다는 점이다. 그것은 신자의 외적인 신분 상태만이 아니라 인간 본성의 근본적인 변화를 통해 하나님과 사람 앞에서 의롭게 만들어져가는 것을 의미한다. 다시 말해 중세 가톨릭교회의 칭의론에서는 종교개혁의 특징인 칭의(하나님의 외부적인 선언으로 이해되는)와 성화(내적 갱신의 과정으로 이해되는)의 명확한 구별이 존재하지 않는다는 것이다. 바로 이 점이 중세교회와 종교개혁 시대 칭의 교리의 차이점이다. 아퀴나스는 다음과 같이 의화를 설명한다.

의화란 "의로움을 향한 움직임"(*motus ad justitiam*)이다. "불의의 상태에서 의로움의 상태로의 변화를 가져오는 것이 의화다"(의화를 도덕적 상태의 변화로 간주한다).[18] 의화에는 네 가지 요소가 있는데, ① 은총의 주입, ② 믿음과 더불어 하나님을 향해 움직이는 자유의지, ③ 죄에 대항하는 자유의지의 움직임, ④ 죄에 대한 사면이 바로 그것이다.

그러므로 아퀴나스에게 의화란 본질적으로 하나님 안에서, 죄인에서 의인으로 변화하는 과정이다. 즉 법정적 전가에 의한 의인 됨이 아니다. 또한 의화는 인간의 초본성적 성품을 세워주어 하나님과의 유사성(닮음)을 복원하는 것이다. 따라서 "**의화란 죄의 상태에서 은총의 상태로의 전이**(轉移)", 즉 죄인 된 인간이 의로운 인간으로 변화되는 진정한 변모를 말한다. 그것은 인간 안에서 창조된 실재다.

더 나아가 의화는 인간 편에서의 협력을 전제로 한다. 의화의 과정에서 인간은 그리스도의 의를 수동적으로 받아들이기만 하는 것이 아니

---

18 McGrath, 『하나님의 칭의론』, 97-99.

라, 하나님의 사랑을 받아들이고자 하는 인간의 동의를 통해 인간 안에서 자세의 변화가 일어난다. 의화는 인간의 의지의 변화 없이는 일어나지 않는다. 의화는 의지 행위의 변화와 더불어 일어난다. 의화가 가능하기 위해서는 자유의지의 행위가 필수적이다. 의화에서 인간의 협력은 믿음으로 시작하여 사랑을 통해 발전한다. 하나님은 인간의 자유의지를 말살하지 않기 때문에 의화의 과정에서 인간의 협력 없이는 인간을 의화로 이끌지 않으신다. 하나님을 향한 인간의 첫 번째 움직임은 **믿음**이지만, 그 움직임은 **사랑**을 향해 발전되어야 한다. 인간은 하나님으로부터 선사받은 충만한 사랑을 받아들이고 동시에 그분께 사랑으로 응답함으로써 초본성적인 상호 간의 사랑으로 나아갈 때, 그분을 향한 충만한 사랑에 이를 수 있다. 의화의 과정에는 믿음, 희망, 고행의 행위들을 통해 이루어지는 "불완전한 준비"와 사랑을 통해 이루어지는 "완전한 준비"가 있다.

마지막으로 의화는 은총의 전가(imputation)가 아닌 은총의 주입(infusion)으로 이루어진다. 루터에게서처럼 그리스도의 의의 법정적 전가라는 형식적 절차가 아니라, 우리 안에서 실제적인 의가 창조되는 과정을 통해, 즉 내재적 의로움이 창조됨으로써 의화에 도달한다. 그렇다면 아퀴나스의 입장은 절충적 펠라기우스주의라고 규정할 수 있는가? 그렇지 않다. 어디까지나 아퀴나스의 신학은 철저히 아우구스티누스주의에 기반을 두고 세워진 토마스주의다. 아퀴나스는 아우구스티누스와 반대편에 서 있는 것이 아니며, 그야말로 "아우구스티누스주의적 아퀴나스"(augustianistic Aquinas)라고 표현하는 것이 옳다.[19]

---

19 Hans Küng, 『그리스도교』(이종환 옮김, 분도출판사, 2002), 532.

3. 트리엔트 공의회의 칭의론: 반루터적 칭의론

⑴ 루터의 칭의론과 트리엔트 공의회의 기본 관점

루터는 가톨릭교회의 공로주의(업적주의)에 대항하여 "오직 은총으로만"(*sola gratia*)을 강조함으로써 죄인의 구원을 인간의 공로 위에 정초하지 않으려 했다. 심지어 인간의 믿음조차도 구원의 근거로 두려 하지 않았다. 그는 구원에 있어 인간의 무력함과 수동성을 강조하고 하나님의 주권과 초월적 은혜를 강조했다. 그런 점에서 루터는 의롭게 하시는 하나님의 은총이 인간 편에서의 역할이나 협력이 없는 **수동적인 의요, 외부적인 의, 낯선 의**라고 말했다. 그는 **의롭게 됨(의화)은 그리스도의 의의 수동적 전가**(imputation)**이지, 주입**(infusion)**이 아님을 강조했다.**

그러나 트리엔트 공의회에 따르면 의롭게 됨은 단지 수동적 전가가 아니라 하나님 편에서의 은총과 인간 편에서의 자유의지의 협력을 통해 이루어진다. **의롭게 됨이란 오직 은총에 의해서만 이루어지지만 인간 없이는 이루어지지 않는다**(의화는 하나님의 은총과 인간의 협력 가운데 이루어진다). 다시 말해 의롭게 됨(義化)의 은총은 하나님의 행위로서 "창조되지 않은 은총"일 뿐 아니라 인간 안에서 존재하는 "창조된 은총"이다. **구원은 하나님의 은총으로 이루어지지만, 그 은총은 인간의 선행을 통해 효과**(effect)**를 발한다, 인간의 선행은 은총을 증진시킨다.** 따라서 **구원은 "오직 (하나님의) 은총으로만"이 아니라 인간 안에 이미 내재된 (인간의) 은총적 가능성에 하나님의 은총이 더해지는 "추가된 은총"으로 말미암는 것이 되고 만다.**

종교개혁자들은 인간의 선행을 은총의 열매로 보는 데 반해, 트리엔트 공의회에서는 그것이 구원을 위한 인간의 공로가 된다. 트리엔트 공의회가 말하는 구원의 공식은 하나님의 은총과 인간의 선행/공로의 협력으로 요약된다. "**신자는 예수 그리스도를 통해 약속된 은총으로써(구원**

받으며), '그리고' 그 보답인 선행과 공로로써 영원한 구원을 받는다." 따라서 트리엔트 공의회에 있어 선행이란 구원의 표식이 아니라 구원의 근거가 되어버린다. 결론적으로 종교개혁은 은총과 구원에 있어 "하나님 홀로"를 고수하는 데 비해 트리엔트 공의회는 하나님의 은총과 인간 편의 역할을 강조한다. 트리엔트 공의회가 말하는 구원 과정은 ① 선행적 은총, ② 준비, ③ 의화, ④ 선한 행위들의 공로, 그리고 ⑤ 영생으로서, 한편으로는 하나님의 작용(①, ③, ⑤)과 다른 한편으로는 인간의 작용(②, ④)에 의해 진행된다.

(2) 트리엔트 공의회의 칭의론

1) 의롭게 됨은 자유의지와 은총의 협력으로 이루어진다

의화는 먼저 하나님의 은총이 주어져야 한다는 점에서 은총의 우선성을 인정한다. 그러므로 가톨릭 구원관의 공식적인 입장은 펠라기우스주의처럼 인간 본성이 여전히 창조의 선함을 지니고 있으므로 은총이 없이도 구원이 가능하다고 말하거나, 절충적 펠라기우스주의처럼 구원과업이 인간 편에서 먼저 시작된다고 말하지 않는다. 그러나 하나님의 은총이 주어졌다 하더라도 인간이 그 은총을 거부할 수 있다. 따라서 은총이 주어질 때, 인간이 은총의 도움을 받고, 그 은총에 협력할 때만 그 사람은 의롭다 함을 얻을 수 있으며(得義), 의롭게 될 수 있다(義化).

> 공의회는…이 의롭게 됨의 기원이 그리스도 예수로 말미암는 하나님의 선행하는 은총(선행은총)으로부터 취하여져야 한다고 선언한다. 다시 말해…어떤 존재하는 공로에 의하지 않은 채, 그들을 부르시는 부르심으로부터 취하여져야 한다고 선언한다. 죄를 짓고 하나님에게서 등을 돌렸던 자들은 그들로 하여금 의롭다 함을 받기 위해 회개하도록 그들을 자극하며 돕는 은혜(조

력 은총)로 말미암아, 바로 그 은총에 대해 자유로이 동의하고 협력하도록 준비를 갖추게 된다. 그 결과 비록 성령의 조명을 통해 하나님께서 인간의 마음을 감동시키신다 하더라도, 그 조명을 받을 때, 인간 자신이 전적으로 아무것도 행하지 않는 것이 아니다. 왜냐하면 사실 그가(죄인이) 은총을 멀리 던져버릴 수 있기 때문이다(선사된 은총을 거부할 수 있다는 점에서 자유의지는 은총에 협력적이다). 그럼에도 **은총이 없다면, 자신의 자유로운 의지만으로, 하나님 보시기에 의로운 상태를 향하여 자신을 움직여 나아갈 수 없다**(은총은 자유의지와 협력에 의해 진행되지만, 그럼에도 은총 없이 자유의지만으로는 의화로 나아갈 수 없다. 은총도 자유의지의 협력이 없이 구원 과정의 진척이 어렵지만, 은총이 없이는 불가능하다)(의화에 관한 교령 제5장).

하나님에 의하여 움직이고 일깨워지는 인간의 자유의지는 일깨우시고 부르시는 하나님을 따르는 일에—이렇게 하여 사람은 의롭게 되는 은총을 얻을 수 있는 성향과 준비를 하게 되는데—어떤 식으로든지 아무런 협력을 하지 않는다고 말하는 사람이 있다면 저주가 있을지어다. 또한 원한다 하더라도 거부할 수 없으며, 생명력이 없는 것처럼 어떤 것이든지 행할 수가 없으며, 단지 수동적으로만 있을 수 있을 뿐이라고 말하는 사람이 있다면 저주가 있을지어다(의화에 관한 법규 4항).

이처럼 트리엔트 공의회는 구원에 있어서 은혜의 우선성을 말하면서도, 인간의 자유의지의 협력을 강조한다.

2) 의화에 대한 트리엔트 공의회의 정의(definition)

트리엔트 공의회는 의롭게 됨을 정의할 때 루터교처럼(개혁파도 마찬가지다) 그것이 **신분 상태의 이동**임을 선언한다. 개신교 관점에서 가톨릭

의화론을 비판하면서 이 점을 의도적으로 간과해서는 안 된다.

> 불경건한 자가 의롭게 된다는 말의 표현은 첫 아담의 자녀로 태어난 신분으로부터 둘째 아담인 우리 구주 예수 그리스도를 통해서 하나님의 자녀로 입양된 은혜의 신분으로 옮기어짐(이행)을 말한다(의화에 관한 교령 제4장).

다시 말해 가톨릭교회도 의화를 말함에 있어 그것이 거저 주시는 하나님의 주도권을 통해서 인간에게 선사되는 그리스도의 의로움이며, 인간은 이를 통해 죄의 상태에서 은총의 상태로, 그리고 입양된 하나님의 자녀의 지위로 나아가게 된다고 주장하는 것이다. 그러므로 의화는 신분 상태의 이동이다.

그러나 트리엔트 공의회는 의롭게 함이란 **신분의 변화만이 아니라 실제로 의롭게 되는 변화**라고 정의한다(의화로서의 칭의). 즉 **칭의란 단지 사람이 "의롭다고 간주되는 것"이 아니라 "의롭게 되어가는 것"을 의미한다.**

> 의롭게 됨은 단지 죄 사함만이 아니라 은혜와 은사를 자발적으로 받아들임으로써 속 사람이 거룩하게 되고 새롭게 됨이기도 하다. 사람은 이것을 통해 불의자로부터 의로운 자가 되며, 대적자로부터 친구가 되며, 그 결과 영원한 생명의 소망을 따르는 상속자가 된다(의화에 관한 교령 제7장).

트리엔트 공의회는 의롭게 됨이 단순히 죄 사함만이 아니라 은총의 선물을 수용함을 통한 내적인 쇄신과 성화라고 선언한다. 이런 의미에서 의화는 필수적으로 성화를 내포한다. 가톨릭의 관점에서 성화 없는 의화란 있을 수 없다. 반면, **개신교 칭의론에서 루터는**—이 관점은 루터파만이 아니라 개혁파도 동일하다—칭의를 **실제로 의롭게 되는 변화의 관**

점(transformation view)이 아니라 **법정적 관점**으로 이해한다. 의롭게 됨이란 소극적으로는 죄의 용서이고, 적극적으로는 죄인에 대해 그리스도의 의가 전가됨을 선언하는 법정적 행위를 의미하며, **주입된 의**가 아니라 **전가된 의**를 말한다.[20]

이와 반대로 **트리엔트 공의회는** 루터교의 칭의론의 핵심인 **법정적**, **선언적**, **형식적 의나 전가된 의**를 정면으로 거부한다.

> 만일 누군가가 그리스도의 의로움을 통해서 우리가 의화 될 자격이 있음에도 불구하고 이 의로움 자체는 우리를 단지 **형식적으로만 의롭게 한다고 말한다면** 그는 저주받을 것이다(의화에 관한 법규 10항).

여기서 트리엔트 공의회는 의화의 사건에서 인간이 단지 형식적으로만 의로워진다는 개념을 비판하고, 실제적 의로움을 표방한다.

> 만일 누군가가 인간은 단지 그리스도의 **의로움의 전가를 통해서만**, **또는 단지 죄에 대한 사함만을 통해서만** 의화되었다고 말하며 성령을 통해서 우리 마음 안에 주입되어 머무는 은총과 애덕을 제외시키거나, 의화시켜주는 은총이 단지 하나님을 위한 것일 뿐이라고 말한다면, 그는 저주받을 것이다(의화에 관한 법규 11항).

요약하자면 트리엔트 공의회는 칭의를 "의의 수여"가 아니라 단지 "죄

---

20 하이델베르크 교리문답 33문은, "의롭게 함이란 무엇입니까?"라고 묻고 "의롭게 함은 믿음으로써만 받으며, 우리에게 전가된 오직 그리스도의 의 때문에, 우리의 모든 죄를 용서하시고 우리를 그가 보시기에 의로운 자들로 받아주시는, 하나님께서 값없이 주시는 은혜입니다"라고 답한다.

의 용서"로 간주하는 것을 정죄한다고 볼 수 있다. 또한 트리엔트 공의회는 **죄인에 대한 그리스도의 의의 (법정적) 전가가 아니라 그리스도의 의로움이 우리 안에 주입됨으로(주입된 의) 우리의 의로움이 그리스도의 의로움에 참여한다**고 강조한다. 그러므로 법정적, 선언적 의나 전가된 의가 아니라 우리가 실제로 그리스도의 의에 참여하는 **참여적 의**를 말한다.

그런데 의화는 단지 그리스도에 대한 **믿음으로만이 아니라 사랑으로 완성된다**. 이것은 결국 종교개혁 칭의론의 핵심인 "**오직 믿음으로만**"의 입장에 대해 정죄를 선언하는 것이다.[21] 바로 여기에 루터교(개신교)와 가톨릭 칭의 교리의 차이가 있다. 그 차이점을 정리해보자.

① 개신교의 칭의론은 행위로 말미암지 않고 "오직 믿음으로만 의롭게 됨"을 말한다. 그런데 트리엔트 공의회 역시 일차적으로 "믿음으로부터의 의롭게 됨"을 말한다.

> 사람이 믿음으로 말미암아 값없이 구원을 받는다고 말할 때, 그 말의 의미는 가톨릭교회가 지속적으로 동의하여 지지하고 표현해온 바대로, 즉 사람은 과연 믿음으로 의롭게 된다는 의미로 이해되어야 한다. 왜냐하면 믿음은 **구원의 시작이며 모든 의롭게 됨의 근원이며 뿌리이기 때문이다**.…사람이 값없이 의롭게 된다고 말할 것이다. 왜냐하면 의롭게 됨보다 앞서 있는 그 어떤 것도, 믿음이건 행위이건, 의롭게 됨의 은혜 자체를 공로로 얻을 수 없기 때문이다(의화에 관한 교령 제8장).

---

21 McGrath, 『하나님의 칭의론』, 436.

② 그러나 트리엔트 공의회에 의하면, 신자가 죄 사함과 함께 의롭다 함을 받을 때, 그리스도를 통해 주입된 믿음, 소망, 사랑까지 함께 받는다고 말한다. 가톨릭교회는 신자가 의롭게 될 때, 행함이 없이 단지 믿음으로 그친다면 그 믿음은 "사랑이 없는 믿음"으로서 죽은 믿음이라고 말하는 것이다. 따라서 "**역동적인 의화 과정은 믿음 안에서 시작되고, 사랑 안에서 완성되어야 한다**. 그리고 이 사랑은 은총의 허락을 통해 의화의 순간에 우리 안에 주입된다. **우리를 의화시켜주는 믿음은 사랑을 통해서 형성된 것이다**."[22] 그러니까 의화는 궁극적으로 하나님에 대한 사랑이 우리 안에 주입됨으로써 내재적인(*inherente*) 것이 될 때 실현된다고 말한다. 그러므로 믿음은 의화의 원인적 기원이지만, 그것은 사랑(*caritas*)을 통해서 완성된다는 것이다. 이 점을 트리엔트 공의회는 다음과 같이 강조한다.

> 만일 누군가가 자신이 용서받고 의화되었음을 확실히 믿는 그 사실로 인해 자신의 죄를 용서받고 의화되었다고 말하거나 자신이 의화되었다고 믿으며, 오직 이 믿음만으로(!) 죄 사함과 의화가 실현된다고 말한다면 그는 저주받을 것이다(의화에 관한 법규 14항).

또한 트리엔트 공의회의 교령(敎令)에는 분명히 공로 사상이 포함되어 있다. "선행은 하나님에 의해 보상받는다"라는 입장은 중세 가톨릭교회가 보유하고 있었던 공로적 사고의 전통을 그대로 계승하고 있다. 가톨릭은 공로가 인간에 대한 하나님의 선물이라고 언급하지만, 결국 공로가 인간의 노력의 결과임을 천명한다. 그리스도의 은총이 인간의 노력

---

22 Sayes, 『은총론』, 373.

에 선행하지만, 그래도 그 노력은 실재한다. 신자들은 은총의 협력을 통해 공로를 부여받으며 칭의에서 자라간다. 영생은 하나님이 인내한 사람들에게 약속하신 보답의 선물이다.

지금까지의 논의를 종합하여 정리한다면, 트리엔트 공의회가 말하는 의화란 죄인이 그리스도의 공로에 근거하면서도 내적으로 자신을 쇄신하며 그리스도의 의로움에 실제로 참여하는 것이라 할 수 있다. 사람은 그리스도의 공로들이 단지 외적으로 전가됨으로써 의화되는 것이 아니라 고유한 의로움을 통해서 그리고 성령이 그 안에 자유로운 협력과 의지에 따라 부어주시는 의로움을 통해서 의롭게 된다는 것이다. 트리엔트 공의회의 의화론을 다음과 같이 요약하여 정리할 수 있다.

① 의화는 인간의 의로움이 하나님의 의로움에 "창조적으로 참여하는 것"이다(하나님의 의가 인간 안에서 내재적인 것이 되면서 인간 안에서 창조적인 의를 만들어간다).

② 믿음은 의화의 시작이고 바탕이며 뿌리인데 역동적인 의화 과정으로 인해 그 (의롭게 하는) 믿음은 실제로 의로운 사랑 안에서 충만하게 완성된다.

③ 믿음은 단지 의화의 시작일 뿐이므로 의화는 믿음이 사랑과 합치될 때 실현된다. 이 사랑은 먼저 하나님의 사랑에 자극받아 시작되는데, 인간 안에서 자유로운 응답이 협력함으로써 완성되어 간다.

④ 그리하여 의화는 결국 죄에 대한 용서, 성화, 내적 인간의 쇄신을 포함한다. 이 모든 의화 과정은 하나님의 선물로서 선사되는 은총과 그에 대한 의지적 응답의 협력을 통해 이루어진다.

⑤ 그리하여 의화는 윤리적, 도덕적 덕의 실천을 실행하고 요구받게

된다.[23]

가톨릭의 의화론은 성화론과 동일시된다. **루터교는 의롭게 됨의 조건을 성화로 내세우지 않는 반면, 가톨릭의 의화론은 의화의 조건으로서 성화가 강조된다.** 가톨릭은 의롭게 됨이 하나님의 은총으로 선사받는 것이긴 하지만, 인간의 능동적인 협력을 통해 인간 안에서 내재적으로 사랑을 보여주면서 성화로 나아간다고 가르친다. **개신교 전통이 칭의를 "믿음을 통한 칭의"로 정의하면서 "믿음만으로 충분한 의롭다 함"을 강조한다면, 가톨릭교회는 믿음은 단지 칭의의 시작이므로 사랑 안에서 완성되어가야 한다고 역설한다.** 가톨릭의 의화론은 "사랑으로써 역사하는 믿음"을 강조한다. "믿음은 사랑을 통해 형성되어야 한다." "오직 사랑이 믿음을 질적으로 규정해준다."

그러나 개신교의 칭의론에 대해서도 그것이 사랑 없는 "오직 믿음만의 칭의"인지 면밀한 검토가 필요하다. 웨스트민스터 신앙고백은 "믿음으로 그리스도와 그의 의를 받아들이고 의지하므로, 믿음은 의롭게 함의 유일한 방편이다. 그렇지만 의롭게 된 자에게 있어서 믿음은 단독적으로 있는 것이 아니라 항상 다른 구원의 은혜들을 수반하며, 결국 죽은 믿음이 아니라 **사랑으로써 역사하는 믿음**이다"(11장 2항)라고 말한다. 더구나 루터의 칭의론도 "오직 믿음만"이 아니라 "사랑으로써 역사하는 믿음"을 강조했다는 점을 확인할 필요가 있다.

---

23 Sayes, 『은총론』, 387-93.

4. 루터의 칭의론: 가톨릭의 의화론과 어떻게 다른가?

(1) 의롭게 됨(justification)에 관한 전통적이며 정통주의적인 루터교의[24] 이해

고전적이며 전통적인 칭의론에서 의는 법정적 의, 전가된 의, 수동적 의로 이해되며, 행위를 통해서가 아니라 오직 믿음으로 얻는 의라는 점이 강조된다. 이 관점은 루터와 루터파 칭의론에 대한 전통적인 해석이지만, 동시에 개혁파 칭의론의 관점과도 일치되는 부분이 있다. 루터파와 개혁파의 대체적인 칭의 이해는, 칭의를 의화로 파악하고 의화에 있어서 인간의 준비를 강조하며 공로를 포함시키는 로마 가톨릭의 의화론적 이해에 반대하면서, 의의 법정적 전가로서의 칭의와 실제적이고 도덕적인 변화로서의 성화를 분리한다. 루터파의 칭의론에서 의란 법정적 의, 낯선 의, 창조되지 않는 의이며, "의의 전가"이지 "의의 주입"이 아니다. 고전적 의미에서 루터교적 칭의론은 다음과 같이 요약된다.

1) 법정적 의

의롭게 됨이란 그리스도를 믿는 죄인을 의롭다고 선포하시는 법정적, 법률적 행위다. 그것이 "법정적 행위"(*actus forensis*)인 이유는 "의롭게 하다"라는 말이 "죄 있는 사람을 놓아주고 그를 의롭다고 선포하는 것"이기 때문이다. 법정적 칭의는 죄인 된 인간에게 무죄판결(사면판결)을 내리는 장면을 연상시킨다. 그러므로 죄인의 의인 됨이란 소극적으로는 "죄의 용서" 또는 "죄를 덮음" 또는 "죄를 인정하지 않음"을 말하며, 적극적으로는 그리스도의 의를 입는 것으로서 의의 성취다.

---

24 여기서 "루터파 정통주의"란 교과서적 루터 신학을 의미하는바, 루터파 신앙고백인 "아우크스부르크 신앙고백"(1530), "슈말칼텐 신조"(1537), "일치 신조"(1580) 등을 말한다.

다시 말해 **의롭게 됨이란 본질적으로 인간이 의롭게 변화되는 것이 아니다. 그러므로 그것은 "의롭게 만들다"가 아니라 "의롭다고 선언하다"를 뜻한다. 따라서 의롭게 됨은 "인간 속에 존재하는 도덕적 조건이나 사람이 경험하는 도덕적 변화가 아니라 오직 하나님에 대한 인간의 관계를 뒤집는 인간에 대한 신적 판결"이다. 결론적으로 의롭게 됨은 "법정적이며 동시에… 그리스도를 믿는 죄인에게 부과된 범죄를 면케 하시고, 그를 의롭다 여기시고 선포하시는 하나님의 은혜로운 행위다"**(Hollaz).

2) "오직 믿음으로만"(*sola fide*)에 의한 의인(義認)으로서의 의화

① **"행위 의인**(義認)**"**[25](justification by works, 행위에 의한 의롭다 함)**이 아니라 신앙 의인**(justification by faith, 믿음에 의한 의롭다 함)**이다.** 사람은 율법의 행위가 아니라 믿음만으로 의롭다 함을 얻는다(롬 3:28; 4:5). 구원은 행위에서 난 것이 아니다(엡 2:8-9). "오직 믿음으로만"이란 표어는 인간 편에서의 어떠한 노력이나 공로, 선행을 구원의 근거나 원인으로 내세우려는 시도를 배격한다. 따라서 "오직 믿음만으로" 의롭다 함은 "율법 없이", "행위 없이", "행위에 의한 것이 아닌"(롬 3:28; 4:5; 엡 2:8, 9)과 같은 **배제 조항**을 가져온다. 그러므로 루터교 칭의론은 "죄인이 하나님 앞에서 율법의 행위를 떠나서 하나님의 은혜로 값없이 의롭게 된다"는 명제를 표어로 삼는다.

② 신앙 의인(義認)은 **"은혜를 인하여 그리스도로 말미암아 믿음을 통하여"**(by grace, for Christ's sake, through faith)**라는 말로 잘 설명된다.** 칭의의 원인("인하여")은 하나님의 은혜이고, 칭의의 방식("말미암아")은 그리스도의 의의 전가됨이며, 칭의의 수단("통하여")은 믿음이다.

---

25 행위 의인은 행업 의인(行業 義認, 행위와 업적에 의한 의롭다 인정됨)이라고 말할 수 있다.

③ 이 관점은 가톨릭교회가 말하는 의화론의 관점을 배격한다. 의롭다 함이란 주입된 은총(*gratia infusa*), 즉 인간 본성 안에 선한 성품이 존재한다는 사고를 배격한다. 의롭다 함은 우리 안에 내주한 거룩하게 하는 영향력에 기초한 것이 아니라 오히려 "그리스도로 말미암아" 즉 "그리스도의 대속적 충족(vicarious satisfaction)으로 말미암아", 말하자면 "그리스도의 공로에 기초하여" 이루어지는 것이다. "왜냐하면 의롭게 됨이란 그리스도가 우리를 위하여 율법을 만족시키고 우리 죄의 대가를 지불하셨기 때문이다"("일치 신조", III, 14). 의롭다 함은 가톨릭교회가 가르치는 것처럼 치유하는 은총(혹은 치유적 과정)으로서 인간 안에서 은혜가 단계적으로 완전을 향하여 작용하고 인간의 도덕적 성품이 점진적으로 발전함으로써 의화에 이르게 되는 것이 아니다. 의롭게 됨은 "본질적으로 인간이 의롭게 되는 변화가 아니라 인간이 그것을 믿음으로 얻게 되는 그리스도의 완전한 의 때문에 의롭다고 선포된 변화다."[26]

④ **의롭게 됨은 단계가 없다.** 의롭게 됨은 순간적이며, 죄인이 그리스도를 믿는 순간 완성된다. 칭의 다음에 오는 실질적인 변화의 문제는 칭의 교리가 아니라 성화 교리에 속한다. 따라서 루터파의 칭의론은 가톨릭의 의화론도 배격하지만, 개혁파의 성화론에 대한 강조도 배격한다. 즉 칭의를 철저히 법정적 전가의 개념으로 이해함으로써 신자 안에서 의롭게 되어가는 과정을 어떠한 방식으로든 칭의 개념과 연결하는 것을 배격한다. 개혁주의는 칭의와 성화를 분리하기보다는 양자가 원인과 결과로서 서로 구분되지만 상호 연결점을 지니고 있다고 본다.

---

26 Mueller, 『기독교 교의학』, 550.

3) 루터의 "즐거운 교환"(der fröhliche Wechsel)

루터는 의롭게 됨이 "의의 주입"이 아니라 "의의 전가"로 가능해진다고 말한다. 이와 관련하여 그는 신자와 그리스도의 관계를 신랑과 신부의 관계로 설명한다. 신랑과 신부가 한 몸으로 연합하여 모든 것을 공유하듯, 신자는 믿음 안에서 예수 그리스도와 연합되어 모든 것을 공유한다. 여기서 그리스도의 완전한 의와 죄인의 죄인 됨 사이에 교환이 이루어진다. 그리스도는 우리를 위하여 죄가 되시고, 우리는 그분의 의를 받게 된다(고후 5:21). 그리스도의 모든 의는 신자의 것이 되고, 신자의 모든 죄는 그리스도의 것이 된다. 이러한 거래를 "즐거운 교환", "행복한 교환"이라고 부르며, 또는 "이중 전가"라고 부르기도 한다.

4) 우리 밖에서(*extra nos*)

루터에 따르면 의는 우리 밖에서 오는 낯선 의(외래적 의), 창조되지 않은 의다. 루터교회 신앙고백에 나타난 칭의론은 죄 용서일 뿐이지 성화가 아니다. 따라서 의화가 성화와 구별되지만 분리되지 않는다는 로마 가톨릭의 교리와 구분된다.

(2) 루터의 의롭게 됨(justification)에 대한 통전적 해석

루터의 칭의론에서는 전통적으로 법정적 의, 수동적 의, 외래적인 의, 혹은 어떠한 행위도 배격하는 "오직 믿음으로"의 측면만이 일방적으로 강조되어왔으나, 그의 칭의론은 의롭게 여겨지는 칭의적 개념과 의롭게 되어가는 의화적 개념까지도(공로 개념은 제외하고) 포함하고 있다. 루터는 칭의 사건에서 외래적 의만이 아니라 그리스도인 안에 "고유한 의"가 있음을 주장하며, 결과적으로 그의 칭의 교리는 "수동적 의"에 "능동적 의", 그리고 "순간적 의"에 "점진적 의"를 연결하고 결합하는 통합적 칭의론이라는 것이다.

루터는 "두 종류의 의"[27]를 말하는데, 첫 번째는 "외래적 의"(*justitia aliena*, alien righteousness)로서 이는 밖으로부터 스며들어온 낯선 의이며 그리스도의 의다. 이 의는 우리 자신 안에서 생성되는 **고유한 의**(*justitia propria*)의 근거이며 원인이자 근원이다. 밖으로부터 그리스도인 안으로 스며들어 온 외래적 의(그리스도의 의)는 그리스도인 안에서 드러나야 하는 고유한 의의 원인과 근거가 된다. 두 번째는 우리 자신의 고유한 의다. 이 의, 즉 우리 자신의 의는 첫 번째 의(외래적 의)의 산물로서 실제로 그 열매이자 결과다. 이 의는 다른 사람의 유익을 구하기 때문에 사랑을 행한다. 그래서 그 의는 모든 영역에서 하나님의 뜻을 행하며 자기에 대하여 근신하며 이웃에 대해서는 의로우며 하나님에 대해서는 경건하게 사는 모습으로 나타난다(두 번째 의는 그리스도인 자신인 나, 이웃, 하나님이라는 삶의 총체적 영역과 관련되어 성화적 삶의 모습으로 나타난다).

그러므로 의롭게 됨이란 "오직 믿음으로만" 아니라 믿음과 사랑의 연합을 통해 의롭게 됨을 의미한다. 루터의 칭의론에서 믿음과 사랑은 긴밀한 연관성을 갖는다. 여기서 **외래적, 수동적, 완전한 의가 믿음과 관련된다면 자신의, 능동적, 점진적 의는 사랑과 관련된다.**[28] 지금까지 칭의론으로 이해되어온 루터의 의롭게 됨 교리를 이해함에 있어 우리는 그것을 법정적으로 선언되는 의, 신자 안에서 실제로 의롭게 되어가는 것에 대립하는 의미에서의 "외래적 의", 우리 안에서 능동적으로 의롭게 됨을 배제하는 의미에서의 "수동적 의"로만 이해하기보다는 오히려 그러

---

27 J. Dilenberger, 『루터 저작선』(이형기 옮김, 크리스천다이제스트), 133-37.

28 김선영, 『믿음과 사랑의 신학자』; 김선영, "믿음으로만?", 「한국교회발전연구원 자료집」(종교개혁 500주년 기념 연속 심포지엄, 제1회 "한국교회, 마르틴 루터에게 길을 묻다", 2014.11.25.), 16-23.

한 기존의 의 개념을 “자신의 의”, “능동적 의”, “점진적 의”와 연결하여 어떻게 의인 됨이 우리로 하여금 하나님, 이웃, 자기 자신과 관계에서 도덕적, 사회적으로 참된 그리스도인으로 살아갈 수 있게 만들어줄 수 있는지 모색해야 한다. 루터의 칭의론은 이제 “의롭게 됨”의 교리로 파악되어야 한다. 이러한 접근은 그동안 루터의 칭의론에서 어떠한 성화(거룩함, 도덕적 변화)도 배제하려고 했던 일방적인 해석을 극복하는 시도가 된다.[29]

정리하면, 루터파도 칭의론만 강조하는 것이 아니라 성화(*sanctificatio*) 혹은 갱생(*renovatio*)을 강조한다. 성화는 신자의 내적 변화다. 그런데 이 내적이며 영적인 변화는 믿음으로 의롭다 함을 얻는 바로 그 순간에 일어난다. 이 변화는 의롭다 함의 열매다. 의롭다 함이 일어나기 전에는 성화나 선행이 발견되지 않는다. 그러나 칭의 이후에 신자는 그리스도 안에서 계속 성화되며 선행을 실천하게 된다. 성화와 선행은 의인 됨의 원인이나 근거가 아니라 표지다.

결론

아우구스티누스를 출발점으로 삼는 가톨릭의 칭의론은 칭의가 아닌 의화로서 이해되었다. 칭의가 성화로 이동했거나, 혹은 대체된 것이라고 할 수 있다. 그러나 의화로 이해된 칭의 개념으로 인해 가톨릭교회는 칭의 된 신자 안에서 실제로 거룩함에 이르게 하는 도덕적 변화를 이끌어 내는 교리적 장점을 지니게 되었다. 반면 개신교는 칭의 교리에서 삶의

---

29 참고, 김선영, “의롭게 됨에 관한 루터의 가르침”, 「목회와 신학」(11월호; 2014), 72-77.

변화와 거룩함을 이끌어내지 못하는 약점을 가지고 있는 것처럼 보이지만, 이러한 관찰도 실상은 종교개혁의 칭의론을 깊이 있게 성찰하지 못한 단편적인 해석이라고 할 수 있다. 가톨릭의 의화론과 개신교의 칭의론이 불러일으키는 반목과 갈등은 결국 아우구스티누스의 칭의론으로부터 풀어가야 할 숙제다. 그러나 트리엔트 공의회의 의화론과 루터의 칭의론은 어떤 의미에서 접촉점을 가진다. 한스 큉은 그의 칭의론 연구에서 개신교와 가톨릭의 칭의론이 근본적인 차원에서 조우할 수 있다고 결론을 내리기도 한다.[30] 또한 개신교 신학자로서 가톨릭 의화론과 긴밀하게 대화하는 신학자들도 있다.[31] 이런 노력의 결실이 칭의 교리에 대한 가톨릭과 개신교의 "공동선언문"(1999)으로 나타났지만, 이를 반대하는 목소리도 여전하다.[32] 이런 상황에서도 개신교의 칭의론을 보완하고 새롭게 하는 작업은 꾸준히 진행되어야 할 것이다.

---

30 Hans Küng, *Rechtfertigung: Die Lehre Karl Barths und Eine Katholische Besinnung* (Johannes Verlag: Einsideln, 1957).

31 대표적인 예로, Otto Hermann Pesch, *Frei Sein aus Gnade*(Herder: Freiburg, Basel, Wien, 1983), 91-101. 198-209, 228-30.

32 대표적인 반대 입장은 Jüngel에게서 찾아볼 수 있다. Eberhard Jüngel, *Das Evangelium von der Rechtfertigung des Gottlosen als Zentrum des christlichen Glaubens*(Mohr Siebeck, 1997)을 참고하라.

06

루터의 칭의론 재조명

오직 믿음으로만?

김선영
실천신학대학원대학교, 교회사

김선영은 미국 프린스턴 신학대학원에서 루터에 관한 연구로 교리사 전공 박사학위(Ph. D.)를, 연세대학교에서 기독교교육학으로 박사학위(Ph. D.)를 받았다. 현재 실천신학대학원대학교 교회사 교수로 재직 중이다. 저서로는 *Luther on Faith and Love: Christ and the Law in the 1535 Galatians Commentary*(Fortress Press, 2014), 『믿음과 사랑의 신학자: 마르틴 루터』(대한기독교서회, 2014)가 있고, 논문은 "16세기 프로테스탄트 개혁가 마르틴 루터의 죽음관"(「한국교회사학회지」 제45집, 2016), "루터의 비텐베르크 대학교 교육개혁과 16세기 독일 프로테스탄트 개혁"(「한국기독교신학논총」 제102집, 2016) 등 다수가 있다. 루터, 16세기 종교개혁, 하나님 나라 사상, 교회론, 기독교교육 분야에 관심을 두고 있다.

1. 서언: 루터의 칭의론을 둘러싼 논의

루터가 말한 칭의론은 무엇인가 하는 문제를 놓고 끊임없는 논의가 이어져 왔다.[1] 이 토의의 중심에는 무엇보다도 루터의 칭의론이 의의 전가(imputation)와 법정적(forensic) 선고 개념만 가지고 있는지, 아니면 "실제로 의롭게 만든다"는 개념까지 포함하고 있는지에 대한 질문이 놓여 있다.[2] 루터의 칭의론에서 근간이 되는 사상은 하나님이 죄인인 인간이 예수 그리스도를 믿을 때 그 죄인에게 "죄를 전가하지 않음"으로써 죄를 용서하고, 외래적(alien) 의인 "예수 그리스도의 의를 전가"하는 두 형태의 전가에 의해 죄인을 의롭게 여기고 의롭다고 선고한다는 것이다. 여기에는 전적으로 죄의 용서에 대한 하나님의 말씀이 전제되어 있다. 이 선고는 하나님 앞에서 죄인의 신분 변화, 그리고 하나님과 죄인 간의 화해를 가져온다. 여기에는 죄인인 인간의 구원을 위해 십자가에 못 박히고 부활하신 그리스도의 공로만이 전적으로 적용되며, 인간의 행위나 공로가 들어설 자리는 없다. 따라서 이 의는 전적으로 수동적 의다.

그러나 루터의 칭의론이 여기서 끝나지 않는다는 점을 주목할 필요가 있다. 마테스(Mark Mattes)에 의하면 justification이라는 신앙 개조에 대한 루터의 접근은 법정적이다. 그리스도의 의가 죄인들에게 전가되고, 그들은 예수 [그리스도] 덕분에 용서를 받는다. 그럼에도 justification에 대한 그[루터]의 견해는 효력(effective)의 차원도 갖고 있다."[3] 여기에는 두 가지 중요한 근거가 있다. 첫째, 의롭다고 선고하

---

1 이와 관련하여 다음 책을 참고하라. Mark Husbands, Daniel J. Treier ed., *Justification: What's at Stake in the Current Debates*(Downers Grove, IL: IVP Academic, 2004).

2 이 문제를 다룰 때 Luther의 동료였던 Philipp Melanchthon의 칭의론이 후대 사람들이 Luther의 가르침을 이해하는 데 어떤 영향을 끼쳤는지를 살펴보는 작업이 도움을 줄 것이다.

는 하나님의 말씀은 그냥 말이 아니다. 하나님의 말씀은 "무로부터의 창조"(*creatio ex nihilo*)를 이룬 만큼, "의롭다 선고하시는" 하나님의 말씀은 동시에 그 사람을 "실제로 의롭게 만드는" 효력을 가지고 있다. 따라서 루터의 "justification"에는 **"의롭다고 선고받는" 법정적 개념**과 **실제로 "의롭게 만들어지는" 효력 개념이 공존**한다. 이와 더불어 믿음으로 가슴속에 모셔진 그리스도는 "즐거운 교환"(fröhliche Wechsel)을 통해 자신의 의를 그리스도인에게 주고 그리스도인의 죄를 가져가는 교환이 일어난다. 그리고 그리스도의 영인 성령을 통해 "실제로 그 사람을 의롭게 만들어 간다." 그러므로 루터의 justification은 득의(得義), 칭의(稱義), 그리고 의롭게 만들어짐의 개념까지 모두 포함한다. 물론 여기서 루터가 사용하는 "득의"와 "의롭게 만들어짐"의 개념은 중세 스콜라 신학의 의화론(義化論)이 말하는 주입된 은혜와 본성의 본질적 변화, 그리고 신인협력에 의해 점점 의로워지는 과정을 거치면서 궁극적으로 인간이 의와 구원을 획득한다는 개념과는 완전히 다르다. 왜냐하면 루터는 인간이 행위와 공로 없이 전적으로 수동적인 상태에서 예수 그리스도의 완전한 의라는 외래적 의를 얻음으로써만 구원을 받는다는 입장을 취하고 있기 때문이다.[4]

---

3 Mark Mattes, "Luther on Justification as Forensic and Effective," Robert Kolb, et al. ed., *The Oxford Handbook of Martin Luther's Theology*(Oxford University Press, 2016), 271. 다음을 참고하라. Mark Mattes, "Justification," Timothy J. Wengert, et al. ed., *Dictionary of Luther and the Lutheran Traditions*(Baker Academic, 2017), 385-89.

4 죄인이 의롭게 되는 문제와 관련하여 그리스도인 안에 그리스도가 거주하는 방식 또는 그리스도와 그리스도인 간의 연합의 방식에 관한 Luther의 입장이 Andreas Osiander의 입장과 어떻게 다른가를 살펴보는 것도 Luther의 입장을 오해하지 않는 데 도움이 된다. 그리스도인은 정말로 의롭게 되는 것이 아니라 단지 의롭게 된 "것처럼" 하나님에 의해 간주되는 것뿐일 수 있다는 생각을 피하기 위해 Osiander는 믿음의 의는 우리 밖에(*extra nos*) 있는 것이 아니라 우리 안에 거주하는 의로운 그리스도 덕분에 우리 안에(*in nobis*) 있다고 주장한다. Osiander가 말하는 우리 안에 거주하는 그리스도는 인성이 제거된 신적 로고스다. 그에 따르면 이 신적 로고스는 우리 안에 그 자신과 함께 성부 하나님과 성령을 데리고 오는데, 이 하나님(godhead)은 우리 안에 신적 본질과 성질을 주입한다. 이 하나님은 이제 우리 안에 본

이와 함께 동전의 양면처럼 등장하는 이 논쟁의 또 다른 측면은 루터 칭의론의 윤리적 차원이다. 이 문제와 관련하여 루터가 법정적 상황을 설정해놓고 "오직 믿음만으로" 의롭다 칭해진다고 외치는 바람에 결과적으로 도덕적 태만과 사회·윤리적 책임의 방기를 야기했고, 칭의론을 싸구려 은총론으로 전락시켰다는 비난의 목소리도 있다.[5] 또 루터가 칭의는 강력하게 가르쳤지만 성화는 소홀히 했다는 주장도 제기된다. 그 한 예를 존 웨슬리(John Wesley, 1703-1791)에게서 찾아볼 수 있다. 웨슬리는 1738년 5월 24일 올더스게이트(Aldersgate)에서 어떤 모라비아 교도가 루터의 로마서 서문을 읽는 것을 들었다. 이때 가슴이 뜨거워지는 경험을 하면서 구원을 확신하게 된 웨슬리는 오직 그리스도를 믿는 믿음에 의해 의롭게 된다는 루터의 가르침을 매우 높이 평가하게 되며, "믿음에 의한 구원"("Salvation by Faith," 1738. 6. 18)이란 제목으로 설교도 했다.[6] 그러나 웨슬리는 1년도 채 지나지 않은 1739년 4월 4일에는 루터를 부정적으로 언급하고, 1741년 6월 15일과 16일에는 루터의 『갈

질적 의가 생기게 하여 우리를 본질적으로 의롭게 만든다. Osiander의 입장에 대해서는 다음 글들을 참조하라. Calvin, *Inst.* III, 11, 5-12; Julie Canlis, "Calvin, Osiander and Participation in God," *International Journal of Systematic Theology* 6/2(2004), 169-84.

5 특히 이런 비판과 관련하여 Lazareth는 19세기의 이원론적이고 정적주의적인 독일 루터주의의 결과로 나타난 Luther와 루터파의 신학적 윤리관에 대한 20세기 개신교의 해석적 오류들을 네 가지 대표적 형태로 분류한다. 그 네 가지 형태는 보수주의라는 Ernst Troeltsch의 비판, 정적주의라는 Karl Barth의 비판, 이원론이라는 Johannes Heckel의 비판, 그리고 패배주의라는 Reinhold Niebuhr의 비판이다(William H. Lazareth, *Christians in Society: Luther, the Bible, and Social Ethics*[Minneapolis: Fortress, 2001], 3). 이와 관련하여 Lindberg는 루터파는 의롭게 됨은 크게 소리쳐 외치면서 거룩하게 됨은 소곤거리기만 하느냐는 질문에 대해 그렇지 않다고 대답하면서 Luther가 "값싼 은혜"를 설교했다는 수 세기 동안의 의혹은 잘못된 것이라고 역설한다(Carter Lindberg, "Do Lutherans Shout Justification but Whisper Sanctification? Justification and Sanctification in the Lutheran Tradition," *Justification and Sanctification: In the Traditions of the Reformation*, 98, 112).

6 John Wesley, "Salvation by Faith," Albert C. Outler ed., *The Works of John Wesley, vol. 1, Sermons I: 1-33*(Nashville: Abingdon, 1984), 117-30.

라디아서 강해』를 비판하기에 이르렀다.[7] 또 1787년에 "하나님의 포도원"("On God's Vineyard")이라는 제목으로 한 설교에서는 이렇게 말했다.

> 칭의에 대해 누가 루터보다 더 훌륭하게 썼습니까? 하지만 성화에 대해 루터보다 더 무지하고, 혼동한 사람이 어디 있습니까? 성화에 대한 루터의 완전한 무지는 그의 유명한 『갈라디아서 강해』를 편견 없이 숙독해보기만 해도 알 수 있습니다.[8]

루터의 칭의론을 둘러싸고 형성된 이런 개념적 혼란과 관련하여 여기서 한 가지 짚고 넘어갈 문제가 있다. 그것은 한국교회와 신학계에서 비판적 성찰과 루터의 일차 문헌에 대한 분석을 소홀히 한 채 관용적으로 사용하고 있는 "칭의론"이라는 번역 용어가 이런 혼란을 더 가중하고 있다는 점이다. 루터의 "justification"이 법정적 선고의 차원과 함께 효력의 차원, 칭의와 함께 득의의 차원을 함께 가지고 있다면 "칭의론"은 루터의 "justification"에 대한 적절한 번역 용어가 될 수 없다. 그렇다면 무엇이 칭의, 득의, 법정적 선고, 효력 등의 개념들을 다 포함하는 상위 개념인 "justification"에 대한 가장 적절한 번역 용어일까? 이 질문을 놓고 신중히 고민해본 결과 나는 "의롭게 됨"이란 용어를 사용하고자 한다. 그리고 글의 내용을 전개하면서 어떤 문맥 속에서 루터가 칭의,

---

7 *The Works of John Wesley, vol. 19, Journal and Diaries II(1738-1743)*, W. Reginald Ward, Richard P. Hietzenrater ed.(Nashville: Abingdon, 1990), 47, 200-1.

8 John Wesley, "On God's Vineyard," Albert C. Outler ed., *The Works of John Wesley, vol. 3, Sermons III: 71-114*(Nashville, TN: Abingdon Press, 1986), 505. Luther에 대한 John Wesley의 이해는 직접적인 경험에서 나온 것이라기보다는 Nikolaus Ludwig von Zinzendorf와 모라비아 교도들의 루터 해석에 의해 매개된 경험에서 나온 것이다. 따라서 Wesley의 루터 비판은 문자 그대로 수용해서는 안 되며, 신중히 접근해야 한다.

득의, 법정적 선고, 효력 등의 하위 개념들을 사용하고 있는지 설명하고자 한다.

2. 억울한 루터: "오직 믿음"과 함께 "사랑"을 강조한 루터

루터의 글을 읽다 보면, 그의 "의롭게 됨의 교리"(doctrine of justification)에 대한 오해가 이미 500년 전에도 있었음을 알 수 있다.[9] 루터는 "오직 믿음으로"라는 신념을 앞세우다가 선행을 비난하고 무효화하며, 성화를 소홀히 한다는 맹공을 받았다. 달리 말해, 루터는 믿음은 강조했으나 사랑은 간과했고, 칭의는 역설했지만 성화는 무시했다는 비난을 받은 것이다. 이에 맞서 루터는 이런 비방은 자신의 의도를 곡해한 것이고, 논적들의 중상모략이라고 논박했다. 루터를 오해하는 이들 가운데는 그의 추종자들도 있었다. 이 같은 현실에 직면한 루터는 오직 예수 그리스도를 믿는 믿음에 의해 의롭게 됨을 가르치든지, 가르치지 않든지 어느 쪽을 선택해도 난경에 처하는 **딜레마**에 빠질 수밖에 없었다. 그래서 루터는 이렇게까지 말했다.

---

9 1520년 상반기에 나온 『선행에 관하여』(*On Good Works*)도 이런 오해를 풀기 위해 쓴 글이다. *D. Martin Luthers Werke*, Kritische Gesamtausgabe, 73 vols, J. F. K. Knaake et al. ed.(Weimar: Hermann Böhlau, 1883-2009), 6. 202-76(이후로는 WA 6. 202-76과 같이 표기한다); *Luther's Works*, American edition, 75 vols, Jaroslav Pelikan, Helmut T. Lehmann, Christopher B. Brown ed.(Saint Louis, MO: Concordia Publishing House, 1955 ff.; Philadelphia, PA: Fortress Press, 1955-1986), 44:21-114(이후로는 LW 44:21-114와 같이 표기한다). 이후로도 Luther의 글에는 계속해서 이 오해가 언급된다. 예를 들어 생애 마지막 10년 동안 한 창세기 강해에서도 Luther는 여전히 이 문제를 다루어야 했다. WA 42. 373-74; LW 2:159, WA 43. 126; LW 3:349.

> 은혜 또는 믿음을 설교하지 않는다면 어느 누구도 구원받지 못한다. 믿음만이 의롭게 하고 구원하기 때문이다. 반면에 믿음을 설교하면—이것은 반드시 설교해야 하므로—대다수 사람은 믿음에 대한 가르침을 육적인 방식으로 이해하고 영의 자유를 육의 자유로 둔갑시킨다.[10]

이런 딜레마 속에서 루터는 **두 부류의 위선자**를 지적한다. 한 부류는 근면하고 진지하지만 행위로 자기-의를 추구한다. 다른 부류는 믿음이 행위 없이 의롭게 하므로 모든 행위에서 면제되었다고 오판하고 선행을 무시한다. 그러면서도 참된 믿음을 가지고 있다고 착각하면서 값비싼 그리스도인의 자유를 싸구려 방종으로, 귀중한 하나님의 은혜를 값싼 은혜로 전락시킨다.[11] 여기서 루터는 참된 그리스도인의 자유를 오용하면서 악한 욕망에 쉽게 응하거나, 그런 행위들을 하고도 믿음으로 용서받았다고 착각하는 위선자들의 자기 기만적인 모습을 목격한다. 루터는 이런 방종을 육의 자유요 "비행"이라고 지칭하면서 "진주를 발밑에 밟아 뭉개는 돼지"(마 7:6)처럼 비행을 저지르는 자들을 가차 없이 책망한다.[12] 그리고 다음과 같이 외친다.

> 바울이 "그러지 말지어다, 너희 사악한 자들이여"라고 말했다. 행위 없이 믿음만이 의롭게 한다는 것은 사실이다. 그렇지만 나는 여기서 참된 믿음에 대해 이야기하고 있다. 이 참된 믿음은 의롭게 한 후 잠자러 가지 아니하고 사랑을 통해 활동한다.[13]

---

10 WA 40/2. 60; LW 27:48.

11 WA 40/2. 36-37; LW 27:30.

12 WA 40/2. 60; LW 27:48.

13 WA 40/2. 37; LW 27:30. Luther는 또 진정한 믿음에 대해 다음과 같이 기술한다. "[믿음은] 참되며 살아 있다. 그것은 사랑을 통해 선행을 자극하고 선행에 동기를 부여한다"(WA 40/2.

> [그리스도인의 삶은] 비록 육 안에서의 삶이긴 해도 육의 삶이 아니다. 그리스도인의 삶은 하나님의 아들이시며, 그리스도인이 믿음에 의해 모시고 있는 그리스도의 삶이다.[14]

믿음은 사랑을 통해 활동함(갈 5:6, faith working through love)을[15] 강조하면서 루터는 "누군가 선행에 대해 현재 우리가 가르치는 것보다 더 경건하고 건전한 가르침을 베푼 지 오래되었다"고 말한다.[16] 그리고 자신을 참된 사랑 또는 선행의 옹호자로 제시한다. 또 "참된 선행에 대한 사탄의 증오"에 맞서 "충실한 설교자들이 믿음에 대해 가르치는 만큼 선행을 강력히 권고할 필요가 있는데, 그것은 사탄이 이 둘 다에 분노하며 격렬하게 저항하기 때문"이라고 설명한다.[17] 이처럼 믿음과 사랑을 한 쌍의 주제로 묶으면서 루터는 다음과 같이 역설한다. **"그리스도인의 전 삶과 존재는 믿음과 사랑"**이고,[18] **"복음서 전체에서 믿음과 사랑보다 더 분명하게 강조되는 것은 아무것도 없다."**[19]

이처럼 믿음과 함께 사랑을 강조했음에도 불구하고 루터의 입장이 오해를 받는 이유 중 하나는 그의 글을 읽을 때 잘못된 해석의 틀을 사용하기 때문이다. 이런 틀은 다음과 같은 오류를 범한다. 첫째, 루터 신학에 "justification"과 "sanctification"이라는 주제를 가지고 접

37; LW 27:30). Luther에 의하면 믿음은 "이웃을 향한 선행 또는 사랑의 추진력이며 자극이다"(WA 40/2. 38; LW 27:30).

14 WA 40/1. 290; LW 26:172.

15 "예수 그리스도 안에서는 할례나 무할례나 아무 효력이 없으되 오직 사랑으로 활동하는 믿음뿐이니라"(『흠정역 성경』).

16 WA 40/1. 157; LW 26:84.

17 WA 40/2. 66; LW 27:53.

18 WA 10/3. 13; LW 51:75.

19 WA 10/3. 352; LW 51:117.

근하면서 그의 신학에서 justification은 중요하지만 sanctification은 별로 중요하지 않다고 단정할 뿐만 아니라, 루터가 justification과 sanctification이라는 주제를 믿음과 사랑이라는 한 쌍의 신학적 주제로 풀고 있다는 사실을 놓친다. 둘째, 믿음과 사랑에 대한 루터의 가르침에서 그가 사랑을 무시하고 있다거나, 믿음과 사랑에 대해 여기저기서 상충하는 말을 하고 있다고 결론짓는다. 셋째, "오직 믿음으로"에 대한 루터의 가르침을 너무 일방적으로 강조하면서 사랑에 대한 가르침을 간과하거나 주요 연구 분야에서 제외시킨다.[20]

3. 루터의 의롭게 됨 교리에 대한 새로운 해석의 틀

(1) 두 종류의 의

루터가 본래 말하고자 했던 의롭게 됨의 교리를 올바로 파악하고, 이를 명확히 정립하려면 그가 직접 제시하는 해석의 틀을 중심으로 접근할 필요가 있다. 이 틀을 발견하기 위해 가장 용이하게 사용할 수 있는 두 편의 글이 있다. 그것은 『두 종류의 의』(*Two Kinds of Righteousness*, 1519)와 1520년 하반기에 출판된, 루터의 3대 논문 중 하나로 유명한 『그리스도인의 자유』(*The Freedom of a Christian*)다.

『두 종류의 의』의 틀은 두 차원으로 구성되어 있다. 첫째, "밖에서 주

---

20 의롭게 됨에 대한 가르침이 루터 신학에서 핵심적 위치를 차지한다는 입장을 뒷받침하는 증거로서 "*articulus stantis et cadentis ecclesiae*"(이 조항에 의해 교회가 서기도 하고 넘어지기도 한다)라는 표현이 자주 사용된다. 그러나 사실 Luther 자신이 정확히 이 표현을 사용했다는 증거는 발견되지 않는다. 이 문제에 대해서는 다음 자료를 참조하라. 김선영, 『믿음과 사랑의 신학자: 마르틴 루터』(대한기독교서회, 2014), 31, n. 28.

어진, 다른 사람의 의"를 의미하는 "외래적(alien) 의"란 차원이다. 이것은 "그리스도의 의"로서 그리스도는 이 의에 의해 "믿음을 통해 의롭게 한다."[21] 이 의는 결코 인간의 행위로 주어지지 않는다. 죄인인 인간이 이 의를 얻는 것을 신부와 신랑의 관계에 비유해 설명하면서, 루터는 다음과 같이 묘사한다.

> 그리스도를 믿는 믿음을 통해 그리스도의 의가 우리의 의가 되고, 그리스도가 가지고 있는 것은 모두 우리의 것이 된다. 아니 그리스도 자신이 우리의 것이 된다.[22]

둘째, "우리 자신의(proper) 의"란 차원이다. 이렇게 부를 수 있는 이유는 "우리가 남의 힘을 빌리지 않고 이 의를 만들어가기 때문이 아니라, 첫째의 외래적 의와 함께 일하[면서 만들어가]기 때문이다."[23] 이 설명은 첫 번째 의와 두 번째 의의 관계를 잘 보여준다. 루터는 이 두 의의 관계에 대해 설명하기를, 그리스도를 신뢰하는 자는 그리스도 안에 존재하고, 그리스도와 하나이며, 그리스도의 의와 똑같은 의를 갖게 된다고 한다.

> 이 [그리스도의] 의가 일차적인 것이다. 이 의는 우리 자신의 모든 실제적(actual) 의의 근본, 원인, 근원이다.[24]

---

21 WA 2. 145; LW 31:297.
22 WA 2. 146; LW 31:298; 참조. WA 2. 145; LW 31:297, WA 2. 147; LW 31:300.
23 WA 2. 146; LW 31:299.
24 WA 2. 146; LW 31:298.

이 두 번째 의를 만들어가는 과정이란 선행을 하며 유익하게 살아가는 삶의 방식이라고 제안하면서 루터는 특히 하나님, 이웃, 그리고 자기 자신과의 관계를 언급한다.[25] 이 두 번째 의의 차원과 관련하여 루터는 그리스도가 그리스도인이 열심히 따라야 할 모범을 보였다는 것, 그리고 그리스도인은 종의 모습으로 이웃을 섬겨야 함을 강조한다.

루터는 우리에게 주어진 그리스도의 "외래적 의"와 "우리 자신의 의"라고 하는 두 차원을 『그리스도인의 자유』에서 믿음과 사랑의 두 차원으로 재구성해 내놓는다. "외래적 의" 차원과 믿음의 차원에서 다루는 내용, 그리고 "우리 자신의 의" 차원과 사랑의 차원에서 다루는 내용은 기본적으로 대동소이하다.

(2) 믿음과 사랑

더 나아가 루터는 이 두 글에서 제시한 내용을 몇백 쪽에 달하는 방대한 분량의 『갈라디아서 강해』(1535)에서 믿음과 사랑이라는 한 쌍의 신학적 주제를 전면에 내세워 풀어낸다. 이 강해서는 루터의 성숙한 신학을 대변하는 글로 잘 알려져 있다. 따라서 루터의 의롭게 됨 교리를 올바로 다루기 위한 해석의 틀을 찾기 위해서는 이 강해서를 주목할 필요가 있다.[26]

루터가 『갈라디아서 강해』에서 제시하는 믿음과 사랑에 대한 해석의 틀을 찾으려면, 우선 그가 바울이 쓴 갈라디아서의 구조와 내용을 어

---

25 WA 2. 147; LW 31:299.

26 나는 이 내용을 다음 글에서 다루었다. 김선영, 『믿음과 사랑의 신학자』; Sun-young Kim, *Luther on Faith and Love: Christ and the Law in the 1535 Galatians Commentary*(Minneapolis, MN: Fortress Press, 2014). 믿음과 사랑에 대한 Luther의 가르침과 관련된 이차 문헌은 여기에 다 열거할 수 없으므로 다음 글을 참조하라. 김선영, 『믿음과 사랑의 신학자』, 45-82. 여기에 Tuomo Mannermaa와 현대 핀란드 루터학파의 입장도 소개해놓았다.

떻게 분석하는지 살펴보아야 한다.[27] 루터는 갈라디아서가 4:8-9 단락을 중심으로 크게 둘로 나뉜다고 본다. 앞부분에서 바울은 믿음, 그리스도, 그리스도의 의(義), 그리고 의롭게 됨을 가르치는 반면, 뒷부분에서는 사랑, 법의 행위, 그리고 거룩하게 됨을 가르친다. 이 주제의 전환에 각별히 주의하면서 루터는 "이것이 바울이 주장하는 바의 결론이다. 바울은 이제부터 이 서신의 끝까지 주장은 별로 하지 않고 그 대신 덕행에 관한 계율을 진술할 것이다"라고 설명한다.[28] 갈라디아서 5:12에서 루터는 다시 한번 다음과 같이 해설한다.

> 이제 선한 덕행에 대한 권유와 계율이 따른다. 왜냐하면 사도[바울]는 믿음을 가르치고 양심에 대해 교훈한 뒤, 덕행에 대한 몇 계율과 관련된 화제를 꺼내는 습관을 지니고 있기 때문이다. 그리고 이 덕행에 대한 계율을 가지고 바울은 믿는 자들에게 서로를 향해 믿음의 의무를 실행에 옮기라고 권면한다.[29]

루터의 이 해석에 의하면 갈라디아서는 구조적으로나 내용적으로나 믿음과 덕행이라는 두 핵심 주제로 구성되어 있다. 물론 여기서 덕행은 "사랑"을 의미한다. 이것은 루터의 강의를 받아 적은 게오르크 뢰러(Georg Rörer)의 강의록(1531)이 분명히 보여준다. 루터는 갈라디아서 5:12를 풀이하면서 "그[바울]는 믿음을 가르치고 나서 사랑의 의무에 대해 권고할 것"이라고 말했다.[30]

---

27 이 강해서는 1531년 강의를 정리해서 출판한 책이다.
28 WA 40/1. 600; LW 26:394.
29 WA 40/2. 59; LW 27:47
30 WA 40/2. 59.

여기서 루터는 믿음과 사랑이 구조와 내용 모든 면에서 갈라디아서를 구성하고 있는 한 쌍의 주제라는 해석에서 한 걸음 더 나아간다. 루터는 서신을 쓸 때마다 앞부분에서는 믿음, 뒷부분에서는 사랑을 다루는 것이 바울의 습관이라고 주장한다. 바울 서신에 대한 이런 해석상의 주장은 루터의 신학, 특히 믿음과 사랑에 대한 루터의 가르침을 이해하는 데 매우 중요한 단서를 제공한다. 이와 관련하여 다음 언급에 주목할 필요가 있다.

> 그러므로 그리스도교적 가르침이 선한 도덕을 손상시키며 정치적 질서와 상충한다는 인상을 피하기 위해, 사도 [바울]은 선한 도덕과 정직한 외적 행위, 사랑과 화합의 준수 등과 같은 것에 대해서도 훈계한다. 따라서 세상은 그리스도인들이 선한 도덕을 손상시키고 공공의 안녕과 인습적 예의를 해치고 있다고 고발할 권리가 전혀 없다. 왜냐하면 그들은 도덕과 모든 덕을 어떤 철학가나 교사보다도 더 잘 가르치고 있는데, 그것은 그들이 믿음을 추가하고 있기 때문이다.[31]

이 언급이 특히 흥미로운 이유는 바울이 처한 상황에 대한 루터의 해설이 바로 루터 자신이 처한 상황에 대한 설명임을 쉽게 간파할 수 있기 때문이다. 이것은 루터의 사고 속에서 바울의 정황과 루터 자신의 정황이 하나로 융합되고 있음을 드러낸다. 그러므로 우리는 『갈라디아서 강해』에서 루터가 바울을 다룰 때, 루터가 의도하는 바를 다음 세 개의 층으로 조심스럽게 구분하여 분석할 필요가 있다. 첫째, 표면적으로 루터는 바울이 믿음에 대해서만 가르치고 사랑에 대해서는 등한시함으로써

---

31 WA 40/2. 59; LW 27:47.

도덕적 태만과 사회·윤리적 방관, 그리고 정치적 혼란을 초래한다는 비난을 피하고자 그의 서신의 후반부에서는 사랑을 가르친다고 해석한다. 둘째, 그러나 사실 이런 해석을 통해 루터는 자신이 직면한 논쟁적 상황을 드러낸다. 셋째, 더 나아가 바울의 권위를 빌어 자신의 가르침의 권위를 확립한다. 이 세 개의 층을 고려하면서 루터의 『갈라디아서 강해』를 숙독할 때 가장 중요한 발견은 루터가 믿음과 사랑에 대한 그의 가르침을 올바로 이해할 수 있도록 두 차원으로 구성된 해석의 틀을 스스로 제시했다는 점이다.[32] 그 두 차원이란 첫째, 그리스도의 외래적(alien)이고 수동적이며 완전한 의의 차원이고, 둘째, 그리스도인 자신의(proper) 능동적이고 점진적인 의의 차원이다.

4. 새로운 해석 틀의 두 차원

(1) 첫째 차원: 그리스도의 외래적, 수동적, 완전한 의 – 믿음

그리스도의 외래적, 수동적, 완전한 의의 차원에서 결정적인 질문은 하나님 앞에서 죄인이 어떻게 설 수 있으며 **어떻게 구원받을 수 있는가**다. 이에 대해 루터가 찾은 대답의 핵심은 "오직 예수 그리스도를 믿는 믿음으로"다. 이 답변에는 사랑이 빠져 있다. 하지만 그렇다고 해서 루터가 그의 의롭게 됨 교리에서 사랑을 일괄적으로 비판하고 배제한다고 성급히 주장해서는 안 된다. 먼저 왜 그가 이 차원에서 사랑을 비판적으로 다루는지에 주의를 기울여야 한다. 이를 위해 우선 루터가 연루되었던 로

---

32 Luther는 바울이 습관적으로 각 서신에서 믿음과 사랑에 대해 가르친다고 말하지만 사실 Luther 자신의 주요 저서들을 살펴보면 Luther 자신이 습관적으로 믿음과 사랑을 한 쌍의 지배적인 주제로 사용했음을 알 수 있다. 참조. 김선영, 『믿음과 사랑의 신학자』, 326-32.

마 가톨릭교회 및 급진 개혁가들과의 논쟁이 펼쳐진 상황을 파악해야 한다.[33] 특히 토마스 아퀴나스(Thomas Aquinas)와 가브리엘 비엘(Gabriel Biel)의 공로 사상 및 "사랑에 의해 형성된 믿음"(*fides caritate formata*), 그리고 이와 연관된 주입(infusion)과 인간 본성의 본질적 변화와 같은 개념들을 담고 있는 스콜라신학의 의화론을 이해할 필요가 있다.

1) 스콜라신학의 의화론: 아퀴나스와 비엘

아리스토텔레스의 철학, 특히 모든 사물에는 목적이 있고 만물은 목적을 향해 움직이고 있다는 목적론적 세계관에 영향을 받은 아퀴나스는 불의한 자의 의롭게 됨을 "하나님에 의해 한 영혼이 죄의 상태에서 정의(justice)의 상태로 움직여 가는 일종의 한 운동"으로 해석한다.[34] 이 의롭게 됨에는 "은혜의 주입, 믿음에 의한 자유 선택의 하나님을 향한 운동, 자유 선택의 죄를 향한 운동, 그리고 죄의 사함"이라는 네 가지 필수 요소가 있다.[35] 이 도식을 기본 틀로 삼아 의롭게 됨의 시작, 과정, 그리고 완성을 설명하면서 아퀴나스는 구원의 질서(*ordo salutis*)의 첫 단계에서 불의한 자가 의롭게 되려면 믿음이 필요하다고 본다. 그러나 의롭게 됨의 완성과 그 완성을 향한 지속적인 운동을 위해서는 믿음만으로는 불충분하다.[36] 사랑이 이 불충분한 부분을 채워줄 수 있다고 제시하면서 아퀴나스는 다시 아리스토텔레스의 철학 개념을 빌려 와서 믿음과 사랑을

---

33 급진 개혁가들과의 논쟁 상황에 대해서는 다음 글을 참조하라. 김선영, 『믿음과 사랑의 신학자』, 144-51.

34 Thomas Aquinas, *Summa Theologiæ: Complete Set*, vols. 13-20, Fr. Laurence Shapcote, O. P. trans., John Mortensen, Enrique Alarcón ed.(Latin-English Edition; Lander, WY: Aquinas Institute, 2012), Part 1a2æ, Question 113, Article 6(이후로는 *STh* 1a2æ. 113. 6과 같이 표기한다).

35 *STh* 1a2æ. 113. 6.

36 *STh* 1a2æ. 113. 4.

질료와 형상의 관계로 풀이한다. 그리고 사랑을 믿음의 형상, 즉 믿음을 완전하게 만드는 요소로 정의한다.[37] 여기서 사랑에 의해 형성되어야만 하는 "형성되지 않은 믿음"(*fides informis*)과 "사랑에 의해 형성된 믿음"이라는 표현이 나온다.

아퀴나스의 믿음과 사랑 개념은 그의 공로 사상과도 연결된다. 아퀴나스는 "재량(裁量) 공로"와 "적정(適正) 공로"를 구분하면서,[38] 불경건한 자는 인간 스스로의 힘에 의해 하나님의 첫 은혜를 획득할 수 있는 것으로 간주할 수 있는 공로를 쌓을 수 없다고 본다. 즉 구원의 질서에서 첫 은혜는 하나님에 의해 성령의 선물로 주입될 뿐이지 인간이 얻을 수 있는 것이 아니다. 따라서 아퀴나스는 엄격한 의미에서 재량 공로 사상을 인정하지 않는다.[39] 그러나 일단 신학적 덕인 사랑, 곧 애덕이 하나님의 은혜로 주입되면 이로부터 신인 협력 관계에 의해 적정 공로를 점점 더 많이 쌓아갈 수 있고, 이에 비례하여 더 많은 애덕이 주입된다고 본다.

따라서 형성되지 않은 믿음, 사랑에 의해 형성된 믿음, 공로 사상 등 그 모든 개념은 의롭게 됨과 영생을 위해 믿음의 필요성은 인정하지만 믿음만으로는 충분하지 않다는 사고방식을 드러낸다.[40] 즉 아퀴나스는 의화론에서 믿음의 역할을 완전히 무효로 만들지는 않지만, 그렇다고 해서 오직 믿음만으로 죄인이 구원에 이를 수 있다고 가르치지도 않는다. 아퀴나스에게 의화를 완성시키는 것은 믿음이 아니라 최고의 신학적 덕인 사랑이다.[41]

---

37 *STh* 2a2æ. 4. 3; 참조. Aristotle, *Nicomachean Ethics*, Richard McKeon ed., *The Basic Works of Aristotle*(New York: Modern Library, 2001), Book II, Ch. 6.

38 *STh* 1a2æ. 114. 3.

39 *STh* 1a2æ. 114. 1, 2, 3, 5.

40 WA 40/1. 164; LW 26:88; WA 40/1. 421; LW 26:268.

41 *STh* 1a2æ. 62. 3; 1a2æ. 66. 6; 2a2æ. 2. 9; 1a2æ. 114. 4.

그러나 사실 『갈라디아서 강해』에서 루터가 아퀴나스보다 더 강력하게 비판한 신학자는 유명론자인 가브리엘 비엘이다. 비엘에 의하면 하나님은 아직 의롭게 되지는 않았지만 최선을 다하는 자(*facientibus quod in se est*)에게 은혜를 베푼다. 즉 비엘은 은혜가 없는 상태에서도 인간은 순전히 선천적 능력만으로 하나님의 은혜를 받을 수 있는 공로로 인정받는 행위를 할 수 있을 뿐 아니라 다른 무엇보다 하나님을 사랑할 수 있으며 구원의 출발점에 스스로 설 수 있다고 가르친다. 따라서 루터는 이런 "재량 공로"까지 인정한 비엘을 아퀴나스보다 더 혹독하게 공격한다.

2) 루터의 의롭게 됨 교리: 오직 예수 그리스도를 믿는 믿음만으로

루터는 아퀴나스와 비엘의 가르침을 반박하면서 오직 예수 그리스도를 믿는 믿음만으로 죄인이 "의롭다 칭함"을 받고 또 "의롭게 된다"는 성경의 가르침을 들고나온다. 이것이 의미하는 바는 다음과 같다. 죄인은 하나님의 약속대로 그리스도에 의해서만 의인(義人)이 된다. 이 그리스도가 "나의 구세주"가 될 수 있는 것은 오직 믿음을 통해서다. 왜냐하면 믿음이 그리스도를 가슴속에 모실 수 있는 유일한 수단이기 때문이다.[42] 아니, 더 정확히 말해 그리스도는 단순히 믿음의 대상이 아니라 "믿음 그 자체에 계신 분"(the One who is present in the faith itself)이기 때문이다.[43] 이런 의미에서 구원의 유일한 원인은 그리스도고, 유일한 수단은 믿음이다. 그리고 믿음은 의롭게 됨의 필요충분조건이다.[44] 그리스도를 믿는 믿음이 자신의 신학에서 얼마나 중요한지를 루터는 다음과 같이 표현한다.

---

42 WA 40/1. 229; LW 26:130.

43 WA 40/1. 228-29; LW 26:129.

44 WA 40/1. 255; LW 26:146-47, WA 40/1. 64; LW 26:21.

나의 마음속에는 이 한 가지 교리, 즉 그리스도를 믿는 믿음이라는 교리가 통치한다. 그것으로부터, 그것을 통해, 그리고 그것에로 나의 모든 신학적 사고가 밤이나 낮이나 흘러나오고 되돌아간다.[45]

그리스도와 믿음에 대한 이런 가르침에 입각해 루터는 공로 사상을 비판하면서 "사랑에 의해 형성된 믿음"은 "그리스도에 의해 형성된 믿음"(*fides Christo formata*)으로 대체되어야 한다고 주장한다.

이 문맥 속에서 우리는 인문주의자들에게 탁월한 라틴어 실력과 언어적 감각으로 칭송을 받고, 독일어 성경 번역으로 독일어와 독일 문학의 새 시대를 열어놓았으며, 프로테스탄트 신학의 신기원을 이룬 루터가 로마서 3:28을 번역하면서 비난을 마다치 않고 "믿음" 앞에 굳이 "오직"(allein)이라는 단어를 붙인 이유를 이해할 수 있다.[46] 루터에게 "오직"은 무엇보다도 당시 논쟁적 상황 속에서 죄인은 하나님의 약속대로 예수 그리스도에 의해서만 의인이 되고 구원을 받으니 여기에 어떤 토도 달지 말라고 경고하는 신호와 같다. "오직"은 믿음이 의롭게 됨의 유일한 수단이며, 필수조건일 뿐만 아니라 충분조건이라는 표현이다. 따라서 외래적, 수동적, 완전한 의의 차원에서 그리스도만을 구세주로 믿고 그분의 공로만을 100퍼센트 인정하는 믿음은, 인간이 자신의 공로로 의와 구원을 획득하는 데 공헌할 수 있다는 사고방식을 내포한 모든 형태의

---

45 WA 40/1. 33; LW 27:145.

46 로마 가톨릭교회는 Luther가 성경을 번역하면서 "오직"을 첨가한 것을 공격했고, Luther는 이에 대해 "번역에 관하여: 공개 서신"("On Translating: An Open Letter")을 통해 반론을 제기했다(WA 30/2. 632-43; LW 35:181-98). 이 구절에 대한 『개역개정판 성경』의 번역은 다음과 같다. "그러므로 사람이 의롭다 하심을 얻는 것은 율법의 행위에 있지 않고 믿음으로 되는 줄 우리가 인정하노라." 『루터 성경』의 번역은 다음과 같다. "So halten wir nun dafür, dass der Mensch gerecht wird ohne des Gesetzes Werke, **allein** durch den Glauben."

믿음, 사랑, 자기-의 등의 개념과 극명한 대립을 이룰 수밖에 없다.

이 "오직"이 루터에게 극히 중요했던 것은 여기서 신학적 인간론, 그리스도론, 구원론, 신론 등 그 모든 것이 위태로워질 수 있음을 깨달았기 때문이다. 불의한 인간은 결코 자기 행위로 의롭게 될 수 없다. 외적 행위가 속사람을 변화시키지 못하기 때문이다. 속사람이 변하지 않은 상태에서 한 행위는 진정한 사랑의 행위라고 말할 수 없다. 그것은 하나님 앞에서(*coram Deo*) 여전히 죄의 행위다. 믿음이 예수 그리스도를 가슴속에 모심으로써 속사람이 변해야만 참된 사랑의 행위가 나올 수 있다. 행위에 의한 의(work-righteousness)에 입각한 인간의 공로가 죄인을 의인으로 만드는 데 공헌한다면 그리스도의 공로는 상대화된다. 그리스도의 공로만 100퍼센트 인정해야 하는데 그렇지 않게 되면 하나님은 그리스도만을 죄인의 구원을 위한 유일한 길로 약속했으므로 하나님을 거짓말쟁이로 만들게 된다. 이것은 인간이 하나님을 하나님 되지 못하게 만드는 것이다.

3) 하나님의 의, 그리스도의 의, 그리스도인의 의

오직 예수 그리스도를 믿음으로 죄인이 의롭다 칭함을 받고, 의인이 된다는 루터의 신념에는 세 가지 형태의 의—하나님의 의, 그리스도의 의, 그리스도인의 의—가 관련되어 있다. 이 셋 중 가장 근간이 되는 "하나님의 의"와 관련하여 루터의 삶과 신학은 중요한 개인적 깨달음의 경험을 알려준다. 루터는 스콜라 신학의 개념들과 중세 로마 가톨릭교회의 참회 제도, 그리고 절대적 의로 죄인의 노력을 저울질하는 대 심판관으로서의 하나님 이미지에 얽매여 있었다. 그리고 에르푸르트에 있는 아우구스티누스 은수사회 수도원에서 하나님이 기뻐하시도록 그 누구보다 진지하게 고행하며 인간적인 수고를 마다치 않았다. 그럼에도 하나님이 여전히 만족스러워하지 않으실 것이라는 생각에 고뇌하며 어둠 속에 갇혀 몸부림치고 있을 때 루터는 뜻밖의 탈출구를 찾게 된다. 이는 "탑 경험"(tower experience)으로 알려져 있다.[47] 이 경험의 핵심에 놓여 있는 성경 구절은 로마서 1:17이다. 이 경험 이전에 루터는 "복음에 하나님의 의가 나타나서"라는 말씀이 견디기 힘든, 정말 피하고 싶은 구절이었다고 고백한다. 그리고 심지어 이 말씀으로 인해 하나님에 대한 미움이 커지고 있었다고 털어놓는다.

탑 경험의 중요성은 루터가 "하나님의 의"를 전혀 새로운 각도에서 해석할 수 있는 가능성을 발견했다는 점이다. 루터에 의하면 "의인은 믿음으로 살리라"(롬 1:17)라는 말씀은 바울이 어떤 종류의 의를 생각했는지를 깨닫는 데 도움을 주었다. 이 깨달음에서 결정적인 역할을 한 것은 루터가 "하나님의 의"를 "의인"(의로운 사람)과 연결해 해석했다는 점이었다.[48] 이제 루터는 바울이 말하는 "하나님의 의"를, "의인"을 만드는 의로 보게 된다. 바울이 말하는 "하나님의 의"는 철저한 기준에 따라 죄를 측정함으로써 예외 없이 모든 죄인을 처벌하는 그런 절대적 의가 아니다. 오히려 아무런 대가를 요구하지 않으면서 불의한 죄인을 의인으로 만드는 그런 의다.[49] 이로써 루터는 절대적이고 추상적인 의미에서 해석한 두렵고 떨리는 "하나님의 의"에 대한 생각으로부터 해방되는 자유를 맛보았다. 그리고는 "하나님의 의"가 이제는 가장 달콤한 말이 되었다고 외친다.

---

47 WA 54. 185-86; LW 34:336-37. 이 경험이 "탑 경험"이라고 불리는 이유는 비록 이 경험이 정확히 언제 일어났는지는 여전히 학자들 간에 합의된 결론이 나오지 않았지만(일반적으로 1508년에서 1518년 사이 어느 시점으로 본다), 이것이 나중에 Luther의 집이 된 비텐베르크에 있는 흑 회랑(Black Cloister)의 탑에서 일어난 것은 분명하기 때문이다.

48 "하나님의 의"와 "의인"은 그리스어 성경에서 δικαιοσύνη γὰρ θεοῦ와 ο δίκαιος로, 라틴어 성경에서 *iustitia Dei*와 *iustus*로, 영어 성경에서 the righteousness of God과 the one who is righteous(NRSV)나 the just(KJV), 또는 the righteous(NIV)로 나타난다.

49 WA 56. 172; LW 25:151.

이제 루터는 그 누구도 만족시킬 수 없고 파악할 수 없는 절대적 의를 소유한 심판자 하나님과는 전혀 다른 하나님을 경험하게 된다. 그것은 아무런 대가도 바라지 않고 의롭다 칭하고, 의롭게 하는 하나님, 자비롭게 용서하고 사랑하는 하나님의 이미지다. 하나님의 의는 응징 또는 보복하는 의가 아니라 구원하는 의다. 인간의 공로를 요구하는 대신 의의 하나님은 축복하기를 원하신다. 죄인들에게 사형 선고를 내리는 대신 의의 하나님은 생명을 주기를 원하신다. 그리고 의롭게 됨에서 인간이 해야 할 유일한 일은, 값없이 죄인을 의롭다 칭하고, 의롭게 만들기 원하는 자비로운 하나님의 선물인 예수 그리스도를 믿고 받아들이는 것이다.

여기서 우리는 "하나님의 의"와 "의인"을 연결하는 중심에 "예수 그리스도의 의"가 자리 잡고 있음을 알 수 있다. 루터는 "의인은 오직 믿음으로 말미암아 살리라"는 바울의 신념에 따라, 예수 그리스도는 바로 "믿음 그 자체에 계신 분"이며, 그리스도를 "나의 가슴속"에 모실 수 있는 유일한 수단은 믿음뿐이라고 강조하면서 그리스도와 믿음과 그리스도인을 떼려야 뗄 수 없는 관계로 밀착시킨다.[50] 이와 관련하여 루터는 『그리스도인의 자유』에서 믿음은 믿는 자의 영혼을 그리스도와 결합시키는 능력을 가지고 있다고 말한다. 이 결합은 믿는 자의 영혼과 예수 그리스도 간에 이루어지는 결혼으로서, 이로 인해 각자 소유하고 있는 것이 상대방의 소유가 된다. 그리스도의 의, 거룩함, 영생, 은혜, 구원과 모든 완전하고 좋은 것은 그리스도인의 것이 된다. 반대로 그리스도인의 불의, 불경, 영원한 죽음, 지옥에로의 저주와 모든 추하고 악한 것은 그리스도의 것이 된다.[51] 그래서 루터는 『갈라디아서 강해』에서 믿음을 통해 그리스

---

50 WA 40/1. 229; LW 26:130.

51 WA 7. 25-26; LW 31:351-352.

도와 그리스도인 간에 이루어지는 이 교환을 "즐거운 교환"이라 불렀다.[52]

이처럼 그리스도와 믿는 자 간의 즐거운 교환을 통해 죄인은 그리스도의 의를 얻음으로써 의인이 된다. 이 그리스도의 의는 인간 안에 내재해 있지 않고 밖에서 주어진 의, 본성에는 낯선 의이기에 외래적 의다. 그리고 이 의는 인간이 행위를 통해 능동적으로 획득할 수 있는 성격의 의가 아니고 전적으로 주어지는 의이기에 수동적 의다. 또 불완전하거나 점진적으로 완성되어가는 의가 아니기에 완전한 의다. 결과적으로 죄인의 의롭게 됨 및 구원과 관련된 차원은 전적으로 그리스도의 의에만 의존하고 있기에 외래적, 수동적, 완전한 의의 차원이다.

예수 그리스도를 믿는 이 믿음의 개념을 루터는 특히 세 가지 차원에서 설명한다. 첫째, 앎의 차원에서의 믿음이다. 이것은 복음이 계시한 하나님, 예수 그리스도, 인간 자신에 대한 진실을 아는 차원의 믿음이다. 이 믿음은 하나님을 정의와 사랑의 아버지로, 예수 그리스도를 유일한 구세주로, 인간을 자신의 공로로 의와 구원을 얻을 수 없는 죄인으로 깨닫는 앎이다. 둘째, 신뢰 차원에서의 믿음이다. 이 믿음은 하나님의 약속과 신실함, 하나님의 약속을 성취한 그리스도에 대한 부동의 확신이다. 셋째, 행동 차원에서의 믿음이다. 살아 있는 참된 믿음은 열매를 맺는다. 이것이 바로 다음에 살펴볼 그리스도인 자신의, 능동적, 점진적 의의 차원이다.[53]

(2) 둘째 차원: 그리스도인 자신의, 능동적, 점진적 의 – 사랑

『두 종류의 의』에서 명시한 것처럼 첫 번째 의는 두 번째 의와 떼려야 뗄

52 WA 40/1. 443; LW 26:284.
53 김선영, 『믿음과 사랑의 신학자』, 153-82.

수 없는 관계를 형성하고 있다. 그리스도인 자신의, 능동적, 점진적 의의 차원에서 핵심 질문은 의롭다 칭함을 받고 또 의롭게 된 그리스도인이 하나님, 이웃, 그리고 자기 자신과의 관계에서 어떻게 실존적·도덕적·사회적으로 참된 그리스도인의 삶을 살 것인가의 문제다. 이것은 **왜 구원받는가**라는 질문이기도 하다. 이에 대한 루터의 대답은 간단명료하다. 하나님, 이웃, 그리고 자기 자신과의 관계에서 사랑이라는 그리스도를 믿는 믿음의 열매를 맺고, 의라는 의인(義人)의 열매를 맺기 위해서다. 여기서 루터는 성경적 사랑 개념, 특히 바울의 사랑 개념을 다룬다. 이 차원에서 루터의 주된 가르침은 믿음으로 가슴속에 모셔진 그리스도가 그의 거룩한 영을 통해 그리스도인을 실제로 의롭고 거룩하게 만들어간다는 것이다. 그래서 이 차원은 그리스도인 자신의, 능동적, 점진적 의의 차원이다.

1) 믿음은 사랑이라는 열매를 맺는다

루터가 말하는 성경적 사랑의 핵심은 그리스도를 믿는 믿음의 열매, 또는 좀 더 정확하게 믿음이 가슴속에 모신 그리스도가 그의 거룩한 영을 통해 맺는 열매다.[54] 능동적 의의 차원에서 믿음으로 가슴에 모신 그리스도는 그리스도인에게 영감과 능력을 주어 그리스도가 원하는 사랑을 실천할 수밖에 없게 만든다. 무엇보다도 사랑의 용광로인 하나님이 그리스도를 통해 한량없는 사랑을 표현했고,[55] 그리스도가 사랑의 구체적인 본보기를 보여주었으며 믿는 자들에게 이 사랑을 본받도록 독

---

54 Luther는 하나님을 "작열하는 사랑의 용광로"(a glowing furnace of love)라고 묘사한다. WA 10/3. 56; LW 51:95.

55 WA 36. 358; LW 51:267, WA 10^1/1. 68; LW 52:12, WA 10^1/1. 77; LW 52:19, WA 47. 769; LW 51:297.

려했다.[56] 믿음의 열매로서 이런 사랑은 그리스도를 믿는 믿음과 상충하지 않는다. 아니, 오히려 공존해야만 한다. 루터는 여기서 한 걸음 더 나아가 믿음의 열매로 사랑이 나타나지 않는 믿음을 가짜 또는 죽은 믿음이라 명명한다. 이렇게 볼 때 사랑은 죄인을 의롭게 하지는 못하지만 그리스도를 믿는 믿음의 진위를 분별하게 하는 척도가 된다.[57]

믿음의 열매로서 이 사랑은 믿는 자와 하나님, 이웃, 그리고 자신과의 세 가지 주요한 관계 속에서 구체적으로 나타난다. 루터에 의하면 하나님의 사랑에 감화 감동된 그리스도인의 사랑은 우선적으로 하나님을 사랑하고 경외하는 모양으로 나타나는데, 이 사랑이야말로 믿음의 최고 열매다.[58] 그리고 이웃에 대한 사랑 및 그리스도인 자신에게 책임을 다하는 삶은 하나님에 대한 사랑의 구체적 증명이다. 사랑을 믿음의 열매로 보면서 믿는 자가 그 자신과의 관계에서 사랑의 문제를 어떻게 다루어야 하는지를 알려주는 루터의 가르침은 상대적으로 취약한 연구 분야이기에 특히 주목할 만하다. 여기서 루터는 특히 그리스도의 죽음과 부활에 토대를 두고 그리스도인이 경험하는 옛사람의 죽음(mortification)과 새사람의 소생(vivification), 그리고 올바른 자기 돌봄 문제를 다룬다.[59]

2) "~로부터의 자유"는 "~을 향한 자유"로 나아간다

루터는 그리스도인 자신의, 능동적, 점진적 의의 차원에서 믿음과 사랑이 왜 그리고 어떻게 상호 조화를 이루며 공존할 뿐만 아니라, 서로 불가분리의 유기체적 관계를 맺고 있는지를 다양한 방법으로 설명한다. 그중

---

56 WA 36. 358; LW 51:267.

57 WA 40/2. 37; LW 27:30, WA 40/2. 38; LW 27:30.

58 WA 40/1. 234; LW 26:133, WA 40/1. 241; LW 26:138.

59 김선영, 『믿음과 사랑의 신학자』, 255-92.

중요한 개념은 자유다. 사랑에 관한 루터의 가르침은 "왜 또는 무엇을 위해 하나님이 예수 그리스도를 통해 죄인을 구원했느냐"는 질문과 함께 한다. 그리고 그리스도를 믿는 믿음으로 법, 죄, 불신앙, 자기 본위, 속박된 의지, 그리고 영원한 죽음 등으로부터 자유를 얻는 것이 그것 자체로 끝이 아님을 분명하게 호소한다.

루터의 사고 속에서는 오직 그리스도를 믿는 믿음 때문에 가능한 "~로부터의 자유"는 반드시 "~을 향한 자유", 즉 하나님, 이웃, 자기 자신과의 관계 속에서 처벌에 대한 두려움이나 보상에 대한 기대 없이 자발적이고 순수한 사랑이라는 믿음의 열매를 맺는 자유로 나타난다. 즉 믿음으로 가슴속에 모셔진 그리스도는 "~로부터의 자유"를 가능케 한 후, 그리스도인을 반드시 "~을 향한 자유"로 이끈다.

> 당신이 믿음에 의해 그리스도를 붙잡았기 때문에 그분으로 인해 당신은 의로운 자이고 이제 당신은 나아가서 하나님과 당신의 이웃을 사랑해야만 한다.…이런 것들이야말로 우리가 그리스도를 통해서 값없이 죄의 용서함을 받았기 때문에 가슴속에 잉태된 이 믿음과 기쁨으로부터 흘러나오는 참으로 선한 행위들이다.[60]

따라서 그리스도 때문에 이 두 자유는 떼려야 뗄 수 없는 관계로 묶이고, 루터가 생각하는 그리스도인의 자유는 이 두 차원을 다 가지게 된다.[61]

루터 신학에서 "~로부터의 자유" 개념과 "~을 향한 자유" 개념의 관

---

60 WA 40/1. 234; LW 26:133.

61 WA 40/1. 455; LW 26:293, WA 40/1. 519; LW 26:336, WA 40/1. 529; LW 26:345.

계는 루터가 생각하는 그리스도인이 결코 자기 안에 갇힌 정체된 존재가 아니라 항상 하나님과 이웃, 그리고 자기 자신을 향해 열려 있는 역동적인 존재임을 알려준다. 죄인인 인간은 예수 그리스도의 공로, 값없이 주어지는 하나님의 은혜, 그리고 예수 그리스도를 믿는 믿음에 의해 "주"(主)되신 그리스도 안에 참여하게 되고, 이에 따라 자신도 "주"가 된다. 그러나 하나님은 아무 공로 없는 죄인을 그리스도를 믿는 믿음으로 말미암아 "주"로 만드는 동시에, 그 "주"의 자리에서 이웃을 섬기도록 "종"의 자리로 부르신다. 따라서 하나님 덕분에 "주"가 된 자가 자기 이익만을 추구한다거나, 자기 만족적인 상태에 빠지거나, 자신의 구원 및 영적 안녕과 안전에만 집착한다면 그 믿음에 큰 문제가 있는 것이 분명하다. 루터는 이런 상태를 강력히 경고한다.

여기서 루터의 신학적 인간론을 살펴볼 수 있는데 그것은 "~로부터의 자유" 개념은 죄인으로서의 인간 본성, 즉 "자기 자신 안으로 굽어진 인간"(*homo incurvatus in se*)의 본성을 드러낸다는 점이다.[62] 이 본성은 이웃은 물론 하나님까지도 자기 자신을 위해 이용하려 한다. 따라서 이 본성에서 나오는 사랑은 결코 참되고 순수한 사랑일 수 없다. 그러나 믿음으로 그리스도를 가슴속에 모심으로써 의롭게 된 그리스도인은 자기중심적인 이 본성에서 자유롭게 되어 하나님과 이웃과 자신을 순수하게, 자발적으로 사랑할 수 있게 된다. 루터는 이런 사랑이 바로 하나님이 보시기에 참되고 올바른 사랑이라고 강조한다.

믿음과 사랑에 대한 루터의 개념을 보면 그리스도는 그리스도인의 믿음을 통해 하나님과 그리스도인 사이의 중개자가 될 뿐만 아니라, 그리스도인의 사랑을 통해 그리스도인과 그 이웃 사이의 중개자도 되신다.

---

62 WA 56. 304; LW 25:291, WA 56. 325; LW 25:313, WA 56. 518; LW 25:513.

즉 그리스도는 믿음을 통해 그리스도인과 하나님의 관계를 올바르게 형성할 뿐만 아니라, 사랑을 통해서는 그리스도인과 그 이웃의 관계를 올바르게 형성하는 역할을 하신다. 죄로 인해 인간의 본성은 자기 자신 안으로 굽어 있어 하나님과의 관계나 이웃과의 관계를 위험에 빠지게 하고 왜곡시키며 파괴한다. 반면, 그리스도는 믿음을 통해 죄인을 하나님과 화해시키고 새로운 피조물로 재창조함으로써 하나님과의 수직적 관계를 올바르게 회복시키신다. 그뿐 아니라 그리스도인과 이웃과의 수평적 관계도 회복시키신다. 이를 통해 하나님과 그리스도인, 그리고 그리스도인과 이웃의 관계를 이어주는 통로는 완전하게 하나로 연결된다. 이렇게 하나의 통로가 만들어지면 그리스도는 무한한 하나님의 사랑, 즉 삼위일체로부터 부단히 용솟음쳐 흘러나오는 사랑이 차단되지 않은 채 그리스도인의 가슴과 삶 속으로, 그리고 그리스도인을 통해 이웃의 가슴과 삶 속으로 넘쳐 흘러 들어가게 하신다. 이런 관점에서 볼 때 루터가 제시하는 참된 그리스도교적 믿음과 사랑의 개념은 질서 있고 올바른 관계의 회복과 관련되어 있음을 알 수 있다.

루터는 자신이 제시하는 참된 믿음과 사랑을 한 쌍의 주제로 묶으면서 그 관계를 설명하기 위해 나무와 열매,[63] 행위자와 행위, 그리고 장인과 장인의 작품처럼 은유적이거나 직유적인 표현들을 자주 사용한다. 루터는 또 "그리스도처럼 그리스도인도"라는 표현을 빈번히 사용하면서 그리스도의 본을 따르는 것이 사랑이라는 참된 믿음의 열매를 맺는 것임을 거듭 강조한다. 이런 의미에서 루터는 그리스도인을 "작은 예수"(a Christ)라 부른다. 여기서 한 가지 주목할 사항은 그리스도인이 믿는 그

---

63 예를 들어 요 15:4-6, 마 7:16-20; 12:33, 눅 6:43 등 나무와 열매의 관계에 대해서 언급하고 있는 성경 구절은 Luther가 애용한 구절들이다.

리스도가 특히 구세주 그리스도라 한다면, 그리스도인이 사랑의 행위를 위해 열심히 모방해야 할 그리스도는 본보기를 보여준 그리스도라는 점이다. 루터는 구세주로서의 그리스도는 절대로 모방하려 해서는 안 되고 오직 믿음으로 받아들여야 한다고 말하지만, 본보기로서의 그리스도는 "나의 십자가"를 지고 최선을 다해 본받고 따라야 한다고 강조한다.

3) 의인은 삶의 전 영역에서 의의 열매를 맺는다

루터에게 오직 그리스도를 믿는 믿음으로 의롭게 된 그리스도인이 맺는 믿음의 열매로서의 사랑은 의인의 열매인 의이기도 하다. 삶의 전 영역에서 의인은 의라는 열매를 맺기 마련이라는 루터의 가르침에는 교회 건물 안에서만이 아니라 삶 전체가 삼위일체 하나님이 그리스도인에게 그 이름에 걸맞은 열매를 요구하시는 소명의 장(場)이라는 신념이 전제로 깔려 있다. 그리고 이 소명의 장에 관한 루터의 입장은 두 왕국론과 창조 섭리 사상에 연결되어 있다.

첫째, 루터의 두 왕국 사상을 살펴보면 그가 그리스도인이 사회와 국가에서 어떤 역할을 감당해야 하는지에 대해 결코 무관심하거나 함구하지 않는다는 사실을 알 수 있다.[64] 루터는 그의 신학적 역사관을 통해 역사는 하나님의 통치가 펼쳐지는 장이요, 그리스도인은 그 통치의 동역자로 부름 받아 일하는 역사적 존재임을 쉬지 않고 역설한다. 그는 하나님이 역사를 통치할 때 오른손 통치로서의 교회와 왼손 통치로서의 국가를 사탄의 대항에 맞서기 위한 두 방어벽으로 제정하셨다고 강

---

64 이와 관련해 그동안 많은 오해를 받아온 Luther의 두 왕국 사상에 대해 Luther가 두 개의 다른 종류의 두 왕국에 관해 이야기하고 있음을 강조하면서 그리스도 및 그리스도인과 세상 왕국의 관계를 연구한 다음 글을 참조하라. 김선영, "그리스도는 세상 왕국과 무관하다?: 루터의 두 왕국론 재고", 「한국교회사학회지」 40권(2015), 41-86.

조한다. 그리고 그리스도인들이 하나님의 역사 통치의 동역자로 부름을 받았을 때 그것은 교회를 통해서뿐만 아니라 국가를 통해서도 일해야 한다는 의미임을 명시한다.

둘째, 루터의 창조 섭리 사상이다. 루터가 그리스도인이 믿음에 의해서는 모든 자의 "주"요, 사랑을 통해서는 모든 자를 섬기는 "종"임을 역설할 때, 주목해야 할 그의 신학적 사고는 구원 섭리를 통한 그리스도인으로의 부름이 창조 섭리를 통한 시민으로의 부름과 뗄 수 없는 관계를 형성한다는 점이다. 루터에 의하면 그리스도를 통한 하나님의 특별계시는 자연 질서 체계 안에서 드러나는 하나님의 보존 의지에 관한 일반계시를 파괴하지 않는다.

셋째, 루터의 소명론이다. 하나님의 은혜는 그리스도인을 하나님의 통치 가운데로, 그리고 예수 그리스도 안에서의 새로운 삶으로 초청한다. 그러나 하나님의 부르심은 그리스도인이 세상에서 감당하고 있는 역할을 내려놓도록 하지 않는다. 이런 루터의 입장은 오늘이 세상의 마지막 날임을 안다면 무엇을 하겠느냐는 질문에 주저하지 않고 "나는 한 그루의 사과나무를 심겠다"고 말한 삶의 자세에 잘 나타난다.[65] 『루터의 소명론』(*Luther on Vocation*)을 쓴 구스타프 빙그렌(Gustaf Wingren)이 제대로 지적한 것처럼, 세상의 질서와 그 질서를 유지하기 위한 소명을 주시는 하나님은 이 소명을 통해 끊임없이 창조할 뿐 아니라 창조된 세계를 보호하고 유지하며 인간과 자연을 돌보고 계시다. 즉 루터에게 소명을 수행하는 일은 핵심적으로 세상의 질서 체계를 통해 인간을 돌보는 하나님의 부름에 응하여 인간에 대한 하나님의 사랑과 정의 구현에 동참

---

65 Hans Schwarz, "Comfort in an Apocalyptic Age: Lessons from Martin Luther's Eschatology,"「루터연구」17(2003), 11.

하는 것이요, 하나님과 협력하는 것이다.[66]

이런 중요한 신학적 주제들을 전제로, 루터는 의인이 시공을 막론하고 삶의 모든 현장에서 의의 열매를 맺어야 하는 것의 중요성을 부단히 강조했다. 이는 의인이 된 그리스도인이 교회 안에서 맺어야 할 의의 열매뿐만 아니라 사회에서 맺어야 할 의의 열매로서 정치적 정의, 경제적 정의, 사회적 정의 등이 갖는 중요성을 잘 보여준다. 이에 대해 간단히 살펴보면 다음과 같다.

① **가정**: 루터는 결혼을 하나님의 창조 질서의 한 부분으로 정립하고, 하잘것없어 보이는 집안일을 성실히 감당하고 자녀를 양육하는 일을 소명으로 승화함으로써 가정을 소명의 장으로 만들었다. 여기서 사랑과 섬김의 대상이 되고 의의 열매를 맺어야 할 이웃은 구체적으로 배우자 및 부모와 자녀다. 루터가 성직자의 결혼을 공식화한 것은 무엇보다도 중세 로마 가톨릭교회에 속한 사제의 동거녀와 사생아의 법적 지위를 되찾아 주었다는 점에서, 인권과 정의 차원에서 중요한 의미가 있다. 루터의 복음적 진영에서 성직자의 결혼을 허용한 것은 매우 가시적이면서도 좋은 반응을 얻은 제도적 변화였고, 그의 개혁 신학이 사회 안에서 성공적으로 구현된 한 사례라 할 수 있다.

② **교육**: 해롤드 그림(Harold Grimm)에 의하면 루터는 "근대에 정부로 하여금 교육의 영역에서 사회에 대한 정부의 큰 의무와 지대한 영향을 끼칠 기회를 의식하게 만든 첫 번째 교육자"였다.[67] 전반적으로 교육에 비

---

66 Gustav Wingren, *Luther on Vocation*, C. C. Rasmussen trans.(Eugene, OR: Wipf & Stock, 2004, 1957), 16-17.

67 Harold J. Grimm, "Luther and Education," George W. Forell, Harold J. Grimm, Theodore Hoelty-Nickel ed., *Luther and Culture: Martin Luther Lectures*, vol. 4(Decorah: Luther

호의적이었던 당시 독일의 상황에 맞서 루터는 만인제사장론과 소명론에 근거하여 영적 일꾼과 유용한 시민의 양성이라는 두 가지 차원에서의 교육 목표를 갖고 남녀 구별 없는 교육의 중요성을 강조했다. 그는 하나님이 각 사람을 각기 다른 소명을 위해 부른다고 확신했고, 모든 사람이 영적 영역에서든 세속 영역에서든 좋은 일꾼과 지도자로 세워질 수 있도록 재능을 키워줄 대학 교육을 포함한 전반적인 교육의 필요성을 역설했다. 여기서 소녀를 위한 교육을 강조한 점은 특히 주목할 만하다. 또한 루터는 무엇보다 가정교육의 중요성을 강조하면서 교회가 가정교육의 적극적인 후원자가 되어야 한다고 주장했다. 그리고 부모의 무관심과 무능력을 염려한 루터는 학교 교육과 이를 위한 정부의 책임을 주창하기에 이르렀다. 사실 정부가 후원하는 학교 교육의 중요성은 당시 루터파 교회들이 교육 과제를 떠맡기에는 아직 충분히 안정되어 있지 않거나, 재정적으로 여유가 있지 못했다는 점에서도 중요했다. 정부가 져야 할 교육의 책임과 의무를 강조했던 루터의 이런 입장은 그의 본래 의도는 아니었더라도 결과적으로는 의무교육의 보편화를 이끄는 등 서양 교육사에서 새로운 장을 열어놓았다고 할 수 있다.

③ **정치**: 루터에 의하면 그리스도인은 세속 왕국의 시민이며, 그 안에서 직책을 맡고 정치적 정의와 평화 및 질서의 보존과 보호를 위해 하나님의 동역자로서 일할 수 있고 그래야만 한다. 다만 그리스도인은 맡게 되는 직분을 통해 탐욕스럽게 자신의 이익을 추구하고 욕망을 만족시킬 것이 아니라 다른 사람들을 섬겨야 한다. 또 정치적 정의와 관련하여 그리스도인은 일정한 영역에서 하나님의 말씀에 입각하여 불의가 행해지고 있음을 볼 때 정당한 제안과 요구를 할 수 있고 그것이 받아들여지지

College, 1960), 79.

않을 때는 양심에 따라 저항할 수 있다. 또 세속 권력이 외적 질서와 교회의 평화를 보호해주는 범위를 벗어나서 교회에 관련된 규정을 제정한다든지, 교리를 강요한다든지, 내적 영혼을 돌보는 일에 간섭한다든지, 영적 문제에 법적 강요를 행사한다든지 하면서 세속 권력을 남용하는 경우 이에 저항할 수 있다.

④ **경제**: 루터는 경제 정의, 상업, 이자, 가격 정책, 토지, 십일조, 사유재산 등의 다양한 문제와 관련하여 그리스도인이 어떤 관점을 취해야 하는지에 대한 신학적 입장을 제시한다. 루터의 경제사상을 살펴볼 때 특별히 주목할 만한 주제는 고리대금업이다. 루터는 고리대금업의 비도덕성을 문제시하면서 그리스도의 사랑의 법과 황금률에 근거하여 고리대금업은 엄연한 죄이며 이웃을 불공평하게 대하는 처사이고 경제적 불의라고 강조했다. 루터에 따르면 공정가격과 공정거래에 대해 세부 규정을 만들고 집행하는 것은 세속 권력의 역할이지만, 그리스도인은 군주든 영주든 시민이든 상관없이 맡은 자리에서 그리스도인의 사랑과 황금률을 준수해야 한다.

⑤ **디아코니아/사회복지**: 루터는 믿음과 사랑의 원리에 따라 당시의 시장경제뿐만 아니라 구원 경제—탁발수도사들의 동냥, 자선을 통한 공로 쌓기 등을 말한다—도 가난의 항구화에 한몫한다는 사실을 심각하게 다루면서 성경적 섬김과 사회정의에 방점을 찍었다. 또 루터는 교회의 집사가 빈곤한 자들의 목록을 작성하여 구체적으로 그들을 보살펴야 한다고 주장하고 이를 실행에 옮겼다. 그에 따라 루터의 개혁을 따르는 많은 영지와 도시에서는 다양한 형태로 디아코니아를 구현했다. 현재 독일의 디아코니(Diakonie)가 독일 전체의 사회복지에서 차지하는 위상과 공헌도를 고려해볼 때 루터는 이 영역에서도 중요한 토대를 놓았다고 평가할 수 있다.

나가는 말

인류 역사에 한 획을 그은 루터의 16세기 프로테스탄트 운동의 핵심에는 오직 예수 그리스도를 믿는 믿음으로 죄인이 의인이 되고 구원을 얻는다는 불굴의 정신이 있었다. 그리고 믿음으로 가슴속에 모셔진 그리스도는 그의 거룩한 영을 통해 그리스도인으로 하여금 사랑을 실천하고 의의 열매를 맺게 한다는 확신이 있었다. 루터는 그런 열매가 맺히지 않으면 아무리 "내가 그리스도인이고 믿는 자요"라고 외쳐도 그 믿음은 죽은 믿음이요, 짝퉁 믿음이라고 지적한다. 왜냐하면 그것은 알맹이인 그리스도는 빠진 채 "내가 꾸며낸" 껍데기만 있는 믿음, 속 빈 강정 같은 믿음이기 때문이다. 또는 "자신이 만들어낸" 우상을 그리스도로 믿는 믿음이기 때문이다.

현재 한국 개신교회에는 루터가 "오직 믿음"을 외쳐 "행위" 없는 교회가 출현했다며 그를 탓하는 비난의 목소리가 있다. 그러나 정작 루터는 이런 시시비비에서 소외된, 살아 계신 예수 그리스도와 그분의 영인 성령을 중심에 세워놓고 참된 믿음과 참된 사랑의 행위는 그리스도 때문에 결코 분리될 수 없음을 주장했다. 나아가 그리스도인의 가슴속에 모셔진 그리스도 때문에 그리스도인의 존재와 삶에는 시공을 불문하고 늘 그리스도인 또는 의인이라는 이름에 걸맞은 열매가 있어야 한다고 강조했다.

루터는 이 믿음과 사랑에 대한 가르침을 "하나의 새로운 신학적 문법"(a new and theological grammar)이라 명명했다.[68] 그리고 사람들이 일단 이 새로운 신학적 문법에 익숙해지면 "행위에 의한 의를 주장하고 있는 것처럼 보이는 [성경] 구절들을" 믿음과 사랑의 올바른 관계 속에서 "쉽

---

68 WA 40/1. 418; LW 26:267.

게 설명할 수 있을 것"이라고 말했다.[69]

믿음과 사랑을 한 쌍의 주제로 사용하면서 오직 예수 그리스도를 믿는 믿음으로 죄인이 의인이 되고, 믿음으로 가슴속에 모신 그리스도가 순수하고 자발적인 믿음의 열매인 사랑 또는 의를 행하게 만든다는 루터의 가르침은 오늘날 우리에게 많은 것을 생각하게 한다. 루터는 항상 "오직 그리스도"에서 시작해, "오직 그리스도"를 거쳐, "오직 그리스도"로 끝나 다시 "오직 그리스도"로 돌아간다. 루터와 함께 그의 사상을 순례하다 보면 그리스도가 그리스도인의 존재(being)의 원천이자 목적인 동시에, 그리스도인의 행위(doing)의 원천이자 목적이라는 사실을 깨닫게 된다.

이처럼 믿음과 사랑에 대한 루터의 가르침을 이해하기 위해서 루터가 직접 제시한 해석의 틀을 살펴보면 다음의 사항에 주의해야 함을 깨닫게 된다. 루터가 믿음과 사랑을 다룰 때 같은 믿음과 사랑이라는 용어를 사용하더라도 어떤 개념이 담긴 믿음과 사랑을 논하고 있는지 구분해야 한다. 그리고 루터가 믿음과 사랑을 외래적, 수동적, 완전한 의의 차원에서 다루고 있는지 아니면 자신의, 능동적, 점진적 의의 차원에서 다루고 있는지를 확인해야 한다. 루터는 믿음에 대해서만 말할 때와 장소가 있고, 사랑에 대해서만 말할 때와 장소가 있으며, 또 믿음과 사랑에 대해 함께 말할 때와 장소가 있는데, 이를 적절하게 구분하지 못하고 혼동하면 잘못된 판단을 내릴 수 있다고 경고한다.

믿음과 사랑, 그리고 의인과 의의 열매라는 루터의 신학적 주제와 관련해 현재 한국 사회에는 다음과 같은 일련의 우려 섞인 질문이 널리 퍼져 있다.

---

69 WA 40/1. 419; LW 26:268.

① 왜 믿음의 열매인 사랑이 결핍되어 있고 의인에게서 의의 열매가 나오지 않는가?
② 왜 그리스도인들은 교회 건물 안팎에서 분열된 삶의 모습을 보이는가?
③ 왜 말씀은 그 어느 때보다도 더 많이 유포되고 있는데 그리스도인의 존재와 삶은 변화되지 않는가?
④ 공적 신앙의 차원은 어디로 가고 사적 신앙, 기복신앙, 개인 중심적 구원과 천당 신앙, 개교회 중심 신앙 등이 한국 개신교를 잠식하고 있는 이유는 무엇인가?
⑤ 그리스도인은 세상 안에 살고 있으나 세상에 속해 있지는 않다는 표현이 유명무실하게 왜 그리스도인과 교회가 세상보다 더 세속적이라고 지탄을 받는가?
⑥ 하나님 나라의 가치관과 삶의 방식이 세상의 가치관과 삶의 방식을 변형시키고, 국가의 양심 역할을 해야 하는데, 도대체 그리스도인과 교회의 양심은 어디로 사라지고 만 것인가?
⑦ 하나님은 역사의 통치자이신데, 도대체 그리스도인과 교회의 몰역사성은 어디서 기인한 것인가?

이와 같은 질문들의 핵심에는 그리스도인들이 인격의 분열증 및 앎과 삶의 분열증을 앓고 있는데 그 질병의 징후가 매우 심각함에도 불구하고 치료법이 무엇인지 막연하다는 세간의 문제의식이 자리한다. 16세기 프로테스탄트 개혁의 창시자로서 개혁운동을 진두지휘했던 루터의 삶과 사상을 제대로 깊이 있게 탐구하고, 그의 신앙과 신념을 최대한 공유할 수 있다면 이런 문제들에 대한 해결의 실마리를 찾는 데 도움을 얻을 수 있을 것이다. 단순히 그가 남긴 문자를 머릿속에 담는 것이 아니라

16세기에 살아 움직였던 그의 개혁 정신을 들이마실 수 있으면 좋겠다. 그리고 그 정신이 이 시대에 새롭게 승화된 형태로 생동하기를 바란다.

07

종교개혁 칭의론의 사회·경제적 해석

정승훈

버클리 연합신학대학원, 조직신학

정승훈은 스위스 바젤 대학교에서 칼 바르트에 관한 연구로 박사학위(Dr. theol.)를 받았으며 이후 캘리포니아 주립대학교(버클리)에서 칼뱅과 막스 베버를 연구했다. 와트버그 신학대학원과 루터 신학대학교에서 교수로 활동했으며, 지금은 버클리 연합신학대학원에서 가르치고 있다. 저서로는 『칼 바르트와 동시대성의 신학』(대한기독교서회, 2006), 『종교개혁과 21세기』(대한기독교서회, 2001), 『종교개혁과 칼빈의 영성』(대한기독교서회, 2000)과 함께 영어 저서가 여럿 있다. "종교개혁 급진화 프로젝트"에 참여하는 등 한국 신학자로서 세계 에큐메니컬 영역에도 활발하게 관여하고 있다.

들어가는 말

세계 개신교회가 종교개혁 500주년을 축하하는 시점에 있다. 종교개혁 500주년을 맞이하여 세계교회협의회와 세계루터란연맹(Lutheran World Federation), 그리고 독일개신교회(EKD)는 종교개혁의 의미를 새롭게 반추하기 위해 전 세계의 종교개혁 관련 신학 전문 위원을 초빙하여 루터의 95개 논제에 대해 5년간의 워크숍을 진행했다.

이 프로젝트에 참여한 학자들은 오늘날 종교개혁 신학이 직면한 현대적 도전과 성서적 근거를 근원적으로 다시 성찰하여 종교개혁이 던진 도전을 오늘의 교회와 사회적 차원에서 새롭게 재구성하는 의미에서, **"종교개혁 급진화: 성서와 오늘의 위기가 촉발한 94개 논제"**(Radicalizing Reformation-Provoked by the Bible and Today's Crises 94 Theses)를 작성했다.[1] 여기서 발표된 논문들은 5권의 책으로 출간되었으며 교육 자료로 사용되기도 한다.[2]

종교개혁 500주년 94개 논제에서 가장 중심적인 논제는 "루터의 칭

---

1 해당 자료 원문은 「기독교사상」(10월호; 2016), 67-92에서 확인할 수 있다. 이 워크숍은 유럽과 북미, 남미와 아시아, 아프리카 전 대륙을 망라하고 감리교, 장로교, 메노파 등을 포함한 초교파적인 30여 명의 신학 전문 위원과 20여 명의 초청 위원이 참여했다. 그들이 다룬 첫 번째 질문은 "어떻게 종교개혁의 사유를 급진화하겠는가?"였다.

2 "종교개혁 급진화" 시리즈 5권은 다음과 같다. Ulrich Duchrow, Carsten Jochum-Bortfeld ed., *Liberation towards Justice. Befreiung zur Gerechtigkeit. Radicalizing Reformation Vol. 1*(LIT Verlag, 2015); Ulrich Duchrow, Hans G. Ulrich ed., *Liberation from Mammon. Befreiung vom Mammon. Radicalizing Reformation Vol. 2*(LIT Verlag, 2015); Ulrich Duchrow, Martin Hoffmann ed., *Politics and Economics of Liberation. Politik und Okonomie der Befreiung. Radicalizing Reformation Vol. 3*(LIT Verlag, 2015); Ulrich Duchrow, Craig Nessan ed., *Liberation from Violence for Life in Peace. Befreiung von Gewalt zum Leben in Frieden Radicalizing Reformation Vol. 4*(LIT Verlag, 2015); Karen Bloomquist, Ulrich Duchrow ed., *Church: Liberated for Resistance and Transformation. Kirche: befreit zu Widerstand und Transformation. Radicalizing Reformation Vol. 5*(LIT Verlag, 2015).

의론"을 사회·경제적 해석 차원에서 전면적으로 새롭게, 그리고 급진적으로 해석하는 것과 관련된다. 그런 점에서 94개 논제의 핵심은 루터의 "칭의론과 경제 정의"에 관한 것이라고 요약할 수 있다.[3] 그러나 지금까지 루터 칭의론의 기본 명제를 "오직 믿음으로만"(*sola fide*)의 원리로 이해한 나머지 칭의론의 정치·경제적 의미가 제대로 드러나지 못했다. 종교개혁 500주년을 기념하는 이때, 우리는 루터와 칼뱅을 비롯한 종교개혁자들의 칭의론과 그 이후 바르트의 칭의 이해가 단순히 죄 사함이나 어떤 관념적인 신학적 주제가 아니라 세계 현실 안에서 사회·경제적 해석 차원과 긴밀하게 연결되어 있는지 살펴보아야 할 것이다. 이런 칭의론의 사회적 해석은 종래의 칭의론의 구원론적 협소함을 넘어서 칭의론의 사회·경제적 해석 지평을 새롭게 제공하게 될 것이다.

1. 루터 칭의론이 던지는 핵심적인 문제 제기: 하나님인가, 맘몬인가?

오랫동안 루터의 칭의론은 "오직 믿음으로만"의 원리로 이해되었을 뿐, "오직 그리스도로만"(*solo Christo*)의 빛 속에서 그 진의가 충분히 다루어지지 않았다. 오히려 루터의 칭의론은 그리스도 안에서 계시된 하나님에 대한 신앙고백과 밀접한 관계를 갖는데, 이 점은 특히 루터의 대교리문답에서 드러나는 경제 비판에서 강조된다. 이런 맥락에서 종교개혁 500주년을 앞두고 작성된 94개 논제 가운데 18조항은 루터의 칭의론은 사실 불의한 경제체제에 대한 저항이었다고 선언한다.

---

3 이는 94개 논제 중 특히 13, 14, 18, 19, 20, 31, 32, 34, 36, 58, 59, 68, 69번 논제에서 두드러지게 나타난다.

> 오직 그리스도를 믿음으로 말미암아 은혜로 의롭게 되는 것(롬 5:1)에 대한 루터의 가르침은, 중세 말 억압적인 경건 전통과 오늘날 이자 수익 창출을 위해 돈을 빌려주는 경제체제와 관련하여 성경에 대한 적합하고 해방적인 해석을 보여준다. 그런 정황 속에서 은혜에 의한 죄 용서, 마귀의 권세로부터의 구원, 영생의 약속은 단순히 영적인 자유만을 의미하는 것이 아니라 이웃과 화평을 이루고 윤리적인 책임을 감당하기 위한 자유를 의미한다(그리스도인의 자유).

그만큼 루터는 칭의론을 경제적 이슈와 관련지었다. 그는 맘몬의 세계 지배와 맘몬화한 사회구조가 생명의 하나님과 대립적인 관계에 있음을 보았다. 루터는 사실 칭의론이라는 관념적인 교리와 투쟁한 것이 아니었다. 루터는 모든 것을 "삼켜버리는 자본"의 시스템으로 인해 사회의 주변부로 밀려난 자들과 가난한 자들의 권익을 위해 투쟁했던 것이다. 루터에 의하면 돈과 재산에 몰두하는 자들은 맘몬을 하나님으로 섬기며, 그들은 모든 뜻과 마음을 돈과 재산에 둔다. 그러므로 "맘몬은 지상에서 가장 공통적인 우상이다."[4] 루터는 하나님에 대한 우리의 관계는 경제적 관계(현실)에 의존적이므로 불의한 경제적 조건은 하나님에 대한 참된 예배를 무너뜨린다고 보았다.

그러므로 루터에게 칭의, 즉 의롭게 됨이란 행위와 상관없이 "믿음으로 얻는 의롭다 함"이라고 단정 지을 수 없다. 왜냐하면 루터가 말하는 칭의는 의로우신(바른) 하나님을 믿는 것인데, 이 믿음은 하나님에 대한 신앙고백에서 나오고 그 신앙고백은 십계명에 대한 순종의 행위로부터 비롯되기 때문이다. 루터에 의하면 하나님에 대한 바른 믿음과 바른 신

---

4 Large Catechism, BC 387.

뢰가 뒷받침되지 않으면, 바른 신앙이란 불가능하다.[5] 그런데 루터는 바른 신앙은 바른(의로우신) 하나님에 대한 신앙고백에서 나온다고 언급하면서, 바른 신앙과 바른 하나님은 서로 떼려야 뗄 수 없는 관계라고 말한다.[6] 그럼, 루터가 말하는 바른 하나님은 누구신가? 그분은 십계명을 통해 우리에게 바른 믿음과 진정한 신뢰를 요청하는 하나님이시다. 우리에게 참된 믿음을 요청하는 하나님은 십계명의 제1계명에서 "맘몬에게 네 마음을 두지 말고, 참 신이신 하나님께 두라"고 말씀하셨다.[7] 루터는 이를 강조함으로써 돈과 재물의 신인 맘몬의 신, 곧 거짓된 신(우상)을 믿지 말라고 경고한다. 그러므로 십계명에 대한 루터의 통찰을 고려하지 않고는 정의로우신 하나님에 대한 바른 믿음의 교리인 칭의론을 온전하게 이해하기가 어렵다. 그리고 이런 맥락에서 루터의 칭의론은 인간의 경제적 탐욕의 문제와 긴밀하게 연결되어 있다.

여기서 율법으로서 십계명과 루터의 칭의론이 어떻게 연관되는지 살펴보자. 루터에게 토라[8](율법)는 말씀과 행동의 일치, 즉 말씀을 행하는 것(*verbum facere*)을 말한다.[9] 라틴어에서 토라는 계명과 약속을 포함하는 가르침이나 교리를 의미하는데, 히브리 성서에서 토라는 율법보다는 하나님의 거룩한 가르침으로 이해된다.[10] 토라는 율법과 복음, 계명과 약속, 심판과 은총을 포함하고 있는데, 이런 상반된 요소들은 서로 일치 속에 있다. 루터는 믿음을 십계명의 제1계명과 연관 지으면서 믿음이란 "어

---

5 M. Luther, 『마르틴 루터 대교리문답』(최주훈 옮김, 복있는사람, 2017), 52.

6 Luther, 『마르틴 루터 대교리문답』, 52.

7 Luther, 『마르틴 루터 대교리문답』, 54.

8 통상 토라는 "율법"으로 바꿔 사용되기도 하지만, 정확히는 창세기, 출애굽기, 레위기, 민수기, 신명기를 포함한 "율법서"를 가리킨다. 히브리어로 토라는 "가르침", 혹은 "법"을 뜻한다.

9 이것이 바로 히브리어 דבר의 의미다.

10 Pinchas E. Lapide, "Stimmen jüdischer Zeitgenossen zu Martin Luther," H. Kremers et al. ed., *Martin Luther und die Juden*, 172.

떤 신을 섬기는가" 하는 문제와 연결되는 것으로 보았다.[11] 그 결과 칭의(righteous, 하나님에 대한 신실한 믿음)란 하나님께 정의와 공의로움을 드리는 것(*Deum iustificare*)이라고 말한다. 우리가 하나님의 약속에 대한 신뢰 안에서 활동하고 하나님의 용서를 받아들일 때, 우리는 하나님께 공의로움을 돌려드리는데 이것이 하나님을 정당화(justification of God)한다.[12]

그러므로 루터에게 토라(율법)는 죄를 고발하는 기능으로서 율법 이상의 의미를 가진다. 루터는 토라, 즉 율법으로서 십계명을 "복음의 변증법"이라고 말한다.[13] 또한 복음은 "십계명의 수사"(修辭, rhetoric)이다. 그러므로 루터에게 율법과 복음이 대립이 아닌 것처럼, 십계명과 복음은 대립하거나 모순된 것이 아니다. 오히려 우리는 그리스도 안에서 모세의 모든 것을 갖는다고 할 수 있다.[14] 계약의 말씀과 구원의 약속은 그리스도 안에서 계시된 말씀과 같은 것이다. 루터에게서 히브리 성서는 "약속과 은총의 말씀을 포함하며, 거룩한 믿음의 아버지들과 예언자들은 토라 아래서 지켜지고, 우리처럼 그리스도에 대한 믿음을 가지고 있었다."[15]

루터는 토라의 핵심인 십계명을 진지하게 고려했는데, 그 토라의 사회정의는 루터의 칭의론을 급진화시켰다(!). 루터는 십계명을 해설하는 대교리문답(1529)에서 하나님과 맘몬의 대결에 대해 말하면서, 이웃의 소유를 훔치지 말라는 계명을 통해 맘몬과 하나님과의 대결을 숙고한다.

---

11 Luther, 『마르틴 루터 대교리문답』, 52.

12 H. J. Iwand, *The Righteousness of Faith According to Luther*(Wipf & Stock, 2008), 21.

13 Luther가 콜부르크에 머물던 1530년 6월 30일에 Justus Jonas에게 편지를 쓰면서 그렇게 말했다.

14 그래서 Luther는 십계명의 제자가 되었다고 말한다(WA Br 5, 409, 26-29). 그러나 Luther는 모세 안에서 우리는 그리스도의 모든 것을 갖지 않는다고 말한다.

15 Martin Luther, "Preface to the Old Testament,"(1523, rev. 1545) Lull, Russel ed., *Martin Luther's Basic Theological Writings*, 114. 탁상 담화에서 Luther는 이렇게 말한다. "히브리인들은 근원에서 물을 마시고, 그리스인들은 근원에서 흘러나오는 물을 마시며, 라틴 사람들은 도랑에서 물을 마신다"(WA Tr 525).

그리하여 루터에게 칭의(믿음으로 의롭게 됨)는 하나님의 오이코노미아(*oikonomia*), 즉 하나님의 경제를 준수하는 것인 동시에 책임을 지고 하나님께 공의로움을 돌려드리는 행위이며, 맘몬의 정치·경제학의 지배 체제에 도전하는 것을 뜻한다. 하나님의 오이코노미아는 하나님의 경제 질서와 정의를 의미하는데, 이는 토라에서 구체적으로 지시하는 희년 및 가난한 자들과 외국인에 대한 배려를 실천함으로써 추구해야 한다. 루터는 종교개혁 당시 초기 자본주의 시스템을 직시하면서 고리대금업이나 타락한 상도덕으로 인해 가난한 자들이 일상의 삶에서 감당해야 하는 높은 비용과 경제적 부담으로 인한 고통을 보았다.[16] 루터는 맘몬을 초기 자본주의 현실의 총체적인 시스템으로 간주했고, 인간은 탐욕을 통하여 맘몬의 세계에서 신으로 등극하려고 한다고 말한다. 루터는 모든 것을 삼켜 먹는 자본의 증식과 자본에 의한 총체적 지배는 하나님의 말씀에 대한 믿음과 용서의 은혜와는 거리가 멀다고 보았다. 루터는 이들이 큰 도둑들로서 안락의자에 앉아 위대한 주인 행세를 하며 명예롭고 존경스러운 시민으로 대접받는다고, 또한 시장은 법의 옷을 입고 법의 비호 아래 강도의 소굴이 되고 있다고 비판했다(Large Catechism, BC 418).

루터는 가톨릭 신학자 요한 에크(John Eck, 1486-1543)와의 논쟁에서 그가 부를 축적하는 전문가(plutologian)라고 공격하면서 로마 가톨릭을 향해 다음과 같이 말한다.

> 기본적으로 교회 전체의 영적 지배는 돈, 돈, 돈 이외에 다른 것이 아니다. 모든 것이 돈을 증식하는 곳으로 가동되고 있다.[17]

---

16 Large Catechism, BC 417-18.

17 Fr. Marquardt, "Gott oder Mammon," Einwürfe I, 193.

그런데 여기서 루터의 공격 대상은 개별 자본가들이 아니라, 자본의 강요와 지배를 통해 모든 것의 궁핍화를 초래하는 맘몬 체제의 우상과 권력들이었다. 루터에게 맘몬은 자본 축적의 과정에서 드러나는 구조화된 불의한 정의를 의미한다. 이 불의한 구조는 모든 것을 삼켜버리는 자본을 통하여 사회와 역사를 지배하며, 끊임없이 자본 증대와 발전을 영구화한다. 자기 증식의 자본 운동과 모든 것을 삼켜버리는 기능은 초기 자본주의 생산의 맹목적인 강요로 드러나며, 세계는 거대 상인들이 소자본의 상인들을 집어삼키는 각축장이 된다. 루터는 목회자들에게 고리대금을 비판하면서, 자본의 축적 과정에서 드러나는 반기독교적인 성격을 폭로한다. 루터는 인간의 탐욕이 얼마나 기술적으로 경건한 자처럼 그럴듯하게 위장하여 나타나지만, 이들은 불한당들이고 거짓말쟁이들이라고 폭로한다.[18] 중상주의 체제에서 독점자본과 식민주의 경제는 스페인 가톨릭의 이데올로기이며, 국내에서 모든 것을 삼켜버리는 자본의 시스템이 삶의 구석까지 침투해 들어간다. 루터의 경제 비판은 단순히 전통적으로 교회가 시행해왔던 자선 행위와는 구별되며, 자선과 구제의 수준을 넘어서고 있다.[19]

루터는 초기 자본주의 체제가 기독교와 연루되어 있다는 점을 주목했다. 특히 남미에 대한 스페인의 식민주의 정책이 초기 자본주의와 연관되어 있음을 보았다. 그는 고리대금과 투기와 축적에서 초기 자본주의의 위험과 불합리성을 보았고, 중세 가톨릭교회와 카를 5세, 그리고 자본가 푸거가(the Fuggers)의 결탁을 직시했다. 국제 관계에서 드러나는 독점무역과 상행위 그리고 은행 자본가들(푸거와 웨슬러 가문)에 의한 폭리

---

18 LW 21:183.

19 Carter Lindberg, *Beyond Charity*(Augsburg Fortress Publishers, 1993).

와 부의 축적은 루터의 칭의론과 신앙고백에서 중요한 자리를 차지한다.

여기서 칼 마르크스(Karl Marx)가 루터의 경제 비판에 대한 성찰을 상당히 높이 평가한 점을 주목할 필요가 있다. 이미 마르크스는 본원적 축적을 분석하면서 자본의 기독교적 성격을 날카롭게 비판했다. 그러면서 마르크스는 이와 관련한 루터의 저작을 높게 평가하고 인용한다. 루터는 "고리대금에 대한 설교"(1519/20), "상업과 고리대금"(1524), "고리대금에 대한 비판 설교를 위한 목회자들에게 조언"(1540)에서 자신의 경제적인 입장을 밝히고 있는데, 이 글에서 마르크스는 특히 "고리대금에 관한 비판 설교를 위한 목회자들에게 조언"이라는 루터의 글을 적극적으로 인용했다. 마르크스는 1503년 콜럼버스의 편지를 인용하기도 한다: "금은 놀라운 것이다! 금의 소유자는 그가 원하는 모든 것의 지배자다. 금은 심지어 영혼들을 천국으로 들어가게 한다."[20] 라틴 아메리카에 대한 스페인의 식민주의는 역사적으로 자본의 본원적 축적이 된다. 이런 식민주의화에서 얻어지는 막대한 수익과 잉여가치는 동시에 본국의 자본주의 생산과정에서 지속적인 자본 축적과 연관된다. 네덜란드 식민주의 행정의 역사는 지상에서 가장 파렴치한 기독교 인종의 야만성, "사기, 뇌물, 대학살, 공격성"이라는 가장 비상한 관계를 말한다.[21]

(1) 루터 칭의론의 통합적 모델: 사건(하나님의 죄 용서)과 과정(하나님의 선물)

루터에게서 칭의란 믿음을 통하여 얻는 그리스도의 낯선 의다. 그것은 우리 밖에서(*extra nos*) 죄를 용서하시는 하나님의 자유로운 은총의 행동이다. 믿음이 우리를 의롭게 하는 것은 주관적인 의지가 아니라 성령을

---

20 Marx, *Capital*, I: 229.

21 Marx, *Capital*, I: 916.

통하여 그리스도의 임재를 붙들기 때문이다. 이런 믿음 안에 있는 그리스도의 임재가 인간의 갱신과 성화의 근거가 된다. 그런데 믿음은 사랑 안에서 활성화된다(갈 5:6). 그러나 이것은 로마 가톨릭처럼 인간의 선행이나 애덕(*caritas*)으로써 활성화되는 믿음(*fides caritate formata*, 사랑으로써 형성되는 믿음)을 말하지 않는다. 오히려 믿음 안에 내주하는 그리스도가 사랑 안에서 활성하게 하는 믿음(*fides Christo formata*, 그리스도에게서 형성된 믿음)이다. 루터에게 칭의의 법정적인 차원과 변혁적인 차원은 그의 칭의론 이해에서 통전적으로 결합된다. 루터의 "오직 믿음으로만(*sola fide*)"은 "오직 그리스도로만"(*solo Christo*)과 밀접히 연관된다. 우리 밖에서(*extra nos*) 일어나는 은총의 사건으로 칭의(*favor Dei*, 하나님의 호의)는 과정으로서의 삶(*donum Dei*, 하나님의 선물)과 연결되며, 그리스도와의 "즐거운 교환"(fröhliche Wechsel)은 루터의 칭의론에서 삶의 변혁적인 차원으로 이끌어 간다. 그리하여 칭의된 자들은 성령과 말씀을 통하여 그리스도의 것이 된다.

이것은 루터에게서 믿음의 세 번째 혜택, 즉 믿음이 우리의 영혼을 그리스도와 연합하게 하는 것을 지적한다. 루터는 "그리스도인의 자유"에서 에베소서 5:31-32을 근거로 그리스도와 믿는 자들의 영적 결혼의 신비를 해명한다. 그런데 바로 이런 즐거운 교환을 통하여 그리스도는 우리에게 속한 죄와 사망과 저주를 나누시며, 인간의 영혼에 은총과 생명과 구원을 허락하신다.[22] 우리의 내적인 사람은 매일 매일 갱신되고 새로워져야 한다. 인간은 자기 자신에게 구부러진 왜곡된 존재(*homo incurvatus in se*)이며, 우리의 겉 사람은 속사람에 상응한다.

루터의 칭의론은 성례와도 밀접한 관계를 갖는데, 루터는 성만찬의

---

22 *Martin Luther's Basic Theological Writings*, 603-4.

사회적 차원을 다음과 같이 말한다.

> 여기 성만찬에서 당신의 마음은 사랑 안에서 외부를 향해 나가야 한다. 그리고 이것은 사랑의 성만찬임을 배워야 한다. [그리스도부터] 사랑과 지지가 당신에게 주어질 때, 당신은 그리스도에 대한 사랑과 지지를 가난한 자들에게 줌으로써 답변한다. 당신은 그리스도와 그분의 거룩한 말씀에 행해진 모든 수치스러움을 슬프게 느껴야 한다. 당신은 기독교의 모든 비참함과 억울하게 희생당한 자들의 불의한 고통에 슬픔을 느껴야 한다. 세계 도처에서 이런 비참함과 불의한 고통이 넘쳐나고 있다. 당신이 더 이상 할 수 없다면, 당신은 저항하고, 일하고, 기도하면서 이런 사실에 대해 마음속 깊은 동정을 가져야 한다.[23]

칭의론의 성만찬적 차원은 살아 계신 그리스도와의 연합이며, 공공영역에서 궁핍한 자들에 대한 디아코니아를 포함한다. 그리하여 예수에 대한 회상과 억울한 희생자들과의 연대는 루터의 칭의론에서 분리되지 않는다. 그리스도에 대한 믿음만이 우리를 의롭게 한다. 그런데 우리가 믿음으로 죄 용서의 은총을 얻을 때(즉 칭의됨의 사건이 일어날 때), 거기서부터 우리는 이웃들을 돌보고 사랑하는 활동적인 삶으로 나아간다.[24] 사랑 안에서 활성화되는 믿음(갈 5:6)은 공공 영역에서 하나님의 동역자(God's collaborators)로서 사회정의와 예언자적 디아코니아에 참여하게 된다.

나아가 루터는 "마리아 찬가"에서도 칭의의 은총의 측면과 해방적 측면을 통합적으로 해석한다. 먼저 루터는 "마리아 찬가"(1520-21)에서 하

---

23 "The Blessed Sacrament of the Holy and True Body and Blood of Christ…"(1519), *Martin Luther's Basic Theological Weitings*, 247.

24 Gollwitzer, *Krummes Holz-Aufrechter Gang*, 313.

나님의 은혜의 사건이 마리아에게 어떻게 나타나는지 읽는다. 한편으로 루터는 마리아를 궁핍한 자들 가운데 한 사람으로서 칭의의 은총을 수여하는 대표자로 파악하면서, 다른 한편으로 마리아가 권력을 가진 자들의 가부장적인 문화에 대항하고, 하나님의 은총의 주도권을 말하며, 위계질서와 제도화된 지배에 도전을 한다는 것을 해명한다.[25] 그리하여 마리아 찬가에서도 칭의 사건이란 하나님의 은혜를 덧입는 것이면서, 억압적 사회를 변혁하는 차원이 연결되어 있음을 보여주고 있다.

(2) 루터의 칭의론: 법정적 모델?

멜란히톤은 루터와는 달리 우리 밖에서 그리스도의 의의 전가를 법정적으로 파악함으로써, 칭의를 "믿음을 통해 그리스도를 위하여 은총으로부터"란 말로 표현했다("The Augsburg Confession," BC 39-40). 협화 신조에서 성화 내지 다시 사는 생명(vivification)은 성령과 성례전을 통해 믿음 안에서 시작되고 진보된다. 그러나 여기서 믿음안에 내주하시는 그리스도는 칭의는 성화를 다루는 데서 언급되지 않는다(BC 571-72). 그 이후 법정적 칭의론은 루터교에서 규범적인 역할을 했지만, 루터 칭의론의 이중적인 차원(사건과 과정의 차원)과 사회적 실천은 간과되었다.

그러나 오시안더에 의하면, 루터의 그리스도와의 연합 교리는 인간의 영혼에 내주하는 그리스도가 인간을 성화시키고 온전하게 하며 신성화로 나가게 한다. 그리하여 루터에게 칭의는 그리스도의 내주하심의 귀결로 인해 점점 그리스도처럼 됨으로써, 우리를 하나님 앞에서 의롭게 한다. 여기서 죄의 문제는 대양의 물 한 방울처럼 하찮은 것이 되고 만다. 여기서 "의인이면서 동시에 죄인"이라는 루터의 입장은 실종된다.

---

25 LW 21:328-29

협화 신조는 칭의를 중생(성화, 삶의 갱신)으로부터 날카롭게 구별했다. 중생은 칭의의 귀결로부터 온다. 우리가 칭의의 은혜를 입으면, 성령이 우리를 새롭게 하고 성화시킨다. 선행의 열매는 이런 성화나 중생으로부터 온다.[26] 루터가 선행을 칭의(사건과 과정의 통합으로서)로부터 오는 것으로 보았다면, 협화 신조는 선행을 성화의 귀결로 보았다.

이런 점에서 루터교 칭의론의 한계를 극복하기 위해, 종교개혁의 칭의론에 대한 몰트만의 비판적인 질문은 중요하다. ① 종교개혁의 칭의론은 그리스도의 십자가뿐만 아니라 "부활"의 구원론적 차원을 제시해야 한다. ② 그것은 단순히 "우리 밖에서"(*extra nos*)라는 객관주의적인 은총이 아니라 "성령의 체험으로부터" 기술되어야 한다. ③ 칭의론은 "종말론적으로" 열어 가면서, 사회적 실천을 고려해야 한다. 성령 안에서의 활동적인 삶과 매일의 부활의 경험을 칭의론에 보충하기 위해 몰트만은 "중생은 칭의를 보충한다"고 말한다.[27] 그리하여 몰트만의 성령론적인 칭의론의 관점은 칼뱅에게 가까이 다가간다.

2. 칼뱅 칭의론의 사회·경제적 차원

(1) 칭의: 그리스도와의 연합과 칭의

칼뱅은 칭의, 성화, 예정을 그리스도의 연합을 통해 설명하고자 했다. 루터와 마찬가지로 칼뱅은 칭의를 우리 밖에서 일어난 하나님의 은총의 주도권으로 파악한다. 그러나 칼뱅은 성화의 과정에서 인간의 의지와 실

---

26 BC 569.

27 Moltmann, *Spirit of Life*, 164.

천을 중요하게 보았고, 율법의 제3용도(율법의 도덕적 실천의 차원)를 통해 우리 밖에서 일어난 칭의가 성화로 이어진다고 보았다. 그럼에도 우리의 의는 그리스도 안에 근거하고 있는 것이지, 우리의 의지나 선행에 있지 않다.[28] 성령이 그리스도의 의와 용서의 은총을 말씀을 통해 우리에게 매개한다. 칼뱅은 이런 객관적인 은총의 관점에서 그리스도와의 연합을 생각한다. 이 연합은 머리와 지체의 결합과 같은 것으로, 이를 "우리 마음에 내주하시는 그리스도" 또는 "신비한 연합"으로 부른다. 그리스도는 성령을 통하여 우리와 더불어 그분의 은총과 혜택을 나누어주시는 분이 된다.[29] 우리는 그리스도의 몸에 접붙임을 당한다. 우리가 믿음을 통해 그리스도를 영접할 때 거룩한 교제(*sacra unitas*)가 나타나며, 그것은 합리성과 이해의 차원을 넘어 신비의 영역을 지적한다. 이것은 우리 밖에서 그리스도가 우리 안에 내주하실 때 은총의 선물로 오는 것이지, 오시안더처럼 존재론적인 신비주의를 말하지 않는다.

오시안더는 멜란히톤의 법정론적인 칭의론에 도전하고, 그리스도 신성의 내주하심에서 칭의의 은총을 파악했다. 그리스도의 신성의 내주하심을 통해 믿는 자들의 내적인 삶이 변화되며, 그리스도의 의로움은 십자가에서 일어난 용서의 사건보다는 우리 안에 거하는 그리스도의 신성의 능력에 의존된다. 그리스도의 신성은 인성보다 더 중요하다. 오시안더는 그리스도의 신성을 통하여 인간존재가 신성에 흡수된다고 말하고 이것을 본래적인 믿음이라고 말했다. 그러나 칼뱅은 이런 오시안더의 본래적인 믿음과 신성에 흡수되는 존재론적인 혼용을 비판했다.[30]

칼뱅의 출발점은 십자가의 그리스도이며, 부활의 그리스도는 성령을

---

28 Calvin, *Inst.*, III, xi, 23.

29 Calvin, *Inst.*, III, xi, 10

30 Calvin, *Inst.*, III. xi. 5-12.

통하여 우리의 믿음 안에 내주한다. 그리고 그리스도와 우리는 은총의 연합과 선물에도 불구하고 여전히 구분된다. 칼뱅에게서 그리스도와의 연합은 성례전적인 의미를 가지는데, 특히 성만찬에서 우리가 그리스도의 몸에 접붙이는 은총을 입는다고 말한다.[31] 그러므로 믿음은 성령의 주요한 사역이며, 성령의 신비한 사역을 통하여 우리는 그리스도와 그분의 모든 은총의 혜택을 누린다.[32] 신앙의 확실성은 이런 그리스도와의 연합에 근거한다.

칼뱅에게 칭의는 성만찬의 교제와 관련되며, 그리스도와의 연합은 그의 신학적 스펙트럼에서 중요한 역할을 한다. 그리고 이런 연합의 신학은 칼뱅의 성화론에서 결정적이며 이것이 칼뱅을 루터와 구분 짓는다. 칭의의 은총은 그리스도의 연합에 근거를 두며 세계의 영역에서 그리스도의 주되심을 확인한다. 16세기와 17세기의 개혁파 신학자들은 칼뱅이 말한 그리스도와의 연합을 매우 소중하게 여겼고, 선택, 칭의 그리고 소명론을 이런 구원론의 컨텍스트에서 발전시키도 했다.[33]

칼뱅에게서 칭의는 그리스도와의 연합과 믿음의 열매로부터 오기 때문에, 믿음이란 단순히 그리스도에 대한 역사적 지식을 말하지 않는다. 믿음은 지금 여기서 말씀과 성령을 통해 살아 계신 그리스도와 갖는 인격적인 만남과 교제다. 이런 점에서 칭의는 다음의 삼중적인 관점에서, 즉 "우리 밖의 그리스도"가 "우리를 위한 그리스도"(*pro nobis*)와 "우리 안에 거하시는(*in nobis*) 그리스도"의 차원과 관련된다.

---

31 Calvin, *Inst.*, IV. xvii. 33.

32 Calvin, *Inst.* III. i. 1.

33 Barth, KD, IV/3.2: 551-54.

(2) 칼뱅 칭의론의 사회·경제적 해석 함의

앞서 말한 것처럼 칼뱅에게서 칭의가 삼중적인 측면에서 통합의 관점으로 파악된다면, 예정은 우리 밖의 그리스도와 관련된다. 하나님은 창조 이전에 그리스도 안에서 우리를 선택하셨다(엡 1:4).[34] 우리는 그리스도 안에서 선택된다. 그러므로 그리스도 밖에서 선택의 근거는 존재하지 않는다. 이런 예정의 은총을 확신하는 것은 믿음을 통한 칭의의 은혜로부터다.

칼뱅에게서 칭의는 개인주의적 차원에서 머물지 않는다. 칭의와 성화의 은총을 통해 교회 공동체는 하나님이 교회를 통해 원하시는 인간성의 회복을 말한다.[35] 인간들 사이에서 사회·경제적인 연대는 하나님이 창조를 통해 제정하신 자연적인 질서에 속한다. 세계를 긍정하는 칼뱅의 신학은 복음의 사랑과 연대를 통하여 가난한 자들과 어린아이들과 사회의 약자들을 보호한다. 칼뱅은 복음의 빛에서 정치·경제적 영역에서 드러나는 불의와 폭력적 구조를 날카롭게 분석했다. 칼뱅의 사회·경제적 해석 윤리는 칭의에 근거가 되어 있으며, 또한 율법의 제3용도(도덕적 실천)를 통해 교회의 사회적 실천을 강화한다. 인간의 노동은 하나님에 의해 할당된 것이며 선물이다. 비록 노동이 인간을 억압하고 괴로움을 주지만 여전히 노동에는 적극적인 의미와 기쁨이 있다.[36]

에른스트 트뢸치(Ernst Troeltsch)에 의하면, 칼뱅은 정부의 경제정책과 협력했으며, 경제적 진보와 도덕적인 고양을 같게 보았다고 말한다. 칼뱅주의 예정과 소명은 자본주의 시스템에 대한 친화력을 보이며, 칭의

---

34 Calvin, *Inst.*, III, xxii, 3

35 Calvin, *Inst.*, IV. i. 3

36 W. Fred Graham, *The Constructive Revolutionary: John Calvin and His Socio-Economic Impact*, 80.

와 더불어 구원의 확신은 이런 직업 소명에서 유효하게 드러난다.[37]

칼뱅은 제네바로 유입해 들어오는 피난민들을 고려해야 했고, 이들의 상업 활동에 재정적인 도움을 주기 위해 생산적인 이자 수입을 허용했다. 그러나 고리대금업을 위한 이자는 엄격하게 금지했다. 이자율은 적정한 수준에서 조절되고, 필요한 상황에 따라 법적으로 규제되었다. 의회와 당회(consistoire)의 많은 기록에서 우리는 고리대금업과 가난한 자들에 대한 경제적 착취에 대한 논쟁 문건들을 볼 수 있다. 칼뱅은 사회를 기독교 사회 휴머니즘의 방향으로 이끌어가기 위해 노력했다. 그는 에스겔 18:7-8 주석에서 생명에 대한 선한 관리는 상호적인 것이어야 하며, 하나님은 누구에게도 남을 억압하라고 하지 않는다고 말한다. 하나님은 인간을 사회의 유대(solidarity)로 묶으시며, 우리는 서로를 위하여 선한 행정과 삶을 영위할 수가 있어야 한다.[38] "사람을 학대하지 않으며, 빚진 사람의 전당물을 돌려주며, 아무것도 강제로 빼앗지 않으며, 굶주린 사람에게 먹을 것을 주며, 헐벗은 사람에게 옷을 입혀주며, 돈놀이를 하지 않으며, 이자를 받지 않으며 흉악한 일에서 손을 떼며 사람과 사람 사이에서 공정한 판결을 내리는 자는…의로운 사람이니 반드시 살 것이다"(겔 18:7-9). 바로 이것이 칼뱅의 기독교 휴머니즘적 사회관이었다.

칼뱅은 하나님의 말씀의 빛에서 정치·경제적 상황을 분석하면서, 복음은 교회로 하여금 빈곤한 자들과 친교와 연대를 나누도록 만들어야 한다고 말한다. 경제적 상품과 사회적 노동은 이웃들과 공동체의 유익을 위해 사용되어야 한다. 루터와 마찬가지로 칼뱅은 비합법적인 자본 축적과 투기와 독점을 비판했고, 특히 교회 안에서 부족한 사람들은 부유한

---

37 Troeltsch, *Social Teaching*, 2:643-64.

38 Calvin, *Commentaries on Ezekiel*, II: 224.

사람들과 평형을 이루도록 해야 한다고 역설한다. "지금 여러분의 넉넉한 살림이 그들의 궁핍을 채워주면, 그들의 살림이 넉넉해질 때, 그들이 여러분의 궁핍을 채워줄 수도 있을 것입니다. 이렇게 하여 평형이 이루어지는 것입니다"(고후 8:14).

이것은 바울의 만나의 경제학(고후 8:15)인데, 칼뱅은 모세-바울의 전통에서 만나의 경제학을 매우 중요하게 고려한다. 칼뱅에 의하면, "많이 거둔 사람도 남지 않고, 적게 거둔 사람도 모자라지 않는" 원리는 부와 상품의 분배에서 사회 내의 경제적 평형을 유지하여 아무도 궁핍 가운데 고생을 해서도 안 되고, 남을 착취해서도 안 된다.[39] 부자는 가난한 자들에 대한 목회자이며, 가난한 자들은 하나님의 영접자이며, 그리스도의 대변자다.[40] 칼뱅의 사회적 휴머니즘(social humanism)은 부자들을 사회 공공의 이익을 위하여 부의 탐욕에서부터 해방시키고 가난한 자들과 연대하게 하며, 가난한 자들은 일거리가 없이 빈둥거리거나 구호를 받는 자들이 아니라 정당한 노동을 통해 하나님으로부터 오는 권리를 추구하는 자들이 되게 한다. 부자의 연대는 가난한 자를 무기력과 노예근성에서부터 해방한다. 칼뱅의 입장은 소유적 시장 개인주의나 청교도적 세계내적 금욕주의와는 전혀 다르다. 칼뱅의 사회적 경제관은 하나님의 오이코노미아인 희년 사상을 진지하게 고려하면서, 땅에 대한 주기적인 분배와 이자로부터의 해방을 유지하고, 재산은 축적이나 투기나 독점을 통한 사회적 억압과 불평등의 근거가 되어서는 안 된다는 것이다. 희년 사상을 기초로 한 칼뱅의 만나의 경제적 관심은 다음의 표현에서 잘 나타난다. "각자의 능력에서부터 각자의 필요로."[41] 이런 사회적 휴머니즘은

---

39 Calvin, *Commentary on Corinthians*, 294, 297.

40 Bieler, *La Pensée Économique et Sociale de Calvin*, 327.

41 Bieler, *La Pensée Économique et Sociale de Calvin*,336.

국가로 하여금 경제적 이슈에 간섭하게 한다. 시민 정부의 과제는 "사람들이 숨을 쉬고, 먹고 마시는 일을 고려하고,…이들의 재산을 안전하고 건전하게 지키며 정직과 적절함이 사람들 사이에서 유지되게 한다."[42]

3. 칼뱅주의 칭의 이해와 베버 테제의 해석: 그 의미와 한계

막스 베버(Max Weber, 1864-1920)는 고전적인 그의 저서, 『프로테스탄트 윤리와 자본주의 정신』에서 칼뱅의 후예들인 칼뱅주의의 구원관과 경제 윤리적 상관성을 제시했다. 베버의 테제는 죄로부터 구원받은 칭의된 그리스도인들이 어떻게 경제 윤리적 삶과 연결되는지 시사해주고 있다. 바로 이 점은 개신교적 칭의와 사회정의, 혹은 칼뱅주의 전통에서 형성된 칭의의 사회적 차원을 사회학적 측면에서 파악하게 한다.

베버는 구원과 관련된 소명론과 경제 윤리적 삶 사이에 선택적 친화력이 있다고 분석한다. 종교적 이념과 합리성은 상업적인 활동과 자본 축적에서 드러나는데, 노동 윤리는 칼뱅주의적 금욕주의와 관련된다. 그러나 자본주의 정신에 적대적인 것은 경제적 전통주의인데, 자본주의 정신은 경제적 합리성, 즉 이윤 추구를 목표로 삼는다. 베버에 의하면 자본주의는 "지속적, 합리적, 자본주의적 사업을 통한 이윤 추구, 즉 항상 갱신된 이윤 추구"로 정의된다.[43] 베버는 종교적 이념이 경제적인 활동의 합리성에 영향을 준 것에 주목한다.

이런 측면에서 베버는 청교도들의 윤리와 금욕적인 생활이 근대 자

---

42 Calvin, *Inst.*, IV, xx, 13.

43 Weber, *The Protestant Ethic and the Spirit of Capitalism*, 17.

본주의의 정신을 표현하고, 자본주의 발전에 영향을 미친다고 말한다. 칼뱅주의 예정론과 여기에 관련된 칭의와 구원의 확실성이 이후 청교도들의 경제 윤리와 삶의 태도에서 잘 드러난다. 베버에 의하면 루터의 소명론과 칭의론은 경제적인 전통주의에 속하는데, 그것은 루터의 고리대금업과 초기 자본주의 경제 구조에 대한 비판이 잘 보여준다. 루터에게 직업은 하나님의 뜻의 직접적인 드러남이며, 인간은 거기에 순응해야 한다. 칭의론과 세속적인 경제활동 사이에는 새롭고 근본적인 연관성이 없다.[44]

그러나 칼뱅의 노동윤리와 하나님의 영광을 위한 삶은 부르주아 상인 그룹에 영향을 주었고, 현세적 금욕주의라는 종교적 토대를 마련해주었다. 베버의 논지는 웨스트민스터 신앙고백서(1647)에서 표현되는 칼뱅의 이중예정 사상이 청교도들의 경제생활과 태도에 결정적인 영향을 주었고, 이런 사회계층들의 삶과 직장에서 자본주의적인 합리성이 심어지면서 사회와 문화의 전 영역에서 나타난다는 것이다. 그렇다면 어떻게 이런 일이 일어날 수 있을까? 베버가 사회학적인 개념으로 중요하게 생각한 것은 인간의 삶에서 나타나는 "목적 합리성"인데, 이것은 목적에 따라 합리적인 계획을 세우고 이해타산을 고려하는 산술적인 합리성을 말한다. 베버는 목적 합리성이 청교도들의 경제 윤리에서 가장 잘 드러나며, 이것이 선택적으로 자본주의 정신과 친화력을 갖는다고 본다.

베버는 웨스트민스터 신앙고백 3장이 말하는 하나님의 영원한 작정에 주목하면서 "구원받은 자들과 천사들은 하나님의 영원한 작정에 의해 그분의 영광을 위해 영원한 삶으로 예정되지만, 다른 자들은 영원한 죽음으로 미리 정해졌다"는 논지를 자신의 사회학의 문제 틀로 삼는다.[45]

---

44 Weber, *The Protestant Ethic and the Spirit of Capitalism*, 85.
45 ibid., 100.

이런 논리는 제한 속죄 사상으로 연결되는데, 하나님의 이중예정의 영광을 위해 그리스도 역시 선택된 자들만을 위해 십자가에서 죽게 된다.[46] 그런데 베버에 의하면, 예정된 자들은 칭의의 은혜를 입고, 성화를 통해 예정 받은 자의 증거를 자신의 직업과 경제적인 태도에서 드러내야 한다. 초기 칼뱅주의자들은 그러한 신학적 동기에 의해 경제적인 금욕주의를 통해 부를 축적하였으며, 그들의 현세적 금욕주의라는 윤리적인 삶이 구원의 소유(*possessio salutis*)와 확실성을 주었다는 것이다. 이처럼 칼뱅주의에서 가톨릭의 유명론의 원리가 다음과 같이 드러난다. "하나님은 스스로 돕는 자를 돕는다."[47]

그래서 베버는 진단하기를, 청교도들의 "방법적으로 합리화된 경제윤리적인 행동"은 영적인 귀족주의를 낳고, 칼뱅주의의 이중예정 사상이 이런 방향으로 정립되고 각인된다고 본다. 칼뱅주의는 자본주의 경제와 소유의 개인주의의 씨앗이 된다. 하나님은 선택된 자에게 부의 기회를 허락하며, 하나님의 영광을 위하여 선택된 자들은 이런 기회를 선용해야 한다. 부에 대한 이런 태도는 근대의 노동분업을 적극적으로 평가하고, 부의 획득은 하나님이 주신 복의 징표가 된다. 하나님의 영광을 위한 삶과 자본주의적 삶의 방식은 서로 엮어진다.[48]

베버의 분석에 의하면, 루터교의 칭의론은 윤리적인 협력을 배제하고 경제적인 전통주의를 드러낸다. 그들에게서 벤자민 프랭클린(Benjamin Franklin)의 "시간은 돈이다"와 같은 타입은 발견되기 어렵다. 그러나 베버의 평가와는 달리, 루터는 앞서 살펴본 것처럼 신앙고백과 칭의론에 경제적인 이슈를 통합시키고 성서에 근거를 둔 경제 정의를

---

46 Weber, *The Protestant Ethic and the Spirit of Capitalism*, 108.
47 Weber, *The Protestant Ethic and the Spirit of Capitalism*, 115.
48 Weber, *The Protestant Ethic and the Spirit of Capitalism*, 163, 166.

고려했다. 베버가 자본주의의 합리성 부분을 강조했다면, 루터는 초기 자본주의의 부정적인 부분, 즉 고리대금업과 가톨릭교회, 그리고 자본가들의 결탁을 통한 타락을 보았다. 이를 볼 때 세계 개혁이라는 관점에서 윤리적 원리나 책임성이 루터의 종교적 이념에서 발견되지 않는다는 베버의 지적은 옳지 않다. 세계는 기존 질서 그대로 수용되어야 하고, 베버는 그것이 루터에게서 종교적인 의무가 된다고 말한다.[49]

베버의 관찰과 유사하게, 알브레히트 리츨(Albrecht Ritschl)과 칼 홀(Karl Holl) 역시 루터의 칭의론과 소명론은 자본주의 정신에 대해서는 무관심한 것으로 해석하였다. 트뢸치에 의하면, 루터는 모든 자연적인 것들과 질서는 하나님에 의해 창조된 것이므로 여기에 순종할 것을 말했다. 그에 따르면, 루터는 자연법을 십계명에 연관 짓고 사회질서를 보존하는 경향으로 흐르는 등 전적으로 보수적이었다. 또한 루터파 신자들은 영혼 구원에만 관심을 두었지, 사회질서의 변혁보다 현상 유지에 급급했다는 것이다. 그러므로 루터파 신자들은 정치·경제적인 영역에서 자선활동 이상을 넘어간 적이 없다고 보았다.[50] 그러나 트뢸치의 평가와는 정반대로 경제학자 파비운케(Fabiunke)는 루터가 중세 봉건주의를 비판함으로써 중산층 종교개혁 개신교를 시작했으며, 그의 시대에 처한 초기 자본주의의 문제를 날카롭게 파악했다고 본다. 생산, 분배, 교환, 소비는 루터에게서 사회·경제적 해석 현실로 수용되었으며, 특히 사회로부터 밀려 나간 자들을 위해 경제적 합리성을 고려했다고 말한다.[51]

이제 베버 테제에 대해 전반적인 평가를 한다면, 칼뱅의 칭의와 예정과 관련된 구원의 확실성은 청교도들의 경제적인 금욕주의를 통하여 자

---

49 Weber, *The Protestant Ethic and the Spirit of Capitalism*, 160.

50 Troeltsch, *Social Teaching*, II:529, 552, 568.

51 Fabiunke, *Martin Luther als Nationalökonomie*, 118-24.

본주의의 합리적 발전에 큰 기여를 했다. 그러나 베버가 『프로테스탄트 윤리와 자본주의 정신』 마지막 장에서 내리는 결론은 절망적이고 암담하기 짝이 없다. 종교개혁을 통해 수도원의 담들이 무너지고 일상의 삶에서 신앙의 개인주의화가 진행되었다. 개인의 자유는 합리적인 경제 활동으로 이어졌지만, 상품과 부에 관한 관심은 리차드 박스터(Richard Baxter)와 같은 청교도 성인의 어깨 위에 가벼운 외투처럼 걸쳐졌다. 그러나 이런 가벼운 외투가 쇠로 만든 새장이 될 줄은 아무도 예견하지 못했다. 청교도 지도자들이 어깨에 가볍게 걸쳐 입은 외투와 같은 부에 대한 관심은 결국 자본주의의 생산과 기술 관료화의 메커니즘에 사로잡혀 버리고 만다. 결국 자본주의 정신의 미래는 어둡다. "정신이 없는 전문가들, 마음이 없는 감각주의자들—이런 텅 빈 공허한 상태는 이전에 도달해본 적이 없는 문명의 단계를 상상하게 한다." 세계의 주술화로부터의 해방과 근대의식의 출현은 인간의 문명에 해방과 진보를 가져오지만, 쇠로 만든 새장에 갇히고 만다. "누가 미래에 이런 새장에 갇혀 살아가게 될지 아무도 모른다. 아니면 이런 엄청난 발전의 끝에 완전히 새로운 예언들이 일어날지도 모른다. 아니면 오래된 생각이나 이념들이 강력하게 다시 태어날지도 모른다. 그렇지 않다면 일종의 신경증적인 자기과시로 채색된 기계적인 경화 증세가 있을지도 모른다."[52]

물론 베버의 테제는 마르크스에서도 발견된다. 마르크스에 의하면, 화폐 시스템은 근본적으로 가톨릭적이며, 신용 시스템은 개신교적이다.[53] 마르크스는 중상주의 자본주의 하에서 벌어진 스페인 가톨릭의 라틴 아메리카 식민주의 침탈이, 역사적으로 자본주의를 가능하게 한 주

---

52 Weber, *The Protestant Ethic and the Spirit of Capitalism*, 182.

53 Marx, *Capital*, III: 727.

요 동인이라고 파악했다. 이것은 본원적 축적에 속한다. 그리고 이후 산업자본주의는 개신교의 금욕주의(청교도의 세계 내재적 금욕주의)를 통해 절약과 자본 축적의 동인이 되어주었으며 자본가들은 자본 축적을 지속적으로 확장해나갔다. 마르크스는 자본주의의 기독교적 성격을 매우 신랄하게 비판한다. 그러나 마르크스가 개신교에서 자본주의적 비합리성을 본다면, 베버는 역으로 개신교의 내적 금욕주의에서 자본주의의 합리적 성격을 본다. 이 지점에서 마르크스와 막스 베버는 극명하게 갈라선다. 막스 베버에 의하면, 근대 자본주의의 관심과 합리적 경영과 행정 및 이와 더불어 나타나는 목적 합리성과 이해타산의 산술은 노동과정을 합리적인 기술지배와 조직 아래 두게 된다. 법적 지배의 합리화와 더불어 관료화는 필연적인 귀결이 된다. 마르크스의 자본주의 생산양식 분석에서 경제적인 물적 기반이 문화적 상부구조의 영역을 조건 짓고 결정한다면, 여전히 생산관계의 합리화 과정과 종교와 문화 그리고 정치의 역할은 상품의 교환가치를 문화적인 가치 형성으로 하여 발전될 수가 있다. 마르크스와 베버의 비판적인 대화와 중재는 하버마스에게서 잘 나타난다.[54]

우리의 관심은 베버의 사회학적 테제의 진위를 비판적으로 평가하기보다는 루터나 칼뱅에게서 발견되는 칭의와 정치·경제적 차원에서의 정의를 서로 공유하며, 무제한적인 자본 축적이나 소유적인 시장 개인주의 또는 맘몬주의 메커니즘과는 다른 방향을 살펴보는 데 있다. 종교개혁자들의 칭의와 경제 정의는 하나님의 오이코노미아에 기초한 하나님의 은혜와 성서적인 정의에 근거를 둔다.

---

54 Habermas, *The Theory of Communicative Action*, II: 332-42.

4. 칼 바르트: 복음과 정치·경제학

칼 바르트는 루터와 칼뱅의 사유를 비판적으로 수용하여 건설적으로 자신의 말씀의 신학과 은총의 신학 안에서 전개한다. 바르트에게도 칭의는 그리스도 안에 계시된 하나님의 은총과 심판에 대한 신앙고백에 근거하고 있다. 이런 점에서 바르트는 루터의 칭의론을 수용한다. 그러나 바르트는 루터와는 달리 율법이 복음의 필요한 형식에 속한다고 보고 있으며, 칼뱅의 성화론과 그의 정치·경제학적 입장을 높게 평가한다. 바르트는 "바르멘 신학 선언" 1조항에서 예수 그리스도는 성서가 증언하고 우리가 삶과 죽음에서 신뢰하고 순종해야 하는 단 하나의 하나님의 말씀이라고 간주한다. 그는 교회의 토대는 예수 그리스도의 복음이며, 그 복음은 종교개혁의 신앙고백에서 분명히 드러난다고 말한다. 바르트에 의하면 예수 그리스도는 우리의 죄를 용서하시는 하나님의 확신이며, 우리의 모든 삶의 영역에서 주님이시다. 그리고 예수 그리스도는 정치와 사회적 영역에서 해방의 말씀을 의미한다. 교회는 "아직 구원되지 않는 세계"(5조항)에서 존재하며, 하나님 나라와 계명과 의로움은 국가나 교회, 그리고 시민들의 책임에 속한다. 그러므로 교회는 하나님 나라의 복음의 빛에서, 그리고 그리스도의 주권을 통해 전제주의적 국가의 지배와 정치 이데올로기에 저항해야 한다. 교회는 믿음과 소망과 사랑 안에서 일치를 이루며, 교회의 정치적 소명과 결단에서 이런 신학적인 원리를 고수해야 한다.[55]

바르트는 화해의 복음의 빛 속에서 "아직 구원되지 않는 세계"의 현실을 직면하면서 칭의를 성화와 소명과 더불어 통전적으로 파악했다.

---

55 Cochrane, *The Church's Confession Under Hitler*, 237-42.

하나님의 은총은 일차적으로 교회에 연관되며 사회적인 삶과 구별되지만 그렇다고 사회적 상황과 분리될 필요도 없다. 그리하여 바르트에게 사회·정치적인 이슈는 신학의 주제로 들어오며, "신학의 주제에 대한 말씀"(Wort zur Sache)과 "사회적 상황에 대한 말씀"(Wort zur Lage)은 바르트가 대 히틀러 투쟁에서 표현한 "오늘날 신학의 실존"(Theologische Existenz heute)에서 잘 드러난다. 독일 그리스도인들이 히틀러의 파시즘에 하나님의 말씀을 "순응"시켰다면, 바르트는 하나님 나라의 복음의 빛에서 히틀러의 파시즘과 비판적인 대결을 하면서, 사회적 상황에 대한 예언자적이며 해방의 말씀을 비판적으로 성찰했다. 바르트의 그런 정치적 실천은 "지금 여기서" 행동하는 신학의 실존을 말한다.

바르트의 신학에서 복음의 정치·경제적인 함의는 자본주의에 대한 그의 비판적인 분석에서 잘 드러난다. 이후 바르트는 "다름슈타트 성명"(1946)에서 복음을 사회·경제적인 이론과 연관 지어 성찰한다. 바르트는 마르크스 비판 이론이 사회와 경제에 대한 비판이론으로서 성서적 진리의 중요한 요소를 새롭게 해명해주는 데 도움이 된다고 인정한다. 그러나 마르크스의 이론은 과학적 사회주의에 연관된 비판이론이며, 여전히 역사적인 한계가 있다. 그것은 우리가 믿어야 할 세계관도 아니다. "그것은 오로지 우발적인 것(*per accidens*)이며, 본질적인 것(*per essentiam*)이 아니다."[56] 물론 그렇다고 하여 우리가 이런 비판이론을 악한 도덕적인 열매로 볼 필요도 없다. 하지만 바르트는 마르크스적 사회 비판 이론들은 하나님 나라의 빛에서 가난한 자들의 문제를 교회의 중심문제로 만들어야 한다고 말한다.[57]

---

56 CD III/2: 387.

57 정승훈, 『동시대성의 신학』, 344.

결론: 칭의는 하나님의 정의의 회복으로부터 오며, 하나님 나라를 향해 전진한다

하나님 나라의 복음의 핵심은 칭의론, 즉 죄 용서의 은총이다. 하나님 나라의 복음은 성서의 주제이며, 신앙의 내용을 결정한다. 말쿠트 야웨(*malkuth YHWH*)는 하나님의 다스림이 예수의 십자가와 부활에서 현재적으로 일어났고, 새 하늘과 새 땅의 종말론적인 기대 가운데 있음을 말한다. 칭의의 은총은 약속과 희망과 해방의 이름인 하나님으로부터 온다. 하나님에 대한 신앙(*fiducia*)은 하나님의 죄 용서(칭의)를 통해 의롭게 된 자를 다가오는 하나님 나라를 위한 해방으로 부른다.[58]

루터에 의하면 하나님으로부터 용서의 은총을 경험한 자들은 사회적 디아코니아와 정의로운 삶을 위해 기여한다. 칼뱅에게서 칭의는 그리스도와의 연합으로부터 오며, 칭의론은 우리가 신앙을 고백하는 하나님과 관련된다. 비록 칼뱅은 칭의를 성화와 구분하지만 그에게서 칭의, 예정, 성화는 통전적으로 결합한다. 칼 바르트는 칭의를 그리스도의 십자가와 부활에서 나타난 하나님의 은총에서 파악하며, 루터의 칭의론과 칼뱅의 성화론을 하나님에 대한 신앙고백, 즉 "모든 것을 변혁하는 사실로서 하나님"의 복음의 빛에서 칭의, 성화, 소명을 통전적으로 발전시킨다. 이것은 기독교 구원의 종말론적 차원을 지적하며 사회적 삶의 책임을 강조한다. 이런 점에서 칭의론은 인간의 죄를 용서하고 새롭게 하시는 하나님의 회복시키는 정의(restorative justice)이며, 화해의 복음의 핵심이다. 그리고 용서를 경험한 자들은 공공의 영역에서 하나님 나라를 향하여 더 많은 민주주의와 더 많은 사회정의를 향하여 전진한다.

헬무트 골비처(H. Gollwitzer)에 의하면 마르크스의 비판이 기독교에

---

58 Gollwitzer, *Befreiung zur Solidarität*, 142, 145, 151.

갖는 의미는 자본 축적과 식민주의의 기독교적 성격에 대한 폭로 때문이다.[59] 그리고 자본주의가 일으킨 혁명은 이런 자본 축적의 기독교적인 성격이 지나간 시대의 유물이 아니라, 오늘날에도 신식민주의와 제국주의의 확장을 통해 전 지구적인 차원에서 전개된다. 교회는 이런 정치·경제적 현실을 분석하고 교회가 이로부터 돌아서는 메타노이아 운동에 관여해야 한다. 예수가 전한 복음의 중심에서 하나님 나라는 시작되었고, "세리와 죄인들"을 위한 그리고 모든 인류를 위한 기쁜 소식으로 선포되었다. 하나님 나라는 죽음의 문화를 거절하고 생명의 문화를 지향한다. 이것은 복음의 사회 변혁적인 성격을 말한다.[60] 바르트에게서 주제를 향한 말씀(Wort zur Sache)은 예언자들과 예수의 가난한 자들과의 연대에서 상황을 향한 말씀(Wort zur Lage)으로 구체화한다.

종교개혁의 신앙고백과 칭의론에서 화해와 용서의 복음은 하나님 나라와 관련하여 다루어진다. 용서의 은혜는 "나라가 임하옵시며"라는 주의 기도에서 공공영역에서 하나님의 정의를 통해 구체화해야 한다. 바르트는 『기독교 공동체와 시민사회』에서 하나님의 행동은 인간의 행동과 배타적으로 경쟁하거나 대립하는 것이 아니라, 인간의 행동과 사유와 말들을 통해 실현된다고 본다. 죄의 회개와 용서 그리고 화해의 제자직은 다가오는 하나님 나라에 상응한다. 바르트에게서 이것은 하나님 나라를 향한 방향과 노선(Richtung und Linie)을 말한다. 이런 방향과 노선은 하나님 나라를 향한 유비와 상응으로 파악되고, 더 많은 민주주의와 사회정의, 그리고 더 많은 평화를 향해 전진하는 것을 말한다. 그리고 이것은 공공 영역에서 주인 없는 폭력들에 저항하며, 그리스도의 복음을 향

---

59 Marx, *Capital*, I: 917.

60 H. Gollwitzer, *Die Kapitalistiche Revolution*, 109, 111-12.

한 교회의 신앙고백과 예언자적인 책임성을 강화한다. 주인 없는 폭력들은 사회 안에서 인간을 굴욕시키고, 모든 것을 맘몬의 질서와 지배를 통해 삼켜버리고, 인간을 파렴치한 본질로 만들어버리는 모든 정치·경제적 관계들로 각인되고 구조화된다. 하나님의 값비싼 용서의 은혜를 표현하는 칭의론은 히틀러와 투쟁하는 동안 터져 나온 디트리히 본회퍼의 예언자적인 표현—루터로부터 오는—에서 잘 읽을 수 있다.

> 무신론자들의 절규는 하나님의 귀에 경건한 자들의 할렐루야보다 더 소중하게 들릴 수가 있다.[61]

왜냐하면 예수는 타자를 위한 존재이기 때문이다. 종교개혁의 칭의론은 이런 점에서 하나님이 없는 자들과의 연대에서 구체화한다. 칭의의 은총은 그리스도 안에서 계시하신 하나님의 회복의 정의로부터 오며, 또한 칭의의 은총은 우리로 하여금 하나님 나라로부터 오는 하나님의 정의와 평화와 해방을 공공의 영역에서 실현하도록 전진하게 한다.

---

61 Bonhoeffer, *Ethics*, 104.

08

아나뱁티즘의 칭의론과 정의

김창규

Anglican Training Institute, 역사신학

김창규는 영국 브리스톨 대학교 트리니티 칼리지에서 신학 공부를 시작하여 역사신학 전공으로 박사학위(Ph. D.)를 취득했다. 탄자니아 세인트존스 대학교 음살라토 신학대학에서 가르치다가 현재는 말레이시아 Anglican Training Institute에서 선교사로서 교수 사역을 하고 있다. 저서로는 *Balthasar Hubmaier's Doctrine of Salvation in Dynamic and Relational Perspective*(Pickwick, 2013)가 있다. 16세기 아나뱁티즘에 관심을 두고 연구하고 있으며, 현시대에 맞는 제3세계 선교에 대한 인식과 전략의 변화를 강조하며 도전하고 있다.

들어가는 말

중세의 타락한 가톨릭교회에 대항하여 1517년 10월 31일, 루터가 비텐베르크 성(城) 교회 문에 "면죄부에 관한 95개 조항"을 게시함으로써 시작된 종교개혁은 올해로 500주년을 맞이하게 되었다. 종교개혁 500주년을 맞이하여 한국교회는 종교개혁의 본질과 의미에 대해 재고하고 있다. 그중 대다수 교회는 종교개혁의 상징성과 의미를 부여할 때 일반적으로 루터에 의해 시작된 루터파의 종교개혁 및 츠빙글리와 칼뱅에 의해 진행된 개혁파의 신학과 역사에 관심을 둔다. 하지만 맥그라스(Alister E. McGrath)가 언급한 대로 16세기 "종교개혁"은 주류 종교개혁자들이 이끈 단수형의 형태라기보다는 주류 종교개혁 이후 나타난 다양한 형태의 개혁운동을 포함해야 하므로, 복수형의 "종교개혁들"(Reformations)이라고 표현하는 것이 옳다.[1] 중세 가톨릭교회의 세속화와 부정부패에 대항하여 종교개혁의 주류를 이루었던 "관(官) 주도적 종교개혁"(magisterial Reformation)이 있었다면, 이 주류 종교개혁의 문제점과 한계점을 지적한 제2의 종교개혁, 즉 급진적 종교개혁(혹은 근원적 종교개혁, radical Reformation)이 그 뒤를 이었기 때문이다.[2]

우리는 16세기에 일어난 제2의 종교개혁을 좀 더 자세히 살펴볼 필요가 있는데, 이 급진적 종교개혁 운동은 단지 가톨릭에 대한 비판적 입

---

1 Alister E. McGrath, *Christian Theology: An Indroduction*(5th ed.; Oxford: Wiley-Blackwell, 2011), 44.

2 Alister E. McGrath, *Reformation Thought*(3th ed.; Oxford: Blackwell, 2004), 5-6. 이를 "종교개혁 좌파"라고도 부른다. Williams는 급진적 종교개혁을 특징에 따라 아나뱁티스트(Anabaptists), 영성주의자(Spiritualist), 그리고 복음주의적 이성주의자(Evangelical Rationalists)로 구분한다(George H. Williams, *Spiritual and Anabaptist Writers*[Philadelphia: Westminster Press, 1957], 20-22).

장에서만이 아니라, 당시 새로운 교회 개혁 운동을 주도하던 관 주도적 종교개혁에 대한 비판에서도 시작되었다. 우리는 종교개혁 500주년을 맞아 한국교회가 종교개혁 시대의 초심으로 돌아가 진정한 교회 회복 운동을 다시금 시작해야 한다고 생각할 수 있다. 그러나 한국교회가 마주하고 있는 많은 문제의 원인이 단순히 종교개혁의 초심을 잃어서라고만 생각할 수는 없다. 왜냐하면 500년 전 종교개혁이 시작되고 나서 얼마 지나지 않아 이미 그곳에서 또 다른 모습의 개혁 운동이 일어나고 있었기 때문이다.

따라서 우리가 현재 처한 한국교회의 많은 문제점을 제대로 직시하고 풀어가기 원한다면 루터, 칼뱅 같은 주류 종교개혁자들의 신학과 발자취를 돌아보는 것만으로는 부족하다. 주류 종교개혁자들의 신학과 행동의 한계에 대한 부분을 비판하고 개선하려고 노력했던 동시대의 또 다른 그룹의 종교개혁자들이 왜 발생했는지, 그들의 사상과 삶을 통해서 주류 개혁자들이 가졌던 문제의 원인을 살펴봄으로써 현재 한국교회가 마주하고 있는 문제들에 대한 해답을 발견할 수도 있을 것이다. 16세기 초에 제2의 종교개혁 그룹이 다양하게 나타났지만 그중 대표적 그룹은 그 당시 누구나 받아들이던 유아세례를 거부하고 신자들의 세례를 주장한 아나뱁티스트다. 이들은 "믿음으로 의롭다 함을 받는다"는 주류 종교개혁의 주장에 동의하면서도 동시에 행함의 중요성을 강조한 그룹이었다. 이 글에서 나는 16세기 아나뱁티스트의 신학과 그들의 삶(전통)을 통해 21세기 한국교회가 당면한 "값싼 은혜" 또는 "행함 없는 믿음으로의 구원" 등의 문제에 대한 해답을 찾고자 한다.

이를 위해 먼저 아나뱁티스트는 왜 주류 종교개혁자들이 주장하는 법정적 칭의를 비판했는지 살펴볼 것이다. 둘째, 아나뱁티스트가 의미하는 칭의와 그것을 통해 강조하려는 것이 무엇인지 살펴볼 것이다. 이를 바탕으로 그들의 칭의는 주류 종교개혁자들의 법정적 칭의와 어떻게 다르며, 또한 가톨릭의 의화론과는 어떠한 차이점이 있는지도 알아볼 것이다. 셋째, 아나뱁티스트의 핵심 신념이자 전통인 제자도와 성만찬의 의미를 통해 그들이 추구하는 정의의 의미와 그에 따른 실천을 살펴볼 것이다. 넷째, 21세기에 실존하는 아나뱁티스트는 서방 교회의 전통적 속죄론인 형벌대속론을 비판하는데, 그 비판의 근거가 무엇이며 이들의 속죄론이 가지는 함의는 무엇인지를 살펴볼 것이다.

아나뱁티스트에 관한 연구에 앞서 주의할 점

아나뱁티스트의 칭의론과 정의에 대한 이해를 위해 먼저 알아두면 도움이 될 사안을 짧게 설명하고자 한다. 16세기 종교개혁이 시작된 이후, 유아세례를 거부하고 신자의 세례를 강조한 아나뱁티스트는 가톨릭교회뿐만 아니라 개신교에서도 이단으로 정죄되었다. 16세기 당시 유아세례는 단지 교회 예식의 차원을 넘어 기독교 국가(Christendom) 체제로의 입문(편입)을 의미했기에, 아나뱁티스트의 유아세례 거부 및 신자들의 세례[3]는 기독교 국가 시스템을 부정하는 반역 행위로 간주되었다.[4] 그 이후 뮌스터(Münster)에서 발생한 비극적인 사건[5]은 아나뱁티즘에 대한 부

---

3 여기서 말하는 "신자들의 세례"란, 아나뱁티스트가 유아세례는 그리스도에 대한 명시적인 신앙고백 없이 이루어졌다고 비판하면서 세례는 그리스도를 믿음으로 고백한 신자들에게만 행해야 한다고 주장한 데서 유래한다.

4 Stuart Murray, *The Naked Anabaptist*(Milton Keynes: Paternoster, 2011), 17.

5 아나뱁티스트를 설명할 때 1534-5년에 독일 북부의 네덜란드 접경에 위치한 뮌스터에서 발생한 비극적 사건은 빼놓을 수 없다. 예언자로 추앙받았던 Jan Mattijs와 그를 추종한 Jan van Leiden을 중심으로 한 극단적 종말론자들이 뮌스터를 그들의 새 예루살렘으로 선포하였는데, 그들은 마지막 때에 하나님이 경건치 못한 자들을 멸절하는 의무와 권력을 그들에

정적인 시각을 더욱 강화하였고, 이렇게 각인된 아나뱁티스트에 대한 부정적 시각은 20세기 중반 북미 메노파 학자들이 아나뱁티스트의 정체성과 사상의 재건을 위해 노력하기 전까지는 정당한 평가를 받아오지 못했다. 벤더(Herald Bender)가 "아나뱁티스트 비전"(Anabaptist Vision)[6]이란 글을 통해 강조한 제자도(Discipleship), 가시적 공동체 교회(Visible Church as brotherhood), 사랑의 윤리(an ethic of love)와 무저항주의(non-resistance or biblical pacifism) 사상은 과거 아나뱁티스트가 폭력적이고 종말론에 빠진 광신도 집단이라는 부정적 인식이 얼마나 잘못되었는가를 보여주었다.[7] 그는 진정한 아나뱁티스트 운동의 기원으로 스위스 형제단(Swiss Brethren)과 메노파(Mennonites)만 인정하는 단일 기원설(monogenesis)을 주장하는데, 이것은 지난 수백 년간 아나뱁티스트에 가해진 폭력적이고 열광주의적 종말론자라는 부정적 시각을 떨쳐내고자 하는 강한 반작용의 결과라 볼 수 있다. 그러나 아나뱁티스트의 단일기원설은 스테이어(James M. Stayer), 패쿨(Werner O. Packull), 데페르만(Klaus Deppermann) 등

게 주셨다고 믿음으로써 폭력을 정당화하고, 재세례를 거부하는 자들을 추방했다. 그들은 일부다처제를 시행하기도 했는데, 결국에는 가톨릭과 루터파 교도들의 군대에 의해 대학살을 당하고 살아남은 일부는 흩어졌다. 뮌스터 사건을 계기로 다른 아나뱁티스트에 대한 종교적 관용도 더욱 찾아보기 힘들게 되었고, 이후로는 죄의 유무와 상관없이 진압의 대상이 되었다(Owen Chadwick, *Reformation*[London: Penguin, 1990], 191). 뮌스터 사건으로 인한 아나뱁티스트에 대한 부정적인 인식과 편견은 현대 역사학자들에게서도 발견된다. 영국의 저명한 종교개혁 사학자인 Elton은 "아나뱁티즘은—어떤 경건하고 존경할 만한 종파가 오늘날 그것을 그의 조상으로 추억한다 하더라도—비합리적이고 심리적으로 불균형한 몽상에서 탄생한 극단적인 현상이었는데, 이성을 부인하고 인간이 직접적인 영감을 받아 그들이 원하는 대로 행동할 수 있다는 신념을 강조하는 데 근거한다"고 평가한다(G. R. Elton, *Reformation Europe 1517-1559*[London: Collins Clear Type, 1963], 103). 따라서, 우리가 아나뱁티스트에 대한 신학을 논할 때 그들에 대한 선입견을 제거하지 않으면 그들이 주장하고 추구하고자 했던 참 의미를 발견하기 어려울 것이다.

6 Herald S. Bender, 『재세례 신앙의 비전』(김복기 옮김, 한국아나뱁티스트출판사, 2009).

7 Herald S. Bender, "The Anabaptist Vision," G. F. Hershberger ed., *The Recovery of the Anabaptist Vision*(Scottdale, PA: Herald, 1957) 29-54, 특히 42.

에 의해 주장된 복수 기원설(polygenesis)에 의해 비판을 받았다. 복수 기원설은 아나뱁티스트의 기원이 하나의 근원이라기보다는 서로 다른 지역에서 다양한 모습으로 발생했다는 것이다.[8]

최근 아나뱁티스트 학자들은 단일 기원설이나 복수 기원설 중 어느 한쪽으로 치우쳐 해석하는 것을 경계한다. 비록 아나뱁티스트 운동이 다양하고 다중적인 기원을 가지고 있다 하더라도 서로 다른 그룹들 사이에 공통분모들이 존재하기 때문이다. 이에 대해 스나이더(Arnold Snyder)는 세 가지 공통점을 언급한다. 첫째, 많은 아나뱁티스트 그룹은 농민전쟁에 관한 이상과 영감에 영향을 받았고, 둘째, 그들의 신념은 묵시적이고 종말론적 관점에서 발전했으며, 셋째, 역사적으로 기원이 다른 아나뱁티스트 그룹들의 신념이 공유되면서 공동체적인 아나뱁티스트 사상을 발전시켰다는 것이다.[9] 다시 말하면 초기 아나뱁티스트는 사회적 문제에 관심을 가졌고, 세상의 종말이 다가옴을 인식하면서 현재 어떻게 살아가야 하는지를 고민했으며, 그들의 전통은 공동체의 관점에서 발전되었다고 할 수 있다. 16세기 아나뱁티스트 운동은 하나의 기원을 가지고 있지 않고 매우 다양한 형태로 나타났기에 그들의 신념을 하나의 통

---

8 James M. Stayer, "From Monogenesis to Polygenesis: the Historical Discussion of Anabaptist Origins," *MQR* 45(1971), 83-121. 1520-30년대 사이에 나타난 대표적인 아나뱁티스트 그룹들은 크게 네 가지로 구분된다. 첫째, Conrad Grebel, George Blaurock과 Felix Manz 등을 중심으로 취리히에서 시작한 스위스 형제단(Swiss Brethren). 둘째, Hans Hut, Hans Denck와 Pilgram Marpeck을 중심으로 사회적 문제의 관심과 함께 성령의 역사를 강조한 오스트리아 및 남부 독일의 그룹. 셋째, Melchior Hoffmann에 의해 네덜란드와 독일 북부 지역에서 시작된 그룹으로 종말론에 심취하였으며 결국 뮌스터 비극을 통해 사라질 위기에 놓였지만 Menno Simons와 Dirk Philips라는 지도자로 인해 새롭게 거듭나 후에 메노파(Mennonites)라 불리게 된 네덜란드 아나뱁티스트 그룹. 마지막으로 재산 공동체(community of goods)로 알려졌으며 모라비아(Moravia) 지역에서 활동한 후터파(Hutterites).

9 C. Arnold Snyder, *Anabaptist History and Theology*(Kitchener, Ontario: Pandora Press, 1995), 404.

합된 개념으로 설명하는 것은 불가능하나,[10] 위에서 언급한 아나뱁티스트 그룹들의 세 가지 공통분모(제자도, 가시적 공동체 교회, 사랑의 윤리와 비폭력 평화주의)에 대한 인식은 우리가 살펴볼 아나뱁티스트의 칭의의 의미와 함께 그들이 실천하는 정의의 의미를 이해하는 데 도움이 될 것이다.

아나뱁티스트의 칭의론에 관하여

아나뱁티스트가 주장하는 구원의 의미는 주류 종교개혁자들이 강조하는 이신칭의의 구원과 다른가? 만약 아나뱁티스트의 주장이, 주류 종교개혁자들처럼 우리의 구원은 예수를 통한 하나님의 은혜로 인해 시작되며 인간의 어떤 행위로 말미암지 않는다는 것이었다면, 왜 그들은 칭의론으로 인해 가톨릭뿐만 아니라 루터파와 칼뱅파의 주류 종교개혁자들에게도 공격을 받았을까?

이런 질문들에 답을 하기 위해서 먼저 우리는 아나뱁티스트의 "믿음"(faith)과 "의롭다 함"(justification)의 의미가 무엇인지 알아야 한다. 그런데 아나뱁티스트에 있어 이 두 단어는 단순히 신학적 논쟁이 아니라 실천적인 관점에서 이해되었다. 따라서 "칭의"의 주제는 주류 종교개혁자들과는 달리 아나뱁티스트에게 중요한 논쟁의 주제로 다루어지지 않았다. 그런데도 아나뱁티스트의 칭의론이 중요한 것은 그것이 구원에 대한 그들의 이해와 그들의 삶의 전통을 살펴볼 때 기초가 되기 때문이다. 아나뱁티스트가 주장하는 칭의의 의미를 이해하기 위해서 먼저 동시대의 가톨릭과 주류 종교개혁자들이 주장했던 칭의의 개념을 살펴보고 그

---

10 Murray, *Naked Anabaptist*, 23.

차이점을 비교하는 것이 필요하다.

16세기 종교개혁 당시 "칭의"에 관한 의미

종교개혁 이전 중세 후기의 대표적 스콜라학파인 "비아 모데르나"(*via moderna*)와 "신 아우구스티누스학파"(*Schola Augustiniana moderna*)에 대해서 살펴보자. 과거 유명론(Nominalism)으로 알려지기도 한 비아 모데르나는 칭의가 하나님과 인간 사이에 어떠한 매개 수단 없이 직접적으로 발생한다고 주장하였다.[11] 비아 모데르나 신학자들은 중세 시대에 정치적 또는 경제적 이론을 설명하기 위해 사용하던 "계약"(covenant) 개념을 구원을 설명하는 데 사용했다. 하나님은 그의 백성과의 약속을 통해서 칭의에 필요한 요구들을 제시하시고, 인간이 최선을 다하여 이 특별한 계약 조건을 성취했다면, 하나님은 그 인간에게 은혜 주심을 거부하지 않으실 것이다.[12] 따라서 이런 결과로서 주어지는 하나님의 은총은 인간의 공로 가능성을 만들고 이것은 구원이라는 보상으로 이해될 수 있다.[13]

반면에 "신 아우구스티누스주의"의 구원론은 비아 모데르나와는 달리 인간의 구원은 전적인 하나님의 사역이라고 본다. 인간 구원을 위해서는 하나님의 은총이 절대적으로 선행되어야 하는데, 이 은총은 인간 스스로 노력해서 얻을 수 있는 것이 아니라, 하나님의 섭리에 따라 그가 예정하여 베푸신 것이다. 따라서 은총을 받은 인간이 선한 행동을 한다

---

11 McGrath, *Christian Theology*, 36.

12 McGrath, *Reformation Theology*, 74-75.

13 Denis R. Janz, "Late Medieval Theology," David Bagchi, David C. Steinmetz ed., *Reformation Theology*(Cambridge: Cambridge University Press, 2009), 12.

하더라도, 그것은 자신을 구원할 공로가 될 수 없다.[14] 구원에 대한 관점에서 두 학파의 가장 큰 차이점은 구원의 주도권이 누구에게 속하느냐와 인간의 본성을 어떻게 생각해야 하는가의 문제로 이해할 수 있다. 두 스콜라학파의 구원에 대한 서로 다른 이해는 고대 펠라기우스 논쟁을 중세로 소환할 뿐 아니라, 종교개혁 운동에서 주류 종교개혁자들과 가톨릭의 논쟁 주제가 되고, 더 나아가 아나뱁티스트와 종교개혁자들 사이에 또 다른 논쟁의 원인이 된다.

종교개혁자 루터의 이신칭의 교리는 자신의 수도원에서의 경험을 바탕으로 세워졌다. 에르푸르트(Erfurt)의 아우구스티누스 수도회에 입회하여 신학을 배우게 된 루터는 비아 모데르나의 사상을 따르는 선생들의 가르침에 영향을 받았다. 초기(1513-15)의 시편 강의를 보면 루터는 하나님과 인간의 계약 관계를 중심으로 인간이 자신을 낮추면, 하나님이 그에 상응하는 은총을 내리신다는 비아 모데르나의 사상을 따르고 있다.[15] 하지만 로마서 강의(1515-16)부터는 시편 강의에서 볼 수 없었던 "우리 밖에서"(*extra nos*) 오는 "의"라는 "낯선(외적) 의"(*iustitia aliena*)라는 특징이 분명히 드러난다.[16] 이 외부로부터 오는 의는 인간 스스로 획득할 수 있는 것이 아니라, 그리스도를 통해 우리에게 부여되는 것이다.[17] 따라서 죄인인 인간에게 부여된 "의"는 하나님에 의해 주어질 때만 받을 수 있는 "수동적" "의"다.[18] 인간이 할 수 있는 것은 하나님이 인간의 구원을 위해 준비하신 필요한 모든 것을 단지 받아들이는 것뿐

---

14 Janz, "Late medieval theology," 13.

15 McGrath, *Reformation Theology*, 106.

16 Bernhard Lohse, *Martin Luther's Theology: Its Historical and Systematic Development*(Minneapolis: Fortress Press, 1999), 69.

17 WA 39 I, 109; LW 34, 176.

18 WA 40 I, 41; LW 26, 4f., WA 40 II, 410; LW 12, 368.

이다.[19]

루터가 강조했던 외부로부터(우리 밖에서) 전가되는 의의 개념은 그리스도와 신자 간의 인격적인 관점에서 설명되고 있지만, 멜란히톤은 로마법의 이미지를 사용하여 하나님이 죄인을 의롭다고 선언(또는 간주)한다는 법정적 칭의(forensic justification)를 강조했는데, 이로 인해 하나님이 인간을 의롭다 선언하시는 칭의와 성령의 역사를 통한 신자의 내적 변화 과정인 신생(regeneration)이 분명하게 나뉘게 되었다.[20]

루터파가 강조하는 법정적 칭의 개념은 하나님의 주권의 관점에서 은총의 개념을 바라보던 개혁파 종교개혁자들에게서도 보인다. 부처(Martin Bucer)는 법정적 칭의의 의미를 유지하기 위해 이중 칭의(double justification)교리를 발전시키는데, 첫 번째 칭의는 오직 믿음에 의해 인간의 죄의 용서와 의가 전가되는 것이고, 두 번째 칭의는 사람을 의롭게 만드는 선행을 기반으로 한다.[21] 칼뱅은 칭의를 정의하기를, "우리는 칭의가 하나님이 그의 은혜 안에서 우리를 의로운 자들로 간주하고 받아들이시는 것이라고 설명할 수 있다. 칭의는 죄의 용서와 그리스도의 의의 전가로 구성되어 있다"라고 말한다.[22] 그는 두 가지 은혜의 원리를 주장하는데, 첫째는 하나님과의 관계 회복의 은혜요, 둘째는 성령에 의해 정화되는 은혜다.[23] 칭의는 하나님의 주도하에 이루어지며 우리가 의롭다고 간주됨은 우리 내부로부터가 아닌, 우리 밖의 그리스도의 의가

---

19 McGrath, *Christian Theology*, 360.

20 Alister E. McGrath, *Iustitia Dei: A History of the Christian Doctrine*(2nd ed.; Cambridge: Cambridge University Press, 1998), 210-11.

21 McGrath, *Iustitia Dei*, 221.

22 Calvin, 『기독교 강요』 *III*, xi, 2, 183[7-10], T. H. L. Parker, *Calvin*(London: Geoffrey Chapmann, 1995), 97-98에서 재인용.

23 Parker, *Calvin*, 95.

전가되었기 때문이다.[24] 따라서 칼뱅의 칭의 개념은 우리 밖에서 오는, 의롭다고 간주되는 법정적 의미를 지닌다.

칭의에 관한 주류 종교개혁자들의 이해는 다음과 같이 요약할 수 있다. 첫째, 법정적 칭의를 강조하는 루터파와 하나님의 주권을 강조하는 개혁파의 칭의 개념은 구원의 주도권이 인간이 아닌 전적으로 하나님께 속한 것이며, 따라서 우리의 구원(특히 칭의)에 관해서 인간이 할 수 있는 것은 없다고 이해된다. 둘째, 법정적 칭의의 개념은 죄 사함의 선언과 내적 갱생의 삶의 날카로운 구분으로 인해 구원의 순서(*ordo salutis*)를 형성하게 된다.[25] 여기서 우리는 두 가지 질문을 던질 수 있는데, ① 구원이 전적으로 하나님의 주도로 이루어진다면 구원 과정에서 인간의 의지는 아무런 의미가 없는가? ② 그렇다면 구원의 순서에서 어느 단계까지가 구원을 위한 최소한의 단계인가 하는 것이다. 만약 구원의 의미가, 부처가 말하는 첫 번째 칭의나 칼뱅이 말하는 칭의로 이루어진다면, 두 번째 칭의와 성화는 실제로 구원과는 상관이 없지 않은가? 만약 두 번째 칭의 또는 성화가 인간 구원에 있어 꼭 필요한 것이라면 그것은 선행으로 인한 공로의 필요성을 말하는 것으로 이해될 수 있기 때문이다. 따라서 주류 종교개혁자들이 구원을 위해 삶의 변화가 중요하다고 강조하고, 칼뱅처럼 구원의 두 요소인 칭의와 성화는 분리될 수 없다[26]고 주장하더라도, 그들이 주장하는 바 믿음으로 말미암아 의롭게 된다는 법정적 칭의 개념은 일반 사람들에게 있어서는 믿음만 있으면 삶의 변화가 없더

---

24 Parker, *Calvin*, 98-99.

25 예를 들면, Martin Bucer는 구원의 순서를 예정, 선택, 소명, 불경건한 자의 칭의, 경건한 자의 칭의, 영화의 단계로, Calvin의 구원의 순서는 선택, 그리스도와의 신비적 연합 안에서의 칭의/성화, 영화로 나타낼 수 있다(참조. McGrath, *Iustitia Dei*, 222-24).

26 McGrath, *Iustitia Dei*, 224.

라도 구원받는다는 이야기와 다를 게 없어지는 결과를 가져오게 된다. 종교개혁 이후 이런 결과를 예견한 에라스무스는 루터와 벌인 "자유의지"에 관한 논쟁에서 구원을 설명하는 데 있어 하나님의 주권의 강조와 법정적 칭의 개념은 신자에게 도덕적 해이의 동기가 된다고 비판했다.[27]

종교개혁에 대한 위기감으로부터 가톨릭의 교리를 재정립하기 위해 소집되었던 트리엔트 공의회(the Council of Trent, 1545-63)는 주류 종교개혁자들이 주장하는 "이신칭의"와는 달리, "칭의"란 하나님의 은혜와 함께 인간의 노력을 요구하는 것이라고 주장했다. 인간은 원죄를 가지고 태어나지만, 원죄는 하나님의 은혜를 수반하는 성례(세례)를 통해 씻어지며, 죄로 인해 칭의의 자격을 잃은 인간은 그리스도의 공로에 의거한 성례(고해성사 등) 통해 칭의를 다시 회복할 수 있다. 따라서 칭의란 의롭게 되는 거듭남의 순간만이 아니라 삶 속에서의 갱신의 과정(성례와 고해성사 등을 통한 칭의의 자격 회복)을 함께 의미한다.[28] 그리하여 가톨릭적 관점에서 칭의란 인간이 외적으로 의롭다 칭함을 받는 것이 아니라 "실제적으로 의롭게 되는 것", 즉 의화(義化)라고 말한다. 그러므로 가톨릭의 칭의 즉 의화는 하나님의 은총으로 되지만, 인간 의지의 협력을 필요로 하며, 또한 인간의 공로도 하나님의 은총과 함께 필수적인 요소이므로 구원은 하나님의 은총과 함께 인간의 행위에 의존된다고 이해할 수 있다.

아나뱁티스트는 주류 종교개혁이 도덕적 해이를 가져올 수 있다는 문제 인식으로 인해 칭의된 신자에게 있어 행함을 위한 자유의지의 중요성을 강조하였으나, 그리스도에 대한 믿음이 칭의를 위한 충분한 조건

---

27 Martin Brecht, *Martin Luther: Shaping and Defining the Reformation 1521-1532* (Minneapolis: Fortress, 1994), 229.

28 McGrath, *Reformation Thought*, 126-29.

이 되지 않는다는 가톨릭의 주장은 거부했다. 아나뱁티스트는 주류 종교개혁자들이 주장한 "믿음으로 의로워짐"을 강조하면서도 동시에 인간의 삶의 변화가 갖는 중요성을 놓치지 않으려 했다. 그렇다면 초기 아나뱁티스트가 주장하는 "칭의"란 무엇을 의미했을까?

아나뱁티스트의 칭의론, 어떻게 이해해야 하나?

아나뱁티스트의 칭의에 대한 의미를 이해하기 위해서는 "의로워짐"(justifi-cation)과 "믿음"(faith)의 의미가 주류 개혁자들의 주장과 어떻게 다른지를 살펴보아야 한다. 특히 믿음의 의미를 두 가지 관점에서 해석할 것인데, 첫째, 믿음을 인간론의 관점에서 해석할 것이다. 주류 종교개혁자들은 어떻게 영원한 형벌을 피하고 하나님의 은혜에 도달할 수 있을까 하는 구원에 대한 질문의 답을 위해 죄인인 인간의 상태에 대해 초점을 맞추지만, 아나뱁티스트는 영적인 거듭남(또는 중생의 경험)에 관심이 많았다.[29] 그들은 또한 주류 종교개혁이 구원의 의미를 설명할 때 주장하던 노예의지론과 예정론을 거부하고 인간 의지의 자율성을 강조하는데, 이것은 인간의 의지에 대한 다른 입장을 보여주었다. 따라서 아나뱁티스트의 "이신칭의"가 어떻게 주류 종교개혁의 이해와 다른가를 설명하기 위해, 먼저 "믿음"의 의미를 "인간 의지에 관한 이해로부터 설명할 것이다. 둘째, 아나뱁티스트의 전통으로부터 이해되는 믿음의 의미를 관찰할 것이다. 주류 종교개혁과 달리 초기 아나뱁티스트에게는 명확

---

29 Robert Friedmann, *The Theology of Anabaptism*(Eugene, OR: Wipf and Stock Publishers, 1998), 78.

한 신학적 체계가 보이지 않는데, 이에 대한 프리드만(Robert Friedmann)의 해설은 눈여겨볼 만하다.

> 사도 교회 시대 이후로 아나뱁티즘은 교회사를 통해 드러난 전무후무한 "실존주의적 기독교"(existential Christianity)의 사례로서, 비록 신앙을 실제로 실현하거나 현실화하기 위해 몸부림치며 노력한다 하더라도, 거기에는 믿음과 삶 사이에 근본적인 분리가 존재하지 않기 때문이다.[30]

다시 말하면, 초기 아나뱁티스트가 삶을 통해 보여준 전통은 그들의 믿음을 기반으로 형성되었으므로 그들이 가지는 믿음의 의미가 무엇인지를 보여준다. 따라서 그들의 대표적 신념인 제자도와 전통 중의 하나인 성만찬의 의미를 살펴봄으로써, 아나뱁티스트가 추구한 믿음의 삶과 구원의 의미가 무엇인지를 살펴볼 수 있다.

"칭의"(justification)에 대한 아나뱁티스트의 관점

앞서 살펴본 바와 같이, 주류 종교개혁의 칭의 개념은 법정적 의미의 의롭다고 간주되는 것, 또는 의롭다고 선언된다는 의미로서 이해되었다. 루터파가 주로 사용하던 법정적 의미의 "의롭다고 선언됨"을 뜻하는 독일어 "Gerechterklärung"(법정에서 의롭다고 선언하는 것)을 대신하여 아나뱁티스트는 인간의 본질을 바꾼다는 의미의 "Gerechtmachung"(실제로 의롭게 만들어가는 것)을 사용했다.[31] 또한 아나뱁티스트는 "의롭다"

---

30 Friedmann, *Theology of Anabaptism*, 27.

는 표현을 할 때 루터가 사용했던 "Rechtfertigung"("의" 또는 "무죄를 인정함")이란 단어를 사용하기보다는, "경건한", "독실한", "종교적인", "헌신적인" 등의 의미를 포함하는 "fromm" 또는 "fromm-machung"을 사용했다.[32] 특히 베더(Henry C. Vedder)는 후브마이어가 "칭의" 개념을 주장하는 데 있어 루터가 사용하는 의미와 다름을 강조하기 위해 의도적으로 Rechtfertigung을 배제하고 fromm을 사용했다고 주장하는데,[33] 이런 다른 단어의 사용은 한스 후트(Hans Hut), 페터 리데만(Peter Riedemann) 등 다른 아나뱁티스트 그룹에서도 발견할 수 있다.[34]

이처럼 아나뱁티스트가 구원을 논하면서 루터가 사용한 단어를 꺼린 데에는 법정적 칭의 개념이 하나님의 은혜를 의롭게 된 신자의 삶을 변화시키지 않고 방치하는, 값싸고 무력한 것으로 이해하게 할 수 있고, 칭의가 도리어 도덕적 해이의 원인인 될 수 있다고 인식했기 때문이다.[35] 그러므로 아나뱁티스트의 "칭의"는 주류 종교개혁자들이 주장하는 죄인에서 의인으로의 신분적 변화에 초점을 맞추는 법정적 칭의가 아니라, 인간 본성의 변화(혹은 삶의 실제적 변화)에 초점을 맞추고 있음을 알 수 있다. 그런 점에서 아나뱁티즘의 칭의 개념을 정확하게 정의한다면, 칭의를 법정적이며 선언적이고 형식적인 의미로 이해함으로써 "의롭다고 여겨지거나" 혹은 "의롭다고 간주되는" 의미의 칭의가 아니라, 신자의 삶이 변화되어 실제로 의롭게 된다는 의미의 "의로워짐"으로 표현하는 것

---

31 Friedmann, *Theology of Anabaptism*, 87.

32 Eddie Mabry, *Balthasar Hubmaier's Doctrine of Church*(Lanham: University Press of America, 1994), 103.

33 Henry C. Vedder, *Balthasar Hübmaier: The Leader of Anabaptists*(New York: Putnam's Sons, 1905), 200-1.

34 Friedmann, *Theology of Anabaptism*, 88-9.

35 Werner O. Packull, "An introduction to Anabaptist Theology," Bagchi, Steinmetz ed., *Reformation Theology*, 206.

이 옳을 것이다.

"믿음"과 "자유의지"

"이신칭의"의 교리를 단순하게 전제조건과 결과의 관점으로 본다면, "믿음"은 전제요, "칭의"는 결과다. 주류 종교개혁과 아나뱁티스트 모두 "칭의"의 조건으로 인간의 공로가 아닌 믿음을 강조했지만, 이 두 진영이 주장하는 "칭의"의 의미가 다르다는 것을 위에서 간략히 살펴보았다. "칭의"에 대한 서로 다른 이해는 "칭의"의 전제조건이 되는 "믿음"의 본질에 대한 이해의 차이로부터 온다. 그렇다면 아나뱁티스트는 "믿음"을 어떻게 이해하는가? 여기서 나는 후브마이어의 자유의지론을 중심으로 아나뱁티스트의 "믿음"의 의미를 설명할 것이다.[36]

후브마이어는 "그리스도인의 삶에 관한 18개 조항"(*Achtzehn Schlußreden*)과 "기독교 교리문답서"(*Eine christliche Lehrtafel*)에서, 믿음이란 주류 종교개혁자인 루터가 주장하는 바와 같이 하나님 앞에서 우리를 의롭게 하는 것인데, 이 믿음은 예수 그리스도에 관한 단순한 역사적 지식을 아는 것을 의미하는 것이 아니라, 예수 그리스도를 통해 우리를 구원하신 그분의 사랑과 자비를 인식하는 것이라고 설명한다.[37] 이미 언급

---

36 Balthasar Hubmaier(1480-1528)는 초기 아나뱁티스트 리더 중 가장 뛰어난 신학자이자 리더다. Luther와 라이프치히에서 논쟁을 벌였던 가톨릭 신학자 Johann Eck의 제자이기도 한 그는 스위스 형제단과 남부 독일의 아나뱁티스트 그룹과 함께 활동하며, 아나뱁티스트로 개종 후 순교하기까지 약 3년의 짧은 기간 동안 아나뱁티즘에 관한 많은 글을 남겼는데, 특히 *"Von der Freiheit des Willens"*(『자유의지론』)은 아나뱁티스트가 "믿음"과 "칭의"를 어떻게 이해하는지 볼 수 있는 대표작이다.

37 Torsten Bergsten, Gunnar Westin ed., *Balthasar Hubmaier: Schriften*(QGT IX; Gütersloher: Mohn, 1962), 72, 313.

했듯이 여기서 말하는 "의로움"에는 "의롭게 됨"을 뜻하는 "*fromm*"이 사용되어 루터와 차별을 보인다. 그러나 그는 더 나아가 "믿음은 게으를 수 없으며, 하나님께 감사함으로 그리고 형제애의 모든 행위 가운데 다른 이들에게 드러나야 한다"[38]고 정의한다.

여기서 우리가 주의 깊게 봐야 할 것은 하나님의 은혜로 주어지는 믿음 후의 인간의 상태를 바라보는 관점이다. 주류 종교개혁은 인간 본성에 대하여 그리스도에 대한 믿음을 가진 후에도 그들의 본성은 악하여 선을 행할 수 없는 피동적인 것으로 바라본다. 반면에 후브마이어 같은 아나뱁티스트는 믿음이 하나님으로부터 주어지나 그 믿음을 소유한 인간의 본성에 대해서는 좀 더 낙관적으로 바라보며 인간 의지의 능동적인 면을 강조한다. 자유의지를 중심으로 한 인간론은 아나뱁티스트 구원론을 이해하기 위한 핵심 요소다.[39] 후브마이어는 루터의 "노예의지론"을 비판하면서 구원을 위한 하나님의 은혜의 중요성과 동시에 인간 의지의 중요성을 강조한다.[40] 그는 먼저 주류 종교개혁자들이 주장하는 구원론을 "우리는 믿음이 우리를 구원하는 것을 믿는다" 그리고 "우리는 선한 것을 아무것도 할 수 없다. 하나님은 우리 안에 소망과 행동을 일으키신다. 우리는 자유의지를 가지지 않는다"로 요약한다.[41] 후브마이어는 "믿음으로 인한 구원"에는 전적으로 동의하지만, "자유의지의 부정"에 관한 의견에는 반대함으로써, 믿음과 자유의지는 직접적으로 연결됨을 주

---

38 Bergsten, Westin ed., *Balthasar Hubmaier*, 72.

39 예를 들어, 초기 아나뱁티스트 중의 하나인 Hans Denck는 "믿음은 하나님께 대한 순종이고 예수 그리스도를 통한 그의 약속에 대한 확신이다"라고 정의하며, 믿음의 능동성과 함께 자유의지의 중요성을 말하였다(Walter Klaassen, ed., *Anabaptism in Outline*[Scottdale, PA: Herald, 1981], 46).

40 Bergsten, Westin ed., *Balthasar Hubmaier*, 379-98.

41 Bergsten, Westin ed., *Balthasar Hubmaier*, 381.

장했다.

후브마이어는 그의 『자유의지론』(*Von der Freiheit des Willens*)에서 아담의 타락 이전에 인간의 의지는 하나님의 뜻에 따라 살 수 있는 온전한 의지를 가지고 있었으나, 아담의 범죄 이후에 인간의 의지는 스스로 선과 악을 선택할 수 있는 능력을 상실했다고 주장한다.[42] 그러나 하나님의 말씀을 통해 성령의 역사로 인해 회복된 인간의 영과 혼은, 비록 육신은 계속해서 세상의 정욕을 따르기를 원하지만, 하나님의 뜻을 따르기 위해 선악을 자유로이 선택하고 행할 의지를 회복하여 육신의 정욕을 제어할 수 있다.[43] 따라서 그리스도를 믿은 후 회복된 자유의지를 소유한 인간이 범하는 죄는 아담과 이브가 범한 죄로 인한 결과가 아니라, 자신이 책임져야 하는 죄다.[44] 하나님의 은혜로 말미암아 중생의 경험을 한 인간에게 주어진 믿음이란 하나님과 인간과의 관계의 회복을 의미할 뿐만 아니라, 하나님의 뜻을 따라 살 수 있는 자유의지의 회복을 의미한다.

후브마이어를 비롯한 아나뱁티스트가 구원받은 자의 자유의지를 강조한 이유는 주류 종교개혁자들이 주장하는 법정적 칭의와 하나님의 주권의 강조가 구원 이후의 신자의 삶을 운명론이나 도덕적 해이로 이끌어갈 수 있다고 우려했기 때문이다. 그러나 인간 구원의 과정에서 자유의지의 강조는 펠라기우스주의라는 오해를 살 수도 있다. 앞서 언급했듯이 중세 시대의 비아 모데르나와 신 아우구스티누스 학파 사이에서, 그리고 종교개혁이 시작되면서는 가톨릭과 개혁파 사이에서도 이런 논쟁은 계속되었다.[45] 이 논쟁의 핵심 질문은 인간 구원의 주도권이 누구에게

---

42 Bergsten, Westin ed., *Balthasar Hubmaier*, 391.

43 Bergsten, Westin ed., *Balthasar Hubmaier*, 390-91.

44 Bergsten, Westin ed., *Balthasar Hubmaier*, 396.

45 구원에 대한 자유의지에 관한 논쟁은 종교개혁 이후 개신교 내에서도 계속 나타나는데, 17

있는가다. 하나님의 은혜와 인간의 의지(에 따른 공로)는 서로 대립적인 의미로 이해되었기 때문이다. 구원이 전적으로 하나님의 은혜를 통한 믿음으로만 주어지는 것이라면 구원의 주도권은 하나님께 속한 것이다. 하지만 믿음과 함께 인간의 행위도 필요한 것이라면 구원의 문제는 인간의 행위에 따라 달라지므로 인간에게 최종적인 결정권이 주어지는 것으로 이해될 수 있다.

아나뱁티스트의 칭의관은 어디에 서 있는가?
: 가톨릭의 의화론인가, 개혁파의 성화론인가?

그렇다면 후브마이어와 함께 자유의지를 강조하는 아나뱁티스트를 일종의 펠라기우스주의나 반펠라기우스주의로 간주할 수 있을까? 앞서 말한 바와 같이 후브마이어는 "이신칭의" 교리가 가져올 수 있는 운명론과 부도덕의 합리화에 대한 부작용을 극복하기 위해 자유의지를 강조한 것이지, 하나님의 은혜로 인한 구원을 부정하거나 구원이 인간의 의지에 의해 획득된다고 말한 것이 아니다. 후브마이어가 주장하는 "자유의지"의 중요성은 다음과 같이 이해되어야 한다.

세기 Jacobus Arminius(1550-1609)에 의해 주장된 아르미니우스주의와 칼뱅주의의 논쟁이 대표적이다. 칼뱅의 추종자들이 하나님의 "선택"(election)과 "예정"(predestination)을 강조하는 칼뱅주의 5대 강령(Five Point Calvinism)—전적 타락(**T**otal depravity), 무조건적 선택(**U**nconditional **E**lection), 제한적 속죄(**L**imited Atonement), 불가항력적 은혜(**I**rresistible Grace), 성도의 견인(**P**erseverance of Saints)에 반대한 아르미니우스주의는 그리스도의 죽음이 선택된 사람들만을 위한 것이 아니라 모든 사람을 위한 것이며, 인간은 자유의지를 통해서 하나님의 보편적 은총을 거절할 수 있다고 보았다. 이런 논쟁은 구원의 주도권에 대한 문제로 설명되며, 펠라기우스 논쟁과 연결되어 이해될 수 있다(McGrath, *Christian Theology*, 367-69).

첫째, 어떤 일을 행함으로써 나오는 결과(과거)나, 또는 앞으로 행할(미래) 일의 결과가 우리의 구원에 어떠한 영향을 미치는가는 관심의 대상이 아니다. 후브마이어가 강조하는 믿음으로 인해 "회복된 자유의지"는 "**여기에**" 그리고 "**지금**"이라는 **현재적 관점**에서 하나님의 뜻에 순종하는 영의 의지를 따를 것인가 아니면 욕망을 좇는 육신의 의지를 따를 것인가에 대한 선택을 의미한다.[46] 둘째, 자유의지는 하나님과 인간 사이를 인격적인 관계로 연결하는 도구로 이해해야 한다. 후브마이어에게 있어서 사건의 일반적인 개념(예를 들어 죄의 존재, 예수의 십자가 사건 등)이 누군가에게 의미가 있으려면 그 누군가와의 연관성이 전제되어야 한다.[47] 만약 내가 지금 그리스도의 죽음의 사건을 받아들인다면, 그것은 나와 하나님과의 관계가 형성되고 있음을 의미한다. 자유의지란 구원의 의미에서 인간의 주도권의 방향을 결정하는 것이 아니라, 그것을 통해 하나님과 인간과의 관계를 형성하는 것이다.[48] 후브마이어에게 있어 하나님은 인간과의 관계에서 일방적으로 자신이 원하는 뜻을 이루려 강제하기보다는 인간 스스로 그가 명령하신 뜻을 좇아 따라 행하기를 원하시는데,[49] 왜냐하면 하나님은 인간을 인격적인 주체로 소중히 다루길 원하시기 때문이다.[50]

---

46 Changkyu Kim, *Balthasar Hubmaier's Doctrine of Salvation in Dynamic and Relational Perspective*(Eugene, OR: Pickwick Publications, 2013), 61. 참조. Bergsten, Westin ed., *Balthasar Hubmaier*, 391. 그는 시편의 구절을 인용하며 이렇게 설명한다. "그러므로 다윗은 말합니다. '나는 당신의 계명을 붙들기에 빠르게 움직이고 소홀히 하지 않았습니다'(시 119:4). 또 다른 곳에서 '만약 당신이 오늘 주님의 목소리를 들으면, 당신의 귀를 막지 마십시오'(시 95:7f.). 그는 말합니다. '오늘'이라고. 까마귀들이 외치는 것 같이, *cras, cras*, 내일, 내일이 아니라!"

47 Bergsten, Westin ed., *Balthasar Hubmaier*, 392.

48 Kim, *Hubmaier's Doctrine*, 65.

49 Bergsten, Westin ed., *Balthasar Hubmaier*, 394.

50 Kim, *Hubmaier's Doctrine*, 65. 참조. Martin Buber의 대화인격주의(Dialogical Persona-

따라서 후브마이어에게 "이신칭의"의 의미는 하나님의 은혜로 주어지는 그리스도에 대한 믿음을 통해 회복된 의지를 소유한 인간이 하나님과 회복된 관계를 그들의 삶을 통하여 지속하고 있는가를 말한다. 이것은 믿음으로 인한 구원의 확신의 어떤 특정 시점을 지칭하거나 또는 얼마의 공로를 축적하여 의롭게 되는 시점을 의미하지도 않는다. 후브마이어에게 있어 "칭의"란 믿음(faith)과 행위(work)로 구분하여 생각할 수 없다. 믿음이란 하나님과 그리스도에 대한 단순한 역사적 지식과 그에 대한 확신이 아니라, 하나님과의 관계 속에서 그분의 뜻을 따라 살아가는 것을 의미하기 때문이다. 그것은 믿음으로 인해 이미 구원의 자격을 받았는지 또는 미래에 이를 획득할 방법이 무엇인지에 관한 것이 아니라, 지금이라는 현재적 관점을 기준으로 하나님과의 올바른 관계 속에서 살아가고 있는가를 의미한다. 주류 종교개혁이나 가톨릭이 주장하는 "칭의"에 대한 이해가 구원의 성취를 원인(cause)과 결과(effect)로 설명하는 정적(static)이고 거래 중심적(transactional)인 관점이라면, 후브마이어의 "칭의"의 대한 이해는 칭의가 신자의 삶에 실제적인 변화를 일으킨다는 의미의 역동적(dynamic)이고 관계론적(relational)인 관점이다.[51]

그러므로 후브마이어를 포함한 아나뱁티스트가 주장하는 자유의지의 강조는 구원론에 있어서 전통적으로 받아들였던 믿음이냐 행위냐 하는 이분법의 관점에서 이해되어서는 안 된다. 아나뱁티스트와 주류 종교개혁자 사이의 자유의지에 대한 논쟁은 아우구스티누스와 펠라기우스와의 논쟁과는 다른 차원에서 이루어졌다. 또한 아나뱁티스트의 칭의를 위한 자유의지의 강조는 가톨릭에서 칭의를 위한 자유의지의 강조와

---

lism)는 Hubmaier의 하나님과 인간과의 인격적인 관계의 의미를 이해하는 데 도움이 된다. 내가 쓴 다음 책을 참고하라. Kim, *Hubmaier's Doctrine*, 182-84.

51 Kim, *Hubmaier's Doctrine*, 185.

는 전적으로 다르다. 가톨릭에서 자유의지를 통한 행위(공로)는 자신의 칭의를 위한 보상의 근거가 된다. 그러나 아나뱁티스트가 강조하는 행함은 하나님과 인간의 관계 속에서 예수의 가르침과 그의 삶의 모습을 따라 살아가는 삶을 의미함으로, 가톨릭에서 말하는 어떤 특정한 일(고해성사, 세례, 성만찬 참여, 고행 등)을 통한 행위의 보상과는 전혀 다르다. 이런 의미에서 아나뱁티스트를 가톨릭도 프로테스탄트도 아닌 다른 차원의 운동을 지향하는 그룹으로 표현한 클라센(Walter Klaassen)의 지적은 옳다.[52] 그러나 아나뱁티스트가 가톨릭(행함)과 프로테스탄트(믿음)의 장점들을 대표한다는 그의 주장은 아나뱁티스트의 칭의의 관점인 "믿음으로써"의 의미를 정확히 설명하는 방법이 되지는 못한다.

아나뱁티스트의 칭의론의 특징인 구원의 현재성에 대한 강조와 인격적이고 관계 중심적인 관점에서의 해석은 그들의 핵심 신념과 전통인 제자도, 세례와 성만찬, 믿음의 공동체라는 특징을 통해 더욱 분명해진다. 아나뱁티스트는 종교개혁자들과 같이 개혁파의 또 다른 핵심 교리인 성경의 권위를 강조했음에도 불구하고 그들의 성경 해석과 적용은 주류 종교개혁자들과 다르게 나타나는데, 이 차이점은 아나뱁티스트의 핵심 신념과 전통이 어떻게 이루어지며 이것을 통해 그들이 추구하는 것이 무엇인지를 보여준다.

---

52 Walter Klaassen, *Anabaptism: Neither Catholic Nor Protestant* (2nd ed.; Waterloo, Ontario: Conrad Press, 1981), 71.

"*sola scriptura*"와 아나뱁티스트의 성경 해석, 그리고 그리스도 중심주의(Christocentrism)

아나뱁티스트 신학의 특징 중 하나는 그들이 가지고 있는 핵심 신념과 전통의 근거가 되는 성경 중심주의(Biblicism)다. 아나뱁티스트는 종교개혁자들처럼 성경의 권위가 로마 가톨릭이 주장하는 교회의 전통보다 더욱 권위를 가진다는 주장에 동의하지만, 그들은 종교개혁자들과는 달리 성경의 원칙을 신앙의 전통과 삶에 훨씬 엄격하게 적용한다. 나아가 성경은 교회 전통에 대한 가르침뿐 아니라, 믿음의 삶에 대한 모든 영역에서도 최종적인 권위를 가진다.[53] 이런 성경 중심적인 신학을 강조하는 아나뱁티스트는 성경을 해석하고 적용하는 주체에 대한 인식도 남달랐다. 가톨릭에서는 성경 해석의 주체를 교회의 권위에 두었고, 주류 개혁파는 그것을 신학적 훈련과 교육을 받은 성직자에게 두었으나, 아나뱁티스트는 모든 신자가 성경 해석의 주체가 될 수 있다고 주장했다.[54] 그러나 초기 아나뱁티스트는 신자의 개인적 해석보다는 회중이 함께 말씀의 뜻을 해석하는 공동체를 강조했다.[55] 올바른 성경 해석은 신학적 지식의 유무에 달린 것이 아니라, 성령의 인도하심 속에서만 가능하다고 믿었다. 참된 성경 해석은 성령에 의한 내적인 갱신이 신자의 외적인 삶을 통해 나타남으로써 증명된다고 믿었다.[56] 따라서 그들에겐 올바른 성경 해석을 위하여 기록된 성경(written Word)과 함께 성령의 내적 말씀(inner Word)—하나님이 텍스트를 통해 우리에게 말씀하심—이 중요

---

53 Snyder, *Anabaptist History*, 86. 참조. Bergsten, Westin ed., *Balthasar Hubmaier*, 307.

54 Packull, "Anabaptist Theology," 200.

55 Murray, *Naked Anabaptist*, 44.

56 Snyder, *Anabaptist History*, 161.

하다.[57]

아나뱁티즘의 또 다른 특징은 그리스도 중심적(Christocentric) 성경 해석이다. 주류 종교개혁자들은 그들의 교리를 확립하기 위해 구약과 신약이 동등하게 유효하다고 간주하였다. 그들은 정치·사회적으로 연관되는 신학적 이슈들, 예를 들어 세례, 전쟁, 십일조, 교회 조직이나 맹세 등에 관련한 교리를 세울 때 구약의 모델을 사용했는데, 아나뱁티스트는 이런 이슈들이 복음서의 예수의 가르침과 서로 상충하는 내용이 있는 경우 신약(특히 복음서에 나타난 예수의 가르침과 삶의 모습)을 중심으로 해석하였다.[58] 이런 차이는 성경에 나타나는 예수를 대하는 방식에서도 나타난다. 종교개혁자들은 이신칭의 교리를 바탕으로 한 구원론의 관점에서 예수의 죽음 및 부활과 승천 사건에 초점을 맞추고, 구원 사역의 주체이신 예수와 그가 하신 일을 믿는 자들에게 구원이 있다는 명제적 접근으로 예수를 이해한다.[59] 그러나 아나뱁티스트는 종교개혁자들이 주장하는 구원자 예수와 그의 구속 사건을 모두 인정하지만, 그들에게 복음서에서 발견되는 예수는 구원자의 의미만이 아니라, 하나님의 계시의 중심이요, 구원받은 백성들의 삶을 가르치는 스승이자, 삶 속에서 뒤따름의 표준으로 인식되었다.[60]

---

57 Snyder, *Anabaptist History*, 161-63. Snyder는 아나뱁티스트의 성경주의를 두 그룹으로 나누는데, 좀 더 성경의 기록된 문자를 강조하는 스위스 형제단과 메노파의 Grebel, Sattler, Hubmaier, Riedemann, Menno 등의 문자주의자(literalists) 그룹과, 성령의 내적 말씀(inner Word)을 좀 더 강조하는 영성주의자 또는 묵시주의자로 분류되는 Hans Denck, Hans Hut와 Schiemer 등 남부 독일 아나뱁티스트 그룹이다.

58 Klaassen, *Anabaptism in Outline*, 140. 앞서 언급했던 뮌스터파는 예외적인 경우로, 그들은 구약을 기준으로 그들의 삶의 실천 규범을 만들어 적용함으로써 많은 문제를 불러일으켰다.

59 Gerhard Ebeling, *Luther*(London: Collins, 1972), 131.

60 Cornelius J. Dyck, William E. Keeney, Alvin J. Beachy, ed., *The Writings of Dirk Philips* (Scottdale, PA: Herald, 1992), 465.

여기서 우리는 아나뱁티스트의 정의(justice)에 대한 의미를 알 수 있는데, 그들에게서 정의란 그 시대의 사회법을 기준으로 판단하는 것이 아니라, 그리스도의 가르침과 삶의 모범이 그들이 따라야 할 정의의 기준이 된다. 따라서 아나뱁티스트는 복음서에 나타난 예수의 삶과 가르침의 이야기를 중심으로 그들의 신학을 세워나간다.[61]

요약하면, 주류 개혁파는 **예수에 관한 가르침**(teaching about Jesus)을 강조했다면, 아나뱁티스트는 **예수의 가르침**(teaching of Jesus)을 강조했다고 이해할 수 있다. 머레이(Stuart Murray)의 주장대로, 아나뱁티스트의 그리스도 중심적 성경 해석은 현재 우리가 직면하고 있는 많은 문제—비폭력 평화주의, 진실 규명, 경제 불균형과 성평등—에 대해 좀 더 전향적인 자세로 접근하게 해줄 뿐 아니라, 우리가 전통적으로 견지해왔던 신학적인 논제들도 다양한 관점에서 재해석할 수 있게 해준다.[62]

아나뱁티스트의 제자도(Discipleship)

아나뱁티스트의 칭의론과 그리스도 중심주의가 어떻게 적용되는가는 그들의 핵심 전통인 제자도에서 가장 잘 나타난다. 참된 믿음은 그리스도의 말씀에 순종하는 제자도의 삶 속에서 나타난다. 예수를 따름(following)은 그의 가르침과 삶의 방식을 좇아 세상의 흐름을 거스르는 것을 의미하며, 이것은 아나뱁티스트에게 강조되는 가장 중요한 덕목이었다.[63] 제자도의 특징은 그리스도의 부르심에 순종하여 자신을 그리스

---

61 Murray, *Naked Anabaptist*, 46.

62 Murray, *Naked Anabaptist*, 47.

63 초기 아나뱁티스트가 "그리스도를 따름"의 의미로 사용한 독일어는 Nachfolge와 Gelassen-

도께 전적으로 의탁함과 동시에 그리스도 공동체에 입문하여 다른 신자들과 함께 그리스도의 삶을 따라 살며, 예수의 명령을 따라 세상 속으로 보냄을 받아 다른 사람을 섬기며, 그로 인한 고난을 인내하며 결실을 맺는 것이다. 이런 의미에서 "세상에 대한 투쟁과 고뇌 속에서의 제자도(또는 그리스도에 참예함)는 믿음의 필수적인 부분으로 간주된다. 믿음과 행위에 대한 오래된 논쟁은 죽은 것"이라는 클라센의 설명은 타당하다.[64] 루터가 구원론의 관점에서 모든 신자는 하나님과의 관계에서 사제의 중재가 필요 없다는 의미로서 "모든 신자의 제사장직"(priesthood of all believers)을 강조했다면,[65] 아나뱁티스트는 그리스도의 제자로의 부름은 어떤 특정 계층의 사람에게만 해당하는 것이 아니라 그리스도를 믿는 모든 이들에게 요구되는 것이라고 강조했다.[66] 예수를 믿기로 결심한 사람들의 실천적 행위는 먼저 신자들의 세례로써 시작한다.[67] 아나뱁티스트에게 있어서 물세례는 수세자가 자신의 죄된 생활을 버리고 그리스도를 따라 새로운 삶을 시작한다는 의지의 결단과 헌신을 의미한다.[68] 또

---

heit가 있다. Nachfolge는 대부분의 아나뱁티스트에게 널리 사용되었다. 그리스도를 말씀대로 따라 사는 헌신된 그리스도의 제자의 능동적인 모습을 강조하는데, 특히 스위스 형제단과 메노파 사이에서 많이 사용되었다(Snyder, *Anabaptist History*, 57-58, 186, 335). Gelassenheit는 남부 독일 아나뱁티스트에게 많이 사용되었는데, 이것은 하나님께 굴복되어 순종하는 모습으로, 그리스도의 복음을 위한 희생의 강조가 눈에 띈다. 남부 독일 아나뱁티즘에 영향을 받은 후터파는 Gelassenheit의 개념을 수용하며, 그들에게 있어서 최고의 희생은 자신의 소유를 팔아 함께 공유하는 삶이라고 이해하기도 했다(Snyder, *Anabaptist History*, 238-42, 301-2; 358).

64 Hans-Jürgen Geortz ed., *Unstrittenes Täufertum 1525-1975*(Göttingen: Vandenhoeck & Ruprecht, 1975), 295.

65 Lohse, *Luther's Theology*, 290.

66 Klaassen, *Anabaptism in Outline*, 89.

67 Bergsten, Westin ed., *Balthasar Hubmaier*, 313. 아나뱁티스트에게 있어 세례는 구원을 이해하는 또 하나의 핵심 사항이다. 그러나 이 논문에서는 칭의와 정의에 초점을 둠으로 이 부분에 대한 논의는 생략한다.

68 Klaassen, *Anabaptism in Outline*, 162.

한 이 예식은 수세자가 자발적으로 믿음의 공동체인 교회의 구성원이 된다는 의미이며, 동시에 그리스도인의 형제애와 그리스도의 명령에 따른 교회의 규율을 받아들일 것이라는 의미다.[69]

주의 만찬(The Lord's Supper): 신자들의 하나됨과 정의의 실천

세례와 함께 주의 만찬은 아나뱁티스트가 공동체를 유지하는 필수적인 예식이다. 세례를 통해 신자들의 공동체의 구성원이 된 수세자는 주의 만찬을 통하여 공동체의 형제자매들과 새로운 수평적 관계를 형성하고 유지한다. 주의 만찬은 크게 두 측면에서 강조될 수 있다. 첫째, 주의 만찬은 그리스도가 자기희생을 통해 보여준 사랑에 대한 실천을 다짐하는 것이다. 주류 종교개혁자들이 이것을 예수의 속죄 사역—예수가 인간의 죄를 대신해서 희생제물이 되셨다는 사실—을 되새기며 그 복음의 메시지를 선포하는 예식으로 인식했다면,[70] 아나뱁티스트에게 주의 만찬은 그리스도의 자기희생에 대한 기념일 뿐 아니라 세상 속에서 살아갈 때 하나님을 사랑하듯 공동체의 형제자매들과 이웃과 믿지 않는 자들을 위해서도 그리스도의 희생적 삶을 따라 살겠다는 "사랑의 서약"(pledge of love)으로 인식되었다.[71] 둘째, 주의 만찬은 그리스도의 몸인 교회의 하나됨과 연합을 위한 예식이다. 아나뱁티스트는 곡식을 빻아 하나의 빵

---

69 Bergsten, Westin ed., *Balthasar Hubmaier*, 136, 183, 265, 313-14.

70 Stanley J. Grenz, *Theology for the Community of God*(Grand Rapids, Michigan: Eerdmans, 1994), 537.

71 Bergsten, Westin ed., *Balthasar Hubmaier*, 361-64. Hubmaier는 주의 만찬을 나누기에 앞서 회중들이 함께 "사랑의 서약"으로 초대함으로써 하나님뿐만 아니라, 이웃, 원수, 교회 회원들을 사랑할 것을 공개적으로 함께 다짐하게 하였다.

을 만들고, 포도를 으깨어 포도주를 만드는 비유를 통해, 주의 만찬은 그리스도와 함께 하나되고, 공동체의 신자들이 서로 하나됨을 의미한다고 강조한다.[72] 공동체의 신자들 개개인은 그리스도의 몸의 일부이고, 그들이 모여 하나된 그리스도의 몸을 이룬다. 그리스도의 몸을 이루는 신자들은 그리스도가 순결하신 것 같이, 그들 역시 순결함을 지키기 위해 노력해야 한다. 관계의 중요성은 구원론과 연결되는데, 신자들이 함께 모여 이루어진 공동체가 그리스도의 몸인 것처럼, 순결함은 개인의 노력으로 인해 성취되는 것이 아니라 그리스도의 명령대로 상호 유기적 관계 속에서 그분을 따라 사는 것으로 성취된다. 신자들의 공동체 안에서 그리스도의 사랑의 실천이란 서로를 격려하고 섬기며 용서하고 사랑으로 대하지만, 그리스도의 뜻대로 살아가지 않는 공동체 회원에게는 올바른 삶을 살도록 충고하여 인도하는 것을 의미한다. 그것이 진정한 사랑의 행동이다. 그러므로 아나뱁티스트에게서 교회의 권징과 출교는 중요하다. 하나님 앞에 또 형제자매들에게 죄를 범한 자는 주의 만찬에 참여하지 못하고, 이를 통해 자신의 죄를 되돌아보게 한다. 그러나 형제의 충고를 받고서도 계속적으로 죄를 반복함으로써 하나님과의 온전한 관계를 유지하지 못하고, 공동체의 다른 이들과의 관계를 유지할 수 없을 때, 그는 공동체로부터 공적으로 출교를 당하므로 믿음의 공동체와의 단절이 선언된다.[73] 이것은 그리스도의 몸인 교회로부터의 단절을 의미하며, 또한 구원으로부터의 단절을 의미한다. 주의 만찬을 통한 공동체의 연합과 사랑을 기초로 한 권징의 강조는 그들의 교회론과 연결되는데, 교회란 예수를 주로 고백하고 헌신한 신자들이 예수의 몸을 이루는 "성도들

---

72 Dirk Philips, Menno Simons, Peter Riedemann 등 많은 아나뱁티스트가 이 비유를 사용했다(Klaassen, *Anabaptism in Outline*, 203, 207-8, 209).

73 Bergsten, Westin ed., *Balthasar Hubmaier*, 363.

의 공동체"(community of saints)이므로, 그들에게 있어 교회는 가시적 교회(visible church)인 것이다.[74] 이 점에서 구원은 하나님과 인간과의 수직적 관계뿐 아니라 믿음의 형제자매들과의 수평적 관계와 함께 이루어진다는 공동체 중요성을 강조한 프리드만의 주장은 옳다.[75]

아나뱁티스트의 그리스도의 사랑에 기초한 자기희생적 제자도는 기존 사회의 체제와 전통에 반하는 새로운 경제적·사회적·정치적 정의의 방식이었다. 그들은 여성과 남성의 동등한 지위를 강조하고, 부의 축적을 위한 사유재산의 정당성보다는 빈부의 차이를 극복하기 위해 공동체 안에서 서로 나누는 삶을 강조한다. 특히 자신의 안위를 위해 칼을 들고 적들과 싸우고 죽이는 것을 거부하는 비폭력 평화주의는 16세기 중반을 넘어서면서 아나뱁티스트의 대표적 핵심 가치로 자리 잡았다. 이런 자기희생의 삶을 제자도의 최우선 가치로 삼던 아나뱁티스트는 그리스도의 가르침과 삶을 바탕으로 그리스도의 구속 사역을 재해석하면서, 지금까지 널리 받아들여진 형벌대속론에 대한 의문을 제기하기 시작했다.

비폭력 속죄론(Nonviolent Atonement)
: 형벌대속론(penal substitution)에 대한 아나뱁티스트의 비판

예수 그리스도의 죽음은 인간 구원에 어떤 의미가 있는가? 우리가 널리 받아들이고 있는 속죄론의 하나인 형벌대속론의 기본 사상은 안셀무스(Anselmus)의 만족설(satisfactory theory)을 중심으로 발전되었다. 안셀무

---

74 Snyder, *Anabaptist History*, 90-91.

75 Friedmann, *Theology of Anabaptism*, 80-1.

스는 정의란 범죄자에게 징벌을 부과함으로써 범죄로 인해 무너진 정의의 체계를 회복하고 유지시키는 것이라고 주장했다.[76] 또한 죄란 하나님의 뜻에 완전한 순종을 드리지 못한 것인데, 이로 인해 인간들은 하나님과의 관계가 깨어지고 그분께 불명예를 안겨드렸다.[77] 봉건시대에서 불의에 대한 징벌은 배상과 형벌로서 이해될 수 있는데, 특히 봉건 군주의 명예 훼손에 대한 잘못은 배상을 통해 이루어졌다. 이런 관점에서 인간을 위한 그리스도의 속죄란 하나님의 뜻에 불순종한 인간의 죄로 인한 채무를 그리스도가 완전한 순종을 통해 배상함으로써 인간의 죄에 대한 하나님의 진노를 달래는 것을 의미했다.[78] 기독교 속죄론에서 이런 배상 개념은 봉건시대를 지나 종교개혁 시대로 들어오면서 그 의미가 변화되었는데, 로마 형법의 의미가 강조되던 16세기 사회에서는 범죄에 대한 정의란 보편적 도덕의 질서유지를 위해 형벌의 부과가 반드시 요구되었다. 칼뱅은 그리스도의 속죄에 관한 안셀무스의 배상 개념을 발전시켜 그리스도는 인간을 대신해 죽음의 형벌을 감내함으로써 하나님의 정의를 지켰다는 형벌대속론을 주장하게 되었고, 이는 보수주의 개신교의 주류 속죄론이 되었다.[79]

그러나 종교개혁 당시 아나뱁티스트 저자들은 주류 종교개혁과 달리 그리스도의 속죄론을 조직적이고 논리적인 관점에서 발전시키지 않았고, 그리스도의 구속 사역을 성경적이고 역사적인 관점에서 이해하려 하였다.[80] 초기 아나뱁티스트의 속죄론은 하나의 일치된 의견이 아니

---

76 Paul S. Fiddes, *Past Event and Present Salvation*(London: Darton Longman and Todd, 1989), 96.

77 John McIntyre, *The Shape of Soteriology*(Edinburgh: T & T Clark, 1992), 46.

78 Fiddes, *Present Salvation*, 97.

79 McGrath, *Christian Theology*, 328-29.

80 Frances F. Hiebert, "The Atonement in Anabaptist Theology," *Direction* 30, no. 2(2001), 132.

라 다양한 견해를 수용하는데, 승리자 그리스도(Christus Victor), 모범설(example)과 대속설(substitution) 등 기독교 전통에서 드러난 여러 형태의 모습들이 혼재되어 나타났다.[81] 그러나 그리스도 중심적 성경 해석과 함께 예수의 급진적 제자도를 기초로 한 비폭력 평화주의는 그리스도인의 윤리에 있어 핵심 사항이었고,[82] 20세기에서 21세기로 넘어오면서 예수의 속죄론을 재조명하는 데 중요한 열쇠가 되었다.[83] 21세기 포스트모던 사회에서 살고 있는 아나뱁티스트 학자들은 폭력을 수반하는 형벌대속론은 예수의 구원 사역을 설명하는 모델로서 타당하지 않다고 비판한다.

그렇다면 아나뱁티스트는 왜 형벌대속론을 거부하는가? 아나뱁티스트는 형벌대속론의 기본요소인 죄에 대한 배상원칙과 그 방법이 폭력을 포함하는 형벌이라는 점에 주목하며, 이 요소들은 성경에서 말하는 정의, 용서, 죄와 구원, 그리고 하나님의 성품에 관한 왜곡을 가져올 수 있다고 비판한다. 형벌대속론에 대한 비판은 다음과 같이 요약될 수 있다.[84] 첫째, 죄에 대한 하나님의 진노가 피의 희생으로만 달래질 수 있다면, 하나님은 보복과 폭력의 하나님으로 묘사될 수 있다. 이것은 "하

---

81 Thomas Finger, "The Anabaptist Theology of Atonement," *Mennonite Encyclopedia* (Vol. 5; Scottdale, PA: Herald, 1990), 44.

82 John Howard Yoder. *The War of the Lamb*, Glen Stassen, Mark Thiessen Nation, Matt Hamsher ed.(Grand Rapids: Brazos Press, 2009)와 John Howard Yoder, *The Politic of Jesus*(2nd ed.; Grand Rapids: Eerdmans, 1993)를 보라.

83 대표적 저서로는 J. Denny Weaver의 *The Non-violent Atonement*(2011)와 Gregory A. Boyd의 *The Nature of the Atonement*(2006)를 꼽을 수 있다.

84 아래의 형벌대속론에 대한 비판과 관련하여 Steve Chalke의 *The Lost Message of Jesus*에서 제기한 형벌대속론의 문제 제기로 촉발된 "형벌대속론"에 대한 공개 토론이 2004년 10월 영국복음주의연맹(Evangelical Alliance) 주관으로 열렸는데, 이때 제기된 비판과 함께 북미의 아나뱁티스트 학자인 Gregory A. Boyd 등의 비판 중 공통된 중요한 이슈를 간추려 요약한 내용은 다음의 인터넷 자료를 참조하라. http://www.anabaptistnetwork.com/book/export/html/365; http://reknew.org/2015/12/10-problems-with-the-penal-substitution-view-of-the-atonement/

나님은 사랑이시라"(요일 4:16)는 그분의 성품과 대조된다. 둘째, 하나님의 용서가 죄의 배상 행위를 통해서만 이루어진다면, 그것은 진정한 용서가 될 수 없다. 진정한 용서는 대가 없이 주어지는 것이지, 무언가에 대한 보상을 통해 이루어지는 것이 아니다. 하나님의 대가 없는 용서가 불가능하다면 그것은 하나님 스스로 진노에 사로잡혀 있다는 것을 의미한다. 이것은 "원수를 사랑하라"(마 5:44)는 예수 그리스도의 가르침과도 상반된다. 셋째, 형벌대속론에서는 통상적 정의의 개념을 주장하기 힘들다. 죄지은 사람이 자신의 죗값을 치르지 아니하고, 무고한 인간이신 예수가 대신 처형을 당하는 것을 정의롭다고 말할 수 없다. 성부의 진노를 달래기 위해 성자가 죽어야 한다는 논리는 삼위일체 하나님의 공동체성을 깨뜨리는 결과를 가져올 수 있다. 또한 그리스도의 삶의 규범에 의하면, 죄에 대한 형벌을 부과하는 것이 성경에서 말하는 정의라고 보기 어렵다. 넷째, 형벌대속론은 속죄의 의미를 성부와 성자 사이에서 일어나는 객관적인 사건으로 이해함으로써 죄지은 당사자인 인간과는 직접적 연관이 없게 만든다.[85] 속죄에 대한 이런 설명은 그리스도의 십자가상의 사건을 통해 죄인을 바라보는 하나님의 시각의 변화는 설명할 수 있을지 모르나, 그 죽음이 우리의 삶에 어떠한 변화를 가져오는지는 설명하지 못한다. 마지막으로, 형벌대속론은 개개인의 죄에 관하여 설명할 수 있으나, 사회 구조적 악과 연결하는 것은 쉽지 않다.

그렇다면 아나뱁티스트는 예수의 구원 사역을 어떻게 설명하는가? 아나뱁티스트의 그리스도 중심주의는 그들의 속죄론에 대한 이해에서도 잘 드러난다. 아나뱁티스트는 하나님이 사탄의 세력과의 우주적 전쟁에서 승리하신다는 모티브를 가지고 예수의 생애(성육신부터 부활까지)와

---

85 Fiddes, *Present Salvation*, 99.

그의 구속 사역의 이야기를 통해 예수가 이 세상의 구조적 악의 세력들과 맞서 싸운 투쟁과 승리의 관점으로 속죄론을 설명하는 "내러티브 승리자 그리스도" 모델(narrative Christus Victor Model)을 제시한다. 이 모델을 통해 그들은 그리스도의 구원 사역이란 하나님과 인간 사이의 관계를 막고 있는 죄와 그 죄를 통제하는 마귀의 세력을 멸망시킴으로써 하나님과 인간과의 관계가 온전히 회복되어 하나님의 통치 안에서 살아갈 수 있도록 하는 것을 말한다.[86] 하나님과 인간의 관계가 온전하지 못한 데는 단지 인간 개인의 죄만이 아니라 이 세상을 악한 방법으로 지배하는 집단화된 권세와 사회적 구조에도 원인이 있다.[87] 예수는 그의 삶과 사역을 통해 세상과는 구별된 승리의 전략을 보여준다. 이 세상 체제를 거스르는(countercultural) 예수의 가르침과 삶의 방식은 사랑의 실천(선)으로 악을 어떻게 이길 수 있는지를 보여준다. 죄의 권세에 대한 싸움의 승리는 무력을 통해 쟁취되는 것이 아니라 예수의 가르침과 삶에서 드러난 비폭력적 평화와 사랑의 실천을 통해 이루어지는 것이다.[88] 하나님의 백성에게 예수의 "원수를 사랑하라"는 계명의 실천은 관계 회복의 시발점이 되고, 이를 통해 사회규범으로는 알 수 없던 하나님의 통치의 실재를 세상 속에서 증거하는 것이 된다.[89] 갈보리 십자가 상에서 죽으심을 통해 예수 그리스도는 인간 사회의 타락한 구조 악을 자발적으로 경험하심으로써 우리의 죄와 죄과를 대신하셨고(substitute), 그의 자기희생을 통한 사랑의 실천은 이 세상의 악한 권세를 무력화시키며, 악의 권세

---

86 J. Denny Weaver, *The Nonviolent Atonement*(2nd ed.; Grand Rapids: Eerdmans, 2011), 46.

87 Gregory A. Boyd, "Christus Victor View," James Beilby, Paul R. Eddy ed., *The Nature of the Atonement*(Downers Grove: IVP, 2006), 29.

88 Boyd, "Christus Victor View," 40.

89 Weaver, *Nonviolent Atonement*, 39.

에 억눌려 있던 자들이 해방됨을 보여준다.[90] 전(全) 우주적으로 선포된 하나님의 통치로의 초대에 그리스도를 믿음으로 참예하는 자는 죄의 세력을 정복하고 다른 죄인들을 하나님과 화해시킨다.[91] 따라서 예수 그리스도에 대한 믿음이란 갈보리의 자기희생적 사랑의 실천만이 인류를 억압하는 이 세상의 악의 세력을 정복할 수 있음을 신뢰하고, 삶의 모든 영역에서 신실하게 살아가는 것이다.[92]

내러티브 승리자 그리스도 모델은 아나뱁티스트 전통에서 강조하는 그리스도 중심적인 성경 해석과 함께 예수의 자기희생적 사랑의 중요성을 강조한다. 이것은 형벌대속론이 비판받았던 여러 이슈인 하나님의 성품(사랑, 진노, 폭력성 등), 정의와 용서의 개념에 대한 답변을 가능하게 한다. 또한 앞서 살펴본 아나뱁티스트의 칭의론의 특징인 구원의 현재성과 관계 중심적인 관점도 내러티브 승리자 그리스도 모델에서 잘 나타나는데, 예수의 구속 사역은 인간의 삶과 무관한 객관적인 사건이 아니라 인간에게 직접적인 영향을 주는 역동적 표상이 된다. 더 나아가 단순히 인간 개개인의 죄 용서를 통한 영혼 구원의 의미를 넘어 사회구조의 악으로 인한 고통으로부터의 인간의 해방과 승리를 의미한다. 이는 구원에 대한 이해를 자기중심적인 신앙생활에서 공동체적인 관점으로 전환하고, 사회적 책무에 대한 그리스도인들의 역할이 갖는 중요성을 강조한다. 폭력을 거부하고, 사랑을 실천하는 희생적인 삶을 통해 세상의 권세들을 굴복시키시고 승리하신 예수의 구속 사역은 정의의 이름으로 폭력을 정당화하고 약자들을 억압하는 시대를 살아가는 신자들에게 그리스도의 제자로서 어떻게 살아가야 하는지에 대한 도전을 준다.

---

90 Boyd, "Christus Victor View," 43.

91 Weaver, *Nonviolent Atonement*, 48.

92 Boyd, "Christus Victor View," 43.

나가는 말

루터가 주장한 "이신칭의"의 교리와 함께 강조된 법정적 칭의 개념과 형벌대속론의 강조는 구원의 의미가 예수에 대한 믿음이 단지 죽음 후에 천국으로 가는 티켓의 확보로 인식되는 측면이 있었고, 이것은 한국교회가 급격한 양적 성장을 이룰 수 있었던 이유 중의 하나였다고 볼 수 있다. 그러나 급격한 양적 성장을 이룬 한국교회는 많은 문제점(성직자의 타락과 세속화, 성도들의 도덕적 해이, 신앙과 삶의 이중성 등)으로 인해 세상으로부터 많은 비판에 직면해 있다. 종교개혁 500주년을 맞이하는 한국교회는 구원의 의미가 무엇인가 하는 질문을 숙고해야 한다. 한국교회에 지금 요구되는 것은 예수에 관한 지식을 가지고 있는 "그리스도 믿음이"(believers of Christ)가 아니라 예수의 가르침과 삶의 모습을 따라 사는 "그리스도 따름이"(followers of Christ)를 배출하는 것이다. 이를 위해 아나뱁티스트의 칭의와 정의를 바탕으로 한 급진적 제자도는 지금까지 한국교회에서 가장 큰 문제점으로 인식되었던 행함 없는 믿음과 값싼 은혜의 과오로부터 벗어날 수 있는 대안이 될 수 있다. 급진적 제자도는 그리스도께 헌신된 신자들이 그리스도의 가르침과 삶의 모습을 함께 따라가는 것으로, 행함을 통한 믿음의 표현은 믿음과 행위의 일치를 추구하고, 구원의 삶을 함께 이루어가는 신자들의 공동체의 중요성을 강조한다.

또한 내러티브 승리자 그리스도 모델의 비폭력 속죄론은 개인의 구원에만 관심을 두지 않고 사회 구조적인 악에 대한 잘못된 부분들에도 관심을 가질 것을 도전한다. 그리스도가 승리한 것처럼 우리도 세상 속에서 사회 구조적인 악에 대항하여 예수의 방법으로 이겨나가야 할 것이다. 이를 위한 중요한 원칙 중의 하나는 비폭력 평화주의다. 이것은 서로의 갈등을 제거하고 관계를 회복하게 한다. 자국의 안보를 위해 무기에 의존해야 한다는 것은 대다수 사회가 가진 기본 논리다. 역사 속에서 기독교는 전쟁을 정당화하고, 전쟁에 사용될 무기들을 만들어 사고팔며, 전쟁을 통한 살인을 합리화해왔다. 지금 우리는 전쟁의 위협 속에 살아가고 있으며, 많은 갈등 속에 살아가고 있다. 이런 상황 속에서 세상을 거스르는 방법을 보인 예수를 따라가는 그리스도인들은 한국교회와 사회에 변화를 일으키는 자가 되어야 한다. 평화신학의 정립을 통한 평화교회, 기독교 평화 건설팀(Christian Peacemaker Teams), 브릿지 빌더(the Bridge Builders) 프로그램, 회복적 정의(restorative justice) 프로그램 등은 그리스도의 공동체가 어떠한 모습으로 위기와 갈등의 문제들을 다루어야 할지에 대한 방향을 제시해줄 수 있다. 그리스도를 따라 살기 위해 죽음의 위협에도 불구하고 순종하였던 아나뱁티스트의 믿음의 삶은 성경에서 말하는 진정한 정의 실천에 대해 고민하게 하며 칭의의 의미에 대해 새로운 관점을 가질 수 있게 해준다.

09

존 웨슬리의 구원론

칭의와 성화, 사회적 종교

배덕만

기독연구원 느헤미야. 교회사

배덕만은 미국 드류 대학교에서 미국 교회사 전공으로 박사학위(Ph. D.)를 받았으며, 햇불트리니티신학대학원대학교와 건신대학원대학교를 거쳐 현재는 기독연구원 느헤미야의 전임연구원으로 재직하고 있으며, 백향나무교회의 담임 목사로도 섬기고 있다. 하나님 나라의 관점에서 교회사를 대중에게 전하는 데 관심을 두고 집필과 강의에 힘쓰고 있으며, 그동안 『미국 기독교 우파의 정치 운동』(넷북스, 2007), 『FM기도』(요단출판사 2008), 『한국 개신교 근본주의』(대장간, 2010), 『성령을 받으라』(대장간, 2012), 『소명』(대장간, 2013), 『교회사의 숲』(대장간, 2015) 등의 책을 썼다.

들어가는 말

종교개혁 500주년을 맞이한 해에 루터의 "이신칭의"에 학계의 관심이 집중되는 것은 지극히 당연하다. 행위를 강조하는 가톨릭교회에 대항해서, 루터가 은혜와 믿음에 의한 칭의를 주창했다는 사실은 교회와 학계가 기억하는 종교개혁의 역사요, 루터의 유산이다. 하지만 최근 위기에 처한 한국교회 안팎에서 여러 병리 현상의 신학적 원인이 도덕적 책임과 사회적 실천을 배제한 채 "오직 믿음"만을 강조하는 종교개혁의 왜곡된 관행이라는 비판도 강하게 제기되고 있다. 이에 대한 학문적 성찰의 하나로 일군의 학자들이 이신칭의의 성경적 토대인 바울 서신에 관해 새로운 연구들을 수행하고 있지만, 이에 대한 보수 진영의 반발도 만만치 않다.

이런 역사적 상황과 신학적 현실을 고려할 때, 존 웨슬리의 구원론은 매우 흥미로운 신학적 주제임이 틀림없다. 칭의와 선행의 관계에 대해 갈등하는, 종교개혁의 후예들 사이에서 웨슬리의 구원론은 매우 독특하고 흥미로운 요소들을 담고 있기 때문이다. 웨슬리는 구원을 순간적 사건이 아니라 과정적 역사(work)로 이해하면서 칭의·중생을 동시적 사건으로 간주하고 칭의/중생과 더불어 성화가 시작되어 완전성화에서 절정에 이른다고 주장했다.

웨슬리의 관점에서 "선행이 칭의의 전제조건이냐 결과냐?" 하는 문제는 논쟁의 대상이 아니다. 왜냐하면 칭의의 동시적 사건으로 중생이 발생하며 중생한 신자는 성령의 은혜 속에서 자연스럽게 선을 행할 수 있기 때문이다. 그뿐 아니라, 웨슬리는 기독교를 "사회적 종교"로, 감리교 영성을 "사회적 성결"로 이해하면서 성결을 체험한 신자들이 사회 속에서 이웃 사랑을 실천하는 것은 지극히 당연하다고 주장했다. 좀 더 구체적으로 성결은 "율법의 실천"으로 표현되기에, 웨슬리 신학에서 칭의는 필연적으로 정의와 만난다.

이 글은 종교개혁의 유산을 계승하면서 동시에 교회사의 다양한 전통들을 창조적으로 수용했던 존 웨슬리의 "구원론"을 고찰한다. 웨슬리는 구원을 순간적 사건이 아니라 과정으로 이해했고 그 과정에서 칭의가 중생 및 성화와 불가분리의 관계에 있는 것으로 설명되었기에 이 글에서는 칭의와 함께 구원의 각 단계와 과정들도 살피게 된다. 끝으로 웨슬리가 강조한 "사회적 종교"와 "사회적 성결"을 이런 구조 안에서 검토하여, 웨슬리의 구원론이 가지는 또 다른 특징을 제시할 것이다.

사실, 칭의와 성화를 중심으로 구성된 웨슬리의 구원론은 국내외 웨슬리 연구자들 사이에서는 너무 익숙하여 진부하게 느껴지기까지 하는 주제일 수 있다. 하지만 국내 학계의 다수를 차지하는 개혁주의 진영에서는 여전히 오해와 비판의 대상으로 남아 있는 것이 현실이다. 이런 상황에서 이 글이 소박하지만 의미 있는 학문적 자극과 도움이 되길 바란다.

1. 웨슬리 구원론의 구조와 특징

(1) 은혜와 반응

한국에서 웨슬리 연구를 개척한 조종남 교수는 웨슬리를 "은총의 신학자"로 정의하면서, 그의 신학에서 "인간의 구원과 선한 것은 모두가 하나님의 은총에 의해서 시작된다"고 주장한다.[1] 그의 주장은 미국의 대표적

---

1 조종남, 『요한 웨슬레의 신학』(대한기독교서회, 1993), 196.

인 웨슬리 연구자 케네스 콜린스(Kenneth J. Collins)에 의해서도 반복된다. 그에 따르면 "웨슬리 신학의 핵심 주제는 하나님의 은혜의 교리다."

> 인간 창조에서부터 성도의 영화에 이르기까지, 양심을 선물로 주신 데서부터 성령의 친절한 인도하심에 이르기까지, 죄를 깨닫는 데서부터 사람의 마음에 하나님과 인간을 향한 사랑이 회복되기까지 모든 것 위에 하나님의 은혜가 있다. 웨슬리의 구원 신학에서는 인간의 타락을 생각하든, 구원 과정의 어떤 단계를 다루든 하나님의 은혜가 핵심 주제가 되지 않는 곳은 단 한 곳도 없다.[2]

웨슬리의 신학에서 은혜(은총)가 핵심을 차지한다는 학자들의 주장은 구원의 결정적 단계들을 은혜로 설명한 다음 설교를 통해 확인할 수 있다.

> 구원은 대체로 (그리고 적절하게) 선행은총(preventing grace)이라고 불리는 것으로 시작합니다.…구원은 보통 성경에서 회개로 명명되는 "죄를 깨닫게 하는 은총"(convincing grace)으로 지속됩니다.…후에 우리는 적절한 기독교적 구원을 경험합니다. 그때 "은총에 의해"(through grace) 우리는 "믿음으로 구원을 받습니다." 그것은 위대한 두 가지, 즉 칭의와 성화로 구성됩니다.[3]

하지만 웨슬리는 이런 은총이 인간의 역할을 배제하는 것이 아니라, 오히려 인간의 반응과 참여를 가능하게 한다고 주장한다. 이에 대해 조

---

2 Kenneth J. Collins, 『성경적 구원의 길』(장기영 옮김, 새물결플러스, 2017), 24.

3 John Wesley, "On Working Out Our Own Salvation," *The Works of John Wesley*(Vol. 3; Grand Rapids, MI: Baker Books, 1998), 509.

종남 교수는 "하나님은 우리와 함께 사역하기를 원하신다. 이런 웨슬리의 확신은 그리스도인으로 하여금 하나님과 더불어 그리고 하나님을 위하여 일하도록 동기를 부여한다. 하나님이 사역하시는 바로 그곳에서 하나님이 우리를 불러 참여케 하시기 때문이다"[4]라고 설명한다.

여기서 주목해야 할 것은 웨슬리가 이런 인간의 반응과 참여도 궁극적으로 하나님의 은혜 때문에 가능하다고 확신했다는 사실이다. 콜린스의 설명처럼, 웨슬리는 은혜를 이중적으로 이해했다. 즉 하나님의 은혜는 "자격 없는 자에게 베푸시는 하나님의 호의"이자, "하나님의 길로 행할 수 있도록 사람에게 부어주시는 '성령의 능력'"이라고 말이다.[5] 결국 하나님의 은혜로 인간의 구원이 가능하며, 동시에 이 은혜가 구원의 과정에서 인간의 참여와 책임을 요구하고 가능하게 한다. 이처럼 웨슬리의 구원론에는 하나님의 은혜와 인간의 반응(책임)이 공존한다.

(2) 과정과 순간

웨슬리의 구원론에는 점진적 측면과 즉각적 측면이 공존한다. "성경뿐만 아니라, 모든 경험은 이 구원이 즉각적이자 점진적임을 보여준다."[6] 콜린스는 바로 이 점에서 웨슬리 신학의 특징과 천재성을 지적했다.

> 신학자로서 웨슬리의 천재성은 그가 세밀하고도 정교한 긴장 속에서 과정과 실현, 점진적 요소와 순간적 요소를 모두 붙들었다는 점에 있다.[7]

---

4 조종남, 『요한 웨슬레의 신학』, 196.
5 Collins, 『성경적 구원의 길』, 32-3.
6 Wesley, "Working Out Our Own Salvation," 509.
7 Collins, 『성경적 구원의 길』, 333.

먼저 웨슬리 구원론의 과정적·점진적 측면을 살펴보자. 일차적으로, 웨슬리는 구원이 여러 단계를 거치면서 성취된다고 생각했다. 즉 "칭의/중생→성화→영화/최종적 칭의"처럼, 인간의 구원이 믿음을 고백하는 순간에 즉각적으로 성취되는 것이 아니라 일생 동안 여러 단계를 거치면서 점진적으로 이루어진다는 것이다. 그래서 웨슬리는 구원의 순서(*ordo salutis*)를 반복적으로 강조했고, 이와 같이 하나님의 은혜의 역사를 계속적이고 연속적으로 보는 것이 웨슬리의 특징이다."[8] 그와 동시에 웨슬리는 이런 과정이 단순히 평행선을 그으며 지루하게 지속되는 것이 아니라 완전성화를 목표로 역동적으로 발전한다고 확신했다. 그런 의미에서 그가 구원의 과정을 겨자씨의 성장에 비유한 것은 적절했다.

> 그것은[구원은] 처음에는 모든 씨 중에서 가장 작지만 후에는 가지들이 크게 자라면서 마침내 큰 나무가 되는 "겨자씨처럼" 그 순간부터 서서히 자란다.[9]

하지만 웨슬리는 이런 점진적 성장의 과정에 결정적인 순간들이 존재한다고 강조했다. 그에 따르면 이 구원의 과정에서 칭의와 중생, 그리고 완전성화는 하나님의 은혜에 의해 순간적·즉각적으로 성취된다. 즉 칭의는 순간적 사건이다. "'행한 것이 없더라도', '불경한 자'에게 하나님이 믿음을 주시는 그 순간(믿음은 하나님의 선물이다), 그 믿음이 그를 의로 인정하는 것"이다(롬 4:5).[10] 중생도 순간적으로 이루어진다. 중생(신생)과

---

8 조종남, 『요한 웨슬레의 신학』, 172.

9 John Wesley, "Working Out Our Own Salvation," 509.

10 John Wesley, "믿음에 의한 칭의", 『웨슬리 설교전집』(1권)(대한웨슬리학회 옮김, 대한기독교서회, 2006), 108.

성화를 구분하면서 웨슬리는 다음과 같이 설명한다.

어린아이는 순간적으로 아주 짧은 시간에 여인으로부터 태어납니다. 그 후에 그는 한 인간으로 성장하기까지 점차적으로 그리고 서서히 자라나게 됩니다. 이와 마찬가지 방법으로 사람은 어린아이처럼 순간적으로 또는 짧은 시간 안에 하나님으로부터 태어나게 됩니다.[11]

웨슬리는 완전성화에 대해서도 마찬가지로 설명한다.

만약 죽음 전에 죄가 멈춘다면, 일반적으로 그렇듯이, 즉각적인 변화, 즉 죄가 존재하는 마지막 순간과 죄가 존재하지 않는 최초의 순간이 있어야 합니다.[12]

이처럼 웨슬리의 구원론은 과정과 순간 사이에서 균형을 유지하며, 양자 모두를 강조한다.

(3) 개인과 사회

웨슬리의 구원론은 개인적 차원과 사회적 차원을 동시에 추구한다. 하지만 이 문제에 대한 학자들의 평가는 다양하다. 먼저 해방신학자 호세 보니노(Jose Miguez Bonino)는 웨슬리 신학의 사회적 강조점을 부정할 수 없지만 기본적으로 그의 인간론(anthropology)을 "치료가 불가능할 정도로 개인주의적"이라고 규정한다. 따라서 웨슬리의 구원론도 개인의 문제

---

11 John Wesley, "신생", 『웨슬리 설교전집』(3권), 200.

12 John Wesley, "Minutes of Several Conversation," *The Works of John Wesley*(Vol. 8), 329.

와 주관에 치우칠 수밖에 없다는 것이 그의 판단이다.

> 이런 비판은 기독교 생활의 사회적 특성에 대한 그의 반복된 주장, "사회적 성결"에 대한 그의 강조, "고독한 종교"에 대한 그의 비난, 그리고 믿음과 성결 속에서 집단적 성장을 보장하기 위한 그의 실천적 방안들을 고려할 때, 독단적으로 보일지도 모르겠다. 하지만 이런 표현들이 나타나는 문맥들을 세심하게 살펴보면, 웨슬리에게 사회는 인류학적 개념이 아니라, 단지 개인의 성장을 위한 편리한 장치에 불과하다는 것이 드러날 것이다. 최종적으로 구원받고, 성화되고, 완전하게 되는 것은 개인의 영혼이다.[13]

하지만 웨슬리 신학에서 성결과 행복의 상관관계를 연구한 김민석의 생각은 다르다. 그에 따르면 웨슬리는 기본적으로 성결과 행복을 "하나님 그리고 피조세계와 우리 사이의 진정한 사랑의 관계"라고 정의하면서 인간의 진정한 구원의 본질을 "관계성"에서 찾았다.

> 먼저 하나님 사랑과 하나님께 순종함을 통한 하나님과의 선하고 올바른 관계 속에서 인간은 성결, 완전, 참된 덕, 그리고 행복을 누린다. 그리고 정치적 형상의 도움과 함께하는 도덕적 형상은 인간으로 하여금 피조세계를 위한 청지기의 역할과 하나님과 피조세계 사이의 중재자의 역할을 감당할 수 있게 한다.…이 점에 있어서 하나님의 형상에 대한 웨슬리의 관점은 합리성보다는 관계성을 강조하고 있다. 그리고 이런 관계성의 강조는 참된 행복에 대한 웨슬리의 이해가 하나님, 피조세계, 그리고 우리 자신과의 참되고 선한

---

13 Jose Miguez Bonino, "Wesley's Doctrine of Sanctification from a Liberationist Perspective," Theodore Runyon ed., *Sanctification and Liberation*(TN, Nashville: Anbindgon, 1981), 55.

관계의 향유를 의미한다고 할 수 있다.[14]

이런 대립 속에서, 장기영은 둘 중 하나를 선택하기보다, 양자 간의 상관관계를 통합적으로 이해하며 그 관계를 논리적으로 정리한다.

> 웨슬리는 변화된 개인이 사회를 지속적으로 개혁해나갈 가장 효과적인 수단임을 믿으면서, 자주 개인들이 연합하여 사회적 불의에 대항하여 더 효과적으로 일할 것을 촉구하였다. Irv A. Brendlinger에 따르면, 그의 노예무역 반대 활동이 잘 보여주듯이 1780년대 후반기의 웨슬리는 사회적인 문제 해결을 위해 감리교도들이 법을 바꾸도록 의회에 청원하기를 요구하는 데까지 이르게 된다. 이런 변화는 사회적 불의에 대항하는 웨슬리의 방법이 전적으로 개인적 접근 방법을 뛰어넘는 것임을 보여주는 것이다.[15]

분명히, 웨슬리의 구원론에는 개인적 차원과 사회적 차원이 공존한다. 문제를 세심하게 분석하는 과정에서 웨슬리는 주로 개인적 차원에 주목하지만, 예외 없이 사회적 차원에도 진중한 관심을 보인다. 웨슬리의 관점에서 볼 때 양자는 결코 분리될 수 없는 유기적 관계를 맺고 있다.

(4) 내적 변화와 외적 실천

웨슬리의 구원론은 인간의 "내적 변화"와 "외적 실천"의 균형을 추구한다. 기본적으로 웨슬리는 구원의 과정에서 중요한 단계들을 강조하는데, 각 단계에서 하나님의 은혜가 결정적으로 작동하여 인간의 내면에

---

14 김민석, "삶의 목적으로서의 행복", 『한국교회사학회지』(제46집; 2017), 98.
15 장기영, "존 웨슬리의 사회사상", 『지성과 창조』(Vol. 16; 2014), 56.

중대한 영향을 끼친다고 믿었다. 예를 들면, 웨슬리는 기독교의 근본 교리를 "칭의와 신생(중생)"으로 규정하면서, 신생은 "하나님이 우리 안에서(in us) 우리의 타락한 본성을 다시 새롭게 하시는 위대한 역사와 관계" 된다고 설명한다.[16] 이런 내적 변화에 대한 웨슬리의 강조는 "그리스도인의 완전"을 설명하는 부분에서 좀 더 분명하게 드러난다. 그는 "마음의 할례"를 성결과 동일시하면서 그 본질을 다음과 같이 설명한다.

> 일반적으로 말해서 그것은[마음의 할례는] 성경에서 성결이라고 불리는 영혼의 습성적인 성향입니다. 그리고 그것은 직접적으로는 죄에서 깨끗함을 받는 것, "육과 영의 모든 더러움에서"(고후 7:1) 깨끗해지는 것을 의미하며 그리스도 예수 안에 있는 것과 같은 덕을 부여받는 일, "하늘에 계신 우리 아버지께서 온전하신 것 같이 온전"(마 5:48)할 정도로 "심령으로 새로워지는"(엡 4:23) 것을 의미합니다.[17]

동시에 웨슬리는 이런 내적 변화가 반드시 외적 실천으로 이어져야 한다고 강하게 주장한다. 신생에서 시작되는 하나님의 은혜가 신자들 안에서 하나님께 반응할 수 있는 능력을 창조하고, 그렇게 반응해야 하는 의무도 부과하기 때문이다.

> 첫째로, 하나님이 여러분 안에서 일하시므로 여러분이 일할 수 있다는 것입니다. 그렇지 않으면 여러분은 아무것도 할 수 없습니다. 만약 하나님이 일하지 않으시면 인간이 자신의 구원을 이룩한다는 것은 불가능한 것입

---

16 Wesley, "신생", 186.

17 John Wesley, "마음의 할례", 『웨슬리 설교전집』(1권), 347.

> 니다.…둘째로, 하나님이 여러분 안에서 일하시니 그러므로 여러분들도 일해야만 합니다. 여러분은 "하나님과 함께 일하는 동역자"(고전 3:9)가 되어야 합니다.[18]

웨슬리의 구원론에서 외적 실천의 중요성은 완전성화를 설명하는 부분에서 좀 더 구체적으로 드러난다. 먼저, 웨슬리에 따르면 우리는 "모든 계명을 열심히 지키는 가운데" 완전성화를 기다려야 한다.[19] 그뿐 아니라 웨슬리는 성결에 필요한 선행으로 "은총의 수단"이라 불리는 "경건의 행위"와 "자비의 행위"에 힘쓰라고 권면했다.

> 그러면 성결에 필요하다고 주장하는 선행은 무엇입니까? 첫째로, 이는 경건한 모든 일들, 즉 공기도, 가족 기도, 골방 기도, 주의 만찬에 참여하는 것, 성경 말씀을 듣고 읽으며 명상하면서 하는 성경 연구, 또는 몸의 건강이 허락하는 대로 하는 금식, 절제 등입니다. 둘째로, 자비에 속하는 모든 일입니다. 그 일들이 육에 관계되든지 영에 속하든지 간에 굶주린 자를 먹이며, 헐벗은 자를 입히고, 나그네를 대접하며, 감옥에 갇힌 자나 병든 자나 여러 가지로 어려움에 놓인 자들을 찾아보는 일들입니다.[20]

이처럼 웨슬리는 인간의 구원에서 내적인 변화와 외적 실천이 함께 필요하다는 사실에 주목했다. 분명히 출발점은 내적 변화이지만, 그것은 필연적으로 외적 행동으로 표현될 수밖에 없다는 것이다. 웨슬리에게 이는 양자택일의 문제가 아니라 논리적 당위다.

---

18 John Wesley, "우리 자신의 구원을 성취함에 있어서", 『웨슬리 설교전집』(6권), 174-77.
19 John Wesley, "Plain Account of Christian Perfection," *The Works of John Wesley*, 402.
20 John Wesley, "성경적 구원의 길", 『웨슬리 설교전집』(3권), 158.

(5) 개신교와 가톨릭

웨슬리의 구원론은 개신교적 요소와 가톨릭적 요소 모두를 창조적으로 수용한다. 일차적으로 이런 특징은 웨슬리가 개신교와 가톨릭 사이에서 중도적 입장을 견지했던 성공회 목사였다는 사실에서 기인한다. 하지만 이는 교회사에서 출현했던 다양한 전통들에 대한 그의 광범위한 독서와도 관계가 있다.

먼저, 웨슬리는 칭의와 성화를 중심으로 자신의 구원론을 확립하는 과정에서 종교개혁자들과 가톨릭교회를 비판적으로 평가했다. 즉 종교개혁자들과 가톨릭교회가 칭의와 성화에 대해 편파적 혹은 편향적 입장을 고수함으로써 온전한 구원론을 제시하지 못했다는 것이다. 이런 웨슬리의 입장을 윌리엄 캐논(William R. Cannon)이 다음과 같이 적절하게 정리했다.

> 그는 종교개혁자들, 특히 루터와 칼뱅보다 칭의 교리를 더 훌륭하게 이해한 사람들은 없지만, 동시에 그들보다 성화에 대해 제대로 이해하지 못한 사람들도 없었다고 분명히 말했다. 역으로, 그는 로마 가톨릭교도들이 칭의에 대해선 철저하게 오해했지만, 성화의 진리에 대해선 분명하게 이해했다고 주장했다.[21]

한편, 콜린스는 웨슬리가 가톨릭적 강조점과 개신교적(복음주의적) 강조점의 한계를 충분히 인식하면서, 자신의 구원론에서 양자의 장점을 창조적으로 결합했다고 평가한다.

---

21 William R. Cannon, "John Wesley's Doctrine of Sanctification and Perfection," *The Mennonite Quarterly Review*(35 no. 2, Apr. 1961), 93.

그렇다면 웨슬리의 구원 교리는 하나가 아닌 두 가지 요소를 긴장 속에 포괄하고 있다. 그것은 과정적 요소와 순간적 요소다. 한편으로 구원의 과정적 요소는 웨슬리의 "가톨릭적" 강조점으로서 인간이 하나님과 협력해야 함을 가리킨다. 그렇게 해야 하는 이유는, 하나님이 은혜로 하나님께 응답할 능력을 인간에게 부여하셨으며, 사람은 그 능력을 통해 구원의 결정적인 선물인 칭의와 초기적 성화 및 완전성화를 받기 위한 준비를 하기 때문이다. 다른 한편으로 구원의 순간적 요소는 웨슬리의 개신교적 또는 "복음주의적" 강조점으로서 인간의 협력이 아니라 하나님의 주권적 활동 및 전적 선물로서의 은혜를 가리킨다.[22]

결국 성공회 목사로서 웨슬리는 개신교와 가톨릭교회를 비판적으로 성찰하면서 양자의 한계를 냉철하게 비판하고, 동시에 양자의 장점을 창조적으로 통합했다고 할 수 있다. 이는 양측의 의혹과 비판을 불러일으키는 근거가 되었지만 동시에 양자의 화해와 협력을 위해 유능한 중재자로 기능할 가능성을 열어준다.

2. 웨슬리 구원론의 신학적 핵심: 칭의, 중생, 성화, 그리고 최종적 칭의

(1) 선행은총

성경은 하나님이 세상을 선하게 창조하셨고, 자신의 모양과 형상을 따라 인간을 지으셨다고 선언한다(창 1-3장). 그렇게 창조된 낙원에서 인간은 하나님과 완벽한 사랑과 신뢰의 관계를 유지하며 행복하고 풍요로운 삶

---

22 Collins, 『성경적 구원의 길』, 185-86.

을 누렸다. 하지만 불행히도 인간은 "능동적이고 외적인 악의 힘"인[23] 마귀의 유혹에 굴복하고 타락했다. 그 결과 인간의 본성이 "모든 능력과 기능에 있어서 모두 타락했고,"[24] 인간 안에 있는 "하나님의 생명과 형상을 잃어버리고 영적으로 죽었다."[25] 그리고 "타락하여 죄로 가득 찬 아담은 자신과 똑같은 아들을 낳았다."[26] 이제 아담의 타락이 출산을 통해 유전되었고 그 결과 모든 인간이 "일반적으로" 그리고 "보편적으로" 악한 존재가 되었다.[27]

이렇게 "아담에게서 인류 전체가 전달받은 육적·영적 유산"이 "원죄"(original sin)이며, 원죄의 결과로 "사람은 불신자로 세상에 태어나"고, 그들의 "불신앙과 우상숭배는 교만을 낳으며", "자기 고집(self-will)을 수반"한 상태에서 "세상을 사랑"하게 된다.[28] 웨슬리는 이 원죄 교리를 인간의 본질에 대한 기독교적 이해의 핵심이자, 기독교와 이방 종교를 구분하는 결정적 잣대로 삼았다.[29]

이처럼 원죄의 결과로 영혼이 완전히 죽은 인간을 웨슬리는 "자연인(악인)"이라고 부른다.[30] 하지만 웨슬리의 판단에 따르면 실제로 순수하게

---

23 Collins, 『성경적 구원의 길』, 47.

24 John Wesley, "자기 부인", 『웨슬리 설교전집』(3권), 253.

25 John Wesley, "원죄", 『웨슬리 설교전집』(3권), 167. 김민석의 설명에 따르면, "웨슬리는 Issac Watts의 『인류의 몰락과 회복』(*Ruin and Recovery of Mankind*)의 영향으로 하나님의 형상을 세 차원, 즉 자연적, 정치적, 도덕적 형상으로 구분하기 시작했다." 그런데 아담의 타락으로 이 형상들이 심하게 손상되었다고 본 것이다. 좀 더 구체적으로 웨슬리는 자연적 형상은 매우 손상되었지만 완전히 지워지지 않았고, 정치적 형상은 매우 모호하게 되었으나, "하나님의 의와 성결을 직접적으로 반영하는" 도덕적 형상은 완전히 상실되었다고 주장했다(김민석, "삶의 목적으로서의 행복: 계몽주의 시대 속에서의 존 웨슬리", 96).

26 Wesley, "원죄", 167.

27 Wesley, "원죄", 168.

28 Collins, 『성경적 구원의 길』, 63-4.

29 Wesley, "원죄", 180. 개혁주의 신자 중에는 Wesley를 Pelagius나 Arminius와 동일시하는 경우가 적지 않다. 하지만 이들과 달리 Wesley는 원죄로 인한 인간의 전적 타락을 대단히 강조했다.

자연인 상태로 존재하는 인간은 없다. 엄프리 리(Umphrey Lee)의 정확한 지적처럼 "이 세상에서 사람은 자연인 위에 하나님의 선행은총이 더해진 상태로 존재"하기 때문이다.[31] 웨슬리의 말을 직접 들어보자.

> 영혼이 자연적으로 죄악에서 죽었다는 것을 인정한다고 하더라도 그런 변명은 성립되지 않습니다. 왜냐하면 단순히 자연 상태에 머물러 있는 인간이란 하나도 없기 때문입니다. 인간이 하나님의 영을 소멸시키지 않는 한, 하나님의 은총의 역사 밖에서 홀로 있는 사람은 아무도 없기 때문입니다. 살아 있는 사람치고 우리가 보통 말하는 자연적 양심을 가지고 있지 않은 사람은 없습니다. 그러나 양심이란 것은 자연적인 것이 아닙니다. 좀 더 정확히 말하면 그것은 "선행적 은총"입니다. 모든 사람은 많건 적건 이 선행은총을 지니고 있습니다.[32]

여기서 웨슬리가 말하는 선행은총은 "칭의와 성화의 은혜 이전에 주어지는 모든 은혜"이며, "예수 그리스도의 구속 사역을 토대로 성령의 역사하심을 통해 모든 사람, 즉 그리스도인과 비그리스도인에게 똑같이 적용"된다.[33] 콜린스가 정리한 바에 의하면 웨슬리는 선행은총에 의해서 인간에게 다음과 같은 혜택이 주어진다고 주장했다. 첫째, 선행은총을 통해 모든 사람이 전능하심이나 영원하심 같은 하나님의 속성에 대해 알

---

30 Wesley, "원죄", 174. 하지만 Wesley는 자연인이나 자연적 상태를 단지 "하나님의 은혜가 없는 상태"로만 이해하는 것이 아니라, 좀 더 구체적으로 "이교도"와 연결한다. 이 부분에 대해서는 Wesley의 설교 "노예의 영과 입양의 영", 『웨슬리 설교전집』(1권), 189-91을 참조하라.

31 Umphrey Lee, *John Wesley and Modern Religion*(Nashville: Cokesbury Press, 1936), 125, Collins, 『성경적 구원의 길』, 71에서 재인용.

32 John Wesley, "우리 자신의 구원을 성취함에", 『웨슬리 설교전집』(6권), 175.

33 Collins, 『성경적 구원의 길』, 72.

게 된다. 둘째, 도덕법에 대한 부분적 지식을 갖게 된다. 셋째, 양심을 소유하게 된다. 넷째, 의지의 자유가 초자연적으로 회복된다. 다섯째, 인간의 불의와 악함을 억제하게 된다.[34] 그 결과 "선행은총에서 (그리고 다른 은총에서도) 나타나는 성령의 주도적 역사는 '인간의 공로에 대한 모든 망상'을 제거하면서도, 동시에 인간의 가능성과 그 결과로서 책임성을 확대한다."[35]

(2) 죄를 깨닫게 하는 은혜

웨슬리에게 "죄를 깨닫게 하는 은혜"(convincing grace)는 선행은총의 연장선에서 이해할 수 있다. 하지만 이것은 선행은총과 칭의 사이의 가교 역할을 하면서, "비록 모든 사람이 하나님의 선행은총을 받았더라도 그들 모두가 죄를 깨닫고 회개하는 것"은 아니기 때문에 선행은총과 구별된다.[36]

웨슬리는 자연적인 인간의 상태를 상세히 분석하면서 "잠자고 있는 상태"라고 표현한다(엡 5:14). 그는 이 상태의 인간이 영적인 일에 대해 "굉장히 어리석은 무지 속에" 있으며, "자기가 낭떠러지의 가장자리에 서 있다는 사실"도 알지 못하고, 그래서 "그것을 두려워하지" 않는다고 묘사한다. 그런 인간은 오히려 "육신의 정욕 혹은 안목의 정욕 혹은 이생의 자랑으로 만족"하면서, "인간은 약하다. 우리는 모두 약하다. 각 사람은 그 약점을 가지고 있다"라고 스스로 안위하고, "죄를 정복하지 않을 뿐 아니라 정복하려고 노력하지도" 않는다.[37] 웨슬리가 보기에, "이 모든 시

---

34 Collins, 『성경적 구원의 길』, 74-9.
35 Collins, 『성경적 구원의 길』, 81.
36 Collins, 『성경적 구원의 길』, 87.
37 John Wesley, "노예의 영과 입양의 영", 『웨슬리 설교집』(1권), 174-77.

간 동안에 그는 죄의 종"일 뿐이다.[38]

하나님은 이런 영적 수면 상태에 있는 "자연적인 인간"을 깨우신다. "왜냐하면 그의 영혼은 깊은 잠 속에 있으며 그의 영적 지각은 깨어나지 않고 그 지각은 영적인 선도 악도 분별하지 못하기 때문"이다.[39] 이런 상황에서 하나님은 다음과 같은 일을 하신다.

> 어떤 두려운 섭리 혹은 성경적 실증과 함께 사용되는 하나님의 말씀에 의해 하나님은 흑암과 죽음의 그늘 속에 누워 잠자고 있는 자의 마음에 부딪히십니다. 그는 그 잠에서 두려운 방식으로 흔들려 깨워지고 그래서 자신이 직면하고 있는 위험을 의식하도록 일깨워집니다. 그것은 순간의 사건일는지도 모르고 점차적인 사건일는지도 모르지만 그의 이해의 눈이 열리고 또 이제 처음으로 (그 베일이 부분적으로 제거됨으로써) 그를 둘러싸고 있는 참모습을 분별합니다.[40]

그 결과 그는 하나님이 "사랑이 풍성하시고 긍휼이" 많으시지만 "소멸하는 불"(히 12:29)이시라는 사실을 깨닫는다. 이어서 "하나님의 율법의 내적·영적 의미가 그 사람 위에서 빛을 발하기 시작"하고, "그의 마음은 벌거숭이요 그는 모두 죄의 덩어리요 '만물보다 거짓되고 심히 부패해 있음'(렘 17:9)을" 자각한다. "그는 자기가 잃어버린 축복과 자기 위에 도래한 저주 때문에 마음의 슬픔을 느끼고" 자기에게 주어질 형벌과 죽음, 악마나 인간들에 대한 두려움에 사로잡힌다. 웨슬리는 이처럼 영적 여정의 시작 단계에서 발생하는 "죄에 대한 철저한 깨달음"을 "율법

---

38 Wesley, "노예의 영과 입양의 영", 177.
39 Wesley, "노예의 영과 입양의 영", 174.
40 Wesley, "노예의 영과 입양의 영", 178.

적 회개"로 명명하고,[41] 이런 상태에 있는 인간을 "율법 아래 있는 자"라고 지칭했다.[42]

이렇게 자신의 죄를 깨닫고 철저하게 회개한 사람은 자연스럽게 "죄로부터 탈출하려고 진정으로 소원하여 죄와의 투쟁을 시작"한다.[43] 하지만 그보다 죄의 힘이 더 강하기 때문에 그가 최선을 다해 투쟁해도 죄를 이길 수 없다. 반복적으로 죄에 저항하지만 인간의 이성과 의지의 무능력만 폭로될 뿐, "죄에 대항한 싸움"에서 번번이 패배한다. 이에 대해 웨슬리는 다음과 같이 말한다.

> 그는 죄의 사슬을 물어뜯을 수는 있을 것이나 깨뜨릴 수는 없습니다.…그 가엾고 죄 많고 무력하며 불행한 인간은 어쩔 줄 몰라서 다만 신음할 수 있을 뿐입니다.[44]

이런 울부짖음은 하나님이 "당신의 주 예수 그리스도로 인한 하나님의 은혜"(롬 7:25)라고 대답하실 때까지 계속된다.

(3) 칭의

웨슬리는 기독교의 근본 교리를 "칭의와 중생"이라고 천명했다. 그러면서 칭의는 "하나님이 우리를 위해 행하시는 위대한 사역으로서 우리의

---

41 반면, Wesley는 마음이 "모든 죄에서 거룩함으로 변화되는 것"을 "복음적 회개"라고 명명하면서, 이 회개는 사람이 칭의되고 중생한 후에 일어난다고 설명했다. 율법적 회개는 실제적인 죄의 행위인 "자범죄"와 관련이 있고, 복음적 회개는 타고난 죄나 원죄, 죄의 존재 자체와 관련된다(Collins, 『성경적 구원의 길』, 101).

42 Wesley, "노예의 영과 입양의 영", 184.

43 Wesley, "노예의 영과 입양의 영", 181.

44 Wesley, "노예의 영과 입양의 영", 182.

죄를 용서하시는 것에 관한 교리"이며, 중생은 "하나님이 우리 안에서 행하시는 위대한 사역으로서 우리의 타락한 본성이 새로워지게 하는 것에 관한 교리"라고 양자의 차이를 설명했다.[45]

이처럼 칭의를 "사면과 죄의 용서"로 정의한 웨슬리는 "의롭다 함을 받고 또는 용서를 받고 있는 자에게 하나님이 '죄를 인정하시지 않고', 그를 유죄로 인정하시지 않는다"고 선언했다. 그러면서 "그의 죄, 곧 사상과 말과 행위에서의 그의 모든 과거의 죄가 덮어지고 소멸하며 마치 존재하지 않았던 것처럼 그에게 불리한 것으로 기억되거나 지적되거나 하지 않을 것"이라고 확신했다.[46] 그뿐 아니라 신자가 그리스도를 믿는 순간, 그리스도의 의가 신자에게 전가된다고 보았다.

> 누구나 믿을 때 즉시 그리스도의 의가 전가됩니다. 그러므로 믿음과 그리스도의 의는 나눌 수 없는 것입니다.[47]

그렇다면 죄를 깨달았으나 여전히 율법 아래서 두려움에 떨던 "종의 영"을 가진 사람들에게 어떻게 칭의가 발생할 수 있을까? 웨슬리에 따르면 하나님의 은혜와 그리스도의 희생, 인간의 믿음이 결합하여 이루어진 "믿음으로 말미암아 은혜로 구원을 받았다"는 표현은 바로 칭의의 이런 본질을 축약적으로 표현한 것이다. 하지만 웨슬리에게 칭의는 근본적으로 하나님의 은혜의 결과다. 인간의 모든 행위와 의는 칭의와 아무런 상관이 없으며, 오직 하나님이 일방적으로 값없이 주시는 선물일 뿐이다.

그런데 웨슬리는 다음과 같이 칭의와 믿음의 긴밀한 관계도 함께 강

---

45 Wesley, "신생", 186.
46 John Wesley, "믿음에 의한 칭의", 『웨슬리 설교전집』(1권), 101.
47 John Wesley, "우리의 의가 되신 주", 『웨슬리 설교전집』(2권), 56.

조했다.

> 나는 하나님이 오직 한 분이시라고 믿는 것처럼, 오직 믿음에 의한 칭의를 믿습니다.[48]

그렇다면 웨슬리가 생각하는 믿음은 무엇일까? 기본적으로 그는 믿음의 다양성을 주장하면서, 기독교적 믿음의 고유성에 주목한다. 즉 그는 "그리스도께서 나를 위해 자신을 내어주셨음을 믿는 것이 그리스도인의 신앙"이라고 규정하면서 단지 하나님의 존재와 속성만 믿는 "이교도의 신앙" 및 구약성경만 믿으면서 장차 오실 분을 신뢰하는 "유대인의 신앙"과 명확히 선을 그었다. 그러면서 기독교 신앙의 본질을 다음과 같이 날카롭고 분명하게 제시했다.

> 이와 같이 그리스도인의 신앙이란, 그리스도의 복음 전체에 대한 동의일 뿐 아니라 그리스도의 보혈에 전적으로 의뢰하는 것, 즉 예수님의 삶과 죽음과 부활의 공로를 신뢰하고 우리를 위하여 자기를 버리고(given for us), 또한 우리 안에 사시는(living in us) 우리의 대속과 생명이신 그리스도께 전적으로 의존하는 것입니다. 이것은 그리스도의 공로를 통하여 자신의 죄가 용서받고 하나님의 사랑으로 화해되었다는 확실한 확신입니다.[49]

끝으로, 웨슬리는 구원의 순서에 있어서 칭의와 매우 밀접한 관계를 맺고 있는 회개 및 성화와의 관계도 명료하게 정리한다. 그에 따르면 회

---

48 John Wesley, "Of Aspasio Vindicated," *The Works of John Wesley*(Grand Rapids, MI.: Baker Book House Company, 1998), 319.
49 John Wesley, "믿음으로 말미암는 구원", 『웨슬리 설교전집』(1권), 20.

개는 칭의에 선행하지만, 사람이 회개하면 필연적으로 칭의가 뒤따르는 것은 아니다. 또한 회개는 죄를 깨닫게 하는 하나님의 은혜에 대한 "인간의 반응"이지만, 칭의는 "오직 하나님만의 고유한 활동이자 권한"이다.[50] 이어서 웨슬리는 칭의와 성화가 서로 구분되지만, 칭의에는 반드시 성화가 뒤따른다고 확신했다. 그렇다면 결국에는 어떤 칭의도 신앙의 열매(성결과 행복) 없이 존재할 수 없기에, 웨슬리가 볼 때 "칭의에 성화가 따르지 않는다면, 실은 칭의가 일어나지 않은 것이다."[51]

(4) 중생(신생)[52]

웨슬리는 설교 "신생"에서 칭의와 신생이 기독교 전체에서 "근본적"이라고 부를 수 있는 교리라고 밝힌다.[53] 이처럼 칭의와 신생을 구원론의 핵심으로 이해하는 것을 두고 콜린스는 "존 웨슬리의 신학적 천재성"이라고 지적했다.[54] 종교개혁자들은 칭의와 사죄에 주된 관심을 보였지만, 웨슬리는 이런 전통을 계승하면서 가톨릭교회(로마 가톨릭과 동방 정교회)가 중시한 신생과 성결에도 관심을 두었기 때문이다.

그렇다면 칭의와 중생은 어떤 관계인가? 웨슬리에 따르면, 기본적으

---

50 Collins, 『성경적 구원의 길』, 136.

51 Collins, 『성경적 구원의 길』, 139.

52 Wesley는 중생과 신생을 같은 의미로 사용했다. 이것에 대해서 Collins는 다음과 같이 설명한다: 웨슬리는 설교 "신생"(1760)에서 "우리의 본성 전체가 타락했다는 사실이 신생의 근거입니다. 우리가 '다시 태어나기' 위한 전제는 우리가 '죄 중에서 태어났다'는 것입니다"라고 주장한다. 웨슬리는 그보다 몇 년 전에 신생과 원죄 교리의 연결을 가르칠 때는 중생이라는 단어를 사용했는데, 이는 그가 이 문맥에서 "신생"이나 "중생"을 같은 의미로 사용했음을 가리킨다(Collins, 『성경적 구원의 길』, 200).

53 "만일 기독교의 전체적인 범위 안에서 어떤 교리든지 '근본적이라고 적절히 규정할 수 있다면, 그것은 의심할 여지 없이 다음의 두 가지, 즉 의롭다 하심(칭의)의 교리와 거듭남(신생)의 교리입니다"(Wesley, "신생", 186).

54 Collins, 『성경적 구원의 길』, 191.

로 칭의와 중생은 "동시에" 발생한다.

> 시간적인 순서로 본다면(in order of time), 어느 것도 다른 것에 우선되지 않으며 우리가 예수 그리스도 안에 있는 구속하심을 통하여 하나님의 은총으로 말미암아 의롭게 된 순간(in the moment), 역시 우리는 성령으로 새로 태어나게 됩니다.[55]

하지만 구원의 과정에서 양자가 담당하는 기능과 의미는 매우 다르다. 즉 칭의는 "하나님이 우리를 위해(for us) 우리의 죄를 사해주시는 위대한 역사"와 관계되지만, 신생은 "우리 안에서(in us) 우리의 타락된 본성을 다시 새롭게 하시는 위대한 역사"와 관계가 있다.[56]

이번에는 중생과 성화의 관계를 살펴보자. 웨슬리는 중생(신생)을 "성화의 시작"으로 이해한다.[57] 1745년 연회록에 따르면, "언제 내적 성화가 시작되는가?"라는 질문에 대해, 웨슬리는 "우리가 칭의되는 순간이다. 칭의 때 모든 덕의 씨앗이 영혼에 뿌려진다. 이 순간부터 신자는 점차 죄에 대해서 죽고 은혜 안에서 자라간다"[58]라고 대답했다. 그와 동시에 웨슬리는 중생/신생과 완전성화를 구분하면서 성화 내에서 중생(신생)의 위치와 의미를 분명하게 규정한다. 즉 웨슬리는 자신의 여러 설교에서 중생(신생)을 좁은 의미와 넓은 의미로 구분하여 사용했다. 좁은 의미에서

---

55 Wesley, "신생", 186.

56 Wesley, "신생", 186.

57 "신생은, 여러분이 생각하는 것처럼 성화의 과정이나 전체가 아니라, 단지 성화의 시작일 뿐입니다. 자연적 출산이 삶 전체가 아니라 단지 그것의 시작인 것처럼 말입니다"(John Wesley, "Original Sin," *The Works of John Wesley*[Vol. 9], 310).

58 "Minutes of Some Late Conversations between The Rev. Mr. Wesley and Others," *The Works of John Wesley*[Vol. 8]. 285.

의 중생(신생)은 "불완전한 의미에서 거듭남"이며, "죄의 모든 동요와 활동을 이길 능력을 가지고 있으나, 그것에서 완전한 자유를 얻지는 못합니다"라는 설명이 붙는다. 반면, 넓은 의미의 중생(신생)은 "죄의 모든 동요와 활동에서의 '완전한 자유'"라고 정의된다.[59] 그런데 웨슬리는 바로 이 넓은 의미의 중생을 다른 곳에서 "완전성화"라고 명명한다. 이처럼 웨슬리는 중생/신생을 성화의 시작(initial sanctification)으로 이해하면서 성화의 절정인 완전성화(entire sanctification)와는 구분했다.

끝으로, 웨슬리는 중생을 도덕법과 긴밀하게 연결하여 설명한다. 웨슬리에 따르면 중생 때에 성령에 의해 인간 안에 "믿음, 소망, 사랑" 같은 신학적 덕이 회복되고, 이것은 하나님 및 이웃과의 관계에 근본적인 변화를 야기한다. 성령의 은혜와 본성의 변화를 통해서, 인간은 죄의 권세로부터 자유를 얻는데, 그 결과 하나님의 율법을 고의로 범하지는 않게 된다. 바로 이런 맥락으로 웨슬리의 중생론에서 도덕법(율법)이 매우 중요한 의미와 역할을 갖는다. 도덕법(율법)이 중생한 인간에게 올바른 사랑의 관계가 무엇인지 분명하게 알려주기 때문이다. 따라서 중생한 사람이 도덕법(율법)을 성실하게 실천하는 것은 중생의 자연스러운 결과이자 명백한 증거다.[60]

---

59 John Wesley, *The Methodist Societies: History, Nature, and Design*, 64, Collins, 『성경적 구원의 길』, 203에서 재인용.

60 Wesley는 하나님의 사랑이 우리에게 부어지면 이것은 반드시 하나님에 대한 사랑과 이웃에 대한 사랑으로 함께 표현된다고 보았다. Wesley는 이 사랑이 공허하고 감상적인 것으로 오해되지 않게 하려고 도덕법과 긴밀하게 연관시켰다(John Wesley, "신생의 표적", 『웨슬리 설교전집』[2권], 28).

(5) 성화(성결)[61]

하나님의 은혜로 죄를 깨닫고 심각한 내적 갈등의 시간을 보낸 사람은 다시 한번 하나님의 은혜에 의해 칭의와 신생/중생의 과정을 거치면서 성화/성결의 과정을 시작하고 완전성화의 절정으로 나아간다. 물론 완전성화를 체험한 후에도 성화의 과정은 지속된다.

웨슬리 구원론의 구조적 특성에 따라서 칭의와 중생을 체험한 신자는 그 상태에 안주하지 말고 계속 전진해야 한다. 그리스도인의 완전(Christian Perfection), 혹은 완전성결(Entire Sanctification)을 체험할 때까지 말이다. 이 과정에서 하나님은 우리 안에 지속적으로 역사하신다. 그 결과 신자는 그 은혜에 힘입고 그 은혜에 반응하면서 계속 성장한다. 하나님의 은혜가 더해질수록 인간의 반응과 책임도 증대된다는 것이다. "웨슬리에 의하면 하나님이 그 자비로 우리에게 더 많은 은혜를 부어주실수록 우리는 그 은혜 안에서 향상되어야 할 더 큰 책임을 갖는다."[62]

이런 맥락에서 웨슬리는 목회자로서 신자들을 완전성화의 단계로 인도하기 위한 다양한 신학적·목회적 장치들을 제시했다. 먼저, 웨슬리는 "율법에 대한 순종"을 칭의와 중생의 자연스러운 결과물이라고 가르치면서 "모든 계명을 열심히 지키는 가운데 주의 깊게 경성하고 힘써 노력함으로써 자신을 부인하고 자기 십자가를 지는 가운데" 완전성화를 기다려야 한다고 권면했다.[63] 둘째, 웨슬리는 신자들에게 "은총의 수단"으로 불린 "경건의 행위"와 "자비의 행위"를 구체적인 실천 방안으로 제

---

61 웨슬리 신학에서 성화(Sanctification), 성결(Holiness), 완전(Perfection)은 동의어로 함께 사용된다.

62 Clarence Bence, *John Wesley's Teleological Hermeneutic*(Ann Arbor, Mich.: University Microfilms International, 1982), 18-19, Collins, 『성경적 구원의 길』, 294에서 재인용.

63 John Wesley, "Plain Account of Christian Perfection," *The Works of John Wesley*(Vol. 11), 402.

안했다. 공적 기도, 가정 및 개인기도, 성만찬, 성경 읽기 및 묵상과 연구, 금식 등을 실천하고 가능한 모든 종류의 자선 활동에 적극적으로 참여하라는 것이다. 그러면서 다음과 같이 덧붙인다.

> 우리는 경건의 행위에 열심을 내야 합니다. 그러나 자비의 행위에는 더욱 그렇습니다.…만약 둘 중 하나를 하기 위해 다른 것을 할 수 없는 상황이 발생한다면, 우리는 언제나 자비의 행위를 우선시해야 합니다.[64]

그뿐 아니라 웨슬리는 이런 목적을 성취하기 위해서 기독교의 본질을 "사회적 성결"(Social Holiness)로 규정하고, 공동체 속에서 신앙의 훈련과 성장이 이루어지도록 신도회, 속회, 반회, 특별 신도회 같은 다양한 모임을 교회 내에 조직했다.[65]

그렇다면 웨슬리가 성화의 절정 혹은 목적으로 삼았던 "완전성화"란 무엇인가? 웨슬리의 말을 직접 들어보자.

> 그리스도인의 완전은 하나님께 우리의 마음 전체를 드리는 것입니다. 그래서 이 욕망과 계획(desire and design)이 모든 기질을 지배하게 됩니다. 그것은 단지 일부가 아니라 우리의 모든 영혼, 몸, 그리고 실체를 하나님께 드리

---

64 John Wesley, "On Zeal," *The Works of John Wesley*(Vol. 7), 61.

65 신도회(society)는 "행동의 규칙을 찾고 신앙심의 능력을 원하는 이들의 모임"으로 1739년에 런던에서 본격적으로 시작되었고, "기독교 신앙의 생생한 진리를 가난한 이들 및 성공회 교회 안에서 찾아볼 수 없는 이들과 나누는 것"을 모임의 원칙적 사역으로 규정했다. 1742년에는 "속회"(class)가 최초로 조직되었다. 속회는 대개 12명의 인원으로 구성되었고 "자신들의 구원을 위해 노력하는가를 관찰하기 위한" 노력의 일환이었다. 그 후에 "죄의 용서를 원하는 사람들을 위한" "반"(band), "기독자의 완전을 향하도록 독려하는 이들을 위한" "특별 신도회"(select societies), 그리고 은혜로부터 떨어지는 불행을 겪었지만 새롭게 되기를 원하는 이들을 위한 "참회"(penitents)가 차례로 탄생했다(Kenneth J. Collins, 『진정한 그리스도인: 존 웨슬리의 생애』[박창훈 옮김, 서울신학대학교출판부, 2009], 108-9).

> 는 것입니다. 다른 관점에서, 그것은 그리스도의 마음으로서 우리가 예수처럼 행하게 합니다. 그것은 모든 불결함, 내외적 오염에서 마음의 할례를 받는 것입니다. 그것은 우리의 마음을 창조하신 하나님의 온전한 형상과 모양으로 우리의 마음이 새롭게 되는 것입니다. 다른 식으로 보면 그것은 우리가 전심을 다해 하나님을 사랑하고 우리 자신처럼 이웃을 사랑하는 것입니다.[66]

특별히 웨슬리는 이 완전성화를 칭의, 중생과 구별하여 "두 번째 은총", "두 번째 축복" 혹은 "두 번째 변화"라고 칭한다.[67] 이런 표현들은 완전성화도 신자가 믿는 순간 즉각적으로 이루어지므로,[68] 앞서 칭의가 믿는 순간에 즉각적으로 발생한 것과 구별하기 위해 "두 번째 은총/축복/변화"라고 명명한 것으로서 이 사건의 주체가 성령이며, 오직 하나님의 은혜가 가져오는 결과임을 강조하는 것이다.[69]

동시에 웨슬리는 그 은혜에 대한 인간의 반응으로서 믿음의 중요성도 매우 강조한다. 물론 웨슬리에겐 "믿음"도 하나님의 은혜의 선물일 뿐이지만 말이다. 웨슬리는 "우리가 믿음으로 성결함을 받고 믿음으로 죄에서 구원받아 사랑 안에서 온전해진다고 할 때 그 믿음이란 어떤 것입니까?"라는 질문에 다음과 같이 대답한다.

---

66 Wesley, "Plain Account of Christian Perfection," 444.

67 "만약에 이런 두 번째 변화, 곧 의롭다 함을 입은 후에 오는 순간적인 속량이 없고 하나님의 점진적인 역사(이 역사가 있다는 것을 부정할 사람은 하나도 없습니다)밖에 없다면, 우리는 죽을 때까지 이 많은 죄에 머물러 있다고 여길 수밖에 없습니다"(Wesley, "신자의 회개", 『웨슬리 설교전집』(14권), 287.

68 "그가 믿는 순간에는 이런 회개와 열매를 많이 가지고 믿었든 적게 가지고 믿었든, 심지어 열매가 없다고 해도 성결함을 받는 것입니다."

69 Collins에 따르면, "구원의 순간적 요소는 웨슬리의 개신교적 또는 "복음주의적" 강조점으로서 인간의 협력이 아니라 하나님의 주권적 활동 및 전적 선물로서의 은혜를 가리킨다.…구원의 순간적인 요소는 과정이 아니라 은혜의 실현이나 성취라는 결정적 요소를 나타낸다" (Collins, 『성경적 구원의 길』 185-86).

> 첫째, 이것은 하나님이 이것을 성경에 약속하셨다는 것에 대한 신적 증거요 확신입니다.…둘째, 이 믿음이란 하나님이 약속하신 것은 무엇이나 그가 이루실 수 있다고 하는 신적 증거요 확신입니다.…셋째, 이 믿음이란 하나님이 이것을 하실 수 있으며 또한 지금 이를 이루고자 하신다는 데 대한 신적 증거요 확신입니다.…이 확신 외에 또 하나 첨가되어야 할 것이 있는데, 그것은 곧 하나님이 이것을 행하신다는 신적 증거와 확신입니다. 이것은 그 시간에 이루어지는 것입니다.[70]

하지만 웨슬리가 주장하는 완전성화를 온전히 이해하기 위해서는 몇 가지 사항에 주의해야 한다. 첫째, 웨슬리가 생각하는 죄의 개념을 정확히 이해해야 한다. 웨슬리는 죄를 원죄(인간 본성의 타락으로서 죄)와 자범죄(하나님의 사랑의 율법에 대한 의도적 거부)로 구분하는데, 무지와 육체적 한계 등에 의한 오류와 실수는 진정한 의미의 죄로 간주하지 않았다.[71] 둘째, 웨슬리는 완전성화(그리스도의 완전)와 관계없는 내용을 세심하게 분류했다. 즉 웨슬리에 따르면 완전성화를 체험한 사람도 지식에서 완전하지 않으며, (구원에 있어서 본질적이지 않은) 실수에서 자유롭지 못하고, 연약성(혹은 인간의 유한성)에서 완전하지 못하며, 삶에서 유혹도 완전히 제거할 수 없다. 그래서 웨슬리는 완전성화를 체험한 사람도 다시 타락할 수 있다고 경고하며, 끊임없이 그리스도와 동행하도록 강하게 권면한다. 그뿐 아니라 웨슬리는 신자들이 지금 당장 완전성화를 체험할 수 있다고 가르쳤지만, 자신의 경험을 근거로 판단해볼 때 "완전성화의 순

---

70 Wesley, "성경적 구원의 길", 160-61.

71 Wesley의 죄 개념에 대해서는 다음 자료를 참조하라. 김민석, "존 웨슬리의 죄 이해: 죄 이해 변화과정의 역사적 고찰을 중심으로"(감리교신학대학교 신학대학원 석사학위 논문, 2000), 98-105.

간은 일반적으로 죽음의 순간, 즉 영혼이 몸을 떠나기 바로 전"이라고 고백한다.[72] 이런 내용을 고려할 때 웨슬리가 주장한 완전성화는 절대적인 의미에서 "완전"을 말하는 것이 아니라는 사실을 알 수 있다. 그래서 웨슬리 자신도 "죄 없는 완전"(sinless perfection)이란 표현을 사용하지 않는다. "절대적 완전은 사람도 아니고 천사도 아니며, 오직 하나님께만 속한 것"이다.[73]

(6) 최종적 칭의

조종남 교수에 따르면 웨슬리에게 "구원"은 "현재적 구원"과 "궁극적 구원"이란 이중적 의미를 지닌다. 하지만 그는 웨슬리가 "흔히 이 구원을 현재의 구원에 국한시켜 의인과 성화를 의미"하는 데 사용한다고 설명한다.[74] 이런 논의의 연장선에서 그는 웨슬리의 구원론에서 최종적 단계인 영화(glorification)를 언급할 때도 "그러나 전술한 바와 같이 웨슬리의 중요한 관심(설교에서의 관심)은 현재의 구원에 있었다"라고 다시 한번 강조한다.[75]

그런데 웨슬리는 이 "영화"를 "최종적 칭의"(final justification)와 동일시하는 것처럼 보인다. 예를 들어 랜디 매덕스(Randy L. Maddox)는 그의 책 『책임 있는 은혜』(*Responsible Grace*)에서 웨슬리의 영화를 간략히 설명할 때 최종적 칭의를 언급한다.[76] 콜린스도 그의 책 『성경적 구원의 길』에

---

72 Collins, 『성경적 구원의 길』, 345에서 재인용.

73 Wesley, "Plain Account of Christian Perfection," 442.

74 조종남, 『요한 웨슬레의 신학』, 171.

75 조종남, 『요한 웨슬레의 신학』, 175.

76 "자신의 치유적 강조점을 유지하면서 웨슬리는 기독교인들이 마음과 삶의 성결을 회복할 필요가 있다고 강조했다. 그것은 하나님이 우리가 죄의 현존 자체로부터 궁극적으로 자유롭게 된 상태에 들어가기 전 의도하시는 것이다. 하지만 이것은 그분이 죽음 직전에 완전히 성화된 사람들에게만 최종적 칭의를 한정했다는 뜻이 아니다"(Randy L. Maddox, *Responsible*

서 마지막 장 전체를 "최종적 칭의"를 설명하는 데 할애한다. 따라서 웨슬리가 중생과 동시에 발생하는 칭의와 별도로 영화의 단계에서 최종적 칭의를 다룸으로써 칭의를 두 가지로 구분하여 이해했음이 분명해진다.

웨슬리는 두 가지 칭의를 구별한다. "웨슬리는 신학적으로 최종적 칭의 개념을 초기적 칭의와 분리"했다.[77] 이런 구별이 가장 분명하게 드러나는 부분은 성결이 초기적 칭의·최종적 칭의와 각각 어떤 관계를 맺는지 설명하는 부분이다. 즉 웨슬리는 "내적이고 외적인 성결은 [칭의] 신앙의 결과이자 최종적 칭의를 위한 일반적이고도 명시적인 조건"이라고 선언한다.[78] 이처럼 웨슬리는 성결을 기준으로 초기적 칭의와 최종적 칭의를 시기적으로 분명하게 구분한다.

또한 웨슬리는 초기적 칭의와 최종적 칭의의 본질적 차이를 명료하게 지적한다. 즉 웨슬리는 초기적 성화와 최종적 칭의를 구별한 후 최종적 칭의를 위한 선행의 필요성을 강조한다.

> 하나님이 우리에게 신앙을 주시고 용서하실 때 요구하시는 것과, 우리가 영광 중에 계신 하나님 앞에 설 수 있게 하시기 위해 요구하시는 것은 전혀 다른 것입니다. 전자를 위해 꼭 필요한 것은 오직 죄에 대한 깨달음과 회개뿐입니다. 그러나 후자를 위해 반드시 필요한 것은 우리가 온전히 "모든 죄에서 씻음 받는 것"(요일 1:7, 9), "화평의 하나님께서 우리를 온전히 거룩하게 하시는 것"(살전 5:23)입니다."[79]

Grace[Nashville, TN.: Kingswood Books, 1994], 191).

77 Collins, 『성경적 구원의 길』, 378.

78 John Wesley, *The Appeals To Men of Reason and Religion and Certain Related Open Letters*, *The Works of John Wesley*(Vol. 11), 15, Collins, 『성경적 구원의 길』, 379에서 재인용.

79 John Telford ed., *The Letters of the Rev. John Wesley*(London: Epworth Press, 1931)

웨슬리의 논리에 따르면 완전성화를 경험한 후에도 신자는 무지와 연약함, 그리고 유혹의 존재 때문에 또다시 실수하고 죄를 범할 가능성이 있다. 따라서 완전성화를 경험한 신자도 지속적으로 하나님의 은혜를 구해야 한다. 이때 신자는 이미 완전성화를 통해 선행을 실천할 능력이 생겼으므로, 중단 없이 율법의 목적을 성취하며 살아야 한다. 이런 성화의 삶의 연장선에서 신자는 사후에 최종적 칭의를 누리게 되는 것이다. 웨슬리는 "마지막 날에는 완전성화가 우리의 칭의보다 앞선다"고 말한다.[80]

3. "사회적 종교"와 "사회적 성결"

(1) 웨슬리의 생각

웨슬리는 1739년에 출판된 『찬송가와 성시』(Hymns and Sacred Poems)의 서문에서 신비주의자들이 추구하는 내적 영성이 은총의 수단 및 공동체 훈련을 경시할 위험이 있다고 지적하면서, "사회적 성결"(Social Holiness)을 강조한다. 또한 1748년 설교집에 수록된 설교 "산상수훈 IV"에서 기독교를 "사회적 종교"(Social Religion)로 규정한다. 곧 웨슬리가 이해하는 기독교는 "본래적으로 사회적 종교이므로 사회를 떠나서는, 즉 다른 사람과 같이 살고 대화함이 없이는 잘 유지되지 못할 뿐 아니라 전혀 존재할 수 없다"는 것이다.[81]

2:189(to Thomas Church, February 2, 1745), Collins, 『성경적 구원의 길』, 379에서 재인용.

80 John Wesley, "New Birth," Albert C. Outler ed., *Sermons, The Works of John Wesley(Vol. 2)*, 186, Collins, 『성경적 구원의 길』, 377에서 재인용.

기독교와 사회의 관계에 대한 웨슬리의 생각은 산상수훈에 관한 그의 설교를 살펴보면 분명하게 드러난다. 웨슬리는 "기독교의 가장 중요한 덕은 사회생활을 떠나서는 생각할 수 없다"고 단언한다. 예를 들어 "평화를 위한 노력"(peace making)은 "예수의 종교의 다른 덕과 함께 없어서는 안 될 덕으로서…이것 역시 다른 덕과 함께 사회생활 없이 생각할 수 없다"는 것이다.[82] 좀 더 구체적으로, 웨슬리는 사회적 종교의 의미를 다음과 같이 표현한다.

> 예수께서 "너희(온유하고, 겸손하고, 의에 주리고 목마르고, 하나님과 인간을 사랑하고, 모든 사람에게 선을 행하고, 부당한 대우를 감내하는 그리스도인들)는 세상의 소금이다" 하신 말씀은, 그리스도인의 성질상 그 주위에 있는 무엇이든지 맛을 내야 한다는 뜻이 아닙니까? 우리 속에 있는 하나님의 향기를 우리가 접촉하는 모든 것에, 우리가 섞여 사는 그 사회에 발산해야 하지 않겠습니까?… 이런 방법에 의해 이 세상의 부패성을 다만 일부라도 막고 건져 거룩하고 순결한 것으로 하나님께 드리게 하고자 하심입니다.[83]

사회적 종교에 대한 웨슬리의 관심은 율법, 도덕적 형상, 성화의 상관관계를 통해 더욱 선명하게 드러난다. 김민석의 분석에 따르면 인간은 도덕적 형상을 통해 "하나님과 하나님의 법에 관한 지식"을 얻고, "하나님의 도덕법을 완벽하게 지키는 것"을 통해 하나님께 온전한 사랑을 드리는데, 바로 이 "온전한 사랑"이 웨슬리 신학에서 "참된 성결"을 뜻한다. 이렇게 이해할 때 하나님의 도덕적 형상은 "본질적으로 관계적"

---

81 John Wesley, "산상설교 IV", 『웨슬리 설교전집 2』, 134.

82 Wesley, "산상설교 IV", 135.

83 Wesley, "산상설교 IV", 137.

이다.[84] 이런 분석은 율법에 대한 웨슬리의 생각을 통해 구체적으로 입증된다. 웨슬리는 율법의 핵심적 속성을 "의로운 것"으로 이해하면서, 그것의 의미는 우리 자신과 하나님, 그리고 모든 피조물과의 관계 속에서 "모두에게 의당 돌아가야 하는 것을 돌려주는 것"이라고 설명하기 때문이다.

> 율법의 두 번째 속성은 의로운 것입니다. 그것은 모두에게 의당 돌아가야 할 것을 돌려주는 것입니다. 그것은 우리 자신뿐만 아니라 우리의 창조주이신 하나님과 관련하여, 그리고 하나님이 만드신 모든 피조물과 관련하여 무엇이 옳으며 무엇을 마땅히 행하고 말하고 생각해야 하는가를 정확하게 규정해줍니다. 그것은 모든 점에서 사물들, 즉 온 우주와 모든 개인의 본성에 적합한 것입니다.[85]

고대 로마의 법학자 울피아누스(Ulpianus)에 따르면, "정의는 그/그녀의 권리나 몫을 공정하게 분배하는 것이다."[86] 이런 주장을 웨슬리에게 적용한다면 웨슬리의 율법 이해는 울피아누스의 정의 개념과 일치한다. 그렇다면 웨슬리가 생각하는 성화는 사회적 특성을 가지는 동시에 정의를 바탕에 둔 것이다. 이런 점에서 웨슬리의 칭의는 정의와 연결된다.

이에 대한 구체적인 예를 살펴보면 1758년에 행한 웨슬리의 설교 "대심판"에서 웨슬리는 영국 국왕과 귀관들을 직접 언급하면서 사회적 종교의 의미를 구체적으로 제시했다. 이 설교를 읽어보면 웨슬리의 사회

---

84 김민석, "삶의 목적으로서의 행복", 97.

85 John Wesley, "율법의 기원, 본성, 속성 및 용법", 『웨슬리 설교전집 2』, 338.

86 Ulpianus의 정의 개념에 대한 간략한 설명과 탁월한 해석은 Nicholas Wolterstorff, 『월터스토프의 하나님의 정의』(배덕만 옮김, 복있는 사람, 2017), 81-5을 참조하라.

적 종교 및 사회적 성결이 단지 개인 구원의 수단이나 "치료가 불가능할 정도로 개인주의적"이라고 쉽게 단정할 수 없다.

> 하나님의 지혜로우시고 은혜로우신 뜻에 의하여 이 땅 위에서 공의를 실현하고, 상처받는 자를 변호하고, 범죄자를 형벌하는 일을 위해 보냄을 받은 자의 발이 얼마나 아름다운지요!…따라서 이 땅에서 법이 충분히 실시되고 존중되어 우리 국왕의 권위가 정의에 의하여 확립되기를 바랍니다.…그러므로 귀관들의 직무 수행에 부정이 없어야 하며, 공의를 행하고 인자를 사랑함이 있어야 하며, 귀관들이 대접을 받고자 하는 대로 다른 모든 사람에게도 대접을 해야 할 것입니다.[87]

(2) 웨슬리의 실천

웨슬리는 "사회적 종교"와 "사회적 영성"에 대한 원론적 선언뿐 아니라, 당시 영국 사회의 다양한 윤리적·구조적 문제들에 깊은 관심을 두고 꾸준하게 자기 입장을 발표했다. 웨슬리는 교회사의 다양한 주제와 저서들뿐 아니라, 당대의 예민한 현실적 문제들에 대해서도 폭넓은 정보를 갖고 있었다. 그 결과 그는 민감한 사안들에 대해서 자신의 개인적 의견을 공적으로 피력할 수 있었을 뿐 아니라, 다양한 방식으로 현실 문제에 참여하며 구체적인 실천을 보일 수 있었다.

무엇보다 웨슬리는 당시 영국의 경제문제에 주목하면서 다양한 쟁점들에 대해서 날카롭게 비판했다. 예를 들어, 웨슬리는 가난의 실제적 원인을 빈민들의 게으름으로 규정했던 당대의 일반적 관념에 강력히 반대

---

87 John Wesley, "대심판", 『웨슬리 설교전집』(1권), 312-13. 이 설교는 베드퍼드 지역의 순회재판을 담당했던 Edward Clive 경 앞에서 행한 설교다.

했다. 그가 볼 때 "그들이 게으르기 때문에 가난하다는 비난은 사악한 거짓말"이었다.[88] 그는 오히려 일자리 부족과 식료품 가격의 상승에서 가난의 일차적 원인을 찾았다. 나아가 웨슬리는 귀족들과 신사들이 농장을 독점하고 사치에 몰두하는 것도 이런 문제들의 주요 원인이라고 지적했다.[89] 또한 당시에 가장 심각한 윤리적 쟁점이었던 노예제도에 대해서 "모든 노예 소유주들은 인간을 사는 행위가 확실히 인간을 훔치는 행위임을 유념하라"고 통렬하게 비판했다.[90] 그는 무질서한 근대적 자유시장 경제에 대해 회의적 입장을 보이면서 정부의 구체적 간섭과 조절을 희망했다.[91]

실제로 웨슬리는 제한적이지만 자신의 영역에서 가난한 이웃들을 돌보기 위해 다양한 사역들을 시도했다. 1760년경에 영국의 최저 생계비는 30파운드였고, 전체 인구의 절반 이상이 최저 생계비 미만에 해당하는 극빈한 삶을 살고 있었다. 그런데 웨슬리의 신도회 회원 중 65-75퍼센트가 여기에 속했고, 65퍼센트는 확실히 생계비 20파운드 미만의 극빈자들이었다.[92] 웨슬리는 이런 상황 속에서 영국 사회의 경제적 위기를 누구보다 피부로 느낄 수 있었다. 따라서 그는 자신의 영역 내에서 가난한 사람들을 돕기 위해 최선을 다했다.

---

88 John Wesley, *Journal & Diaries, The Works of John Wesley*(Vol. 20), 445, 박창훈, 『존 웨슬리, 사회비평으로 읽기』(대한기독교서회, 2014), 30에서 재인용.

89 John Wesley, "Thoughts on the Present Scarcity of Provisions," *The Works of John Wesley* (Vol. 11), 56-7.

90 영국의회에서 노예무역 금지를 이끌어낸 William Wilberforce에게 Wesley가 결정적인 영향을 끼쳤다는 사실은 널리 알려진 이야기다. 이에 대해선 Jim Wallis, 『그리스도인이 세상을 바꾸는 7가지 방법』(배덕만 옮김, 살림, 2009), 41을 참조하라.

91 박창훈, 『존 웨슬리, 사회비평으로 읽기』, 31-2.

92 박창훈, "존 웨슬리(John Wesley)의 "사회적 성결"(Social Holiness)에 대한 재고찰", 「한국교회사학회지」(30권; 2011)139.

영국 전역을 여행한 웨슬리는 이 혁명적인 상황의 더 불행한 결과들을 잘 알고 있었다. 가난한 사람들의 고통을 덜기 위해서, 사회정의를 실현하기 위해서 웨슬리는 몇 가지 조치를 취했다. 무엇보다도 그는 전국에 흩어져 있는 메소디스트 소사이어티를, 극빈자를 돕는 기구로 효과적으로 활용했다. 한 예로, 속회 모임에서는 돈, 음식, 연료, 의복, 의약품 등을 모아 메소디스트의 가난한 이들에게 나누어주었다. 둘째, 1746년 초에 웨슬리는 소사이어티의 가난한 이들을 위해 의료 기술을 제공했고, 후에는 비록 뜻한 바에 비해 별로 교화적이지 않았지만, "민간의학"을 제시한 단권의 개인의학서 『기초의학』(*Primitive Physic*)을 출판했다. 셋째, 웨슬리는 메소디스트 속회 회원들을 위한 구직 제도뿐만 아니라 대출기금을 마련하기도 했다.[93]

끝으로, 웨슬리는 그리스도인들은 사회적 악을 척결하고 이 땅에 하나님 나라를 이루기 위해서 적극적으로 연합하고 활동하라고 목소리를 높였다. 예를 들어 1763년에 발표한 설교 "생활방식의 개혁"에서 "생활방식개혁협의회" 같은 단체의 사회봉사 활동을 장려하면서, 그리스도인들이 빈민 문제뿐 아니라 노름과 매춘, 공적 소란 같은 불의에도 대항해야 한다고 주장했다. 이런 영향 아래서 1780년대 후반에 감리교인들이 노예무역 폐지를 위한 청원을 의회에 제출하기도 했다. "이런 변화는 사회적 불의에 대항하는 웨슬리의 방법이 전적으로 개인적인 접근 방법을 뛰어넘는 것임을 보여주는 것이다."[94]

---

93 Collins, 『진정한 그리스도인』, 163-64.

94 장기영, "존 웨슬리의 사회사상", 56.

(3) 웨슬리의 유산

웨슬리는 기독교를 "사회적 종교"로, 감리교 영성을 "사회적 성결"로 각각 규정하면서, 사회에 관한 관심을 성화(성결)와 연결했다. 그뿐 아니라 단순한 관심과 이론적 성찰을 넘어서, 웨슬리는 자신의 영역 내에서 다양한 방식으로 가난한 자들을 섬기며 사회적 봉사를 실천했다. 그럼에도 그의 사회의식이 사회문제에 대한 구조적 인식으로까지 충분히 성숙하지 못했으며, "그의 사회윤리를 사회구조 개혁으로 연결시키지 못한" 것은 아쉬움으로 남는다. 하지만 그의 고민과 실천은 그의 후손들에게 계승되어 훨씬 더 다양하고 체계적이며 조직적인 사회운동으로 발전했다. 이에 대해 브렌들링거(Irv A. Brendlinger)는 다음과 같이 말한다.

> 그로부터 영향을 받은 사람들은 점점 사회구조의 개혁으로까지 나아갔다. 감리교의 제2세대, 제3세대 지도자들은 탄원과 배척 등의 법적 행위들을 통하여 웨슬리의 메시지를 사회의 정책 수립의 중추에까지 확장하는 일에 적극적으로 가담했다. 18세기 말과 19세기 초의 입법 개혁은 복음적 부흥 운동에 깊이 영향을 받아 금주 운동, 어린이와 동물 학대 방지, 더 발전된 노예 방지 운동 등의 개혁을 이루는 데까지 나아갔다.[95]

더 구체적으로 살펴보면 웨슬리의 사회적 관심은 19세기에 영국과 미국의 성결 운동에서 활짝 꽃을 피웠다. 노예제도 폐지론자였던 오렌지 스코트(Orange Scott)는 미국 감리교회가 설립 정신과 달리 노예제도를 묵인·옹호하자, 1842년에 노예제도 폐지를 주장하며 "웨슬리안감리교

---

95 Irv A. Brendlinger, *Social Justice Through the Eyes of Wesley: John Wesley's Theological Challenge to Slavery*(Ontario: Joshua Press, 2006), 145-46, 장기영, "존 웨슬리의 사회사상", 57에서 재인용.

회"를 새로 설립했다. 1860년대 영국 빈민가에서는 윌리엄 부스(William Booth)와 캐서린 부스(Catherine Booth)가 "구세군"을 시작했다. 이들은 빈민들에게 복음을 전할 뿐 아니라 음식, 의복, 쉼터를 제공했다. 빈민 은행, 탁아소, 무료 법률 사무소를 운영했으며, 매춘 문제에도 큰 관심을 보였다.

또한 구세군이 설립된 같은 해에 벤자민 로버츠(Benjamin T. Roberts)의 주도로 "자유감리교회"가 설립되었다. 이는 당시 미국 감리교회가 "가난한 자에게 복음을 전파해야 한다"는 웨슬리의 정신에서 이탈하며 "부자 중심의 교회"로 변질하자 이에 강력히 저항하며 탄생한 것이었다. 특히 이 교회는 교회 재정 마련을 목적으로 교회 회중석을 경매에 부치던 소위 "회중석 대여제"에 반대하여 교인들이 예배당에서 자신들이 원하는 자리에 "무료로 자유롭게"(free) 앉도록 법으로 규정했다.

끝으로, "나사렛교회"는 1895년에 피니아스 브리지(Phineas F. Bresee)의 주도하에 설립되었다. 가난한 자들을 배려할 목적으로 헌금을 강요하지 않았고, 회중석 대여제에 반대했으며, 화려한 예배당을 건축하는 것도 비판했다. 심지어 사치스런 복장마저 규제했는데, "나사렛"이란 교회 이름에는 그런 정신, 즉 "가난한 자를 위한 교회"란 의미가 담겨 있었다.[96]

---

96 이 주제에 대해선, Donald W. Dayton, 『다시 보는 복음주의 유산』(배덕만 옮김, 요단출판사, 2003); 배덕만, "교회개혁의 빛과 그림자: B. T. 로버츠의 자유감리교회를 중심으로", 「역사신학논총」 제23집(2012), 93-122; 배덕만, ""가난한 자에게 성결을": 나사렛교회의 정체성에 대한 역사신학적 고찰", 「지성과 창조」 14권(2011), 9-50; 배덕만, "복음주의와 사회개혁: 미국의 경우를 중심으로", 「지성과 창조」 16권(2014), 77-108을 참조하시오.

결론

웨슬리의 구원론은 교회사적으로 매우 흥미롭고 독특한 특징을 갖고 있다. 그의 신학 자체가 다양한 신학 전통들의 통섭으로 탄생했기 때문에 그의 구원론에도 다양한, 그래서 때로는 상충하는 내용이 공존한다. 따라서 특정한 전통이나 관점에서 볼 때 웨슬리의 구원론은 탁월한 통찰인 동시에 불편한 내용이 될 수도 있다. 그런 이유에서 지금까지 그의 구원론은 열광적 환호나 통렬한 비판의 대상이 되어왔고 지금도 상황은 다르지 않다. 그렇다면 지금까지의 논의를 통해 드러난 웨슬리 구원론의 특징은 무엇일까? 그 내용을 정리하면 다음과 같다.

첫째, 웨슬리의 구원론은 다양한 전통과 영성, 신학적 성찰과 목회적 고민이 공존하며 역동적인 긴장과 균형을 이루고 있다. 웨슬리는 기본적으로 종교개혁의 전통 위에 서 있지만 교회사의 다양한 전통들을 창조적으로 수용하여 자신만의 독특한 신학을 형성했다. 또한 웨슬리는 옥스퍼드 대학교 출신의 탁월한 지성인이었지만 평생 전도자와 목회자로 살았다. 따라서 그의 구원론은 고립된 도서관이 아니라 청중들로 둘러싸인 길거리와 설교단에서 형성되었다. 이런 요인들의 직접적 영향으로 그의 신학과 목회는 정교한 논리나 심오한 이론보다 뜨거운 열정과 진지한 헌신에 더 큰 비중을 두게 되었다. 그 결과 그의 신학, 특히 구원론 안에는 다양한 내용이 때로는 긴장과 대립, 때로는 균형과 평형을 이루며 역동적으로 공존한다. 각자 나름의 성경적·신학적 근거를 지닌 요인들, 즉 하나님의 은혜와 인간의 반응, 구원의 과정과 순간, 개인과 사회, 내적 변화와 외적 실천, 개신교와 가톨릭 사이에서 양자택일 대신 창조적 종합을 추구했던 것이다.

둘째, 웨슬리의 구원론은 내적 성화(개인적 성화)와 함께 "사회적 성화"

를 대단히 중시한다. 많은 학자의 정확한 지적과 비판처럼 웨슬리는 자신의 종교를 "마음의 종교"라고 생각했고, 기독교를 성품과 기질로 이해했으며, 성결을 성품의 변화로 간주했다. 이것은 분명한 사실이다. 하지만 균형과 통전성을 강조하는 것이 웨슬리 신학의 본질이자 특징이다. 그 결과 웨슬리는 기독교의 내적·개인적 요소를 강조할 때마다 예외 없이 외적·사회적 요소들을 함께 주목했다. 이런 그의 주장은 "사회적 종교"와 "사회적 성결"이란 표현을 통해 분명하게 제시되었다. 이런 문제의식 속에서 웨슬리는 영적 체험과 성품의 변화뿐만 아니라, 은총의 수단과 자비의 행위를 성실하게 실천하라고 성도들에게 설교했고, 중생과 완전성화의 증거로서 도덕법(율법)의 실천을 끊임없이 강조했다. 그뿐 아니라 당대의 민감하고 난해한 각종 사회문제와 쟁점에 대해서 자신의 견해를 담대하게 밝혔으며, 교회의 신도회를 통해서 가난한 자들을 위한 다양한 사회봉사 활동을 전개했다. 이런 웨슬리의 문제의식과 실천은 당대에 한정되지 않고 감리교와 성결 운동을 통해 후대로 이어졌다. 그에게 기독교의 핵심은 성결이고, 성결은 사랑이며, 이 사랑의 대상은 하나님과 인간이다. 그와 동시에 그 사랑은 감정이나 관념의 차원을 넘어 행동과 실천이다.

셋째, 웨슬리 구원론의 알파와 오메가는 "하나님의 은혜"다. 많은 사람이 웨슬리의 주장에 동의하며 지지를 보냈지만, 그의 생각을 오해하고 반대한 이들도 적지 않았다. 심지어 그의 절친한 벗이자 동료였던 조지 휘트필드(George Whitefield)조차 자신의 확고한 개혁주의 전통에 입각해서 웨슬리의 구원론을 거부할 정도였다. 휘트필드가 판단하기로는 "믿음의 열매가…죄를 극복하는 능력이다"라는 웨슬리의 주장은 "너무 낙관적이고 순박"하게 보였기 때문이다.[97] 휘트필드의 평가는 예나 지금이나

97 Collins, 『진정한 그리스도인』, 105.

웨슬리를 바라보는 개혁주의자들 사이에서 변함없이 이어지고 있다. 그들이 보기에 인간은 타락했고 사회도 부조리하다는 것이 자명하기 때문이다. 하지만 웨슬리도 그런 인간과 사회를 보았으며, 누구보다 가까이서 그런 현실을 경험했다. 그런데도 그가 더 분명하고 강력하게 경험한 것은 "하나님의 은혜"였다. 아무리 인간이 부패하고 세상이 타락해도 그런 인간과 세상을 향한 하나님의 은혜보다 크고 위대하지 않았다. 그와 동시에 그런 하나님의 절대적인 은혜가 인간의 적극적인 책임과 참여를 가능하게 한다. 여기서 랜디 매덕스가 웨슬리 신학에 관한 자기 연구서의 제목을 『책임 있는 은혜』(*Responsible Grace*)라고 명명한 것은 의미심장하다.[98] 따라서 웨슬리의 구원론은, 이신칭의를 강조하면서 하나님의 은혜보다 인간의 부패와 무능력에 더 방점을 찍거나 믿음에 대한 배타적 강조가 무책임한 율법폐기론으로 경도되는, 아니면 성령과 은혜에 대한 편향된 이해가 맹목적 낙관주의나 기형적 신비주의를 잉태하는 한국교회의 부정적 현상들에 대한 적절한 대안이 될 수 있다. 그러므로 한국교회는 교파와 신학의 차이를 떠나 웨슬리의 메시지에 정직하고 진지하게 귀를 기울여야 할 것이다.

---

98 Maddox, *Responsible Grace*를 참조하라.

제 3 부

칭의론의 현대적 논의

IO

하나님의 의와 인간의 정의

칼 바르트를 중심으로

박성규

장로회신학대학교, 조직신학

박성규는 장로회신학대학교(Th. B., M. Div., Th. M.)에서 수학하고 독일 뮌스터 대학교에서 신학 박사학위(Dr. theol.)를 받았다. 현재 장로회신학대학교 조직신학 교수(마천세계로교회 신진석좌교수)로 봉직하며 분당소망교회의 협동 목사로 섬기고 있다. 한국칼바르트학회 총무 및 한국칼빈학회 부회장을 역임했다.

들어가는 말

오늘날 정의에 관한 관심이 그 어느 때보다 고조되고 있다. 그 이유는 동서양을 막론하고 "정의"가 인류의 평화를 위하여 반드시 필요한 전제조건이라는 공동의 인식이 확산했기 때문이다. 그 결과 세계교회협의회에서 평화를 논할 때도 막연하고 추상적인 평화가 아니라 "정의로운 평화"를 화두로 삼았다. 정의가 없는 평화는 지배층과 기득권 세력의 지배를 정당화시켜주는 위장된 평화로 전락할 위험이 있다. 정의는 평화의 현실성을 확보하기 위한 기초요 토대다.

그러나 인류 세계의 정의는 바벨탑을 쌓듯이 자기 의를 드러내고자 하는 욕망에 오염되기 쉽다. 인간이 내세우는 모든 정의는 그 자신을 절대화하려는 경향이 있다. 인간의 정의에는 그 자체의 상대성과 한계성을 인식하게 해주는 절대적인 기준 없이 자신을 절대화함으로써 결국에는 불의로 변질할 위험이 늘 내재한다. 따라서 모든 인간의 정의는 칭의될 필요가 있다. 모든 인간의 정의 그 자체는 칭의가 있어야 한다. 인간의 상대적 정의는 절대적인 하나님의 의에 의하여 칭의되어야 한다.

그런데 하나님의 의는 막연한 의가 아니라, 인간을 의롭게 하는 구체적인 내용을 지닌다. 하나님의 의는 인간의 보편적인 도덕법 또는 자연법을 통해서 계시되는 것이 아니라 예수 그리스도 사건이라는, 구체적인 역사 속에서 일어난 "칭의"의 사건을 통해서 계시된다. 하나님의 의는 "칭의" 사건 속에서 가장 본질적으로 계시된다.

이 글의 목적은 인류 사회가 누리는 평화의 근거가 되며, 나아가 인류 사회의 미래를 긍정할 가능성을 제시해줄 올바른 정의 개념을 확립하는 데 있다. 이런 세계적 관심사에 직면하여 하나님의 의와 인간의 정의 문제를 칼 바르트(Karl Barth)의 신학의 관점에서 고찰해보고자 한다.

특별히 바르트의 신학을 중심으로 이 문제를 고찰하고자 하는 이유는 바르트가 하나님 없는 인간의 정의를 앞세웠던 19세기 자유주의 신학과 치열하게 논쟁함으로써 펼친 신학 안에는 그 문제에 관한 신학적 대답이 제시되어 있기 때문이다. 또한 바르트의 신학적 발전 과정 자체가 바로 이런 하나님의 의와 인간의 정의 사이에서 벌어지는 변증법적인 싸움을 몸으로 살아낸 흔적이라고 볼 수 있기 때문이다.

1. "정의" 이해의 신학사적 개관

(1) 히브리적 정의 이해

하나님의 의에 대한 바르트의 이해를 살펴보기 전에 정의 개념에 대한 신학적·역사적 개괄이 필요하다. "정의"는 정치·사회적 개념이기 이전에 먼저 신학적 개념이었다는 것이 브루너(Emil Brunner)의 지론이다.[1] 따라서 브루너의 정의 이해를 살펴보기에 앞서 성경적 개념으로서 "정의"의 히브리적인 의미를 살펴보는 것도 의미가 있다.

독일의 가장 권위 있는 신학 개념 사전 중 하나인 『역사와 현재의 종교』(RGG)의 정의에 따르면 본래 구약성경의 "정의"를 뜻하는 히브리어 "체데크" 안에는 "의"와 "자비"라는 두 가지 뜻이 동시에 내포되어 있다.[2] 그런데 이 개념이 그리스어로 옮겨지는 과정에서 이런 의미를 둘 다 담아낼 수 있는 어휘가 없었기 때문에 "70인역은 '디카이오쉬

---

1 Emil Brunner, *Justice and Freedom in Society*, 전택부 옮김, 『정의와 자유』(대한기독교서회, 2007), 35.

2 *Religion in Geschichte und Gegenwart*, Hans Dieter Betz, Eberhard Jüngel ed.(4 Aufl.; Tübingen: Mohr Siebeck, 2000), 3권, 709. 이 책은 앞으로 RGG[4]로 표기한다.

네'(δικαιοσυνη)와 '엘레모쉬네'(ελεημοσυνη)라는 개념으로 구분해 사용하였고, 그럼으로써 구약의 체데크 개념 안에 동시에 내포되어 있던 '의'와 '자비'를 완전히 분리시켜놓았다." 이런 분리는 구약성경에서는 낯선 것이었다. 또한 그리스어 성경이 라틴어로 번역되면서 법적인 개념인 "의"(*iustitia*)만 뜻하게 된 것은 또 하나의 비극적인 오류라고 할 수 있다.

(2) 그리스 철학의 정의 이해

히브리적인 "정의" 이해와는 대조적으로 그리스 철학자 아리스토텔레스에 의하면 "정의"는 "도시의 사회계약"을 의미한다. 그리고 이런 그리스적 개념의 라틴어 해석의 대표적인 형태를 보여주는 키케로(Marcus Tullius Cicero)에게 "정의"는 "각자에게 그 자신의 것을 돌려주는 힘"(*reddens unicuique quod suum est*)이다. 히브리적 사고에서 "의"를 의미하는 어근(צדק)에 근본적으로 담겨 있는 "은혜"라는 의미는 이런 그리스 철학적인 사고에서는 완전히 상실되고 만다.[3] 그 결과 "누군가에게 승리를 선물한다" 또는 "누군가를 의롭게 한다"는 의미를 우선으로 지니고 있던 히브리어 동사 "히츠디크"는 "누군가를 그의 업적에 따라 포상하거나 벌을 내린다"라는 의미를 지닌 라틴어 동사(*iustificare*)로 축소 환원되고 말았다. 여기서 문제는 이런 법정적인 의미의 "정의" 개념이 고대와 중세의 기독교 사상에 지대한 영향을 주었다는 것이다. 그리고 "각자에게 각자의 몫을 돌려주는 힘"으로서의 이런 "정의" 이해는 오늘날 "정의" 강연으로 전 세계적인 명성을 떨치는 마이클 샌델(Michael J. Sandel)의 강의 속에도 그대로 반영되고 있다.[4]

---

3 RGG[4], 3권, 709.

4 Michael J. Sandel, *What's the right thing to do?*, 이창신 옮김, 『정의란 무엇인가?』(김영사, 2010), 33.

(3) 아우구스티누스의 정의 이해

"정의"를 이렇게 이해하는 또 다른 예로 아우구스티누스(Augustinus)를 들 수 있을 것이다. 우리가 흔히 알고 있듯이 아우구스티누스는 펠라기우스(Pelagius)와의 논쟁에서 "은혜"에 대한 이해를 가장 중요하게 부각한 신학자다. 그의 "은혜" 사상은 중세의 신학뿐만 아니라 종교개혁 신학자들에게도 지대한 영향을 미쳤다. 그뿐만 아니라 그는 펠라기우스주의자들에 대항하면서 칭의에 관한 표준적인 이해를 발전시켰다고 할 수 있다. 그러나 그런 아우구스티누스조차도 불가타 성서의 신조어라고 할 수 있는 "의롭다 하다"(*iustificare*)를 "의를 만들다"(*iustum facere*)라는 뜻으로 해석함으로써 의가 선물로 주어지는 것이 아니라, 획득되는 것이라는 인상을 남기고 말았다. 다시 말해 "하나님은 자신의 은혜를 통하여 인간으로 하여금 공로를 쌓게 하고, 그런 다음 인간에게 공로에 합당한 보상을 해준 셈이" 되어버린 것이다.[5]

이런 아우구스티누스의 "칭의" 해석에는 "법적인 의"(*iustitia*)라고 하는 키케로적인 정의 개념이 구원론의 바탕을 이루고 있다. 그 결과 아우구스티누스의 칭의 이해는 "하나님의 의(義)의 본질에 관하여 자신의 논적이었던 펠라기우스주의자들과 부분적으로 일치를 보이고 말았다."[6] 하나님은 선을 보상하시고 죄를 벌하심으로써 이 세상을 심판하신다. 비록 아우구스티누스가 "하나님의 의"(*iustitia Dei*)라는 개념을 그리스도 안에 있는 하나님의 칭의 행위로 보존하려고 했을지라도, 펠라기우스와의 논쟁에서 아우구스티누스의 주요 관심은 오직 "어떻게 죄인이 거룩하게 됨으로써 하나님의 상급을 받을 수 있느냐 하는 것"에 있었다.[7]

---

5 RGG[4], 3권, 710.

6 RGG[4], 3권, 722.

7 RGG[4], 3권, 722.

(4) 루터의 정의 이해

이런 구원 이해에 대항하여 루터는 투쟁을 벌였다. 루터에게 의는 순전히 선물로 주어지는 상태다. 여기서 우리는 앞서 살펴본 히브리적 "의" 개념이 회복되고 있음을 보게 된다. 비록 루터 역시 그가 따른 신학적 전승에 따라 "법정적" 칭의 이해를 지니고 있었지만, 적어도 그에게 "의" 개념은 히브리적 개념이 가지고 있던 "은혜"라는 의미를 되찾은 것이었다.

루터의 공헌은 그가 아우구스티누스처럼 하나님의 의가 죄인을 의롭게 만든다는 것을 밝힌 데 있지 않다. 그것은 중세에도 공통적인 것이었다. 오히려 루터의 결정적인 공헌은 하나님의 칭의 행위가 인간 본질의 영원한 변화를 의미하는 것이 아니라, 순간적인 상태 변화를 의미한다는 것을 밝힌 데 있다. 하나님은 죄인을 의롭다고 선언하신다. 즉 하나님이 죄인을 의롭게 만드는 것이 아니다. 오히려 인간은 "의인인 동시에 죄인"(*simul iustus et peccator*)이다. 후기의 개혁 신학은 이런 관점을 수용했다. 하나님의 성화 활동에 관한 논쟁들은 항상 있어왔지만, 칭의가 순간적인 상태 변화를 의미한다는 사실은 한 번도 부인된 적이 없었다. 하나님의 의는 하나님이 그리스도의 자기희생을 통하여 죄인을 합법적으로 의롭다고 선언하신다는 복음적인 진리를 나타내준다.

(5) 칼뱅의 정의 이해

루터파 신학의 전통과는 대조적으로 개혁 신학은 고유한 강조점을 가지고 있다. 개혁 신학 전통은 칭의와 실제적인 삶으로 살아내는 의의 필연성 사이의 연결을 포기하지 않으려 했기에 성화를 칭의의 연속적인 부분으로 이해했다. 그 결과 개혁교회는 성화와 칭의를 계속해서 분리하는 루터파 교회의 이해에 대항하여 그 둘을 연결하는 대응 논리를 갖추게 되었다. 그러나 이는 단순히 루터파 교회에 대한 대응 논리가 아니라, 개혁 신학의 구원론적인 "의" 이해의 강점이 되었다. 특히 이런 이해는 칼뱅의 『기독교 강요』에서 두느러지게 나타나는 특징이다. 칼뱅은 오직 믿음으로 의롭다고 인정받는다는 종교개혁적인 신념을 고수하면서도 칭의의 열매인 "선한 행위" 없이는 그럴 수 없다고 덧붙인다.[8]

그렇다고 해서 이런 주장은 선행을 통하여 구원을 받는다는 것을 의미하지 않는다. 선한 행위를 통하여 의롭다고 인정을 받는 것은 아니지만, 그렇다고 선한 행위 없이 의롭다고 인정을 받는 것도 아니라는 의미일 뿐이다. "믿음과 선행은 불가분리의 관계로 함께 속해 있지만, 우리의 칭의의 근거는 선행에 있는 것이 아니라 믿음에 있다." "따라서 그리스도는 동시에 성화시키지 않고서는 그 누구도 칭의시키지 않으신다"(*nullum ergo Christus iustificat quem non simul sanctificat*). 이런 개혁 신학 전통의 강점은 "의"를 이해할 때 "공로적인 의" 사상에 빠지지 않으면서도 하나님의 의가 선물로 주어진 인간의 "실천적인 의"와 연결되는 변증법적인 관계 정의에 있다.

사실 칼뱅도 앞서 언급한 "법정적 칭의"(*iustificatio forensis*)를 전제한다. 그리고 칼뱅도 루터와 마찬가지로 법정적 칭의에서 "은혜"의 차원을 회복시켰다. 칼뱅은 1539년 판 『기독교 강요』에서 "칭의에 관한 논의를 시작하자마자 칭의를 독특한 방식으로 매우 법정적"인 것으로 규정했다. 그에 따르면 "인간은 하나님의 심판 앞에서 의롭다고 여겨지며 자신의 의로 인하여 하나님에게 인정받게 되었다." 또한 "죄인으로서가 아니라 의인으로 여겨진 사람이 의롭다고 인정된다. 모든 죄인이 하나님의 심판 앞에서 멸망하지만 이런 상태에 있는 인간은 심판을 이길 수 있게 된다." 이런 설명으로 볼 때 칼뱅 역시 의의 법적인 성격을 인정한다는 사실을

---

8 Calvin, *Inst.*, III, xvi, 1.

알 수 있다.

그러나 칼뱅의 이런 법정적 칭의 이해는 내용 면에서 아리스토텔레스적이거나 키케로적인 이해와는 다른 차원을 보여준다. 칼뱅의 법정적 칭의 이해가 갖는 신학적인 내용을 살펴보면, 우선 칼뱅의 법정적 칭의 이해는 하나님의 의가 갖는 진지함을 분명히 드러내기 위함이다. 칼뱅에게 있어서 하나님의 의는 인간이 누리는 칭의의 출발점이다. 인간의 칭의가 법정적 성격을 지닐 수밖에 없는 것은 칼뱅의 하나님 이해에 기초한다. 칼뱅의 이해에 따르면 하나님은 "가장 완전한 의"이며, 따라서 하나님은 "우리 모두에게서 발견되는 불의를 좋아할 수 없으시다." 또한 칼뱅에게 의는 단지 하나님의 여러 속성 가운데 하나가 아니라, 하나님의 속성 그 자체다. 따라서 그만큼 하나님의 의는 진지하게 여겨져야 하는데 법정적 칭의 개념은 그런 무게감을 잘 대변해준다.

그리고 법정적 칭의가 말해주는 다른 한 가지 신학적인 내용은 칭의의 목적과 관련된 것이다. 인간의 칭의는 그 자체가 목적이 아니라, 오히려 하나님의 의가 목적이다. 하나님은 자신의 의를 바로 세우기 위하여 우리를 의롭게 하신다. 만일 우리가 인간의 칭의 그 자체를 목적으로 삼는다면, 우리는 하나님의 영광을 도적질하게 될 것이다. 따라서 칼뱅은 하나님의 의를 인간 칭의의 목적인(*causa finalis*)이라고 부른다. 우리 인간이 누리는 칭의의 목적은 칭의 그 자체가 아니라, 오히려 하나님의 의가 회복되는 것에 있다.

(6) 브루너의 정의 이해

브루너는 개혁 신학을 대표하는 인물 중 한 사람이다. 비록 "자연신학"의 관점에서 바르트와는 신학적 대립각을 세웠지만, 그의 신학은 개혁 신학을 대변한다고 할 수 있다. 특히 현실 사회의 문제 또는 정치적인 문제에 있어서 브루너는 바르트와는 다른 신학적 접근법을 사용했다. 바르트가 오직 계시와 그리스도 중심의 관점에서 현실 문제에 접근했다면, 브루너는 "논쟁술"이라는 방법론으로 현실 문제에 직접 뛰어들어 논쟁을 벌였다.

"정의"의 문제에서도 마찬가지다. 그에 따르면 "정의"라는 개념이 "'힘의 관념' 중 하나로 자리 잡게 된 것"은 "근대에 이르러서야 비로소" 일어난 일이다.[9] 브루너가 이렇게 "정의" 개념의 본격적인 자리매김을 근대로 설정하는 데는 이유가 있다. 왜냐하면 그 이전에는 "1,600년간 신적 법이 정의의 척도 역할을" 해왔기 때문이다.[10] 브루너는 이에 대한 근거를 기원전 7-6세기의 사회·정치 개혁가였던 솔론(Solon)에게서 찾는다. 솔론은 인간이 만든 법률과 인간이 만들지 않은 법을 구별하면서 "인간이 만든 모든 법률을 초월한 신적 법"이 있다고 주장했다.[11] 여기서 신적 법(*ius divinum*)이란 "자연법"(*ius naturale*)의 다른 이름에 지나지 않는다. 브루너는 이것이 아리스토텔레스에게 수용되어 수백 년 동안 서양사에서 통용되었다고 분석한다. 그리고 이런 자연법의 개념은 서양 역사상 가장 중요한 법전인 로마 시민법전에 채용되었다고 본다.[12]

이렇게 해서 1,600년간 신적 법이 정의의 척도 역할을 해오다가 17세기 이후부터는 이성이 신적 법을 대신하게 되었는데, 이때 이성 역시도 신적 요소를 지닌 것이었다. 이는 "계몽주의 시대에 '이성'이라고 하면 언제나 '신적 이성'을 의미했기" 때문이다. 계몽주의의 대표적인 철학자 칸트(Immanuel Kant)에게 있어서 "이성"은 언제나 "인간 위에 있는 것"

---

9 Brunner, 『정의와 자유』, 25.
10 Brunner, 『정의와 자유』, 31.
11 Brunner, 『정의와 자유』, 28.
12 Brunner, 『정의와 자유』, 29.

이었고, "정의는 신적 이성에 의한 것"이었다.[13] 하지만 18세기와 19세기에 들어서면서 이성 이해에서 신적 성격이 완전히 사라지고 말았다는 것이 브루너의 비판이다.

> 정의는 신적인 요소를 아주 상실하게 되었습니다. 정의는 이제 인간적인 것에 불과하게 되었습니다.…정의가 인간적인 것이 되자 정의는 그저 자연적인 것이 될 수밖에 없었습니다.[14]

브루너는 이런 정의 이해의 대표적인 예를 19세기의 실증주의적 법률철학에서 찾는다. 그리고 그가 보기에 이런 운동의 결과물은 다름 아닌 "전체주의 국가"였다. 왜냐하면 전체주의 국가에서 "정의는 국가의 법률과 동등한 위치를 차지"하고, "국가가 선언하는 정의 외에는 정의가 없다"는 주장이 제기되며, "그 위에 더 높은…신적인 정의의 척도" 역시 있을 수 없기 때문이다.[15] 브루너에 따르면 이런 사고의 극단적인 결과가 바로 히틀러(Adolf Hitler)가 이끈 나치 독일이었다. 히틀러 정부에서 "국가의 주장이 곧 정의"가 될 수밖에 없었던 것은 신적인 정의가 빠진 인간적인 정의의 필연적인 귀결점이다.

정의에 대한 철학적 이해 속에 담겨 있는 "신적 요소"에도 불구하고 철학은 인류 역사에 "인간의 평등"이라는 정의를 구현해내지 못했다. "평등"은 정의의 필연적인 요소이기 때문에 이런 역사적 사실은 의미심장하다. 이성을 정의의 기준으로 삼았던 아리스토텔레스조차 아테네시에서는 "아테네 시민, 야만인, 그리고 노예"로 구분되는, 인도의 카스트제

13 Brunner, 『정의와 자유』, 30.
14 Brunner, 『정의와 자유』, 31.
15 Brunner, 『정의와 자유』, 32.

도 같은 불평등 체제를 당연한 것으로 여겼다. 인류 평등에 관한 철학적 원천이라 할 수 있는 스토아 철학도 아무런 변화를 가져오지 못하기는 마찬가지였다.

브루너에 따르면 인류 평등 관념의 진정한 원천은 다름 아닌 기독교적인 인간 이해다. 왜냐하면 "모든 인간은 다 하나님의 형상대로 지음을 받았기 때문"이다.[16] 따라서 브루너는 다음과 같이 결론짓는다.

> 정의가 신적 창조의 질서라면, 정의는 이 "신적 창조"의 질서에 대한 신앙이 없어질 때 그 의의를 상실하기 시작한다.[17]

2. 칼 바르트의 하나님의 의와 인간의 정의

바르트는 개혁 신학적인 "의" 이해를 현대적으로 수용하여 확장한 신학자다. 바르트는 거룩성을 개인적인 영역으로 제한하는 경건주의나, 의(義)를 유럽 문명의 발전과 동일시하는 자유주의에 반대하면서 자신만의 고유한 하나님의 의(義) 이해를 전개해갔다.

(1) 하나님의 의와 하나님의 법

칼뱅과 마찬가지로 바르트에게도 인간의 칭의에서 무엇보다 중요한 것은 하나님의 의(Die Gerechtigkeit Gottes)였다. 이런 확신은 이미 바르트가 "인간의 칭의"에 관하여 진술한 『교회교의학』 61번째 명제에서 명확히

---

16 Brunner, 『정의와 자유』, 34.
17 Brunner, 『정의와 자유』, 35.

드러난다.

> 인간의 불의에도 불구하고 예수 그리스도의 죽음에서 바로 세워지고 또 그의 부활에서 선포된 하나님의 법(Recht Gottes) 그 자체가 새로운 의, 즉 하나님에게 일치하는 인간의 정의의 근거다.[18]

특이한 점은 여기서 바르트가 하나님의 의(Gottes Gerechtigkeit)와 하나님의 법(Gottes Recht)을 동일시하지 않고 구별한다는 점이다.[19] "하나님의 의"에 관하여 잘 알고 있는 신학자라면 "하나님의 법"과 "하나님의 의"를 구분하는 것은 익숙하지 않을 것이다. 하지만 바르트가 이렇게 두 개념을 구별하는 것은 자신의 칭의론에서뿐만 아니라 『교회교의학』 전반에 걸쳐서 찾아볼 수 있는 현상이다. 비록 다른 방식으로 강조되고 있기는 하나 바르트의 『괴팅엔(Göttingen) 교의학』(1924/25)에서도 이미 이 두 개념은 구별되었다.[20]

그러나 바르트가 이 두 개념을 왜 구분했는지 알아내기란 쉽지 않다. 우리는 그 이유를 그의 칭의론이 자리한 컨텍스트 속에서 파악해야 한다. 여기서 배경이 되는 컨텍스트란 하나님이 예수 그리스도의 삶과 죽음에서, 의무가 아닌 자유로운 은혜로 자신의 의(Gerechtigkeit)를 인간 세계에 주셨다는 내용이다. 그런데 문제는 그리스도의 삶과 죽음이 역사적 사건이라는 사실에 있다. 역사적 사건들 속에는 수많은 우연적 사건이 포함되어 있다. 따라서 오늘날과 같은 불확실성의 시대에는 이 역사적인 사건 속에서 하나님이 정말로 모든 시대의 인류를 위해 자기 자신

---

18 J. Calvin, OS IV, 182, 25(*Inst.*, III, xi, 2).

19 Calvin, *Inst.*, III, xi, 2.

20 Calvin, *Inst.*, III, xvi, 3.

을 확정해주셨는지에 대해 의문을 품을 수밖에 없다. 그러나 그와 반대로 바르트 자신에게는 예수 그리스도 안에서 만나는 하나님의 정체성이 그대로 성경에 근거한 하나님 이해의 바탕이 된다. 다시 말해 예수 그리스도 안에서 자신의 의를 실현하신 그 하나님은 정말로 자신의 신성에 충만한 하나님이신 것이다.

바르트가 앞의 두 가지 개념을 구분하면서 말하고자 했던 핵심 내용도 바로 여기에 있다. 즉 바르트가 이해한 하나님은 그 자신의 표현대로 우연한 하나님이거나 임의적인 하나님, 또는 무질서의 하나님이 아니라 바로 의로운 하나님이라는 것이다. 하나님의 행동이라는 "추"는 그저 우연히 또는 임의적으로 은혜로운 의 쪽으로 움직이지 않는다. 그렇게 되면 이 의(義)의 역사적인 실현은 하나의 "도박"이 되고 말 것이다.[21] 하나님 안에 "무질서와 방종"이 있다고 보고 그런 것들조차 하나님의 의를 계시해주리라고 여기는 것은 구약성경과 신약성경이 증언하는 하나님의 모습과 거리가 멀다.[22] 간단히 말해서 하나님의 의는 하나님의 "기분이나 임의가 아니라, 오히려 법"이다.[23]

여기서 법(Das Recht)이라는 개념은 인간 세계에서와 마찬가지로 우선 전적으로 형식적인 것, 즉 행동과 태도에 관한 법적인 질서를 의미한다. 그러나 하나님께 그 개념을 적용할 때는 다음과 같은 의미까지 생각해야 한다. 하나님은 혼돈이나 무질서의 하나님이 아니시다. 만일 하나님이 법을 발휘하신다면 하나님은 "스스로 법이며, 공리이며, 질서"이시다. 하나님은 언제나 자기 자신과의 일치 가운데 행동하신다. 따라서 "이런 자기 자신과의 일치가 하나님의 의다"라는 명제는 유효하게 된다.

---

21 참고. Barth, KD, IV/1, 140; IV/3, 553.

22 Barth, KD, IV/1, 138.

23 Barth, KD, IV/1, 573.

결국 바르트에게 "하나님의 법"은 거의 하나님의 하나님 됨 또는 하나님의 신성과 동일한 의미를 갖게 된다. 하나님은 자신의 법을 베푸심으로써 모든 관점에서 "스스로 의로운" 분이시라는 사실을 밝혀주신다.[24]

이처럼 바르트에게서도 죄인인 인간의 칭의 그 자체는 출발점이나 목적이 아니다. 불경건한 인간이 누리는 칭의의 출발점과 목적은 오직 하나님의 법이다. 인간의 칭의는 하나님의 법으로부터 나와서 다시 하나님의 법에 이른다. 인간의 칭의 그 자체는 인간의 편에서 하나님의 의를 세우는 것의 표현 외에 달리 그 무엇이 아니다. 그 결과 바르트는 심지어 하나님이 우선적으로 "자기 자신을 의롭게 한다"고까지 표현한다.[25] 하나님이 먼저 자신을 칭의한다는 말이다. 또한 다른 곳에서 바르트는 "하나님이 이런 행동에서 무엇보다 먼저 자기 자신을 긍정한다"고 표현한다.[26] 바르트의 표현에 따르면 칭의는 하나님 자신의 의를 세우는 것의 "척추"에 해당한다. 우리 인간의 칭의의 출발점이자 목표인 하나님의 의를 더 분명히 드러내기 위해 바르트는 신 중심적인 서술 방법을 사용한다.[27]

> 이런 더 높은 법은 하나님의 법이다. 그리고 그런 하나님의 법의 실행 즉, 말하자면 인간의 불의를 제거하고, 자신의 법을 세우는 일에 있어서 하나님의 법을 실행하는 것이 바로 하나님의 심판이다. 바로 이런 심판의 사건에서 인간의 칭의가 이루어진다.[28]

---

24 비교. Karl Barth, *Unterricht in der christlichen Religion*(Karl Barth Gesamtausgabe II/20; Theologischer Verlag Z넍rich, 1990), 40.

25 Barth, KD, IV/1, 213.

26 Barth, KD, IV/1, 600.

27 Barth, KD, IV/1, 590.

28 Barth, KD, IV/1, 591.

따라서 무엇보다 먼저 하나님의 법이 바로 세워져야 한다. 그런 다음에야 앞서 말한 하나님이 자기를 의롭게 하는 사건에 인간이 "참여"하게 되는 방식으로 죄인인 인간의 칭의는 일어난다. 따라서 바르트는 다음과 같이 말한다.

> 하나님은 이런 자신의 활동 속에서 무엇보다 먼저 자기 자신을 긍정한다. 하나님은 아버지, 아들, 성령으로서의 일체 속에서 자신의 신적인 삶을 산다.[29]

이런 근거 없이는 그 어떤 결과도 없다. **하나님의 법은 바로 우리 인간의 칭의의 근거다.** 이는 우리의 칭의가 우리의 업적이나 공적으로부터 출발하는 것이 아니라, 오직 하나님의 법으로부터 나오는 것임을 함축하는 표현이다. 바로 이것이 칼뱅에게서와 마찬가지로 바르트에게 있어서도 칭의가 법정적으로 이해될 수밖에 없는 가장 결정적인 이유다.

그러면 바르트가 하나님의 의의 내용을 어떻게 규정하는지를 좀 더 살펴보자. **바르트는 하나님의 의를 "하나님의 자기 자신과의 일치"로 정의한다.**[30] 이는 다름 아닌 하나님의 신실하심을 의미하는데, 하나님의 신실하심은 칭의에서 중단 없이 작용한다. 바르트가 이렇게 하나님의 의를 정의하는 것은 하나님의 의가 "하나님의 심판 사건" 밖에는 그 어디에서도 인식될 수 없다는 확신으로부터 온 것이다.[31] 바르트에게 "자연법 또는 도덕법"은 단지 하나의 가설에 불과하기에 하나님의 법과 동일시될 수 없다. 따라서 바르트는 하나님의 법을 자연법 또는 도덕법으로 대체하려는 모든 시도를 배격한다. 이는 **인간의 칭의 밖에서 하나님의 법을 찾**

---

29 Barth, KD, IV/1, 592.

30 Barth, KD, IV/1, 626.

31 Barth, KD, IV/1, 593.

으려고 시도하는 모든 길이 차단되었다는 것을 의미한다.

그러나 이런 확신은 또한 다음과 같은 양면성을 지닌다. 즉 칭의 사건에서 "실행되고 구현되는" 것은 우선적으로 인간의 의가 아니라 하나님의 의(義)다.[32] 칭의 사건에서 하나님은 가장 먼저 하나님 자신의 의를 세우시며 하나님 자신을 의롭게 하신다. 다시 말해서 칭의 사건에서 하나님은 무엇보다 먼저 하나님 자신을 칭의하신다. 따라서 하나님의 의와 칭의는 상호 분리될 수 없으며, 심지어는 상호 교환적으로 사용될 수 있을 정도로 밀접하게 연결되어 있다. 이런 상호 교환적이며 분리될 수 없는 하나님의 의와 칭의의 연결을 분명히 보여주기 위해서 바르트는 심지어 하나님의 인격성이 약화하는 위험까지도 감수하면서 하나님의 존재를 하나님의 의와 동일시한다. **하나님의 의와 하나님 자신을 첨예하게 구분하는 이원론은 처음부터 거부**된다. 왜냐하면 하나님은 바로 이런 자기 자신과의 일치 속에서 우리의 칭의를 위해, 그리고 우리의 칭의 안에서 활동하시기 때문이다.[33]

하나님의 법과 하나님의 존재를 이렇게 동일시한 결과 바르트는 두 가지 확신을 얻게 된다.

> **칭의에 대한 모든 의심은 그 자체로 하나님 자신에 대한 의심이다. 그리고 그 칭의 안에서 실현된 가능성 외에 다른 가능성을 계산하는 것은 모두가 그 자체로 하나님의 존재를 부정하는 것이다.** 칭의의 실현을 부정하는 것 그 자체가 하나님을 부정하는 것에 연결된다. 그리고 다시 말해서 하나님을 인식한다는 것은 곧 이 일에서 하나님의 법을 인식하는 것이다. 그리고 역으로 이 일

32 참고. Barth, KD, IV/1, 598, 600.
33 Barth, KD, IV/1, 590.

에서 하나님의 의를 인식하는 것은 곧 하나님을 인식하는 것이다.[34]

그리고 하나님의 의와 인간의 칭의 사이의 불가분리 관계 속에 **하나님의 법이…자연법과 도덕법의 공리들로부터 구분**되며 또한 **그런 것들을 능가한다**는 사실의 근거가 된다. "죄인인 인간의 칭의 속에서, 즉 은혜로운 하나님으로서 계획하고 행동하는 바로 그 하나님은 법을 가지며 또한 법 안에 있다."[35] 이런 하나님의 법 안에서 하나님의 신실함이 표현된다. 바르트에 따르면 "사람들이 스스로 공리라고 여기는 가설들, 즉 인간에게 인식 가능한 자연법과 도덕법으로부터 하나님의 법을 규정하려고" 하기에 언제나 칭의론 이해에 어려움을 겪는다. 바르트는 그런 시도들을 철저히 부질없는 것으로 여긴다. 하나님의 법은 자신에게 낯선 그 어떤 법 아래 설 수 없고 또 서서도 안 된다. 하나님의 법은 그러한 법에 따라 측정되어서는 안 된다. 오히려 역으로 이런 모든 가설은 하나님의 법에 의해 판단되어야 한다.

정리하자면 하나님의 법은 하나님이 "하나님 자신과 일치"하는 것으로 정의된다. 이는 두 가지 의미를 함축한다. 첫째, 하나님이 자신의 칭의 행동에서 무엇보다도 자기 자신을 긍정하신다는 것이다. 둘째, 하나님의 자유와 하나님의 법의 관계 속에서도 하나님은 언제나 신실하신 하나님이라는 것이다. 즉 하나님은 인간에게 의를 주실 때 자신의 자유 속에서 그렇게 하신다. 그러나 그런 자유 속에서도 하나님은 여전히 자신의 법을 유지할 뿐만 아니라 성취하시며, 결국 하나님은 인간들에게 부단히 진실한 분으로 남으신다는 내용을 함축한다. 칭의 사건 속에서

---

34 Barth, KD, IV/1, 593.

35 Barth, KD, IV/1, 591.

"하나님은 은혜로운 하나님으로서 의로우며, 의로우신 하나님으로서 은혜로운 하나님으로 증명된다."[36] 여기서도 하나님의 의의 개념이 앞서 말한 히브리적인 "은혜" 개념을 내포한다는 사실을 확인할 수 있다.

(2) 인간의 정의

지금까지 우리는 하나님의 정의에 대한 바르트의 이해를 살펴보았다. 바르트에 따르면 "하나님의 자기 자신과의 일치"가 하나님의 법이며, 이 하나님의 법이 곧 인간의 정의의 근거가 된다. 그렇다면 인간의 정의는 하나님의 정의와 어떤 관계에 있는가? 하나님의 정의는 인간의 정의 속에서 어떤 효력을 발휘하는가? 그리고 우리 인간은 하나님의 정의를 어떻게 인식할 수 있는가?

하나님의 정의에 대한 인식에 있어서 바르트는 특이하게도 이성의 방법보다는 양심의 방법을 사용할 것을 제안한다. 그는 "하나님이 정의롭다"는 것을 "양심의 소리"라고 규정한다. 이는 그만큼 "하나님이 정의롭다"는 명제가 진리성을 담지하고 있음을 명확하게 보여준다. 하나님의 정의로움을 양심의 소리로 규정하는 한편, 바르트는 이런 사실에 대해 비판적 이성으로 접근하는 것을 경계한다. 하나님이 정의롭다는 사실을 완전히 파악하기에는 이성에 한계가 있기 때문이다. 바르트의 이성 비판에 의하면 "이성은 임시적인 것을 보지만 최종적인 것을 보지" 못하며, "파생된 것을 보지만 근원적인 것을 보지" 못한다. 그리고 무엇보다도 "인간적인 것을 보지만 신적인 것을 보지" 못한다.

나아가 하나님이 정의롭다는 사실은 사람에게 배워서 알 수 있는 것도 아니다. 왜냐하면 이 사실을 어떤 사람이 설명할 수 있을지는 몰라도,

---

36 Barth, KD, IV/1, 590.

그 사실 뒤에 있는 본질적인 내용을 직접 밝혀줄 수는 없기 때문이다. 따라서 "하나님은 의롭다"는 사실을 밝히기 위해 바르트는 이성의 방법론보다는 양심의 방법론을 적용한다. 바르트에 의하면 오직 "양심의 소리"를 통해서만 "하나님이 의롭다는 사실"이 바르게 파악될 수 있다. 그러므로 "하나님이 의롭다"는 사실을 올바로 알기 위해서는 "양심이 말하게 해야 한다."[37]

하나님의 의를 확신하는 데 있어 바르트가 양심의 기능과 역할을 이토록 강조하는 이유는 양심의 신실성과 심판적 기능에 있다. 양심은 비록 많은 오해를 일으킬 수 있지만, "양심은 언제나 하나님의 의가 우리에게 분명하게 되는 하늘과 땅 사이의 유일한 장소"로 남아 있다.[38] 그리고 "양심의 소리는 억누르는 고발로서 우리에게 온다."[39] 바르트는 다음과 같이 말한다.

> 양심은 그의 통로로서 확고하면서 조용한 주장을 하면서 우리에게 온다. 양심은 우리의 의지를 위한 단호한 과제로서 온다. 양심은 우리를 가차 없이 부정하는 억제로서 우리에게 온다. 양심은 우리를 파멸하는 저주나 형벌로서 온다[40]

우리 인간의 의지는 때로는 상승하고 때로는 하락하며, 때로는 강하고 참되고 순수함에도 불구하고—루터의 노예의지(*De servo arbitrio*) 사상을 염두에 두라—양심은 이렇듯 신실하면서도 비판적 기능을 수행하는

---

37 Barth, KD, IV/1, 591.
38 Barth, KD, IV/1, 591.
39 Barth, KD, IV/1, 592.
40 Barth, KD, IV/1, 594.

가운데 "스스로 신실하게 남아 있는 의지"를 말해주는데, 바르트에 의하면 이것이 곧 "하나님의 의"다. 여기서 바르트는 양심에 대한 평가에 있어서 칼뱅주의적 타락론보다는 "양심의 자유"를 강조한 루터의 견해를 더 따르고 있는 듯한 인상을 준다.

또한 바르트는 프랭클(Victor Frankl)의 "의미를 향한 의지"보다는 쇼펜하우어식의 비관주의적 세계관을 표방하고 있는 듯하다.[41] 쇼펜하우어(Arthur Schopenhauer)는 세계의 의지를 인간으로 보고, 인간의 의지가 자신의 목표를 잃어버리고 무의미하게 되었기에 세계도 잘못되고 무의미하다고 여겼다. 이런 맥락에서 볼 때 문제는 우리가 양심의 소리를 끝까지 들으려 하지 않는다는 데 있다.[42] 인간은 양심의 소리가 끝까지 말하기도 전에 성급하게 하나님의 의를 인간의 정의로 대체해버린다는 데 문제의 심각성이 있다.

> 우리도 (양심의) 경보를 듣고 무엇이 문제인지를 발견해내기 전에, 어떤 일이 실제로 일어나야 한다면, 무엇이 먼저 일어나야 하는가를 파악하기 전에 졸면서 뛰어나가야 한다.[43]

1) 교만으로서의 인간의 정의

바르트에 의하면 인간의 "가장 근본적인 과오"는 우리가 "하나님의 의"를 증명하지만, 그 하나님의 의가 "세상과 우리의 삶에 들어오는 것을 허용하지 않는다"는 데 있다. 인간은 양심의 소리를 듣고 하나님의 의에 대

---

41 K. Barth, *Das Wort Gottes und die Theologie*, 바르트학회 옮김, 『말씀과 신학』(대한기독교서회, 1995), 233.

42 Barth, 『말씀과 신학』, 234.

43 Barth, 『말씀과 신학』, 234.

한 내용물을 섣불리 만들어버린다. 하나님의 의를 인간의 정의로 그럴듯하게 성급히 대체한다. 바르트에 의하면 이런 인간의 정의는 인간이 세운 "바벨탑"이며 허위다. 따라서 바르트는 이런 인간의 정의를 "교만"과 "절망"으로 규정한다. 그렇게 대용품으로 제시된 인간의 정의가 교만인 까닭은, 바로 그렇게 함으로써 하나님의 의가 "점점 다양한 인간의 높은 이념으로, 가장 높은 이념으로 변질"해버리기 때문이다. 이제 하나님의 의는 전적으로 인간의 일이 되고 만다. "너희는 하나님처럼 될 것이다", "너희는 하나님처럼 행동할 수 있을 것이다", "너희들은 하나님의 의를 쉽게 처리할 수 있을 것이다" 라고 생각하는 것은 분명히 **교만**이다.

그 결과 바르트는 섣부른 행동주의를 경계한다. 내면 깊은 곳에서 우리 인간의 양심을 고발하는 소리를 들으면 우리 인간은 섣불리 대응책부터 세운다. 서둘러 정치적이며 행정적인 대책, 또는 사회복지와 문화 차원의 대책부터 마련해나간다. 그럼으로써 양심의 평안을 얻으려 한다. 이제 양심의 불안은 잠잠해지게 된다. 인간 스스로가 무엇인가를 "반성했고, 비판했고, 대결했고, 조심했다"는 안도감에 대리 만족을 누리게 되는 것이다. 그러나 이런 대용품들은 모두 인간의 **교만**에 불과하다고 바르트는 경고한다.

2) 절망으로서의 인간의 정의

그런가 하면 다른 한편으로 바르트는 그런 대용품으로서의 위장 행위들은 **절망**이라고 규정한다. 바르트에 따르면 하나님 앞에서 행하는 인간의 거짓 행위들 속에는 "교만과 절망이라는 대조적인 태도가 언제나 동반"한다.[44] 하나님의 의에 대한 인간의 섣부른 대용품적 정의가 절망인 이

---

44 Barth, 『말씀과 신학』, 234.

유는 하나님의 의에 대한 **두려움 때문**이다. 인간의 양심은 하나님의 의를 희망한다. 그러나 정작 우리는 하나님의 의가 "우리의 삶의 세계로 전업"하는 것을 두려워한다. 하나님의 의가 인간의 불의의 결과만이 아니라, 불의 그 자체를 끝장내기 위하여 우리의 삶을 근본적으로 전복시킬까 봐 두려운 것이다.

이때 인간은 자신의 연약함을 핑계 삼는다. 인간에게 그렇게 많은 것을 기대해서는 안 된다며 방어적인 자세를 취한다. 일종의 도피다. 그러나 인간은 "하나님의 의를 떠나서는" 그 어떠한 반성도 개혁도 목표도 무의미하다는 것을 알고 있다. 인간은 "하나님의 의를 떠나서는 재치 있는 신문 사설이, 대표자들이 많이 참여한 회의들이 무의미하다는 것"을 알고 있다.[45] 그럼에도 인간은 "전적인 새 세계"가 침투해 들어오는 것을 두려워한다. 따라서 인간은 절망한다. 바로 이런 교만과 절망으로 인해 인간은 하나님의 의를 대신할 대용품인 육신적 정의를 세운다. 이것도 바벨탑이다. 왜냐하면 우리가 우리의 손으로 정의를 세워놓고 하나님의 의라고 이름 붙이기 때문이다.

(3) 인간적 정의의 세 가지 형태: 도덕적, 국가적, 종교적 정의

바르트는 그러한 인간이 세운 바벨탑과 같은 정의를 세 가지로 정리한다. 도덕적 정의, 국가적·법적 정의, 종교적 정의가 그것이다. 바르트에 따르면 이 중 어느 것 하나도 **하나님의 의 자체를 대신할 수 없다**. 세계 의지는 근본적으로 불의하며, 이기적이며, 자의적인 것으로서, 바르트는 우선 세계 의지를 근본적으로 악한 것으로 규정한다.

도덕적 정의와 관련하여 이 세상에 가득한 도덕은 우리 자신을 고양

---

45 Barth, 『말씀과 신학』, 234.

하기는 한다. 그러나 불의하고 이기적이며 자의적인 세계 의지가 도덕으로 인해 극복되기는커녕 탄력을 받고, 그 결과 도덕은 우리 인간을 건져내지 못한다. 따라서 인간의 도덕은 하나님의 의를 대신할 수 없다. 도덕은 우리가 불의한 세계 의지에 철저히 매여 있다는 사실을 깨닫게 해주지 못한다. 도덕은 인간을 "현실적인 필요에 대하여 맹목적이게 하고 완고하게 만들기" 때문이다. 오히려 삶의 가장 잔인한 것들, 예를 들어 자본주의적 삶의 질서들과 전쟁이 순수한 도덕의 원칙을 위해서 정당화될 수도 있다. 심지어 악마도 도덕이 필요하다는 말이 성립하는 것이다.

다음으로 바르트에 따르면 국가와 법이라는 정의 역시 인간이 공들여 세운 바벨탑에 불과하며 하나님의 의를 대신할 수 없다. 바르트에 의하면 국가와 법이란 "우리의 불의한 의지가 초래한 불쾌한 결과로부터 우리를 보호하는 가장 필요하고 유용한 대용물"이다. 국가와 법은 우리의 "양심을 말하기 위해 가장 알맞은 것"이다.[46] 물론 국가와 법은 많은 일을 해낼 수 있다. 국가는 "규정과 위협으로서" 인간의 불의한 의지를 제어한다.[47] "국가는 이 의지를 순화하고 교화시키기 위하여 제도와 학교를 세울 수 있다."[48] 그럼에도 국가는 불의하고 이기적이며 자의적인 "세계 의지의 내적인 성격을" 제어하지 못한다. 오히려 "국가의 정의가 세계 의지에 의해 지배된다."[49] 그 대표적인 예로 바르트는 "전쟁"을 든다. 따라서 바르트는 국가가 세운 정의에 대해 비판적인 태도를 보인다. 그에 따르면 "국가는 들짐승에서 한 인간을 만들어낼 수 없다. 국가는 오히려 일천 가지의 기교들로서 인간을 야수가 되게 할 뿐

---

46 G. Phölmann, *Abriss der Dogmatik*, 이신건 옮김, 『교의학』(신앙과지성사, 2012), 219.
47 Barth, 『말씀과 신학』, 238.
48 Barth, 『말씀과 신학』, 238.
49 Barth, 『말씀과 신학』, 239.

이다."[50]

마지막으로, 바르트는 종교적 정의보다 더 양심의 소리로부터 우리를 안전하게 해주는 도구는 없다고 보았다. 종교적 정의보다 간교하고 기만적인 장치는 없다. 양심에서 감지되는 불의의 촉각에도 불구하고 종교는 "놀랍게도 안전감을" 주기 때문이다. "자본주의, 윤락 제도, 주택문제, 알코올 중독, 군국주의 안에서" 교회는 우리로 하여금 "설교와 윤리, 종교 생활"에 만족하게 한다. 종교가 세운 정의를 통하여 "하나님의 의에 대한 우리의 관계에서" 달라지는 것은 아무것도 없다. "오히려 일어나야 할 결정적인 사건이 아직 그렇게 일어나지 않았고, 아마 결코 일어나지 않으리라는 사실을 가장 간교하게 우리의 행동으로 옮기려"는 것이 종교적 정의다. 종교적 정의는 "현실적인 문제들을 회피하기" 위한 기만적인 수단에 불과하다.[51]

(4) 신정론 문제

하나님의 의에 대한 성급한 대용품으로 제시된 인간적 정의에도 불구하고 여전히 남아 있는 이 세상의 불의로 인하여 발생하는 고난에 직면하여, 이제 인간은 전혀 불합리한 문제를 제기하게 된다. 이는 곧 신정론(神正論) 문제로서 "만일 하나님이 의롭다면…세계에서 지금 일어나는 모든 일을 허용하셨을까?" 하는 질문이 논의된다.

바르트는 신정론 문제를 무엇보다도 신론과 결부시켜 해결하고자 한다. 우선 신정론 문제가 무의미한 질문이 되는지 아니면 의미 있는 질문이 되는지는 하나님을 어떻게 인식하는가에 달려 있다. 만일 이때 "하

---

50 Barth, 『말씀과 신학』, 240.
51 Barth, 『말씀과 신학』, 241.

나님이 살아 있는 하나님 자신을 의미한다면" 신정론적인 질문은 무의미한 것이다.[52] "왜냐하면 살아 있는 하나님은 우리의 양심을 통하여 **의로운 하나님 이외의 다른 하나님을 한순간이라도…계시하시지 않기 때문이다.**"[53] 즉 신정론 문제는 근본적으로 우리가 하나님을 어떻게 인식하느냐에 달려 있다. 만일 우리가 있는 그대로의 하나님을 보고, 있는 그대로의 하나님을 인식하고 받아들인다면 하나님은 의로우신가 하는 질문은 무의미해진다.

그러나 만일 우리가 우리의 교만과 절망으로부터 인간적인 정의라는 바벨탑을 쌓아 올린 후 "하나님은 의로우신가?" 하는 질문을 던진다면, 이때의 질문은 인간의 편에서 너무도 정당한 것으로 여겨질 것이다. 하지만 이 경우 신정론 질문은 근본적으로 잘못된 전제에 뿌리를 두고 있다. 하나님의 의가 아니라 인간적 정의로부터 출발하기 때문이다. 그러나 앞서 밝힌 대로 인간적 정의는 참된 정의를 세울 능력이 없다. 게다가 이때 신정론 질문의 대상인 신 역시 살아 계신 참된 하나님이 아니다. 이때의 신은 국가와 문화의 배경이 되는 수호신이며, 도덕적인 또는 철학적인 신이고, 인간이 자신의 이상을 투사한 신비한 신일 뿐이다. 만일 신정론 질문에서 질문의 대상이 되는 신이 바로 이런 신을 의미한다면, 하나님은 의로우신가를 묻는 것은 의미가 있다. 왜냐하면 이때 제시될 수 있는 대답은 "출구와 구원이 있는 우리의 비참"뿐이기 때문이다.

결국 바르트가 보기에 신정론이라는 희망 없는 질문이 제기될 수밖에 없는 이유는 우리가 수천 개의 기교로 "우리의 형상을 따라 하나님을

---

52 Barth, 『말씀과 신학』, 241.
53 Barth, 『말씀과 신학』, 241.

만들었기" 때문이다. 여기서 포이어바흐(Ludwig A. Feuerbach)의 무신론적 질문이 정당성을 얻게 되고, 그 결과 우리는 끊임없이 신정론의 질문을 제기할 수밖에 없게 된 것이다. 그런 희망 없는 질문에 대한 대답 역시 절망적인 것은 당연한 귀결이다. 그 대답은 우리의 비참일 뿐이다.[54]

결국 신정론 질문에서 깨닫게 되는 사실은 우리가 "하나님 없이 정의를 추구하며, 하나님 없이 하나님과 맞서서 어떤 신을 추구하고 있으며, 그래서 우리의 추구는 절망적이라는 것이다."[55] 이때의 신은 분명 하나님이 아니다. 그 신은 전혀 의롭지 않다. 실제로 이 신은 불의한 신이다. 바르트는 이런 신에 대하여 우리 자신을 "철저한 회피주의자, 조롱하는 자와 무신론자로 선언할" 것을 요청한다.[56]

> 지금은 우리가 바벨탑을 건설하며 드린 그 신은 신이 아니라고 고백해야 할 때다. 그는 우상이다. 그는 죽었다.[57]

이제 바르트는 하나님의 의가 바로 세워지기 위한 "전적으로 다른 길"을 제시한다. 그것은 다름 아닌 "하나님을 하나님으로 인정하는 것"이다. 여기에 바르트의 초기 신학의 특징이라고 할 수 있는―"하나님은 하늘에 계시고 너(인간)는 땅에 있다", "시간과 영원의 무한한 질적 차이" 같은 개념으로 드러나는―변증법적 신학의 진정성이 힘을 얻게 된다. 19세기 자유주의 신학이 하나님과 인간, 하나님 나라와 세상, 교회와 사회, 신학과 철학을 혼용하는 혼합주의에 기대어 세운 인간적 정의의 허

---

54 Barth, 『말씀과 신학』, 241.
55 Barth, 『말씀과 신학』, 241.
56 Barth, 『말씀과 신학』, 242.
57 Barth, 『말씀과 신학』, 243.

구가 바르트에 의해 폭로된다.

바르트는 **하나님을 하나님으로 인정하는 것이 하나님의 의를 확보하기 위한 최우선적인 길**이라고 주장한다. 물론 여기서 인정한다는 것 역시 단순히 언어적 긍정만을 의미하지 않는다. "인정한다는 것은 치열한 내적인 개인적 투쟁에서만 얻어진다." 왜냐하면 하나님을 인정하기 위해서는 "우리를 하나님께 내맡기고 그의 뜻을 행하기 위하여 우리 자신을 버리는 것"이 선행되어야 하기 때문이다.[58]

바르트에게 있어서 하나님의 뜻과 인간의 뜻은 우선 일차적으로는 동일시되지 않으며 상호배타적인 것으로 이해된다. "하나님의 뜻은 우리의 뜻과 전적으로 다르다." "그의 의지는 우리 의지의 더 좋은 연장이 아니다." 하나님을 인정한다는 것은 한마디로 하나님과 함께 새롭게 시작한다는 말이며, "근본적인 재창조"이고, 우리 스스로 하는 "개혁이 아니라,…새롭게 되는 것"이다.[59] 하나님의 뜻은 그 자체가 "근본적으로부터 거룩하고 축복스러운 뜻이다." 바르트는 이런 하나님의 뜻이 바로 하나님의 의라고 말한다.

이런 하나님의 의에 대해 우리 인간이 취해야 할 태도는 우선 "**겸손**"이다. 단지 "겸손"을 당연한 것으로 전제해놓고 실제로는 다양한 탑을 제 힘으로 건설하는 태도가 아니라, 실제로 충분한 겸손을 의미한다. 바르트에 따르면 하나님을 하나님으로 인정하여 양심이 말하는 하나님의 의의 소리를 겸손하게 끝까지 듣고 순종하게 될 때 우리 인간에게는 "절망 대신 어린아이 같은 기쁨이 있다." 그 기쁨은 "하나님은 우리가 생각했던 것보다 훨씬 위대하시다는 기쁨", "우리의 원리, 관념, 기독교를 통해서

---

58 Barth, 『말씀과 신학』, 243.

59 Barth, 『말씀과 신학』, 243.

꿈꾸는 것보다 훨씬 더 많은 것을 기대할 수 있다는 기쁨"이다. 바르트는 이런 겸손과 기쁨이 바로 믿음이라고 말한다. "믿음은 소리치지 않고 고요하게…정의로운 하나님이 말씀하시게 한다."[60] "그러면 하나님이 우리 일에서 역사한다." 그렇게 할 때 우리 일에는 비록 씨앗의 형태이기는 하지만 "철저히 새로운 것, 불의를 극복한 근본적으로 새로운 것"이 시작된다.

"옛 전생의 세계와 돈의 세계, 죽음의 세계 한복판에서 새로운 세계, 즉 하나님의 의의 세계가 자라는 새로운 영이 시작된다." 이 새로운 시작이 있는 곳에서 우리가 안고 있는 불안과 궁핍은 사라진다.[61] 바르트에 따르면 이때 새로운 "실제적 사랑, 실제적 진지성, 실제적 진보"가 가능성을 얻는다. "이제 처음으로 도덕과 문화, 국가와 조국, 종교와 교회가 가능하게 된다."[62] "정의로운 하나님의 뜻이 하늘에서 이루어지듯이." 바르트는 이처럼 정의의 실현 문제에 있어 주기도문의 순서를 따른다. 하나님의 뜻이 하늘에서 이루어지는 것이 우선이다. 하늘에서 먼저 이루어진 후에 땅에서도 이루어질 수 있다. 하나님의 의가 먼저 하늘에서 드러난 다음에야 비로소 이 땅에서도 하나님의 의가 이루어질 수 있다. 이런 순서는 바르트에게 있어서 역행될 수 없는 순서다.

3. 칼 바르트에게 있어서 하나님의 의와 인간의 정의의 관계

바르트에게 하나님의 의는 관계적인 의라고 할 수 있다. 왜냐하면 바르

---

60 Barth, 『말씀과 신학』, 244.
61 Barth, 『말씀과 신학』, 244.
62 Barth, 『말씀과 신학』, 244.

트의 화해론은 매우 강력하게 기독론 중심적으로 전개되기 때문이다. 바르트가 자신의 화해론을 기독론 중심적으로 전개할 수밖에 없었던 이유는 화해 사건에서 무엇보다 중요한 관건이 다름 아닌 하나님과 인간의 관계이기 때문이다. 그 관계는 인간의 죄로 인하여 훼손되었고 오직 화해시키는 중재자를 통해서만 회복될 수 있다. 그래서 바르트의 화해론에서 중요한 것은 하나님과 인간의 계약, 하나님의 의와 인간의 의의 관계의 문제, 그리고 죽음으로부터 삶으로, 불신으로부터 신앙으로, 죄와 사망의 종에서 하나님의 자녀로 넘어감의 문제다. 하나님과 인간의 계약과 관계는 오직 예수 그리스도를 통해서 회복되고 성립될 수 있다. 왜냐하면 오직 예수 그리스도 안에서만 하나님과 인간의 "일치"가 실현될 수 있기 때문이다. 따라서 화해론을 그리스도 중심적으로 전개한다는 것은 하나님의 의가 관계적인 의라는 말과 다름없다.

바르트처럼 하나님의 의를 관계적인 의로 이해하면 이제 하나님의 의를 하나님의 은혜와 분리해서 생각할 수 없다. 하나님의 의가 인간의 의와 본질적인 차이를 드러내는 지점이 바로 여기다. 하나님의 의 속에는 본질적으로 하나님의 은혜가 전제되어 있고, 하나님의 은혜는 본질적으로 하나님의 의를 지향한다. 그러나 흔히 말하는 인간의 "정의" 속에는 은혜와 자비가 없다. 인간의 "정의" 속에는 심판과 판단만이 있을 뿐이다. 결국 인간의 정의는 하나님의 의가 없이는 참된 정의라고 할 수 없을 것이다.

따라서 우리는 하나님의 의에도 불구하고 하나님의 은혜를 붙잡아야 한다. 하나님의 의의 엄격함에도 불구하고 하나님은 여전히 은혜로운 하나님으로 남아 계시다. 하나님이 "인간의 불의와 그 불의의 행위자로서의 인간에 대항하여" 자신의 의를 "엄격하게 보호하고 관철시키려" 하시는 만큼, 하나님은 반대로 자신의 자유로운 은혜 의지, 즉 자신의 영원하며 자유로운 은총의 선택과 이해할 수 없는 은혜의 사역을 중단하지 않으려 하신다. 오히려 하나님은 그러한 은총의 선택을 부단히 지속하신다.

이처럼 바르트는 하나님의 의의 실행이 이미 하나님의 은혜의 실행을 내포하는 방식으로 하나님의 의를 설명하는 작업을 전개해나간다.[63] 그런 관계로 바르트에 따르면 인간에 대한 하나님의 의는 "자신의 은혜의 법" 외에 다른 것이 아니며, "자신의 의(義) 속에서 그 하나님의 의의 실행과 적용은 그 핵심과 본질에 있어서 하나님의 은혜의 실행 외에 다른 것이" 아니다.[64] 인간에 대한 하나님의 의의 실행이 이미 인간에 대한 은혜의 실행을 내포하는 만큼 하나님의 은혜는 하나님의 의를 희생시키지 않으며 오히려 관철시킨다. 왜냐하면 하나님은 한 번도 인간의 하나님이 되기를 포기하지 않으시고, 또 인간이 자신의 선택받는 대상이 되게 함으로써 자신의 사람들이 되게 하기를 포기하지 않으시기 때문이다.

다음으로 인간이 순수하게 하나님 앞에서(*coram Deo*)의 인간으로 이해되는 인간론으로부터 바르트는 하나님의 심판과 관련된 하나의 근본적인 결론을 이끌어낸다.

> 하나님의 의는 위기가 도사리고 있을 때도 인간과의 연합을 유지한다. 그리고 이런 연합은 모든 형태에 있어서 하나님의 의에 근거하기 때문에, 그리고 하나님의 의의 작품이기 때문에, 그러나 그런 연합은 다름 아닌 바로 인간과 자유롭게 맺어진 연합으로서 은혜로 이해될 수 있기에, 우리는 하나님이 이런 인간과 그의 불의에 대한 심판의 형태 가운데서 여전히 은혜로운 분이라는 인식을 떨쳐버릴 수 없다.[65]

---

63 Barth, 『말씀과 신학』, 245.
64 Barth, 『말씀과 신학』, 245.
65 Barth, 『말씀과 신학』, 246.

우리는 여기서도 하나님의 은혜가 칭의 사건 속에서 하나님의 의와 모순되는 것이 아니라 오히려 일치한다는 결과를 얻게 된다.

한편 이렇게 하나님의 의가 단순히 하나님의 은혜와 일치되기만 한다면, 하나님의 의의 진지성이 과소평가될 위험이 있다. 따라서 바르트는 하나님의 의가 하나님의 은혜와 일치됨을 먼저 강조한 다음에 하나님의 의가 죄의 범행자인 우리 인간에게 가져다주는 위기에 대해서도 언급한다. 즉 불의를 행하는 자로서의 인간이 하나님의 은혜와 더 이상 상관하지 않으려고 하고 그 은혜에 대해 알려고 하지 않음으로써 그 어떤 은혜로운 하나님도 모르고 오로지 분노하시는 하나님만 아는 바로 그곳에는 불가피하게 위기가 찾아온다는 것이다. 하나님의 의의 사건으로서 이 위기는 두 가지 속성으로 이루어진다. 곧 전체성과 필연성이다.[66] 하나님의 의의 사건 속에서 인간의 불의는 견딜 수 없다. 인간의 불의는 단순히 무조건 사라져야 한다. 왜냐하면 인간의 불의에 대한 하나님의 법은 너무도 위엄 있는 것이기 때문이다. 칭의 사건은 그토록 철저하고 전체적이어서 인간의 불의는 더 이상 존재할 수 없다. 말하자면 인간의 불의는 "추상적으로만이 아니라, 실재적으로 인간의 마음 안에" 존재할 수 없다.[67] 단지 불의의 존재뿐만 아니라, 그 불의의 범행자인 인간존재 자체도 하나님의 의가 개입해 들어오면 견딜 수 없게 된다. 우리는 여기서 바르트가 인간의 불의를 수정될 수 있는 어떤 실수가 아니라, 인격적 죄로 인식하고 있음을 알 수 있다. 불의를 행하는 인간은 죽어야만 하고 사라져야만 한다. 그러나 아이러니하게도 바르트에 의하면 불의를 행하는 인간이 죽어야만 하는 그것이 바로 하나님의 의가 갖는 은혜다.

---

66 Barth, 『말씀과 신학』, 249.
67 Barth, 『말씀과 신학』, 247.

바로 여기서 우리는 바르트 신학의 변증법적 인간론을 볼 수 있다. 브루너의 말처럼 정의는 결국 인간을 어떻게 규정하느냐에 따라 다르게 규정된다고 한다면, 바르트의 신학에서 "정의" 개념을 이해하고자 할 때 그의 인간 이해를 살펴보는 것은 매우 중요하다. 먼저 신학적 인간론에 관련하여 바르트는 그 어떤 낙관주의나 비관주의도 거부한다. 바르트는 인간을 단지 하나님 앞에서(*coram Deo*)의 인간으로 해석한다. 바르트는 한편으로 인간을 "자기 자신을 불의와 동일시하여 하나님에 의해 부정되고 제거되고 소멸된" 불의의 행위자로 파악하면서, 동시에 다른 한편으로는 "하나님의 선택받은 자요, 선한 피조물"로 파악하기 때문이다.

> 비록 인간이 자기 자신을 불의와 동일시한다고 하더라도 하나님의 작품이요 소유인 인간으로서의 자기 자신을 포기하는 것은 성공할 수 없다. 하나님이 하나님 자신으로 남아 있듯이 인간 또한 인간 자신으로 남아 있게 된다. 환란이 다가오더라도, 하나님의 진노의 사르는 불 속에서도, 그리고 죽을병에 걸렸을지라도, 자신이 사라져야만 할지라도, 심지어 사망과 죽음 속에서도 인간은 인간 자신으로 남아 있게 된다.[68]

바르트에게 있어서 하나님의 의와 인간의 의의 관계를 알아보기 위해서는 그의 화해론의 윤리를 살펴보아야 한다. 그의 화해론은 처음에 세례론, 그다음에 주기도문 해설, 그리고 마지막으로 성만찬론을 배치하는 구조로 이루어져 있다. 그중에 우리는 주기도문의 두 번째 간구인 "당신의 나라가 임하옵시오며"를 살펴보고자 하는데, 바르트의 『교회교의학』은 여기서 중단되었다.

---

68 Barth, KD, IV/1, 598.

바르트는 기독교가 하나님을 부를 수 있는 "권리"를 정말로 사용하는 것에서부터 시작한다. 이 세상에서 인간을 억압하고 노예로 삼는 무질서와 불의에 직면하여 인간의 기도는 그런 종류의 비참에 대항하여 "저항"하는 것으로 이해되어야 한다.[69] 모든 의의 근거요 원천이신 하나님께 드려짐으로써 기도는 "무질서에 대항하는 싸움"이 된다.[70] 왜냐하면 기도는 그 모든 무질서를 이길 수 있는 유일한 분께 드려지기 때문이다. 바르트에 따르면 기도는 기독교가 이 세상의 불의와 무질서에 대항하여서 할 수 있는 "최선의 것"이며, 심지어 "가장 용감한 것"이다. 기도는 그리스도 안에서 실현되었고 또 여전히 계시되는 하나님의 의를 이 세상에 가져오는 "운동과 적용"에 적극적으로 참여하는 것이다.[71]

만일 그리스도인이 그렇게 기도한다면 그다음부터는 "나태하게…살 수" 없게 된다.[72] 이제 그리스도인들은 오히려 하나님의 의가 시작되고 완성되는 사이의 시간을 "인간의 의(義)의 사건을 위한 자신들의 책임"의 시간으로 파악한다.[73] 왜냐하면 이제 하나님의 의에 대한 인간의 일치 가운데 있는 그들의 사안이란 더 이상 하나의 "사안"이 아니라, 구체적인 인간 자신이기 때문이다. 특히 무엇보다도 고통받는 인간이다. "인간적인 의를 위한 그리스도인들의 모든 헌신에도 불구하고 올바른 행동"이 될 수 있는 것은, 오직 "그들의 관심, 사랑, 의지,…그들의 생각, 말, 행동의 본래적…대상이…인간"일 때만 가능하다. 다시 말해서 "하나님 자신이 친구가 되어준…바로 그 인간" 말이다.[74]

---

69 Barth, KD, IV/1, 599.

70 Barth, KD, IV/1, 599, 600.

71 Barth, KD, IV/1, 601ff.

72 Barth, KD, IV/1, 602.

73 Barth, KD, IV/1, 602f.

74 K. Barth, *Das Christliche Leben* (Zürich: TVZ, 1976), 451.

이런 인간은 도처에 현존한다. 사회와 교회 안에, 정치가들 또는 어떤 기능인들이 쓰고 있는 마스크나 "의복" 뒤 곳곳에 존재한다. 그리스도인들은 그런 사람들을 우쭐대는 태도로 만나지 않는다. 마치 절대적으로 옳은 종교적인 근거를 가진 의(義)에 관한 이론으로 세상의 모든 올바른 이데올로기들을 넘어선 듯한 태도로 우월감을 드러내며 그들을 대하지 않는다. 하나님의 의를 아는 그리스도인들은 인간적인 의(義)의 모든 실현은 단지 상대적이고 중단될 수 있으며 불완전하다는 사실을 잘 알고 있다. 의(義)의 하나님을 믿는 사람들은 "종교적이고 제의적이며 도덕적 또는 정치적인 하나님 나라를 이 땅에 건설하려고 하는 만용적이며 어리석을 정도로 교만한 태도와는 아무런 상관이 없다."[75] 그러나 바르트에 따르면 그리스도인들은 이런 사실로부터 "인간적인 작은 의를 세우는 일에 그렇게 수고를 하는 것은 전혀 유익하지 못하다"는 식의 "게으른 종"의 결론을 어떤 경우에도 끌어내지 않는다.[76]

그리스도인들이 하나님의 약속 아래 앞을 향해 방향을 정함으로써 하나님의 완전히 의로운 행동에 일치하는 가운데 "아주 불완전한 인간적인 행동을 취하는 것"은 중단될 수 없는 일이다. 그렇게 함으로써 그리스도인들은 어떤 이유에서든 의에 굶주리고 목마른 사람들과 연대하게 될 것이다. 왜냐하면 하나님의 의를 경험한 사람들은 "인권과 인간의 존엄성을 묻고 찾는 모든 사람이 하나님을 자신의 편에 두고 있다는" 사실을 알기 때문이다.[77] 따라서 그들도 "그렇게 찾는 사람의 편에 서게 될 것이고, 그에게 세계의 불의와 재앙에 타협하지 말고,…뒤를 향하지 않고, 앞을 바라보도록 용기를 북돋우어줄 것"이다.[78]

---

75 Barth, *Das Christliche Leben,* 452.

76 비교. Barth, *Das Christliche Leben*, 454.

77 Barth, *Das Christliche Leben*, 455.

결론

바르트의 의에 대한 이해는 우선 개혁 신학 전통에 맞닿아 있다. 왜냐하면 구원론적인 차원에서 바르트는 칼뱅 및 개혁 신학과 연계하여 인간의 칭의 그 자체를 목적으로 삼지 않고, 오히려 하나님의 의를 세우는 것을 우선적인 목표로 삼기 때문이다. 나아가 바르트에게 있어서 하나님의 의는 하나님의 자유로운 사랑과 불가분의 관계에 있다. 바르트에게서도 물론 하나님의 의는 법정적인 의미를 지니고 또 엄격한 심판의 차원을 가지고 있지만, 그보다 더 본질적인 것은 하나님의 의가 하나님의 사랑을 향하고 있다는 사실이다. 심지어 바르트는 하나님의 의가 심판의 기능을 할 때조차도 그 역시 사랑의 발로라고 본다. 왜냐하면 하나님의 심판에서 판결의 결론은 예수 그리스도를 통한 인간의 죄 용서이며 칭의이기 때문이다.

따라서 바르트에게 있어서 하나님의 의는 곧 관계적인 의다. 이는 하나님의 의에 대한 바르트의 이해가 철저히 그리스도 중심적으로 전개될 수밖에 없는 필연적인 이유가 된다. 하나님의 의는 관계적인 의이기 때문에 필연적으로 인간의 칭의를 향할 수밖에 없다. 결과적으로 바르트에게 있어 인간의 칭의에서 드러난 하나님의 의와 다른 하나님의 의란 생각될 수 없다.

이런 맥락에서 볼 때 하나님의 의는 하나님의 신실성이며, 또한 "하나님의 자기 자신과의 일치"를 의미한다. 따라서 인간의 정의 역시 하나님의 이런 신실한 의에 일치할 때 진정한 의가 된다. 이런 하나님의 의에 근거하지 않는 인간의 정의란 그 어떤 것이라도 정의가 아니라 인간이

---

78 Barth, *Das Christliche Leben*, 465.

세운 바벨탑에 불과하다. 그런 정의는 결국 인간의 교만이요, 절망일 뿐이다.

바르트는 그런 바벨탑의 대표적인 형태들로 도덕적, 국가적, 종교적 정의를 제시한다. 이런 종류의 정의들은 하나님의 정의를 결코 대신할 수 없다. 그리고 이런 인간적 정의를 전제로 하여 일어나는 모든 신정론적 질문은, 어쩌면 당연하겠지만 잘못된 것으로 규정되고 만다. 왜냐하면 그런 신정론적 질문에서 우리는 "하나님 없이 정의를 추구하며, 하나님 없이 하나님과 맞서서 어떤 신을 추구하고" 있기 때문이다. 그런 신은 불의한 신일 뿐이다.

따라서 바르트에게 있어 하나님의 정의를 확보하는 길은 우선 "하나님을 하나님으로 인정하는" 데 있다. "하나님을 하나님으로 인정하는" 것에서부터 출발할 때 하나님의 의를 회복하게 되며, 하나님의 의가 바로 세워지는 가운데 인간도 의롭다는 인정을 받게 된다. 인간의 칭의가 하나님의 의를 의로운 것으로 만드는 것이 아니라, 하나님의 의가 인간의 칭의 속에서 여전히 의로운 것으로 인정되고 선언된다.

물론 그렇다고 해서 이런 하나님의 절대 주권적인 의가 인간의 정의로운 행동을 나태하게 만드는 근거가 될 수는 없다. 오히려 하나님의 의는 인간의 정의로운 행동을 요청한다. 하나님의 의를 아는 그리스도인들은, 그것이 비록 불완전하더라도 인간적인 의의 실천을 모두 중단할 수는 없다. 이는 하나님의 의를 경험한 사람들이 "인권과 인간의 존엄성을 묻고 찾는 모든 사람이 하나님을 자신의 편에 두고 있다는" 사실을 알기 때문이다. 따라서 그들도 "그렇게 찾는 사람의 편에 서게 될 것이고, 그에게 세계의 불의와 재앙에 타협하지 말고,…뒤를 향하지 않고, 앞을 바라보도록 용기를 북돋우어줄 것"이다.

II

칭의 교리에 대한 공동선언문(1999)에 나타난 칭의와 성화

이형기

장로회신학대학교 명예교수, 역사신학

이형기는 미국 하버드 대학교 대학원에서 신학 석사학위를, 드류 대학교에서 "A study of man in Erasmus and Luther"로 박사학위(Ph. D.)를 취득했다. 장로회신학대학교의 교회사 교수로 재직했고(1980-2004), 지금은 명예교수다. 저서로는 『종교개혁신학사상』(장로회신학대학출판부, 1984), 『세계교회사 (1), (2)』(한국장로교출판사, 1994), 『복음주의와 에큐메니칼 운동의 세 흐름에 나타난 신학』(한국장로교출판사, 1999), 『세계교회 협의회와 신학』(북코리아, 2013) 외 다수가 있다. 그동안 기독교 역사와 에큐메니컬 운동사를 주로 가르쳤으며, 루터와 칼뱅, 바르트와 몰트만의 신학을 소개해왔다.

1. 역사적 배경

개신교회와 가톨릭교회 사이의 가장 치명적인 분열은 칭의 교리에 관한 문제에서 비롯되었다. 개신교, 즉 프로테스탄트 교회는 종교개혁 시대 루터의 칭의론에 출발점을 두었다면, 가톨릭교회 칭의론의 출발점은 의화론이라고 할 수 있다. 개괄적으로 말해 개신교회의 칭의론이 "이신칭의" 즉 죄인인 인간이 믿음으로 의롭다 함을 얻는 것이라면, 가톨릭교회의 칭의론은 "의화" 즉 죄인인 인간이 은총으로 말미암아 의롭게 되는 것이다. 범위를 루터교회와 가톨릭교회로 좁혀본다면, 루터는 칭의가 "은혜로 인해 믿음에 의해 의롭다 여겨지는" 의의 전가를 통해 이루어지는 것으로 이해한 반면, 가톨릭교회는 칭의가 의의 주입을 통해 이루어지는 것으로 이해하였다. 이런 칭의 교리에 대한 이해의 차이가 결국 개신교와 가톨릭의 분열을 초래하게 되었다.

고대 교회에서는 기독론과 삼위일체론이 교회를 분열시킨 주된 주제이고 구원론의 문제(아우구스티누스와 펠라기우스)는 지엽적이었던 반면, 16세기에는 서방 교회 내에서 구원론이 로마 가톨릭교회와 루터교를 비롯한 개신교회 진영을 분열시킨 주된 주제였다. 1530년 "아우크스부르크 신앙고백서"(1530)가 나온 이래 로마 가톨릭교회와 루터교 양측은 지속적으로 신학 협의회들을 통하여 화해를 모색했으나 이렇다 할 열매를 맺지 못했다. 이 양자 간 대화의 역사에서 "레겐스부르크 회담"(Regensburg[Ratisbon] Conference, 1541)이 가장 성공적이었다고 할 수 있지만 이 회담도 결국 실패로 끝나고 말았다. 이어 1545-1563년에 이루어진 로마 가톨릭교회의 "트리엔트 공의회" 교리 선언은 루터교와의 결별을 선언하는 비극적인 사건이 되고 말았다. 1999년 10월 31일에 "칭의 교리에 대한 공동선언문"(*A Joint Declaration on the Doctrine of*

Justification)[1]에 양측 대표가 공동으로 서명을 한 것은 "레겐스부르크 회담"으로부터 정확히 458년 만에 이루어신 일이었다.

"1972년 말타 보고서"(The Malta Report)이래로 30여 년 동안 가톨릭교회와 타 교파들 간에 다양한 경로로 대화가 진행되었는데, 그 과정에서 16세기에 중단되었던 가톨릭교회와 루터교회의 대화가 재개되었고, 1980년 아우크스부르크 신앙고백 450주년을 기념하여 가톨릭교회가 이 고백서를 인정한 것을 계기로, 1999년 10월 31일에는 대화의 결과물인 "공동선언문"에 양측이 서명하였는데, 이 선언문을 통해 루터교회와 가톨릭교회는 "칭의 교리"에 대한 기본 명제들에 대하여 합의함으로써 "다름을 인정하는 컨센서스"(a differentiated consensus)에 도달하였다. 그리고 양측의 "일치 위원회"는 2017년 루터의 종교개혁 500주년을 기념하기 위하여 "대화문서"(*From Conflict to Communion*)를 2013년에 공표하였다.[2]

이처럼 로마 가톨릭교회와 루터교회(the Lutheran World Federation)가 신학적인 대화를 통하여 "하나의 화해된 다양성"(a reconciled diversity)에 이르게 된 것은 20세기 에큐메니컬 운동의 흐름 속에서 일어난 교파 간의 신학적 대화의 결과물이며, 에큐메니컬 운동의 흐름 속에서 일어난 제2차 바티칸 공의회(1962-1965) 교리 선언의 영향을 받은 것이기도 하다. 이처럼 로마 가톨릭교회와 루터교회는 양자 간 대화를 통하여 "복음"과 "삼위일체 하나님"에 대한 신앙을 공유하고 있다는 사실을 재확인하였으며, 1963년 몬트리올에서 열린 신앙과 직제 세계대회의 제2분과

---

1 이후로는 JDDJ로 표기한다.

2 참고. 루터교세계연맹과 로마 교황청 그리스도인 일치촉진평의회 편, 한국 그리스도교 신앙과 직제협의회 신학위원회 기획, 『갈등으로부터 사귐으로』(NCCK, 2017), 61-78. 이 문서는 전적으로 JDDJ의 "칭의"에 대한 양측의 선언을 따르고 있다.

("Scripture, Tradition and Traditions")는 세계교회가 "복음"(the Tradition)을 공유하고 있다는 사실을, 그리고 제2차 바티칸 공의회(1962-1965)의 "계시론"(Dei Verbum)은 "계시 그 자체"(the Revelation itself)를 성경과 전통 이전에 위치시킨다는 사실을 각각 선언하였다. 결국 가톨릭과 루터교는 이런 식으로 "복음"을 공유하고 있다는 사실을 확인한 셈이다.

1980년대 이후로 에큐메니컬 운동을 통해서 "니케아-콘스탄티노플 신조"(381)가 세계교회가 공유하는 사도적 신앙의 공동 표현과 고백으로 인정되고 있으며, 트리엔트와 제2차 바티칸 공의회 역시 로마 가톨릭이 이 신조를 동방 정교회 및 개신교와 공유하고 있다는 사실을 인정하고 있다. 양측은 적어도 삼위일체 하나님에 대해서 공동의 신앙을 소유하고 있다는 사실을 확인한 셈이다. 따라서 세계교회가 공유하고 있는 "복음"과 "삼위일체 하나님"에 대한 신앙고백은 사도신경과 니케아-콘스탄티노플 신조 그리고 에큐메니컬 운동의 공통분모로서 "칭의" 교리의 대전제가 될 뿐 아니라, 더 나아가 "복음"에 대한 수용(appropriation)인 "이신칭의"의 전제가 된다. 환언하면, 복음의 수용으로서 이신칭의보다 더 중요한 것은 "복음"과 "삼위일체 하나님" 그 자체다. 그런즉 로마 가톨릭교회와 루터교회는 그동안 진행되어 온 양자 간 대화를 통하여 양측이 "복음"과 "삼위일체론"을 공유하고 있다는 결론에 도달하였으며, 삼위일체 하나님의 사역에 따른 "복음"의 수용인 "이신칭의"(以信稱義)에 있어서 합의를 도출해낼 수 있었다. 루터교회와 로마 가톨릭교회가 "구원론"에 대한 본질적 진리들에 관하여 합의점에 도달하였고, 여타 차이점들에 있어서는 큰 문제가 없다는 사실을 천명하였으니, 양측은 서로가 서로를 더 이상 정죄하지 않겠다는 결론에 도달한 것이다.

따라서 우리는 위와 같은 로마 가톨릭교회와 루터교회의 복음에 대한 기본이해와 수용을 염두에 두면서 "칭의와 정의", "구원과 윤리", "구원과 행위", "믿음과 행함" 혹은 "칭의와 성화"에 대하여 논할 것이다.

2. 공동선언문(1999)[3]에서 로마 가톨릭교회와 루터교회의 핵심 쟁점은?

(1) 이신칭의와 성화의 문제

우리는 최종 문건으로서 "공동선언문"(JDDJ)을 16세기 당시 루터의 "구원론"(혹은 "이신칭의론")과 트리엔트 공의회 문서에 나타난 "의인화(義人化)론"과 비교하면서 이해해야 한다. 왜냐하면 오늘날 양측은 이 최종 문서에서 16세기 당시에 칭의론과 관련하여 서로에게 껄끄러웠던 부분들을 양보하고 받아들였다고 주장하기 때문이다. 그러면 16세기 당시에는 칭의론에 있어서 양자 간에 무엇이 쟁점이었던가?

트리엔트 공의회는 "필리오케"(*filioque*)가 포함된 니케아-콘스탄티노플 신조의 삼위일체를 첫 신앙 항목으로 삼고, 아담 이야기에 입각한 인류 타락론을 언급한 후에, 예수 그리스도를 통한 객관적인 구속 사역을 소개했다. 트리엔트 공의회는 이를 전제로 하여 세례를 통한 중생(the laver of regeneration, Chapter Ⅳ)으로 말미암아 인간의 신분이 둘째 아담을 통하여 아담의 후예로부터 "하나님의 자녀들로 입양"되는데, 바로 이 입양(入養)과정이 "의화"(義化)과정이라고 하는 것이다. 따라서 트리엔트 공의회는 "선행(先行)은총"의 부름에 긍정적으로 응답(Yes)한 사람의 심성 안에는 이 선행은총의 "주입"으로 말미암아 준비 단계

---

3 Jeffrey Gros, etc. ed., "Joint Declaration on the Doctrine of Justification"(1999.10.31., Augsburg in Germany), *Growth in Agreement II: Reports and Agreed Statements of EcumenicalConversations on a World Level, 1982-1998*(Grand Rapids, Michigan: Eerdmans, 2000), 566 이하.

의 "신애망"(*habitus*=new disposition)이 형성된다(Chapter V, VI)고 보는 것이다.[4] 이와 같은 준비 단계 이후에는 세례를 통하여 "의화 그 자체"(the Justification itself)가 주어지는데, 이는 "은총 혹은 은혜"에 대한 인간의 적극적인 수용에 의한 "성화"에 다름 아니다(VII). 바로 이 점에서 로마 가톨릭의 "의화"는 종교개혁의 "칭의"와 다르다. 하지만 트리엔트 공의회는 이렇게 선언하였다.

> 우리는 믿음으로 의롭게 된다고 말해진다. 그도 그럴 것이 신앙은 인간 구원의 시작이요, 모든 의화(all Justification)의 초석이요, 뿌리이기 때문이다. 그것이 없으면, 우리는 하나님을 기쁘시게 할 수 없다. 그래서 우리는 값없이 의롭다 함을 얻는다. 신앙이든 선행이든 의화에 선행(先行)하는 것들 가운데 그 무엇도 우리로 하여금 의화라고 하는 하나님의 은혜 그 자체를 얻게 하는 것은 아니다(VIII).[5]

트리엔트 공의회에 따르면 로마 가톨릭교회는 "세례"를 받을 때 하나님으로부터 믿음, 사랑, 소망이라고 하는 초자연적인 은사들(the supernatural virtues)을 주입 받음(*gratia infusa*)으로써 의인화된다고 보는데, 이는 이미 세례 이전에 일어나는 하나님의 선행 은총(*gratia preveniens*)에 대한 반응으로 성취되는 인간의 수평적 차원에서의 질적 변화

---

4 참고. 제2차 오랑주 공의회와 트리엔트 공의회 문서 및 "공동선언문"은 세례를 위한 세례 전 준비 과정에 대하여 논하는데, 이는 쉽게 말하면 세례 전에 세례 후보자들이 "교리문답"과 교설과 성경 공부 등을 통하여 신애망의 초보, 곧 새로운 성향(*habitus*, a new disposition)의 단계로 진입한다는 뜻이다.

5 Philip Schaff ed., "The Canons And Dogmatic Decrees Of The Council Of Trent, 1963," *The Creeds of Christendom, vol. II*(Grand Rapids, Michigan: Baker Book House, 1990, reprinted), 77ff. 트리엔트 공의회는 "The Sixth Session: Decree on Justification"에서 "의화 교리" 문제를 논한다.

(transformation; 초기 단계의 믿음[*prudentia*], 사랑[*iustitia*], 소망[*fortitudo*])를 전제한다.[6] 그리고 이처럼 의롭게 된 사람(to be made just)은 "세례" 이래로 계속해서 "성화"(聖化)의 삶을 살아가는바, 당시 가톨릭교회는 이 "성화"를 구원으로 보았으니 이를 "이신칭의"와 분명하게 구별할 수 없었다.

루터의 경우는 사람이 복음을 성령의 역사로 받아들여(믿음) 수직적 차원에서 의롭다고 선언되는데(to be declared to be justified: 인간이 하나님 존전에서 의롭다 함을 받는 것은 인간에 의하여 성취된 그 어떤 성화 차원의 선행을 통해서가 아니라 우리에게 전가된 예수 그리스도의 의, 곧 밖으로부터 온 의 때문에 의롭다 함을 받는다고 하는 것이다. 즉 우리는 전혀 의롭지 않으나, 예수 그리스도가 성취하신 의로 인하여 의롭게 된다는 것이다), 이때 복음을 받아들이는 사람이 전혀 의롭지 않음에도 불구하고 예수 그리스도가 성취하신 완전한 의(義)를 옷 입어 의롭다 하심을 받고(imputation), 성화(사랑과 소망)로 나아갈 수 있다는 것이다. 여기서 차이점은 루터가 "밖으로부터 오는 의"(*iustitia aliena extra nos*)를 덧입는다고 하는 복음의 수직적인 차원을 강조한 반면, 로마 가톨릭교회는 인간이 세례를 전후로 하여 내적 변화를 성취해야 한다고 하는 수평적 차원을 강조했다는 것이다. 결국 루터는 세례 이후에 발생하는 수평적 차원의 변화를 전적으로 "이신칭의"와 불가분리의 관계에 있는 성화의 차원으로 돌렸지만, 그럼에도 수직적 차원과 수평적 차원을 이분화함으로써 "반율법주의"(anti-nominianism)의 위험에 빠질 가능성을 배제하지 못했다. 왜냐하면 루터는 하나님의 법

---

6 참고: Thomas Aquinas, *On Nature and Grace,* L.C.C., Vol. 11, *Selections from the Summa Theologica of Thomas Aquinas*, trans. and ed. A. M. Fairweather(Philadelphia: The Westminster Press, 1954), 205. 초자연과 자연의 종합을 주장하는 Aquinas는 "신망애"라고 하는 초자연적 덕목이 자연의 성취인 *prudentia, fortitudo, iustitia*를 폐기하는 것이 아니라 완성한다고 본다.

정(*coram Deo*)에서 하나님의 법(Law and Gospel)에 의한 고발과 정죄와 형벌로부터 자유함을 얻은, 다시 말해 "이신칭의"를 얻은 그리스도인은 구원에 관한 한 모든 율법의 요구로부터 자유함을 얻었다고 말하기 때문이다(forensic righteousness).

앞서 언급한 "공동선언문"에서 우리는 루터의 교리에 대한 보완적 측면을 발견한다. 곧 이 선언문에서는 **복음을 받아들이는 단계에서 인간의 응답을 강조한 것이다.** 루터와 순수 루터주의자들(the genesio-Lutherans)의 경우에, 복음을 수용하는 주체는 철저하게 불가항력적(irresistible)이고 순수하게 수동적이다. 하지만 공동선언문은 이신칭의의 단계에서 하나님의 사랑(성령)이 부어지기 때문에, 여기서 말하는 신앙은 "**사랑으로써 역사하는 믿음**"(**active in love**, 갈 5:6)이라고 천명하였다. 비록 이신칭의가 "성화"(정의, 윤리, 행위, 성화)라는 사랑의 활동적인 행위들에 의존하고 있지는 않지만 말이다. 달리 말해 이신칭의의 신앙은 사랑과 소망에 의존하고 있는 것은 아니지만, 그것들을 동반한다는 것이다.

공동선언문에서 루터교회는 "율법"의 사용과 관련하여 그것이 가지는 고발의 기능보다는 성화의 기능을 루터 자신이나 순수 루터주의자들보다 더 강조하고 있는 것으로 보인다.

그렇다면 공동선언문은 16세기 트리엔트 공의회가 천명한 로마 가톨릭교회의 의인화 교리에서 어떤 점들을 양보하고 보완하고 있는가? 로마 가톨릭교회가 공동선언문에서 가장 분명하게 천명한 것은 "'**율법에 의해서 규정된 행위와 무관하게**'(롬 3:28), **복음을 믿어 칭의를 받는다**"는 점과, "**그리스도께서는 율법을 성취하셨고, 그분의 죽으심과 부활에 의하여 구원에 이르는 길로서의 율법을 극복하셨다**"(4.5.31)는 점, 곧 예수 그리스도 안에서 이미 일어난 객관적 구속의 내용이었다. 가톨릭교회는 여기서 "칭의"와 "성화"를 16세기 트리엔트 공의회에서보다 더욱더 분명하게 구별하면서도(4.7.37), "칭의 그 자체"(Justification itself) 이전의 "새로운 성향"(*habitus*)이나 그 이후의 성화가 세례에서 일어나는 의인화 그 자체에 전혀 기여할 수 없다고 하는 점을 분명히 했다.

그렇다면 "공동선언문"에서 서로가 양보한 점은 무엇인가? 로마 가톨릭교회 입장에서는 세례를 전후하여 일어나는, 인간의 내적 변화의 과정을 전적으로 은총으로 돌리는 동시에, 이 세례에서 받는 의롭게 됨(Justification itself)이 결코 그 이전이나 그 이후의 내적 변화에 의존하지 않는다고 인정한 점이고, 루터교회에서는 수직적인 "이신칭의"의 차원에서도 믿는 사람은 이미 성령(하나님의 사랑)이 부어지고 예수 그리스도가 내주(內住)하심으로써 성화의 추진력을 지녔으며(사랑), 소망 가운데 있다는 것을 인정한 점이다(4.3.25). 즉 루터교는 "오직 믿음"의 차원에 "사랑"과 "소망"이 공존한다는 사실을 인정하면서 역시 "구원"(이신칭의)은 결코 "성화"(사랑과 소망)에 의존하지 않는다고 하는 입장을 표명하기에 이르렀고, 나아가 "칭의"와 "성화"가 구별은 되지만 분리는 될 수 없다고 주장함으로써 이전보다 "성화"를 더 강조하기에 이른 것이다.

⑵ 율법과 복음

여기서 논쟁의 이슈는 루터교회가 율법에 대해 몽학선생의 기능, 즉 인간이 자신의 어떤 행위를 통해서도 "칭의"를 받을 수가 없다는 점을 인식하게 해주는 역할을 강조하는 반면, 가톨릭교회는 의인화론과 성화론 모두에 있어 율법의 역할을 다분히 성화론적 차원에서 주장한다는 점이다. 그런 점에서 양측이 이 율법에 관하여 다음과 같이 합의한 사실은 매우 놀랍다 하겠다. 아래의 인용에서 우리는 그리스도가 모든 율법을 성취하셨다는 사실과 칭의 받은 사람들에게도 여전히 성화 차원에서 율법이 계속 유효하다는 사실에 방점을 두어야 한다.

우리는 "율법에 의해서 규정된 행위와 무관하게"(롬 3:28) 복음을 믿어 칭의를 받는다고 함께 고백한다. 그리스도께서는 율법을 성취하셨고, 그분의 죽으심과 부활에 의하여 구원에 이르는 길로서의 율법을 극복하셨다. 우리는 또한 하나님의 계명들은 칭의 받은 사람들에게도 그 타당성을 계속 가지고 있고, 그리스도께서 그분의 가르치심과 모범을 통해서 칭의 받은 사람들의 행동을 위한 표준을 표현하셨다고 선언한다(4.5.31).

양측이 위와 같은 사실을 공유하기는 하지만, 그러면서도 루터교회는 율법의 몽학선생으로서의 역할(율법의 고발적 기능, 율법의 신학적 사용 혹은 율법의 영적인 사용)이 칭의 받은 그리스도인의 전 생애를 통해서 유효하다는 점을 강조함으로써, 이미 언급한 대로 칭의 받은 그리스도인의 죄악성을 심각하게 대한다(4.5.32). 그런가 하면 가톨릭 측은 "하나님께서는 예수 그리스도를 통하여 그의 자녀들에게 영생의 은혜를 자비에 의해서 약속하셨다"고 가르치면서도 "의인은 하나님의 계명을 지키지 않으면 안 된다"라고 성화를 강조한다(4.5.33).

이 주제에 관한 개혁교회의 입장은 어떠한가? 칼뱅은 루터의 "이신칭의"를 받아들였다. 칼뱅 역시 루터처럼 이신칭의(the justification by faith)와 성화를 엄격히 구별하면서도 이 둘의 불가분리성을 강조하였고, 나아가 "이신칭의 받은 사람의 행위들에 대한 칭의"(the justification of the works of the justified)[7]를 루터보다 더 강조했다. 하지만 칼뱅의 이신칭의론과 성화론은 어느 정도 루터와 뉘앙스를 달리하는 신학적 맥락 속에서 이해되고 있다. 구원론과 관련하여 이신칭의와 성화를 이중적인 은혜

---

7 Calvin, *Inst.*, III, 17, 5, François Wendel, 『칼빈: 그의 신학사상의 근원과 발전』(김재성 옮김, 크리스천다이제스트, 1999), 314에서 재인용.

라고 말하는 칼뱅은 루터보다 성화를 더 강조한다. 그런데도 칼뱅은 이신칭의 받은 사람의 "성화" 그 자체가 인간을 구원하는 것은 아니라고 주장한다.[8] 왜냐하면 성화가 인간을 구원한다는 주장은 이신칭의 받은 그 사람이 하나님 존전에서 여전히 심히 부족한 죄인일 뿐임을 거부하는 결과를 가져오기 때문이다.

따라서 칼뱅은 "율법과 복음"을 수용하면서도, "복음과 율법"에 더 큰 비중을 둔다. 이런 점에서 칼뱅은 성화 차원에서의 율법 사용을 루터보다 더 강조하는 로마 가톨릭의 입장에 근접해 있기는 하지만, "이신칭의"를 역동적인 것으로 이해하고 그것을 "성화"와 엄격히 구별하는 루터의 입장을 따른다는 점에서 칼뱅의 "율법의 제3사용"은 로마 가톨릭교회의 그것과는 차이를 보인다. "성화"는 "이신칭의"와 긴장 관계를 유지해야 하기 때문이다. 그렇지 않으면 "반(反)율법주의"(anti-nomianism) 혹은 "율법주의"로 경도될 수 있다.

중요한 것은 이 "공동선언문"이 "우리는 선행들—믿음과 소망과 사랑 가운데 행하여지는 기독교적인 삶—이 이신칭의의 결과요, 이신칭의의 열매라고 하는 사실을 함께 고백한다"(4.7.37)라고 선언한 점이다.

(3) "이신칭의"는 모든 신학적인 주제들을 심판하는 심판관인가? : 기독교 진리들에 대한 표준(criterion)의 문제

로마 가톨릭교회와 루터교회는 "이신칭의의 메시지가 특별한 방법으로 우리를 그리스도 안에서 일어난 하나님의 구원 행동에 대한 신약성서의 증언으로 인도한다는 확신을 함께 공유한다"(3.17)고 함께 선언한다. 양측은 이 "이신칭의 교리가 기독교 교리의 일부 정도가 아니라 그 이상의

---

8 Calvin, *Inst.*, III, xiv, 18-21.

것”(3.18)이라고 받아들이는 것이다. 양측은 “이 교리는 상호 내적으로 관련되어 있는 것으로 비쳐야 하는 기독교의 모든 진리와 본질적인 관계 속에 있다. 그리하여 그것은 우리 교회들의 모든 가르침과 실천이 그리스도를 향하여 정위되도록 한다”(3.18)고 선언한다. 더불어 양측은 이 “이신칭의”로 인하여 “모든 것에 있어서 오직 그리스도만을 고백하는 목적을 공유하게 되었으니, 하나님께서는 오직 그리스도라고 하는 한 중보자를 통해서만 성령 안에서 자신을 내어주시고, 성령의 새롭게 하시는 은혜들을 주신다고 신뢰하게 되었다”(*Ibid.*)고 선언했다.

하지만 루터교회는 이신칭의를 “첫째 되고 주된 교리 항목”(the first and chief article)이요, “모든 다른 교리들에 대한 지배자요 재판관”(the ruler and judge over all other Christian doctrines)으로 간주하면서 “신앙의 모든 진리의 상호 관련성과 의미”(3.18)를 거부하지 않는 반면, 로마 가톨릭교회는 “여러 표준”(several criteria, 3.18)을 주장하면서 “이신칭의 메시지의 특별한 기능”을 거부하지 않는다. 이는 루터교회와 로마 가톨릭교회 내에서 “이신칭의”라는 교리가 “진리의 우선순위”(Hierarchy of Truths)[9]에서 갖는 지위가 각각 다르기 때문일 것이다. 말하자면 로마 가톨릭교회에서는 기독교 진리들의 “우선순위”에 있어서 “신앙 규범”(*regula fidei*) 혹은 “니케아 신조”에 나타난 삼위일체론과 칼케돈의 정통 기독론을 “이신칭의” 교리보다 상위에 둘 것이고, 루터교회에서는 “복음”에 대한 수용인 “이신칭의”를 모든 여타의 교리들보다 우위에 놓을 것이다.

그럼에도 본문 전체를 살펴보면, 양측은 공히 “이신칭의” 교리야말로 인간이 하나님과의 관계에서 “그리스도인”인가 아닌가를 가늠하고, 교회

---

9 “*Decree on Ecumenism*, II,” Walter M. Abbott, S.J. ed., Joseph Gallagher trans., *The Documents of Vatican II* (American Press/Association Press, 1966), 11.

의 선포와 실천이 주님으로부터 주어진 바에 일치하는가 아닌가를 가늠하는 시금석이 된다고 본다는 사실을 알 수 있다. 하지만 양측은 향후 성례론과 교회론 및 윤리적 가르침들과 관련하여 이 "표준"의 문제에 대하여 지속적으로 연구해야 할 과제를 안고 있다.

(4) "이신칭의" 받은 그리스도인 여전히 죄인인가(the Justified as Sinner)?
: 그리스도인에게 남아 있는 "욕정"(concupiscentia)의 문제

"공동선언문"은 종교개혁자들이 아우구스티누스에게서 물려받은 용어인 "욕정" 개념을 논한다. 로마 가톨릭교회는 세례받은 사람에게서 발견되는 "욕정"이란 그 자체가 죄가 아니라 "죄로부터 와서 죄로 향하는 성향"(4.4.30)이며, 그것이 "인격적인 요소를 결여하고 있기 때문에 본연의 의미에서 죄가 아니다"(*Ibid.*)라고 주장하는 반면, 루터교는 "이신칭의" 받은 그리스도인 역시 죄인(*simul iustus et peccator*)이기 때문에 "욕정"까지도 죄악성으로 간주하자고 주장한다. 가톨릭교회는 루터교회가 세례를 받은 사람도 죄악성을 가지고 있다고 주장하는 사실을 강조하면서 "이신칭의"에 머무르려는 경향을 비판하는가 하면, 루터교회는 로마 가톨릭교회가 세례 이후의 성화를 강조하다가 죄악성과 "이신칭의"를 약화하지 않을까 염려하고 있는 것으로 보인다.

문제의 핵심은 루터교회가 수직적 차원에서의 "전가"(*imputatio*)를 강조하는 반면, 가톨릭교회는 수평적 차원에서의 "분여"(*impartatio*)에 의한 "개변"(*transformatio*)을 강조한다는 점이다. 이런 맥락에서 루터교회는 수직적인 이신칭의를 강조하기 위해 "율법과 복음"(Law and Gospel)에서 "율법"(Law)이 칭의 받은 사람에게도 유효하다는 점을 강조하고, 가톨릭교회는 "분여"에 의한 "개변"을 강조하기 위해서 "욕정"이 죄악성을 완전히 상실했다는 점을 강조하는 것이다. 이 두 입장에 대해 개혁교회 전통은 중도를 취하는 것으로 보인다. 즉 개혁교회 전통은 성화를 약화하면서 "이신칭의"로 기울어지는 루터교회의 입장도 경계하고, "이신칭의"를 약화하면서 "성화"로 기울어지는 가톨릭교회의 입장도 경계한다. 하이델베르크 교리문답의 구조는 개혁교회 전통의 입장을 잘 대변하는 것으로 보인다.

칼뱅은 타락 이후 인간의 죄악성에 대하여 다음과 같이 말한다.

> 원죄로 인한 우리의 본성의 부패(perversity)는 마치 불이 타고 있는 아궁이가 화염과 불꽃을 뿜어내듯이 혹은 샘터로부터 물이 끊임없이 흘러나오듯이 육체의 새 열매들 혹은 육체의 행위들(the works of the flesh)을 낳는다.[10]

칼뱅은 죄악성이 인간의 저열한 부분뿐만 아니라 지성과 의지와 같은 가장 고상한 부분까지도 완전히 오염시켰다고 본다.[11] 이와 같은 완전 타락에 대한 칼뱅의 견해는 아우구스티누스의 전통으로 소급되는 루터의 "노예의지론"에 다름 아니다.

그런데 16세기 당시 로마 가톨릭교회는 세례를 받은 사람은 원죄 및 원죄로 인한 지옥의 형벌로부터 완전히 해방되고 자범죄도 고해성사를 통해서 해결된다고 가르쳤다. 반면, 루터와 칼뱅은 세례를 받은 사람도 원죄로 인한 불씨가 남아 있어서 언제라도 죄의 화염이 다시 불타오를 수 있다고 가르쳤다. 칼뱅은 "이신칭의" 받은 사람 안에는 아직도 "불은 타오르지는 않으나 연기가 나는 불똥(a smoldering cinder of evil)이 남아 있어서, 이것이 원인이 되어 그의 욕정(*concupiscentia*)이 그로 하여금

10 Calvin, *Inst.*, II, i, 8.
11 Calvin, *Inst.*, II, i, 9.

죄를 짓도록 유혹하고 자극할 정도로 용솟음쳐 오른다"라고 하였다.[12] 그리스도인의 마음속에는 몸을 완전히 벗어버릴 때까지 "의(義)에 대항하여 싸우는 무절제한 욕정의 부패성"이 남아 있다는 것이다.[13] 그리스도인들은 성령이 주시는 능력으로 죄와의 싸움에서 승기를 잡고 항상 승리하지만, 죄는 항상 이들 안에 "거한다"(to dwell)고 말해진다. 즉 "죄의 지배력은 소멸되었으나(abolished)", "죄가 이들 안에 아직도 살아 있다"(it does not also cease to dwell in them)는 것이다.[14]

따라서 칼뱅은 그리스도인의 마음속에 여전히 남아 있는 "욕정"을 죄가 아니라 죄를 일으키는 계기(중성적인 것) 정도로 대하는 로마 가톨릭 교회의 주장을 거부하고, 루터와 더불어 그리스도인이 몸을 벗을 때까지 여전히 하나님 존전에서 죄인(*simul peccator*)이라는 명제로 "욕정"을 좀 더 심각한 문제로 다루며, 이런 맥락에서 개혁교회는 "욕정"에 대한 논의에서 "이신칭의"를 힘주어 말하는 대신에 성령의 능력 주심으로 죄를 이기고 앞으로 나가는 "성화"를 강조하는 것으로 보인다. 그리고 칼뱅 역시 "이신칭의" 받은 후에도 효력을 발휘하는 "율법과 복음"의 "율법"을 주장한다.

결론

(1) 교회사적 의미와 에큐메니컬 운동에서의 의미

그동안 예수 그리스도의 교회는 크게 세 번 분열되었다. 고대 교회는

---

12 Calvin, *Inst.*, III, iii, 10.

13 Calvin, *Inst.*, III, iii, 10.

14 Calvin, *Inst.*, III, iii, 11.

451년 칼케돈의 정통 기독론파(양성론파)와 이에 반대하는 단성론파(the Monophysites)로 분열되었고, 중세 교회는 "필리오케"(*filioque*) 교리로 1054년에 서방 교회와 동방 교회로 나뉘었으며, 16세기에는 서방 교회 내에서 "칭의" 교리로 로마 가톨릭교회와 개신교회가 분열되었다. 세 분열 사건의 원인은 모두 교리였다. 종교개혁이 발발한 16세기에는 "칭의 교리"가 뜨거운 감자였다. 이어서 17세기에는 이와 같은 교회 분열이 로마 가톨릭교회 국가들과 루터교회 국가들 간의 30년에 걸친 종교전쟁으로 이어졌고, 1648년 베스트팔리아 평화협정을 통해 각 영주국의 종교가 해당 영주의 선택에 따라(*cuius regio, eius religio*) 확정되었다. 이것이 바로 영주국 별 국가 종교(territorial churches)였다. 17세기는 개신교 정통주의를 기독교의 최고의 가치로 여겼다. 바야흐로 "교파절대주의" 시대를 맞이한 것이다. 이어지는 18-19세기를 특징짓는 두 가지 사조 중 하나는 경건주의와 복음주의 각성 운동이며, 다른 하나는 계몽주의 전통을 잇는 개신교 자유주의 신학 전통이라 할 수 있는데, 전자의 경우 교파주의를 완전히 벗어난 것은 아니었다.

18-19세기에 이르러 세계 선교 운동이 활발하게 전개되면서 "복음"을 전하고 증거하는 과정에서 "교파들"의 존재 이유에 대한 의심이 싹트기 시작하였으며, 복음 전도를 위한 교파 간 협력의 필요성이 대두했다. 이에 1910년 제8차 에든버러 세계선교대회(World Mission Conference, WMC)의 폐막식에서 미국 성공회 주교인 브란트가 "신앙과 직제" 운동을 제안했고, 1914년경 스웨덴의 루터교회 주교인 죄더블룸(Nathan Söderblom)이 제1차 세계대전을 앞두고 "평화에의 호소문"을 공포하였으며, 비슷한 시기에 올드햄(J. H. Oldham)이 에큐메니컬 세계선교대회 개최를 주장하면서 세계 교회의 에큐메니컬 운동이 동터 올랐다. 그리하여 1937년 네덜란드의 위트레흐트에서 WCC(세계교회협의회, World Council of

Churches) 교리 헌장을 작성했지만, 제2차 세계대전이 발발하면서 1948년에 가서야 제1차 WCC 세계 대회가 암스테르담에서 열릴 수 있었다.

세계교회협의회 산하 "신앙과 직제" 운동은 주로 다자간 대화들을 통하여 교회 일치를 추구해왔으나, 1970년대 초부터 양자 간 대화들이 활성화되었으며, 로마 가톨릭교회는 1962-1965년 제2차 바티칸 공의회에서 "에큐메니즘에 대한 교령"을 공포한 이후로 성공회, 동방 정교회, 그리고 여타의 개신교회들과 신학적인 양자 간 대화에 돌입하였다. 서론에서 지적한 대로 "공동선언문"은 50년 동안의 에큐메니컬 운동 및 제2차 바티칸 공의회와 양자 간 대화들의 과정이 없었더라면 결코 출현할 수 없는 문건이었다. 더불어 1973년 로이엔베르크 합의를 계기로 세계개혁교회연맹(WARC/WCRC)이 "독일연합교회"(Unionskirche), "왈도파 교회" 그리고 "체코 형제단 교회"와 함께 루터의 "칭의 교리"를 복음에 대한 바른 이해와 수용으로 인정하고 상호 세례와 성만찬 교류에 동참하였으니, 개혁교회 역시 1999년 "공동선언문"을 인정하고 받아들인 것이나 마찬가지다. 이어서 2006년에는 세계감리교연합도 그것을 받아들였다. 결과적으로 세계 교회의 상당 부분이 "복음"에 대한 바른 이해와 수용을 통해서 에큐메니컬 운동의 "삶과 봉사" 및 "세계 선교와 전도"에 참여하고 있다고 말할 수 있다. 로마 가톨릭교회도 "신앙과 직제"의 정식 회원이며, CWME(세계 선교와 복음 전도) 위원회에도 적극적으로 참가하고 있다.

(2) 교리사적 의미

1) 아우구스티누스에서 제2차 오랑주 공의회를 거쳐 "공동선언문"에 이르기까지

로마 가톨릭교회의 의화론은 칭의와 성화를 혼동하는 경향을 보이고 루터교회의 이신칭의론은 그 둘을 엄격히 구별하려다가 그것을 분리시키는 경향이 있는데, 필자는 이번 "공동선언문"이 칭의와 성화를 결코 혼동하지 않는다는 사실을 발견하였다. "공동선언문"은 결코 "반(半)펠라기우스주의"를 지향하지 않는다. 양측이 뉘앙스는 달리하고 있으나, "의화"가 결코 그 이전의 준비 과정이나 그 이후의 성화 과정에 의존하지 않는다고 하는, 의화 교리 혹은 칭의 교리의 본질에 대해 합의를 보았기 때문이다.

오히려 이번 공동선언문은 "반(半)펠라기우스주의"와 "반(半)아우구스티누스주의" 사이의 논쟁을 잠재운 제2차 오랑주 공의회(529)의 은총론의 의도에 매우 근접한 것으로 보인다. 그도 그럴 것이 이 오랑주 공의회는 단회적·유일회적이고 수직적·법정적인 루터적 "이신칭의"를 표방하는 대신에 "우리의 의지를 고치시고 이 의지를 불신앙으로부터 신앙으로 그리고 불경건으로부터 경건으로 전향시키시는 성령의 감화 혹은 은총으로 말미암아 신앙의 증강과 신앙의 시작(*initium fidei*), 그리고 신앙에 대한 갈망이 생기는 것이고, 우리는 이로써 하나님을 믿게 되며, 하나님은 이를 보시고 우리 불경건한 자들을 의롭다고 하시며 거룩한 **세례의 중생에 이르게 하신다**"(Canon 5)라고 선언하였기 때문이다.[15] 사실 오랑주 공의회는 "신앙의 시작과 신앙에 대한 갈망과 증강"이 성령의 역사로 말미암는 것이라고 함으로써, 인간의 공로(by nature)를 전적으로 배제하고 있다. 하지만 오랑주 공의회는 이와 같은 의미에서 수세자가 새로워진 의지의 능력으로 그리스도의 도우심과 협조를 통해 자신들의 영혼 구원을 위하여 꼭 필요한 것을 행해야 할 능력과 책임을 가지고 있다고 함으로써 아우구스티누스의 극단적 예정론을 거부하였으며, 루터나 칼뱅과

---

15 "The Council of Orange(529)," John H. Leith ed., *Creeds of the Churches*(Atlanta: John Knox Press, 1977), 38-45.

는 달리 칭의에 뒤따르는 성화의 과정을 구원으로 보았다. 바로 이 점에서 오랑주 공의회의 결정은 로마 가톨릭의 가르침에 근접한 것으로 보이며, 그것은 서방 교회 대부분의 구원론에 큰 영향을 주었다.

2) 칭의와 성화

성화 문제에서 루터가 수직적이고 역동적인 "이신칭의"에 무게를 두면서 "칭의"와 "성화"를 구별하고 이 둘의 불가분리성을 주장한다면, 로마 가톨릭교회는 은혜의 분여(impartation)에 의한 "의화" 이전과 이후의 수평적인 "개변 과정"(transformation process)에 무게를 두면서 "의화"(the Justification itself)와 "성화"를 구별한다. 반면에 개혁교회는 기본적으로 루터의 구조를 따르면서 "율법의 제3사용"을 강조함으로써 성화에도 무게를 두는데, 로마 가톨릭 입장과의 차이점은 "이신칭의"와의 긴장 관계를 유지한다는 것이다. 그리고 세계개혁교회연맹(WCRC/WARC)의 개혁운동과 세계교회협의회(WCC)의 에큐메니컬 운동은 루터교나 로마 가톨릭에 비해 정치·경제·사회·문화적 성화를 더욱더 강조하고 있는 것으로 보인다.

끝으로 나는 위와 같은 종교개혁과 개혁교회의 "칭의와 성화"(윤리, 행위, 정의) 교리, 다시 말해 복음과 율법(the Gospel and the Law), 은혜와 모범(donum et exemplum), 은혜와 과제(Gabe und Aufgabe), 직설법과 명령법(Indicative and Imperative)이라는 종교개혁 전통의 윤리 신학 프레임이 현대의 신학적 윤리학 혹은 윤리 신학의 기본 프레임이 될 수 있다고 본다. 예컨대 십계명은 "출애굽"이라는 복음의 은혜를 전제하고, 산상수훈과 사도들의 훈령들 역시 복음의 은혜를 전제하며, 반전과 반핵 운동 등 정의로운 평화운동 또한 하나님께서 예수 그리스도 안에서 성취하신 화해의 복음의 은혜를 선행조건으로 삼아야 한다는 것이다.

3) 현안으로 남아 있는, 칭의 교리와 성경의 다른 신학적 주제 간의 관계

"칭의" 교리에 있어서 루터교회와 로마 가톨릭교회 간의 가장 두드러진 차이는 전자가 "칭의" 교리를 다른 신학적 주제들과 교회의 실천들(직제를 포함하여)을 판단하는 유일한 표준(an indispensable criterion)으로 보았던 반면, 후자는 그것을 "여러 표준"(several criteria) 가운데 하나로 보았다는 점이다.[16] 삼위일체론, 기독론, 복음, 교회론(교회의 본질과 직제), 성례론, 종말론, 기독교 윤리를 막론하고 어떤 신학적 주제를 다루든지 루터교회는 "이신칭의"에 최상의 가치를 두고 그것을 "필수 불가결한 표준"으로 삼아 나머지 진리들을 가늠한다면, 로마 가톨릭교회는 진리들의 "우선순위"(the Hierarchy of Truths)[17]에 있어서 "의화"에 최고의 가치를 두는 것이 아니라 예를 들어 "성화"에도 그에 못지않은 가치를 둘 수 있으며, 하나의 표준이 아니라 삼위일체를 포함한 다양한 표준들을 제시할 것이다. 그런가 하면 개혁교회는 루터의 "이신칭의"와 "성화"의 관계 구조를 우선시하면서도 삼위일체론, 기독론, 성화론, 하나님의 영광, 교회, 하나님 나라 등과 같은 주제들에도 적지 않은 비중을 두기 때문에, 로마 가톨릭이 "이신칭의"와의 긴장 관계를 떠난 "성화"를 주장하는 것과는 다르게 "이신칭의"와의 긴장 관계 속에서 "성화"를 중요한 주제로 다룬다.

적어도 공동선언문은 복음과 삼위일체를 선행조건으로 삼으면서, 인간이 성령의 역사 혹은 삼위일체 하나님의 사역에 따라서 복음을 수용하는 것이 "이신칭의"라고 천명한다. 따라서 나는 "이신칭의" 교리가 복음을 수용하는 탁월한 신앙 항목이라는 점을 인정하는 동시에 에큐메니

---

16 참조. 이형기, "칭의론에 관한 루터교회와 가톨릭교회의 공동선언문(1999.10.31)", 「한국교회사학회지」, 2003년 제11집(한국사학회, 2002), 32 이하.

17 Vatican II, "On the Decree on Ecumenism."

컬 교회들이 매우 귀하게 여기는 "니케아-콘스탄티노플 신조"(Confessing thc One Faith…, 1991)에 나타난 신앙 항목들과 각 개신교파의 신앙고백서들에 나타난 신앙 항목들도 존중해야 한다고 본다. 성경의 중심 메시지가 "복음"이고 이 복음에 대한 수용이 "이신칭의"라면 "이신칭의" 교리가 여타 교리보다 탁월한 위치를 차지한다는 점은 분명하지만, 창조, 타락, 이스라엘 백성을 통한 구속사, 예수 그리스도의 사건(성육신, 지상사역, 십자가, 부활, 승천), 오순절 성령 강림, 교회의 역사 및 종말론적 완성과 같은 주제들 역시 "신앙 규범"(*regula fidei*) 및 사도신경과 니케아-콘스탄티노플 신조에 의해 지지를 받는 성경의 증언들이기 때문에, 지나치게 "이신칭의" 항목에만 집중해서는 안 될 것이다. 이 문제에 대해서도 개혁교회의 입장은 중도를 걷는다. 다시 말해 "복음"에 대한 수용인 "이신칭의"를 강조하면서도 성경과 "신앙 규범" 및 사도신경과 니케아-콘스탄티노플 신조의 신앙 항목들을 중요시한다. 그렇다고 해서 개혁교회 전통이 가톨릭교회처럼 "이신칭의 교리와 충돌하는 다양한 표준들(*criteria*)"을 주장하는 것은 아니다.

4) 현안으로 남아 있는, "동시에"(*simul*)와 "욕정"(*concupiscentia*)의 문제

그리스도인의 죄악된 성향(*simul iustus et peccator*와 the justified as a sinner)의 문제는 로마 가톨릭교회가 "공동선언문"에 대한 공식 반응 문서에서 제시한 이슈 중 하나다. 문제는 한마디로 "욕정"(*concupiscentia*)이 "칭의"(의화)에도 불구하고 죽을 때까지 인간의 본성을 지배하고 있는지의 여부다. 결국 루터교회는 "의인인 동시에 죄인"이라는 주제와 관련하여 인간이 "이신칭의" 이후에도 하나님 존전에서 그리고 그분의 율법에 비추어 볼 때 여전히 죄인이라는 점을 강조하였고, 로마 가톨릭교회는 인격의 주체(주로 의지적인 결단) 하에서 욕정이 죄를 불러일으키기도 하고

그렇지 않을 수도 있다는 점에서 그것이 중성적 성향을 갖는다고 주장하였다. 개혁교회는 대체로 이 문제에 관하여 루터의 입장을 따르면서도 루터교회와는 다르게 그것을 "성화"의 맥락에서 이해하는데, 로마 가톨릭교회도 그것을 "성화"의 맥락에서 이해하기는 하지만 개혁교회의 입장과는 뉘앙스를 달리한다. 이러한 차이는 "다름을 인정하는 컨센서스"(a differentiated consensus)라는 개념으로 충분히 설명할 수 있을 것이다.

(3) WCC, 로이엔베르크 합의(1973), 그리고 세계개혁교회연맹(WCRC) 운동에 나타난 "정의·평화·창조세계의 보전"(Justice, Peace, and Integrity of Creation)

지금까지 공동선언문에 나타난 칭의와 성화의 관계를 소개했는데, 여기서는 "성화" 개념을 "정의" 개념으로 바꾸어 논하려 한다. 일반적으로 성화는 다분히 개인윤리 차원을, 그리고 정의는 사회윤리 혹은 공공 윤리 차원을 의미하는 것으로 이해되지만, 나는 개인윤리 차원의 성화와 사회윤리 차원의 정의를 분리하지 말고 합체(incorporation)해야 한다고 본다.

1) 세계교회협의회(WCC)의 에큐메니컬 신학이 추구하는 정의

나는 『세계교회협의회와 신학』[18]이라는 저서의 제1장("WCC에 대한 이해와 오해") B. 3 항목("WCC의 구원론은 인간의 자력 구원을 주장한 펠라기우스[Pelagius]의 후예인가?")에서 WCC의 구원론이 펠라기우스주의나 반(半)펠라기우스주의의 구원론을 따르는 것이 아니라 이상과 같은 "공동선언문"의 구원론에 가깝다는 사실을 밝혔다. 세계교회협의회는 본 공동선언문이 교회 일치를 위하여 매우 중요하다는 점을 인정하면서 신앙과 은혜에 근거한 도덕 윤리를 천명하고 있다.[19] 그렇기에 세계교회협의회가

---

18 이형기, 『세계교회협의회와 신학』(북코리아, 2013).

"신앙과 직제" 운동을 바탕으로 추진하는 "삶과 봉사"(Life and Work) 및 "세계선교와 전도"(CWME) 사역은 전적으로 복음의 은혜와 삼위일체 하나님에 대한 신앙을 전제하는 정의 추구의 방편이라 할 수 있다.

2) "로이엔베르크 합의"(Leuenberg Agreement, 1973)[20]에 나타난 루터교회와 개혁교회의 칭의와 정의 문제

"로이엔베르크 합의"는 에큐메니컬 양자 간 대화의 역사가 시작되던 때에 주로 루터교 세계연맹과 개혁교회가 주도하여 작성한 합의 문서다. 그러나 이 문서는 루터교회와 개혁교회 간의 합의에 그치는 것이 아니라, 이 두 전통으로부터 태동한 "독일 연합교회"(Unionskirche)와 종교개혁 이전 교회인 "왈도파 교회" 및 "체코 형제단 교회"와도 신학적 합의를 선언하고 있다. 이들은 무엇보다도 "복음에 대한 공동의 이해에 근거하여 교회적인 코이노니아를 구현할 수 있었다"(제1항)고 천명하였다. 이 문서는 이와 같은 합의가 16세기 종교개혁 이래로 변화된 상황을 반영하기는 하지만, 종교개혁 당시의 "우리를 자유케 하고 확신을 주는 복음의 능력에 대한 새로운 경험"을 출발점으로 삼았다고 설명한다. 즉 그들의 삶과 교리는 무엇보다도 "성경 안에 있는 복음에 대한 근원적이고 순수한 증언"에 의하여 인도되고, 측정되고, 판단되었다는 것이다. 다시 말해 앞서 언급된 여러 교회 전통들은 "예수 그리스도의 삶과 죽으심과 부활에 나타난 하나님의 무상(無償)의 무조건적 은혜가 이 약속을 믿는 모든 사람을 위한 것이라고 하는 사실을 증언함에 있어서 하나다"(I. 1. 제4

---

19 참조. 『교회의 본질과 사명』[2005], IV. 113.

20 "Leuenberg Agreement: Reformation Churches in Europe, 1973", In *The Ecumenical Movement: An Anthology of Key Texts and Voices,* ed. by Michael Kinnamon and Brian E. Cope (Grand Rapids, Michigan: Eerdmans, 1997), 149 이하.

항). 그러면서도 이들은 "교회의 고대 신조로 표현된 삼위일체 하나님과 예수 그리스도의 신인(神人) 되심을 수용하고 새롭게 함에 있어서 모든 기독교회와 하나다"라고 주장한다.

이 합의 문서는 종교개혁 스승들(fathers)의 "이신칭의"를 "복음"에 대한 바른 이해로 보면서, 바르트의 용어를 빌리자면 "복음"의 "*de iure*"(원칙적으로 혹은 법적으로) 차원과 "*de facto*"(실제로 혹은 사실적으로) 차원을 구별한다. 인간이 성령의 역사로 수용하기 이전의 "복음"과 성령의 역사로 수용하는 "복음"을 나누어서 생각했다는 말이다. 우선 "법적"(*de iure*) 차원의 "복음"에 대해서 살펴보자.

> 복음이란 구약 이스라엘 백성에게 주어진 약속의 성취로서 세상을 구원하시는 예수 그리스도에 대한 메시지다(II. 1. 제7항).

> 이 메시지에 있어서 예수 그리스도는 그 안에서 하나님이 인간이 되시어, 그 자신을 인간에게 결속시키신 그런 분으로 인정되는바, 바로 이 십자가에 달리셨다가 부활하신 이 예수 그리스도는 하나님의 인간에 대한 심판을 스스로 걸머지셨고, 그렇게 하심으로써 하나님의 사랑을 죄인들에게 나타내 보이셨으며, 장차 심판주와 구세주로 재림하사, 이 세상을 완성(consummation)시키실 것이다(II. 1. 제9항, b).

다음의 인용은 "사실적"(*de facto*) 차원을 말한다.

> 하나님은 그의 말씀을 통하여 성령의 역사로 모든 사람을 회개와 신앙으로 부르시고, 믿는 죄인에게는 예수 그리스도 안에 있는 하나님의 의(義)를 확신하게 하신다. 그리하여 누구든지 복음을 신뢰하는 사람은 예수 그리스도

덕분에 하나님 존전에서 의롭다 하심을 받아, 율법의 고발로부터 자유함을 입는다(II. 1. 제10항 c).

또한 이 합의 문서는 "*de facto*" 차원에서의 복음의 수용에 대한 주장에서 "성화"가 그것과 불가분리의 관계라고 선언한다.

그[이신칭의 받은 사람]는 매일매일 회개하고 갱신되어서 코이노니아 가운데서 하나님을 찬양하고 다른 사람들을 섬기는 삶을 살면서, 하나님이 그의 나라를 전적으로 충만케 하실 것을 확신한다. 이런 식으로 하나님은 새로운 삶을 창조하시고, 이 세상 한복판에 새 인류의 씨앗을 심으신다(II. 1. 제10항 c).

나아가 이 합의 문서는 성화 혹은 정의의 연장선에서 정의와 평화의 문제를 논하는데, 선한 뜻을 가진 사람들과의 제휴를 역설한다.

이 메시지는 그리스도인들을 자유케 하여 이 세상에서 책임 있는 봉사를 하게 하고, 이 봉사를 위하여 언제든지 고난을 감수할 수 있게 한다. 그리스도인들은 요구와 구원(succour)으로서의 하나님의 뜻이 세상사 전체에 해당하는 것을 안다. 그리스도인들은 개인들과 나라들 사이의 **역사적 정의와 평화**(temporal justice and peace)를 위해서 함께 일어나야 한다. 이를 위하여 그리스도인들은 합리적이고 적절한 표준을 찾기 위하여 다른 사람들과 제휴하면서, 이 표준을 적용함에 있어서 자신들의 역할을 한다. 그리스도인들은 하나님이 이 세상을 지탱하실 것이라고 하는 확신 가운데 이렇게 행하고, 이 하나님께 책임을 지는 사람들로서 그렇게 행해야 할 것이다(II. 1. 제11항 d).

3) 세계개혁교회연맹(WCRC/WARC)이 추구하는 정의

WCRC(World Communion of the Reformed Churches=세계개혁교회공동체)는 이미 1982년 제21차 오타와 총회에서 JPIC(정의, 평화, 창조세계의 보전) 운동을 선도하였고, 1989년 제22차 서울 총회에서 이 운동을 재확인함으로써, WCC가 추구하는 JPIC 운동에 동력을 제공하였다. WCRC 전통은 개혁신학 전통을 따라서 하나님의 은혜의 언약사와 이에 대한 언약 공동체의 정치·사회·경제적 책임을 강조해왔다. 이 연맹은 특히 생명 살리기 운동에 적극적으로 참여하고 있으니, 1997년 데브레첸에서 열린 제23차 WARC 총회는 대회의 전체 주제를 "불의의 사슬을 끊자"(사 58장)로 정하였고, 2004년 아크라 제24차 WARC 총회의 주제는 "모두가 더 풍성한 삶을 누리기 위하여"(요 10:10)였다. 즉 이들에게 이 둘(정의와 생명)은 서로 충돌하지 않고 잘 연결되는 신학적 주제다. "예수 그리스도 안에서 우리의 불의한 세상 속으로 들어오신 하나님은 풍성한 생명을 주시는 분이시기 때문이다."[21]

---

21 Paraic Reamonn ed., *The Alliance Today and Tomorrow: Towards Accra and Beyond*(Geneva: World Alliance of Reformed Churches, 2004), 11.

12

칭의와 정의

사회적 차원의 칭의론

김동춘

기독연구원 느헤미야, 조직신학

칭의론, 무엇이 문제인가?

(1) 값싼 용서의 교리가 된 칭의 교리

종교개혁 칭의론은 값싼 용서의 교리가 아닌 하나님의 정의를 위한 칭의론이 되어야 한다. 정의 없는 칭의론은 값싼 용서로 둔갑하였고, 그 결과 하나님의 정의는 사라지고 말았다.

칭의론의 핵심은 **죄의 용서**다. 죄 많은 사람도 하나님의 풍성한 은혜로 용서를 입어 의로운 자로 간주되어 하나님의 구원의 은혜를 누린다는 것, 이것이 칭의론의 핵심이다. 그러나 죄 용서의 칭의론은 정의를 희생시키며 불의를 정당화하는 칭의론으로 전락하고 말았다. 본래 하나님의 풍성한 자비와 용서를 보여주는 칭의론이 값싼 은혜의 복음이 되어 버린 것이다. "아무리 죄 많은 사람도 그리스도의 의를 덧입기만 하면 죄를 용서받고 의롭다 인정받아 하나님의 자녀가 된다." 이런 논리에 따라, 죄인을 용서하고 죄를 덮어주는 칭의론은 죄된 행위를 변호하는 교리가 되고 말았다. 본회퍼는 진정한 회개 없이 어떠한 죄도 용서받을 수 있는 값싼 은혜의 교리로 전락한 칭의론을 두고 "죄인에 대한 용서가 죄의 용서로 둔갑했다"고 비판했다.[1]

칭의 교리의 문제는 과연 어디에 있는가? 그것은 죄 용서의 복음의 총화였던 칭의론이 죄인을 용서하는 은혜의 복음으로 설교되면서, 불의와 악을 용인하고 조장하는 교리가 되었다는 데 있다. 또한 "의롭게 됨"의 교리가 죄인을 "의롭게 만드는 교리"가 되지 못했고, 불의한 사람이

---

1 Bonhoeffer에 의하면, 값싼 칭의로서 성화 없는 칭의는 "죄인의 칭의"가 아닌 "죄의 칭의"다. Bonhoeffer, 『나를 따르라』, 34.

실제로 정의로운 사람이 되지도 못했다. 칭의 교리의 치명적인 비극은 "하나님의 의"(Righteousness of God)는 말하면서도, "하나님의 정의"(Justice of God)는 말하지 않았다는 것이다. 결국 칭의론은 죄 많은 사람을 "의롭게 여겨주는 정도의 교리"가 됨으로써 불의와 악이 쉽게 용서받고, 쉽게 죄짓는 것을 조장하는 교리로 둔갑하고 말았다.[2] 죄를 용서받은 사람이 실제로 의로운 사람으로 변화되지 않는다면, 의롭게 된(즉 칭의된) 신자가 되었음에도 실질적인 의로움을 살아내지 못하게 될 것이다. 칭의론의 또 다른 문제는 죄의 문제를 개인 내면의 실존적인 죄에만 주목함으로써 사회적 차원에서 의로워짐은 간과했다는 것이다. 그러므로 이제 칭의론은 사회적 차원에서 재구성해야 한다. 그러므로 "어떻게 죄인 된 내가 하나님 앞에서 의롭다 함을 얻을 수 있는가?"라고 질문하면서 개인 구원에 집중하는 칭의론은 "나의 의롭게 됨이 어떻게 불의한 세계에서 하나님의 정의를 만들 수 있는가?" 하는 사회적 차원의 칭의론을 모색해야 한다. 구원론의 문제로서 다루어지던 칭의론은, 이제 불의와 악이 문제가 되는 세상의 정의 문제 앞에서 "하나님의 정의"를 어떻게 말할 것인지 고민해야 한다.

(2) 칭의와 정의의 이분화: 칭의와 정의는 왜 분리되는가?

왜 칭의와 정의는 연결되지 않는가? 그것은 칭의는 구원 개념이고, 정의는 윤리 개념이라는 전제 때문이다. 그리하여 "칭의와 정의", 즉 "하나님의 의와 세상의 정의"가 어떤 관련이 있는지 철저히 고민되지 않았다.

---

2 영화 "밀양"은 기독교가 쉽게 베푸는 값싼 용서의 모순에 대해 신랄하게 비판한다. 실례로 불의에 편승하여 양심수들을 고문하고 핍박하면서 역사 앞에 죄를 저질렀던 사람들이 복음을 듣고 은혜받아 회심하고 그리스도인이 되지만, 지난날의 죄는 공적으로 회개하지 않은 채 여전히 용서의 복음을 간증한다면 그런 것이야말로 값싼 은혜의 표상이 된다.

기독교 신학에서, 특히 복음주의 신학에서 칭의와 정의는 거의 상관없는 개념으로 이해되어왔다. 일반적으로 칭의란 하나님 앞에서 옳음(정당함)을 의미하는 종교적 개념이며, 정의는 사회적 관계 안에서 구현되는 윤리적 개념이라고 간주된다. 칭의는 신학적 개념이므로 사회적 차원의 정의와는 무관하다고 본다. 또한 칭의는 하나님과 인간과의 종교적이며 신학적인 구원 개념이요, 정의는 인간과 인간 사이의 사회적 관계에서 파생되는 윤리 개념이라고 간주한다. 한마디로 말한다면, 칭의는 순전히 신학적 개념이고 정의는 세속적 개념이라고 분류하여 서로 무관한 것으로 처리하는 것이다.

칭의와 정의를 서로 상관없는 개념으로 이해하는 또 다른 이유는, "창조와 구원", "구원사와 세속사", "하나님의 초월성과 인간의 내재성"이라는 두 차원이 서로 분리되어야 한다는 신학적 전제와도 연관이 있다. 특히 보수 복음주의 신학일수록 "구원과 역사", "구원과 해방", "구원과 복지", "구원과 치유"[3]의 관계를 가능한 구분하려는 신학적 전제로 인해 칭의와 정의에 대한 문제에도 같은 논리가 적용되는 것으로 보인다. 구원을 세속적·현세적·사회적 현실인 해방, 복지, 치유와 근본적으로 분리해야 한다는 입장에서는, 전자는 하나님과 관련된 초월적 현실이지만 후자는 인간적이며 세속적인 차원이라고 구분하여 이 양자의 관계가 근본적으로 분리되어야 한다는 논리를 붙들게 된다. 그러나 최근의 복음주의 신학은 구원과 사회정의를 긴밀하게 연결했던 해방신학을 두고 "복

---

3 복음주의 입장의 J. Stott는 구원이 비록 사회적·경제적·물질적 차원을 포함하고는 있지만, 해방을 구원이라고 하거나, 질병으로부터의 치유를 구원이라고 단정할 수 없다고 말한다. 구원은 반드시 그리스도와의 인격적인 관계에서 일어나기 때문이다(J. Stott, 『현대기독교선교』[김명혁 옮김, 성광, 1981], 127). 그러나 David J. Bosch는 "예수의 사역에서는 죄로부터의 구원과 신체적 고통으로부터의 구원 사이에, 영적인 것과 사회적인 것 사이에 아무런 긴장이 없다"고 말한다(David J. Bosch, 『변화하는 선교』[김만태 옮김, CLC, 2017], 72).

음의 정치화"니, "구원의 세속화"라고 했던 예민한 비판을 거두고 성경의 구원이 사회적이며(social), 정치적이며(political), 경제적이며(economical), 그리고 생태적(ecological) 차원을 포괄하는 총체적 구원이라는 관점을 부인하지 않는다.[4] 이런 관점은 칭의와 정의의 문제에도 마찬가지로 적용될 수 있다.

오늘의 현대신학과 선교신학 논의에서 구원과 정의가 연결되는 것처럼, 칭의와 정의는 만날 수 있고 만나야만 한다. 그런데 여기서 우리는 "칭의는 정의를 동반한다", "칭의는 정의를 잉태한다", "정의는 칭의의 열매요, 결과다"라는 동반론적이며 결과론적 의미가 아니라, **칭의 개념 안에 정의가 포함되는가**를 묻고자 한다. 그것은 의롭게 됨(justification)의 교리가 하나님의 의(righteousness of God)에 대한 문제에 머물지 않고, 하나님의 정의(justice of God)를 말할 수 있는지, 그리하여 칭의 교리가 사회정의와 연결되는지를 묻는 것이다. 이는 칭의는 신학적이며 종교적 개념이고, 정의는 윤리적 개념이라고 구분하여 "칭의와 정의"를 "구원 대(對) 윤리"로 대척(對蹠)되게 하는 이분법의 틀을 극복하려는 시도다.

---

4 구원이 사회-정치-경제적 현실을 포괄한다는 총체적 구원관은 "하나님의 선교"의 관점에서 성경신학적 선교학을 정립하는 복음주의 선교학에서 수용적이다. Christopher Wright는 출애굽을 "하나님의 구속모델"로서, 출애굽이라는 역사적 사건이 지닌 사회적·경제적·정치적 측면을 무시하고 이를 영적으로만 적용하는 것은 구약의 구원 사건을 비역사화하고 영해화하거나 출애굽을 그리스도의 구속을 예표론적으로 해석하는 오류라고 말한다(Christopher Wright, 『하나님의 선교』[한화룡, 정옥배 옮김, IVP, 2010], 335-64; Bosch, 『변화하는 선교』, 73).

1. 칭의와 정의, 어떻게 연결할 것인가?

(1) 디카이오쉬네(righteousness/justice)에 대한 논의

바울의 디카이오쉬네는 "의"(righteousness)인가 "정의"(justice)인가? 이 개념은 은혜에 의해 믿음으로 의롭게 됨을 의미하는 구원론적 "칭의"인가? 아니면 약자의 권리와 관련된 사회적 "정의"인가?

1) 디카이오쉬네

종교개혁 칭의론이 정의와 연결되지 않는 이유는 무엇일까? 종교개혁 칭의 개념은 루터가 주목한 로마서의 "디카이오쉬네 테우"("하나님의 의"[롬1:17])에서 나왔다. 그런데 신약성경에 등장하는 그리스어 "디카이오쉬네"를 성경 번역자들이 "정의"가 아닌 "의"로 번역하는 경우가 많았다. 예를 들어 신약성경에 디카이오쉬네는 92회 나오지만, 한글 성경에서 이를 번역할 때 "공의"로는 2회, 나머지는 전부 "의"로 번역했다.[5] 어떤 연유인지 바울이 사용하는 "디카이오쉬네"를 정의(justice)가 아닌 의(righteousness)로 번역한 결과 이 용어에 대한 분별에 대혼란이 일어났으며, 성경 어휘와 신학 사전에서 "정의" 개념은 사라지고 "의"의 개념만 남게 되었다.[6] 바울이 사용한 디카이오쉬네를 이렇게 "정의"와 "의"로 구분하는 이유는, "의"를 하나님 앞에서 "옳음", 혹은 "바름"이라는 추상적이며 존재론적인 의미로 이해하여 인간의 종교적 태도나 개인의 내적 도덕 문

---

5 신약성경의 "정의"라는 단어는 92회 등장하는데, 그중 52회가 바울이 사용한 것이다.

6 영어권의 대다수 성경 사전과 신학 사전은 신약성경에 등장하는 디카이오쉬네를 반드시 "justice"가 아닌 "righteousness"로 번역함으로써 이 단어가 하나님과의 올바른 관계나 구원과 관련한 의미임을 암시한다. 다만 독일어권은 디카이오쉬네를 언제나 Gerechtigkeit Gottes(하나님의 정의)라는 단일한 용어로 사용한다.

제와 연결짓고, 정의는 사회 내의 불의와 악, 그리고 권리에 관한 것으로 이해하는 데 있다. 번역 성경들과 성경학자들, 그리고 신학적 개념 설명에서 바울의 디카이오쉬네를 "정의"가 아닌 "의"로 번역하는 까닭은 "의"는 하나님 앞에서 옳음이라는 신학적이며 구원론적인 개념이요, "정의"는 사회적 차원에서 사용되는 윤리적 개념이라고 구분하기 때문이다.

2) 그리스 철학의 정의 개념에서 보는 디카이오쉬네

바울이 말하는 디카이오쉬네는, 그리스적 전통에서 사용하는 정의 개념인 ① "각자의 몫을 각자의 자격에 따라" 돌려주는 분배적 정의 개념이 아니며, ② 인간이 도달해야 할 덕의 완성이나 실현으로서 정의도 아니고, ③ 잘못을 저지른 행위에 대해 도덕적 책임이나 형사상의 책임을 지도록 하는 충족 원리로서 정의, 즉 응보적 정의 역시 아니다. ④ 그뿐 아니라 롤즈(John Rawls)의 공정성(fairness)으로서 정의나 샌델처럼 공동체 구성원의 좋은 삶과 공동선을 추구하는 공동체주의적 정의 개념과도 다르다.[7] 디카이오쉬네는 서양 전통의 정의 개념인 "올바른 질서로서 정의"라든가 "조화롭고 질서를 잘 갖춘 사회의 미덕"으로서 정의가 아니라,[8] 오히려 유대 히브리적 개념으로서 억울하게 착취당한 약자들의 권리를 되돌려주어 회복하는 그런 의미의 정의에 가깝다고 할 수 있다.

3) 정의 개념으로서 디카이오쉬네

바울의 디카이오쉬네는 구약의 정의(체다카, 미쉬파트) 개념과 직결된다.

---

7 이택광 등 지음, 『무엇이 정의인가?: 한국사회, 정의란 무엇인가에 답하다』(마티, 2011), 81-239,

8 Nicholas Wolterstorff, *Justice in Love*(Eerdmans, 2015), 홍종락 옮김, 『사랑과 정의』(IVP, 2017), 501.

분명한 것은 바울의 디카이오쉬네는 구약적·유대교적 전통에 뿌리를 내리고 있다는 점이다.[9] 다시 말해 바울이 말하는 하나님의 의, 즉 디카이오쉬네는 구약의 체다카(정의, 공의), 미쉬파트(심판, 법)와 같은 의미다.[10] 구약의 체다카 개념을 바울의 디카이오쉬네와 연관성 아래 접근하는 몰트만은 종교개혁의 칭의론이 하나님의 의 개념을 추상적이며 존재론적으로 사고했다고 비판하면서, 바울의 "하나님의 의"와 "세상의 정의"를 연결한다. 바울이 말했던 디카이오쉬네는 구약의 체다카를 의미하며, 그것은 가난한 자를 비롯한 사회적 약자들의 권리를 세워주는 정의를 가리킨다는 것이다.[11]

정리하자면, 유대교의 정의 개념은 ⓐ 언약적 개념이며(하나님의 그의 백성을 향한 언약 이행의 신실함으로서), ⓑ 하나님의 의에 따라 세상을 심판하실 것이라는 심판적이면서 사법적 정의 개념으로서 억압당하는 자들에게 도움과 구원을 베푸시는 정의이고, 결정적으로 정의는 ⓒ 구원적 개념이다. 그리하여 정의와 구원은 동의어로 사용되며, 체다카는 구원의 용어로 표현된다.[12]

---

9 *TRE, Bd.12, Studienbuch*(de Gruyter, 2010), 404-18; 성종현, "디카이오쉬네 테우: 바울의 의 사상", 「기독교사상」 372호(1989.12), 205-12.

10 바울의 디카이오쉬네와 구약의 "체다카", "미쉬파트" 등 성경의 정의 개념을 용어상으로 가장 치밀하게 분석한 국내 학자는 김창락이다. 김창락, "성서에 사용된 정의와 관련된 용어들의 번역에 대하여: 미쉬파트, 체다카, 체데크, 디카이오쉬네의 용례를 중심으로", 「성경원문연구」 제30호(2012), 161-227; "바울의 성의론/칭의론 이해", 「종교신학연구」 Vol. 10(1997), 11-44; "민중신학에서 본 칭의론", 「헤르메네이아투데이」 13권(2000), 61-79. 그러나 김창락의 연구는 신구약의 정의 개념의 철저한 분석에도 불구하고, 구약적 의미의 정의론이 바울의 디카이오쉬네 해석에 이르러서는 전통적인 의미의 은혜에 의한 구원론의 맥락으로 해소되는 아쉬움이 있다. 신약의 디카이오쉬네를 정의의 관점에서 분석하면서 이를 바울의 칭의론과 더 정교하게 연결하는 글로는 김판임, "신약성서의 정의 이해", 「신약논단」 제23권(2016), 47-83.

11 Jürgen Moltmann, *Der Geist des Lebens: Eine ganzliche Pneumatologie*(München: Chr. Kaiser Verlag, 1991), 김균진 옮김, 『생명의 영: 총체적 성령론』(대한기독교서회, 1992), 173-176.

4) 구원 개념으로서 디카이오쉬네: 정의는 구원이며, 구원은 정의다

① 바울의 디카이오쉬네가 구약의 정의 개념과 연결된다면, 구원과 정의는 연결될 수 있는 개념일까? 다시 말해 바울의 의롭다 함(justification)은 구약적 의미의 정의로움과 연결되는가 하는 것이다.

구약적 의미의 하나님의 정의(의)는 "언약에 대한 하나님의 신실함"(Bundestreue Gottes)으로서의 정의다. 하나님의 의로우심이란, 그의 백성 이스라엘을 선택하여 언약 관계를 맺으신 하나님이 은혜로 맺은 언약의 백성들에게 의무를 시행함에 있어서 신실함을 보이신다는 점에서 의로우시다는 것이다. 그런데 하나님의 의로우심은 이스라엘을 전쟁, 위기, 억압에서 구출하심으로써 구원하시며 이스라엘의 원수들을 처벌하시는 것을 통해 구체적으로 나타난다. 즉 하나님의 의로우심은 구체적인 삶의 도움을 베풀며, 권리를 박탈당하고 억눌린 자를 위해 권리를 되찾아 주시는 구원 행동을 말한다.[13]

② 그리하여 하나님의 의는 사회정의와 만나는데, 바울의 "믿음으로 의롭게 됨"이란 사회적 관계 속에서 권리를 빼앗긴 자들의 권리를 세워주고 약자들의 정의를 회복시켜주는 구약의 체다카와 미쉬파트의 개념과 같은 의미를 지닌다. 바울이 말한 "믿음으로 의롭게 됨"이란 불의, 즉 죄로 뒤덮인 세상에서 약한 자들의 박탈당한 권리를 되찾아 줌으로써 하나님의 정의가 수립되는 것을 말하며, 하나님은 정의 이행의 신실함을 믿는 그들을 구원으로 인도하신다는 능력이 바로 하나님의 의로우심이다.[14]

---

12 Gerhard von Rad, *Theologie des Alten Testaments: Die theologischer geschichtlichen Überlieferungen Israels*(Chr. Kaiser Verlag, München, 1978), 382-95. 이에 대한 면밀한 분석으로 문상희, "바울신학에 있어서 하나님의 의 개념", 「신학논단」 Vol. 7(1962), 145-46.

13 James Dunn, "하느님의 정의: 새롭게 보는 믿음에 의한 의화", 「현대가톨릭사상」 No. 8(1993), 112; 성종현, "디카이오쉬네 테우", 208.

14 Dunn, "하느님의 정의", 113.

③ 구약의 하나님은 하나님의 백성들에게 "의를 따라 살라", "의를 이루며 살라"고 요구한다. 즉 "정의를 행하며 살라. 그리하면 살리라"라는 것이 구약이 말하는 구원이다. 정의를 행하는 것, 그것은 하나님을 아는 것이며 하나님의 구원이기도 하다.[15] 구원과 정의는 서로 다른 개념이 아니라 같은 의미의 다른 표현이다. 그러므로 정의가 구원이다. 그렇다면 바울이 말하는 칭의는 의롭지 못한 불의한 죄인을 의롭다고 여겨주는 것을 통해 의롭다 함을 얻는 것이 아니라, 실제로 정의를 행하며 사는 것, 그것이 사람을 의롭게 만든다는 것이다.

④ 정의의 관점에서 해석하는 사회적 칭의론에서는 사회적 관계 안에서 불의, 억압, 착취, 부당함으로 인해 사회의 중심부에서 밀려난 자들, 실패한 자들, 희생자들, 약자들의 권리를 회복하고 그들의 편이 되어주는 것, 이것이 칭의론의 본질이다. 그리하여 칭의는 정의론이 된다. 의롭게 됨이란 개별 인간의 내면에서 죄스러움의 의식을 말소하고, (실제로는 의롭지 않지만) 의롭다고 인정하는 개인적·내면적 사건이 아니라 사회 속에서 정의가 실현되는 것을 말한다. 바울의 칭의가 구약의 정의 개념과 연결된다는 점에 대해 제임스 던은 다음과 같이 말한다.

> 그리스도교와 유대교를 서로 대립하는 것으로, 그리고 신약과 구약을 사실상 대비되는 것으로 보는 전통 안에서 자란 사람에게 놀라운 점은 의롭게 됨에 대한 바울의 이해가 철두철미하게 유대교와 구약성서에서 비롯된다는 사실이다.[16]

---

15 Jose Porfirio Miranda, *Marx and the Bible: A Critique of the Philosophy of Oppression*(Wipf & Stock, 2004), 김쾌상 옮김, 『마르크스와 성서』(사계절, 1987). 64, 68-75.

16 Dunn, "하느님의 정의", 111.

5) 예수의 디카이오쉬네와 바울의 디카이오쉬네

복음서에 등장하는 대부분의 디카이오쉬네는 "의"로 번역된다. 예를 들어 "먼저 그 나라와 의(디카이오쉬네)를 구하라"라는 본문에 나오는 디카이오쉬네는 "justice"(정의)가 아닌, "righteousness"(의)로 번역되어, 그의 나라와 의를 구하는 것이란 하나님 앞에서 의로운 태도나 내적인 옳은 마음을 가지고 살라는 말로 해석된다. 그러나 이 본문은 오히려 하나님 나라를 추구하는 삶은 하나님의 정의로운 통치에 따라 사는 것임을 말한다. 김판임은 예수가 말한 디카이오쉬네 개념은 모두 경제적 개념이며,[17] 현재적 의미의 정의라고 본다. 예수는 하나님 나라, 즉 하나님의 통치의 현재적 실현을 강조했다는 것이다. 그래서 하나님은 지금 세상 속에 하나님의 통치를 이루어가고 계시다. 그러므로 "의"를 구하는 삶은 "정의를 따라 살라"는 예수의 정의에 대한 요구에 부합한다. 그 의는 추상적이고 형이상학적인 개념이 아니라 인간의 생존과 관련이 있는 사회적·경제적·구체적 개념이다.

나아가 마태복음 25장의 양과 염소 비유는 종말론적 구원에서 "목마른 자에게 물을 주었고, 벗은 자들에게 옷을 주었고, 감옥에 갇힌 자들 돌아보았던" 선한 행실, 즉 자비로운 행실이 기준이 된다고 말한다. 그리고 이는 다름 아닌 "정의의 실천"과 관련된다. "의에 주리고 목마른 자는 복이 있나니"라는 말씀은 의로운 태도나 자의식이 아니라 "정의에 굶주리고, 그것을 갈망하는 사람들은 복이 있다"는 의미다. 누가복음 18장의 과부의 기도는 "원한을 풀어주소서"였지만, 사실은 당연한 자신의 권리를 회복시켜달라는 요청이었다. 여기서 믿는다는 것은 하나님의 정의를

---

17 김판임, "신약성서의 정의 이해", 54-77.

신실하게 기다리는 것이다.[18]

예수가 말한 하나님의 의[19]는 하나님의 의의 통치로서 실현된다. 하나님의 정의가 실현되는 하나님 나라에서의 정의로운 통치는 예수의 선포와 행위와 존재를 통해 현시된다. 예수는 로마적 세계 통치에 대응하는 종말론적 나라를 선포하고, 죄인들과 세리에게 죄 용서를 선언하며, 그들을 식탁 공동체로 초대해 사귐을 갖고, 악마적 권세를 꺾으심으로써 병든 자를 치유하여 사회적 관계를 회복하게 하며, 가난한 자들을 위한 복음의 소식을 전파하신다. 이것은 예수의 선교가 정의의 선교임을 보여준다(눅 4:18-19).

2. 정의의 관점에서 칭의론, 어떻게 재구성할 것인가?

(1) 칭의와 정의의 결합은 신학적 분열의 극복으로부터

1) 바울적 칭의론과 복음서 및 구약의 칭의론의 일치 작업이 선행되어야 한다

종교개혁의 칭의론을 재구성하려면 성경의 칭의 교리를 근원적으로(radically) 다시 읽고 해석해야 한다. 오늘의 기독교가 칭의 교리를 근원적으로 재구성하려면, 종교개혁이 그랬던 것처럼 성서의 재발견으로부터 출발해야 한다. 루터의 혁명적 복음이 로마서와 갈라디아서의 재발견에서 시작된 것이라면, 오늘의 칭의 교리의 새로운 원천은 그동안 잊혔던 성경 본문을 새롭게 재해석하는 것으로부터 시작되어야 한다.

개신교 칭의론은 바울의 칭의론을 교본 삼아 출발했다. 종교개혁의

---

18 이런 지적에 대해, Wolterstorff, 『하나님의 정의』, 154-63.

19 특히 마태 신학에서 의 개념은 중심 개념이다. 예수의 "디카이오쉬네" 사용 용례에서 직접 사용은 5회다(마 5:6, 10, 20; 6:1, 33).

칭의론은 "오직 믿음으로 의롭게 됨을" 얻는 루터 칭의론에 기반을 두고 있다. 그러나 루터의 칭의론은 주로 로마서와 갈라디아서가 말하는 바울의 복음과 칭의론에 집중함으로써 "오직 믿음", "오직 은혜"로의 의롭게 됨의 교리를 정립한 것이지, 믿음이 반드시 행함을 동반해야 하고 의롭게 되기 위해서는 행함이 필수적이라는 야고보서의 "행위 우선적 칭의론"은 간과한 측면이 있다. 또한 구원을 위해 선행이 필수적인 요소임을 강조하는 복음서의 본문들(하늘에 계신 아버지의 뜻대로 행하는 자라야 천국에 들어간다[마 7:21-23], 양과 염소 비유[마 25장], 선한 사마리아인 이야기, 부자 청년을 향한 재물 포기 권고, 하나님 나라의 선포와 함께 회개를 촉구하는 세례 요한의 설교 등)과 행위 심판론에 관한 본문(하나님은 신자의 행위를 심판하신다)이 구원과 어떤 연관성이 있는가는 누락했다. 루터를 비롯한 종교개혁자들은 구원의 근거는 선행과 행위가 아니라는 점을 강조하였기 때문에 복음서와 다른 서신에 등장하는 구원의 필수요소로서 윤리적으로 합당한 삶이나 구원의 행위론적 본문들을 칭의론적으로, 그리고 구원론적으로 연결하여 읽지 않았다. 무엇보다 구원을 위해 합당한 행위를 요구하는 복음서의 행위론적 본문들은 주로 바울서신에 근거하여 은혜에 의한 믿음을 통한 칭의론을 강조했던 루터와 종교개혁자들을 당혹스럽게 했을 수 있다.

2) 율법(구약)과 복음(신약)이라는 이분법의 극복

바울과 예수, 구약과 바울을 율법과 복음이라는 대립의 틀에서 접근하게 되면 바울의 칭의론은 복음이며 예수의 행위론적 본문과 구약의 정의 실천 요구는 율법주의적 전제가 있는 것이라고 단정할 수 있다. 따라서 칭의 교리를 새롭게 조명하기 위해서는 먼저 바울의 칭의 교리가 율법의 행위를 배격할 정도로 그렇게 "반율법적이었는가"를 따져보아야 한다. 구약의 율법 준수를 펠라기우스적 행위 구원이나 로마 가톨릭적 공로 구원으로 치부하면서 바울과 유대교를 분리하여 반목시키는 것은 기독교 신학 안에 뿌리 깊게 잠재된 반유대주의(Anti-Judaism)의 결과라고 할 수 있다. 반유대주의 관점에서 성경을 해독할 때, 발생하는 신학적 오류는 다음과 같다.

① 복음과 율법의 대립 구도 아래 구약은 율법으로서 폐기되었으니 신약의 복음으로 돌아가야 한다는 논리가 바로 그것이다. 이 관점에 의하면 구약은 율법 준수를 통한 행위 구원을 말하고, 은혜로 인한 오직 믿음으로만의 구원이라는 개신교 구원 원리에 근본적으로 배치되는 것이므로 폐기되어야 한다. 이 입장은 구약은 행위를 통한 구원이요, 신약은 복음을 믿음으로 얻는 구원이라는 도식을 만들어냄으로써 신구약이 상반된 구원 교리를 말하는 것처럼 단정하여 신구약을 서로 다른 종교로 만들어버리는 결과를 초래한다.
② 그러나 신약의 구원 원리가 "믿음으로의 구원"이므로 구약 역시 믿음을 통한 구원을 말한다고 단순하게 해석할 경우, 구약성경이 정의와 공의를 행하며 율법을 준수하면 생명을 얻어 살 것이라고 말하는 행위론적 명령이 희석되어 소멸해버린다.
③ 이런 도식이 가져오는 또 다른 심각한 성경해석학적 모순은, 구약이 행위에 의한 구원이고 신약이 믿음에 의한 구원이라면 구약 속에 있는 믿음을 통한 구원, 즉 하나님의 언약을 신실하게 믿는 믿음의 약속이 소멸해버리고, 반대로 신약에 담겨 있는 구원의 행위론적 본문도 자동으로 소멸한다는 것이다. 그러므로 루터가 말했던 것처럼 율법과 복음은 대립이 아니라 율법 속에 복음이 있으며, 복음 안에 율법이 있다는 사실에 주목해야 한다.

④ 신약을 단지 복음을 믿음으로 구원 얻는 원리라고 규정할 때, 복음서가 말하는 정의에 대한 강조와 구원의 행위론적 강조점이 희석되고 만다. 그리고 이런 구원의 행위론적 차원은 바울의 구원 교리와 마치 모순된 것인 양 인식되어버린다. 그리하여 예수의 복음과 바울의 복음은 양분된다.

⑤ 그러므로 칭의 교리의 근원적 재발견을 위해서는 바울의 "오직 믿음으로만"의 관점에서 해석된 칭의론의 잣대를 가지고 복음서 전체와 구약의 행위론적 본문을 믿음으로의 구원이라는 단일한 구원 교리로 해석해서도 안 되며, 구약을 신약의 빛 아래 예표론적으로 읽음으로써 구약에 내재된 정의에 대한 실천 요구를 말살해서도 안 될 것이다. 다시 말해 구속사적 해석 원리를 가지고 역사 내적 현실(intrahistorical reality)로 가득한 구약의 사회윤리적 본문을 영해화(spiritualization)하거나 율법폐기론적으로 처리하는 위험을 극복해야 한다. 이를 위해 유대교 신학을 기독교 신학으로 재구성하고자 한 마르크바르트(Friedrich Wilhelm Marquardt)의 독창적인 시도에 귀 기울일 필요가 있다.[20] 그러므로 정의의 관점에서 칭의론을 재발견하기 위해서는 성경 전체를 (믿음으로 의롭다 함을 얻는다는 관점의) 바울의 칭의론으로 덮어씌우기보다 도리어 복음서의 행위론적 관점과 구약의 정의의 관점에서 바울의 칭의론이 다시 읽혀야 하고, 그리하여 전통적인 칭의론이 근본적으로 재해석되어야 한다.

---

20 참조. 정승훈 엮음, 『아우슈비츠와 이스라엘의 하나님: 프리드리히 빌헬름 마르크바르트』(한국장로교출판사, 2004).

(2) 배타적 칭의론에서 환대의 칭의론으로

바울의 칭의론은 복음서의 예수적 관점에서 새롭게 읽어야 한다.

새 관점이 말한 의롭게 됨에 관한 사회적 함의(구원으로부터 소외된 자들에 대한 용납과 인정)를 주로 바울서신을 중심으로 해석했다면, 새 관점의 통찰을 복음서에 나타난 예수의 메시아적 구원 행동과 연결하여 볼 때, 칭의론의 사회적 차원을 더 구체적으로 포착할 수 있다. 바울은 하나님의 구원을 속죄론과 화해론을 근거로 하여 칭의론적으로 전개했다면, 예수의 구원 행동은 하나님 나라의 맥락에서 그의 선포와 행위를 통해 보여주는 것이었다. 하나님 나라를 선포한 예수가 보여준 하나님의 정의(의)는 바울신학의 칭의론의 의미가 무엇이었는지 더 분명하게 알게 한다. 바울의 칭의론을 대할 때 오히려 복음서에 드러난 하나님의 정의의 관점에서, 즉 역사적 예수의 환대의 관점에서 칭의 교리를 재해석해야 한다. 다시 말해 복음서가 보여주는 칭의란 사회-종교적 정당함과 도덕적 인정의 테두리로부터 배제되어버린 자들, 종교적·인종적 편견에 의해 불경건한 사람으로 각인된 희생자들을 향한 죄 없음의 선포요, 은총적 인정 사건이다. 복음서의 예수 운동의 맥락에서 의롭다 함이란 사회의 기존 질서로부터 이탈해 있는 사람들, 비정상의 인간으로 치부되어버린 비인간화된 사람들, 폭력적인 질서로 인해 억눌린 사람들, 가난한 사람들과 여성들, 장애인들을 향한 차별 없는 환대의 사건을 의미한다. 이것이 칭의론이 원래 말하고자 하는 하나님의 새로운 은총의 질서에로의 편입됨이요, 죄인 된 인간을 의롭다고 인정하여 받아들이는 사건이다. 이것이 바로 하나님 앞에 업적이 없을지라도, 공로 없이도 하나님에 의해 부름 받고 선택되어 차별이 없는 구속 공동체에서 환대받는 존재로 영입되어 그의 자녀로 양자 됨의 권리 회복을 받으며, 새로운 가치와 삶의 양식을 따라 살아가는 새 존재로 거듭나고(중생), 세상의 지배 체제와 전적으로 구별되는 하나님의 새로운 사회로서 교회를 형성하는 것이다. 이제 그들은 편견과 차별 없는 하나님의 사회의 구성원으로 당당히 들어감을 얻는 사건을 맞이한다. 이런 맥락에서 칭의란 사회적 차별과 장벽을 허물고 받아들여지는 환대의 사건이요, 사회적 인정 사건이다. 그런 점에서 칭의란 사회적 의인론(義認論)이 된다.

그렇다면 "칭의란 의롭지 못한 죄인이 하나님의 은총으로 인해 믿음을 통해 하나님 앞에서 의롭다 함을 인정받는 것"이라 정의할 때, **이런 칭의 개념은 하나님 앞에서 의롭게 됨은 철저하게 말했지만, 사람들 앞에서 의롭게 됨은 간과한 것은 아니었는가**라고 질문할 수 있다. 그러므로 종교개혁이 강조했던 하나님 앞에서 옳다 인정받는 칭의의 차원을 넘어서 사회적 낙인(label)으로부터 의롭게 됨, 즉 인종적 차별과 성차별, 문화적 차별, 그리고 경제적 차별과 같은 집단 린치와 매도로부터 의롭게 됨을 말해야 하며, 사회적 편견과 기존의 도덕의식에 의해 비인격적인 존재로 규정당하는 비인간성으로부터의 의롭게 됨, 그리고 사회 구성원으로부터 거부당하고 환영받지 못하는 불관용의 사회로부터 용인되고 환영받는 사회적 차원의 의롭게 됨으로 전환되어야 한다.

3. 새 관점 학파의 칭의론 발견: 사회적 칭의론의 서막

바울의 칭의론은 율법 준수를 강조한 유대교를 행위 종교로 비판한 것이 아니었으며, 유대교는 언약적 율법주의를 통해 은혜의 종교로서 믿음을 통한 칭의를 보유한 종교였다.

① 루터 칭의론의 요점이자, 종교개혁을 통해 확립된 구원에 관한 개신교적 근본 원리는 "율법"을 행함이 아닌, "오직 믿음으로 의롭게 됨"이었다. 이는 "행위를 통한 의"(work righteousness, 행위 의)에 근거한 "행위 구원"이 아니라 "믿음을 통한 의"에 근거한 "은혜의 구원"이라는 것이며, 바로 이것이 로마서와 갈라디아서를 통해 루터가 발견한 바울의 칭의론이었다.

② 그러나 새 관점의 주장에 따르면, 제2성전기 유대교는 전통적인 해석과 반대로 "행위 의"(work righteousness)에 기반을 둔 "행위 종교"가 아니라 사실상 "은혜의 종교"였다.[21] 그러므로 바울의 칭의론을, 율법 종교로서의 유대교와 은혜 종교로서의 기독교를 대립각으로 설정하여 이를 "행위 대(對) 은혜"라는 대결의 관점으로 해석해서는 안 된다는 것이다.

③ 새 관점을 주창한 샌더스에 따르면, 유대교는 인간 스스로의 노력으로 구원을 얻을 수 있다고 가르치는 종교가 아니라, "언약적 율법주의"(covenantal nomism)의 종교다. 유대교는 하나님과 올바른 관계가 "행위 의"를 통해서가 아니라 하나님과의 은혜로운 언약으로 세워지며, 그 지위는 순종을 통해 유지된다고 가르쳤다는 것이다.[22]

④ 바울이 "사람이 의롭다 하심을 얻는 것은 '율법의 행위'에 있지 않고 믿음으로 된다"(롬 3:28), "사람이 의롭게 되는 것은 '율법의 행위'로 말미암음이 아니요, 오직 예수 그리스도를 믿음으로 말미암는다"(갈 2:16)라고 할 때, 거기서 말하는 "율법의 행위들"[23]은 은혜에 대한 반대 개념이 아니라 **할례**, **안식일**, **음식법**과 같은 "경계 표식들"(boundary marks)을 가

---

21 이런 견해는 새 관점 이전에 이미 Claude Montefiore와 George Foot Moore에 의해 제기되었다.

22 Sanders, *Paul and Palestinian Judaism*, 552.

23 바울이 말한 "율법의 행위들"이란 다른 민족과 구별되는 독특한 유대적인 삶의 방식을 가리

지고 이방인을 하나님의 백성으로부터 배제하는 유대인들의 배타적인 태도였으며, 그것이 바로 유대인들이 내세우는 "자기 의"였고, 그런 표지들을 내세우는 유대인들의 태도는 "믿음을 통해 은혜로 얻는다는 바울의 칭의 교리"에 정면으로 배치되는 것이었다.[24]

⑤ "경계 표식들"을 가지고 이방인 "죄인"을 대하는 유대인들의 태도는 바울의 이신칭의 복음의 성패를 좌우하는 문제였다. 바울이 겨냥한 것은 율법에 기반을 둔 율법에 대한, 혹은 이방인에 대한 유대교의 태도였다. 그런데 바울이 쟁점으로 삼은 "율법의 행위들"은 메시아가 오기 전, 이스라엘에게만 적용되었던 그 율법의 역할을 문제 삼은 것이 아니라, 이제 이신칭의의 복음이 계시되어 유대인뿐만 아니라 이방인에게도 비추는 시기에 율법의 역할에 대한 유대인들의 오해를 말한다.[25] "이제는 하나님께 받아들여지기 위한 조건으로서 그 (율법의) 행위들을 이방인들에게도 부과해야 한다는 것은 오해이며, 따라서 믿음에 더하여 다른 무언가를 요구하는 (유대인들의) 실수",[26] 즉 여전히 유대인들의 "율법주의적 율법 준수"에 대한 태도를 비판하는 것이다. "바로 이 점이 바울이 유대교에서 발견한 오류다. 그것은 (바울이 볼 때) 기독교가 아니다."[27] 그런 의미에서 바울이 말한 칭의는 언약 관계로 "들어가는 것"이 아니라 언약 안에 "머물러 있음"이라는 것이다.

키는 말이다. 예를 들어 바울이 볼 때 율법의 행위들은 이방인 신자들도 "음식 규정을 준수"하며 "유대인처럼 사는 것"(갈 2:1, 14)을 말하는데, 이것이 바로 바울이 말한 "율법을 따라 사는 것"이 가리키는 의미다(James Dunn, 『바울에 관한 새 관점』[최현만 옮김, 에클레시아북스, 2012], 38.

24 Dunn, 『바울에 관한 새 관점』, 34; Sinclair Ferguson, "칭의의 위기", K. Sinclair Ferguson ed., 『그리스도의 칭의론』(조영천 옮김, CLC, 2017), 38-39.

25 Dunn, 『바울에 관한 새 관점』, 40.

26 Dunn, 『바울에 관한 새 관점』, 41. 괄호는 덧붙인 것이다.

27 Sanders, *Paul and Palestinian Judaism*, 552. 괄호는 덧붙인 것이다.

⑥ 여기서 커다란 오해는 바울이 율법의 행위를 비판했을 때, 그것은 유대교가 "행위 의"(work righteousness)를 통한 구원을 말한다는, 즉 "행위 종교로서 유대교"에 대한 비판이었다는 것이다. 다시 말해 바울의 이신칭의는 유대교의 행위구원론를 겨냥한 것이었는데, 그것은 바울의 칭의론을 유대교의 율법주의와의 대결의 관점에서 보았던 루터의 오해였으며, 이것은 또한 로마 가톨릭의 공로 구원적 칭의론을 유대교의 구원관과 동일시한 개신교의 오해였다는 것이다.[28] 그리하여 "개신교는 그동안 루터의 안경을 끼고 유대 종교와 바리새인을 보았으며, 로마 교회의 오류와 유대교를 동일시하는 잘못을 범했다"는 것이다.[29]

⑦ 여기서 또 다른 오해는 새 관점이 언약적 율법주의를 강조함으로써 구약의 율법주의와 공로 구원에 빠져 있다는 것이다. 그러나 오히려 새 관점은 바울의 칭의론과 1세기 유대 기독교가 "예수 그리스도를 믿음에서 칭의가 온다"는 공통 기반의 신앙 위에 서 있다는 것을 분명하게 강조하고 있으므로, "믿음으로 의롭게 됨"이라는 루터의 칭의론뿐 아니라 전통적인 개혁주의의 칭의 교리와도 반하지 않는다고 할 수 있다.[30]

⑧ 새 관점의 기원을 열었던 스텐달은 바울서신의 핵심은 로마서 1-4장이 아니라 9-11장이며, 칭의론보다 교회론에 있으며, 그것은 이방인 그리스도인을 그리스도의 교회 공동체로 용납하는 선교론적 문제였다고 말한다.[31] 바울의 복음은 하나님의 은혜로운 구원은 인종, 피부색, 민족,

---

28 이에 대한 비판으로서 Ferguson, "칭의의 위기", 40-45를 보라.

29 Ferguson, "칭의의 위기", 40.

30 새 관점의 칭의 교리는 전통 교리를 약화하는 것이 아니라 "오직 믿음"을 강조하는 종교개혁 칭의 교리에 잃어버린 바울의 칭의론의 본래 의미를 더 복원해준다(Dunn, 『바울에 관한 새 관점』, 4-45, 49). 즉 구원에 관한 새 관점의 설명은 "루터적 관점 **아니면** 새 관점"이 아니라 "루터적 관점 **및** 새 관점"이다(Dunn, 『바울에 관한 새 관점』, 68).

31 Krister Stendahl, "The Apostle Paul and the Introspective Conscience of the West," HTR 56(1963), 199-215. Stendahl은 "바울과 서구의 내성적 양심"이란 논문에서 서구신학의

계급, 신조, 교파라는 외적인 표지들에 의해서가 아니라 모든 타자와 외부인을 향해 열려 있는, 이방인을 죄인으로 바라보는 유대인들의 배타적 태도를 넘어서서 모든 사람을 대상으로 한 바울의 칭의의 복음은 곧 하나님의 용납의 복음이라는 것이며, 이것이 바울 칭의론이 갖는 사회적 차원이다. 제임스 던은 이신칭의는 단지 개인의 죄 용서가 아니었으며, "칭의에 대한 바울의 신학은 사회적이며 공동체적인 차원을 지니고 있었으며, 이는 칭의에 필수적인 요소였다"라고 말한다.[32]

⑨ 다시 말해 바울이 칭의란 "행위를 통해서가 아니라 믿음을 통해 의롭게 된다"고 했을 때, 그리고 "율법의 행위들과 상관없이 믿음으로 의롭게 된다고 판단한다"고 했을 때, 그 의미는 "의롭게 됨은 인간의 노력이나 공로로 되지 아니하므로 모든 노력을 멈추고 하나님의 용납하심을 믿어야 한다"는 뜻이 아니라는 것이다. "바울에게 칭의란 하나님께서는 어느 민족의 후손이고, 아니고에 상관없이 사람들을 받아들이신다는 것을 뜻하며(롬 9:6-8), 그들이 그 민족의 전통적이고 독특한 풍속을 지키든지 지키지 않든지 상관없이 받아들이신다는 것이다(롬 9:9-11; 11:6). (그런 의미에서) 칭의란 오로지 믿음에 의해서만 얻어지는 것이다."[33] "이신칭의란 민족이나 문화나 국적에 의해 하나님 앞에서 특권을 누릴 수 있다고 믿는 그 어떤, 그 모든 생각을 대항해서, 또 배척하고 분리함으로써 그런 구별을 보존하려는 그 어떤, 그 모든 시도에 대항하여 바울이 치켜든 하

바울의 칭의론 해석은 죄책의 문제로 씨름한 Augustinus의 실존적 번민을 원형으로 삼아, 그것이 루터 칭의론의 핵심으로 이양되었고, 현대에서 Bultmann으로 연결됨으로써 바울의 칭의론은 개인적·내면적·실존적 물음에 대한 대답으로 잘못 해석되었다고 지적한다(김창락, "바울의 칭의론, 무엇이 문제인가", 김재성 엮음, 『바울 새로 보기』[한국신학연구소, 2000], 196).

32 Dunn, 『바울에 관한 새 관점』, 109.

33 Dunn, "하느님의 정의", 109.

나의 깃발인 것이다."[34] 던이 보기에 하나님의 의로움은 하나님이 전적인 은혜에 의해서만 이스라엘과 언약의 관계 안에서만 그들을 돌보신다는 것이다. 그러므로 던은 "유대교를 그 자체로서 자기 성취의 종교로 특징짓는 것은 경박스러울 뿐 아니라 무척 나쁜 주석이다"[35]라고 말한다.

그리하여 던은 칭의의 사회적 차원을 다음과 같은 맥락에서 설명한다. 즉 고아나 과부, 가난한 이웃, 소외된 자들도 아버지이신 하나님의 아들로 이해하고, 같은 언약의 백성인 동족들, 특별히 그중에서도 소외된 이들을 자기 형제로 받아들이는 것이며, 이웃에 대한 의무란 이웃 시민들뿐만 아니라 더부살이들, 그 땅에 몸 붙여 사는 이방인들에게까지도 미치는 것임을 기억하는 것이 중요하다(레 19:18, 34). 또한 던은 이런 차원에서 예수는 너희의 원수들도 이웃이라 부르셨음을 잊지 말아야 한다고도 말한다(마 5:43-48).

> 이 모든 것은 의로움에 대한 구약성서의 이해의 한 부분이며, 동시에 바울의 믿음에 의한 의롭다 함이라는 가르침의 구약성서적 배경의 본질적인 부분이기도 하다. 바울의 가르침은 상대적으로 이런 사회적 차원을 결여하고 있다. 칭의에 대한 바울의 가르침을 개인주의적인 의미로 혹은 경건주의적인 의미로 옮기는 것 역시 쉽지 않을 것이다. 하나님의 의로우심에 대한 바울의 가르침은 철저히 구약성서적임을 깨닫게 될수록, 우리는 그 의로우심이란 본질적으로 사회적이며 최우선적으로 그 사회의 소외된 자들을 부양하게 하는 인간의 응답으로서의 의로움을 요구하는 것임을 알아야 한다.…수평적인 동시에 수직적인 것으로서 하나님께 대한 책임을 본질적인 요소로서 이웃에 대

34 Dunn, "하느님의 정의", 110.
35 Dunn, "하느님의 정의", 114.

한 책임을 포함하는 의로움이라는 구약성서적 사고의 이 두 측면을 우리가 분명히 파악하지 못한다면, 의롭게 됨의 개념을 곡해하기에 십상이다. 동료 인간들에 대해서는 불의한 관계를 맺고 있으면서 하나님 앞에서 의로울 수는 없는 것이다. 간단히 말해서 **믿음으로 의롭게 됨의 교리의 수평적이고, 사회적 차원의 발견은 그런 관심이야말로 이렇듯 특징적이고 근본적인 그리스도교와 특히 개신교 교리의 핵심**이라는 것을 암시해준다. 또 한 가지 말할 수 있는 **것은 그런 사회적, 정치적 관심에 따르는 것이 바로 우리 신앙의 핵심이라는** 것이다.[36]

던은 덧붙여 우리가 칭의 교리에 대한 종교개혁과 개신교적 통찰을 배제할 이유는 없지만, 이 칭의 교리가 가지고 있는 공동체적이며, 사회적 함의를 분명하게 밝혀냄으로써 그것들을 보충해야 한다고 말한다. 칭의 교리의 보충이란 이 교리가 민족적이며 인종적 편견을 허무는 기능을 하고 있다는 것과 무엇보다 성서의 유산을 물려받아 사회 속에서 소외된 이들에 대한 시민적, 정치적 책임에 대해 말하고 있음을 밝힘으로써 가능하다는 것이다.

던은 결론적으로 "하나님의 정의"야말로 성서의 중심 개념이라는 것을 제시하면서, 루터의 칭의론으로 인해 "하나님의 정의"에서 "믿음으로 인한 칭의"로 이동했다는 사실이 지적되어야 하며,[37] 특히 칭의 개념을 "의롭게 하다"(justify), "의"(righteousness), "정의"(justice)는 통합적인 개념이기 때문에 용법 상의 분열을 피해야 한다고 말한다. 결론적으로 던은 ⓐ 개신교적인 의미의 칭의는 근본적으로 바울적이며, 또한 그것은

---

36 Dunn, "하느님의 정의", 117-18. 강조는 덧붙인 것이다.

37 Dunn, "하느님의 정의", 119.

유대교적 범주이기도 하다는 것, ⓑ 유대교와 기독교 양쪽 모두에게 핵심적인 주제는 정의가 무엇인지 아는 일이며, 하나님은 유대인만이 아니라 이방인의 하나님이기도 하다는 것, ⓒ 소외된 이웃과 원수들에 대한 책임을 완수하지 않고는 정의롭고 은혜로우신 하나님 앞에서 용납될 수 없다는 것을 강조한다.[38] 결국 믿음이 의한 의롭게 됨의 교리는 개인과 사회 모두를 위한 강력한 구원의 수단이 된다는 것이다.

4. 사회적 칭의론의 유형들: 어떻게 칭의와 정의가 만나는가?

(1) 하나님의 신실하심에 근거한 언약적 율법주의의 칭의론(바울의 새 관점)

새 관점은 바울의 칭의론이 유대교의 율법주의 비판에 근거하고 있다는 루터의 오해에 대한 비판에서 출발한다(스텐달-샌더스-던-라이트). 새 관점의 칭의론은 언약적 율법주의라는 중심주제가 되면서, 칭의론에서 교회론으로 이동하고, 그리하여 칭의론의 사회적 차원으로 전개된다. 물론 새 관점의 칭의론은 직접적으로 "정의" 문제와 연결되지는 않는다. 오히려 믿음에 의한 칭의가 더 강조된다. 결국 새 관점은 종교개혁 칭의론에 대한 문제 제기로부터 출발하지만, 칭의를 하나님의 신실함("그리스도의 신실함" 혹은 "그리스도에 대한 우리의 신실함")의 문제로 연결되고, 유대교와 바울의 칭의론(혹은 복음)을 연결하는 다리 역할을 한함으로써 구약의 율법과 바울의 복음과의 대립을 해소하여, 구약의 정의와 바울의 칭의론을 결합하는 계기를 만들어 준다. 한 가지 눈여겨둘 것은 새 관점은 믿음에 의한 의롭다 하심을 강조하면서, 동시에 칭의를 사회적

---

38 Dunn, "하느님의 정의", 119.

차원으로 연결점을 갖도록 이끌어준다는 것이다. 새 관점의 칭의론은 전통적 칭의론이 말하는 믿음으로 얻는 의롭게 됨이라는 칭의 교리의 근본적인 기반에 근거하여 칭의의 사회적 차원을 모색하는데 유용한 관점이다.

(2) "하나님의 관대하심의 정의" 로서 칭의(Nicholas Wolterstorff)

1) 정의란 무엇인가?: 정의론의 재확립

월터스토프의 정의론은 남아공 인종 분리 정책으로 흑인들이 겪는 압제와 고통을 목도하면서 "피해자 중심의 정의"에 대해 치열한 문제의식에서 시작한다. 그는 정의 문제에 관한 그의 첫 저작에서 자신의 신학적 유산인 카이퍼 전통의 신칼뱅주의와 남미 해방신학의 죄와 구원에 관한 관점을 비교하면서, 세계 형성적 기독교로서 칼뱅주의 신학이 가난한 자들의 울부짖음에 대해 눈 감고 있으면서, 이 세계의 약자와 피해자들의 정의에 눈을 돌리지 못하고 있다고 비판한다.[39] 그 이후 정의에 대한 치밀한 연구서를 내보인 월터스토프는[40] 특히 니그렌(Anders Nygren)의 아가페주의(agapism)가 정의보다 사랑을 우선시하여 정의와 불의에 대한 관심을 등한시한다고 다음과 같이 비판한다.[41] "아가페 사랑은 정의와 불의에 대한 모든 생각을 몰아낸다. 아가페 사랑은 정의와 불의에 눈을 가리고 귀를 막는다. 정의와 불의는 아가페 사랑의 시야에 들어오지

---

39 정의에 관한 그의 첫 저작은 자유대학 설립 100주년을 기념하는 카이퍼 강좌에서 행한 것으로 Nicholas Wolterstorff, *Until Justice and Peace Embrace*(Eerdmans, 1983), 홍병룡 옮김, 『정의와 평화가 입맞출 때까지』(IVP, 2007)다. 그는 이 책 제3장에서 약자들의 정의에 눈감는 신칼뱅주의를 비판하면서, 동시에 해방신학 역시 가난의 참상, 즉 증상에만 집중함으로써 그것의 종교적 뿌리인 신앙적 원인을 간과했다고 비판한다.

40 이와 관련한 Wolterstorff의 저서로는 *Justice: Rights and Wrongs*(Princeton University Press, 2010); 『하나님의 정의』; 『사랑과 정의』 등이 있다.

41 Wolterstorff, 『하나님의 정의』, 130-36, 138-40, 『사랑과 정의』, 47-136.

않는다. 아가페 사랑은 이유 없는 관대함이다."[42]

또한 월터스토프의 정의는 서양 그리스 철학에서 형성된 "각자의 것을 각자에게 돌려주는"[43] 분배적 정의와 구별한다. 그에게 정의란 조화로운 사회를 위한 "올바른 질서"를 위한 정의가 아니라 배려의 정의이며, 부당하게 권리를 박탈당한 자들의 권리를 되찾아 주며, 억압과 착취로 인해 억울함을 당한 사람들의 권리를 옹호하는 정의 윤리다.[44]

월터스토프는 니그렌의 아가페주의가 신약성경의 윤리를 정의 대신 "사랑"과 "용서"의 윤리로 대체해 버렸다고 비판한다. 그러나 신약이 말하는 용서나 사랑은 결코 정의를 무시하지 않는다. 오히려 "정의는 붉은 줄처럼 신약 전체를 관통한다"라고 말하면서, "복음서에서 예수의 정체성은 본질적으로 정의다"라고 역설한다.[45] 그러면서 월터스토프는 "구약성경에서 그토록 두드러지게 강조되었던 '정의'(체다카, 미쉬파트)가 왜 신약성경에서는 사라지고 말았는가?" 하는 의문을 제기한다.

"구약의 저자들은 하나님이 정의를 사랑하신다고 선언한다. (그런데) 왜 신약의 하나님은 정의를 사랑하시는 것으로 이해되지 않는가, 구약의 하나님은 우리에게 정의를 행하고 불의를 고치라고 명령하신다. (그런데) 왜 신약의 하나님은 우리에게 정의를 행하고 불의를 고치라고 명령하지 않는가?"[46]

월터스토프는 그렇게 된 이유는 신약성경의 디카이오쉬네를 번역하는 과정에서 용어상의 혼란이 가져온 결과라고 이를 자세하게 분석한다.

---

42 Wolterstorff, 『사랑과 정의』, 83.

43 이는 로마 법학자 Ulpianus의 정의(definition)로 "각 사람에게 그가 소유한 이우스(*ius*), 즉 그의 권리를 돌려주는 것을 의미한다(Wolterstorff, 『사랑과 정의』, 157-58).

44 Wolterstorff, 『사랑과 정의』, 501-3.

45 Wolterstorff, 『사랑과 정의』, 139.

46 Wolterstorff, 『사랑과 정의』, 145.

그는 예수가 사용한 디카이오쉬네를 번역한 영어 성경들이 정의(justice, 혹은 just, unjust)가 아닌 "의"(righteousness)고 번역함으로써 복음서와 바울의 "디카이오쉬네"를 "하나님과 올바른 관계에 있는" 의미로 이해하여, 디카이오쉬네를 "개인의 내적 자아가 하나님과 올바른 관계에 있는 것"이나 "도덕적으로 정직한 사람이 되는 것"을 의미하는 개인의 도덕적 덕성이나 존재론적인 올바름을 의미하는 의로움으로 이해하도록 만들었다는 것이다.[47] 그러나 신약, 특히 복음서가 말하는 디카이오쉬네는 구약의 미쉬파트와 체다카의 동의어로서 법정의 용어로서 정의를 행하고 불의를 고치는 의미이므로 이를 도덕적인 옳음이나 바름을 의미하는 것이 아니라 사회적 불의에 맞서는 의미이며, 사회적 관계 안에서 발생하는 "정의"의 개념으로 재해석하는 작업이 필요하다고 말한다.[48]

2) 정의와 칭의

월터스토프는 성경의 정의(디카이오쉬네) 개념을 정리한 후 이를 칭의와 연결하여, 기독교 칭의 교리를 그 나름대로 해석을 시도한다. 그는 로마서에 나타난 칭의란 "하나님의 관대함의 정의"(God's Justice of Generosity)라고 규정한다.[49] 하나님의 관대함은 죄인에게 베푸시는 칭의, 즉 의롭다 하심으로 드러나는데, 이 칭의는 유대인이나 이방인 모두에게 공평하다는 점에서 정의롭다는 것이다. 하나님은 유대인이나 헬라인이나 차별이 없다. 하나님은 유대인과 이방인 모두에게 칭의를 베푸신다. 모두에게 차별 없이 베푸시는 하나님의 관대하심은 불의하지 않으시다. 그런데 하나님은 새 관점 학파의 해석처럼, 언약의 신실하심을 따라 모든 이들에

---

47 Wolterstorff, 『사랑과 정의』, 146-50,

48 Wolterstorff, 『사랑과 정의』, 151-60.

49 Wolterstorff, 『사랑과 정의』, 423-96.

게 차별 없는 칭의를 베푸신다.

월터스토프에게 칭의는 차별 없는 하나님의 관대함이다. 그렇다면 유대인과 이방인에게 관대하신 하나님의 칭의는 그가 정의론에서 강조했던 약자들을 향한 정의로도 연결되는가? 다시 말해 그의 칭의는 정의가 되는가? 아쉽게도 그렇지 않은 것 같다. 그는 칭의에 있어서 믿음을 전제한다. 월터스토프에 따르면 하나님은 "믿음을 갖는 모든 자에게 관대하시다." 그렇다면 이 칭의는 어디까지나 믿음 안에 있는 차별 없는 칭의를 의미한다. 그래서 그는 믿음을 통한 하나님의 칭의는 정의롭다고 말할 수 있을까 하고 반문한다. 바로 이 점이 해방신학의 칭의론과 다른 점이다. 해방신학의 칭의는 단지 예수를 믿는 신자들을 위한 칭의가 아니다. 해방신학에 있어 의롭게 하심(칭의)이란 가난한 자들, 압제와 불의의 희생자들에게 차별 없이 베푸시는 하나님의 정의를 말한다. 비록 월터스토프는 정의의 차원에서 가난한 자들에 대한 연대감을 누구보다 분명하게 표명하지만 그것은 불의와 학대받는 자들을 향한 윤리적 연대감이지 가난한 자들과 피해자들을 의롭게 하는 구원론적 차원의 칭의는 아니다. 그런 점에서 월터스토프에게 정의는 칭의와 곧장 연결되지 않는다. 또한 하나님의 의롭게 하시는 칭의가 과연 그가 말한 대로 하나님의 관대하심의 정의로 결합하는 것은 아닌 것 같다. 바로 이것이 해방신학의 피해자 중심의 칭의론과 월터스토프의 정의 중심의 칭의가 분명하게 구별되는 지점이다. 우리는 칭의를 약자들과 피해자들에게 결합하는 칭의론을 해방신학에서 발견하게 될 것이다.

(3) 피해자 구원론으로서 해방신학의 칭의론

가난한 자들에 대한 우선적 선택을 강조하는 해방신학은 하나님 앞에서 죄인 된 인간을 위한, "죄인의 구원"으로부터 가난, 인종, 불의, 압제로 고통당하는 희생자들의 구원을 주목하는 "피해자 구원론"(Victim Soteriology)[50]이 중시되고 있다. 해방신학은 죄의 인격적 차원보다 구조적 죄, 혹은 구조 악으로서 죄를 주목하면서 사회적 시스템이 초래한 희생자들의 구원 문제에 집중한다.

1) 배제된 자들을 위한 하나님의 정의(엘자 타메즈)

멕시코 신학자 엘자 타메즈(Elza Tamez)[51]는 그의 책 *The Amnesty of Grace*(『은총의 사면』)에서 해방신학적 관점에서 칭의론을 탐구한다. 칭의론에 관한 타메즈의 연구가 갖는 의미는 전통적인 칭의론을 비판하면서 남미 해방신학이라는 상황신학적 관점에서 접근하고 있다는 것이며, 가톨릭 신학자가 대다수를 점하고 있는 해방신학 배경에서 개신교 신학자로서, 바울의 칭의론을 해방신학 분야에서 본격적으로 다룬 연구서라는 데 있다.[52]

해방신학자인 타메즈는 이 책에서 "칭의와 정의"를 중심 주제로 접근

---

50 Stephen Ray, "Structural Sin", Keith L. Johnson, David Lauber ed., *Companion to the Doctrine of Sin*(T&T Clark, 2016), 25.

51 Elza Tamez, *The Amnesty of Grace: Justification by Faith from Latin American Perspective*, Sharon H. Ringe trans.(Abingdon Press, 1993; Spanish edition, 1991). Elza Tamez는 멕시코 출신의 여성 해방신학자로 산호세의 남미성서대학교 성서학 교수로 있으며, 산호세 에큐메니컬 연구소의 협력 위원이다. 이 책은 그녀의 박사학위 논문이다. 저서로는 *When the Horizons Close: Reading Ecclesiastes*(Wipf & Stock Pub, 2006); *Jesus and Courageous Women, General Board of Global Ministries*(United Methodist Church, 2001); *Bible of the Oppressed*(Orbis Books, 1982), 문홍일 옮김, 『눌린 자의 성서』(논장, 1989); *The Scandalous Message of James*(New York:The Crossroad, 1990); *Struggles for Power in Early Christianity: A Study of the First Letter to Timothy*(Orbis Books, 2007) 등이 있고, 엮은 책으로는 *Through Her Eyes: Women's Theology from Latin America*(Wipf & Stock Pub, 2006)가 있다.

52 가톨릭 신학자가 대다수인 남미 해방신학은 그동안 "구원과 해방"의 문제를 다루기는 했어도 개신교 구원론의 핵심 주제인 칭의론을 해방의 관점에서 다룬 경우는 드물다는 점에서 이 연구의 가치가 있다고 할 수 있다.

한다. 그런데 바울의 칭의론을 논함에 있어서 어떤 경우라도 "디카이오쉬네 테우"를 "하나님의 의"(righteousness of God)가 아니라 "하나님의 정의"(justice of God)로 전제하고 출발한다. 그에게 있어서 하나님의 의는 곧 하나님의 정의인 것이다. 그리하여 타메즈에게 칭의론은 당연히 정의의 문제와 직결되고 있다.

먼저 타메즈는 남미 해방신학의 관점에서 전통적인 칭의론 해석을 비판한다. 전통적인 의미의 칭의는 "죄 용서"에 있다. 그러나 굶주림과 사회적 차별로 고통을 겪고 있는 가난한 사람들에게 비인간화의 상황이 문제가 된 남미에서 죄는 명백히 구조적인 죄와 역사적 차원의 죄로서, 죄의 양상과 현시(顯示)가 그렇게 나타나고 있는데 단지 인격적 차원의 죄를 말하면서 개개 인간이 죄인이며, 개인적인 죄 용서만을 말한다면, (물론 타메즈는 사회적 불의가 곧 죄라고 환원시킬 수 없다고 언급한다) 죄가 사회적 불의와 관련되어 있고, 그것이야말로 하나님에 대한 모욕임에도 불구하고 비인간화가 초래한 인간 사회의 구체적인 현실이며 죄스러운 현실을 간과한 채 죄의 내면화와 영성화에 머문 채 죄 용서의 칭의를 말한다면, 그러한 칭의 교리가 어떻게 구원하며, 해방하는 메시지가 되겠냐고 비판한다.[53] 또한 타메즈는 화해의 문제로서 칭의 교리가 오로지 하나님-인간의 관계라는 수직적 차원의 화해에만 집중함으로써, 예를 들어 하나님과 화목되어 그와 평화하게 되었으며, 하나님과 바른 관계를 맺는다는 것 등이 인간과의 화해와 나머지 세계와의 수평적 차원의 화해가 축소되었다면서, 칭의 교리는 하나님의 정의의 차원에서 다시 읽기가 이루어져야 한다고 말한다. "하나님의 정의"와 "칭의"가 "하나님과의 바른 관계", "하나님께 받아들여짐", "하나님과의 화해됨"으로 대체됨

---

53 Tamez, *The Amnesty of Grace*, 20-21.

으로써 칭의 교리는 개인적인 차원의 그 무엇으로, 그리고 인간 내면의 주관적인 죄 용서의 문제로 이해되었다는 것이다. 그러므로 남미에서 칭의론은 불의와 비인간화라는 현실에 주목하는 상황화가 필요하다는 것이다. 따라서 루터가 말한 "자비로우신 하나님에 관한 개인적인 염려"는 남미의 상황에서 "어떻게 우리는 정의로운 세상을 가져올 수 있는가?"라는 사회적 차원으로 바꿔야 한다. 다시 말해 개인적 차원의 칭의를 사회정의와 연관되도록 하는 작업이 시급하다는 것이다.[54]

이를 위해 바울의 하나님의 정의(의), 즉 하나님의 "디카이오쉬네"는 구약 히브리 성경이 강조하는 정의와 법을 의미하는 체다카, 미쉬파트와 연결되어 있다는 미란다의 탐색을 주목해야 한다고 말한다. 타메즈는 피에트란토니오(Ricardo Pietrantonio)를 인용하면서 신약의 정의 개념은 많은 경우 구원적 의미로 해석되었는데, 다른 한편으로 정의는 지상적이며 인간과 인간 사이의 의미를 갖는다. 그러므로 신학적으로 정의 개념은 항상 "하나님 앞에서(*coram Deo*) 정의"에만 관심을 두는 것이 아니라 비참, 주변성, 가난, 불의와 관련한 "사람 앞에서(*coram hominibus*)의 정의"와 연결되어야 한다.[55] 정리하면, 성경의 전체 맥락에서 바울의 칭의(디카이오쉬네)는 분명히 사회정의의 측면을 보여준다는 것이다. 예를 들어 예수 선교의 개막 설교(눅 4:16-21)를 살펴본다면, 예수의 메시아적 구원 사역이 단지 "죄 용서"가 아니라 질병과 왜곡된 사회적 관계들로부터 자유케 하는 것이었으며, 그것은 역사적인 억압의 사슬로부터 포로된 자들을 자유케 하는 것이라는 것이다. 그러므로 죄로부터의 구원은 죄 용서만이 아니라, 죄의 사회-정치적 메커니즘으로부터 인간 실존 전체를 해방하

---

54 Tamez, *The Amnesty of Grace*, 27.
55 Tamez, *The Amnesty of Grace*, 29.

는 구원이라는 것이다.[56] 신구약 성경 전체의 맥락에서 볼 때 하나님의 정의와 인간의 정의는 전혀 다른 것이 아니라 계약 관계 안에 있는 같은 실재의 다른 측면이다.

타메즈는 남미 해방신학의 관점에서 칭의를 말할 때, 칭의의 대상인 가난한 자들을 주목해야 한다고 말한다. 그런데 가난한 자들이란 "압제당한 자이고, 약한 자이며, 굶주린 자이며, 주변부로 밀려나 있는 자들이고 거부당한 자들이며, 무가치한 자들이며, 굴욕을 당한 자들이며, 무능력한 자들, 별 볼 일 없는 사람들이다. 그들은 그 사회에서 사회, 정치, 경제적 합법성이 없는 모든 사람이다. 그런데 타메즈는 이 인간 집단을 "배제된 자들"이라고 총칭한다. 그들은 경제적 시스템에 의해 배제된 자들로서 죽음으로 유죄선고 받은 자들이며, 인간됨을 헐값에 팔아넘긴 비인간으로 유죄선고 받은 자들이라고 말한다.[57]

그런데 타메즈는 "하나님께서 죄인들을 의롭게 하신다"라는 진술로 칭의 교리를 말하는 것에서 멈추어서는 안 된다고 말한다. 왜냐하면 오늘의 사회에서 죄는 인격적이고 주관적인 차원으로 실존하는 것이 아니라 인간존재를 비인간화하는 방식으로, 그리고 역사화 된 형태로, 다시 말해 인간을 노예화하는 메커니즘으로, 특별히 불의(injustice)의 형태로 드러나는 일종의 시스템(system)이기 때문이다. 물론 타메즈는 죄를 사회적 차원과 구조적 차원에서 설명한다고 하여, 가난한 자들이 죄인이 아니라고 주장하는 것은 아니라고 말한다. 그러나 의롭다 함(justification)이 "생명의 긍정"이라고 할 때, 경제적 압제와 피부색, 인종, 성(sex), 계급에 의해 인간존재의 존엄성이 부인되는 상황에서 인간의 삶

---

56 Tamez, *The Amnesty of Grace*, 30-31.

57 Tamez, *The Amnesty of Grace*, 37-42.

전체를 정당화해주는 의롭다 함은 배제된 자들의 인간성을 존중하는 의미로 재해석되어야 한다는 것이다.

결론적으로 타메즈에게 칭의는 “배제된 자들의 생명을 긍정하는 것”으로 요약된다.[58] 가난한 자들은 “배제의 논리”라는 시스템화된 기획에 의해 주변화되고, 압제당함으로 비인간화된 자들이다. 그런데 이 비인간화는 죄가 역사화 된 것을 의미하는데, 바로 이런 죄의 통치는 배제의 (율)법에 의해 정당성을 획득하게 되었다. 그리고 죄의 통치는 결국 죽음을 향해 방향 지어져 있다. 인간을 비인간화하는 죄는 결국 죽임(killing)의 법으로 작용하여 모든 사람을 허무성과 영원한 죽음으로 정죄하게 된다. 그리하여 온 세상은 그러한 죄의 힘, 곧 죽임의 법이 드리워져 있으며, 여기서 인간은 노예 상태에 처하게 된 것이다. 바로 여기서 은혜의 논리가 일종의 사면(赦免)을 선고하는데, 그 대상은 은총의 논리로부터 배제된 자들이다. 왜냐하면 하나님의 정의는 특권과 우선성과 반대로 반응하시기 때문이다.[59] 이 배제된 자들이 의롭게 되는 길은 율법이 아니라 믿음이다. 그 믿음은 의롭게 하시는 그리스도를 따르는 것을 의미한다.[60]

2) 불의에 대한 하나님의 정의로서 칭의(호세 미란다)

① 하나님을 아는 것은 정의를 행하는 것이다.

멕시코 출신의 해방신학자 호세 포르피리오 미란다(Jose Porfirio Miranda)[61]는 “마르크스와 성서”에서 성경 전반에 걸친 해석과 함께 로마

---

58 Tamez, *The Amnesty of Grace*, 129.

59 Tamez, *The Amnesty of Grace*, 130-131.

60 Tamez, *The Amnesty of Grace*, 152-153.

61 Miranda는 독일 프랑크푸르트에서 신학과 경제학을 연구하였고, 이후 로마 교황청 대학

서를 중심으로 새로운 관점에서 해석함으로써 칭의에 관한 놀라운 통찰을 제공한다. 미란다에게 정의는 하나님을 아는 문제와 직결된다. 그래서 그는 "하나님을 아는 것은 정의를 행하는 것"[62]이란 그의 유명한 명제에서 출발한다. 해방신학의 기본명제와 마찬가지로 미란다는 신앙의 본질에서 정통 교리(orthodox)가 아니라 정통 실천(orthopraxis)이 근본적이라고 본다. 따라서 약자를 위한 행위와 실천이 신앙보다 우선적이다. 그런데 이것이 하나님 인식과 직결된다. 하나님을 직접적으로 아는 것은 불가능하므로, 하나님 인식은 정의를 찾는 가난한 자와 약자들을 향한 실천에서만 가능하다. 하나님은 억눌린 자들을 위한 정의에서만 우리에게 계시된다고 할 수 있다.[63] 그렇다면 믿음으로 의롭게 됨은 어떻게 될 것인가? 미란다에게 이 역시 정의 실천으로 연결되고 있는지 질문할 필요가 있다.

② 하나님은 정의는 약자들의 권리를 되찾아 주고, 그들의 정의를 위한 개입이다.

히브리어 "미쉬파트"라는 한 단어는 "법"(율법), "재판"(심판), "권리", "정의를 위한 개입" 등 다의적(多義的)으로 사용되고 있다. 미란다는 여기서 다양한 형태의 어원적 분석을 통해 "미쉬파트"란 약자의 옹호, 억압

에서 성서학을 연구하였다. Jose Porfirio Miranda, *Marx and the Bible: A Critique of the Philosophy of Oppression*(Wipf & Stock, 2004); *Marx Against the Marxists: The Christian Humanism of Karl Marx*(SCM, 1980), *Communism in the Bible*(Wipf & Stock, 2004), 정혁현 옮김, 『성서의 공유사상』(사계절, 1987); *Being and the Messiah: The Message of St. John*(Orbis Books: Maryknoll, 1977).

62 Miranda, 『마르크스와 성서』, 64, 68-75. Miranda의 이 명제는 그의 또 다른 책인 *Being and the Messiah*에서 밝힌 "윤리적 하나님"(27-29)과 "성경의 하나님"(30-31)에 대한 그의 신학적 통찰과도 연결되어 있다.

63 Miranda, 『마르크스와 성서』, 74, 115.

받는 자의 해방, 가난한 자들에 대한 정의의 실천이라고 결론을 내리고 있다. 미쉬파트는 70인역 성경에서 "디카이오쉬네"(dikaiosyne, 정의)로 사용하여 번역되고 있다. 따라서 이 샤파트(shaphat)는 단지 "심판하다"라는 중립적인 의미라기보다 "억압받는 자를 향한 정의의 실천"을 뜻한다고 보아야 정당하다.[64] "재판하다", "재판관", "재판"(심판)으로 번역되는 히브리어들은 그것의 통상적인 의미인 사법제도나 사법적 행위와 관련된 것임을 부인할 수는 없지만, "가난한 자를 위한 정의 실천"으로 번역되고 있음을 주목해야 한다. 사사기 전체에는 하나님의 세움 받은 사사들이 사법적 행위를 한 사례는 한 번도 나타나지 않지만, 이들을 "쇼페트"(shophet)로 부르고 있다. 이스라엘의 쇼페트인 사사들은 재판 행위를 한 것이 아니라 "억압으로부터 구출"하는 사역이 주된 것이었다. 또한 시편 10:18은 여호와가 고아와 가난한 자를 불의로부터 구해주고, 억압으로부터 이들을 건져주기 위해 오신다는 것을 의미한다. 이 구절을 여러 번역 성경을 비교하면 다음과 같다.

- 고아와 압제당한 자를 위하여 심판하사 세상에 속한 자가 다시는 위협하지 못하게 하시리이다(『개역개정판 성경』).
- You will bring justice to the orphans and the oppressed(NTL).
- 억눌린 자 고아들은 권리를 찾게 하시고, 다시는 이 땅에 겁주는 자 없게 하소서(『공동번역 성경』).

따라서 하나님을 "재판관"(쇼페트)이라 할 때 불편부당한 중립적인 중재자이므로 구원자로 이해되는 것이 아니라 억압받는 자를 옹호하는 자,

---

64 Miranda, 『마르크스와 성서』, 146.

그런 자들의 변호자라는 의미이다. 여기서 우리는 약자에게 정의와 구원을 베풀 수 있는 분은 오직 하나님 한 분밖에 없다는 결론을 연역해낼 수 있다.

미란다에게 미쉬파트는 종말론적 성격을 지닌다. 가난한 자에 대한 옹호와 변호는 최후 심판과 연결된다. 미란다에 따르면 종말론은 예언자들이나 포로기 후기 이스라엘에서 생성된 것이 아니라 출애굽 해방에서 계시된다. 하나님은 처음부터 "불의한" 자들에게 대항하여 역사 안에 개입하시는 온 세상의 심판자(쇼페트)다(창 18:25). 여호와는 불의한 자들에게 행실대로 갚아주실 것이다(렘 17:11). 로마서 2:5-12, 마태복음 25:31-46은 불의한 자들의 제거와 의로운 자들만에 의한 그 나라의 점유를 보여준다. 결론적으로 미쉬파트는 가난한 자들에게 정의를 행하는 것을 의미하면서 동시에 이것이 이웃을 억압하는 자가 하나도 없게 될 확고한 시대의 도래가 이루어질 시행하게 될 최후 심판을 의미한다는 것이다.[65]

③ 정의와 법: 하나님의 정의

미쉬파트에 관한 논의는 이제 그것의 복수형인 "미쉬파팀"(규례, 법규, 판례)으로 옮겨지면서 하나님의 정의를 법적 개념으로 정리한다. 정의는 법이 없이는 실현될 수 없다. 가난한 자를 위한 하나님의 정의(실천)는 "헤세드"에서 "법"으로 옮겨간다고 할 수 있다. 또한 **바울의 혁명적이고 절대적인 중심 메시지는 "하나님의 의(정의)"이며, 이것은 다름 아닌 시편에 나타난 "하나님의 정의"로서, 구약성서 전체의 "하나님의 의" 개념과 일치한다.** 다시 말해 바울의 하나님의 정의는 구약이 말하는바 하나님의

---

65 Miranda, 『마르크스와 성서』, 166f.

법(미쉬파팀)의 실현, 바로 그것을 말하고 있는 것이다.[66] 법은 구원하는 정의요, 공의이다(미 4:2-3; 슥 7:9-12). 출애굽 해방 전승에 나타난 야웨의 진정한 법은 하나님이 억압받는 자들을 해방시키시고 이 땅 위에 정의를 수립하시기 위해 우리 역사에 개입하셨던 정의를 위한 위대한 행동의 연속이요 그 절정이었다.[67]

④ 바울의 구원론과 정의

미란다에 의하면, 바울의 로마서 1장에서 인간의 "아디키아"(불의)에 대한 하나님의 진노는 인간의 불의에 대해 내재적인 벌로 임하게 된다는 것이다. 우리는 인간 역사 안의 사회적 차원들의 새로운 현실로서 "하나님의 정의"가 도래함으로써만 이 진노에서 구원받을 수 있다는 것이다. 로마서 1:18과 3:21을 정리하면, 하나님의 정의가 계시되었기 때문에 복음은 구원이 된다. 복음이 구원이 되는 이유는 하나님의 정의가 그 안에서 드러났기 때문이고, 진노가 이미 세계에 작용하고 있으나 이제는 우리를 진노로부터 구원해주는 정의가 우리에게 알려지게 되었기 때문이다. 미란다에 의하면 바울은 우리가 그리스도 안에서 하나님의 정의가 될 수 있도록 하는 일이 하나님의 구원의 전부였다는 것을 우리에게 말해주고 있다는 것이다.

로마서 1장에 의하면 하나님의 정의가 복음 안에 나타나기 때문에 복음은 구원이 된다. 하나님의 진노는 인간의 상호 불의로 인한 내재적 벌로 세계 안에 이미 작용하고 있다(롬 1:18-3:20). 그러나 이제는 이 진노로부터 구원해주는 하나님의 정의가 알려지게 되었다(롬 3:21-31). 마

---

66 Miranda, 『마르크스와 성서』, 198.

67 Miranda, 『마르크스와 성서』, 202.

땅히 죽어야 할 인간들은 그 복음 안에서 정의로와 질 것이며, 정의로운 사람들은 다시 불의를 저지르지 않을 것이다. 그로부터 구약이 말하는 것처럼 모든 불의한 사람들이 제거될 것이다. 로마서 1:29-31과 3:10-18에서 열거하는 사람들, 억압하는 자들, 자랑하는 자들, 시기하는 자들, 탐욕스런 자들, 거만한 자들은 모두 제거될 것이다.

또한 죄는 사회구조와 인간의 문명 안에 육화한 것이다. 그리고 그것의 가장 특징적인 표현이 바로 "법"이다. 그러므로 정의는 (율)법에 의해서가 아니라 믿음을 통해 온다. 하나님의 정의는 지상적 차원과 사회적 차원을 갖는다. 또한 하나님의 정의는 사법적인 선고이면서 종말론적 구원이 된다. 하나님의 정의는 그것이 불의한 자들을 구원해 주기 때문에 불의한 자들에 대한 사법적 선고이다. 그리고 하나님의 정의는 그것이 불의한 자들에 대한 효과적인 선고이기 때문에 구원이다. 그것은 이제는 드러난 종말론적 사건이다.[68]

미란다는 에버하르트 윙엘(Eberhard Jüngel)을 인용하면서 "하나님의 정의"가 "정의"와 유리되지 않아야 한다고 지적한다. 윙엘은 "전가된 의"와 "실제적 의"는 더 이상 구분하기 어렵다고 말한다. 또한 미란다는 트리엔트 공의회와 마찬가지로 "의롭게 한다"는 말은 "사람을 실질적으로 정의롭게 만든다"는 뜻으로 이해되어야 한다고 주장한다. 미란다는 피터 슈튤마허(P. Stuhlmacher)를 인용하면서 말하기를, "정의가 신앙으로부터 나오는 것이라면 정의는 그 원인인 신앙만큼이나 무상적이거나 무상적이지 않기 때문에 만일 정의의 원인인 신앙이 행함이고 하나님의 무상의 선물이 아니라면 바울적인 정의의 무상성은 또다시 문제가 될 것이다. 신앙의 무상성은 수평적인 인간관계에 의해 설명되어야 한다. 그

---

68 Miranda, 『마르크스와 성서』, 224.

것은 예수에 의해 시작되고 인간에게 신앙을, 따라서 정의를 일으키는 하나님의 도구인 교회에 의해서 계속되는 복음화다"라고 했다.[69] 결론적으로 미란다는 바울의 정의 해석이 바로 구약성경 속에서의 그 의미와 동일하다고 본다. 즉 하나님의 정의는 다름 아닌 이 세계와 역사 현실에서 성취되어야 할 "사회정의"라는 것이다.

3) 해방의 개혁신학의 관점에서 칭의(존 드 그루시)

남아프리카공화국의 기독교윤리학자인 존 드 그루시(J. W. de Gruchy)는 남아공 인종차별의 상황에서 칼뱅과 개혁신학 전통을 근거로 하여 "해방의 개혁신학", 혹은 "개혁신학적 해방신학"을 시도한다.[70] 그의 신학적 출발점은 본래 사회-정치적 변혁을 추구하던 종교개혁적 개혁신학이 왜 남아공의 네덜란드 개혁교회에 의해 억압과 차별을 자행하는 인종차별의 신학(Theology of Apartheid)으로 변질되어 사회개혁의 주체가 아니라 개혁의 대상이 되고 말았는가를 지적한다. 그루시는 남아공의 개혁신학이 국가 신학의 시녀가 됨으로써 사회의 지배계급과 결탁하여 흑백 인종차별을 신학적으로 옹호하는 차별하는 신학이 되었으며, 그 결과 남아공의 개혁신학은 해방하는 개혁신학(Liberating Reformed Theology)이 아니라 "해방되어야 할 신학"이 되었으며, 이를 위해 칼뱅과 칼뱅주의 신학에 근거하여 해방신학을 새롭게 조명하고자 한다. 그루시는 개혁신학이 억압과 착취와 차별의 신학 논리를 극복하고, 흑백 인종차별을 합리화하는 "질서의 신학"으로부터 해방하는 변혁적 신학이 되려면, 하나님

---

69 Miranda, 『마르크스와 성서』, 225.

70 J. W. de Gruchy, *Befreiung der reformierten Theologie: Ein südafrikanischer Beitrag zur ökumenischen Diskussion*(Chr. Kaiser: Gütersloher Verlag, 1995), 이철호 옮김, 『자유케 하는 개혁신학』(예영, 2008).

말씀인 성경이 압제로부터 자유하게 하는 말씀이 되어야 한다고 말한다. 이를 위해 "피해자들의 안경"을 끼고 성경을 읽을 것을 제안한다. 하나님을 알기 위해서는 성경의 안경만이 필요한 것이 아니라 피해자들의 안경이 필요하다고 말한다.[71] 그루시는 사회의 피해자들은 반드시 가난한 자들만이 아니라 여성, 흑인, 소수 종족, 동성애자들 같은 사회적으로 소외된 모든 사람을 의미한다.

그루시는 해방신학의 중심 테제인 "가난한 자들에 대한 우선적 선택"의 착상을 칼뱅의 선택론과 연결한다. 그는 하나님의 선택을 인종차별적인 선택으로 오용하여 차별의 복음을 조장하지 않아야 하며, 그런 의미에서 이를 가난한 자들을 향한 선택으로 연결할 수 있다고 본다. 그리하여 하나님의 구원대상이자 은총의 대상은 사회의 피해자들이 된다. 그루시는 "노예들을 압제로부터 해방시키는 일과 가난한 자들을 편드는 선택에 있어서 성경의 하나님은 섭리적으로만 아니라 구속적으로도 역사"하신다고 지적한다. 그리하여 "은혜의 선택"을 "사회적 차원의 선택"으로 연결한다. 그루시는 예수 그리스도는 희생자, 갈릴리의 가난한 자, 그리고 유대인과 로마인에 의해 십자가에서 처형된, 멸시받아 버림받은 슬픔의 사람이며, 동시에 주님으로서 그분을 통해 구원받는 자유케 하는 말씀이라고 말한다.[72]

그루시에게 칭의란 "오직 은혜에 의한 자유"를 말한다. 그는 칭의란 "죄인이 하나님에 의해 의롭다고 선언된 사실"[73]을 의미하며, "내적 인격적인 변화나 중생의 과정이라기보다 하나님 앞에서 외적인 신분 변화에 대한 선언"이므로 가톨릭의 의화와 성화의 과정과 구분한다. 그는 역시

---

71 Gruchy, 『자유케 하는 개혁신학』, 113.
72 Gruchy, 『자유케 하는 개혁신학』, 121.
73 Gruchy, 『자유케 하는 개혁신학』, 201.

칭의를 칼뱅처럼, "예수 그리스도의 죽으심을 통하여 하나님께서 우리를 의롭다고 선언하셨다는 법정적 술어"임을 확인한다.[74] 그러면서 그루시는 칭의는 "단 한 번 만에 우리에게 생명을 부여하고 하나님과의 관계를 회복시키는 것이라면" 성화는 "우리 안에 있는 하나님의 형상이…그리스도의 형상으로 충만하게 회복될 때까지 지속되는 점진적인 과정"으로 확연하게 구분한다. 그러나 그루시는 칭의와 성화를 결합한다. 그에 따르면 "칭의의 자유케 하는 말씀과 정의의 자유케 하는 말씀은 혼동되거나 분리되지 않는 방식으로 예수 그리스도 안에서 연합된 것이다."[75] 이것은 그가 칼뱅이 칭의와 성화는 구분되지만 분리되어서는 안 되며, 그리스도 안에서 연합된다는 명제를 적용한 것이다. 그는 칭의와 정의는 그리스도 안에서 서로 일치를 이룬다. 그리하여 그루시는 칼뱅 전통의 이신칭의론이 "자유케 하는 해방의 구원"의 기능을 할 수 있다고 강조한다.

> 개혁신학은 잠재적으로 자유케 하는 신학이다. 왜냐하면 바로 이 신학의 중심에 사람들을 죄에서 해방하여 새로운 생명을 부여하고, 인간의 공로, 인종, 성별, 또는 계급에 근거한 것이 아닌 성화와 의로 인도하는 칭의에 대한 복음의 선포가 있기 때문이다.[76]

그루시는 이신칭의 교리의 해방적 성격을 분명하게 천명하면서, 이신칭의는 "과거와의 근본적 단절과 하나님께서 통치하시는 새 질서에로의 진입"인데, 이것은 "우상숭배의 비인간화하는 세력으로 특징지어진 죽음의 옛 질서의 속박과는 대립"을 말한다. 복음 안에서 자유케 됨으로

---

74 Gruchy, 『자유케 하는 개혁신학』, 202.
75 Gruchy, 『자유케 하는 개혁신학』, 122.
76 Gruchy, 『자유케 하는 개혁신학』, 207.

우상숭배의 굴레로부터 구속되며, 이 은혜는 결과적으로 하나님과 이웃과 화해하게 하는 결과를 가져온다.[77] 자유케 됨으로 그리스도인들은 동료 인간들을 향한 사랑과 순종하는 행위로 표현된다, 칼뱅을 인용하면서 그루시는 "우리가 행함으로 의로워지는 것은 아니지만 그렇다고 행함 없이 의로워지는 것도 아니다"는 문장을 인용하면서 칭의와 행위를 연관 짓는 다. 그리고 칭의된 개인의 자유는 전체 피조물의 자유를 미리 맛보는 것이며, 그리스도인 개인의 성호는 세상의 성화를 알려주는 서곡이라고 말한다. 다시 말해 성화의 사회적 차원을 설명한다. 그리하여 그루시는 자유케 하는 은혜의 능력은 사회적 행동과 관련짓는다.

> 은혜로 인하여 오직 믿음만을 통한 칭의 교리는 정의를 위한 투쟁에 참여할 수 있게 견인해야 하겠지만, 정의를 위한 투쟁이 죄책으로 인한 무기력감이나 절망감이 수반하는 새로운 양상의 공로 사상으로 변질되지 않도록 해야만 한다. 복음의 열정이란 개인적으로만 아니라 정치적으로도 변혁적인 사회적 행동 안에서 복음주의적 영성과 선지자적 윤리가 통합되는 것을 말한다.[78]

그루시는 은총론을 사회 변혁적 차원으로 확장한다. 오직 은혜로 얻은 구원이 결과적으로 은혜의 사유화를 초래하였음을 비판하면서 그루시는 "은혜의 사유화가 세상 안에서 사람들의 공동체로서의 교회를 개인들의 집합체로 축소했기 때문에 이런 사유화는 은혜의 사회적, 역사적 특성만이 아니라 그 인격적 특성마저도 손상"시켰으며, "이런 사유화된 개인주의적 신앙관은 사회의 변혁을 위한 개혁전통의 책무의 토대를 허

---

77 Gruchy, 『자유케 하는 개혁신학』, 208.

78 Gruchy, 『자유케 하는 개혁신학』, 211

물어버렸다"고 지적한다. 그러므로 그루시는 칼뱅의 "그리스도 왕적 통치론", "소명론" 등은 사유화된 개인주의를 뛰어넘어 세상의 변혁에 관계할 수 있는 구원론에로의 길을 예비하였다고 말한다.

그루시는 죄가 개인적 차원만 있는 것이 아니라 사회적 차원이 있으므로, 죄는 정치적, 경제적 구조 안에 잠복해 있다고 지적하면서, 같은 맥락에서 "은혜에 관한 고전적 성찰이 죄의 사회적 차원을 충분하게 고려하지 못했기 때문에, 그런 성찰은 사회적, 구조적 술어로 칭의를 논할 수 없었다"는 레오나르도 보프(Leonardo Boff)를 인용하면서, "칭의를 사적, 개인적 영역으로 축소시킨 것은 권력을 가진 자들과 압제에 책임이 있는 자들을 위한 이데올로기를 지원하는 제공한 결과가 되었다"고 비판한다. 그루시는 개혁교회의 전통의 은총론이 개인을 변화시킬 뿐 아니라 복음의 능력으로 역사 안에 자리 잡는다면, 그 신앙은 세상을 부정하는 도피적 경건이 아니라 세상을 긍정하고 세상을 변화시키고자 하는 개혁주의 성화론과 맥을 같이 하는 것이라고 결론을 맺는다.[79] 하나님의 구원역사는 역사를 초월해서가 아니라 세속 역사 안에서 하나님의 은혜를 체험하도록 해야 한다. 반은혜는 인간을 압제와 속박을 가져올 뿐이며, 참된 은혜는 하나님의 해방을 의미한다.

(4) 총체적 차원의 칭의론: 정치-경제적 차원의 칭의와 성화

1) 정치적이며, 총체적 차원의 칭의와 성화

칭의론은 죄인들의 칭의만이 아니라 불의한 세상과 창조세계 전체를 향한 칭의와 성화로 확장된다는 것을 "바르멘 신학 선언서"(Barmener theologische Erklärung,1934) 테제 2에서 분명하게 천명한 바 있다. 그것은

---

79 Gruchy, 『자유케 하는 개혁신학』, 231.

칭의와 성화의 사회-정치적 차원을 명시하고 있다.

> 예수 그리스도는 우리의 전 삶에 대한 하나님의 강력한 요구다.…우리는 우리의 삶의 영역 속에 우리가 예수 그리스도에 속하지 아니하고 다른 주에게 속하여 있는 영역, 즉 우리가 그리스도를 통한 칭의와 성화를 필요로 하지 않는 영역이 있다는 거짓된 가르침을 배격한다.

바르멘 신학 선언서는 비록 그것이 정치적인 영역이라 할지라도 우리 삶의 모든 영역에까지 그리스도를 통한 칭의와 성화로부터 제외된 영역은 없다는 것을 천명하고 있다. 이 선언은 예수 그리스도가 우주와 모든 권세와 인간의 모든 삶의 주님이시며 영적·사회적·정치적 전 영역이 그리스도의 주권 아래 있음을 천명한 것이다. 이런 맥락에서 칼 바르트는 정치적 성화(Political Sanctification)를 제시하였는데, 바르트의 정치적 성화는 예수 그리스도가 삶의 모든 영역을 구속하셨으며 따라서 정치적 영역도 그분의 것이라는 복음의 정치적 본질에 기초하고 있다.[80]

또한 구원의 전체성과 총체성은 칭의론의 사회적 차원을 확장하는데 유용한 통찰을 던져 준다. 이것은 먼저 죄의 사회적 차원에 대한 인식에서 시작하는데, 죄를 개인적, 인격적 차원에 머물지 않고, 사회적 죄와 구조 악의 죄를 인식한다면, 예수 그리스도 안에서 구원은 그와 상응하게 사회-정치적 칭의와 성화를 포괄한다고 말할 수 있다. 성경이 말하는 구원이 단지 인격적·개인적·내면적 구원 차원에 그치지 않고, 타락한 창조세계 전체의 구속임은 분명하다. 하나님의 구원은 집단적. 사회적·정치적 구원이었으며, 더 나아가 땅과 자연 세계를 포함하는 생태적 구

---

80 이정석, 『하나님의 흔드심: 칼 바르트의 성화론』(새물결플러스, 2010), 78.

원(노아의 무지개 언약)을 약속하고 있다. 출애굽과 샬롬(평화)이 말하는 구원 표상은 구원의 인간적·인격적·개인적 범위와 차원을 넘어 동료 인간과 사회적 압제, 경제적 비인간성 등, 비참 가운데 있는 세계 전체의 구원임을 말하고 있다. 예수 그리스도는 세상의 구원자이며, 죄 가운데 처한 세상에 생명을 수여하기 위한 구원자이다. 그리스도의 복음은 하늘에서의 영광과 땅에서의 기쁨을 선포하는 총체적 복음이며, 그리스도를 통한 구원 행위로서 화해 사역은 하늘에 있는 것이나 땅에 있는 것을 통일되게 하는 구속이다. 그리하여 하나님의 선교의 범위는 그의 언약 백성과 함께 열방(국가, 민족들)과 온 땅에 이르는 것임을 겨냥하고 있다. 따라서 삶의 전 영역이 칭의되고 성화되어야 할 것이다.

2) 성화의 경제적 차원: 희년

성화는 개인 신자의 차원에서 실현되는 것이 아니라 사회적 성화로 확장된다. 이런 성화는 희년의 실현에서 찾을 수 있다. 원래 구속 혹은 속량이란 타인의 경제적 부채를 갚아주는 것이다. 빚진 자의 경제적 채무관계를 제삼자가 떠맡아 대신 청산함으로써 부채를 정리하는 것을 말한다. 그러므로 구속은 경제적 차원에서 일어나야 한다. 하나님의 구속은 정치적인 해방과 자유함을 말하는 것에 그치지 않고, 경제적 예속으로부터의 자유와 해방의 선포이다. 출애굽의 상황에서 이스라엘을 위한 하나님의 구원 행동이 복음이 되었던 이유, 하나님 나라의 도래를 선포했던 예수의 복음이 예수 당시 "땅의 사람들에게 환영되었고, 기쁜 소식으로 들려졌던 이유는 빚에 쪼들리며, 경제적 궁핍 가운데 살아가는 소작농, 노예들 율법적인 죄인들에게 예수 시대의 착취와 예속의 체제로의 속박으로부터의 자유와 해방의 복음으로 다가왔기 때문이다. 예수가 선포했던 하나님 나라 복음은 옛 질서와 결별하고, 새로운 사회적, 경제적 질서인 하나님의 다스리심으로 초대에 응답하라는 것이었으므로 그들에게 기쁜 소식이 될 수 있었다.

희년은 안식일로부터 안식년, 그리고 희년의 연속적 연결점에서 이해된다. 안식일은 "시간의 성화를 의미하는 것으로 그것 자체가 단지 종교적 엄숙주의적 율법의 굴레로의 편입이 아니라 도리어 인간의 노동으로부터의 자유와 해방의 권리장전이었다. 안식년과 희년은 경제적 차원의 대변혁이고, 더 나아가 생태적 차원의 갱신을 의미하는 것이라면, 하나님의 구속은 이렇게 역사 안에서 구원의 실현과 가난한 자들에 대한 우선적 선택을 통한 은혜로운 부르심, 그리고 그들을 의롭다 하심과 거룩한 삶으로의 초대 등으로 이어진다는 점에서 경제적 구속을 말한다고 할 수 있다.

나가는 말

앞서 살펴본 것처럼, 칭의와 정의를 연결하는 작업은 종교개혁 500주년을 기념하여 전 세계 에큐메니컬 학자들이 모여 "종교개혁 급진화: 성서와 오늘의 위기가 촉발한 94개 논제"(Radicalizing Reformation-Provoked by the Bible and Today's Crises 94 Theses) 라는 작업을 시도하여 오늘의 종교개혁을 위한 새로운 통찰을 담은 루터 94개 논제를 제시하였다.[81] 여기에는 칭의론을 사회적 차원을 정리한 여러 명제가 담겨 있다. 이런 명제작업은 향후 종교개혁 칭의론을 고백하는 모든 교회와 그리스도인들에

---

81 이에 관한 자료는 「기독교사상」(2016년 10월호)의 관련 내용을 게시한 대한기독교서회 홈페이지에서 확인하라(www.clsk.org/bbs/board.php?bo_table=gisang_special&wr_id=1023).

게 칭의 교리의 새로운 해석의 안경을 제공하게 될 것이다. 종교개혁의 소중한 유산인 믿음으로 얻는 의롭다 함의 교리를 존중하면서도 더욱 근원적인 성찰을 통해 칭의와 정의를 연결하며, 칭의를 정의의 관점에서 재구성하는 작업이 계속되어야 할 것이다.

제 4 부

칭의론의 사회윤리적 논의

13

현대 기독교 사상에서 칭의와 정의

박성철

밀알디아코니아연구소 소장, 기독교윤리학

박성철은 독일 본 대학교에서 종교철학으로 박사학위(Ph. D.)를 취득하고 총신대학교 신학대학원, 횃불트리니티신학대학원대학교, 경희대학교 공공대학원에서 가르쳤으며, 현재 밀알디아코니아연구소의 소장으로 재직하고 있다. 정치신학과 기독교사회윤리학, 디아코니아학에 관심을 두고 연구하고 있다. 저서로 *Politische Theologie bei Karl Barth, Helmut Gollwitzer und Jürgen Moltmann*(Kölner Wissenschaftsverlag, 2015), 공저로 『하나님나라와 장애인』, 논문으로 "칼 바르트의 초기 신학 속 하나님 나라와 사회주의 담론의 변화에 대한 연구" 등이 있다.

들어가는 글

"믿음에 의한 칭의"(justification by faith)는 종교개혁을 특징짓는 매우 중요한 요소다.[1] 마르틴 루터는 로마서와 갈라디아서에서 아우구스티누스의 죄인을 의롭게 하시는 "하나님의 의"(*iustitia Dei*)라는 개념을 통해 칭의론을 재발견했다. 하지만 제2차 세계대전 종전 이후 칭의론을 새롭게 해석하려는 시도들로 인해 칭의론에 대한 담론은 새로운 국면을 맞이하고 있다.[2] 소위 "전통적" 칭의론에 대한 현대적 저항에는 개인주의적이고 사변적으로 변질해버린 기독교의 구원 신앙에 대한 반감이 크게 작용하고 있다. 20세기 초 칼 바르트는 하나님의 의와 인간의 의 사이에 존재하는 무한한 질적 차이를 강조하면서도 이런 질적 차이가 칭의와 사회정의 사이를 이분법적으로 단절하지 않는 방법론을 제시했다. 바르트의 초기 신학에서 하나님의 의는 죄인인 인간을 의롭다 하면서, 동시에 인간이 스스로 왜곡시킨 의를 폭로함으로써 세상의 불의를 드러내는 실질적인 역할을 한다. 바르트의 이런 변증법적 논리는 결국 사회정의의 문제와 연결된다.[3] 칼 바르트 이후 많은 현대신학자와 기독교윤리학자 가운데 칭의와 정의를 연결하여 사고하려는 신학적 시도들이 계속되고 있다. 이런 맥락에서 현대신학과 기독교윤리 분야에서 칭의된 그리스도인의 삶이 사회정의와 어떤 상관관계를 가지는지 진지하게 성찰하였던 디트리히 본회퍼(Dietrich Bonhoeffer), 위르겐 몰트만(Jürgen Moltmann), 볼프강

---

1 Alister E. McGrath, *Iustitia Dei: A History of the Christian Doctrine of Justification*, 한성진 옮김, 『하나님의 칭의론: 기독교 교리 칭의론의 역사』(CLC, 2008), 18.

2 McGrath, 『하나님의 칭의론』, 531-48.

3 Karl Barth, "Die Gerechtigkeit Gottes," *Das Wort Gottes und die Theologie*(München: Chr. Kaiser, 1929), 13-15 in *Karl Barth Gesamtausgabe: Abt. III. Vortrage Und Kleinere Arbeiten 1914-1921*[=*V.u.kl.A. 1914-1921*](Zürich: TVZ, 2012), 240-42.

후버(Wolfgang Huber)와 니콜라스 월터스토프(Nicolas Wolterstorff)의 통찰은 우리에게 많은 것을 제공할 것이다. 그러므로 이 글에서는 이들의 사상에서 칭의와 정의의 상관관계에 대해 살펴봄으로써 칭의에 대한 현대적 이해를 정립하려 한다.

1. 디트리히 본회퍼: 값싼 은혜의 칭의를 넘어서는 철저한 제자도를 지향해야 한다

(1) 값싼 은혜: 그리스도의 제자됨이 없는 칭의

본회퍼의 『나를 따르라』(*Nachfolge*)는 그리스도인의 제자가 되는 것이 무엇인지 진지하게 묻는다. 여기서 본회퍼는 그리스도의 제자됨이 없는 "값싼 은혜"(billige Gnade)에 대한 비판으로부터 논의를 시작하는데, 이는 사실상 정통주의 루터파의 칭의론에 대한 비판이었다. 본회퍼는 "값싼 은혜"와 "값비싼 은혜"(teure Gnade)를 구분한 후 값싼 은혜를 "우리 교회의 철천지원수"(der Todfeind unserer Kirche)라고 강조한다.[4] "값싼 은혜는 참회가 없는 사죄[의 설교]요, 교회의 치리가 없는 세례요, 죄의 고백이 없는 성만찬이요, 개인적인 참회가 없는 사죄다. 값싼 은혜란 뒤따름(Nachfolge)이 없는 은혜요, 십자가 없는 은혜요, 인간이 되시고 살아 계신 예수 그리스도가 없는 은혜다."[5] 그리스도인들이 값싼 은혜에 만족한다면, 세상은 그리스도를 알기 전의 상태로 그대로 머물러 있고 하나님의 은혜로 인해 칭의를 받은 자들도 이전의 변하지 않은 삶 속에서 죄인으로 머물러 있게 된다.

---

4 *DBW 4*, 29; Bonhoeffer, 『나를 따르라』, 33.
5 *DBW 4*, 30; Bonhoeffer, 『나를 따르라』, 35. []는 덧붙인 것이다.

본회퍼에 따르면, 칭의된 그리스도인들은 값비싼 은혜를 추구해야 하는데, 값비싼 은혜란 그리스도를 믿기만 하는 것이 아니라, 그의 부름에 뒤따름이 동반되어야 한다. 은혜가 값비싼 이유는 죄를 질책하고, 죄인을 의롭다고 인정받기만 하는 것이 아니라, 그리스도를 따르기까지 촉구하기 때문이다.[6] 바로 이 지점에서 칭의는 그리스도를 뒤따름으로 연결된다. 그렇기에 본회퍼는 그 시대의 루터교의 믿음과 행위의 틀에 의문을 제기했다.[7] 믿음으로 의롭다 함을 얻었기 때문에 더 이상 행함이 필요 없는 것이 아니다. 은혜로 믿음을 받았고 믿음으로 의롭다 함을 받았기에 그리스도의 제자로서 합당한 행위, 즉 뒤따름이 필요하다. 오늘날의 교회는 뒤따름이 없기에 값비싼 은혜는 값싼 은혜로 변질해버렸고, "세상에서 죄인을 의롭다고 인정하는 복음이 죄와 세상을 의롭다고 인정하는 복음으로 변질해버렸다."[8] 본회퍼는 루터의 명제 "용감하게 죄를 지으라, 그러나 이보다 더 용감하게 그리스도를 믿고 즐거워하라"(*pecca fortiter, sed fortius fide et gaude in Christo*)를 전제가 아닌 결과로 재해석함으로써 정통주의 루터교 칭의론을 비판한다. 루터의 명제를 전제로 이해할 경우, 우리가 죄인이었고 지금도 죄를 짓고 있기에 이미 일어난 은혜를 바라보면서 죄를 용감하게 지으라는 말이 된다. 하지만 이것은 "값싼 은혜의 노골적인 선포"이며, "죄에 대한 면죄부"이고, "제자직의 폐기"를 의미한다. "용감하게 죄를 지으라"는 루터의 명제는 "오직 제자의 길을 가면서 죄를 범하지 않을 수 없다는 사실을 아는 사람에게, 죄가 무서워서 하나님의 은혜를 의심하는 사람에게 주어지는 최종적인 정보와 권

---

6 *DBW 4*, 31; Bonhoeffer, 『나를 따르라』, 35-36.

7 "그 은혜가 값비싼 까닭은 그것이 행위(Werk)로부터 벗어났기 때문이 아니라 제자직(Nachfolge)으로의 부름을 무한히 강조하기 때문이다"(*DBW 4*, 35; Bonhoeffer, 『나를 따르라』, 41).

8 *DBW 4*, 36; Bonhoeffer, 『나를 따르라』, 42-43.

면"이다. 복음 앞에서 우리는 언제나 죄인이다. 비록 복음이 죄인인 우리를 찾아와 우리를 의롭다고 인정하였기에 우리는 용감하게 죄를 고백하지만, 우리는 지금도 죄인이며 매일 죄인이 되어야 한다. 바로 이 점에서 우리는 용감해져야 한다. 하지만 이 말은 "날마다 마음으로 죄를 물리치는 사람에게, 예수를 따르지 못하도록 방해하는 모든 것을 날마다 거부하는 사람에게, 자신의 일상적인 불성실과 죄 때문에 괴로워하는 사람에게" 주어진 말이다.[9] 결국 칭의된 그리스도인들이 그리스도의 제자직을 성실히 수행하는 경우에만 루터의 명제는 값비싼 은혜를 담게 된다.

본회퍼에게 있어 하나님의 은혜란 뒤따름을 요구하는 부르심이며, 하나님이 값없이 주신다는 면에서 거저 주어지는 것이지만 반드시 인간의 책임 있는 순종을 요구한다. 구원에 있어서 하나님의 은혜만을 강조하고 그 은혜에 합당한 인간의 책임을 말하지 않을 때, 즉 제자됨을 요구하지 않는 칭의는 값싼 은혜가 되는 것이다. 이처럼 그리스도의 제자직을 강조하는 값비싼 은혜의 개념은 은혜와 행위, 혹은 믿음과 행위의 이분법적 단절을 거부한다. 하나님의 칭의는 현실의 문제를 해결하고자 하는 실천을 외면하거나 거부하지 않는다. 그 반대로 칭의는 현실 속에서 예수의 인격을 닮은 행위, 즉 예수 그리스도를 따를 것을 요구한다.

(2) 칭의된 그리스도인의 실천적 의무로서 정의로운 평화

본회퍼에게 있어 그리스도를 뒤따름이란 단순히 영적인 혹은 좁은 의미의 종교적 의미로 한정되는 것이 아니라 사회정의의 문제와 연결되어 있다. 본회퍼는 산상수훈에서 마태복음 5:9("화평하게 하는 자는 복이 있나니 그들이 하나님의 아들이라 일컬음을 받을 것임이요")을 주해하는 가운데 평화를

---

9 *DBW 4*, 38-39; Bonhoeffer, 『나를 따르라』, 45-46.

위한 그리스도인의 책임을 강조한다. 본회퍼에 따르면, 예수의 제자들은 평화를 위해 부름을 받았다.[10] 예수는 그의 제자들의 평화이며, 이제 제자들은 평화를 가질 뿐 아니라 만들어야 한다. 이를 위해 제자들은 **"폭력과 폭동을 포기"**(Verzicht auf Gewalt und Aufruhr)한다.[11]

> 그리스도의 나라는 평화의 나라이며, 그리스도의 공동체(Gemeinschaft)는 서로 평화의 인사를 나눈다. 예수의 제자들은 다른 사람(들)에게 고통을 주기보다는 스스로 고난을 받음으로써 평화를 유지하고, 다른 사람(들)이 (공동체를 깨뜨리는 곳에서) 공동체를 보호하고, 자기주장을 포기하며, 증오와 불의에는 냉담한 태도를 보인다. 이렇게 그들은 선(善)으로 악(惡)을 이긴다. 이렇게 그들은 증오와 전쟁의 세상의 한복판에서 하나님의 평화를 창조하는 자들(이다).[12]

여기서 알 수 있는 것처럼, 그리스도인들은 세상에 영향을 끼치기 위해 자신들의 권력을 사용하기보다 차라리 자기들의 권리를 포기한 채 살아야 한다. 세상과 구별되는 그리스도인의 이런 행동방식은 평화의 문제뿐 아니라 정의의 문제에도 적용이 된다. 그리스도인들이 이 세상 속에서 포기해야 할 권리 속에는 보복의 권리도 포함된다. 본회퍼

---

10 Bonhoeffer의 실제적인 평화에 대한 강조는 Dietrich Bonhoeffer, "Zur theologischen Begründung der Weltbundarbeit," *Ökumene, Universität, Pfarramt 1931-1932*, Eberhard Amelung, Christoph Strohm ed., *DBW 11*(München: Chr. Kaiser Verlag, 1994), 327-44; Dietrich Bonhoeffer, "Die Kirche und die Welt der Nationen," *London 1933-1935*, Hans Goedeking, Martin Heimbucher, Hans-Walter Schleicher ed., *DBW 13*(Gütersloh: Chr. Kaiser & Gütersloher Verlaghaus, 1994), 295-97과 "Kirche und Völkerwelt," DBW 13, 298-301을 참조하라.

11 *DBW 4*, 107-8; Bonhoeffer, 『나를 따르라』, 125.

12 *DBW 4*, 108; Bonhoeffer, 『나를 따르라』, 126. []는 덧붙인 것이다.

는 마태복음 5:38-42을 주해하는 가운데 불의는 "올바른 보복"(rechte Vergeltung)을 통해 사라져야 한다고 강조한다. 여기서 주목할 만한 것은 그가 "올바른 보복"을 악에 저항하지 않는 것으로 규정하고 있다는 점이다.[13] 그렇다면 이 올바른 보복은 단순하게 악에 대한 저항을 포기하라는 의미로 해석되어야 하는가? 만약 그러한 의미일 경우, 본회퍼의 신학에 있어 그리스도를 뒤따름이란 정의의 문제와는 아무런 관계가 없는 것이 되어버린다. 물론 이것은 본회퍼의 원래 의도가 아니다. 여기서 말하는 올바른 보복이란 악에 대해 나쁜 방법이나 방식으로 저항해서는 안 된다는 말이다.

> 다시 말하면, 예수는 이 공동체를 정치적·민족적으로 얽매이지 않는 신앙인들의 공동체로 만든다. 만약 정치적 형태를 띠기도 하는 이스라엘이 하나님에 의해 선택된 백성으로서 공격을 공격으로 되받아치는 방식으로 보복하는 것이 하나님의 뜻이라면, 민족적·법적으로 아무런 권리도 주장할 수 없는 제자들의 공동체가 행할 수 있는 보복은 악을 악으로 갚지 않으려고 공격을 참아내는 것이다. 오직 이렇게 함으로써만 공동체는 세워지고 유지된다.[14]

본회퍼에 따르면, 그리스도인들이 악을 악한 방법으로 제거하려고 할 때 문제는 더욱 심각해진다. 왜냐하면 다른 악을 만들어 내는 것이 존재 목적인 악을 악한 방법으로 해결하려고 하면 할수록 그 악은 새로운 악을 만들어내지만, 인내로써 그 악을 감수해낼 때 악은 무력해지기 때문이다.[15] 본회퍼는 1933년의 「유대인 문제 앞의 교회」(Die Kirche vor der

---

13 *DBW 4*, 135; Bonhoeffer, 『나를 따르라』, 158.

14 *DBW 4*, 135; Bonhoeffer, 『나를 따르라』, 158-59.

15 *DBW 4*, 135-36; Bonhoeffer, 『나를 따르라』, 159-60.

Judenfrage)에서 이미 학대받는 이들을 위한 그리스도인의 실제적인 행동과 정치적 참여를 역설한 적이 있다.[16] 그러므로 고통을 감내하는 인내는 악의 권리를 인정하는 것과는 아무런 관계가 없다.[17] 『나를 따르라』에서 그리스도를 뒤따른다는 것은 정의로운 평화를 포함하는 실질적인 개념이다. 단지 방법론적인 측면에서 스스로 고난을 견뎌내는 올바른 보복을 통해 악이 악을 재생산하는 것을 본질적으로 막음으로써 진정한 정의를 실현하는 것이다. 이와 같이 본회퍼의 사상에서 하나님의 은혜로 말미암은 칭의는 결국 예수 그리스도의 제자됨을 통해 정의로운 평화에까지 나아간다.

2. 위르겐 몰트만: 칭의란 권리없는 자들을 향한 하나님의 정의다

(1) 칭의와 권리를 빼앗긴 자들의 권리를 세우는 정의로 구성된 하나님의 의

몰트만의 칭의론은 한편으로는 죄인을 의롭게 하며, 다른 한편으로는 권리를 빼앗긴 자들의 권리를 세우는 하나님의 의(義)를 기반으로 한다. 몰트만은 종교개혁의 칭의론이 죄의 보편성 혹은 집단성에 집중한 나머지 복음서에 잘 드러나는 죄의 구체적이며 사회적인 측면을 외면하고 있으며 오히려 구체적인 죄를 변명하는 도구로 사용되고 있다고 비판한다. 그 결과 개신교는 희생자들의 고난과 "가난한 자들을 위한 하나님의 선택"(Gottes Option für die Armen)을 통한 구원을 주목하지 못하였고, 죄의

---

16 Dietrich Bonhoeffer, "Die Kirche vor der Judenfrage," Carsten Nicolaisen, Ernst-Albert Scharffenorth ed., *Berlin 1932-1933*, *DBW 12*(Gütersloh: Chr. Kaiser & Gütersloher Verlaghaus, 1997), 354.

17 *DBW 4*, 136; Bonhoeffer, 『나를 따르라』, 160.

문제를 개인에게 집중함으로써 죄의 구조적 차원을 외면했다. 물론 이런 비판이 종교개혁의 칭의론을 폐기하자는 주장으로 이어지는 것은 아니다. 왜냐하면 종교개혁의 칭의론은 결국 구체적인 인격적 갈등과 사회적 갈등 속에 있는 권리 없는 사람들과 불의한 사람들의 문제와 연결되기 때문이다. 죄와 죄 용서에 대한 바울의 해석과 복음서의 해석은 대립하는 것이 아니며 상호 보완적이다. 하나님은 모든 죄인을 불쌍히 여기셔서 권리 없는 사람들에게 그들의 권리를 되찾아주시며, 불의한 사람들을 회개하도록 이끄신다. 그러므로 몰트만에게 칭의란 사회구조적 죄의 굴레부터의 사회적 해방이요, 총체적 해방을 의미한다. "정의를 위한 창조적 성령의 능력을 통하여 죄의 우주적 세력으로부터의 해방이 존재한다면, 경제적 불의로부터의 해방, 정치적 억압으로부터의 해방, 문화적 소외로부터의 해방, 개인적 용기의 박탈로부터의 해방이 정당화된다."[18]

몰트만에게 개개인에 대한 칭의와 사회적 정의는 하나님의 의를 구성하는 동전의 양면과 같다. 그래서 몰트만은 신약의 "의롭게 하는" 의에 비해 상대적으로 소홀히 취급된 구약의 "권리를 세우는" 하나님의 의에 관심을 집중한다. 하나님은 폭력을 당하는 사람들에게 권리를 부여해주시는 분이시며, 그의 영이 머무는 메시아는 모든 민족에게 권리를 부여해줄 것이다. 하나님이 상처받은 피조물들에 대해 "편드심"은 "가난한 사람들을 위한 하나님의 우선적 선택"이다. 하나님은 권리를 빼앗긴 사람들과 권리 없는 사람들과의 **연대**(Solidarität)를 통해 그들의 권리를 세우신다. 이사야 53장의 "고난받는 하나님의 종"의 모습은 가난한 사람들을 위한 하나님의 우선적 선택을 확실하게 보여주고, 십자가의 죽음에 이르

---

18 Moltmann, *Der Geist des Lebens*, 139-41; 『생명의 영』, 173-76.

는 예수의 길에서 **연대성의 그리스도론**(Solidaritätschristologie)을 발견할 수 있다. 그리스도의 고난은 가난한 사람들과 상처받을 수 있는 사람들의 고난이요, 민중(*ochlos*)과 연약한 피조물들의 고난이기도 함으로, 폭력을 당하는 사람들은 예수의 운명 속에서 그들 자신의 운명을 발견한다. 이런 점에서 "그리스도의 고난"은 예수가 자신의 몸과 자신의 영혼 속에서 연대하는 가난한 사람들과 연약한 사람들의 고난이기도 하다.[19]

물론 희생자들을 위하여 권리를 세우는 하나님의 의에 대한 강조가 범법자들이나 억압자의 배제를 의미하는 것은 아니다.[20] 폭력은 두 가지 측면에서 삶을 파괴하는데, 한편으로 악을 통하여 파괴하고, 다른 한편으로는 고난을 통하여 파괴한다. 폭력을 행하는 자는 비인간적이며 불의하게 되고, 희생물은 비인간화되고 권리를 상실한다. 그러므로 "억압받는 자의 억압의 고난으로부터 해방은 억압자들의 억압의 불의로부터의 해방을 요구한다. 그렇지 않으면 평화를 세우는 해방과 정의는 존재할 수 없다."[21] 문제는 억압받는 자들의 해방과 권리 없는 자들에게 권리를 세우는 일은 폭력의 희생자들에게 자명한 데 반해, 폭력을 행하는 자들이 그들의 불의로부터 해방되어야 한다는 것은 그들에게 자명하지 않다는 것이다. 하지만 불의한 그들은 속죄를 필요로 한다. 속죄는 인간이 할 수 있는 기능이 아니기에 하나님은 인간이 견딜 수 없는 죄 앞에서 자신이 그의 백성의 죄를 위한 속죄자로서 나타난다. 신약에서 이 속죄는 하나님 아들의 고난과 죽음 속에서 이루어지며, 그리하여 하나님으로 인한 세계의 화해가 이루어진다. 속죄는 아버지의 자비로 말미암아, 아들이 대리하

---

19 Moltmann, *Der Geist des Lebens*, 143-44; 『생명의 영』, 177-79.

20 억압자의 해방에 대해서는 Jürgen Moltmann, "Die Befreiung der Unterdrücker," *Evangelische Theologie* 38(1978), 527-38에서 이미 다루었다.

21 Moltmann, *Der Geist des Lebens*, 145; 『생명의 영』, 181.

여 당한 버림받음을 통하여, 그리고 모든 짐을 벗게 하는 성령의 능력 가운데서 불의와 폭력을 행하는 자들에게 일어난다. 이리하여 하나님은 **하나님 없는 자들의 하나님**이 되고 그의 의는 불의한 자들을 의롭게 한다.[22]

또한 하나님의 의는 구조적 죄를 극복하고 평화를 창조한다. 몰트만은 범법자와 희생자를 양산하는 불의의 체제를 "악의 순환"(Teufelskreise) 이라고 부른다. 왜냐하면 우리가 악에 대하여 초기에 저항하지 않을 경우, 그것은 "자기 법칙성"을 가지며, 이 자기 법칙성을 통하여 모든 체제가 자기 자신을 죽음으로 몰고 가기 때문이다. 이 불의의 체제에서 먼저 더 연약하고 상처받을 수 있는 피조물들이 죽고, 그다음 강한 자들도 멸망한다. 그렇기에 하나님의 의는 범법자들을 불의한 자로 드러내고 그리스도의 속죄하는 고난을 통하여, 회개하는 믿음으로 그들을 해방한다. 자기의 의를 그리스도의 고난과 죽음 속에서 인식하는 사람은 이 불의한 세계에 대하여 죽기 시작하며, 더 이상 구조적 폭력 행위의 법칙들을 인정하지 않는다. 희생자들의 편에 서서 범법자들과 작별을 고한 사람들은 자주 "자신의 백성 안에서 이질적인 자들"이 되며, 희생자들과의 연대를 위하여 자신의 계급과 자신의 민족에 대한 충성을 포기한다. 이런 과정을 통해 하나님은 폭력을 행하는 사람들에게 법을 세우며, 그의 의를 통하여 구원하며, 참된 삶을 뜻하는 공동의 평화, 곧 **샬롬**을 세운다.[23]

몰트만은 서구적 법 문화에서 형성된 정의 개념을 하나님의 의라는 측면에서 접근한다. 그는 **각자에게 자기의 것을**(*suum cuique*) 주는 **분여적 의**(*justitia distributiva*)의 가치를 인정하지만 인간의 공동체를 회복시키는 정의의 인격적 개념은 능력과 소유와 관련된 분여적 의를 넘어선다고

---

22 Moltmann, *Der Geist des Lebens*, 150-51; 『생명의 영』, 188.

23 Moltmann, *Der Geist des Lebens*, 152-55; 『생명의 영』, 190-93.

주장한다. 정의의 가장 높은 차원은 바로 권리 없는 자들에게 권리가 세워지는 **자비의 법**(Recht des Erbarmens)이다. 이것은 "과부와 고아의 하나님"의 의로서 "가난한 자들을 위한 우선적 선택"의 구조를 가진다. 몰트만에 따르면, 하나님의 의는 타인의 인간 가치를 인정하는 것과 함께, 가난한 사람, 힘없는 사람, 병든 사람들의 권리를 세우고 보호하는, 인간을 위한 모든 법질서의 기초다.[24] 그리고 이를 현실 속에서 가능케 하시는 이는 바로 성령이다. 한편으로, "성령은 **폭력자들의 부끄러운** 양심 속에서 자기를 드러내는 정의의 영이다."[25] 세계사 속에 숨어 있는 신적인 의(義)의 현존은 인간의 불의한 체제들을 "불안정 하게" 하며 그것들이 지속될 수 없도록 작용한다. 다른 한편으로, "하나님의 영은 폭력의 희생자들 가운데서, 그들 안에 있는 그리스도의 현존이다. 그리스도는 그들의 형제다.…성령은 그리스도의 그들과의 연대성이다."[26] 칭의를 성령론적으로 정리한다면, 성령은 권리를 세우며, 의롭게 하며, 올바로 세우는 하나님의 의이며, 이런 칭의를 통해 성령 안에서 하나님과 인간과 자연과의 지속적 사귐이 가능하다. 그러므로 성령은 곧 **삶의 칭의**(Rechtfertigung des Lebens)라 할 수 있다.[27]

(2) 삶으로 다시 태어남으로서 칭의와 정의

몰트만에 따르면, 종교개혁의 중심개념은 칭의였고, 근대 경건주의와 부흥운동들의 중심개념은 "다시 태어남"(Wiedergeburt)이었다. 원래 종교개혁의 신학은 칭의론과 관련해서만 다시 태어남(*regeneratio*)과 갱신

---

24 Moltmann, *Der Geist des Lebens*, 155; 『생명의 영』, 193-94.
25 Moltmann, *Der Geist des Lebens*, 156; 『생명의 영』, 195.
26 Moltmann, *Der Geist des Lebens*, 156; 『생명의 영』, 195.
27 Moltmann, *Der Geist des Lebens*, 156-57; 『생명의 영』, 196.

(*renovatio*)에 대하여 말하였던 반면, 슐라이어마허 이후 다시 태어남의 문제는 칭의론으로부터 분리되어 독자적인 주제가 되었다.[28] 몰트만은 칭의의 총체성을 강조하기 위해 칭의와 다시 태어남의 관계를 재정립한다. 몰트만은 종교개혁 신학자들과 경건주의 신학자들이 다시 태어남을 인간 안에서 일어나는 과정, 즉 영혼의 내적인 자기 경험으로만 파악한 것에 대해 비판한다. 몰트만에게 다시 태어남이란 "새로운 삶이 시작하다"(*Incipit vita nova*), 즉 삶으로의 거듭남을 의미한다(요 3:3-5).[29] 그리고 삶으로서의 다시 태어남은 칭의와 분리되어 있지 않다.

> 연관성을 가진 하나님의 과정이 성령을 통한 그리스도의 죽음으로부터의 다시 태어남으로부터, 성령을 통한 사멸할 인간의 다시 태어남을 거쳐, 성령을 통한 우주의 보편적 다시 태어남을 향하여 진행된다. 신자들이 하나님의 자녀 신분과 그의 나라의 상속자로 다시 태어나는 사건 속에서 그리스도의 활동들과 성령의 활동들이 서로 침투한다. 이 사건을 칭의라고 부를 때, 우리는 그것을 그리스도의 활동으로 묘사한다. 이 사건을 다시 태어남이라 부를 때, 우리는 그것을 성령의 활동으로 묘사한다.[30]

삶의 칭의와 삶으로서의 다시 태어남은 동일한 사건에 대한 서로 다른 관점에서의 묘사이기에 동전의 양면과 같다. 몰트만의 관점에서 칭의는 "예수를 뒤따름"을 필연적으로 요구하며, "예수를 뒤따름"은 또한 "성령 안에 있는 삶"으로 이해되어야 한다.[31] 마찬가지로 다시 태어남은 인

---

28 Moltmann, *Der Geist des Lebens*, 158; 『생명의 영』, 197.

29 Moltmann, *Der Geist des Lebens*, 159; 『생명의 영』, 198.

30 Moltmann, *Der Geist des Lebens*, 166-67; 『생명의 영』, 208.

31 Moltmann, *Der Geist des Lebens*, 166-67; 『생명의 영』, 208.

간 삶의 총체적 변화를 의미한다. 그러므로 다시 태어남은 좁은 의미의 종교적 영역에 머물 수 없다. 그리스도인들은 다시 태어남의 과정에서 성령을 통해 다양한 경험들을 하게 된다. 특히 성령을 통하여 우리 마음 속에 부어지는 하나님의 사랑의 힘은 우리를 철저히 관통하며 우리에게 영적으로만 아니라 물리적으로 평화를 준다. 구약의 **샬롬**(*shalom*)으로 파악되는 이 평화는 **정의**를 전제하며 구원**과** 행복을 포괄한다.[32] 몰트만이 그의 신학 전반에서 추구하였던 평화는 정치적인 측면에서의 폭력의 부재가 아닌 "정의의 현존"에서 출발한다.[33] 결국 샬롬의 실현은 정의의 실현에서 출발하는 것이다.

3. 볼프강 후버: 칭의와 정의는 법을 통해 서로 연결된다

(1) 칭의와 정의를 연결시키는 법

현존하는 독일 개신교 윤리학자인 볼프강 후버[34]는 정의에 대한 신학적 연구서인 『정의와 법』(*Gerechtigkeit und Recht*)에서 칼 바르트의 법 윤리를 긍정하고,[35] 루터주의의 관점을 비판하는 가운데 자신의 신학적 법 윤리

---

32 Moltmann, *Der Geist des Lebens*, 167-68; 『생명의 영』, 209-210. 이탤릭체는 독일어 원서 속 몰트만 자신에 의한 것이다.

33 Jürgen Moltmann, *Ethik der Hoffnung*(Gütersloh: Gütersloher Verlag-Haus, 2010), 185; 곽혜원 옮김, 『희망의 윤리』(대한기독교서회, 2012), 292.

34 후버는 하이델베르크대학의 교수이자 베를린과 브란덴부르크의 주교로 있었다. 또한 2003년부터 2009년까지 독일교회연합회(EKD)의 회장을 역임하였다. 1973년 Heinz Eduard Tödt 교수의 지도로 "교회와 공공성"(Kirche und Offentlichkeit)이라는 제목으로 교수 자격 논문을 제출한 이후 독일 기독교 사회윤리 연구에 있어 대가로 평가받고 있다. 『교회』, 『진리와 평화를 위한 교회의 투쟁』, 『평화윤리』 등이 우리말로 출간되었다.

35 Wolfgang Huber, *Gerechtigkeit und Recht: Grundlinien christlicher Rechtsethik*(Gütersloh: Chr. Kaiser, Gütersloher Verlag, 1999), 158-66.

를 전개시켜나간다.[36] 후버에 따르면, "정의는 법의 보호를 필요로 하며, 동시에 정의는 모든 법적 질서의 결정적인 기준을 제시한다."[37] 그러므로 법이 왜곡될 경우, 사회정의는 실현될 수 없다. 또한 후버에 따르면, 구약성경에서 하나님의 의는 이스라엘 민족이 참여하고 있는 구원의 선물이며, 또한 하늘로부터 내려온 하나님의 의로서 선포된 토라(Tora) 역시 구원의 선물이다. 구약성경의 지속적인 기본 주제는 하나님의 의, 토라 그리고 인간의 의 사이의 결합과 변주에 있다. 선지자들은 하나님의 의를 불이익을 당하는 자들을 위한 편들기로 이해하였는데, 이런 이해는 바벨론 포로기 동안 더욱 강화되고 심화했다. 법과 의는 멸시 가운데 내버려두지 않을 사람들에 대한 하나님의 신뢰를 나타낸다. 이처럼 구약성경에서 구원의 기반인 하나님의 의는 초월적인 특성을 표현하는 것이 아니라 법적인 양식으로 나타나며, 정의의 문제로 나아간다. 그러므로 정의에 대한 구약성경의 가장 중요한 특징은 바로 구원론적 성격을 가지고 있다는 것이고, 억압받는 자들과 착취당하는 자들, 억울하게 고소당한 자들에 대한 구원의 결정은 법적 결정으로도 이해된다.[38]

후버에 따르면, 마태복음에 잘 표현되어 있는 예수의 제자들의 새로운 정의는 세 가지 방향으로 전개된다. 첫째, 정의는 토라를 온전히 진지하게 받아들인다. 둘째, 정의는 제자직을 향한 급진적인 복종으로 각인되어 있다. 셋째, 정의는 인간의 내적 자세와 외적 행위 사이의 일치 속

---

36 Huber, *Gerechtigkeit und Recht*, 119-27.

37 Huber, *Gerechtigkeit und Recht*, 149. Huber에 따르면, 정의 이론들을 구성하는 공통된 요소 중 첫 번째는 "인간의 타인 지향성("other-directedness" des Menschen)"이다. 두 번째는 정의를 기준으로 법들과 의무들이 도출된다는 것이다. 세 번째는 정의와 평등의 결합이다. 네 번째는 공정(Fairness) 사상과 정의를 연결한다는 것이다(Huber, *Gerechtigkeit und Recht*, 149-50).

38 Huber, *Gerechtigkeit und Recht*, 161-62.

에서 사람들에게 영향을 준다.[39] 물론 바울신학에서 하나님의 의는 토라를 기반으로 한 율법의 방식과는 대립하는 것처럼 보인다. 바울은 하나님의 의가 그리스도 안에서 이루어진 하나님의 은혜의 행위 안에서 나타난다고 생각했기에, 의와 법을 연결하기보다는 의와 믿음을 연결했고, 하나님의 의는 믿음의 의를 발생시킨다고 강조하였다. 하나님의 의는 선물이며, 또한 하나님의 의와 관련된 모든 것은 십자가 죽음을 통한 불신자들의 칭의 속에 나타난다. 하지만 하나님의 의와 율법 사이의 대립이 바울신학의 최종 결론은 아니다. 왜냐하면 바울은 토라가 의를 지향하며, 또한 "의의 법"(*nomos dikaiosynes*)라는 것을 인정하고 있다. 그리스도는 믿는 자들을 위해 하나님의 의를 실현하심으로써 토라를 향한 새로운 통로를 열었다. 이런 관점에서 중요한 것은 그리스도 안에서 토라를 실현했다는 것이 아니라 이방인을 위해 토라를 향한 통로를 열었다는 것이다. 이로써 이방인들은 하나님의 자유로운 자녀들의 삶을 가능하게 하는 토라의 회복 작용에 참여한다. 물론 바울에서 의는 윤리의 중요개념으로서 뒷전에 밀려나 있다. 그러나 그것이 하나님의 의와 윤리 사이에 상관관계가 없음을 의미하는 것은 아니다. 이 상관관계는 오히려 하나님이 허락하신 칭의에 합당한 것이 믿는 자들의 삶 속에 있어야 한다는 것을 전제로 한다.[40] 칭의가 율법을 통해 오는 것은 아니지만 하나님의 은혜로 칭의된 그리스도인들은 자신들의 삶 속에서 칭의의 약속에 합당한 삶을 살아야 하는데, 이런 삶은 결국 법의 틀 속에서 표현된다.

그러므로 후버는 신학이 단지 인간존재의 사적 영역으로 퇴거해 머물러 있기를 원치 않는다면, 인간존재의 공적 조건들에 대한 이해를 촉

---

39 Huber, *Gerechtigkeit und Recht*, 162-63.

40 Huber, *Gerechtigkeit und Recht*, 164.

진해야 하며, 기독교윤리가 개인적인 삶에 대한 이론뿐 아니라 사회 제도들에 대한 이론으로 나아가기를 원한다면 법과의 씨름을 피할 수 없다고 주장한다.[41] 칭의된 그리스도인들은 불의한 사회 속에서 법의 왜곡이라는 문제에 직면할 수밖에 없다. 후버에 의하면, 근대 이후 법, 종교 그리고 관습은 서로 분리되었고, 실증법은 신앙과 도덕으로부터 독립하였다. 근대 사회는 법과 윤리의 분리를 기반으로 한다. 하지만 후버는 "새로운 법이 놓여야 할 때, 하나의 새로운 법질서가 창조되어야 할 때, 법의 기초들과 책임 있는 법질서의 모습에 대한 윤리적 사색은 불가피하다"고 역설한다. 나치(Nazi)라는 폭력적 정권의 공포뿐 아니라 동독 독일사회주의통일당(SED)의 지배는 다음의 두 가지 사실을 분명하게 보여주었다. 첫째, 법은 단순히 특정한 윤리적-정치적 구상을 위해 도구화되어서는 안 된다. 둘째, 법과 윤리의 분리는 법의 왜곡을 가져온다.[42] 후버는 후자의 문제에 집중하는데, 법과 윤리의 분리는 법의 합법성과 도덕성의 분리와 그 궤를 같이한다. 법의 합법성과 도덕성이 분리됨으로써 자유는 개인주의적으로 곡해되었고 다수의 공동생활은 경쟁으로 여겨졌다.[43]

그러므로 후버는 윤리와의 밀접한 상관관계 속에서 더 나은 정의를 지향하는 비판적 법이론(kritische Theorie des Rechts)을 추구한다. 후버는 독일의 법철학자 구스타프 라트브루흐(Gustav Radbruch)와 같이 구체적

41 Huber, *Gerechtigkeit und Recht*, 14.

42 Huber, *Gerechtigkeit und Recht*, 13.

43 Huber, *Gerechtigkeit und Recht*, 44. Huber는 근대 사회에서 법의 왜곡의 기원을 임마누엘 칸트의 법사상에서 찾는다. 근대적 법사상은 어떻게 개별자들이 자유롭게 함께 살아갈 수 있느냐 하는 질문을 지향하였다. I. Kant는 법을 "법적 공동체(Rechtsgemeinschaft)로부터가 아니라 개인적인 법의 주체(individuellen Rechtssubjekt)로부터" 구성하였고, 법의 합법성과 도덕성을 분리하였다.

이고 어려운 윤리적 손실에 직면했을 때, 헌법에 따라 구체적으로 주어진 유효한 법이라 할지라도 법의 성격은 논쟁되어야 한다고 주장한다.[44] 법은 공공의 복지를 촉진하고, 정의를 실현하고, 법적 안정성을 보장해야 하는 책임을 가지고 있다.[45] 하지만 20세기의 전체주의적 독재체제는 법이라는 형식으로 가장한 채 폭력을 일삼았고 결국 엄청난 윤리적 손실이 발생하였다. 법적 합법성이 곧 윤리적 합법성을 가져다주는 것은 아닌 것이다. 그러므로 칭의된 그리스도인들은 사회정의를 실현하기 위해 법이 도덕성을 상실한 채 윤리를 억압하는 왜곡된 현상이 발생하지 않도록 공적 영역에서 노력해야 한다.

(2) 사회적 약자를 위한 비판적 법신학과 정의 그리고 인권

후버는 칭의된 그리스도인들이 정의의 실현을 위해 법의 왜곡 현상을 막아야 한다고 생각했기에, 바르트의 법 이해를 수용하는 가운데 불이익을 당하는 자, 가난한 자, 사회적 권리를 박탈당한 자를 위한 정의를 지향하는 비판적 법신학(kritische Theologie des Rechts)을 강조한다.[46] 후버는 아리스토텔레스의 이론이 여전히 많은 영향력을 미치고 있다는 것을 부정하지는 않지만,[47] 사회적 약자를 위한 편들기라는 성경적 정의 개념을 더 강조한다. 후버에 따르면, 정의의 문제는 성경과의 연관성 아래 다음과 같이 세 가지로 접근할 수 있다. 첫 번째는 결핍의 조건에서의 정의의 문제다. 즉 재화의 분배라는 임무에 직면하였을 때, 정의는 불이익을

---

44 Huber, *Gerechtigkeit und Recht*, 80-84.

45 Huber, *Gerechtigkeit und Recht*, 150-51.

46 Huber, *Gerechtigkeit und Recht*, 127-48.

47 Aristoteles의 규정에서 정의는 이익과 부담의 분배, 상호 교환에서 공평이나 평등을 기반으로 한다(Huber, Gerechtigkeit und Recht, 149-58).

당하는 자, 가난한 자, 사회적 권리를 박탈당한 자들의 관점에서 바라보아야 한다. 두 번째, 강한 자들, 권력자들, 재화를 풍부하게 사용하는 이들이 우선으로 정의를 실행해야 한다. 세 번째, 약자들이 그들의 권리를 향해 나아오는 정의야말로 성경적 전통에 합치된 정의에 대한 하나님의 근본적 의도다. 그리고 이것은 결국 "가난한 자들을 위한 우선적 선택"과 연결되어 있다.[48]

후버는 기독교는 법과 윤리의 관계 규정에 있어 구체적인 대답을 줄 수 있어야 한다는 바르트의 주장에 동의한다. 이 관계 규정의 기초는 인권을 보호하는 자유-민주주의적 기본 헌법이며, 이 기초로부터 법 윤리적 명제들이 도출되어야 한다. 인권이란 동일하게 보장된 모든 기회를 인정하는 것이며, 동시에 사회적·정치적 참여를 침해받지 않을 권리이며, 개인의 개발 가능성들을 보장하고 세우는 권리다. 인권은 전지구적 윤리의 규범적 핵심이며, 전 지구적 윤리는 또한 자연에 대한 도덕적 요구들을 포함한다. 하지만 후버는 갈퉁(J. Galtung)에 의해 "제3세대 인권"이라고 규정된 개념을 거부한다.[49] 왜냐하면 후버의 관점에서 인권은 공동체와 관련된—혹은 공동체적으로 형성된 재화와 관련된—인간에서 출발하는 것인데, "자연의 권리"(Rechte der Natur)라는 개념은 이런 인권 개념에 불분명성을 가져올 수 있기 때문이다.[50]

후버는 개인보다 공동체를 우선시하는 법 개념을 통해 가난한 자, 억압받는 자와 권리를 박탈당한 자를 보호하는 정의 개념을 지향한다. 인

---

48 Huber, *Gerechtigkeit und Recht*, 165-66.

49 W. Huber, *Gerechtigkeit und Recht*, 265.

50 W. Huber, *Gerechtigkeit und Recht*, 312-316. Huber는 인간만이 권리를 가질 수 있으며, 자연의 독특성은 "존엄"(Würde)"의 개념으로 다루어져야 하며, 이 존엄은 스스로 하나의 법적 신분을 가진 대상에 대한 것이 아니라 법질서에 의해 보호되어야 할 선(善)이라고 주장한다.

권의 보편성을 강조할 때도, 결국 가장 유익을 얻는 이들은 바로 사회적 약자이다. 이처럼 사회적 약자를 지향하는 정의 개념은 서로 다른 이념적 확신을 가진 개인들이 모여 살아가는 공동체 내에서의 관용을 필요로 한다. 후버가 생각하는 법과 윤리의 이상적 관계는 종교적 윤리가 사회적 정의와 분리되지 않으면서도 그 윤리와 법이 동일시되지 않는 데 있다. 바로 이런 경우에만 법의 왜곡을 피할 수 있고 법이 왜곡되지 않을 때 그 법은 정의를 보호할 수 있는 것이다. 칭의된 그리스도인들은 사회정의의 실현이라는 관점에서 법과 윤리가 분리되지 않도록 공적 영역에서 노력해야 한다. 하지만 성경이 지향하는 정의는 사회적 약자를 위한 것이지 종교적 윤리를 헌법을 무시하면서까지 법이라는 도구를 통해 사회적 약자에게 강요하는 것이 아니다.

4. 니콜라스 월터스토프: 칭의는 학대받지 않을 권리로서의 정의를 전제로 한다

(1) 생득권으로서의 정의(justice as inherent rights)와 에이레네이즘[51]

북미 기독교철학자 월터스토프는 세계에서 학대받는 자들을 위한 정의에 관한 담론들이 추상적으로 진행되고 있다고 비판하면서 이들을 변호하기 위한 실질적인 논의를 추구한다.[52] 월터스토프에 따르면, 학대받

---

51 Wolterstorff에 따르면, 성서의 도덕적 비전은 일반적인 권리—특별히 자연적이고 생득적인 권리—를 인정하고 있으며, 잘-지냄(well-being)을 잘-되는 삶(the well-going life), 번영하는 삶(the flourishing life)으로 이해하고 있다. 성서의 도덕적 비전 안에서 행위의 최종 명제는 사랑의 명령이다. 이런 성서의 도덕적 비전은 철학적 전통에서는 일치하는 명칭을 찾을 수 없다. 구약성서에서 번영하는 삶은 "샬롬"이라 불리는데, 이것을 70인경은 "*eirenē*"라고 번역하였고, 신약성서의 저자들도 이 전통에 따르고 있다. Wolterstorff는 이런 성서의 도덕적 비전을 "eirenēism"이라고 명명한다(Nicolas Wolterstorff, *Justice: Rights and Wrongs*[New Jersey: Princeton University Press, 2008], 225-26).

는 자들의 출현은 우리에게 정의의 실행을 요구하고 있다. 이제 우리는 정의를 위해 할 수 있는 실천을 행하면서, 동시에 대안적 구조를 내놓아야 한다. 이를 위해 월터스토프는 (잘못된 것을) **"바로잡는 혹은 교정하는 정의"**(*rectifying*, or *corrective* justice)보다는 자신이 **"기본적 정의"**(primary justice)라고 **명명한 "분배와 교환 정의"**(*distributive* and *commutative* justice)에 집중한다. 그의 기본적 정의에 대한 담론은 유신론에 기초하고 있으며, 하나님과 정의가 매우 밀접하게 얽혀 있다고 생각하는 기독교 신자들을 대상으로 하고 있다.[53] 월터스토프에 따르면, 정의는 권리에 기초하고 있으며,[54] 권리란 "개인의 가치나 존엄에 근거하고 특정한 방식으로 대접받는다는 삶의 선에 대한 합법적 요구로 구성되는 일종의 규범적인 사회적 관계"다.[55] 하지만 1930년대 초반에 이미 안더스 니그렌(Anders Nygren)은 응분의 정의를 제외하고는 신약의 정의는 사랑으로 대체되었다고 주장하였다.[56] 또한 니그렌과 같은 **바른 질서로서의 정의**(justice as right order) 이론가였던 스탠리 하우어워스(Stanley Hauerwas)도 신약의 아가페적 사랑이 정의를 이겼고, 오늘날 정의는 더 이상 그리스도인들에게 규범이 아니라고 주장함으로써 신약성경을 탈-정의화(de-

---

52 Wolterstorff의 고백에 따르면, 그는 국제적인 인권 프로젝트에 참여하여 일하는 가운데 수없이 많은 피해자의 얼굴을 보았고, 이런 피해자들의 해결되지 않은 아픔과 부당함으로 인한 고통의 기억에 의해 작동하는 정의 이론에 명확성을 주기 위해 『정의: 권리와 학대』(*Justice: Rights and Wrongs*)를 저술하였다. 그렇기에 그의 저서는 "세상의 학대받는 자들을 강력하게 변호하기 위한 시도"다(Wolterstorff, *Justice*, ix). 그의 다른 저서 『하나님의 정의』(*Journey toward Justice: Personal Encounters in The Global South*) 역시 같은 연관성상에 있다(Nicolas Wolterstorff, *Journey toward Justice: Personal Encounters in The Global South* [Grand Rapids: Baker Academic, 2013], xiii; 『하나님의 정의』 [복있는사람, 2017], 25-26.)

53 Wolterstorff, *Justice*, ix-x.

54 Wolterstorff, *Journey toward Justice*, 50; 『하나님의 정의』, 93.

55 Wolterstorff, *Journey toward Justice*, 58; 『하나님의 정의』 104; Wolterstorff, *Justice*, 4.

56 Wolterstorff, *Justice*, 1.

justicizes)하려 하였다.[57] 그래서 월터스토프는 이들의 주장을 "아가페주의"(agapism)라고 비판한다.[58]

월터스토프는 니그렌의 주장에 반박하기 위해 신약성경의 "디카이오쉬네"의 개념을 다룬다. 로마서의 "디카이오쉬네"는 거의 "정의"(justice)로 번역되어야 하는 단어임에도 불구하고, 흠정역(KJV)을 비롯한 대부분의 신약성경은 그것을 하나님 앞에서 존재론적으로 바른 관계를 뜻하는 "의"(righteousness)로 번역하였다. 그 결과 오늘날 영어번역 성경에서 바울이 말하는 의(디카이오쉬네)는 "하나님과 올바른 관계에 있음"(being right with God)을 의미하게 되었고, 그것은 내적 자아의 문제로 축소되고 말았다. 그런 점은 "디카이오쉬네 테우"를 "하나님의 정의"가 아니라 "하나님의 의"로 번역한 한글 성경 번역도 마찬가지라고 할 수 있을 것이다. 월터스토프에 따르면, 고전 그리스어 시대와 신약성경이 집필된 시대의 차이로 인해 "디카이오쉬네"의 개념이 변한 것은 사실이지만, 옛 의미를 완전히 잃어버린 것은 아니다. 그것은 여전히 정의를 언급하기 위해 사용될 수 있었기에, 신약의 "디카이오쉬네"는 텍스트의 맥락에 따라 파악되어야 한다.[59] 월터스토프는 신약성경에 의(righteousness)로 번역된 곳 중 정의(justice)로 번역되어야 할 곳을 분석하는 가운데, 신약성경이 말하는 정의는 "학대받는 자들의 권리를 보호하는 행위"와 연결되어 있음을 지적하고, 한 걸음 더 나아가 로마서의 칭의 개념이 정당함(올바름)과 차별하지 않는 공정함을 기반으로 하고 있다고 역설한다.[60] 이처럼 칭의와 정의는 분리된 두 가지 대립항이 아니다.

---

57 Wolterstorff, *Justice*, 96.

58 Wolterstorff, *Justice*, 108.

59 Wolterstorff, *Journey toward Justice*, 92-94; 『하나님의 정의』 146-49.

60 Wolterstorff, *Journey toward Justice*, 101-2; 『하나님의 정의』 159-61.

월터스토프에서 정의란 자연권에 기반을 둔 **"생득권으로서 정의"**(justice as inherent rights)다. 이런 정의 개념은 아리스토텔레스적 사고방식보다는 "정의는 각자에게 각자의 권리(right)와 몫(desert)을 제공하는 것"이라는 "울피아누스적 사고방식"(Ulpian's thought)을 기반으로 한다. 기본적 정의는 사회 구성원들이 그들이 권리를 가진, 즉 그들에게 합당한 선들을 누릴 수 있는 사회 속에 존재할 수 있다. 그러므로 자신의 권리를 빼앗긴 채 학대받는 이들에게 권리를 되돌려주는 정의는 소유를 절대적인 것으로 여기는 개인주의적, 자유주의적, 소비주의적 사회모델 속에서는 구성될 수 없다.[61] 월터스토프의 이런 정의 개념은 사유재산의 축적과 사회구조적 죄의 문제를 집중적으로 다루는 해방신학의 모델을 떠올리게 한다. 월터스토프는 해방신학의 해방으로서 구원을 비판한다.[62] 또한 인류의 소명을 "창조세계에 저장된 잠재력을 실현하는 일"이라고 본 신칼뱅주의적 시각이 해방신학보다 한 걸음 더 진보한 것이라고 평가한다.[63] 하지만 그는 개발을 강조하는 신칼뱅주의가 자본주의 세계 경제라는 현실의 문제를 제대로 성찰하지 못한 채 구원을 문화 명령과 연결하여 추상적으로만 이해했다고 비판한다.[64]

월터스토프는 칭의된 그리스도인들은 자신들이 살아가는 사회 속 여러 기관들(혹은 구조들)이 사회 구성원의 삶에 유익을 주도록, 즉 "정의와 샬롬"을 도모하도록 해야 관리할 책임이 있다고 역설한다.[65] 샬롬은

---

61 Wolterstorff, *Justice*, 23-26.

62 Nicolas Wolterstorff, *Until Justice and Peace embrace: The Kuyper lectures for 1981 delivered at the Free University of Amsterdam*(Kampen: J. H. Kok, 1983), 47-53; 『정의와 평화가 입맞출 때까지』(한국기독학생회출판부, 2007), 103-15.

63 Wolterstorff, *Until Justice and Peace embrace*, 55; 『정의와 평화가 입맞출 때까지』, 119.

64 Wolterstorff, *Until Justice and Peace embrace*, 57-59, 62; 『정의와 평화가 입맞출 때까지』, 122-23, 125, 129-30.

65 Wolterstorff, *Until Justice and Peace embrace*, 62; 『정의와 평화가 입맞출 때까지』, 130.

정의와 서로 얽혀 있으며, 샬롬 안에서 모든 사람은 정의, 곧 자신의 권리를 향유한다. "정의가 없으면 샬롬도 없다. 하지만 샬롬은 정의 이상의 것이다."[66] 월터스토프에서 "샬롬"은 세계 속의 임할 구원의 총괄 개념이다. 문화의 명령과 해방의 명령은 칭의된 그리스도인들에게 주어진 사명이기에, 샬롬에 다가가려면 개발과 해방이 나란히 진행되어야 한다.[67] 하지만 월터스토프는 그리스도께서 착취당하는 자의 편에 계셨고, "지금도 거기에 계시만, 그분의 "몸"인 교회는 거기에 없다"는 점을 강조하고 있다.[68] 이처럼 월터스토프의 정의 개념은 착취당하는 자의 권리 보호를 기반으로 하고 있다. 구약의 샬롬을 기반으로 한 에이레네이즘 역시 개별자들이 서로의 권리를 침해하고 사회적 약자들이 학대받는 가운데서는 절대로 성립될 수 없다. 내가 타인의 권리를 침해함으로 인해 죄를 범하고 그 결과 나의 번영이 약화될지는 나의 손에 있지만, 나의 번영이 내가 학대받음으로 인해 약화될지는 나의 손에 있지 않다. 나의 잘-지냄은 대부분 행위들과 그 행위들에 대한 다른 이들의 제지들로 구성되어 있고, 이것은 다른 이들의 손에 있다.[69] 이처럼 에이레네이즘 속에서 개인의 잘-지냄은 학대함과 학대받음이라는 사회적 관계의 영향을 받는다.

(2) 사회적 약자의 학대받지 않을 권리와 인권

정의에 대한 바른 질서 유형(the right order type)에 따르면, 대부분의 인

---

66 Wolterstorff, *Until Justice and Peace embrace*, 69; 『정의와 평화가 입맞출 때까지』, 144.
67 Wolterstorff, *Until Justice and Peace embrace*, 72; 『정의와 평화가 입맞출 때까지』, 149-50.
68 Wolterstorff, *Until Justice and Peace embrace*, 68; 『정의와 평화가 입맞출 때까지』, 140.
69 Wolterstorff, *Justice*, 226.

간은 선(善) 중 최고의 것 중에 하나로 사회적 질서라고 생각하며, 악(惡) 중에 최고의 것으로 질서의 위반들이라고 생각한다. 그러나 히틀러의 독일은 비정상적으로 질서 정연했지만 결코 선하지 않았다. 객관적 기준의 본질에 대해서는 서로 다른 견해를 가졌음에도 불구하고 바른 질서 이론가들은 한 사회가 바르게 질서를 유지하는 한 정의로우며, 한 사회의 구성원들이 자신들의 행위를 어떤 객관적 기준에 일치시키는 한 그 사회의 질서가 바르게 유지된다고 주장한다. 월터스토프는 이 객관적 기준이 인간의 행위로부터 파생될 수 없으며, 오직 **자연적**(natural)이라고 역설한다.[70] 그러므로 정의는 천부적 인권이 침해되지 않도록 해야 한다. 특별히 성경에서 정의는 사회적 약자가 자신들의 천부적인 권리를 빼앗기고 학대받는 것에 대해 엄중히 경고하고 있다.[71] 월터스토프에 따르면, 예수는 정의의 복음을 가져오는 메시아가 된다는 구약의 약속을 성취하셨다. 또한 그리스도는 분명하게 자신의 공생애 가운데 이 땅의 권세 있는 자들에 의해 배제되고 학대받는 자들을 포용하는 사역에 초점을 맞추며 모든 이들을 향한 무조건적인 사랑을 보이셨다. 예수의 복음은 모든 사람의 생득권을 보장하는 급진적 포용의 새로운 시대를 선포한 정의의 복음이다. 그리스도가 선포한 구원은 단순히 영적인 내적 소생을 위한 구원이 아니라 불의한 구조들과 삶의 여건들에 영향을 미치며 도전한다.[72] 그

---

70 Wolterstorff, *Justice*, 29. Wolterstorff는 Brian Tierney와 Charles J. Reid Jr.의 초기 중세 시대의 주관적 권리의 개념에 대한 연구의 도움으로 천부적 인권 개념은 과거 Hobbes와 Locke에서 William of Ockham과 Thomas Aquinas에게로 거슬러 올라갈 뿐 아니라 중세의 교회법 교부들의 저작들, 신약과 구약에서도 발견된다는 논거를 내세운다(Wolterstorff, *Justice*, 53-64).

71 Wolterstorff, *Justice*, 79: "이스라엘의 종교는 구원의 종교였지 묵상의 종교가 아니었다.… 이 **세속적 생활로부터의** 구원의 종교는 아니었을지라도 이 세속적 생활 속 **불의로부터의** 구원의 종교였다."

72 Wolterstorff, *Justice*, 129.

리스도의 복음은 죄인을 의롭다 하시고 동시에 사회적 약자를 위해 정의를 세우는 복음이다. 그러므로 칭의된 그리스도인들은 하나님에 의해 천부적으로 주어진 사회적 약자의 인권이 침해되지 않도록 실천해야 한다.

생득권으로서 인권은 하나님에 의해 각각의 인간에게 증여된 가치와 존엄성을 전제한다. 그리스도 안에서 하나님의 사랑을 받는 하나님의 형상의 소유자로서 인간은 이론적으로나 실제적으로나 학대받지 않을 권리를 가지고 있다. 월터스토프의 담론에서 "천부적 인권"에 기초하지 않은 어떤 정치 체계든, 즉 어떤 규범적 사회관계든지 이 세상의 학대받는 자들을 정의롭게 다룰 수 없다. 그러므로 대안적 정치체제는 유신론적 믿음 안에서만 세워질 수 있고, 천부적 인권 개념을 거부하는 행복주의(eudaimonism)는 권리-담론을 위한 대안적 체계가 될 수 없다.[73] 유신론 안에서 모든 인간은 하나님의 사랑을 받은 존재라는 점에서 고귀한 가치를 가진 존재, 즉 인권을 가진 존재가 된다. 만약 한 인간이 다른 인간을 그의 권리, 즉 인권에 합당하게 대하지 않을 때 그를 부당하게 대우하는 것이 된다. 결국 월터스토프에서 정의란 인간의 권리, 즉 인권이 지켜지는 것이며, 그것은 곧 인간이 학대받지 않을 권리가 지켜지는 것이다.

---

73 Wolterstorff, *Justice*, 149. Alasdair MacIntyre와 같은 현대적 행복주의자들은 인권을 "모든 사회적 지위가 손상된 개별자들과 여전히 권리를 전달하는 자들의 신념"이라고 이해한다. Wolterstorff는 사회적 지위를 가지고 있지 않은 인간은 존재할 수 없다는 MacIntyre의 주장을 받아들이면서도 우리가 인권을 이야기할 때 우리는 모든 사회적 지위가 손상된 개별자들을 상상하거나 이런 벌거벗은 개별자들이 가진 권리가 무엇인지를 묻는 것은 아니라고 반박한다(Wolterstorff, *Justice*, 313).

결론

"믿음으로 의롭다 함을 받는다"는 이신칭의는 종교개혁의 정신을 잘 표현한다. 하지만 이신칭의 교리에 대한 지나친 단순화는 자칫 기독교 신앙에 대한 오해나 왜곡을 가져올 수 있다. 구원의 전반적인 과정을 외면한 채 신앙과 칭의 사이의 상관관계만을 강조하는 방식은 구원의 과정 전반에 내재된 하나님의 섭리와 성령의 사역을 무시하는 경향을 발생시키며, 이는 구원을 삶의 전반에 걸친 과정으로 이해하기보다는 개별자의 내면에 일어나는 일시적인 심리적 변화로 제한하여 이해하려는 경향을 만들어낸다. 칭의를 개인의 문제로, 정의를 사회적 문제로 보았던 기존의 담론들은 오늘날 그리스도인들에게 많은 부정적 영향을 미치고 있다. 현대신학과 윤리 담론에서 칭의와 정의—특히 사회적 정의—의 상관관계를 강조하는 흐름은 종교개혁시대의 담론과 개혁주의적 담론을 전면적으로 부정하기보다는 이를 수정·보완하려는 시도라고 할 수 있다.

현대신학과 윤리에서 칭의와 정의는 구분되지만 분리되어 있지 않다. 오히려 양자는 구체적인 삶의 상황 속에서 서로 영향을 주고받는다. 본회퍼는 제자됨이 없이 값싼 은혜로 전락해버린 칭의를 비판하면서 철저한 제자도로 나아갈 것을 강조한다. 그리고 그 제자도를 실천하는 삶은 결국 이 세상 속에서의 실제적이면서도 정의로운 평화를 실현하는 길로 나아간다. 몰트만의 사상에서 칭의와 정의는 하나님의 의의 양면을 구성한다. 칭의란 권리 없는 자들을 향한 하나님의 정의이기에, 칭의된 그리스도인들이 사회적 약자에게 불리하게 작용하는 사회적 불의를 해결하기 위한 노력은 당연한 것이다. 후버의 사상에서 칭의를 기반으로 한 기독교윤리는 개별적이기보다는 공동체적이며, 사회적 약자를 위한 편들기를 강조한다. 칭의된 그리스도인들은 정의를 실현하는 도구로서 법이 도덕성과 윤리적 가치를 상실하지 않도록 관심을 가져야 한다. 월터스토프의 사상에서 정의는 학대받지 않을 권리를 뜻하며, 이는 천부적이며 생득적이다. 기본적 정의는 유신론을 기반으로 할 때 비로소 그 근거를 가지기에, 그리스도인들은 학대받지 않을 권리가 침해되지 않도록 실천해야 한다. 흥미로운 점은 후버와 월터스토프는 자연권에 대한 상반된 견해를 가지고 있음에도 사회적 약자를 위한 정의의 실현이라는 동일한 결론에 도달했다는 사실이다. 칭의와 정의에 대한 이런 현대신학적 담론들을 살펴볼 때, 칭의는 결국 사회정의를 배제하거나 대립하지 않는다. 기독교 신앙을 개인적 영역에 제한하고 사회정의 문제를 외면하는 것은 하나님 나라의 실현을 위해 노력하는 이들에게 전혀 도움이 되지 않는다. 그러므로 하나님 나라의 영역을 눈에 보이는 교회나 종교적 영역으로 제한시키는 가르침들은 지양되고 극복되어야 한다.

14

정의의 관점에서 읽는 바울의 칭의론

테드 제닝스의 "법 밖의 정의"를 중심으로

한수현

Chicago Theological Seminary, Ph.D., 바울신학

한수현은 미국 시카고 신학대학원에서 바울에 관한 연구로 박사학위(Ph. D.)를 받았다. 학위논문인 "프레드릭 제임슨의 방법론으로 본 고전 15장의 죽은 자의 부활"은 고린도전서 15장의 "죽은 자의 부활"을 세월호 사건과 연결하여 다루었다. 현재는 여러 대학교와 아카데미 기관에서 강의 활동을 하면서 연구에 힘쓰고 있다. 주된 연구 분야는 바울서신, 복음서, 유대 묵시문학이며, 탈식민주의, 후기구조주의, 그리고 마르크스주의 방법론으로 성서를 읽는 작업을 수행 중이다.

들어가는 말

서구 인문학에서 바울 읽기가 유행처럼 번져가고 있다. 사도 바울은 기독교 내부에서 예수 부활의 복음을 그리스-로마 세계에 전한 "이방인의 사도"이자 기독교를 세계 종교로 만드는 데 큰 공을 세운 사람으로 알려졌다. 기독교 신학의 체계 밖에서는 어울리지 않을 것 같은 바울의 이야기에 오늘날 사람들이 귀를 기울이는 이유는 무엇일까?

시카고 신학교(Chicago Theological Seminary)의 은퇴 교수인 테드 제닝스(Theodore W. Jennings Jr.)의 저작인 『데리다를 읽는다 바울을 생각한다』(*Reading Derrida / Thinking Paul*, 그린비 역간)와 *Outlaw Justice*를 통해 그 대답을 찾아보는 것이 이 글의 목적이다. 신학적 주제들과 인문학적 바울 읽기를 접목하는 제닝스의 바울 읽기는 왜, 그리고 어떻게 인문학적 바울 읽기가 나타났고 신학적 바울 읽기로 연결되는지를 잘 보여준다.

이 글은 크게 다음과 같이 구성된다. 첫째, 인문학적 바울 읽기가 나타난 대략적인 이유를 설명하고, 둘째, 자크 데리다(Jacques Derrida) 및 여러 철학자와 대화하는 제닝스의 로마서 읽기를 소개한다. 그리고 마지막으로 현재 한국교회와 신학에 제닝스의 바울 읽기가 어떻게 공헌할 수 있는지를 말하고자 한다.

1. 철학과 신학에서 바울을 다시 읽는 이유

기독교 신학 안팎에서 일어나는 "바울 읽기 르네상스"의 원인을 두 가지로 설명하고자 한다. 첫째, 기독교 밖에서 바울을 읽어온 인문학적·철학적 사유가 오래전부터 있었다. 스피노자(Benedict de Spinoza), 니체

(Friedrich Wilhelm Nietzsche), 하이데거(Martin Heidegger), 엥겔스(Friedrich Engels) 등은 바울의 편지들을 철학함을 위해 읽었는데, 그 이유는 바울의 가르침이 당시 정치·사회적 맥락과 맞닿아 있다고 생각했기 때문이다. 이런 기독교 외부의 바울 읽기는 20세기 말 일군의 철학자들에 의해 르네상스를 맞이하게 된다. 소위 현시대의 인문학을 주도해가는 철학자들이 앞다투어 바울 서신을 읽기 시작했는데, 대표적으로 야콥 타우버스(Jacob Taubes), 자크 데리다(Jacques Derrida), 알랭 바디우(Alain Badiou), 슬라보예 지젝(Slavoj Žižek), 조르조 아감벤(Giorgio Agamben) 등이 그들이다.[1]

이들의 바울 읽기는 매우 다양하고, 때로는 서로 충돌하기도 하지만 이들의 핵심은 한결같다. 바울의 신학적 착상들이 20세기에 이르러 벽에 부딪힌 서구 인문학의 한계를 돌파하는 힘을 가지고 있다는 것이다. 이들은 서구 문명에 거대 자본주의의 멈출 수 없는 질주를 막을 대안적 담론이 없고, 그로 인해 사람들이 옳고 그름에 관심 없이 오로지 이익만을 위해 충돌하는 허무주의에 빠져들게 되었다는 데 의견을 같이한다. 모든 인문학적 저항조차 상품으로 바꾸는 자본주의의 교활함은 가장 저항적인 지식인들조차도 지식 자본의 도구로 변질시켜버린다. 빈부의 격차는 국가를 넘어 전 세계로 확대되었고 우리는 복지국가의 성장 이면에 자리한 절대 빈곤 국가들의 비참함을 볼 수밖에 없다. 이런 배경에서 철학과 신학은 세계의 변화나 혁명을 말하기보다 개인의 고통을 위로하

---

1 이와 관련한 대표작들은 다음과 같다. Jacob Taubes, *The Political Theology of Paul* (Stanford, Calif: Stanford University Press, 2004); Alain Badiou, *Saint Paul: The Foundation of Universalism*(Stanford, Calif: Stanford University Press, 2009); Slavoj Žižek, *The Puppet and The Dwarf: The Perverse Core of Christianity*(Cambridge, Mass: MIT Press. 2003); Giorgio Agamben, *The Time That Remains: A Commentary on The Letter to The Romans*(Stanford: University Press, 2010)

거나 내세의 희망에 더욱 관심을 두는 쪽으로 나아갔다. 많은 사람이 사회 현실을 비판하거나 올바른 가치를 따르며 살기보다 단지 각자도생(各自圖生)을 목표로 살아간다. 바로 이런 시대에 거대 로마제국에 맞서 로마의 황제가 아닌 예수 그리스도라는 주(퀴리오스, Lord)를 전하고, 로마의 정의가 아닌 하나님의 정의를 외친 바울이라는 인물이 다시금 재조명받게 된 것이다.

둘째, 기독교 내부에서 바울을 다시금 읽는 이유는 무엇일까? 그것은 바울신학계에 커다란 지각변동 때문이다. 그 지각변동은 샌더스로부터 시작된 바울신학의 전면적인 변화에 힘입은 것이다. 샌더스는 그의 저서 『바울과 팔레스타인 유대교』(*Paul and Palestinian Judaism*)에서 바울 당시의 유대교가 공로를 힘입어 구원을 얻는 "율법주의적 종교"가 아니라 하나님의 약속의 백성으로서 율법의 삶을 살아가는 "언약적 율법주의"(covenental nomism)였다고 주장했다. 이런 샌더스의 주장은 이후 "바울에 관한 새 관점"(New Perspectives on Paul)이란 이름으로 새로운 바울신학의 흐름으로 발전하였는데,[2] 그 핵심적인 주제는 "바울이 유대교의 율법적 공로주의를 비판한 것이 아니라면 바울이 비판하는 것은 무엇이며, 그리스도의 부활이 이룬 구원이란 어떤 것인가?"다. 즉 그리스도의 십자가와 부활이 율법을 행함으로써 이룰 수 없는 구원을 이룬 것이 아니라면 도대체 유대인인 바울에게 그리스도의 십자가와 부활의 의미는 무엇이었을까 하는 질문을 던진 것이다. 이런 바울 복음의 기원 자체를 찾는 시도들이 바울신학의 중요 주제로 떠오르면서 신학자들 역시 좀 더 자유롭게 바울을 재사유하기 시작했고, 곧이어 로마 제국의 정치적 이데올로기와 투쟁한 바울의 모습이 재발견되면서 바울을 정치·사회적

---

2 Dunn, *The New Perspective on Paul*, 5–7

맥락에서 읽는 연구자들이 늘어나기 시작했다.[3]

2. 새로운 바울신학의 주제: 정의(Justice, δικαιοσυνη)

제닝스는 로마서가 바울의 정치철학을 말해주는 글로서, "인간의 삶이 어떤 공동체적 삶으로서 규정되어야 하는지 밝히는 글"이라고 본다.[4] 그는 바울의 글이 현실 세계의 변화를 포기하고 내세의 삶에 관심을 두는 현대 교회와 눈앞의 이익만을 추구하는 물질 만능의 문화 속에 살아가는 현대인에게도 큰 울림을 준다고 믿는다. 제닝스는 바울이 말하는 정의에 대한 새로운 인식이 먼저 칼 바르트에 의해 강력하게 개진되었다고 말한다. 바르트는 로마서가 서구 문명의 사회구조에 대한 통렬한 비판이라고 읽는다.[5] 더 나아가 제닝스가 새롭게 재발견한 바울신학의 주제인 동시에 철학적 바울 읽기의 맥락과 연결되는 것은 바울이 말하는 "정의"다. 제닝스는 개신교 성서신학과 바울신학의 원천이 되는 로마서가 하나님의 정의가 무엇이고, 그 정의가 어떻게 그리스도를 통해 나타났으며, 우리는 어떻게 정의롭게 되고, 더 나아가 어떻게 세상을 변화시킬 것인가를 지시하는 편지라고 믿는다. 이런 바울 읽기는 20세기 말

---

3 이를 보통 바울과 제국(Paul and Empire) 그룹이라 칭한다. 이들이 남긴 중요 논문들은 다음과 같은 세 권의 논문집에 집중적으로 소개되어 있다. Richard A. Horsley, *Paul and Empire: Religion and Power in Roman Imperial Society*(Harrisburg, PA: Trinity Press, 2006); Richard A. Horsley, *Paul and Politics: Ekklesia, Israel, Imperium, Interpretation*(Harrisburg, PA: Trinity Press, 2004); Richard A. Horsley, *Paul and the Roman Imperial Order*(Harrisburg, PA: Trinity Press, 2005).

4 Theodore W. Jennings Jr., *Outlaw Justice: The Messianic Politics of Paul*(Stanford University Press, 2013), 1.

5 Jennings, *Outlaw Justice*, 5

엽 기독교 전통 내의 한 인물과 기독교 외부의 디아스포라 유대인에 의해 가능하게 되었다고 생각한다. 에마뉘엘 레비나스(Emmanuel Levinas)의 제자인 호세 포르피리오 미란다(Jose Porfirio Miranda)와 데리다가 바로 그들이다. 미란다는 바울이 사용하는, "Dik-"이 들어가는 언어들은 언제나 "정의"라는 개념에 기반을 두고서 번역해야 한다고 주장했는데, 특히 의로움(righteousness)과 정의(justice) 사이의 차이를 명확하게 인식해야 한다고 말했다. 바울의 관점은 개인적이라기보다 사회적이다.[6] "디카이오쉬네"를 정의(justice)가 아닌 의(righteousness)로 번역하면, 바울이 사용한 "의"의 개념이 개인의 도덕적 의로움으로 이해될 소지가 있으므로 원래 "justice"가 가지고 있는 사회적·정치적 의미가 퇴색된다는 것이 호세 미란다의 주요 주장이다.

이에 기초하여 제닝스가 바울의 "정의"를 이해하는 데 가장 중요한 뼈대가 되는 논리를 제공한 학자는 데리다다. 바울 해석에 대한 데리다의 업적은 서구 철학의 해체에서 타자에 대한 환대로 넘어가는 그의 후기 저작에 속하는 기념비적인 저서 『법의 힘』(*Force of Law*, 문학과 지성사 역간)에서 나타난다. 이 책에서 데리다는 고대로부터 지금까지 정의를 실현할 수 있는 유일한 방법은 법을 만들고 실천하는 것이라 믿어온 서구 문명에게 그 법이 기초하고 있는 것은 바로 폭력이라고 진단하는 발터 벤야민(Walter Benjamin)을 소개한다. 데리다는 폭력에 기반을 두는 법(Law)과 정의(Justice)에 대한 관계에 대해 집중하는데, 제닝스는 이 논증

---

6 Miranda는 Ernst Käsemann, Otto Michel, Eberhard Jüngel 등이 이와 비슷한 시각을 가지고 있다고 소개한다. 더 깊은 논의는 다음을 참고하라. José P. Miranda, *Marx and the Bible* (Maryknoll: Orbis, 1974), 173-77. Miranda에 대한 Jennings의 평가는 다음을 참고하라. Theodore W. Jennings Jr., *Reading Derrida/Thinking Paul: On Justice*, 박성훈 옮김, 『데리다를 읽는다 바울을 생각한다: 정의에 대하여』(그린비, 2014), 25.

이 소위 바울 서신에서 가장 중요한 논의 중 하나인 "율법과 정의"에 대한 바울의 관점을 이해하는 새로운 계기를 마련하였다고 생각한다.[7] 데리다는 폭력에 기반을 두지 않고 구조나 시스템에 의존하지 않으면서도 끝없이 우리에게 요구되는 순수한 개념으로서의 정의를 상상하고자 하였다. 이런 "세계 시민적"(cosmopolitan) 정의에 대한 독창적인 방식의 "정의" 개념이 로마서의 바울과 놀랍게도 일치한다는 것이 제닝스의 생각이다.[8] 이런 논의를 기반으로 제닝스는 로마서를 "정의론"의 관점에서 다시 읽는다. 이제 본격적으로 제닝스의 로마서 읽기로 들어가 보자.

3. 문제는 법, 해답은 정의

제닝스는 먼저 바울의 관심이 당시에 법과 정의, 그리고 인간 사회의 정치를 논했던 플라톤(Platon)이나 아리스토텔레스 등의 철학자들과 크게 다르지 않았다고 생각한다.[9] 그리고 로마서의 중심을 이루는 여러 정치적 용어들에 관심을 기울이는데, 독자의 주위를 환기하기 위해 유대교인(Jewish)이 아니라 유대인(Judean), 그리스도(Christ)가 아니라 메시아(Messiah), 의(Righteousness)가 아니라 정의(Justice), 믿음(Faith)이 아니라 충성(Loyalty), 은혜(Grace)가 아니라 관대하심(Generosity), 예수(Jesus)가 아니라 여호수아(Joshua)라고 읽어볼 것을 권유한다.[10] 그리스도는 히브리어 메시아의 그리스어 번역이고, 예수는 아람어로 히브리식 이름인 여

---

7 Jennings, *Outlaw Justice*, 61 – 62.
8 Jennings, 『데리다를 읽는다 바울을 생각한다』, 234.
9 Jennings, *Outlaw Justice*, 2.
10 Jennings, *Outlaw Justice*, 3.

호수아를 말하는 것으로서 약속의 땅으로 신민들을 이끌 지도자를 의미한다. 또한 믿음은 충성심(Loyalty)로 번역된다.[11] 이렇게 보면 바울이 사용하는 여러 단어는 주인과 노예 간에 또는 왕과 백성 사이의 관계를 설명할 때 사용하는 단어들임을 알 수 있으며, 더 나아가 바울의 서신을 정치적인 관점에서 읽는 데 도움을 받을 수 있다. 그렇다면 바울이 말하는 정치는 무엇이고 그것과 하나님의 정의는 무엇일까?

바울은 먼저 자신의 시대에 하나님의 정의가 없는 까닭에("모든 사람이 죄를 범하였음에 하나님의 영광에 이르지 못하더니", 롬 3:23) 세계를 향해 내려지고 있는 하나님의 심판(롬 1:18)을 말한다. 율법, 다시 말해 유대인의 법은 정의를 만들어내지 못했고 하나님의 영광에 이르지 못했다. 그러나 이제 하나님의 정의는 그 법의 바깥에서 드러나게 되었다("이제는 율법 외에 하나님의 한 의가 나타났으니" 롬 3:21). 왜 유대인의 법은 하나님의 정의를 만들어내지 못했을까? 바울에 따르면 그 법이 죄를 만들어냈기 때문이다(롬 7:8; 7:11). 그렇다면 그 죄는 무엇이며 왜 그리스도가 필요했을까? 오랫동안 성서학자들은 바울이 인간 개인의 죄에서 구원을 받을 수 있는 길을 제시했다고 생각해왔다. 제닝스는 이에 반하여, 바울은 "사회적 컨텍스트로부터 분리된 개인의 죄의 총합을 탓하는 것이 아니라 한 사회의 공동체들을 비판한다"고 말한다. 그러므로 "보편적인 죄는 개인들을 지칭하는 것이 아니라 사회 전체 (Social Totalities)가 불의(Unjust)에 기반을 두고 있음을 말하는 것이다."[12] 이는 얼핏 보면 루이 알튀세(Louis Althusser)의 총체성(Totality) 개념과 라인홀드 니버(Reinhold Niebuhr)의 『도덕적 인간과 비도덕적 사회』(*Moral Man and Immoral Society*, 1932, 현대사

---

11 이런 번역은 신앙생활을 믿음과 행위라는 이분법으로 나누는 오해를 피할 수 있는 장점이 있다.

12 Jennings, *Outlaw Justice*, 56.

상사 역간)를 떠올리게 한다. 불의의 원인을 추적하다 보면 개별 인간의 도덕성에 문제가 있음을 발견하는 것이 아니라 사회 전체가 유기적으로 불의를 생산하는 구조라는 것을 발견하게 된다. 데리다가 『법의 힘』에서 법이 정의의 생산 자체를 불가능하게 하는 현실을 고발하는 것과 같이 제닝스는 바울이야말로 유대의 법이 인간 사회를 불의한 공동체로 만들어가고 있음을 알아차린 인물이라고 본다. 헬레니즘 시대부터 플라톤이나 솔론과 같은 천재들은 법이야말로 인간 사회에서 정의를 생산할 수 있는 유일한 길이라고 생각했으며, 그들에게 가장 중요한 문제는 어떻게 더욱 나은 법체계를 만드느냐였다. 그러나 바울은 이런 법질서 안에서 정의의 말함에 대한 한계를 지적한다. 왜냐하면 "정의와 법 사이에는 회복할 수 없는 갈등이 존재하므로 정의라는 것이 있다면 그것은 반드시 법 밖에서 도래하는 것"이라고 믿었기 때문이다.[13] 바울 자신에게 나타난 그리스도가 법 밖에서 나타났기에 바울은 법의 한계를 극복하고 새로운 정의의 차원으로 나아간다.

4. 그리스도를 통해 나타난 하나님의 정의(메시아적 정의: Messianic Justice)

『개역개정판 성경』 로마서 3:25은 "예수를…믿음으로 말미암는 화목제물로 세우셨으니"라고 말한다. 바울은 그 이유를 "하나님께서 길이 참으시는 중에 전에 지은 죄를 간과하심으로 자기의 의로우심을 나타내려 하심이니"라고 말한다. 여기서 화목제물이란 표현은 하나님과 인간의 관계가 회복되는 데 역할을 하는 제물이란 뜻이다. 그렇다면 어떻게 하나

---

13 Jennings, *Outlaw Justice*, 61.

님은 예수를 통해 자신과 인간의 관계를 화목하게 하셨을까? 이를 이해하기 위해서 제닝스가 설명하는 메시아적 정의를 살펴보자.

먼저 제닝스는 예수의 죽음의 원인이 인간의 폭력에 있다는 것을 분명히 한다.[14] 그리고 그 폭력은 곧 인간이 만든 정치적 기구들이 불의(unjust)한 결과다. 이 불의는 결국 하나님의 메시아를 죽임으로써 하나님을 대적하는 결과를 낳았다. 이 불의의 밑바닥에는 바로 유대의 (율)법과 제국의 법이 도사리고 있다. 그런데 예수의 죽음의 순간, 메시아적 사건이 일어났다. 이 사건은 "불의한 사회의 전체성(totality)"과 희망이 없는 인간 세계를 일거에 "정의의 사회"(just socialities)로 변형시키는 사건이다. 법의 폭력에 의한 예수의 죽음을 하나님이 생명(부활)으로 역전시킴으로 메시아적 정의의 기틀을 세운 것이다. 그러므로 제닝스는 이 메시아적 사건을 개인적이고 종교적인 문제가 아니라 매우 정치적인 사건으로 정의할 것을 제안한다. 더 나아가 이런 정의를 메시아적 정의라고 부른다.[15] 하지만 수수께끼는 여기서부터 시작된다. 이런 메시아적 정의가 어떻게 하나님과 인간을 화목하게 할까?

우선 바울은 예수에게 일어난 메시아적 정의에 우리가 충성(믿음)으로 참여할 수 있으며, 그 참여가 우리와 하나님 사이에 평화를 만든다고 말한다(롬 5:1b). 여기서 제닝스는 믿음을 충성으로 바꿔야 한다고 주장하면서, "우리는 믿음으로 의롭다 하심을 받았다"(롬 5:1a)를 "우리는 충성(loyalty)으로 의롭다 하심을 받았다"로 바꾼다. 바울은 이미 로마서 4장에서 충성(믿음)에 대해 설명했는데, 여기서 예로 든 것이 아브라함의 충성(믿음)이었다(롬 4:1-20). 바울은 할례보다 아브라함의 믿음이 먼저라

---

14 Jennings, *Outlaw Justice*, 80.
15 Jennings, *Outlaw Justice*, 80.

고 말하는 데서 그치지 않는다. 하나님이 아브라함이 의롭다고 생각한 근거는 아들을 낳을 수 없는 몸이 된 아브라함 자신과 태가 닫힌 사라에게서 약속의 아들인 이삭이 태어나는 것을 믿는 것, 즉 죽음에서 생명이 태어난다는 믿음이다(롬 4:18-19).[16] 이는 불가능한 것을 이루시는 하나님을 믿는 믿음이며, 부활의 믿음이다. **그러므로 바울의 충성(믿음)은 예수 그리스도, 또는 여호수아 메시아를 신앙의 대상으로 여기는 믿음을 넘어서서 그를 통해 불가능한 것을 이루시는 하나님께 끝까지 충성하며 어떤 절망적인 환경에서도 하나님의 약속이 이루어질 것을 믿는 신실함이다.**[17] 이제 하나님에 대한 충성(믿음, 혹은 하나님의 약속을 믿는 신실함)이란 불가능해 보이는 하나님의 정의가 세상에 이루어질 것을 확신하는 믿음을 말한다. 더 나아가 무조건적인 하나님의 은혜를 받는 믿음이며 그것을 이루어내는 믿음이다. 태가 끊어져 아이를 낳을 수 없는 몸에서 이삭이 태어나게 하는 것, (율)법에 의해 죽은 예수를 부활시키는 것, 죄로 인해 죽

---

16 Jennings, *Outlaw Justice*, 85.

17 바울의 "피스티스"(믿음)를 "충성"으로 번역하는 것에 대한 참고 자료는 다음과 같다. 로마 사회에서 피스티스의 용례에 관해서는 다음을 참고하라. Bradley J. Bitner, *Paul's Political Strategy in 1 Corinthians 1-4: Constitution and Covenant*(New York: Cambridge University Press, 2015), 150-51. 당시 로마 사회에 대한 연구는 다음을 참고하라. Clifford Ando, *Imperial Ideology and Provincial Loyalty in the Roman Empire*(Berkeley: University of California Press, 2013). Jerry L. Sumney는 "믿음"보다는 "신실함", "충성", 또는 "견실함"이 더욱 올바른 번역이라 주장한다. 그 이유는 피스티스가 내적 상태이기보다는 서약적 행위이기 때문이다("I think 'faithfulness,' 'loyalty,' or 'steadfastness' are better translations of *pistis* than 'faith' or 'belief' because these nouns imply a commitment that is manifest in actions, not just an interior state")(Jerry L. Sumney, *Reading Paul's Letter to the Romans*(Atlanta: Society of Biblical Literature, 2012), 169, n. 7). 새 관점 그룹의 대표적 학자인 James Dunn은 "피스티스"를 "신실함"으로 번역한다. 새 관점 학파의 N. T. Wright는 바울의 "피스티스"가 황제가 아닌 하나님에 대한 "A believing loyalty"라고 이해한다(N. T Wright, *Pauline Perspectives: Essays on Paul*, 1978-2013[Minneapolis, MN: Fortress Press, 2013], 247). Agamben이 말하는 "믿음"의 번역에 대한 문제는 다음을 참고하라. Agamben, *The Time That Remains*, 114–18.

을 수밖에 없는 인간에게 영생을 주는 것, 이런 일을 하시는 하나님이 바울에게는 정의로우신 분이다. 또한 이 정의가 바로 법 밖에서 나타났고 오로지 하나님의 관대하심(generosity, grace)에 의해서만 이해될 수 있기에 바울은 이것을 하나님의 정의라고 생각했다. 제닝스는 바울의 이런 "불가능을 믿는 믿음"과 이 믿음을 가능하게 한 하나님의 광대한 은혜를 데리다의 "환대"(Hospitality, Welcoming) 개념에 연결한다.[18]

여기서 환대는 율법에 대적하는 갈라디아서(갈 3:6-9)와는 달리 로마서에서 아브라함을 통해 나타난 하나님의 무조건적인 환대(선물, 은혜)를 말한다. 바로 이 조건 없는 환대는 불경한 자를 정의롭게 만드는 신의 관대하심이다(롬 4:1-5). 데리다는 선물을 "불가능을 경험함을 통하여 선물의 가능성은 불가능으로서의 가능성"이 된다고 말한다.[19] 이런 하나님의 일하심에 대한 신실함이 아브라함을 믿음의 조상으로 만들었다. 그러므로 불의란 하나님을 영광스럽게 하지 않는 것이 불의이며(롬 1:21. 1:28), 하나님의 정의를 믿지 않는 것, 하나님의 정의를 불가능하다고 믿는 것이 불의다. 나아가 우리의 삶에 하나님의 정의가 걸맞지 않다고 절망하거나 냉소하는 것이 바로 불의다. 제닝스는 신의 정의를 통해, 그리스도를 통해 인간이 신의 정의에 참여할 수 없다고 보는 것은 예수의 부활을 말하면서도 하나님의 정의가 세상에 나타나는 것이 불가능하다고 생각하는 것과 같다고 말한다. 현실 속에서 정의가 불가능하다고 생각하는 것이 바로 불가능을 가능하게 하는 신을 믿지 않는 것과 같다.[20]

그러므로 제닝스는 이를 칭의와 연관 지어 설명한다. 제닝스가 보기에 "칭의"는 우리의 죄 사함을 이유로 "정의"에 대한 책임을 회피할 수

---

18 Jennings, *Outlaw Justice*, 69.

19 Caputo(2006), 60.

20 Jennings, *Outlaw Justice*, 79.

있다거나 예수의 대리적 죽음으로 하나님의 정의가 만족에 도달한다고 여기는 그런 사고를 넘어서서 우리 자신이 정의롭게 되는 것 그 자체를 의미한다. 즉 **"칭의됨" 혹은 "의롭다 여겨짐"(justified)은 "정의롭게 되는 것"(being just)으로 해석되어야 한다.**[21] 이런 "칭의"에 대한 새로운 해석은 "성화"에 대한 다른 설명을 이끌어낸다. "성화"(sanctification), 즉 의롭게 됨, 거룩하게 됨이란 뜻의 성화는 바울 공동체 안에서는 그 공동체의 일원이 될 때 동시에 일어나야 하는 일이었다. 전통적인 관점에서 "성화"는 개별 인간의 인격과 삶에 일어나는 질적 변화를 의미하는 것이었으나 바울에게 성화는 인간이 살아가는 공동체 자체의 질적 변화를 말한다. 바로 하나님의 관대하심, 또는 환대에 대한 충성으로 가득한 그리스도인들이 이루는 에클레시아(공동체)[22] 안에서 온전히 정의로운 삶이 이루어져야 한다. 개인과 하나님의 관계만이 아니라 타인에 대한 무조건적 환대가 정의와 성화의 핵심 과제가 된다. 그렇다면 이를 위해 바울이 제시하는 변화를 위한 실제적인 대안은 무엇일까?

5. 어떻게 정의롭게 되는가?

어떻게 (율)법을 극복하면서, (율)법을 완성시키는 동시에, 또한 (율)법과

---

21 Jennings, *Outlaw Justice*, 63.

22 "교회"로 번역되는 "에클레시아"는 원래 기본적인 정치적 공동체를 나타내는 단어로서 그리스의 도시국가에 발달했던 독립 공동체들을 일컫는 말이었다. 현대의 종교적 기구인 "교회"와 바울의 에클레시아를 같은 선상에서 볼 수 있는지는 고민해볼 필요가 있는 주제다. 이에 대한 자세한 자료는 박영호의 다음 저서를 보라. Young-Ho Park, *Paul's Ekklesia as a Civic Assembly: Understanding the People of God in Their Politico-Social World* (Mohr Siebeck, 2015), 73.

대적되는 상태에서, 그리고 법 밖에서 정의를 이루어낼 수 있을까? 이에 대한 명확한 청사진이 없다면 바울은 현실적인 변화 자체에 큰 관심이 없었다고 말해야 할 것이다. 그러나 바울은 이를 해결하기 위해 몇 가지 흥미로운 계획을 가지고 있었다. 첫째, 바울은 사회적 불의를 만들어내는 인간 사회의 법적 구조는 여전히 강력하다고 생각한다. 비록 하나님의 정의가 선물처럼 주어졌지만 인간은 여전히 폭력 안에서, 그리고 폭력을 벗하여 살아가고 있다. 바울은 그리스도의 부활을 통해 죄의 결과인 죽음이 해결되었음을 확신시킨다. 그것이 어떻게 가능할 것인가? 바로 세례를 통해 실질적으로 이루어지는데, 그리스도인은 "죽어야" 한다. 즉 그리스도인은 세례를 통해 죽음의 예식을 치른다(롬 6:2-11). 그리하여 실제적으로 죽음과 삶을 경험함으로써 법과 죽음의 영역에서 벗어나게 된다. 이런 바울의 생각은 그리스도의 십자가에서 온 것인데, 십자가의 죽음에 참여하는 세례를 통해 죽고 다시 살아난 인간이야말로 비로소 성령을 통한 그리스도와의 연합이 가능한 인간이 된다. 둘째, 이제 그리스도인에게 죄를 만들어내는 육체의 욕망은 그 활동을 정지(inoperative)하게 된다고 바울은 말한다(롬 6:6). 제닝스는 아감벤의 해석을 인용해 여기서 바울이 사용하는 동사인 "카타르게오"(καταργεω, 효력을 잃어버리게 하다)[23]가 바울의 (율)법 이해에서도 핵심적인 역할을 한다고 설명한다.[24] 이제 (율)법을 통해 들어온 "죄와 죽음의 법에서 해방"(롬

---

23 καταργέω는 세속적으로는 "파괴하다"(눅 13:7)로 사용되지만 바울에게는 종교적인 의미로 매우 특정하게 "효력을 정지시키다"(to make completely inoperative), 또는 "사용하지 못하게 하다"(to put out to use)의 용례로 사용된다(Gerhard Delling, "καταργέω," *TDNT* 1:453).

24 Jennings, *Outlaw Justice*, 103. Agamben의 다음 자료를 참고하라. Giorgio Agamben, *The Time That Remains: A Commentary on the Letter to the Romans*(Stanford, Calif.: Stanford University Press, 2006), 97.

8:2)되었으므로 율법은 그 활동을 멈추고 정의를 깨닫게 하는 밑거름이 된다. 그리고 그리스도인은 믿음(충성, 신실함)을 통해 바울이 말했듯이 법을 무너뜨리는 것이 아니라 정의를 이룸으로써 법을 완성한다(롬 3:31). 이제 바울이 믿음으로 고백하는 세계는 제국의 통치가 끝나고 하나님의 통치가 시작되는 곳이다. 바울의 질문은 "지금 여전히 인간의 패악이 가득한 제국의 시대에 어떻게 하나님의 정의를 확립할 것인가"이며, 바울은 법의 진정한 목적을 믿음이 완성시킬 수 있다는 해법을 내놓았다. 말하자면 (율)법은 실패했으나, 법의 목적인 신의 정의를 그리스도를 통한 믿음의 법으로 완성한다고 본 것이다.

이제 바울의 공동체(에클레시아)는 하나님의 정의를 실천하는 실험장이 된다. 율법과 법을 극복하고 새로운 그리스도(메시아)의 시대를 여는 사람들이 구체적으로 어떻게 살아야 할지를 보여주는 곳이 에클레시아다. 제닝스는 인간의 지혜나 종교 전통으로 구현할 수 없는, 하나님의 정의를 바울의 공동체가 담아내는 방법을 로마서 12장에서 시작되는 바울의 권면에서 찾는다.

> 형제들아, 내가 하나님의 모든 자비하심[환대]으로 너희를 권하노니 너희 몸을 하나님이 기뻐하시는 거룩한 산 제물로 드리라(롬 12:1).

어떻게 보면 뜬금없는 설교로 보이는 바울의 권면이 바로 정의를 구현하는 방법으로 제시된다. 바울이 정의를 실현하는 도구로 생각한 것은 철학이나 종교적 제의나 세상의 어떤 학문이나 기관도 아닌 인간의 몸이다. 그런데 그 몸은 개인의 몸이 아니라 "다중(多衆)이 모여 완성된 하나를 이루는 것"이다. 여기서 낭시(Jean-Luc Nancy)의 "singular plural"의 개념이 도움을 준다. 그 개념에 따르면 "각자의 특이성(singularity, 또는 유일성)들이 전체로서의 다양성(plurality)과 연결되어 하나의 메시아적 공동체를 이루게 되는데, 이것이 바로 바울이 말하는 메시아적 공동체에 참여함이다."[25] 바울은 이 메시아적 공동체의 삶은 개인이 아닌 공동체의 삶이며, 환대(hospitality, welcoming)의 정신으로 외부를 향해 열린 공동체의 삶임을 로마서를 통해 설명한다. 그러므로 제닝스에게 로마서의 가장 중요한 부분은 환대의 공동체를 설명하는 12-15장이다. 바울은 서로의 차이를 용납하고 서로를 한 몸으로 받아들임으로써 하나님의 무조건적 정의를 실천하는 공동체를 꿈꾸고 있다. 이렇게 하나님의 은혜를 몸으로 살아내는 공동체가 바울이 필생에 걸쳐 설립하고자 했던, 하나님의 정의를 실현하는 공동체다.

하나님의 정의를 실현하는 것이 목표라고 하더라도 그 방법이 "눈에는 눈, 이에는 이"라면 종국에는 불의로 결말을 보게 된다. 하나님의 즉흥적 정의를 품은 메시아적 공동체는 하나님의 관대하심을 따라 "창의적"이고 "즉흥적"으로 정의를 실천한다. 그러나 이것이 무작위적인 삶을 의미하지는 않는다.[26] 이때 하나님의 정의의 기준인 "환대"(받아들임, 롬 14:1)가 메시아적 공동체의 핵심 강령이 되는데 이런 삶은 결국 외부를 향해서는 "박해하는 자들을 축복하고…악을 선으로 갚으며" 내부에서는 "약한 자를 환대"하는 삶이다.

"환대"의 공동체를 위해 바울은 규율이나 법으로 공동체를 치리해야 한다고 말하지 않는다. 로마서 14장에서 음식이나 특정한 날에 대한 논쟁에 대해 바울은 어떤 규율을 따르는 것이 중요한 것이 아니라 타

---

25 Jennings, *Outlaw Justice*, 197. Nancy의 "singular plural"이란 개념에 대해서는 다음을 참고하라. Jean-Luc Nancy, *The Inoperative Community*(Minneapolis, Minn.; London: University of Minnesota Press, 2012), 60-61.

26 Jennings, *Outlaw Justice*, 182.

인 그대로를 타인으로 인정하는 것이 그리스도의 삶을 본받는 것이라고 말한다.[27] 예수는 하나님에 대한 사랑과 이웃 사랑을 동등한 위치에 놓았다. 왜냐하면 당시의 유대인들은 하나님을 사랑하기 위해, 즉 종교적 삶을 강화하기 위해 이웃을 정죄하고 심판하려 했기 때문이다. 바울은 예수의 가르침을 상기하여 심판과 정죄를 하나님께 맡기고(롬 12:19), 하나님의 관대하심을 따라 사랑과 환대를 중심으로 메시아적 공동체를 재편했다. 하나님의 정의를 살아내는 방법이 그것이라고 믿었기 때문이다.

6. 하나님의 구속사, 정의의 즉흥성

하나님의 정의를 실현하는 공동체는 더 이상 법적인 체계나 구조를 따르지 않는다. 오히려 삶을 통하여 즉흥적(improvisation)으로 하나님의 뜻을 실현한다. 환대와 함께 제닝스가 강조하는 하나님의 정의가 갖는 두 번째 속성인 "즉흥성"에 대해 알아보자.

제닝스는 이 즉흥성이 무작위적인 삶을 말하는 것이 아니라, "창의적으로 하나님을 닮아가기 위한 응답"이라고 말한다.[28] 제닝스가 보기에 로마서 9-11장의 내용은 바울의 역사관을 이해하는 데 필요한 핵심적인 내용을 담고 있다. 여기서 유대인인 바울은 율법과 유대인들이 결국 실패했는가에 대한 물음에 "절대 그렇지 않다"고 대답한다. 그 이유는 하나님이 이루시는 정의의 관대하심과, 율법 밖에서는 상상도 할 수 없었던 이방인의 구원을 예수 그리스도를 통해 이루신 것처럼 언젠가는 유

---

27 Jennings, *Outlaw Justice*, 200.
28 Jennings, *Outlaw Justice*, 182.

대인들도 그의 날개 아래로 돌아오게 하실 것임을 확신했기 때문이었다. 이렇듯 하나님의 환대로 드러나는 정의는 인간이 상상할 수 없는 방법으로 나타난다. 제닝스는 이런 정의의 속성을 "즉흥성"이라고 명명한다. "역사는 정의와 자비를 연주하는 신의 즉흥곡이다."[29] 그리고 한 걸음 더 나아가 그 즉흥적 정의를 실제로 이루어가는 것이 바로 복수의 인간이 모인 그리스도의 몸된 공동체라고 말한다. 하나님이 유대인을 선택하여 모든 "이방의 빛"(사 49:6)이 되게 하셔서 하나님께로 돌아오게 하신 것처럼, 이방인을 통해 유대인을 구원하신다는 바울의 역사관을 더욱 확대하면, 다른 유대인들은 몰랐지만 바울이 그리스도를 통해 나타난 하나님의 정의를 발견한 것처럼 하나님은 지금도 우리가 알지 못하는 방법으로 선택을 통한 타자의 구원을 계획하고 계신다고 믿을 수 있다. 바로 이런 바울의 역사관은 공동체를 하나님의 정의가 발현되는 중심 장소로 생각함과 동시에 세상 속에 나타날 하나님의 정의를 확신할 수 있는 희망을 확립한다. 즉 공동체 안에서 나타나는 하나님의 정의가 바로 세상을 변화시키시는 하나님의 사역을 믿을 수 있는 증거가 되는 것이다. 그리스도의 부활을 따라 곧 하나님의 심판과 새로운 창조가 일어날 것이라고 믿은 바울에게 이런 희망은 그리 어려운 것이 아니었다. 현대를 살아가는 사람들에게는 2,000년이란 기다림이 걸림돌이 될 수 있겠지만, "불가능을 믿는 충성"이야말로 하나님의 정의로 나아가는 열쇠임을 기억한다면 바울의 복음은 여전히 깊은 울림으로 다가온다.

---

29 Jennings, *Outlaw Justice*, 171.

7. 바울의 시의성

바울을 정치적으로 독해할 때 꼭 살펴보아야 할 부분이 민주주의 정치체제에서 그가 차지하는 위치다. 제닝스는 바울이 말하는 정의를 품는 "환대"의 공동체가 민주주의의 이상적 가치인 "모든 이에게 열린" 공동체의 꿈과 그 궤를 같이한다고 말한다.[30] 서로에게 환대하며 타인의 의견을 정죄하지 않는 공동체적 실험이 바울의 목적이었다면, 현시대의 민주주의 또한 비슷한 이상을 지향한다고 볼 수 있다. 그러나 민주주의의 이상은 그저 이상으로만 남았을 뿐, 여전히 폭력과 죽음의 시대가 계속되고 있다. 법이나 민주주의적 실천으로 불가능한 것을 하나님은 여전히 이루기 원하신다고 바울은 생각할 것이다. 죽음 속에 생명을 만드시는 하나님의 정의가 나타나기를, 바울의 시대부터 지금까지 "피조물이 함께 탄식하며"(롬 8:22) 기다리고 있다. 바울의 공동체적 실천이 비현실적으로 보일 수도 있다. 그러나 선의의 폭력이나 점진적인 혁명을 통해서도 인간의 역사는 언제나 희생자를 만들어왔다. 권력을 잡은 세력은 필연적으로 부패하고, 힘을 가진 주체는 또 다른 약자를 억누른다. 이런 현실 속에서 제국을 정복하려 한 혁명운동을 위한 교과서도 아니고 제국의 논리를 시원하게 논파하여 잠시 마음으로나마 승리감을 느끼게 하는 이론서도 아닌 "급진적 평등과 환대의 공동체에 대한 비전"이[31] 깃든 로마서는 어쩌면 현시대에 더욱 적절한 예언자적 음성일지도 모른다. 전쟁과 죽음의 냄새가 더욱 짙어지는 현실은 더욱더 간절하게 하나님의 정의에 대한 희망을 불러온다. 바로 이 불가능해 보이는 소명을 "거룩한

---

30 Jennings, *Outlaw Justice*, 231.

31 Jennings, *Outlaw Justice*, 230.

정의"(divine justice)라고 명하면서 제닝스는 그의 로마서 읽기를 마무리 한다.[32]

결론: 바울의 정의론으로 한국교회를 진단하다

제닝스의 로마서 읽기가 한국의 바울신학계와 교회 공동체에 어떤 통찰을 줄 수 있을까? 첫째, 정의를 주제로 로마서를 읽으면 바울의 구원론과 공동체론이 매우 일관된 관점에서 쓰였다는 사실을 알게 된다. 일반적으로 신학계는 율법에 대한 바울의 이해가 매우 불안정하고 상황 중심적이라고 평가한다. 통상적인 바울 서신 읽기의 더 심각한 문제점은 바울의 신학(예를 들어 이신칭의)과 그의 공동체론을 분리해서 이해하는 경향에서 생겨난다. 바울의 신학적 진술은 현대 교회를 위해 매우 중요하다고 생각하면서도 바울의 윤리적 권고나 진술은 바울의 상황적 진술이라고 치부해버리는 사람들이 많다. 그래서 오히려 더욱 중요한 로마서 12-15장의 공동체적 행동 강령을 심각하게 받아들이지 않는다.

이와 달리 제닝스의 정의론적 해석은 로마서가 그리스도를 통해 드러난 하나님의 정의를 설명하고 어떻게 실천해야 할 것인가에 대해 답한다고 봄으로써 로마서 전체를 하나의 주제로 이해할 가능성을 제공한다. 더 나아가 현대의 교회가 바울의 신학과 실천을 망각한 이유도 가르쳐준다. 바울이 말하는 하나님의 정의에 대한 충성(믿음)은 불가능 속에서 희망을 가지는 것이며, 가장 어두운 밤에 새벽이 가까웠음을 인식하는 것이다. 죽음에서 생명을 만드시는 하나님의 관대하심을 바울의 공

---

32 Jennings, *Outlaw Justice*, 231.

동체는 믿어 의심하지 않았기 때문에 불가능에 도전하는 충성의 삶을 살고자 했다. 바울의 로마서는 이런 충성 없이는 결국 육의 길, 법의 길, 정죄의 길, 죽음의 길로 갈 수밖에 없다고 말한다. 우리는 왜 오늘의 교회가 자신들의 거룩함을 타자에 대한 정죄에서 찾으려 하고, 환대의 삶보다는 견고한 교리의 벽을 쌓으려 하는지 심각하게 고민해보아야 한다.

둘째, 제닝스는 믿음을 충성이라고 해석함으로써 믿음과 행위를 조화시키고, 믿음과 행위라는 이분법적 구조를 극복할 가능성을 보여준다. 또한 제닝스의 정의론은 (율)법과 죄를 전체 사회적 맥락에서 바라보고 율법의 행위를 사회적 불의에 연결함으로써 행위 자체를 불신하는 해석을 극복한다. 더 나아가 바울이 자주 언급하는 "육체의 소욕"이나 당시의 성적인 방종 등을 무질서한 인간 사회에 대한 묘사로 봄으로써[33] 이에 대한 대안을 성적 욕망을 절제하거나 비판하는 것에서 찾는 것이 아니라 오히려 이웃을 사랑하고 타자를 인정하는 것으로부터 시작해야 함을 말해준다.

셋째, 정통적 칭의론의 가장 큰 약점은 그것이 바울 서신 후반부의 공동체적 삶에 대한 권고와 연결되지 않는 것에 있다. 의롭다 칭함을 받는 것만큼 의롭게 되는 것이 중요하며 하나님의 정의를 믿는 믿음보다 그것에 충성하는 삶이 더욱 요구된다. 제닝스의 정의론적 해석은 바울의 공동체와 신학을 연결하는 중요한 연결 고리인 "정의"를 다시금 확인시켜준다. 하나님의 관대하심을 품은 환대 공동체의 비전이 바울의 목표였음을 되새긴다면, 오늘날 현대 교회의 위기는 신학의 부재가 아니라 그리스도적 삶의 부재 때문이며 그것을 해결하는 것은 로마서의 "정의론"을 다시금 이해하고 실천하는 공동체적 삶에 달려 있다고 볼 수 있다.

---

33 Jennings, *Outlaw Justice*, 38.

마지막으로, 정의론적 관점에서 볼 때 로마서 13:1-7에 대한 새로운 해석의 가능성이 열린다. 전통적으로 로마서 13장의 전반부는 많은 신학자에게 골칫거리였고, 권력을 가진 독재자들에게는 꿀과 같이 단 열매였다. 제닝스는 먼저 로마서 13장을 전체 로마서의 정의론적 맥락에서 이해해야 한다고 말한다.[34] 특히 12장부터 15장까지의 맥락에서 바울은 철저하게 "환대"의 공동체를 주장하였고, 9장부터 11장까지는 유대인들이 복음을 거부함으로써 이방인이 하나님의 백성이 되는 역사의 아이러니를 다루었으며, 이방인들을 통해 유대인들도 돌아오게 하실 하나님의 관대하심을 확신하며 언급했다. 그런 바울에게 정치적 저항이나 투쟁은 공동체의 목적이 될 수 없다. 바울에게 하나님의 계획은 신묘막측한 것이어서 예측하지 못할 방법으로 제국의 권세를 꺾어놓을 것이기 때문이다. 바울의 공동체는 "선으로 악을 이기는" 방법으로 "환대"의 삶을 살아갔을 것이다. 그러므로 로마서 13:1-7은 로마서 전체의 정의론적 맥락에서 벗어나지 않는다. 하나님의 시간인 카이로스 안에서는 가장 어두울 때가 낮과 제일 가깝다(롬 13:11). 바울은 로마 제국의 강대함이 바로 쇠락의 증거라고 생각했을 가능성이 크다. 따라서 로마서 13장을 현대로 가져온다면 단순히 권세에 대한 복종으로 제한하여 받아들일 것이 아니라 "환대"의 공동체적 삶에 대한 의지로 이해해야 할 것이다.

---

34 Jennings, *Outlaw Justice*, 190.

15

칭의론과 디아코니아

칭의 신앙은 어떻게 이웃 봉사와 만나는가?

김옥순

한일장신대학교, 디아코니아학

김옥순은 독일 하이델베르크 대학교에서 실천신학 디아코니아학 전공으로 박사학위(theol. Dr.)를 취득하였고, 한국 디아코니아신학회 회장을 역임했다. 현재는 한일장신대학교에서 디아코니아학 교수로 재직 중이며, 한국실천신학회 디아코니아분과 학술회장, 한일장신대학교 디아코니아연구소 소장으로도 섬기고 있다. 저서로는 『디아코니아학 입문』(한들, 2010), 『디아코니아 신학』(한들, 2011) 외 다수의 공동 저서가 있으며, 번역서로는 『칭의와 자유: 독일개신교협의회 기본문서』(한들, 2017), 『디아코니아와 성서』(공역, 한들, 2013)가 있다.

들어가는 말

16세기 종교개혁의 출발점은 사회경제적인 상황과 밀접한 관련이 있다. 종교개혁 당시 사회적인 약자들은 경제적으로 소외당한 자들로서 사회에서 존중받지 못하였고 사회의 주변부를 형성하고 있었다. 거리에는 수많은 걸인과 엄청난 그룹으로 형성된 특권을 가진 구걸 수도승들이 있었다. 교회는 거지들을 지원하였고 구걸하는 자들을 보살피는 일을 하였다. 그러나 사실상 그 당시 교회의 재산은 가난한 자들을 돌보는 일보다는 교회와 수도원을 짓고 거기에 필요한 성만찬 상, 성문, 교회의 종, 오르간, 그림, 그리고 많은 성상을 만드는 일에 주로 사용되었다. 그리고 교회는 사람들에게 구제 행위를 통해 의로워지며 하늘나라에 갈 수 있다고 가르쳤다. 그와 같은 공덕 사상에 의하여 천국행 표를 구하는 대표적 행위가 바로 "면죄부 판매"였다.

이런 상황에서 종교개혁자들은 가톨릭교회의 공덕 사상에 기초한 칭의론과 세속적인 기구로 타락된 교회의 모습을 비판했다. 종교개혁자들은 타락한 교회 현실을 극복하는 참된 개혁과 신앙인의 삶에 대한 대안을 제시했다. 종교개혁자들이 제시한 것은 성서에 기초한 칭의론과 교회론이었으며, 이웃 사랑의 돌봄으로서 디아코니아 실천이었다. 오늘날 한국교회 역시 예수가 선포한 하나님 나라의 가르침을 외면하고 교회가 하나의 세상적인 기구로 전락해가는 위험에 빠져 있으며, 사회로부터의 심각한 비판에 직면해 있다. 그것은 오늘의 교회가 복음의 원초적인 능력을 잃어버리고 위계질서와 강자의 지배 논리로 양적 성장을 추구하며 돈과 권력을 선호하는 세속적인 조직으로 변질했다는 증거다. 분명한 것은 한국 개신교회도 참된 교회로 회복되는 개혁을 필요로 하는 시점에 있다는 점이다. 따라서 이 글에서 종교개혁자들의 교회 개혁의 내용을 살펴보면서 한국교회가 참된 복음을 보존하며 생명력 있게 디아코니아를 실천할 수 있는 동력을 찾아보고자 한다.

1. 종교개혁에 나타난 칭의론과 디아코니아

(1) 종교개혁 칭의론에 나타난 인간과 하나님과의 관계

종교개혁은 칭의론을 통한 인간 이해의 새로운 발견이라고 할 수 있다. 종교개혁의 선도자였던 루터는 성서에 기초하여 그리스도 통치의 관점에 근거한 인간 이해를 구성하였는데, 바로 이것이 칭의론의 본질에 속하는 주제다.[1] 다시 말해 하나님의 통치는 하나님의 의가 중심인데, 그 의는 그리스도 안에서 하나님-인간 관계가 의롭게 된다는 의미다. 루터는 죄와 자기 고집과 무지 속에 있는 인간을, 그리스도를 통하여 하나님의 의를 선물로 받은 자로서 이해했다. 이런 루터의 인간 이해에 따르면 인간은 스스로 변화될 수 없으며, 오직 하나님의 의로부터 오는 선물에 의해서 변화될 수 있다. 그런데 루터의 칭의론은 하나님에 의해서 선물로 받은 (정)의를 인간의 업적과 행위에 의한 공덕 사상의 (정)의와 대립시킴으로써 그 당시 보편적이었던 아리스토텔레스 철학에 근거한 토마스 아퀴나스의 이해와는 다른 인식을 보여준다. 이는 루터가 스콜라 신학으로부터 자신을 전적으로 분리시켰다는 의미다. 그 당시 스콜라 신학은 교회 규정과 율법을 행하는 것을 선행으로 인식하였고, 이런 선행이 인간을 의롭게 만든다고 주장했다. 그러나 루터는 이런 공덕 사상에 의

---

1 Th. Strohm, *Diakonie und Sozialethik. Beiträge zur sozialen Verantwortung der Kirche*(Heidelberg: Heidelberger Verlagsanstalt und Druckerei GmbH, 1993), 43.

한 칭의론은 하나님과 인간 사이를 분열시키는, 왜곡되고 타락한 인간적 칭의 사상으로 보았다.[2] 공덕 사상에 의한 칭의 사상은 인간을 교회 통치 아래로 굴복시키는 것이었다. 루터는 1517년 그의 교회 개혁 테제 95개 조항 가운데 43-45항에서 신앙인들에게 면죄부를 통한 선행이 인간을 의롭게 할 수 없으며, 가난한 자들을 돕는 대신에 면죄부를 구입하는 일에 돈을 사용하는 자는 하나님의 진노를 받게 될 것이라고 선언했다.[3]

루터는 스콜라 신학의, 면죄부를 통해 속죄함을 받고 의로워지는 공덕 사상을 비판하며 오직 십자가에 나타난 하나님의 의를 통해 인간이 의롭게 됨을 주장했다.[4] 루터의 십자가 신학에 다가가서 보면, 거기에 구원과 창조가 동시적으로 관계되어 있다는 점을 발견하게 된다. 십자가에서 인간을 향한 하나님의 화해가 인간이 의롭게 되는 길을 열어주었다. 하나님이 십자가에서 인간을 섬기신 화해의 디아코니아는 인간이 새로운 피조물이 되는 것을 목표로 하며, 하나님의 질서 의지에 맞게 세상의 창조물을 새롭게 개혁하는 목표를 가지게 된다.[5] 그리고 인간의 진정한 의로움은 인간 자신으로부터가 아니라 하나님의 구원 행동에 의해 선물로 받은 신앙에 기초한다. 이제 진정한 신앙은 이런 하나님의 뜻을 인식하고 받아들이는 것이며, 하나님의 뜻을 받아들인다는 것은 행동하는 신앙을 내포하고 있다. 따라서 하나님의 구원 행동으로 의로워진 신앙은 세상과 인간에 대한 새로운 시야를 가지게 해주며, 동시에 하나님의 뜻에 순종하는 행동을 하도록 일깨워준다. 루터에게 새로운 인간이란 인간

---

2 Th. Strohm, *Diakonie und Sozialethik*, 6.

3 재인용, H. Krimm, *Quellen zur Geschichte der Diakonie, Bd. II*(Stuttgart: Evangelisches Verlagswerk GmbH, 1963), 28; 비교. W.A. I, 235.

4 G. Ebeling, "Luther II. Theologie", RGG[4], 502.

5 Th. Strohm, *Diakonie und Sozialethik*, 8.

스스로 삶의 완성을 성취하려는 자신으로부터 해방되어 사랑과 겸손으로 하나님을 경외하는 존재를 말한다. 인간은 결국 하나님의 구원하심을 통해 그리스도 안에서 진정한 인간으로 새로워지며, 그렇게 새로워진 인간은 그리스도를 따르는 삶의 변화를 가져와야 한다.[6] 루터는 자신이 발견한 진리의 복음과 신앙에 근거하여 그 시대의 방향을 제시하고자 하였고, 이런 맥락에서 칭의론은 인간에게 하나님 앞에서 실천적인 삶으로서의 디아코니아와 떼려야 뗄 수 없는 주제임을 제시하였다.

(2) 칭의된 신앙인으로서 디아코니아 존재

종교개혁자들에게서 인간론은 죄로 인한 하나님 형상의 상실, 그리스도를 통한 하나님 형상의 회복 그리고 그 형상의 종말론적 완성에 대해 말한다.[7] 루터는 이미 1523년부터 지속적으로 하나님 앞에 서 있는(*coram Deo*) 인간 상황과 세상과 직면해 있는(*coram mundo*) 인간 상황을 구분하여 철학적인 관점과 신학적인 관점을 구분하였다. 이는 루터가 철학과 인간의 이성을 평가절하한 것이 결코 아니다. 오히려 인간의 이성은 이 세상적인 삶에 대해 최고의 작용을 할 수 있으며, 이성의 위대함은 인간의 죽음과 생명에 대한 한계를 가진다는 점을 보여준 것이다. 그러나 신학은 인간의 전인적인 완성을 주제로 삼고, "하나님 앞에서" 인간의 구원사적 관점에서 영원한 생명을 완성하기까지 이르는 과정에서 비로소 철학적 인간학을 능가하게 되는 새로운 관점을 가지는 것이다.[8]

인간에 대한 이런 새로운 관점이 종교개혁자들에게서 나타난 칭의사상이다. 종교개혁자들의 칭의론은 성서 본문, 특히 바울신학에 대한

---

6 Th. Strohm, *Diakonie und Sozialethik*, 6.

7 Walter Sparn, "Mensch VII," TRE 22(1992), 513.

8 Sparn, "Mensch VII," 514.

분석을 통해 칭의론에 관한 특별한 통찰을 발견했다. 로마서의 "그러므로 우리는 율법의 행함 없이 단지 신앙을 통해 인간이 의롭게 되었다고 생각한다"(롬 3:28)는 말씀이 그들에게 신앙의 눈으로 바라본 칭의가 무엇을 의미하는지에 대한 열쇠가 되었다. 종교개혁의 칭의론은 인간이 (정)의로워진다는 주장과 인간이 올바르다는 논리를 깨부순다. 칭의론은 인간이 스스로 의로울 수 있는 것이 아니며, 스스로 의롭지 말아야 한다는 논제에서 출발한다. 하나님 앞에서 인간은 의로운 것을 할 수 없으며 할 필요도 없다. 인간은 그 자신이 올바르기에 하나님에 의해 "의롭게 되는" 것이 아니라, 은혜에 의해서 의롭게 된다. "은혜로 의로워지는 것"은 나에게 사랑받을 만한 것이 없음에도 불구하고 사랑받는 것을 의미하며, 설령 내가 인정받을 수 없음에도 인정받는 것을 의미한다. "사랑받는 것"과 "인정받는 것"의 개념들 자체가 이를 분명하게 보여준다. 하나님의 사랑과 하나님의 인정해주심은 결코 사랑할 만한 가치 여부나 인정받을 만한 가능성에 대한 반응이 아니다. 그것은 훨씬 더 깊은 것이다. 하나님의 사랑과 인정해주심은 인간을 자기중심적 관련성 속에서 좌절하는 한계를 가진 자로 전제한다.[9] 종교개혁자들은 그에 대해 하나님이 죄인을 의롭게 하셨다고 말했다. 인간학적으로 볼 때, 하나님 앞에서 의롭게 되는 것은 인간에게서, 그리고 인간의 행동을 통해 전혀 가능하지 않다는 뜻이다.

인간이 하나님에 의해 의롭게 되기 위해서 하는 모든 행동은 자기중심 관계적인 근본 구조의 한 부분으로, 이런 자기중심 관계적인 근본 구조는 인간이 서 있는 관계들을 침해하며 파괴한다. 이는 인간을 둘러싸

---

9 Evangelische Kirche in Deutschland Hg., *Rechtfertigung und Freiheit. 500 Jahre Reformation 2017*(Gütersloher Verlagshaus: Gütersloh, 2015), 45.

고 있는 이웃과 환경과의 관계 및 하나님에 대한 관계를 침해하고 파괴하는 것이다. 즉 "인간의 본성은 외부적으로 좋게 보이는 선행 업적에 대해 자랑하거나, 필요한 경우에 심지어 내면적으로 뽐내기도 한다."[10] 종교개혁자들의 주장에 따르면 도덕적인 선함 자체도 그런 기본자세 속에서 생겨나는 것이다. 하나님이 인간에게 칭의를 수여하는 것에는 하나님에 의해 세워지고 신실하게 유지되는 관계가 중요하다. 하나님은 모든 인간과의 공동체를 원하시며, 하나님 자신이 스스로 관계하시듯이, 마찬가지로 다른 사람과의 공동체를 원하신다.

따라서 종교개혁자들은 하나님을 통한 "칭의"가 모든 인간의 삶의 관점을 근본적으로 변화시킬 수 있다고 확신했다. 하나님을 통한 칭의는 단지 신학적인 명제로 머무는 것이 아니라, 위로받고 치유받으며 지지받는 인간의 삶을 지지해주는 초석인 것이다.[11] 하나님의 은혜로 그리스도 안에서 선행의 삶을 사는 것이 신앙인의 칭의다. 무엇보다 신앙인에게서 예수는 새로운 인간존재의 근거이자 기준이 되는 인간상으로 제자들 사이에서 섬기는 자로서 등장하였고, 그래서 가까이 온 하나님 나라 통치 안으로 들어온 회개한 자는 섬기는 디아코니아 존재임을 인증한 것이다.[12] 따라서 신앙인의 종말론적 인간존재는 있는 그대로 수용하며, 용서하며, 돌보며, 선을 행하는, 섬기는 디아코니아 존재라고 할 수

---

10 Martin Luther, *Disputatio contra Scholasticam Theologiam*[=Disputation gegen diescholastische Theologie](1517), W.A. 1, 226, 3f.; zweisprachig, auch, in: ders. Hg., *Lateinisch-Deutsche Studienausgabe, herausgegenen und eingeleitet von Wilfried Härle, Bd. 1*(Leipzig, 2006), 24-25(These 39).

11 Johannes Calvin, *Unterricht in der christlichen Religion, nach der letzten Ausgabe übersetzt und bearbeitet von Otto Weber, im Auftrag des Reformierten Bundes bearbeitet und neu herausgegeben von Mattias Freudenberg*(Neukirchen-Vluyn: Neukirchener, 2008), III, 11, 1, 396-397.

12 Harald Hegermann, "Mensch IV," TRE 22(1992), 483.

있다. 십자가를 통해 인간과 화해하는 하나님의 의로부터 회복된 하나님 형상으로서 새로운 인간은 이제 섬기는 존재이며, 예수를 신앙하는 자들은 이 세상에서 불의로 인해 고통당하는 자들을 돌보고 섬기는 자유로운 디아코니아 존재가 되었다. 그러므로 하나님의 형상으로서 인간존재는 디아코니아 행동에 있어 인간의 자랑이 앞서는 율법적인 계명 수행의 노예 상태로부터 벗어나 복음의 빛 아래서 자유로이 섬기는 존재라고 볼 수 있다.

따라서 칭의된 신앙인은 자기의 업적을 내세우는 것이 아니라 "오직 은혜로", 그리스도 안에서 하나님이 행하시는 구원에 참여하는 "오직 그리스도 신앙으로", 교회의 교리와 전통을 앞세우지 않고 "오직 성경으로" 기준을 삼고 살아가는 치유와 위로와 돌봄의 디아코니아 존재인 것이다. 즉 칭의된 신앙인은 하나님과 인간, 인간과 인간, 그리고 인간과 세상과의 3중적 관계 속에서 정의를 행하는 디아코니아 삶을 살아가는 존재다. 그러므로 오직 믿음으로 얻는 칭의된 신앙인은 당연히 선행을 생겨나게 하는 신앙으로 일상생활에서 디아코니아를 행하는 신앙 존재가 되어야 한다.

2. 칭의된 신앙인의 삼중적 신분(*status*)으로서 디아코니아 존재

(1) 칭의된 신앙인의 교회적 신분으로서 디아코니아 존재

루터는 두 왕국 이론을 통해 신앙인들이 하나님의 영적인 왕국과 세상 왕국의 차이를 인식하도록 하였다. 칭의된 신앙인은 하나님의 영적인 통치 영역에 속하기에 복음에 저항하거나 악한 것을 따르지 말아야 하며, 동시에 하나님의 세상 통치 영역에 속하기에 비신앙인과 이웃과 관계를 맺으며 살아가야 한다. 여기서 신앙인은 사랑의 계명에 따라 이웃을 위해서 악의 세력에 저항하기 위해 하나님의 법을 따라야 한다.[13] 따라서 루터의 두 왕국 사상은 본래 신앙인의 디아코니아 존재와 밀접한 연관성을 가지고 있다.

이런 관점에서 루터는 두 왕국 사상을 창조주이며 구원자이신 하나님의 행동과 연결한다. 하나님은 영적인 통치 영역에서 그의 말씀을 통해 다스리며, 세상을 통치함에 있어 정의와 평화를 이루고 촉진하는 일에 신앙인들이 봉사하도록 하신다. 이처럼 루터는 신앙인들이 하나님의 두 왕국의 통치에 관계하며 교회, 정치, 경제 등 각 영역에서 세 가지 신분을 부여받은 봉사자임을 강조했다.[14] 신앙인의 신분과 직무들은 기독교적인 사랑으로 살아가는 것과 관련된다. 사랑은 신앙인에게 "세상과 함께하는 하나님의 행동을 영적인 영역에서처럼 세상 영역에서도 인식" 하도록 해주며,[15] 이 세상에서 불가피한 고통을 감내하게 한다. 그래서 루터의 두 왕국 사상은 창조세계에서 하나님의 통치가 실현되도록 신앙인을 디아코니아적인 존재로 규정하며, 현실을 개선하는 디아코니아 활동의 기초가 되어준다.

하나님은 교회적 신분을 통하여 자신의 세계를 형성하고 보존하신다. 인간은 칭의를 얻어 존엄하게 되고 하나님과 함께 협력하면서 책임을 위임받는다. 교회적 신분이 가지는 기능은 그리스도의 주권을 생동감 있게 증언하는 것이며 그 기능은 영원한 정의 및 평화와 생명을 가져다주는 것이다.[16] 교회는 하나님이 그 안에서 "하나의 새로운 세계를

---

13 Th. Strohm, *Diakonie und Sozialethik*, 44.
14 Th. Strohm, *Diakonie und Sozialethik*, 10, 44.
15 Th. Strohm, *Diakonie und Sozialethik*, 10.
16 Th. Strohm, *Diakonie und Sozialethik*, 10.

만드시는"[17] 근원적인 장소다. 세례와 설교와 성만찬 가운데 놓여 있는 기초는 "그리스도가 우리와 함께 섬기시기를 원하는 것이며, 그리스도의 사랑은 도움을 필요로 하는 자를 도와주기 때문에 이보다 더 큰 예배는 없다는 것이다."[18]

루터는 1519년에 행한 성만찬 설교에서 초기 기독교 공동체가 희열과 능력 있는 공동체를 이루었던 이유가 "각자의 고통을 교회 공동체에 내어놓고 영적 유기체 무리들에게서 도움을 얻는" 삶에 있었음을 강조했다.[19] 생명력 있는 교회 공동체의 상징은 상호 돌봄이며, 공동체의 모든 구성원은 세례받은 만인 사제직의 능력을 가지고 봉사하는 형제자매들이다.[20] 특히 루터는 설교 직무자가 칭의된 신앙인들이 영원한 삶을 바라보면서도 이 세상의 영역에서 현재를 살도록 이끌어주는 임무를 책임져야 한다고 말했다. 그래서 루터는 설교에서 세상 통치 영역의 과제에 관해 관심을 두었으며 무엇보다 가난한 자를 돌봄, 구걸하는 자들에 관한 문제 해결, 어린이와 청소년에 대한 교육 문제 해결, 대학의 설립, 더 나아가 평화를 위협하는 전쟁에 대한 문제에 관해 설교했다.[21]

이렇듯 루터는 교회에서 신앙인의 신분을 세상 속에서 봉사하는 디아코니아 존재로 보았다. 이는 루터의 예배와 직제 개혁에서 나온 결과이기도 하다. 루터 당시 교회는 사제를 중심으로 한 교황주의의 포로가 되었으며, 교회의 평신도들은 사제를 통해서만 하나님과 가까이할 수 있었다. 이런 상황에서 루터는 1520년에 쓴 "교회의 바벨론 포로에 대한

---

17 Th. Strohm, *Diakonie und Sozialethik*, 11.

18 Th. Strohm, *Diakonie und Sozialethik*, 11. 이 문장은 Leisnig의 공동 기금 규정에 대한 서문 속에 나오는 말이다(WA 12, 13)

19 Th. Strohm, *Diakonie und Sozialethik*, 11, WA 2, 745

20 Th. Strohm, *Diakonie und Sozialethik*, 11,

21 Th. Strohm, *Diakonie und Sozialethik*, 45.

서언"(*De captivitate Babylonica ecclesiae praeludium*)[22]에서 일곱 가지 예전을 두 가지 예전으로 개혁하였으며, 성만찬 거행 시 평신도들도 포도주를 나누는 일에 참여하도록 하였다.[23] 또한 루터는 교회의 지위에서 모든 신앙인은 사제이므로 교회 공동체가 스스로 목사 청빙을 결정할 수 있는 권리를 가지도록 하였다.

특별히 주목할 것은 루터의 교회 개혁이 디아코니아를 전담하는 집사직을 회복했다는 점이다. 루터는 당시 가톨릭교회가 사제중심주의의 위계질서로 인해 평신도 집사 직무의 역할을 왜곡시킨 교회의 직제를 새롭게 개혁하였다. 루터 당시 로마 가톨릭교회에서 집사 직무는 콘스탄티누스 시대로부터 왜곡되어오던 것이 절정에 달하였다.[24] 당시의 집사 직무는 교회 공동체의 지도력 중 하나로서의, 가난한 자들을 돌보는 디아코니아적 직무에서 배제된 채 제단 앞에서 복음서를 강독하는 역할로 전락해 있었다.[25] 루터는 집사 직무의 본래적 회복을 위해서 초기 기독교 공동체로 그 직무의 뿌리를 찾아 올라갔다. 그는 초기 교회가 가난한 자들을 돌보는 7명의 집사를 교회의 직분자로 위임했다는 것에 근거를 두었다. 따라서 루터는 "교회의 바벨론 포로"에서 집사의 직임이 말씀을 읽고 선포하는 사역에 그쳐서는 안 되며, 교회의 재산을 가난한 자들에게 나눠줘야 한다고 하였다.[26] 또한 1523년에 행한 교회의 직무와 관련한 설교에서 감독들은 영적인 양식으로 복음을 나눠주고, 집사들은 부양을

---

22 Luther의 이 작품명은 앞으로 "교회의 바벨론 포로"로 표기한다.

23 L. Richter / G. Orth, "De captivitate Babylonica ecclesiae praeludium," H. L. Arnold Hg., *Kindlers Literatur Lexkon, Bd. 10*(Stuttgart/Weimar: J. B. Metzler Verlag, 2009), 385.

24 디아코니아직으로서 집사직에 대해 나의 "기독교사회복지를 위한 교회 공동체의 집사직제"를 참조하라. 김옥순, 『디아코니아학 입문』(한들출판사, 2010), 393-404.

25 H. Krimm, *Quellen zur Geschichte der Diakonie, Bd. II*(Stuttgart: Evangelisches Verlagswerk GmbH, 1963), 27-28.

26 재인용. H. Krimm, *Quellen zur Geschichte der Diakonie*, 27; 비교. WA 6, 566, 34.

받아야 할 가난한 자들의 목록을 작성해서 물질로 그들을 돌봐야 한다고 하였다.[27] 따라서 한 도시에서 교회는 4-5개의 교구를 두어 한 명의 설교자와 몇 사람의 집사를 세우고, 집사로 하여금 가난한 자를 부양하도록 하였다.[28] 이처럼 루터는 교회 개혁에 있어서 가난한 자들을 돌보기 위한 집사의 직무 회복을 포함한 개혁을 단행했다. 바로 이 점은 루터가 이해한 교회의 본질로서 디아코니아 사상이 수많은 사회개혁으로 실행되었다는 것을 보여준다.[29]

따라서 루터에 의해서 칭의 신앙을 회복한 도시와 지역에서 개혁 운동에 책임을 맡은 자들은 디아코니아 임무를 구체적으로 수용하는 형태를 취하였다. 그 수용의 방식은 종교개혁적인 도시의 교회 법령에 "예배와 직제 이해에 대한 개혁이 사회적 개혁을 위한 디아코니아 삶을 가져오도록"[30] 분명하게 보여주는 것이었다. 루터의 디아코니아 사상을 수용한 교회 공동체 구성원들은 자신들을 만인 사제설에 입각한 디아코니아적 실존으로 이해하였으며, 그러한 자기 이해는 가난한 자들을 돌보는 집사 직무에서 시작하여, 궁극적으로는 세상 속에서 하나님의 통치가 생동감을 가지도록 사회를 개혁하는 형태로 발전했던 것이다.

(2) 칭의된 신앙인의 정치적 신분으로서 디아코니아 존재

칭의된 신앙인의 정치적 신분에서의 디아코니아는 로마서 13장이 그 중심을 이룬다. 정치적 영역에서 신앙인은 세속 통치가 "짐승 같은 존재"

---

27 H. Krimm, *Quellen zur Geschichte der Diakonie*, 28.

28 H. Krimm, *Quellen zur Geschichte der Diakonie*, 27; 비교. WA 12, 693, 33f.

29 이 부분에 대한 자세한 내용은 뒤에 따라오는 1523년 Leisnig 공동 모금함 규정을 참조하라.

30 W. Maurer, *Historischer Kommentar zur Confessio Augustana II, Theologische Probleme*(Gütersloh: Gütersloher Verlag Gerd Mohn, 1978), 177ff.

로 타락하는 것을 막으며, 이 땅이 사탄의 통치에 넘어가지 않도록 책임진다. 그때, 그런 통치 직무는 하나님이 세우신 것이다.[31] 따라서 신앙인의 정치적인 신분은 세속적인 권위를 가지고 그 시대의 정의 및 평화와 생명을 보호·유지 그리고 촉진하도록 하는 것이다. 이 신분은 하나님이 제정하셨고 세우신 것으로 영원한 질서에 일치하는 그림자와 같은 것이며 결코 하나님의 영원한 통치 질서보다 못한 것이 아니다.[32] 그래서 모든 국민에게 하나님 나라의 통치 질서인 세속 국가 안에서 살아가는 봉사의 의무가 주어진다. 재판관, 서기관, 학자, 그리고 모든 국민은 그들의 직무를 가지고 조언하며 도와야 하고 다스려야 한다. 무엇보다 루터는 재판관, 서기관, 가르치는 직무자의 권리를 칼이나 주먹의 힘보다 앞선 것으로 강조하였고, 하나님이 인간에게 주신 권리가 이 땅 위에서 평화를 위한 초석들이 되도록 하였다.[33]

다른 한편 루터는 세속 통치에 있어서 이 땅이 사탄의 통치로 넘어가는 것을 막기 위해 하나님이 칼의 직무를 세우셨다고 말한다(롬 13장).[34] 루터는 1539년 5월 9일에 있었던 황제에 대항하는 권리(마 22:21)에 대한 회람 토론에서,[35] 모든 시민 각자는 올바른 통치를 위해서 함께 책임을 지는 "공권력의 지체들"이라는 점을 분명히 했다.[36] 따라서 루터에게 세상의 통치 직무는 하나님의 질서를 유지시키는 데 목적이 있다. 세속 통치가 "짐승 같은 존재"로 타락하는 것을 막아내면서 하나님의 통치가 생동하는 삶을 이룩하도록 해야 한다. 그래서 루터는 영적이고 세속적

---

31 Th. Strohm, *Diakonie und Sozialethik*, 45; 비교. WA 30 II, 554, 35-557, 31.
32 Th. Strohm, *Diakonie und Sozialethik*, 10; 비교. WA 30, 554.
33 Th. Strohm, *Diakonie und Sozialethik*, 44.
34 Th. Strohm, *Diakonie und Sozialethik*, 45; 비교. WA 30 II, 554, 35-557, 31.
35 Th. Strohm, *Diakonie und Sozialethik*, 45; 비교. WA 39 II. (XVI Nr 17) (34) 39-90.
36 Th. Strohm, *Diakonie und Sozialethik*, 45; 비교. WA 39 II, 41,1f

인 제후들에게 직접적으로든 간접적으로든 의회 내에 교회를 설립하는 일과 가난한 자들을 돌보는 일을 맡도록 명령하였다.[37] 또 이런 의무를 무엇보다도 신앙인의 정치적 신분에서 체계적으로 해결하도록 요구하였다. 루터는 1520년에 쓴 "더 나은 신앙인(신분)에 대하여 독일 신앙인 귀족에게 보냄"(An den christlichen Adel deutscher Nation von des christlichen Standes Besserung)[38]이란 글에서 공권력을 가진 신앙인들에게 말하기를 "모든 도시는 그 도시에 사는 가난한 자들을 돌보아야 하며, 그 누구도 구걸하는 상태에 빠지도록 해서는 안 된다"[39]고 하였다. 그리고 가난한 자 부양을 위해서 신앙인은 법령을 만드는 용기와 진지함을 가져야 한다고 촉구했다. 이렇듯 루터에게서 국가의 목적에 관한 규정은 먼저 "공동의 복지"라는 방향으로 확장된다. 이미 루터는 1520년에 작성한 종교개혁 문서에서 권위적인 기관들은 권리 보존과 평화 보장을 넘어서 교육을 받아야 하는 자들에 대해 책임을 지고, 경제적으로 구제하는 일과 경제활동 영역에 있는 사람들을 하나로 묶어내며, 구걸의 원인에 대항하여 싸우고, 대무역상인 조합을 감독하며, 복지 일반에 책임져야 한다고 강조한 바 있다.[40] 이에 따라 루터는 이런 직무를 회피하는 직무 수행자들을 날카롭게 비판하며 채찍질을 가하였다. 그러므로 세상 통치 직무가 제 기능을 하지 못할 때 신앙인은 거기에 대항해야 한다.

(3) 칭의된 신앙인의 경제적 신분으로서 디아코니아 존재

루터에 의하면 경제적인 지위 속에서 인간은 존엄해진다. 하나님은 이

---

37 Th. Strohm, *Diakonie und Sozialethik*, 66; 비교. WA 6, 42, 12f.

38 Luther의 이 작품명을 앞으로 "독일 신앙인 귀족에게"로 표기한다.

39 H. Krimm, *Quellen zur Geschichte der Diakonie*, 33; 비교. WA 6, 450, 22.

40 Th. Strohm, *Diakonie und Sozialethik*, 10

땅 위에서 하나님의 협동자인 인간을 통하여 지속적인 창조를 하신다. 즉 하나님은 인간을 통해서 그의 계획적인 창조 사역의 외형적인 것들을 수행하시고 세상의 악한 현실을 막으신다. 그리고 이 땅에서 악을 제거하는 하나님의 창조 사역 가운데 노동이 놓여 있다. 그래서 하나님의 협동자로서 신앙인은 경제적인 지위 속에서 생물학적인 생명 보존과 촉진, 그리고 창조적인 활동과 가족의 생계 유지를 위한 일을 중시해야 한다.[41] 루터는 중세 후기 시대에 수도승과 수녀들을 비롯한 영적 직무를 가진 자들이 노동하지 않고 게으르게 생활하는 것에 대해 강하게 비판했다. 루터는 1535년부터 1545년까지 행한 "창세기 강의"에서, 특히 창세기 2:15에 대한 해석에서 "설령 인간이 무죄한 상태에 있을지라도, 그는 게으르도록 창조된 것이 아니라 노동하도록 창조되었는 데" 반해 수도승들과 수녀들이 게으른 삶을 즐기는 것에 대해 많은 사람이 저주한다고 말했다.[42] 루터는 노동하지 않는 구걸 수도원의 수도승들을 퇴출시켜야만 하며, 칭의된 신앙인은 습관적으로 구걸하는 것에 대해 올바르게 훈계받아야 한다고 주장했다.[43]

루터에게 노동은 하나님의 창조적인 일이며, 노동은 그 가운데서 숨어 계신 하나님 자신이 활동하시는 "가면"이다. 하나님은 이런 노동을 통해 인간의 삶에 필요한 것을 주신다.[44] 따라서 노동과 직업은 하나님 앞에서의 소명이며, 직업으로서 일상적인 노동은 존엄성을 얻게 된다.[45] 노동은 하나님의 창조적인 일이며 동시에 이웃에 대한 봉사가 되어야

---

41 Th. Strohm, *Diakonie und Sozialethik*, 10

42 Th. Strohm, *Diakonie und Sozialethik*, 48; 비교. WA 42, 78, 26-28.

43 Th. Strohm, *Diakonie und Sozialethik*, 66.

44 Th. Strohm, *Diakonie und Sozialethik*, 48; 비교. WA 31 I, 473, 7.

45 Th. Strohm, *Diakonie und Sozialethik*, 48.

한다. 특히 루터는 노동의 예배적인 성격을 로마서 12:1, 그리고 시편 128편을 통해 해석했다. 특히 시편 128편(1533/1534)에 대한 루터의 해석에 따르면, "하나님은 노동하는 것을 기쁘게 여기시며, 노동을 통하여 너에게 먹을 것을 주시며, 그 노동을 희생과 영광스러운 예배로 인정하신다. 왜냐하면 그것은 나쁜 노동이 아니라 순종이기 때문이다. 그리고 하나님은 네가 노동의 소명을 가지도록 명령하신다."[46] 또한 루터는 1529년 6월 27일 노동과 관련한 설교 "게으름은 네게 노동을 명령한 하나님의 계명을 거스르는 죄이며, 다시 말해서 네가 너의 이웃에 대하여 죄를 짓는 것이다"[47]에서 노동에 대한 이해를 강화시켰다. 루터에게 나타난 노동 이해의 특징을 살펴보자면, 먼저 노동이란 하나님에 대한 즐거운 봉사이고, 또한 이웃에 대한 봉사이며, 모든 사람이 노동에 대한 소명을 받았고, 누구나 노동할 수 있다. 또한 루터의 노동관에 따르면, 노동생산성이나 소득 그리고 생계를 위한 벌이 자체나 노동 성과가 중요한 것이 아니라, 더불어 살아가는 인간존재로서 이웃을 위한 봉사적 성격이 매우 중요하다.[48] 나아가 인간이 노동을 하는 것은 생계 유지를 위해서 필수적으로 필요한 것을 채우는 것이며, 그 봉사적 성격은 하나님이 창조하신 환경과 연관되는 중요성을 띤다. 이런 규범들이 충족되어질 때 모든 노동은 상대적인 차이에도 불구하고 동등하게 중요해진다. 이렇듯 봉사의 성격을 띠는 노동의 중요성 때문에 경쟁적이고 적대적이며 증오하는 태도가 배제되어야 한다. 그래서 루터는 노동을 공동체성으로 이해했다.[49] 그런데 노동의 공동체성은 다양한 은사들의 협동을 필요로

---

46 Th. Strohm, *Diakonie und Sozialethik*, 48; 비교. WA 40 III, 281, 21-26.

47 Th. Strohm, *Diakonie und Sozialethik*, 49; 비교. WA 29, 442, 8/ 29-10/ 32

48 Th. Strohm, *Diakonie und Sozialethik*, 49.

49 Th. Strohm, *Diakonie und Sozialethik*, 49.

하며, 바로 이것이 신앙 지체들의 연합을 지향하는 칭의된 신앙인의 존재 본질에 해당한다고 할 수 있다.

따라서 루터는 소명으로서 직업의 위상을 그 당시 이해와 다르게 정립했다. 당시 스콜라 신학에 근거한 아퀴나스의 직업 위상에 따르면, 농부의 노동은 가장 낮은 위치에 놓였지만 루터는 그것을 가장 최고의 위치에 두었다. 왜냐하면 농업과 광업은 창조적 활동인 동시에 이웃에 대한 봉사이기 때문이다.[50] 그래서 루터는 노동하는 직업이 없는 귀족들은 사회의 "기생충적인"(parasitär) 존재로서 위험한 자들이라고 보았다.[51] 그 당시에는 이렇듯 사회적인 위험 요소를 가지는 귀족들이 높은 지위에서 인간 차별을 일삼고 있었다. 1522년에 루터는 귀족과 평민의 신분 차별이 여전히 존재하는 것을 보면서 이를 사악한 것이라고 선언했다.[52] 왜냐하면 신앙인은 하나님 안에서 모두 형제자매로서 동등하게 존재해야 하기 때문이다. 루터는 귀족과 평민 여성 간의 결혼을 촉구하였고, 여자 하인과 평민 사이의 결혼을 장려하기도 하였다.[53] 루터는 구분 지어진 신분(지위)들은 공동체를 위해 필요한 욕구를 충족시켜주는 봉사를 지향해야 한다고 보았다.[54]

루터에게 농업과 광업 등에 관련한 직업들은 다른 노동과 비교할 수 없을 만큼 중요하다. 왜냐하면 창조물로서 자연은 더 많은 노동의 요소가 되기 때문이다. 루터는 그의 작품 "독일 신앙인 귀족들에게"에서 정당한 이익을 얻을 수 있는 것은 땅의 노동으로부터 얻는 것과 가축에 의

---

50 Th. Strohm, *Diakonie und Sozialethik*, 49.

51 Th. Strohm, *Diakonie und Sozialethik*, 51.

52 Th. Strohm, *Diakonie und Sozialethik*, 50.

53 Th. Strohm, *Diakonie und Sozialethik*, 50.

54 Th. Strohm, *Diakonie und Sozialethik*, 51.

한 것으로 보았다. 이런 연관 속에서 루터는 농업과 수공업을 장려하고 상행위가 가져올 수 있는 사회적인 해악에 대해 비판했다. 땅에서 얻는 생산물은 하나님의 선물이다. 그러나 이익을 많이 남기는 거대 상인들과 외국의 사치품을 사고파는 국제무역가나 환전상, 그리고 막대한 돈으로 원자재를 독점하면서 사람들의 기초 생계 보장을 훼손하는 사람들은 사회에 해악을 끼치는 자들이다.[55] 루터는 이들이 하는 일이 "전적으로 하나님 말씀에 대항하는 것이며 이성에도 반하는 것이고 또한 모든 것이 공정하고 질서 있는 것에 반하는 것으로, 이는 모두 소유욕으로부터 나오는 것이며, 이웃에게 그들의 소유를 탈취하는 것이며 도둑질하는 것"[56]이라고 비판했다. 이런 루터의 비판은 자연에서 나오는 노동과는 달리 개인의 이윤 창출을 위해 사회에 해악을 끼치는 직업을 막으려는 것으로 볼 수 있으며, 사치품 교역과 이자 놀이로 인한 사회·경제적인 혼란을 독일 최대의 불행으로 여겼기 때문이다.[57]

루터의 노동 및 직업관과 마찬가지로 소유관 역시 이웃과의 관계 속에 놓여 있다. 루터는 소유를 하나님의 선물이며 하나님이 정한 것으로 보았다. 그래서 소유를 자신만을 위해서 붙들고 있는 것은 좋지 않으며, 이웃을 위해 곧 칭의된 신앙인의 재산과 물질은 이웃을 돕고 보호하기 위해 사용되어야 한다.[58] 루터는 사유재산의 소유를 전적으로 부정하는 재세례파의 입장이나, 스콜라 신학의 입장에서 재산 소유를 개인의 완성을 위한 기능으로 간주하는 아리스토텔레스-아퀴나스의 관점을 분명하

---

55 Th. Strohm, *Diakonie und Sozialethik*, 50.

56 Th. Strohm, *Diakonie und Sozialethik*, 59; 비교. WA 15, 305, 4-7.

57 L. Richter, "An den christlichen Adel von des christlichen Standes Besserung," *Kindlers Literatur Lexkon, Bd. 10*, 384.

58 Th. Strohm, *Diakonie und Sozialethik*, 52; 비교. WA 30 I 245 a, 9f; 목사들과 설교가를 위한 소요리문답(BSLK), 509, 12f.

게 반대하였다. 루터는 전자에 대해 칭의된 신앙인이 물질이 없어서 이웃에게 아무것도 주지 않는 것은 잘못된 것으로 보았고,[59] 후자에 대해서는 사적 소유를 단지 개인의 필요를 해결하기 위한 수단으로 이해하는 것이라 하여 비판하였다. 루터는 그리스도의 법인 산상수훈과 연관하여 제7계명인 "도둑질해서는 안 된다"는 계명이 소유권을 포함하는 것으로 해석하였고, 여기서 소유란 산상수훈의 명령처럼 무언가를 필요로 하는 이웃에게 제공되어야 하는 것으로 보았다. 이처럼 신앙인이 재산을 소유하는 근본적인 의미가 이웃과 함께 더불어 살아가는 공동체를 위한 의무로서 나타나는 것이다. 루터에게 소유와 부는 하나님의 창조의 좋은 선물로서,[60] 자신의 생계 유지뿐만이 아니라, 이웃을 위한 봉사를 위해서 사용되어야 하는 것이었다. 루터는 자기만을 위해 끊임없는 재산 증식을 목표로 자연적인 것을 역행하여 변형되는 자본주의 경제를 비도덕적이고 해악된 것이며, 마귀적인 것이라고 비판하였다. 또한 1539년 4월 13일자 설교에서 경제적 파탄의 대혼란을 야기시킨 주된 요인이었던 고리대금과 곡물 투기 매입에 항거하는 설교를 하였고,[61] 1540년 새해에 "목사들에게 고리대금을 반대하는 설교"[62]를 요청하기에 이르기까지 사회·경제적인 혼란으로 인해 가난한 자들이 도탄에 빠진 상황에 대한 책임이 그 누구보다도 부유한 자들에게 있음을 지적했다.[63] 따라서 루터가 요구하는 정치-공권력의 일차적인 중요한 임무는 이런 문제점들을 직시

---

59 Th. Strohm, *Diakonie und Sozialethik*, 52; 비교. BSLK 70, 11. 15f; 246, 36-40; 824, 28-31.

60 Th. Strohm, *Diakonie und Sozialethik*, 53; 비교. WA 10 I 2, 361, 15-18.

61 Th. Strohm, *Diakonie und Sozialethik*, 58; 비교. WA 47, 558, 20-559,7.

62 Th. Strohm, *Diakonie und Sozialethik*, 57; 비교. WA 30 II, 575, 9-576, 4.

63 Th. Strohm, *Diakonie und Sozialethik*, 58; 비교. WA Br 8, 403-5(3319), 1539년 4월 9일자 서신의 서두 인사말 가운데, 그리고 4월 7일에 발생한 사건에 대하여.

하며 공정한 경제 법률을 새롭게 제정하는 것이다. 그리고 루터는 돈과 물건이 이웃에 대한 봉사로 존재해야 하며, 사익을 챙기는 데에 기여해서는 안 된다고 하였다.[64]

결론적으로 루터의 관점에서 개인 소유물은 하나님에 의해 위탁된 재산이며, 재산을 소유한 자는 관리인이다. 루터는 재산을 소유한 자는 그 재산을 가지고 포괄적인 봉사의 의무를 하는 자로서 자신을 위해서가 아니라 모든 이웃을 위해 책임을 지는 존재라고 보았다. 따라서 재산 소유자의 사유재산 사용에 대한 경제 원리에는 "공동 사용"의 책임이 주어져 있다고 보았다. "이제 너의 재산은 더 이상 너의 것만이 아니라 너의 이웃의 것이다."[65] 직업과 신분은 각자의 생활과 동시에 전체 공동체의 삶을 책임져야 한다. 그러므로 개인의 소유(물)는 이웃에 대한 봉사에 사용되어야 한다. 이처럼 루터의 노동과 직업 이해는 하나님에 대한 소명으로서 공동체에 대한 복지를 지향하는, 그 당시로서는 아주 새로운 디아코니아(사회 봉사) 관점이었다. 이런 루터의 관점은 미래에 다가올 초기 자본주의 노동관이 파고들지 못하도록 한 것이다. 신앙인의 경제적인 지위에서 이웃에 대한 물질적인 돌봄은 하나님의 피조물로서 인간의 존엄성과 생명 보존을 요구하시는 하나님 앞에서 구체적으로 응답하는 디아코니아의 실천인 것이다. 그리하여 루터의 디아코니아 실천은 각자의 지위에서 공동체적인 일상생활에 영향을 주는 경제법령과 행정법령을 종합하여 교회의 디아코니아 법령을 제정하는 것으로 구체화되었다.[66]

---

64 Th. Strohm, *Diakonie und Sozialethik*, 57.

65 Th. Strohm, *Diakonie und Sozialethik*, 54; 비교. WA 12, 685, 12(마 18장 설교, 1523년).

66 Th. Strohm, *Diakonie und Sozialethik*, 52.

4. 개신교 칭의론과 디아코니아 실천모델

(1) 교회-주민 협동의 디아코니아 모델

종교개혁자들은 로마 가톨릭의 예전 의식 중심주의를 비판하면서 영혼만을 달래주는 미사의 폐지를 요구하였다. 이와 함께 노동, 빈곤 그리고 가난한 자들을 돌보는 일에 대한 개신교적 이해를 가지고 시대가 요청하는 교회의 새로운 법령 제정을 요구하였다. 1522년 1월 24일에 멜란히톤은[67] 비텐베르크의 시의회원들과 협의를 거쳐 이 도시를 위한 하나의 법령을 완성하였다. 그 법령은 예배와 사회·경제적인 개혁을 위한 내용과 관련이 있으며, 도시 운동을 위한 개혁의 표현이기도 하였다. 비텐베르크의 새로운 법령은 개신교 신앙에 기초한 시민사회의 사회적 프로그램을 말한다.[68] 1523년에 루터는 라이스니히(Leisnig) 법령의 서문을 작성하였다. 이 법령집은 라이스니히 법령에 대한 공식적인 집행에서부터 이자 증식에 대한 질문에 이르기까지 관련 내용을 망라하는 것으로서 어린 소년들을 양육하는 학교와 가난한 노인들, 어린이들 및 이방인들을 돕는 것을 골자로 하는 "공동 모금함"(Gemeines Kasten)의 용도에 관해 규정해놓았다.[69] 루터는 신앙과 행위 가운데 어느 것도 소홀히 여기지 않았다. 1526년에 슈파이어(Speyer)에서 개최된 제1차 제국의회 이후 개신교 제국들에게 개혁에 대한 법적인 실행령이 주어졌고, 이를 위

---

67 1530년에 그가 작성한 아우크스부르크 신앙고백에는 여러 조항에서(특히 교회론과 관련된 7, 8조항) 디아코니아에 대하여 기술하고 있다.

68 이 법령은 모두 17개 조항으로 되어 있으며 위에서 이미 언급한 바와 같이 그 내용에 있어서는 예배와 사회 개혁과 경제 개혁을 포함하고 있다(H. Lietzmann Hg., *Die Wittenberger(1522) und Leisniger(1523) Kastenordnung*, KIT 21(1907), 4-6).

69 H. Lietzmann Hg., *Die Wittenberger und Leisniger Kastenordnung*(2 Aufl. Berlin: de Gruyter 1935), 1-24.

해 기획된 교회 법령들은 예배와 사회개혁 즉 예전과 디아코니아를 포괄하였다. 1529년에 부겐하겐(J. Bugenhagen)이[70] 함부르크 교회 법령을 작성하였는데 이 법령은 학문으로서 신학 교육과 사회적인 돌봄인 구제에 대한 두 차원을 규정하고 있다.

루터는 당시의 사회적인 돌봄과 관련하여 구걸 수도단을 비판하고, 수도원을 철폐하고, 신앙인의 노동에 대한 재평가와 함께 공동 복지를 강조하였다. 여기서 루터는 노동력을 상실하여 어쩔 수 없이 가난해진 자들을 사회 부적응자에 해당하는 방랑자들, 노동하기 싫어하는 자들 및 구걸하는 자들과 구분했다. 루터는 노동력을 상실한 자들에 대해 생계를 보장해주고, 일할 수 있는 노동력이 있는 자들에 대해 노동 의무를 부과하였다. 루터는 세속 제후들이 직접적으로 혹은 의회 내에서 교회를 설립하여 구걸을 폐지하고 가난한 자들을 돌보는 일을 맡아서 하도록 명령하였다.[71] 이를 위해 루터는 가난한 자들을 돌보기 위한 공적 법령 제정이 중요하다고 생각하였다. 또한 그 재원 마련은 주중의 예배 시에 모금한 것과 헌금을 통하여 조달되어야 한다고 보았다. 그리고 도시의 각 교구들에 소속된 디아코니아 전담자가 모든 개인들의 상황을 파악하고 상담하며 도와줘야 한다고 생각하였다.[72] 이렇듯 루터의 개혁의 중심에는 사실상 디아코니아가 자리하고 있었으며, 이런 디아코니아는 사회적으로 더불어 사는 삶을 목표로 한 것이다. 이런 개혁을 위한 노력의 첫 열매가 1521/22년 제정된 "비텐베르크 공동 모금함 규정"에 잘 나타나

---

70 그는 계속하여 Braunschweig(1528), Pommern(1534), Dänemark(1537), Holstein(1542), Braunschweig-Wolfenbüttel(1543) 그리고 Hildesheim(1544)을 위한 교회 법령들을 작성하였다. 이런 법령들은 대체로 루터적인 성격이 강하게 나타나 있다.

71 Th. Strohm, *Diakonie und Sozialethik*, 66; 비교. WA 6, 450, 26f.

72 1520/21년에 비텐베르크 공동 모금함 규정에 대한 루터의 부가문장.

고 있다. 이 공동 모금함 규정은 루터의 조언에 의해서 기초되었으나 루터가 바르트부르크에 피신하고 있는 상황으로 인해 직접 참여하지 못하고, 멜란히톤이 주도하여 시의회에 의해 법률로 규정된 것으로서 무엇보다 자립할 수 없는 가난한 가정을 돌보는 일을 중심으로 하는 디아코니아 실천 계획이었다.[73] 그리고 루터가 직접 참여하여 서문을 쓴 1523년 "라이스니히 공동 모금함 규정"(Leisniger Kastenordnung)은 종교개혁적 칭의 신앙에서 나타난 구체적인 실천 형태라고 할 수 있다.

루터는 라이스니히 공동 모금함 규정 전문에서 두 가지 중요한 종교개혁의 기본적인 명제를 강조하였다. 그 두 가지는 목사 선출에 대한 교회 공동체의 권리에 관한 것과 개신교 내의 칭의된 신앙인의 삶에 관한 규정이다. 전문의 내용은 기본적으로 교회 공동체와 신앙인이 하나님 말씀을 듣고 수용하며 하나님 말씀에 순종하는 일에 관한 것이다. 루터가 쓴 공동 모금함 규정의 서문은 공동 모금함 시설의 의미와 목적에 대한 영적인 길잡이로 이해되었다.[74] 칭의된 신앙인은 기독교 복음인 말씀의 계시로부터 나오는 지식으로 전능하신 하나님의 은혜를 통하여 영속적인 믿음을 가지고 재산을 오직 하나님의 진리의 계명에 따라 사용하며, 하나님을 경외하는 일과 이웃 사랑과 신앙 공동체를 사랑으로 돌보는 일에 사용되도록 고백하였다. 공동 모금함의 핵심 목적은 첫째, 가난한 자를 돌봄에 대한 공동체의 의무와 함께 엄격하게 구걸을 금지하는 일, 둘째, 가난한 수공업자에 대하여 이자 없이 대출해주며, 고용을 창출하고 궁핍기를 위한 예방 차원에서 저장을 위해 곡물을 매입하는 일, 셋째,

---

73 Th. Strohm, *Diakonie und Sozialethik*, 67.

74 Th. Strohm, M. Klein Hg., *Die Entstehung einer sozialen Ordnung Europas, Bd. 2*, Europäische Ordnungen zur Reform der Armenpflege im 16. Jahrhundert, (Heidelberg: Universitätverlag Winter 2004), 22.

도움을 구하는 나그네들을 따뜻하게 돌봐 줄 것, 넷째, 수도원 철폐로 인해 몰수된 재산은 공동 모금함에 넣도록 하되 생존 경쟁 능력이 없는 수도승들에 대해 부양 의무를 지며, 도시 안에 있는 철폐된 구걸 수도원은 남자와 여자 학교로 사용하도록 하고, 나머지 수도원은 도시의 필요에 따라 주거용 주택으로 사용하도록 하는 것이었다. 마지막으로, 공동 모금함 재정을 위해 재단이나 수도원으로부터 나온 교회 재산과 자발적인 헌금이 부족할 때에는 보완적인 부담금을 징수하는 것이다.[75] 루터는 도움을 필요로 하는 자들를 돌보며, 봉사하는 신앙인의 사랑의 디아코니아를 가장 큰 예배로 보았으며, 이 공동 모금함을 영적인 재물을 다루듯이 취급하도록 하였다. 따라서 이제 "교회의 소유"(*bona ecclesiae*)로 일컬어진 이 재산은 신앙인들 가운데 도움을 필요로 하는 이들을 위한 교회 공동체의 재정 공단이듯 지역 공동체의 재산이기도 하였다.

이런 공동 모금함에 관한 행정적인 관리 규정에는 목사 교구에 속한 10명의 대표자들을 두어 교회 공동체가 결정한 합의에 따라 재산 관리와 수입/지출을 관리하되, 가장 선하고 비당파적으로 사용하도록 하였다. 10명의 책임자는 네 부류에서 나왔다. 2명의 귀족, 집권중인 의회로부터 2명, 도시에 주거하는 주민 가운데서 3명, 그리고 지방 농촌 마을의 농부들 가운데서 3명의 대표가 그들이었다. 공동함 관리를 위해 네 부류의 대표들이 각각 1명씩 열쇠를 가졌으나, 그들이 모두 함께 모여야 공동 모금함을 열 수 있는 4중 잠금장치를 해놓았다. 연중 3회 전체 교회 공동체 총회를 거행하며,[76] 10명의 대표자는 매년 1회, 즉 동방박사의 날로부터 8일째 날이 지난 일요일과 그다음 날까지 행정 관리를 다룬 장

---

75 Th. Strohm, *Diakonie und Sozialethik*, 67.

76 G. Uhlhorn, *Die christliche Liebestätigkeit*(Neukirchen: Neukirchener Verlag, 1959), 549.

부들과 회계 장부들을 가지고 공동 모금함의 수입과 지출에 대한 연간 예·결산서를 제출하도록 하였다.

결론적으로 루터가 개혁의 기치를 든 이후 짧은 기간에 크고 작은 모든 도시 안에서, 여러 지방 자치주 안에서, 그리고 농촌 마을에서 "공동 모금함 규정"이 도입되었다.[77] 루터는 중세 로마 가톨릭의 공덕 선행을 위한 구제와는 달리, 노동능력을 기준으로 하여 당시의 사회정책적인 차원에서 사회부조의 지원을 받을 수 있는 수급권의 자격과 권리를 법률적으로 부여한 것이다.[78] 이런 일을 주도적으로 책임을 맡은 자들은 대체로 "교구 교회"와 "개교회 공동체"들이었으나 처음부터 부분적으로 공권력 기관들이 함께 참여하는 공동 책임자였다. 개혁자들에게서 공권력은 단지 신앙에 기초한 공권력으로, 사회적인 약자 돌봄과 평화를 보존하는 의무를 지는 것이었다.[79] 이런 가난한 자들에 대한 부양은 교회 회중과 지역 주민 전체에 대한 부양이었다. 그 부양에 필요한 재정을 조달하기 위해서 공동체의 의무를 규정하고 있는데, 이는 무엇보다도 칭의 신앙에 기초한 것이었다. 즉 그리스도에 의해서 값비싼 대가를 받은 신앙인들은 가난한 자, 위기에 처한 자, 빈곤한 자, 근심으로 고통당하는 자, 거리와 집안에서 굶주려야만 하는 자들을 공적으로 돌봐야 한다. 왜냐하면, 우리 모두는 그리스도의 동일한 지체이며 상속자들이기 때문이다.[80] 또한 이런 규정의 특징은 노동에 대한 의무를 포함하며, 스스로 생존할 수 있도록 하는, 자립을 위한 차원에서의 부조였다.[81] 그러므로 일시적인 생존

---

77 Th. Strohm, *Diakonie und Sozialethik*, 14.
78 G. Uhlhorn, *Die christliche Liebestätigkeit*, 543ff.
79 G. Uhlhorn, *Die christliche Liebestätigkeit*, 554.
80 Th. Strohm, *Diakonie und Sozialethik*, 67.
81 Th. Strohm, *Diakonie und Sozialethik*, 14.

을 위한 구걸은 금지되었다. 그 대신 도움을 필요로 하는 자는 곡물 급여와 현금, 대출, 노동, 교육 혹은 면세에 대한 원조를 받았다. 생계 유지와 안정을 위한 일자리가 충분하지 않을 때는 실업자를 위한 부조를 해주었다. 이런 사회부조는 물론 먼저 대출로서 시행되었으며, 만일 노동에도 불구하고 상환할 수 없는 경우에는 부채 상환이 면제되었다. 또한 찾아가서 돌보는 방문 돌봄이 함께했다. 학교 교육과 직업 교육을 체계적으로 받은 자들은 새로운 위상을 확보하였다. 그리고 종교개혁 당시에 로마 가톨릭으로부터 넘겨받은 병원이나 고아원 같은 시설은 새롭게 디아코니아 시설로 개조되었다. 이렇듯 종교개혁 당시에 가난한 자에 대한 돌봄은 사후 조치적인 돌봄뿐만 아니라, 예방적인 돌봄을 포함한 사회정책이었다.[82] 그 당시 사회적인 위기 해결은 체계적이면서 포괄적인 해결책으로 오늘날 사회부조의 의미와 같은 것으로 볼 수 있다.[83]

⑵ 교회 공동체 중심의 디아코니아 모델

1) 부처와 디아코니아 실천

칭의 신앙에 기초하여 교회 공동체 중심의 디아코니아를 실행한 종교개혁자는 부처와 칼뱅을 꼽을 수 있다. 마르틴 부처(Martin Bucer)는 스트라스부르에서 칭의 신앙에 기초한 디아코니아 목회를 하였다. 1523년에 종교개혁 도시 스트라스부르에서 공포된 가난한 자 돌봄 법령을 통해 도움을 받을 가난한 자들의 목록이 만들어졌고 집안 사정, 자녀들, 건강 상태에 따라서 급여에 차등이 있는 수급권의 자격이 주어졌다. 또 가난하지만 도움받는 것을 부끄러워하는 자들을 위해 비밀리에 돌봐주면서

---

82 G. Uhlhorn, *Die christliche Liebestätigkeit*, 543, 547.

83 Th. Strohm/ M. Klein (Hg.), Die Entstehung einer sozialen Ordnung Europas, 23.

그들을 위한 특별 장부를 만들었다.[84] 그리고 이 일을 위해 책임을 맡은 사람들을 선출하여 돌보도록 하였다. 이런 상황에서 부처는 교회 목사로서 1529년에는 공식적으로 선언된 종교개혁에 가담하였으며, 그의 영적인 과제를 폭넓게 수행하였다. 여기서 알 수 있는 것은 사실상 그동안 부처의 적극적인 참여 없이도 스트라스부르에서 가난한 자 돌봄이 이미 진행되고 있었던 점이다.

그런데 부처는 가난한 자를 돌봄에 있어서 국가에 전적으로 의존하는 것이 아니라, 교회 고유의 사회적인 돌봄을 목전에 두고 그 활동을 견인하였다. 부처는 성서로부터 돌봄에 대한 통찰을 이끌어냈다. 부처는 그리스도의 몸인 교회가 고유한 법령과 기관들을 통하여 신앙과 생활 공동체로서 독립적으로 돌보는 형태를 원했다. 그리스도의 몸으로서의 교회는 신앙인들이 각자의 특별한 은사를 가지고 서로 섬기는 공동체다.[85] 그래서 그는 사랑으로 돕는 활동을 교회의 본질적인 임무로 이해하였고, 1530년 이후 사랑의 디아코니아 활동을 교회의 삶의 표지로서 인식한 가운데,[86] 교회의 독립적인 디아코니아를 강조하였다. 특히 부처에 의하면, 교회 재정으로 가난한 자들을 돌보는 것은 성령에 의해서 제정된 법령이다. 그리고 이런 성령의 법령은 굶주림으로 고통당하는 자가 권리를 가지고 경건하게 살 수 있도록 그에게 필요한 것이 잘 공급되어지도록 하기 위한 것이다.[87] 부처는 신앙인들이 가난한 자 돌봄을 소홀히 하는 것은 하나님의 질서와 하나님의 명령에 대한 거역이라고 가르

---

84 Th. Strohm, M. Klein Hg., *Die Entstehung einer sozialen Ordnung Europas*, 77.

85 W. Bernoulli, "Von der reformierten Diakonie der Reformationszeit," H. Krimm Hg., *Das diakonische Amt der Kirche*(Stuttgart: Evangelisches Verlagshaus, 1953), 201; 비교. M. Bucer, *Von der waren Seelsorge*, 5-7.

86 M. E. Kohler, *Diakonie*, 134.

87 Bernoulli, "Von der reformierten Diakonie der Reformationszeit," 198.

쳤고,[88] 하나님 면전에 빈손으로 들어가는 자는 성령의 법을 근본적으로 멸시하는 자들로 이들에게는 멸망이 놓여 있다고 하였다.[89] 이처럼 부처는 가난한 자 돌봄을 위한 헌금을 성령의 법령으로 해석하였다. 그래서 부처는 교회의 소유를 십자가에 달린 자의 재산으로 생각하였고, 교회의 전체 소유는 교회의 결정에 따라 가난한 자들에게 적합하게 분배되어야 한다는 입장을 취하였다.[90] 또한 부처는 부유한 수도승 회원들의 봉록 기금을 가난한 자 돌봄을 위해 사용할 수 있기를 원하였다.[91]

실천가인 부처는 고대 교회 안에 디아코니아 활동을 위한 안수집사 직무가 있었던 교회의 법령들을 잘 알고 있었다. 부처에 의하면 교회는 특히 디아코니아와 관련하여 성서에 나타난 안수집사들을 세워야만 한다. 집사들은 가난한 자들을 위해 교회 재산이든지 혹은 헌금이든지 모든 수입을 잘 관리하여 가난한 자들에게 적절하게 분배하며 지출 총액을 상세하게 장부에 기록하여 모든 수입과 지출에 대해 감독과 당회에 재정보고서를 제출해야만 했다.[92] 이처럼 교회 공동체에서 구제의 관리를 위해 집사들을 세워야 하는 것은 필수적이었다. 부처는 교회 공동체 안에서 가난한 자들과 병든 자들을 돌보기 위한 칭의 신앙을 지닌 남성과 여성 안수집사를 세울 것을 요구하였다.[93]

부처는 디아코니아 돌봄을 장기적인 관점에서 스스로 자립할 수 있도록 돕는 부조를 목표로 삼았다. 그에 따르면 "기독교의 사랑은 위기에

---

88 Bernoulli, "Von der reformierten Diakonie der Reformationszeit," 199; 비교. T. A, 83.
89 Bernoulli, "Von der reformierten Diakonie der Reformationszeit," 199.
90 Bernoulli, "Von der reformierten Diakonie der Reformationszeit," 199, 200.
91 Bernoulli, "Von der reformierten Diakonie der Reformationszeit," 202.
92 Bernoulli, "Von der reformierten Diakonie der Reformationszeit," 198; 비교. T. A. 81-82.
93 Bernoulli, "Von der reformierten Diakonie der Reformatiomszeit," 197.

빠진 자들을 돌보고 먹이는 일, 무주택자들에게 주택을 제공하는 일과 옷을 제공해주는 것으로 충분하다고 해서는 안 된다. 신앙인들은 하나님이 그들에게 풍성하게 선물로 주신 것에 대하여 자원하여 헌금을 해야 하며, 그것으로 결혼 자금이 없는 결혼 적령기에 다다른 단정하고 경건한 처녀들이 도움을 받아 적령기의 건강한 남성과 결혼할 수 있도록 해주어야 한다. 나아가 후견인이 없는 재능 있는 소년들은 학업을 시켜주고 교회를 섬기는 일로 인도해야 한다. 마지막으로 직업을 연마할 형편이 안 되는 자들에게 무상으로 혹은 대출을 통해 그들이 자신에게 적합한 자영업을 할 수 있도록 해주며, 주님을 위해 교육하고 시민으로서 공동체에 유익한 일들을 할 수 있도록 도와야 한다."[94]

따라서 집사들의 사회 활동은 더 넓은 범위로 나아갔다. 그들이 해결해야 할 사회문제들은, 이를테면 재정 조달을 위한 기부금, 장래 교회 동역자들의 교육을 위한 장학금, 직업을 창업하기 위한 대출 및 일자리 창출 등이었다. 부처는 이런 직무에 종사하는 안수집사들을 말씀 사역자인 목사와 마찬가지로 교회의 전임 사역자로 보았고, 급여를 받도록 하였다. 그렇다고 하여 부처는 집사들이 사회문제 해결을 위한 전문가라고 생각하지는 않았으며, 다만 그들을 교회에서 영적인 돌봄과 분리될 수 없는 또 다른 역할을 하는 자들로서 보았다. 집사들은 하나님의 영에 의한 사랑으로 가난과 위기 속에서 고통당하는 자들을 돌보는 자들이다. 이런 맥락에서 부처는 집사들의 임무를 단지 육신의 필요를 채우기 위해 돌보는 것뿐만 아니라 성령의 능력으로 그 누구도 가난 때문에 고통에 사로잡히지 않도록 위기에 빠진 자들을 돌보도록 하였다.[95]

---

94 Bernoulli, "Von der reformierten Diakonie der Reformationszeit," 199f; 비교. T. A. 85.

95 Bernoulli, "Von der reformierten Diakonie der Reformationszeit," 199.

결론적으로 볼 때, 부처가 목표로 한 디아코니아 실천은 개혁 신앙에 기초한 교회가 주도한 사회적 약자 돌봄이었다. 부처의 디아코니아 실천은 당시의 스트라스부르 구빈 법령에 의한 돌봄에 만족하지 않고, 교회의 영역에서 이웃에 대한 디아코니아를 실행함으로써 교회의 고유성을 강조한 것이다. 무엇보다도 부처의 가장 큰 공헌 하나는 바로 성경에 나타난 남성과 여성 안수집사 직무를 교회 안에서 회복한 점이다. 부처는 병든 자 돌봄을 위해서 여성 디아코니아의 관점을 열어놓았다.[96] 이처럼 부처는 신앙인의 디아코니아 삶을 교회의 현실로 만들었으며, 그의 인품과 저작을 통하여 제네바와 네덜란드에도 큰 영향을 주었다.[97] 무엇보다도 부처는 스트라스부르의 난민들을 돌보는 일을 통해 칼뱅에게 직접적으로 영향을 끼쳤다.

2) 칼뱅의 디아코니아 실천

칼뱅은 스트라스부르에서 디아코니아 목회를 부처에게서 배웠고, 1541년에 제네바로 돌아와 칭의 신앙에 기초한 교회 개혁과 사회 개혁을 시행하였다. 칼뱅은 신앙고백 및 예전 개혁과 함께 교회 법령의 개혁을 수행하였고, 성서로부터 교회 안에서 섬김의 다양한 직무를 발견하여 교회 개혁과 함께 사회질서를 개선하는 일에 심혈을 기울였다. 특히 교회 법령을 통한 칼뱅의 교회와 사회개혁은 디아코니아 활동으로 나타났다. 칼뱅에 따르면, 교회는 세상 속에 드러나는 양태로서 언제나 디아코니아 실천을 보여주어야 한다. 칼뱅의 디아코니아 초석은 모세의 두 돌판에 새겨진 계명에 놓여 있다. 칼뱅은 첫 번째 돌비를 신앙인의 근원적

---

96 M. E. Kohler, *Diakonie*(Neukirchen-Vluyn: Neukircher Verlagshaus, 1995), 134.
97 Kohler, *Diakonie*, 132.

인 원천으로서 하나님에 대한 우리의 행동이며, 두 번째 계명을 그 원천으로 흘러나오는 강물로서 우리가 이웃과 만나야만 하는 것으로 규정하였다.[98] 칼뱅은 신앙인이 첫 번째 계명을 진지하게 생각한다면, 그는 신앙에 일치하는 사랑을 해야 하며, 기도에 일치하는 헌금을 하며, 그리고 내적인 삶에 일치하는, 밖으로 행하는 사랑의 활동이 있어야만 한다고 보았다.[99] 칼뱅에게 두 가지 계명, 즉 칭의 신앙과 사랑의 디아코니아 활동은 서로 뗄 수 없는 덧셈 부호로 연결된 본질적인 것이다. 신앙과 사랑의 활동은 하나님에 대한 경건과 이웃에 대한 돌봄으로 통일을 이룬다. 따라서 칼뱅은 말씀과 기도가 없고 성만찬의 나눔이 없으며 가난한 자를 구제하는 사랑의 디아코니아 활동이 없는 교회의 어떠한 집회도 참다운 교회가 될 수 없음을 분명히 하였다.[100] 그는 특히 가난한 자들을 돌보는 이웃 사랑 계명의 실천을 근본적으로 모든 신앙인이 참여해야 하는, 하나님의 은총에 대한 응답으로 이해하였다.

나아가 칼뱅에 의하면, 첫 번째 돌비는 하나님 경외와 관련되는 것으로서 예배와 말씀 선포를 책임지고 있는 목사들의 직무 활동에 해당하며, 두 번째 돌비와 관련해서는 신앙인과 교회가 이웃에 대한 올바른 봉사를 해야만 하며, 이를 위해서 안수집사 직무가 있어야만 한다고 보았다.[101] 칼뱅은 그 당시 교회 안에는 단지 사제직만 존재하였기에 이 점을 비판하면서, 성서를 올바르게 읽는다면, 디아코니아를 위한 집사직제(執事職制)를 회복해야만 한다고 보았다. 칼뱅은 집사 직무에 대해 성서에 나타난 초기 기독교 공동체로 소급하여 1543년 기독교 강요에서 집

98 Kohler, *Diakonie*, 136.
99 Kohler, *Diakonie*, 136.
100 ICR IV 17, 44.
101 Kohler, *Diakonie*, 136.

사 직무에 대하여 확고히 말한다.[102] 칼뱅은 집사직을 분명히 교회의 독립된 직무로 인정하였고, 집사 직무를 다른 직무들과 비교하여 서열상 하위에 놓지 않았으며,[103] 집사들 가운데 일부는 직업으로서 급여를 받고 사역을 하는 자도 있어야 한다고 보았다.[104] 칼뱅은 집사들이 단순히 평신도의 직무를 수행하는 것만이 아니라 성만찬 시 분병과 분잔을 베푸는 권리까지 인정하고 있다. 칼뱅은 목사는 복음 선포의 직무를 수행한다면, 그와 병행하여 집사들은 성만찬 집행 시 목사의 협력자로서 빵과 잔을 제공해야 한다고 말했다.[105] 그리고 집사들을 통해 가난한 자들이 돌보아져야 한다. 특히 칼뱅은 부처와 마찬가지로 성서에 근거하여 여성 안수 집사들을 세우고자 하였으나 좌절된 것에 대해 매우 가슴 아프게 토로하였다.[106]

칼뱅의 교회 중심의 디아코니아 실천은 1541년에 제정된 제네바 법령과 1561년에 개정된 제네바 법령 속에서 발견된다. 1541년에 제정된 교회 법령(Ordonnances Ecclésiastiques)은 부처가 스트라스부르에서 시행한 법령의 영향이 뚜렷하다. 칼뱅은 1541년의 교회 법령을 골자로 하여 단지 극소수 조항에 대한 보충을 하여 1561년 11월 13일에 새로운 교회 법령을 확정하였다. 이 교회 법령은 개별 교회 공동체의 책임 속에서 전적으로 신뢰를 받았다. 제네바는 종교개혁 2세대인 칼뱅의 열망에 부

---

102 OS 5, 465.

103 Bernoulli, "Von der reformierten Diakonie der Reformationszeit," 207.

104 O. J. Weerda, "Ordnung zur Lehre, zur Theologie der Kirchenordnung bei Calvin," J. Moltmann Hg., *Calvin-Studien*(Neukirchen-Vluyn: Neukirchener Verlagshaus, 1959), 참고: E, Art. 39.

105 J. Bohatec, *Calvins Lehre von Staat und Kirche mit besonderer Berücksichtigung des Organimusgedankens*. Untersuchung zur Deutschen Staat-und Rechtsgeschichte 147(Breslau: M & H Marcus, 1937), 469.

106 E. A. McKee, 216.

응하여 하나의 고유한 교회 공동체를 형성하였고, 교회 공동체의 디아코니아는 통일적으로 그리고 중앙집권적으로 조직되었다. 이처럼 제네바에서 디아코니아 규정은 교회 법령에서 하나의 본질적인 요소를 형성하고 있다.

칼뱅도 구걸 행위를 금지하였고, 체계적으로 조직된 디아코니아를 수행하였다. 교회의 복지 시설인 구빈원(Spital)[107]에서 일하는 자들은 병자를 보호하고 가난한 자들을 먹여주었다. 구빈원 집에 속하는 것은 구빈원, 페스트 병동 그리고 불쌍한 자들이 거하는 숙소다. 칼뱅은 구빈원에서 일하는 자들이 그곳에 사는 자들에게 정중한 가운데 하나님의 평안을 느끼는 삶으로 인도하도록 하였다. 왜냐하면 구빈원의 집은 하나님이 세우신 것이기 때문이다. 이 모든 돌보는 일을 위해 지출해야 하는 큰 비용은 헌금으로 들어온 것 외에도 재단의 수입과 교회 재산으로 지급되어야만 했다. 또한 병든 어린이들에 대한 교육이 논의되었고 페스트 환자를 위한 특별한 병원 시설 수립과 의사의 지속적인 개인별 진료를 추구했다.[108] 가난한 자와 노약자를 위해서는 시내에서도 활동하는 특별한 의사와 비전문적으로 응급처치를 할 수 있는 의사를 두어 일하도록 하였다. 가난한 어린이들을 위해 한 명의 교사가 읽기와 쓰기를 가르치고 그들은 기초 과정에서는 신앙 교리를 배웠다. 나그네들이 거하는 숙소(l'hôpital des passants)는 도움을 필요로 하는 여행자들을 수용하였다. 그 당시 교황청의 수도사였던 페터 파울 베르게리오(P. P. Vergerio)는 제네바를 찾았다가 도시가 질서 정연하고 구걸하는 거지들이 없는 광경을

---

107 현대식 병원의 전신으로서 대체로 그 당시 병든 자(순례자 포함)가 죽기 전까지 간호와 돌봄을 받는 시설이었다. 나아가 이곳에서는 노인, 과부, 고아들과 위기에 처한 자들 그리고 먼 거리를 여행하는 나그네들이 필요한 것을 제공하기도 하였다.

108 CO 10, 103.

보고 놀라워했고, 그가 구빈원을 방문했을 때에 비로소 그 수수께끼가 풀렸다고 증언하였다.[109] 이처럼 제네바에서는 칭의된 신앙인들이 사랑으로 도움을 필요로 하는 자들과 집 없는 자들을 돌보는 모습이 도시의 풍경이었다. 물론 칼뱅은 구걸하는 자들이 없도록 하기 위해 국가적인 도움의 기준을 요구하였고, 이와 함께 신앙인이 주님의 사랑으로 도움을 필요로 하는 자들을 돌보기를 바랐다. 칼뱅에게서 인상적인 것은 외국인에 대한 영적이고 육체적인 돌봄에 대한 새로운 법규다. 칼뱅이 그의 친구의 유산으로[110] 프랑스에서 건너온 개신교 난민들을 돕기 위해 기금을 형성하고 이탈리아에서 온 신앙 동지들을 돌보기 위한 기금을 형성하는 등, 개신교 디아코니아가 난민 교회 공동체로까지 확장된 것은 귀중한 열매였다.

결론적으로 칼뱅은 제네바에서 교회법 제정을 통해 교회 개혁과 사회질서를 개선하고 개신교 디아코니아 모델을 제시하였다. 칼뱅은 가난한 자를 과제와 병든 자를 돌보고 간호하는 일을 하기 위한 교회의 집사 직무를 하나님에 의해 제정된 것으로 이해하였고, 제네바의 교회와 사회 개혁을 위해 이 직무가 수용되도록 하였다. 그에게 있어서 개혁의 유일한 출발점은 세속적인 국가의 입법 제정이 아니라 성서였다. 결과적으로 하나님이 다스리는 신정 정치는 그리스도 안에서 함께 살아가는 칭의 신앙의 디아코니아적 삶이라고 할 수도 있다.

---

109 Bernoulli, "Von der reformierten Diakonie der Reformationszeit," 214f.
110 Bernoulli, "Von der reformierten Diakonie der Reformationszeit," 214.

5. 개신교 칭의론이 끼친 디아코니아적 영향과 현대적 도전

(1) 독일 개신교 칭의론 전통의 디아코니아적 영향

루터뿐만 아니라 종교개혁 1세대인 부처, 츠빙글리, 부겐하겐, 그리고 종교개혁 2세대인 칼뱅 등은 종교개혁 사상의 핵심 개념인 "칭의론"에 근거하여 교회 개혁과 사회 개혁을 실행함으로써 다양한 형태의 디아코니아 복지사회를 이룩하였다. 간략하게 언급하자면 다음과 같다.

멜란히톤은 비텐베르크(1521/22), 루터는 라이스니히(1523), 부처는 스트라스부르(1523, 1540, 1547)와 같은 종교개혁 도시에서, 그리고 츠빙글리는 스위스 취리히(1525)에서, 부겐하겐은 함부르크(1529)와 덴마크와 노르웨이(1537)에서, 라우렌티우스 페트리(L. Petri)는 스웨덴 스톡홀름(1533/1561)에서, 칼뱅이 스위스 제네바(1541/1561)에서 시작한 디아코니아 실천은 독일의 라인 하류 지역(Niederrhein)과 네덜란드에 영향을 주었다. 종교개혁 후기에 부처는 영국 에드워드 6세의 빈민구제법 조언가로 활동하며(1549년) 영향을 주었고, 요하네스 아 라스코(Johannes a Lasco)는 런던에서(1550), 이후에 엘리자베스 1세(Elizabeth I)의 빈민구제법에 결정적으로 영향을 준 캔터베리의 대주교 매튜 파커(M. Parker)는 영국 노리치(Norwich)에서 시장인 존 알드리치(J. Aldrich)와 함께 노리치 빈민구제법령(1571/72)을 제정하였다.[111] 개혁 전통에 서 있는 신앙인의 삶은 소득과 소유를 이웃의 생계 돌봄을 위해 나누는 디아코니아 활동이 필수적이다. 세상의 공적 권력 기관들은 전체 국민이 생계를 영위하도록 법률적으로 권리 보장을 해주는 의무를 졌고, 이것이 바로 "복지

---

111 Th. Strohm, M. Klein Hg., *Die Entstehung einer sozialen Ordnung Europas. Bd. 2.*

국가적인 경향"이라고 볼 수 있다.[112]

종교개혁의 칭의론에 기초한 디아코니아 실천은 이후 경건주의와 각성 운동으로 이어졌다. 그런데 흔히 경건주의를 가리켜 하나님과 신자의 영적 교제를 중시하여 개인 영성 차원에 머무는 것으로 오해하는 경향이 있다. 그러나 경건주의는 이웃에 대한 돌봄과 함께 공동체적 삶을 실천했던 사회적 경건이었다. 개신교 전통에서 경건주의는 하나님을 향한 신앙과 이웃 사랑의 봉사는 떼려야 뗄 수 없는 관계로서 하나님과 이웃이 함께 살아가는 공동체 모델을 사회 속에 제시하였다. 그중 대표적인 경건주의자들이 필립 야콥 슈페너(Philipp Jakob Spener), 아우구스트 헤르만 프랑케(August Hermann Franke), 그리고 루드비히 폰 친첸도르프(Ludwig von Zinzendorf)다. 슈페너는 1666년에 프랑크푸르트의 빈자 돌봄 규정을 만들었고, 관공서와 시민을 통해 가난한 자, 고아, 노동자의 집을 설립하는 일을 하였다.[113] 또한 베를린에서도 구빈원, 가난한 자들을 위한 공동함, 고아원, 정신병동 등을 설립하였다. 프랑케는 할레(Halle)에 고아원을 세워 돌보았고, 성경 학교를 세워 훗날 할레가 경건의 중심지로 발전하는 데 이바지했다. 그는 인쇄소를 경영하여 성경을 보급하고, 학생 작업장을 세웠으며, 약국을 세워 가난한 자들을 돌봤다. 친첸도르프는 헤른후트 공동체를 통해 가난한 자, 어린이, 여성들을 돌보는 디아코니아를 실천하였다.

경건주의 전통에서 발전한 디아코니아는 개인적인 디아코니아 활동은 미미했지만, 오히려 공동체적 형태로 발전하면서 점점 민족적인 모습을 띠며 여러 국가로 확산하는 특징을 띠었다. 이 흐름은 19세

---

112 Th. Strohm, *Diakonie und Sozialethik*, 71.
113 Kohler, *Diakonie*, 71.

기의 각성 운동으로 연결되었다. 각성 운동은 슐라이어마허(Friedrich Schleiermacher)를 통해 성서적 현실주의와 하나님 나라 실현에 기초하여 계몽 신앙적 성격의 디아코니아를 실천하였다. 이는 창조세계에서 하나님 나라 확장을 위해 사회를 변화시키는 실천으로 연결되어 가난한 아동을 위한 구호시설 마련 및 교육 개혁, 농업 발전과 기독교 산업 설립을 통하여 사회문제를 역동적으로 해결하고자 하였다.

이들 가운데 알자스 지역의 오벌린(Johann Friedrich Oberlin) 목사는 척박한 돌밭 계곡의 농촌 마을을 꽃피는 마을로 발전시키는 활동을 하였고, 뷔르템베르크의 첼러(Christian Heinrich Zeller, 1779-1860)와 슈피틀러(Christian Friedrich Spittler, 1782-1867)는 바젤과 그 주변에 이웃 사랑을 위한 작업장을 세웠다. 그리고 이런 흐름은 카이저스베르트(Kaiserswerth) 시설을 설립한 테오도르 플리드너(Theodor Fliedner, 1800-1864)에게 이어졌고, 그는 멀리 칼뱅의 영향을 받아 신앙으로 병자를 돌보는 여성 디아코니아 운동을 활발하게 전개하였다. 또한 노이엔데텔사우에 구빈원을 세운 예전학자 빌헬름 뢰헤(Wilhelm Löhe, 1808-1872)를 통해 디아코니아의 발전은 계속되었다. 나아가 빌레펠트의 베델에 간질환자를 위한 시설을 세운 프리드리히 폰 보델슈빙히(Friedrich von Bodelschwingh)와 "국내선교국"(Innere Mission)의 설립자인 요한 힌리히 비헤른(Johann Hinrich Wichern)을 통하여 이런 흐름은 더욱 발전해갔다. 비헤른은 사회적 위기에서 고통당하는 자들을 위해 먹을 것, 입을 것, 주거지를 마련하고 가족이 해체된 아동들을 위한 고아원 설립, 아동들에 대한 교육, 작업장을 통한 고용 창출, 질병에 대한 간호, 노인들에 대한 문제 등을 해결하는 디아코니아 실천을 하였다.

개신교 전통의 수많은 실천가가 19세기 말과 20세기 초반에 복음의 사회적 차원에 집중하여 자신들의 방식으로 디아코니아를 발전시켰다.

스웨덴의 죄더블룸과 독일의 블룸하르트(Christoph Blumhardt), 스위스의 라가츠(Leonhard Ragaz)와 쿠터(Hermann Kutter), 프랑스의 구넬(Elie Gounelle), 미국의 라우쉔부쉬(Walter Rauschenbusch) 등이 디아코니아 활동을 실천하였다. 죄더블룸은 1925년 여름 12일간에 걸쳐 스톡홀름에서 37개국에서 온 500여 명의 대표 앞에서 화해를 위한 능력으로서 기독교 사랑의 실천을 설파하였다.[114] 종교사회주의자 라가츠는 예수가 인간 세상에 구원을 가져옴으로써 하나님 나라가 시작되었으며, 자본주의의 악마성을 극복하려면 하나님 나라를 사회주의적 형태로 구체화해야 한다고 강조했다. 블룸하르트는 아버지로부터 바트볼(Bad Boll)에서 신앙인들이 가정 공동체로 함께 살아가는 종합 시설을 넘겨받았다. 그는 1899년에 그 당시 산업화 과정에서 대두된 사회문제들을 해결하기 위해 노동자 편에 서서 노동당에 가입하여 목사로서 직무를 포기해야만 했다. 그의 친구인 오이그슈터-취스트(Howard Eugster-Züst, 1861-1932)는 프롤레타리아들과 함께 고향 노동자들을 위한 최초의 노동조합을 세우는 초석을 놓았다. 유럽에서는 이런 선구자적인 작업으로부터 방직, 화학, 제지 노동조합이 발전되었다. 그리고 현대에 이르기까지 개신교 신앙 전통에서 수많은 디아코니아 실천이 이어져오고 있다.

나아가 종교개혁 전통의 디아코니아는 유럽의 복지국가에도 영향을 주었다. 특히 독일을 비롯하여 스칸디나비아 국가에 긍정적인 영향을 미쳤다. 여기에 속한 나라들은 각각 차이가 있지만, 대체로 루터의 종교개혁에 영향을 받은 나라들이다. 이 나라들은 개신교의 칭의 신앙과 자유에 기초하여 자신들의 나라에 적합한 복지 형태를 활력 있게 창출하였다.

---

114 G. K. Bell Hg., *The Stockholm Conference 1925*(The Official Report, 1926), 13.

먼저, 독일에서는 디아코니아 영향을 받은 현대 복지국가 가운데 최초의 사회보장법이 비스마르크에 의해서 입법화되었다. 비스마르크는 기독교 신앙의 결과로서 사회개혁을 표명하였고, 사회정의와 국내의 평화적인 안정 및 사회적 약자들에게 법률로 수급 권리를 보장하는 것을 "실천적인 기독교의 삶"으로 보았다. 그는 1881-1899년에 사회보장법을 제도적으로 정비하였다. 이 법률들은 국가의 사회정책의 견고한 기초로서 유럽 사회보장법의 모범이 되었다.[115] 그러나 이는 국가-관료주의에 의한 강제적 사회보장 제도인 까닭에 신앙인의 사랑을 배제한 관료주의 성격이 강했다. 그 후 바이마르 공화국에서 몇몇 기독교인들이 사회적 경제 질서에 대한 사회 기본법을 법률화시키는 데 영향을 주었지만, 루터 당시 교회가 국가 영역에 지나치게 공권력을 넘겨주는 바람에 교회의 영향력은 국가 질서 안에서 부정적인 영향을 초래하였다. 루터의 개혁 사상이 독일 복지국가 형성에 크게 기여하지 못한 이유는 독일에서 교파가 여럿으로 나뉘었고, 교회가 비스마르크의 "사회적-황제주의" 공권력과 너무 밀착되어 있었기 때문이다.

이와 달리 루터 전통의 디아코니아가 뿌리내린 스칸디나비아 국가들은 분열되지 않은 정부 시스템과 일원화된 루터교 신앙으로 국가 사회복지를 크게 발전시켰다. 덴마크와 노르웨이는 국가교회 시스템을 통해 사회적 책임은 국가가 담당하였으며, 반면 지역 교회는 보충적인 기능으로 목회 상담, 건강 돌봄, 가난한 자에 대한 부조를 감당하게 되었다. 이들 국가에서는 19세기 말과 20세기에 신앙인들이 자발적으로 주도하는 디아코니아 사회사업과 국가 주도의 사회정책이 서로를 보완하면서 교회와 국가의 협력을 이끌어냈다. 1933년에 사회국가 시스템 형태로 이

---

115 Th. Strohm, *Diakonie und Sozialethik*, 26.

끄는 사회 개혁이 착수되었다.[116] 어쨌든 스칸디나비아 국가에서는 교회의 역할과 기독교 전통에서 시작된 수많은 국민 조직과 직업 조직들이 연대성 강한 사회적 분위기를 형성하여, 복지국가 형성에 지대한 영향을 주었다. 이런 기독교 전통에 기초한 연대성은 스칸디나비아의 다른 국가에서도 나타난다. 목사와 감독은 지역 교회와 주민을 보살피는 일에 협력하면서, 사회문제에 대해 디아코니아적으로 해결하는 사역을 해왔다. 교회의 디아코니아 운영자들은 이미 제정된 교회 법령들을 "보편적인 사회적 책임" 방향으로 나가도록 돌봄 시스템으로 발전시켜갔다. 특히 스웨덴은 산업화 시기에 창조적이고 합일적인 모델로서 노동자가 전체적으로 참여하는 새로운 복지 형태를 이룩하였다. 이렇듯 개신교 신앙과 디아코니아 전통에 기초한 선진 복지국가들은 보편적인 복지를 실현하고 있다. 이들 국가에서는 개인의 소득과 소유를 사회 구성원의 행복을 위해 분배해야 한다고 인식하고 있기에 "조세 저항"이라는 말을 듣기가 어렵다. 결론적으로 이들 국가의 사회복지의 뿌리는 칭의된 신앙인의 자유로부터 나오는 봉사적 삶이 그 기반이 되고 있다.

(2) 개신교 칭의론에 기초한 현대 디아코니아의 도전들

한국교회가 종교개혁 전통에 서 있다면, 칭의 신앙과 분리될 수 없을 것이다. 그리고 종교개혁의 칭의 신앙이 한국개신교 신앙의 핵심이라면, 이웃 봉사의 핵심 개념인 디아코니아와도 분리될 수 없을 것이다. 믿음으로 의롭게 된 칭의된 신자는 삼중의 신분(*status*) 속에서 이웃을 위한 봉사의 삶으로 나아가야 한다. 또한 오늘날 교회의 디아코니아 실천을 위해서는 집사 직무에 대한 성서적 이해를 새롭게 하면서 교회의 집사

---

116 Th. Strohm, *Diakonie und Sozialethik*, 28.

직무에 대한 개혁이 이루어져야 한다. 초기 교회는 말씀 사역의 직무로서의 사도적 직무와 구제 사역을 위한 집사 직무를 동등한 직무로 수립하였다. 그러나 디아코니아 사역을 위한 집사 직무는 4세기경부터 허물어지기 시작하여 결국 소멸했고, 중세 후기에는 사제직이 강화되고 교황주의 구조 아래서 교회는 섬김의 성격보다 지배 권력으로 타락되었다. 그러나 종교개혁 이후 교회의 집사 직무를 회복하여 교회의 위계적 질서를 타파하고 섬김의 직무를 다시 회복하였다.

현재 유럽 교회들은 개신교 디아코니아 전통을 되살려 성서에 나타난 집사 직무를 회복하여 이를 종신직으로 규정하여 기독교 사회복지 영역의 전문 직업인으로 활동하도록 하고 있다. 예를 들어 독일과 스위스 교회는 디아코니아 종사자를 안수집사로 임명하여 이들을 전문 직업인으로 활동하게 하고 있다.[117] 특히 칼뱅 전통의 스위스 개혁교회들은 기독교 사회봉사 사역에 관한 안수 규율을 제정하고 있으며, 루터교 총회에서는 집사들이 교회의 직제로서 안수 임직을 통해 디아코니아 활동을 수행하고 있다.

그러나 주의할 점은 교회적 디아코니아 직무가 19, 20세기 이래 점차 전문성을 강조한 나머지 기독교 신앙과 전문적인 실천 사이의 통합이 멀어져 가고 있다는 것이다. 목회와 연결된 교회의 디아코니아는 사회복지 분야에 대한 전문성이 요구됨에 따라, 점점 교회 밖의 전문적인 지식과 기능에 대한 요구가 증대하고 있다. 이로 인해 오늘날 디아코니아 기관과 시설에서 예배와 기도회는 위축되고 있으며, 신앙 영성은 약

---

117 M. Järveläinen, "Diakonie als Ausdruck des Glaubens und Lebens der Kirche in der Evangelisch-Lutherischen Kirche Finnlands," P. Philippi, Th. Strohm Hg., *Theologie der Diakonie. Ein europäischer Forschungaustausch*(Heidelberg: Heidelberg Verlagshaus, 1989), 23ff.

화하고 있다. 본래 디아코니아 집사직은 교회의 직무에 속하므로, 약자 돌봄 사역은 기독교 디아코니아 정체성에 기초하여 신학적인 전문지식을 확보해야 한다.

한국교회의 신앙이 성경에 뿌리내리고 있다면, 칭의된 신앙인으로서 이웃을 돌보는 디아코니아적 삶을 살아야 하며, 디아코니아 실천을 전담하는 집사 직무를 성경적으로 회복해야 한다. 초기 기독교 교회에서 디아코니아 직무가 말씀 직무와 함께 목회 영역 안에 밀접하게 자리 잡았듯이, 오늘날 교회론에서 집사 직무와 목사 직무의 사역이 회복되어야 한다. 그리하여 말씀 봉사를 위한 목사 직무와 디아코니아를 위한 집사 직무가 협동하여 교회와 이웃을 섬김으로써 진정한 예수 제자 공동체를 세워나갈 수 있을 것이다.

나가는 말

오늘날 한국 개신교 신앙인들 가운데는 칭의와 선한 행동이 아무런 관련이 없는 것으로 오해하는 사람들이 적지 않다. 그러나 종교개혁자들은 칭의 신앙을 이유로 선행을 배격한 것이 아니라 신앙 자체가 선한 행동을 하게 한다고 보았다. 그래서 믿음으로 칭의를 입은 신앙인은 즉시 이웃을 위해 선한 행동을 실천하는 존재로 보았다. 이렇듯 디아코니아적 삶(봉사적 삶)은 칭의된 신앙인에게 신앙의 본질에 속한다. 칭의 신앙은 이웃 사랑의 실천 행동과 떼려야 뗄 수 없는 관계에 놓여 있다. 하나님 앞에서 의로워진 칭의된 신앙인은 이웃 앞에서 의로운 사람으로 살아가면서, 이웃을 향한 돌봄, 즉 디아코니아 제자의 모습을 보여주어야 한다. 개신교 전통에서 칭의된 신앙인은 디아코니아의 원형이신 그리스도를 본받아 교회와 세상을 변화시켜가는 디아코니아 존재다. 한국 개신교는 칭의 신앙의 전통에 서서 교회의 디아코니아적 본질을 회복하여, 진정한 디아코니아 교회가 되도록 집사 직무의 위상과 기능을 회복해가야 할 것이다.

칭의와 정의

오직 믿음으로만?

1쇄발행_ 2017년 10월 16일

지은이_ 권연경·김근주·김동춘·김선영·김옥순·김창규·김창락·박성규·박성철·배덕만·이형기·정승훈·최홍식·한수현
책임 편집_ 김동춘
펴낸이_ 김요한
펴낸곳_ 새물결플러스
편　집_ 왕희광·정인철·최율리·박규준·노재현·한바울·신준호·정혜인·김태윤
디자인_ 김민영·이지훈·이재희·박슬기
마케팅_ 임성배·박성민
총　무_ 김명화·이성순
영　상_ 최정호·조용석·곽상원

아카데미_ 유영성·최경환·이윤범

홈페이지 www.holywaveplus.com
이메일 hwpbooks@hwpbooks.com
출판등록 2008년 8월 21일 제2008-24호
주소 (우) 07214 서울특별시 영등포구 양평로11, 4층(당산동5가)
전화 02) 2652-3161
팩스 02) 2652-3191

ISBN 979-11-6129-038-6 93230

책값은 뒤표지에 있습니다.

이 도서의 국립중앙도서관 출판예정도서목록(CIP)은 서지정보유통지원시스템 홈페이지(http://seoji.nl.go.kr)와 국가자료공동목록시스템(http://www.nl.go.kr/kolisnet)에서 이용하실 수 있습니다. (CIP제어번호: CIP2017025721)